KB125899

불확실성 시대의
신뢰와 불신

이 도서의 국립중앙도서관 출판예정도서목록(CIP)은 서지정보유통지원시스템 홈페이지(http://seoji.nl.go.kr)와 국가자료공동목록시스템(http://www.nl.go.kr/kolisnet)에서 이용하실 수 있습니다. (CIP제어번호 : CIP2014020318)

불확실성의 시대의

| 노진철 지음 |

신뢰와 불신

한울
아카데미

차례

4

제2부 불확실성 시대의 사회학적 시대 진단

제3부 불확실성 시대의 신뢰와 불신 소통

'세월호 참사'는 불확실성 시대를 사는 우리에게 신뢰와 불신의 의미를 되돌아보게 한다. 과학기술이 고도화되고 산업화와 도시화가 급속히 진행되고 있는 현대 사회에서 재난은 언제나 일어날 수 있다. 하지만 무엇이 언제 어디에서 어떻게 일어날지는 불확실하다. 이번 참사는 대통령이 "있을 수 없는 일이 일어난 것"이라고 강조한 데서 드러나듯이, 선진국 수준의 재난대응체계가 존재하는 데도 선박의 전복 사고에 대응해 한 명의 인명도 구조하지 못한 실패 사례이다. 사고 해역이 여러 악조건을 갖추고 있다 하더라도 초기 대응의 실패는 재난관리체계에 대한 신뢰 상실을 넘어 컨트롤타워인 중앙재난안전대책본부(이하 중대본)의 유명무실화, 국무총리에의 책임 귀속과 사퇴, 해양경찰청(이하 해경) 해체, 안전행정부(이하 안행부)와 해양수산부(이하 해수부)의 기능 축소 등으로 연쇄되면서 국가에 대한 신뢰까지 하락하는 위기에 이르렀다. 이에 대처해 대통령은 신뢰 회복을 위한 수습책으로 잘못된 관행의 정상화를 내세운 '국가개조론'과 강력한 컨트롤타워인 '국가안전처' 설립 등을 약속하고 있다. 과연 이 국가개조론과 국가안전처 신설이 정부에 대한 신뢰의 회복에 기여할 수 있을까?

체계는 세계의 복잡성이 축소되어 단순화된 것이다. 현대 사회는 산업화와 도시화 과정에서 기능적으로 분화되고 그로 인해 고도로 복잡해졌다. 그 때문에 공중은 체계에 의해 복잡성이 축소되어야 비로소 사건을 인식할 수 있다. 세월호 참사는 정상과 비정상의 구별, 안전과 위험의 구별을 통해 재난 사건의 복잡성을 단순화해 무엇이 문제인지 소통하는 준거가 되고 있다. 정상과 안전에 준거해 정당성을 확보했던 정부의 정책이 비정상과 위험에 준거한 항의 담론에 의해 흔들리고 있다. 현대 사회에서는 산업화와 도시화의 결과로 미래에 일어날 수도 있는 다양한 재난에 대응한 재난관리체계의 구축은 국가의 책무에 속한다. 재난은 평소 사소한 이상 징후나 관행으로 간주해 간과했던 것들이 누적되어 예측하지 못한 요인과 상호작용하며 변칙적으로 진행된 연쇄 사건들에 대한 통제력을 관련 당사자들이 상실했기 때문에 일어난 대형 위해 사건이다.

언제 어디에서 대형 위해 사건이 일어날지 알 수 없고, 어떤 결과들이 나타날 가능성은 있지만 그것이 나타날 가능성의 정도를 전혀 예측할 수 없는 미래의 손실과 관련해서는 언제나 불확실성이 존재한다. 현대 사회는 이에 대응해 불확실성으로 야기되는 두려움과 공포, 불안으로부터 해방되고자 끊임없이 불확실한 것을 확실한 것으로 바꾸려고 노력하는데, 그 인위적 산물이 재난관리체계이다. 재난관리체계는 재난 발생 시의 복잡한 사건 전개에 효과적으로 '대응'하고 사고 후 피해자의 물질적·정신적 피해를 정상 상태로 '복구'하기 위해 위기관리 조직과 위기관리 매뉴얼로 단순화해놓은 것을 넘어서, 평상시에 철저한 위험관리를 통해 있을지도 모르는 재난을 사전에 '예방'하고 훈련을 통해 '대비'하는 것이 사후관리보다 피해 최소화에 더 효과적이라는 인식에서 예방-대비-대응-복구의 순환체계로 구성된다. 그 결과 공중은 사고 초기에 재난대책본부가 설치되고 위기관리 매뉴얼에 따라 가용할 수 있는 인적·물적 자원을 총동원해 인명과 재산의 피해를 최소화할 것으로 기대하게 된다.

전복된 선박에서 생환한 사람이 전무하다는 것이 그 책임을 '정상'과 '안전'을 강조했던 현 정부에 귀속시키고, 그 책임 귀속이 정부의 무능력과 무지, 부패, 민관 유착, 잘못된 관행 등을 파헤치는 계기가 되면서 국가에 대한 신뢰가 급격히 하락하고 있다. 정부는 공권력을 동원해 세월호 참사에 대한 책임을 귀속시키기 위한 수사를 다각도로 벌이고 있고, 대통령은 책임자를 찾아내 처벌할 것을 약속하고 있다. 책임 귀속은 선원과 해운사, 해경, 해수부, 안행부 등에 대해 다각도로 이루어질 수 있다. 문제는 이러한 책임 귀속과 처벌이 해양 사고의 재발을 막을 수 있는가, 국가에 대한 신뢰 나아가 사회적 체계에 대한 신뢰 회복에 기여할 수 있는가이다. 재난 사고의 원인을 개인 혹은 조직에서 찾거나 그 행위의 결과에 대한 책임을 물어 처벌하는 일련의 조치는 '원인이 없다면 결과도 없다'는 전제로부터 출발한다. 하지만 선장·선원 같은 인물이나 해경 같은 조직에의 원인 귀속과 엄중 처벌은 수많은 목숨이 수장된 엄청난 재난에 대한 가능한 반응이긴 하지만, 재난이 일어난 원인에 대한 다양한 반응 가능성 중 하나일 뿐이다. 그것으로는 빈번하게 발생하는 재난의 대응으로 충분치 않다.

해상 안전을 위한 각종 법제도와 관련 조직이 발달해 있는데도 세월호 참사 같은 대형 사고가 여전히 반복되는 이유는 무엇인가? 재난 상황에서는 누구도 사건의 흐름을 정확히 파악할 수 없기 때문에 우왕좌왕할 수밖에 없다. 위기관리 매뉴얼은 이른바 인명 구조를 위한 '골든타임'을 적절히 활용하기 위해서 관련 조직들이 따라야 할 행동 준칙을 단순화해놓은 것이다. 그런데 '위기관리 표준 매뉴얼', '위기 대응 실무 매뉴얼', '현장 조치 행동 매뉴얼' 등 약 3,500개에 이르는 위기관리 매뉴얼이 엄연히 존재했지만, 현실에서는 운항 이전부터 운항 과정, 사고 발생, 긴급구조까지 전 과정에서 매뉴얼이 지켜지지 않았다. 세월호의 관행적인 과적과 허술한 화물 고정, 운항 관리자의 형식적인 확인의 관행, 해수부·해경의 허술한 관리감독, 해상교통관제센터의 업무 태만, 선장·선원의 무책임한 탈출 행동과 대기 방송, 해경의 초기 대응 실패, 중대본의 무능력과 컨트롤타워 기능 실종, 안행부와 해수부·해군·민간기구·자원봉사조직 간의 불협화음 등의 다양한 요인이 재난관리체계를 무력화시켰다.

재난으로부터 안전한 사회란 없다. 선진국과 후진국을 막론하고 위험을 통제하는 데 실패했을 경우 재난은 언제 어느 곳에서든지 일어날 수 있다. 재난에 선진국형과 후진국형이 따로 있는 것은 아니며, 재난에 대처하는 데 선진국과 후진국의 다름이 있을 뿐이다. 세월호 같은 대형 여객선 사고는 여가의 증가와 관광여행의 활성화에 따라 언제 어디서나 일어날 수 있는 '정상 사고'인 것이다. 최대 탑승 인원 950여 명과 컨테이너 박스 180여 개, 차량 180대를 선적한 거대 여객선을 운항할 수 있는 것은 조직, 기능체계 등 사회적 체계의 작동이 그와 관련된 안전을 보장하기 때문이다. 다시 말해서 승객이 자신의 안전과 관련된 복잡한 사항들을 일일이 점검하지 않고 선박에 승선할 수 있는 것은 해운사와 운항 감독기관, 구조기관, 선장과 선원이 해상에서 승객의 생명과 안전을 책임지고 목적지까지 데려다줄 것이라고 신뢰하기 때문이다. 적어도 자신들이 항상 감시하지 않더라도 이들 사회적 체계가 잘 작동하고 있다고 신뢰하기 때문에 선박 여행을 즐길 수 있는 것이다.

하지만 국가의 위험관리제도가 발달하고 재난관리체계가 갖추어졌다고 해서 재난 사고가 일어나지 않는 것은 아니다. 비록 국가가 위험을 관리하더라도 여러 가지 요인들이 겹치면서 일어나는 우발적인 사고의 위험은 상존한다. 사고가 재난이 되는 것은 사고가 예측한 대로 일어나지 않기 때문이다. 공중이 세월호 참사에 대해 민감한 반응을 보이고 불안해하는 것은 재난의 발생 빈도가 과거보다 높아졌다거나 해상 재난이 자신의 삶에 직접적인 영향을 미치기 때문이 아니다. 세월호 참사는 어떤 짓을 하거나 하지 않은 인간 행위의 직접적인 결과로 수많은 생명이 죽음을 맞이해야 했던 것으로 관찰되기 때문에 위험 소통의 주제가 된다. 따라서 살릴 수도 있었을 수많은 생명을 수장시킨 부실한 위기대응체계에 대한 공중의 분노와 아무것도 할 수 없는 살아 있는 자의 죄의식은 이 신뢰가 깨진 데 대한 정상적인 반응이다.

사고로 마무리될 수도 있던 일을 수많은 인명 피해를 동반한 재난으로 키운 것은 효율성을 중시하는 관료주의의 부작용 탓이 컸다. 안행부가 본래 통합재난관리기구로 설립된 소방방재청에서 따로 사회 재난을 분리해 장악한 것은 안행부 중심의 중대본 구축이 이들 재난의 대응에 필요한 인적·물적 자원을 동원하고 지원하는 데 효율적이라는 판단에서였다. 하지만 세월호 침몰 사고가 보고된 후 중대본이 안전관리본부 직원을 중심으로 구성되었지만, 일반 행정직은 올라오는 보고를 통해 상황을 판단하고 지시를 내릴 만한 통제능력을 결여하고 있었다. 이들은 해상 재난에 대처할 만한 전문지식을 결여하고 있었을 뿐만 아니라 평소 해상 재난에 대비한 훈련을 받아본 적도 없었다. 게다가 일반 행정직의 순환 보직 관행은 재난 관련 전문가의 육성을 구조적으로 막았다. 따라서 이들의 역할은 올라오는 다양한 보고들을 수집해 대언론 브리핑을 하는 데 제한될 수밖에 없었고, 그마저도 탑승 인원 및 생존자, 실종자 숫자의 잦은 번복과 정정 발표로 정보 통제력에 대한 신뢰를 일찍이 상실했다.

초기 대응에서는 자원 동원의 효율성을 중시하는 관료주의가 오히려 현장 지휘관들에게 상관의 지시를 기다리게 만들어 지휘권과 통제권의 무력화를 초래한다는 역설이 일어났다. 현장을 책임져야 할 목포해경서장이 서해해경청장의 지휘를 받고, 서해해경청장은 해경청장의 지휘를 받으며, 해경청장은 해수부, 해수부는 중대본의 지휘를 받는 관료주의의 긴 위계구조가 현장에 출동한 해경의 수색·구조활동에 장애로 작동했다. 지휘 체계가 극심한 혼선을 보이자 급기야 사고 후 3일째 국무총리를 수장으로 하는 '범정부사고대책본부'가 목포에 설치되었다. 하지만 그것은 위계상 상위권자가 지휘 체계의 혼선을 해결할 것이라는 전형적인 관료주의 사고에서 나온 것이었다. 12개의 대책본부가 난립해 공무원들이 보고와 의전에 동원되는 동안 전복된 선박에 갇힌 인명에 대한 구조활동은 뒷전으로 밀려났다. 초기 대응에서는 현장을 가장 잘 아는 관할 조직의 장이 책임지고 수색·구조의 지휘권을 행사해야 하고, 직급이나 부처의 서열이 높더라도 그 지휘에 따라야 한다. 사건이 예측하지 못한 방향으로 시시각각 변화하는 재난 상황의 대응에서 가장 중요한 것은 단순화의 원리이다. 신속한 조치와 효율적인 대응을 위해서는 지휘체계가 단순해야 하기 때문이다.

관료주의에 의한 중앙집권적 지배와 통제가 만들어낸 부작용은 증축한 세월호에 대한 한국선급의 부실한 선박 안전검사와 출항 시 해운협회 소속 운항관리자의 형식적인 안전 점검 등 감독관청과 해운사 간의 잘못된 관행에서도 그대로 드러났다. '관피아(관료+마피아)'라는 말을 들을 정도로 정부의 고위직 관료와 산하 관리·감독업체의 유착관계는 고착되어 있었다. 공기업이나 사업자단체는 자신들의 이익을 보장받기 위해 고위직 관료와 재취업을 약속하는 공모를 했던 것이고, 그 대가로 감독이 느슨해지는 일종의 봐주기 식 '회피 행동'이 관행으로 자리 잡았던 것이다. 그 결과 재난대응체계가 제도상으로는 선진국 수준으로 갖추어져 있었지만 현실에서는 작동하지 않는 일이 일어났다.

또한 IMF 관리체제하에서 도입된 신자유주의 정책이 경영의 합리화를 명분으로 한 기업의 구조조정과 외주화를 허용했고, 정부의 간섭과 통제를 받던 영역을 민간부문, 즉 시장경제에 맡기는 규제 완화를 단행한 것이 인간 생명과 안전의 경시라는 기대하지 않은 결과를 낳았다. 특히 이명박 정부와 박근혜 정부가 정책의 최우선 가치를 경제성장에 두고 경제 활성화를 위해 규제 완화를 적극적으로 단행한 것이 기업윤리를 약화시키는 요인으로 작동했다. 경제성장 우선의 신자유주의 정책 기조를 기업들은 과거의 권위주의 정부에서처럼 수단·방법을 가리지 않고 돈을 벌어도 좋다는 신호로 읽은 것이다. 기업들은 관행적으로 위험관리 업무를 외주화하거나 비정규직을 양산하는 등의 비윤리적 행위를 공공연히 저질렀고, 그 결과 위험 사고는 과거보다 더 빈번히 터지고 있으며, 노동자들은 저임금의 장시간 노동과 고용불안에 처해 있지만 사회안전망은 취약하기 이를 데 없다.

정부의 규제 완화 조치가 기업윤리의 약화와 어떻게 연계되는지는 세월호 참사에서 그대로 드러났다. 세월호는 취항 시부터 노후 선박 구입 및 선실 증축에 따른 복원력 약화에 대응한 안전 조치를 취하지 않았으며, 오히려 허용기준치보다 2~3배 이상 과다하게 화물을 적재하고 부실한 화물 고정, 평형수 조절 등의 편법·불법 운항을 관행적으로 하고 있었다. 해운사인 청해진해운은 안전에 대한 투자를 소홀히 했을 뿐만 아니라 선장과 선원을 5명 중 3명꼴로 비정규직으로 채용하고 있었다. 특히 해운사는 전복 사고 시에도 승객의 생명과 안전을 도외시한 채 보험금 수령을 위한 정황 파악에만 급급해, 이윤 추구에만 몰두하는 비윤리적인 기업의 생리를 그대로 보여주었다. 그 배경에는 이명박 정부와 박근혜 정부를 거치며 완화된 선박 관련 규제 20여 건이 있었다. 2009년 이명박 정부는 영세한 여객사업자의 부담 경감을 이유로 선령 제한을 25년에서 30년으로 완화했다. 노후 선박은 선체나 기관실의 노후화로 안전에 취약할 수밖에 없는데도 해운사들은 선령 제한 완화 전 29%에 불과하던 15년 이상 노후 선박의 수입 비중을 63%로 대폭 늘렸다. 카페리의 과적 및 적재 기준도 승인받은 차량이나 화물에 제한되던 것을 유사 차종이나 컨테이너로 완화했고, 쐐기로 고정해 단단히 묶어야 했던 화물을 갑판에 고정된 사각밧줄로 묶도록 규제를 풀었다. 현 정부는 대통령이 "기업하기 좋은 환경을 만든다"는 명목으로 규제 완화를 직접 챙겼고, 「선원법 시행령」을 개정해 선박 안전 관련 규제를 적극적으로 완화했다. 선박에 이상이 있으면 선장이 서면으로 이를 보고해야 하는 의무를 없앴고, 선박 최초 인증 심사 때 해운사가 해야 하는 내부 심사도 없앴다. 또한 선박의 안전을 검사하는 선박검사원과 선박 수리를 위해 승선하는 기술자 등은 정규직이 아닌 파견근로자를 고용할 수 있도록 규제를 완화했다. 그리고 선장의 휴식 시간에는 1등 항해사, 운항장 등이 선장의 조종·지휘를 대행할 수 있도록 했으며, 구난과 구조는 외부 민간업체에 외주화하도록 바꾸었다.

또한 승객의 생명과 신체의 안전을 책임져야 할 선장과 선원이 승객을 위험에 방치한 채 먼저 탈출한 것은 그들의 전문화된 직업활동에서 요구되는 직업윤리와 전문가로서 자신의 행위의 결과에 대한 책임을 지는 책임윤리가 결여된 행동이었다. 해경이 초기 대응에 부실했던 것이나 중대본이 현장에서 이뤄지지 않은 부풀려진 수색작업 발표를 이어갔던 것, 안행부의 고위직 관료가 사망자 명단이 적힌 상황판 앞에서 기념촬영을 하려던 것, 식음을 전폐한 실종 학생 가족 합숙소에서 교육부장관이 혼자 라면을 먹는 부적절한 처신을 한 것, 모든 텔레비전 방송이 재난 현장을 5일 동안 생중계한 것이나 언론이 학생이나 아동에 대해 무분별한 취재와 왜곡된 속보경쟁을 벌이고 부정확하고 자극적인 내용을 전달하는 등 절제를 잃은 취재 행태를 보인 것도 모두 직업윤리의 결여에서 나온 것이었다. 특히 선장과 선원이 해상교통관제센터의 승객 퇴선 명령과 구명벌 투하 지시에 불응했던 것이나 해경 경비정이 현장 지휘관의 선내 진입과 퇴선 방송 지시에 불응했던 것은 전문가들의 직업윤리와 책임윤리의 결여가 심각한 수준에 이르러 있음을 암시한다.

전문가집단의 직업윤리 약화는 압축적 근대화 과정에서 권위주의 정부가 경제성장 일변도의 국가주의 이데올로기를 내세워 노동자들의 정당한 분배 요구를 이기적인 파렴치한 행동으로 몰아 탄압했던 것과 무관하지 않다. 무수히 많은 직업군이 새로이 등장했지만, 전문가들은 자신의 직업활동이 미치는 사회적 결과를 고려하지 않은 채 개인화되어 자기이익만을 추구했다. 민주화 이후에도 경제성장의 정책 기조가 유지되면서 대기업은 직업인들에게 회사를 위해 비윤리적 행동을 마다하지 않을 것을 요구했고, 기업의 지시에 대한 불응이나 내부고발은 당사자만 희생되는 자기파괴 행동으로 간주되었다. "직장이 밥을 먹여주지 윤리가 밥 먹여주는 것은 아니다"라는 식으로 직업윤리가 무시되면서 기업과 직업인 모두가 자기이익만을 추구했다. 1997년 IMF 관리체제를 기점으로 정부가 시장의 경쟁 원리를 사회 모든 영역에 정책적으로 강요하면서 구조조정과 외주화, 비정규직 양산으로 사회의 양극화가 심화되었고, 직업인들은 고용 불안정과 취업난 속에서 불안이 극대화되면서 연대의식을 잃고 점점 더 개인화되어갔다. 관료, 교육계, 법조계, 언론계, 군대, 실업계를 가릴 것 없이 전문가집단은 욕구와 기대에 대한 자기절제를 하지 못했다.

선박이 빠르게 기울면서 탈출이 힘들어질 수 있는 상황인데도 퇴선 명령을 내리지 않는 선장에게 선원 중 누군가는 퇴선 명령을 내릴 것을 요구해야 했다. 하지만 선장과 선원 간 권위주의 문화가 그것을 불가능하게 만든 것으로 보인다. 세월호와 교신한 진도 해상교통관제센터(VTS)가 직접 승객 구조와 퇴선 명령을 내리지 않고 선장에게 판단을 위임한 것도 권위주의 문화의 소산이었다. 권위주의 문화는 안정적인 사회관계에서는 집단적 동질성을 공유하는 '우리'에게 무조건적인 수용과 전폭적인 신뢰를 보내 집단적 결속을 강화시키는 데 유용하지만, 재난 상황에서는 오히려 윗사람의 잘못된 판단으로 많은 인명 피해를 야기할 수도 있다는 것이 이번 참사에서 드러났다. 윗사람이 잘못된 행동을 할 때 아랫사람이 자신의 의견을 직접적으로 드러내지 못하게 만드는 권위주의 문화는 스스로 생각하고 판단해서 행동하는 자발성을 약화시킬 뿐만 아니라 '우리' 밖의 사회적 체계에 대한 신뢰를 저하시킨다는 점에서 바람직하지 않은 것이다.

세월호 참사는 예상치 못한 영역에서 대형 사고는 발생한다는 것을 보여주었다. 사소한 사고라도 예상치 못한 영역에서 발생할 경우 통제력을 상실하기 쉽고 재앙으로 이어질 수 있는 것이다. 다행스럽게도 우리 사회에서는 불확실성을 주제로 하는 위험 소통이 "이제 더 이상 이대로는 안 된다"는 경고의 메시지를 발하고 있다. 위험 소통은 우리가 그토록 삶의 안전을 추구해왔지만 더 이상 종래와 같은 방식으로는 안전을 도모할 수 없다는 역설을 사회 도처에서 표출하고 있다. 하지만 정부가 해결책으로 제시하고 있는 국가개조론과 국가안전처 신설은 전형적인 관료주의의 발상으로 권력의 집중화를 도모하는 구상이다. 세월호 참사에도 불구하고 전혀 학습되지 않는 관료들의 이런 권위주의적 발상은 제2의 재난 가능성을 예고하는 것이어서 불안하기까지 하다. 특히 '안전' 개념은 현재 지향적인 삶의 표현 양식으로서 과거를 불편한 기억으로, 미래를 자신과 무관한 영역으로 방치한다. 이에 따라 미래의 손실과 관련해서는 언제나 불확실성이 존재한다. 그리고 우리는 불확실성으로부터 헤어나지 못하는 상태에서 끊임없이 두려움과 불안으로 고통을 겪게 된다.

최근 우리 사회의 위험과 신뢰 담론은 첨단 기술과 연계된 '위험사회'의 논의에서 얻은 지적 자산을 배경으로 현대 사회에 대한 시대 진단으로까지 확장되고 있다. 이러한 맥락에서 신뢰는 위험을 신의 무한한 섭리와 자연의 숨겨진 힘에 의한 것이라고 믿었던 종래의 운명론적 사고와도 관련이 없다. 인간의 완전성을 지향했던 동양의 우주론적인 철학과도 관련이 없다. 현대 사회는 사람들에게 이전의 어떤 사회보다도 더 안전하고 안락한 삶을 즐길 수 있는 기회를 제공하는 동시에 이전에 경험하지 못했던 새로운 위험과 불확실성이 증대된 역설적인 상황을 만들어내고 있다. 현대인의 삶은 안전하다고 쉽게 속단할 수 없는, 중대한 영향을 미치는 위기 상황의 끊임없는 연속이다. 그중 몇몇 위기는 지구상의 모든 사람 혹은 많은 사람에게 잠재적으로 심대한 영향을 미치는 위험을 내포하고 있다. 특히 과학과 기술의 발전은 이전에 존재했던 위험과는 달리 통제나 예측이 힘든 위험들을 수반하고 있다. 정보·통신기술의 발달로 우리는 이전엔 생각지도 못했던 지역의 사람들과 인터넷으로 소통하면서 사회제도와 합리적 행위 틀의 세계적 확장과 더불어 일상적인 삶이 전통과 관습의 굴레로부터 자유로워지는 경험을 한다. 하지만 세계와 상호작용하는 속도와 범위가 빨라지고 넓어지면서 우리는 일상적인 삶에 대한 통제력을 잃어가고 있다.

　　특히 신기술 개발에 따른 상품과 그 원료, 기계, 시설, 경쟁관계에서 생겨난 새로움이 과거에 없던 새로운 불확실성을 야기한다. 유전자변형작물(GMO) 생산량 증대와 유통 확대, 핵발전소 사고로 인한 방사능 오염 장기화, 세계 자원 결핍, 약효가 불확실한 복제 의약품의 생산 증대, 의료 사고 피해 및 분쟁 등 과거에는 몰랐던 새로운 사고로 생명을 잃거나 상흔을 입는 사례가 점점 더 증가하면서 개인의 일상이 위협받고 있다. 또한 글로벌 금융위기, 글로벌 재정위기, 구조적 실업 증가, 사회 양극화, 고용불안, 저출산, 고령화, 핵전쟁, 테러 등 의도하지 않은 결과들이 초래하는 직·간접적인 사회적 손실의 규모는 상상을 초월한다. 이들 위험에 의해 촉발된 위기는 국가의 영토 범위를 넘어서 지구상의 모든 사람에게 잠재적으로 심대한 영향을 미칠 수 있는 상황에 있다. 하지만 우리는 가까운 미래에 이들 위험이 일으킬 엄청난 규모의 위해에 대해 알고 있으면서도, 그것이 언제 어디에서 어떻게 일어날지, 그 결과가 어떠할지에 대해서는 확실히 예측할 수 없는 '불확실성의 시대'에 살고 있다.

이들 위험이 사회와 자연에 어떤 영향을 미칠 것인지에 대해서는 어느 누구도 확신할 수 없다. 이들 위험의 원인은 너무 다양하고 그 결과를 정확히 예측하기가 매우 어렵다. 이들 위험에 내재된 불확실성은 인간이 자연을 침해하거나 역사에 의식적으로 개입해서 만들어진 것이긴 하지만, 분명히 우리의 의도와는 무관하게 존재한다. 그렇다고 해서 불확실성이 우리의 삶 속으로 침투해 들어왔기 때문에 우리의 삶이 이전보다 더 위험해졌다고 할 수는 없다. 그것보다는 불확실성이 소통되는 위험의 근원과 의미의 영역이 역사적으로 변화했다고 할 수 있다.

이런 맥락에서 2010년에 출간된 『불확실성 시대의 위험사회학』은 루만과 벡의 위험 의미론을 중심으로 우리 학계에서 위험 논의를 활성화하는 데 목적이 있었다. 루만의 자기생산적 사회체계이론에 따르면, 현대 사회의 위험은 객관적으로 확인될 수 있느냐 없느냐와 상관없이 소통 속에 존재한다. 사회가 인간들로 이루어진 것이 아니라 인간들 사이의 소통으로 이루어져 있듯이, 위험은 위험과 위해의 구별을 통해 소통되며 소통을 통해서만 지속된다. 그래서 위험이란 위해가 끼치는 실체에 대한 사회적 구성물이라는 것을 그 시간적 의미 차원, 사실적 의미 차원, 사회적 의미 차원에서 밝히는 이론적인 작업을 시도했다. 나아가 당시 우리 사회가 경험하고 있던 환경오염 같은 생태학적 위협, 핵발전소와 방사성폐기물 처분장 건설 반대, 대구 지하철 화재 참사, 인간 배아복제를 둘러싼 황우석 사태, 허베이스피리트호 기름 유출 사고, 106일간에 걸친 광우병 촛불시위, 외환위기 등의 위험 사건들을 분석하는 작업을 통해 위험은 합리석인 사회체계들의 작동 과정에서 야기되는 소통으로 결정을 내리는 사회적 맥락과 관련이 있다는 것을 밝히는 경험적인 작업을 했다. 이 이론적·경험적인 연구는 자연스럽게 왜 재난 사고가 터질 때마다 매번 국가에 대한 신뢰가 위협을 받는지에 대한 관심으로 연결되었다.

이번에 출간되는 『불확실성 시대의 신뢰와 불신』은 왜 공중은 재난 사고를 당할 때마다 정부에 대한 불신을 드러내면서도 보다 더 강력한 위험 통제와 규제를 요구하는가라는 역설을 밝히는 데 그 목적이 있다. 공중은 오랫동안 국가 주도의 '압축적 근대화'에 길들여진 탓으로 관료제적인 통제와 규제에 저항하지 않고 이를 당연한 것으로 받아들인다. 게다가 국가 개입주의에 익숙해진 공중은 위험에 대한 자기방어에는 관심이 없는 부조리를 드러낸다. 공중의 관점에서 볼 때 재난관리는 정부의 일이지 자신의 일은 아닌 것이다.

기업도 재난관리계획을 세워 위험에 능동적으로 대처하기보다는 국가의 통제와 규제에 수동적으로 대응하는 데 그친다. 그리고 언론은 대형 재난 사고가 터져야 비로소 위험 문제에 관심을 가지지만, 책임 없는 방관자가 되어 개개인에게 책임을 돌리는 '안전불감증'이나 모든 조직에 책임을 돌리는 '총체적 난국'을 남발하며 선정적인 현장 보도에 만족한다. 그에 상응하게 뉴스 보도는 재난 사고의 원인에 대한 심층 보도보다는 끔찍한 악몽을 되새기는 선정적인 형태로 훨씬 더 많이 제공된다.

결과적으로 재난이 터지면 위험 소통은 활성화되지만, 위험에 대한 사회의 능동적 대처는 늘어나지 않고 사회적 체계에 대한 신뢰만 더 하락하는 일이 일어난다. 정부는 신뢰 회복을 위한 전략으로 재난 관련 조직을 개편하고 대책을 발표하지만 재난 사고는 또 터진다. 이 책에서는 그 맥락을 인물에 대한 신뢰와 체계에 대한 신뢰의 구별, 신뢰와 불신의 제도화에 대한 연구를 통해 이론적으로 규명하는 작업을 한다. 그리고 『불확실성 시대의 위험사회학』에서 다루었던 경험적 사례들을 신뢰와 불신의 관점에서 새롭게 재조명한다.

이 책을 내면서 재난과 관련한 신뢰와 불신의 기제에 보다 더 큰 관심이 촉발되기를 바란다. 나아가 세월호 참사를 겪은 재난 피해자인 생존자와 유가족, 실종자 가족, 그들의 친구와 동반자, 수색·구조에 참여한 해경 및 민간 구조요원, 자원봉사자, 그리고 재난을 목격한 맹골수로 주변 섬의 어민 모두가 더 이상 무관심 속에 방치되지 않기를 기대한다. 그들이 재난 이전의 생계활동으로 복귀할 수 있도록 정부 차원에서 사회·심리적 지원이 장기간에 걸쳐 조직적으로 이루어지기를 바란다.

이 책을 쓰는 데 여러 사람의 도움을 받았다. 경북대학교 사회학과 박사과정의 임순광 선생은 글의 교정과 의견 개진을 아끼지 않았다. 2012년 겨울학기 대학원 수업에 참여했던 석·박사과정의 대학원생들에게도 일일이 그 이름을 거명하지 않지만 이 작업에 관심을 가져준 것에 감사한다. 그리고 항상 가족의 소중함을 깨닫게 하는 아내 한명숙에게 사랑한다는 말을 전하며, 딸 지영이와 아들 현택에게도 아빠의 도움 없이도 성실히 공부해준 것에 감사한다.

2014년 5월 20일
대구에서 노진철

제 1 부

신뢰의 이론적 논의들

제1장

현대 사회의 신뢰

현대 사회는 정치, 경제, 법, 과학, 교육 등의 부분체계들이 대중매체와 정보기술의 발달에 의해 시·공간의 제약을 넘어 소통의 속도와 범위를 확대하면서 공중이 전체 사회를 총체적으로 관찰하고 평가할 수 있는 범위를 넘어선 지 오래다. 하지만 공중은 자신의 삶이 자신이 몸담고 있는 가족관계와 지역공동체, 직장, 국가의 제약만 받는 것이 아니라는 점을 인지하기가 쉽지 않다. 공중은 이 모든 것이 지역의 경계 안에서 일어나는 일이라고 생각하기 때문에 현대 사회가 기능적으로 전문화된 부분 영역으로 구조적 분화가 이루어진 세계사회로 확립됐다는 사실을 무시하거나 과소평가하기 쉽다.

이른바 산업혁명으로 시작된 '산업사회'가 이제는 더 이상 현대 사회를 특징짓지 못한다는 것은 의문의 여지가 없다. 비록 투렌Alain Touraine이 경제구조의 변화, 자본과 노동 간 갈등의 제도화, 사회변혁의 힘이던 노동운동의 의미상실 등의 구조변동을 '탈산업사회'로 명명하긴 했지만(투렌, 1994), 환경운동에서 여성운동에 이르는 신사회운동에서 사회혁신을 담당할 새로운 역사적 주체를 찾으려던 희망은 20세기 말을 지나며 좌절됐다.

사회학적 시대 진단은 국가 간 비교될 만한 현상과 발전 양상이 서로 다르지만 일정한 경향성을 관찰할 수는 있다는 것을 전제로 한다. 한국 사회가 겪고 있는 사회적 위기들은 근대화가 압축적으로 진행된 '부작용', '후속 문제'로서 근대성의 형식에 대한 성찰이 극명하게 일어날 수 있는 소통 영역으로 자리매김하고 있음을 의미한다. 왜냐하면 이들 사회적 위기는 한국 사회에서 근대화가 세계 역사상 유래가 없을 정도로 짧은 기간에 압축적으로 진행되면서 '비동시적인 것의 동시성'으로 특징지어지는 전통적인 것과 근대적인 것의 공존, 즉 시간적 차원에서 과거와 현재의 공존, 사실적 차원에서 연속과 불연속의 혼재에 따른 부작용과 후속 문제를 압축적으로 표출하고 있기 때문이다.

　　한국 사회는 서구 '근대성'의 형식들이 역사에 간직되어 있는 사회가 아니지만 근대화가 상대적으로 짧은 기간에 압축적으로 진행되어왔기 때문에 비서구 사회에서 근대화가 진행되는 데 따른 부작용과 후속 문제를 가장 극명하게 경험하고 있다. 경제성장에 대한 광범위한 합의, 상대적으로 강력한 지배세력의 내적 동질성, 교육제도에 의한 인적 자원의 지속적 충원 등은 압축적 근대화를 가능하게 한 충분조건이었다. 또한 이들 충분조건은 압축적 근대화의 부작용 및 후속 문제에 따른 복잡성이 국가에 대한 신뢰로 축소될 것이라는 확실한 기대를 심어주었다.

　　하지만 선진 사회로 가는 한국 사회에 대한 낙관적인 기대는 최근 '불확실성 시대'로 특징지어지는 미래의 위험에 대한 불안에 굴복하는 듯하다. 민주화 이후 국가 중심의 압축적 근대화의 기반이던 충분조건이 빠르게 해체되고, 정치가 이를 대신할 어떤 것도 제시하지 못하는 상황에서 시장경제는 세계무역기구(WTO)를 통해 압박해오는 신자유주의와 세계화에 그대로 노출되어 있다. 1997년 동아시아 외환위기를 극복하는 과정에서 국가의 기능은 국제통화기금(IMF) 주도의 신자유주의 정책을 위탁 수행하는 위기관리체제로 급격히 축소됐다. 김대중 정부 시절부터 현재를 관철하는 '신자유주의 국가'(하비, 2007)는 경쟁이 충분치 못하거나 없는 사회 영역에 시장의 경쟁 원리를 관철시키기 위해 개입하고 있다. 그 결과 산업화와 민주화의 자리에 세계화와 지식경제가 들어서고, 그에 따른 사회적 위기들이 다양한 모습을 드러내고 있다.

민주화 이후의 한국 사회에 대한 시대 진단은 주로 '87년 체제', '97년 체제' 등 하나의 통일된 사회체제를 상정하고 모든 사회관계를 정치로 환원하는 형식으로 이루어졌다(김종엽, 2009; 조희연·서영표, 2009; 손호철, 2009). 한국 사회를 과거 전통 사회처럼 여전히 단일한 정치 원리에 의해 질서 지어진 것으로 파악한 것이다. 이처럼 정치 상황에 종속된 시대 진단은 공간적으로 영토에 의해 구분된 당면한 정치적 실천 과제를 제시하기 위한 목적 지향적인 연구라는 이데올로기적 혐의로부터 자유롭지 못할 뿐만 아니라 현대 사회에서 부분 체계들의 자율적인 작동 기제의 특성을 간과한다는 문제가 있다. 현대 사회에서 발생한 모든 사회문제의 근원을 정치에 본질적인 우월적 지위를 부여해 정치체계에 귀속시키는 것은 모든 것의 토대를 경제로 환원시켰던 마르크스주의만큼이나 현실의 복잡성으로부터 동떨어진 시대 진단이다.

사회가 본래 어떠한지, 한술 더 떠서 어떠해야 하는지에 대해 보편적 척도를 정초하고 현실을 비판하는 규범적인 시대 진단은 특정한 방향성을 지닌 사회 변화에 대한 기대를 표현한 것이거나 현재와 동떨어진 유토피아적 요소들의 열거일 뿐이다. 세계화된 현대 사회에서 시대 진단은 현재 '이 순간'이 아니라 '결과적으로' 현재에 나타나는 미래의 불확실성과 연관되어야 한다. 산업사회가 지향했던 지식의 확실성과 기술 진보에 대한 신뢰는 공적으로 억압된 위험과 다양한 사회적 위기의 증폭 속에서 무너졌다.

현대 사회가 처한 역사적 위치를 규정하려던 사회학자들의 시대 진단에 앞서 경고했던 위험들이 실제로 나타나기도 하지만, 언급된 기회들이 포착되지 못한 채 빗나가기도 한다. 바람직한 것은 위험들이 나타났더라도 시대 진단이 사회에 수용되어 사회구조의 변화가 진척되는 경우이다. 현재 진행되는 시대 전환기에 미래의 불확실성에 대해 마음의 준비를 하고 있는 사람은 거의 없다. 공중은 대체로 일상에서 개개인이 접하는 친숙한 대상들과 세계 공황,

불평등, 불의, 핵발전소 사고 등 지구적 재앙의 디스토피아적 미래 사이에서 불확실성을 인지하는 데 커다란 간극을 보이고 있다.

불확실성 시대에 '신뢰'와 '위험'의 담론이 넘쳐나는 이유는 무엇일까? 공적 토론에서 신뢰와 불신, 위험과 위해의 개념적 모호성과 이것이 일으키는 논쟁은 서로 연관이 있는 것처럼 보인다. 세월호 참사에서 보듯이 위험 사건이 터지면 왜 항상 관련 인물과 조직의 신뢰가 문제시되는가? 세월호 참사는 위험과 위해, 신뢰와 불신의 구별을 통해 재난 사건의 복잡성을 단순화해 우리 사회의 기존 질서에서 무엇이 문제인지를 인지하고 성찰하는 소통을 여는 준거가 되고 있다. 세월호 참사를 당하여 정상과 위해에 준거해 신뢰 확보에 나섰던 정부의 재난 대응 정책이 비정상과 위험에 준거한 불신 담론에 의해 흔들리고 있다. 여기서는 불확실성 시대에 위험과 연관되어 신뢰와 불신의 차이가 확장되는 맥락에 논의를 집중하기로 한다.

각종 위험에 대한 민감성이 증가하는 상황에서 특정 인물이나 국가, 시장, 법원, 학교 등에 대한 신뢰가 높아지거나 낮아진다는 것은 무엇을 의미하는가? 인물에 대한 신뢰가 낮아지면 정치, 경제, 법, 교육 등 부분체계에 대한 신뢰도 낮아지는가? 장기간 지속되는 정부에 대한 신뢰 상실은 개개인의 신뢰 상실이 합쳐진 것인가? 정부를 불신하는 시민사회단체의 구성원이 아니면서도 정치에 대한 신뢰를 상실한 공중이 많다는 것은 무엇을 의미하는가? 개인에 대한 신뢰가 보편적 인간에 대한 신뢰를 일컫는다면, 보편적 인간에 대한 신뢰가 도덕론의 범주 밖에 있는 현실에서는 어떻게 작동하는가? 아니면 전인격체로서의 인간에 대한 신뢰를 일컫는다면, 완벽한 인간이 신뢰를 잃는다는 것이 가능한가? 기능적으로 전문화된 부분 영역으로의 분화가 이루어진 현대 사회에서 개인에 대한 완벽한 신뢰 획득은 과연 가능한 일일까? 이러한 의문들은 신뢰와 불신의 개념적 명확성이 아직 요원하다는 것을 의미한다. 이러한 개념적 명확성의 결여는 불확실성 시대에 대한 문제의 인지 및 해결에 혼란을 가중시킨다.

나이트Frank Knight는 결정에 따른 모든 가능한 결과들을 나열할 수 있고 또 각각의 결과들이 나타날 가능성을 어느 정도 예측할 수 있는 '위험'과 구분해서, 어떤 결과가 나타날 가능성은 있지만 그것이 언제 어떻게 나타날지 전혀 예측할 수 없는 경우를 '불확실성'이라고 지칭한다(Knight, 1921). 위험은 일정한 사실들이 주어지면 확률로 계산할 수 있지만, 불확실성은 앞으로 어떤 일이 펼쳐질지 알지 못하고 또 알 방법도 없는 상황을 일컫는다. 즉, 불확실성은 현재는 아무것도 알 수 없고 미래에 가서야 나타나는 결과들이다.

케인스John Keynes에 따르면, 불확실성이 지배하는 세계에서 화폐가 미래의 위험에 대한 불안을 달래는 '보호 고치'로 쓰일지 아니면 생산에 투자되거나 소비로 지출될지는 '야수적 본능', 즉 낙관과 자신감에 의해 결정된다(케인스, 2007: 260 이하). 하지만 이것은 개인의 단순한 심리적 문제가 아니다. 개인이 유동성 선호로 돈을 쥐고 있을지 아니면 생산과 고용에 투자할지를 선택하는 곳은 자본시장이며, 따라서 이것은 자본시장에서 일어나는 사회구조적 문제이다. 자유의지를 가진 인간이 불확실한 미래와 그것이 초래하는 신뢰와 위험의 관계를 감성적 속성이나 감정이 반영된 방식에 귀속시키지 않고 단순화시켜 이해할 수 있는 것은 사회제도나 시대적 상황이 행위 가능성을 제약한 결과이다. 다시 말해서 불확실성 시대의 신뢰와 위험은 두려움과 공포, 불안으로부터 해방되고자 끊임없이 불확실한 것을 확실한 것으로 바꾸어왔던 부분체계들의 소통을 이끄는 중요한 상징적 약호(code) 중 하나인 것이다.

상징적 약호는 매우 비개연적인 상황에서도 소통 당사자들에게 성공적으로 소통할 수 있는 방법을 알려준다. 핵발전소 사고나 핵전쟁 등의 존재론적 위험, '사회화된 자연'으로부터 파생되는 생태학적 위험, 투자시장·주식시장·보험 등의 제도화된 위험처럼 과거 비개연적인 일로 여겨지던 것들이 개연적인 것으로 변하면서, 즉 비개연적인 사회구조들이 정상적인 사회구조로 이행하면서 그만큼 소통매체에 대한 요구 수준이 높아지고 있다.

흔히 '위험사회'로 표현되는 기술공학으로 인한 신종 위험의 정상화는 그에 따른 두려움이 상존하는 까닭에 신뢰의 의미론에 어느 정도 반영되어 있다. 그런데 압축적 근대화에서 지식경제로의 급격한 이행을 경험한 한국 사회에서는 의미론의 발달이 사회구조의 변화를 따라잡지 못하고 있다. 의미론과 현실 사이의 격차가 점점 더 벌어지고 있다. 기존의 의미론이 변화된 사회구조에서 혼란을 겪으면서 새로운 대안을 찾지 못하는 상황이 오래 지속되고 있는 것이다.

1. 현대 사회의 시대 진단

우리 삶에서 가능한 모든 것은 세계 안에서만 가능하다. 세계가 소통을 창출했다고 믿고 싶은 사람도 있겠지만 이는 앞뒤가 바뀐 주장이다. 사회는 소통과 그것을 행위로 단순화시키는 과정으로 구성된다는 루만Niklas Luhmann의 자기생산적 사회체계이론(루만, 2007: 324)에 동의한다면, 소통이 세계를 창출한다는 말이 타당하다.[1] 세계는 이미 주어져 있는 어떤 영역이 아니라 가능한 사건과 사태의 총합이다. 사건과 사태가 늘어나는 데 따라 그것들 간의 가능한 관계도 늘어나며 동시에 복잡성도 증가한다. 그런데 인간의 의식은 이 엄청난 세계의 복잡성을 그대로 인지하거나 경험할 수 없다. 인간의 의식은 세계의 복잡성을 자신의 고유한 생각이나 표상으로 단순화해서, 즉 다수의 가능성 중 특정한 것만 현실화해서 인지하거나 경험한다. 그 때문에 복잡성을 축소하는 인간의 능력이 세계의 가능한 사건과 사태에 직면해 지속적으로 과도하게 요

---

1 루만에 따르면, 모든 사회적 체계, 즉 상호작용, 조직, 사회는 소통을 기본 작동으로 한다. 소통은 세 가지 서로 다른 선택의 단일체, 즉 정보(언어나 상징화, 형태를 통해 표현되는 모든 것 중에서의 선택), 통지(정보를 전하려 의도한 방식 중에서의 선택), 이해(이해 가능한 표현 양식들 중에서 정보와 통지의 차이를 관찰하는 방식의 선택)의 단일체로 이루어진다.

구된다. 세계의 복잡성과 인간의 인지 능력 사이에는 간극이 있을 수밖에 없는 것이다.

역사적으로 세계에는 이 간극을 메우면서 기능하는 상호작용, 조직, 사회와 같은 사회적 체계가 발달했다. 다시 말해서 소통으로 이루어진 사회적 체계가 세계의 복잡성을 단순화하기 위해서 축소하는 인간의 능력을 확장하는 기능을 떠맡았다.[2] 사회적 체계들이 작동상 불확정적일 수밖에 없는 세계의 복잡성과 개개인의 복잡성 처리 능력을 매개하면서, 부분체계들이 행위가 상호작용 또는 조직 안으로 어떻게 그리고 어디에서 서로 관련될지를 구속했다. 이에 따라 행위의 복잡성이 일상적인 상호작용으로부터 조직, 사회의 기능체계들로 확장됐다. 기능체계들은 체계의 고유한 관계와 작동을 소통에 의해 확대 재생산하면서 자신을 유지한다. 즉, 부분체계들로 기능적으로 분화된 현대 사회에서 소통은 인간, 즉 인물의 속성이 아니라 상대적 자율성을 갖고 작동하는 체계들의 고유한 소통에 의해 재귀적으로 생산된다.

한국 사회의 근대화는 일제강점기를 거치며 촉발된 이래 서구 사회와 접촉하면서 지난 반세기 동안 압축적으로 진행됐다. 압축적 근대화는 한국 사회의 급격한 변화가 내포하고 있는 불연속성을 드러내는 상징적 표현이다. 덕치와 예치를 숭상하던 전통 사회의 유교적 정치 규범이 개화기와 일제강점기를 거치며 해체됐고, 국가의 통치 원리도 조선총독부에 의해 예치주의에서 법치주의로 이행했다.[3] 일제강점기에 정비된 근대적 법제도는 시장경제가 성장할 수 있는 토대가 됐다. 1930년대 이후 군수물자 공급을 위한 식민지의 산업화

---

2 사회가 소통으로 이루어지고 또한 소통을 통해서만 지속된다는 말은 소통을 통한 사회의 재생산과 구성이라는 루만의 소통 구상을 정식화한 것이다.

3 조선총독부는 1910년 8월 29일 칙령 제324호로 「조선에 시행해야 할 법령에 관한 건」을 공포, 일본 법률의 전부 또는 일부를 조선에서 시행할 수 있는 근거를 마련했다. 이 칙령은 조선 지배의 법제적 기초가 됐다. 이 칙령은 조선 내 재판소의 설립 및 폐지, 관할구역 결정, 판사의 이동 및 면직 등에 관한 권한도 포함했다.

가 진행되면서 노동자가 출현했고 도시화가 빠르게 진행됐다. 광복 후 제헌의회를 거치면서 일본을 통해 들어온 독일법과 미군정 치하 영미법의 영향을 받아 혼합적인 법체계가 발달했다.

광복 후 기능적으로 전문화된 부분체계들의 분화 과정은 서구의 분화된 근대적 제도들과 접촉하면서 빠르게 진행됐으며, 각 부분체계들의 변화 속도가 달라서 그것들 간에 괴리가 생기면서 '비동시적인 것의 동시성'이 극렬하게 드러났다. 정치는 근대화에 대한 입장 차이로 전쟁과 남북분단을 거치며 좌우 이념 대립, 반공 이데올로기, 국가긴급권 남용 등으로 점철됐고, 서구와 달리 개혁적인 사상과 이념을 수용하는 집단을 폭압적인 방식으로 끊임없이 배제했다. 비록 보통·평등·직접·비밀의 4대 원칙에 기초한 민주적 선거제가 도입됐지만, 정치는 집권 세력의 권력 강화와 집권 연장을 위한 정적 탄압과 부정선거, 개헌에 의해 혼란을 거듭했고, 쿠데타를 통해 집권한 군부 세력이 26년 동안 국가권력을 전횡하는 질곡을 거쳐야 했다. '유신체제'라 자칭했던 권위주의 정부는 통일주체국민회의에 의한 간접선거 형식으로 공중의 정치 참여를 제한했고,[4] '비상대권'의 이름으로 국민의 기본권인 정치적 결사와 집회, 사상과 표현의 자유를 억압했다. 권위주의적 지배를 정당화한 유신헌법에 대한 비판은 대통령 긴급조치권을 발동해 탄압했다.[5]

---

4 대통령이 의장을 맡고 직접선거로 선출된 대의원(임기 6년) 2,000여 명으로 구성된 '통일주체국민회의'는 폐지된 대통령 직접선거를 대신해 대통령을 선출하고 국회의원 정수의 1/3 선출, 헌법개정안의 최종 확정 등 실질적인 주권의 수임기관 역할을 했다. 유신헌법은 대의원의 후보자격에 정당원의 참여를 배제해 야당의 투표 관여 불가를 명문화하고 동시에 관권에 의한 자의적인 선거 조작을 허용했다. '통일주체국민회의'는 4회에 걸쳐 대통령을 단일 후보에 대한 100% 투표, 100% 지지로 뽑았으며, 2회의 국회의원 선출은 대통령이 일괄 추천한 후보자 전체에 대한 찬반투표로 100% 지지로 통과시킴으로써 민주주의의 핵심 수단인 선거의 심판 기능을 무력화시켰다.

5 대통령 긴급조치권은 단순한 행정명령으로 국민의 자유와 권리를 무제한으로 제약할 수 있던 초법적 권한이었다. 긴급조치권의 발동 상황에 대한 판단은 대통령이 독자적으

경제는 정부의 정책적 개입으로 '제3세계'에 속했던 빈국의 위치에서 탈출해 1970년대에 '신흥공업국'의 명성을 얻을 정도로 급성장했지만, 이것은 정부가 경제를 의도된 방향으로 조정하기 위해 선별한 핵심 산업에 대한 특혜성 저리 융자와 정경 유착, 노동권의 폭력적 탄압과 저임금 착취, 반인간적인 작업환경, 생태학적 위협 등을 대가로 달성된 것이었다. 고위 경제 관료의 결정[6]에 의해 특정 부문은 포용하고 다른 부문은 배제했기 때문에 산업화와 도시화에 따라 그렇지 않아도 발생했을 불평등이 보다 더 증폭된 형식으로 나타났다.

그런데도 공중은 남북분단의 특수한 휴전 상황을 명분으로 유신개헌 국민투표에 대한 높은 지지[7]와 통일주체국민회의 대의원선거 및 국회의원선거의 70~80%대의 높은 투표율로 유신체제에 동의했으며,[8] 물질적 성공에 대한 기대에서 수출주도형 경제개발계획(이영훈, 2013)과 농촌 새마을운동(한도현, 2006)에 자발적으로 동원됐다. 그 결과 '독재는 민주주의다'(임지현, 2004, 2013)라는 역설이 작동했다. '민주주의를 위한 과도기적 독재'는 공중의 동의와 자발성에 근거한 것처럼 보이게 만드는 역설의 은폐 전략으로 '한국적 민주주의'로 정당

로 내릴 수 있도록 되어 있어 정적과 비판세력에 대한 탄압 도구로 악용됐다.

6 고위 경제 관료들은 1962년부터 1996년까지 35년에 걸쳐 5년 단위로 '경제개발 5개년 계획'의 형태로 경제 비전을 제시해 기업들에게 특정 발전 방향의 신호를 보내 유인하는 정책을 폈다.

7 유신헌법은 통일주체국민회의를 두어 국민의 정치참여를 제한했으며 기본권을 수호해야 하는 헌법 안에 기본권을 제한하는 규정을 두었는데도, 1972년 11월 국민투표에서 공중은 91.9% 투표율에 91.5% 찬성률로, 1975년 2월 실시된 유신헌법 재신임 국민투표에서도 79.8% 투표율에 73.1% 찬성률로 지지했다.

8 1972년 12월 1대 통일주체국민회의 대의원선거는 투표율 70.3%로 2,359명을 선출했고, 1차 회의에서 단독 출마한 박정희를 제8대 대통령으로 선출했다. 1978년 5월 2대 통일주체국민회의 대의원선거는 투표율 84.8%로 2,583명을 선출했고, 1차 회의에서 단독 출마한 박정희를 제9대 대통령으로 선출했다. 1973년 2월 치러진 제9대 국회의원선거의 투표율은 72.9%, 1978년 12월의 제10대 국회의원선거 투표율은 77.1%였다.

화됐다. 이러한 역설의 잠정적인 해소와 관련해 권위주의 정부에 대한 공중의 과잉 신뢰가 어떻게 가능한지를 묻게 된다.

'넥타이 부대'로 지칭되는 교육받은 공중[9]은 1987년 '6월 항쟁'을 통해 민주화를 쟁취했다. 하지만 보수 정부와 진보 정부가 교체되며 정치가 역동적으로 작동했는데도 20~30대의 투표율은 거듭되는 선거에서 지속적으로 하락하는 '민주주의의 역설'을 맞고 있다. 정치에 대한 신뢰 상실이 정치에 대한 무관심에서 비롯된 것이 아니라 그 반대라는 것은 1981년과 1990년 두 차례 실시된 '세계가치관조사'(나이 외, 2001: 344 이하)의 비교에서도 알 수 있다. 정치 토론 참여가 권위주의 정부 시절에 비해 53%에서 90%로, 성명서 서명 참여는 19%에서 42%로 상승하는 등 공중의 정치활동은 극적으로 증가했다. 하지만 고위 공직자들이 뇌물 수수 혐의로 구속되는 일이 끊이지 않았고, 인사청문회에 오른 고위직 관료들은 도덕성 문제로 줄줄이 낙마하기 일쑤였다. 국회의원 선거와 지방선거를 치를 때마다 선거법 위반으로 당선 무효가 되는 사례가 비일비재했다. 특히 2004년 국회의 대통령 탄핵 사건은 그 이전부터 서서히 깊어지던 정치에 대한 신뢰 상실이 본격적으로 강화되는 결정적 계기로 작용했다. 대통령 탄핵 사건 이후 20~30대는 모든 선거에서 투표율이 40%대 전후로 급락하는 등 민주적 권리 행사를 거부하고 있는 것이다.

경제는 경제협력개발기구(OECD)에 들어가는 세계 10대 무역국으로 급성장했지만, 1997년 7월 타이에서 촉발된 동아시아 외환위기의 확산을 막아내지 못했다. 타이에서 정실자본주의와 부패, 수출시장 침체 등으로 인해 시장경제에 대한 신뢰가 상실된 여파로 헤지펀드 투자자들은 말레이시아, 인도네시아, 홍콩, 한국 등 다른 아시아 국가에서도 '국가 주도의 경제발전'에 대한

---

9 교육받은 산업인력의 필요성이 산업구조의 변화와 경제발전에 의해 증대하면서 50%대에 너붙던 중학교 진학률이 1970년대에는 70%대로 상승했다. 이에 따른 과도한 입시경쟁을 막고자 1980년 7·30 교육개혁이 단행됐지만 과도한 교육열을 해소하지는 못했다.

확신을 잃었고 연쇄적으로 자금을 대량 인출했다(크루그먼, 2009: 122 이하). 즉, 투자자들은 국가 주도 경제발전을 하는 아시아 국가의 곤란을 같은 전략을 채택한 다른 아시아 국가들에 대한 예후적 징후로 간주했다. 그 결과 한국은 경제성장률, 물가상승률, 실업률, 경상수지 등 경제 기초가 건실했는데도 투자자들의 신뢰 상실로 경제 위기에 빠졌고, 이 경제 위기는 다시 신뢰 상실을 정당화하는 경제체계의 환류로 작동했다. 한국의 경제 위기는 경제 기초에 근거한 합리적인 정부 정책이 반드시 세계 금융시장의 신뢰를 담보하는 것은 아니라는 것을 보여주었다. 정부는 외화 차입난으로 IMF의 구제금융을 받아야 했고, 그 결과 IMF의 요구대로 긴축재정을 실행하고, 부실은행의 퇴출과 외국자본에의 매각 등 금융 개혁을 단행해야 했다. 또한 기업은 정리해고와 외국 자본에 의한 기업합병 허용 등 구조조정을 단행해야 했다.

일부 사회학자는 '시공간의 응축'(하비, 1994)으로 진행된 세계화의 불가피한 불협화음들을 정리하고 내부적으로 처리할 수 없는 비일관성들을 외부화하기 위해 근대에 대한 기술(記述)에서 여전히 중심부와 주변부의 의미론에 의존한다. 중심부와 주변부의 차이는 근대화 과정에서 관철된 세계 사회의 지역 간 불평등을 중심부가 자신의 세계 기술에 수용해 지리적인 공간 분할로서 그럴듯하게 표현한 것이다. 서구 사회가 세계 사회를 기술하는 중심부와 주변부의 의미론은 그에 대해 주변부가 어떻게 받아들이는지 신경 쓰지 않아도 좋도록 허용한다. 즉, 서구 사회는 자신의 문화적 우월성을 반복하고 주변부 또는 배제된 여타 세계의 견해를 고려하지 않아도 된다는 편의성에서 중심부와 주변부의 차이에 의한 세계 기술을 양산하고 있다.

하지만 개발도상국이 중심부와 주변부의 차이를 사용해 자신을 주변화하거나 배제된 영역으로 기술한다거나 양자의 요소를 적당히 얽어 반(半)주변부로 기술한다면, 그 이유는 무엇인가? 이 의미론적 비대칭은 압축적 근대화 과정에서 부분체계들의 기능적 분화가 사회 내적 불평등 — 부조리, 모순 등 — 과함께 등장한 역사적 맥락의 확장을 감당하기 위한 자기기술의 형식이라고 봐야 할 것이다.

한국 사회가 경제 지표상으로는 선진국임[10]에도 학자들이 현재를 후진성으로 기술하고 공중에게 후진적임을 쉽게 납득시킬 수 있었다면, 그것은 어떤 근대화 이론이나 정치적 이념이 아니라 '아직도 따라잡아야 할 것이 있다'는 현실 인식에서 비롯된 것이다. 자국의 현실을 근대화의 '불완전성' 또는 '후진성'으로 기술하는 학자들은 경제적으로 발전된 — 역사적으로 존재했던 근대화 과정의 서구는 논의에서 도외시한 채[11] — 현재의 서구 국가들을 '완전성' 또는 '선진성'으로 기술해 그 격차를 강조함으로써 국가 주도의 경제발전 논리를 정당화하는 국가주의 성향을 부추기는 경향이 있다. 그들은 현재의 서구 사회를 — 진보적인 서구학자들은 결코 동의하지 않겠지만[12] — '성공한 근대화'의 모범으로 설정하는 반면에, 한국 사회의 자기기술을 갈등, 분열, 부패, 저발전, 타율성

---

10 한국은 1995년 1인당 GDP가 1만 달러를 상회한 이후 동아시아 외환위기를 겪었는데도 2007년 GDP가 2만 달러를 넘어섰으며 경제적 위상이 명목 GDP 세계 11위에 이른 데서 보듯이 경제 지표상 선진국의 범주에 속한다. 스탠더드앤드푸어스(Standard & Poor's), 피치 IBCA(Fitch IBCA), 무디스(Moody's) 등 세계 3대 신용평가사는 한국의 국가신용등급을 선진국으로 표시하고 있다.

11 이러한 접근은 제1차 세계대전 이전까지 서구에서 선거권 제한이나 금권선거 등의 선거 부정, 정치폭력, 그리고 정실주의, 매관매직, 엽관제, 뇌물 등의 관료 부패, 협박·탈세·횡령 등의 기업 부패, 장시간근로, 아동근로가 매우 일반적인 현상이었다는 것을 간과하고 있다. 물론 과거 서구 선진국들과의 단순 비교는 지난 100여 년간 이루어진 현대 사회의 발전이 동아시아 국가에 미친 영향을 무시하고 동아시아 국가의 우월성을 인정하는 위험이 있다. 특히 유교적 문화 전통의 우월성 강조는 1950년대 한국과 타이완에서 관료조직의 무능과 비효율성을 간과하는 것이다.

12 베버(Weber)가 합리화의 비합리성을 경고한 이래 근대를 성공한 사회로 읽는 학자들에게는 보수주의자라는 비판이 따라붙는다. 1940년대 아도르노(Adorno)와 호르크하이머(Horkheimer)가 『계몽의 변증법(Dialektik der Aufklärung)』에서 서구 사회에서 근대의 기획은 실패했다고 이미 설파했다. 하버마스(Habermas)는 이에 동조하면서도 아직 끝나지 않은 근대의 기획에 대한 비판적 성찰을 철학의 역할로 지속적으로 요청하고 있다.

등의 부정적인 요소로 채운다. 즉, 한국 사회의 자기기술에서 표현되는 근대화의 '불완전성' 또는 '후진성' 지시는 '완전성', '선진화'를 명목으로 경제발전에서 핵심적 역할을 하는 국가의 지배 전략을 대변하고 있다. 이것이 전통에 의한 구속의 거부와 미래에 대한 과잉 요구로 나타난다. 그와 동시에 이것은 세계화 과정에서 지역적 차이에 의해 야기된 부분체계들의 기능적 분화와의 괴리 또는 유사성, 과거 서구 국가들에 비해 복잡한 제도 발전의 유인, 역사적으로 야기된 한국 사회의 내적 불평등에 대한 관찰을 배제한다.

다른 한편으로 시대 진단에서 한국, 타이완, 싱가포르를 비롯한 동아시아 신흥공업국들이 1970년대와 1980년대에 미국과 유럽의 세계경제 지배를 위협할 정도의 산업화 과정을 거쳐 1990년대에 '선진 경제'로 진입했다는 사실은 대부분의 개발도상국이 그렇지 못하다는 사실과 비교됐다. 1980년대와 1990년대 초반 중국, 인도, 말레이시아, 타이, 인도네시아 등의 다른 아시아 국가들이 이들을 뒤따르기 시작하면서 지역 간 발달 수준의 불평등에 대한 관심이 고조됐다. 특히 1997년과 1998년의 '아시아 증시 대폭락'에도 불구하고 이들 아시아 국가의 경제가 회복세로 돌아서면서 지구적인 지역 간 발전 수준의 차이에 대한 관심이 시대 진단의 한 축을 이루고 있다.

그러나 시대 진단이 아시아 지역의 특수성으로부터 출발할 경우 유교 철학 중심의 관점들로 채워지기 쉬우며, 경제적·정치적 사건들의 연출에서 지역연관 요소들이 갖는 중요성에 대한 과대평가로 이어지거나 아시아 지역의 특수성을 열거하고 배합하는 기술 수준에 머물 수 있다. 그렇게 해서는 근대화 과정에서 지역에 따라 특정한 요소가 양적으로 '많거나 적은' 또는 질적으로 '높거나 낮은' 역사적 생성의 역설들이 문제제기조차 되지 않은 채 지역 고유한 정체성의 명제로 용해되어버릴 가능성이 있다. 시대 진단은 오히려 사회 유지와 사회 변화의 동시적 추구가 어느 사회에서나 발견되는 전형적인 근대화의 역설임을 반영하는 데서 출발해야 한다.

비록 '가치판단의 자유'를 견지하기 위해 노력하더라도 시대 진단은 그릇된 사회발전 방향을 경고하는 기능을 하기 때문에 가치판단이 사회 분석에 어느 정도 개입하는 것을 피할 수는 없다. 한국 사회에서도 부분체계들의 기능적 분화가 실현되면서 그 장점과 단점이 매우 다르게 구체화되어 나타났다. 정치(국가)가 시장경제의 자율성을 방해하는 것으로 보이기도 하고, 시장경제가 국가의 범주를 제한하는 것으로 보이기도 한다. 하지만 부분체계들의 기능적 분화의 부정적 사태에 대한 원인을 내부에서 구하기보다 외부에 귀속시키는 관찰 방식은 자국의 사회비판을 허용하지 않는 '국수주의'의 혐의를 벗기 어렵다.

따라서 시대 진단은 세계 사회에서 부분체계들의 기능적 분화로부터 출발해 한국 사회가 스스로 직면한 것으로 여기는 문제들에 접근할 수 있어야 한다. 나아가 시대 진단은 한국 사회의 자기기술에서 사회구조의 불안정, 불균형, 불평등, 역설 등을 더 이상 잔여 범주로 처리해서는 안 된다. 사회 격변기를 규정하는 '더 이상 아닌'과 '아직은 아닌'의 가치판단적인 구별은 한국 사회의 고유한 다양성과 복잡성을 과소평가하게 하고, 한국 사회의 내적 질서에서 해석하는 자기비판을 저해한다.

이러한 문제들을 고려한다면 시대 진단에서 부분체계들로 기능적으로 분화된 현대 사회의 의미론적 특수성을 인정하고 근대화 — 잠재적이고 비의도적인 — 결과의 원인을 한국 사회 자체에 귀속시키는 사회비판, 즉 비판적 자기성찰을 허용해야 한다. 이때 미래를 '주변의 존재와 일치하지 않는' 유토피아적 이상향(만하임, 1985), 예컨대 주술적 권위나 신성한 위계가 더 이상 통용되지 않으며 상호이해에 지향된 소통적 합리성이 가능해지는 합리화된 생활세계(하버마스, 2006: 197)와 같은 사회로 설정해 현재에 대한 비판을 열거나, 미래를 현대 사회의 부정적 요소들이 중첩되고 극단화되어 초래될지 모르는 '디스토피아'로 설정해 현재에 있는 위험에 대해 비판적 진단을 내릴 수도 있다. 하지만 이처럼 근대 주체의 이성적 능력, 즉 인간의 자기완성 능력과 역사의 진보에 대한 강한 믿음을 가지고 계몽의 기획을 현실에서 구현하려는 규범적 접근은 지나치게 낙관적이다.

2. 신뢰 개념의 역사적 구성

우리는 곧잘 현실에 대한 지식과 현실로부터 벗어나려는 의지 사이에 의도적으로 거리를 둔다. 우리가 관찰한 현실은 구성된 현실이다. 타자와의 소통과정에서 거의 모든 경우에 구성된 현실을 신뢰할 수밖에 없지만, 동시에 대중매체의 성격과 부분체계들의 기능에 대한 지식을 바탕으로 결국엔 구성된 현실을 신뢰할 수 없다는 것도 알고 있다. 아직 도래하지 않은 미래와 관련된 행위는 현실에 제약되지 않는 가능성 차원에서 행위자의 선택을 필요로 한다. 미래가 확실하다면 선택하고 말고 할 여지도 없다. 선택은 어떤 선택이든 '다르게도 가능하다'는 의미에서 자기의 고유한 시제 양식을 내포하고 있다. 이런 맥락에서 루만(Luhmann, 1992)은 사건의 인과적인 필연성과 불가능성을 부정하는 '다르게도 가능한 선택'을 우연성 개념으로 설명한다. 우연성은 인과성의 법칙에 의해 파악되지 않는 사회의 발현성을 말한다. 즉, 우연적인 것은 전혀 예측하지 못한 뜻밖의 우발적인 것만이 아니라, 인과적으로 필연적이지도 불가능하지도 않은 모든 것을 포함한다.

현대 사회의 합리화와 사회 진보가 이전 시대와는 다른 새로운 불확실성의 상황을 만들고 있다. 즉, 현대 사회에서 불확실성은 어떤 장소에 또는 어떤 형태로 이미 주어진 객관적으로 확인 가능한 것이 아니라 사회적 성찰이 행해지는 특정한 상황에서 발현적으로 발생한다. 불확실성이 소통되는 맥락은 끊임없이 변화한다. 모르던 사실이 새로 발견되고 끊임없이 새로운 원인이 손실 가능성의 유형 및 손실 발생의 원인과 관련해 불확실성을 강화한다. 다양한 새로운 불확실성이 일상에 개입하는 상황에서 사람들은 스스로 만든 조직과 기술이지만 통제할 수 없다는 인식을 하게 되고, 점점 더 자신을 제약하면서 수동적으로 변하고 있다. 이들 통제 불가능성에 내재된 불확실성은 인간이 역사에 의식적으로 개입하거나 자연을 침해해 만들어졌지만, 분명히 인간의 의도와는 무관하게 존재한다. 그렇다고 불확실성이 단순히 인간 삶 속에 침투해

들어왔기 때문에 현대 사회가 이전보다 더 위험해졌다고 할 수는 없다.

불확실성은 존재 그 자체로 이미 큰 부담이다. 불확실성은 일상에 직접적인 영향을 미쳐 사회활동에 직·간접적으로 많은 손실을 야기한다. 그 때문에 정치, 경제, 법, 과학, 교육 등의 기능체계들은 수없는 불확실성에 맞닥뜨리는 과정에서 불확실성에 능동적으로 대처하고 불확실성에 내재된 위험을 보다 더 효과적으로 처리할 수 있도록 발전해왔다. 그렇지만 가격 변화, 소득수준 변화, 소비자 취향 변화, 권력구조 변화, 법제도 변화, 기술혁신, 조직혁신, 친밀성 변화, 생활양식 변화 등의 사회제도 변화가 다시 구성원에게 새로운 불확실성을 경험하게 하고 있다. 즉, 여러 기능체계들에서 이런저런 결정을 할 때 그 결정이 가져올 결과에 연루된 불확실성을 고려해 여러 선택지 중에서 결정하고, 이렇게 내린 결정은 정도는 다르지만 항상 위험 부담을 수반한다(노진철, 2010: 24). 왜냐하면 결정자는 현재로서는 아무것도 알 수 없는 결과, 미래에 가서야 나타나는 결과를 현재의 결정에서 고려해야 하기 때문이다. 결과를 미리 알고 있다면 결정은 필요 없을 것이다. 하지만 모든 결정은 결과를 알기 전에 내려진다. 따라서 어떤 결정도 본래 '올바른' 것이거나 '그릇된' 것일 수 없다. 결국 결정의 어려움은 불확실성의 문제로 축소된다(Clark, 1980).

모든 결정은 그때마다 그것과는 다른 미래의 전망, 다른 현재, 다른 결정을 위한 출발점이 된다. 일말의 위험이라도 있는 대안은 배제해야 한다. 하지만 이들 대안을 완전히 배제하지 못하는 것은 이것이 나중에 필요하고 유용한 대안인지 아닌지를 당장은 누구도 알 수 없기 때문이다. 지금은 아니더라도 나중에 그렇게 될 가능성이 있는 것이다. 비록 현실에선 많은 재난과 손실이 발생하고 있지만 그것을 실질적으로 계산할 수 있는 조건이 여의치 않고 제도적으로 처리할 수 없다면, 사람들은 현재 계산 가능한 손실을 미래로 지연시킴으로써 위험을 사회적으로 구성하려고 한다. 결정에 위험이 따르는 것은 그 결과에 책임을 져야 하기 때문이다. 개인이 모든 결정을 점점 더 자신에게 의지하는 '개인화'[13] 경향은 현대인에게 새롭고 다양한 생활양식의 형성을 보장한다. 하지만 이러한 개인화는 불확실성 속에서 자기책임 아래 진행되는 결정이 아니라면 누구도 경험하지 못할 것이다.

신뢰는 확실하거나 불확실하거나 둘 중의 하나다. 즉, 사람들은 신뢰하든 불신하든 한다. 신뢰와 불신은 타자의 가능한 행동을 '특수한 문제'로 의식하는 것을 전제로 한다(Luhmann, 1968: 80). 사람들은 상대의 행동을 그저 우발적인 행동으로 체험하지 않고 사회의 기초적인 태도로 해석해 기대 형성에 이용한다. 그 행동이 장래에 유의미하다고 본다면 신뢰하고, 그런 경우가 아니라고 기대한다면 불신한다. 인물에 대한 신뢰의 경우 사람들은 비록 신뢰가 의심받더라도 낮은 신뢰로도 그럭저럭 살아가지만, 근대화된 도시에서의 일상은 우연성과 불확실성이 내포된 사회 환경에서 체계에 대한 신뢰를 바탕으로 하지 않으면 안 된다. 체계에 대한 신뢰는 어떤 의미에서는 맹목적인 것이어서 자신의 생명과 재산이 정부나 기업, 법원, 학회, 학교 등 외부 조직의 결정에 의해 위험에 방치됐다고 느낀다면 공중은 그 반대급부로 공식 조직을 강하게 불신하게 된다.

세월호 참사에 대해 재난 피해자의 유가족뿐만 아니라 시민이 분노하는 것은 살릴 수도 있었을 300여 명의 생명이 선장과 선원의 무책임한 탈출 행동, 해경의 부실한 초기 대응, 컨트롤타워의 부재에 따른 혼란으로 인해 수장되었다고 판단하기 때문이다. 인명 구조의 실패에 대한 책임은 집권 초부터 안전행정부를 중심으로 내각 구조 개편을 단행하며 '안전 한국'을 국정 최우선 과제로 내건 현 정부에 귀속되고, 그 책임 귀속이 정부의 무능력과 무지, 부패, 민관 유착, 잘못된 관행 등을 파헤치는 계기가 되면서 국가에 대한 신뢰 하락으로 이어지고 있다. 그것은 해운사, 해양경찰청, 해양수산부, 중앙재난안전

---

13 기든스·벡·래쉬(1998)는 현대 사회에서 가족, 계급 등에 기초한 '연대'가 해체된 상황에서 개인이 고립된 채 또는 파편화된 채 강제된 선택에 내몰리는 개인화가 진행되고 있음을 지적한다.

대책본부, 국가와 지방자치단체 등이 재난대응체계와 관련된 법제도와 조직에 의해 승객의 생명과 안전을 지키기 위해 모든 가용한 자원을 동원해 해상재난에 대응하도록 구조화되어 있기 때문이다. 승객이 자신의 안전과 관련된 복잡한 사항들을 일일이 점검하지 않고 선박에 승선할 수 있는 것은 이들 사회적 체계가 잘 작동하고 있다고 신뢰하기 때문이다. 따라서 재난에 따른 인명과 재산의 피해가 기대한 만큼 최소화되지 못한다면 이들 제도와 조직에 대한 신뢰는 상실될 수밖에 없다.

나아가 신뢰는 이런저런 대안 중의 선택, 즉 결정에 따른 위험을 전제로한다. 권위주의 국가의 강압이나 대안 부재로 인해 다른 선택을 할 여지가 없는 상황에서는 신뢰가 필요 없다. 왜냐하면 모든 것이 확실하게 정해져 있고, '그릇된' 결정의 위험이 애초에 존재하지 않는다면 신뢰란 중요하지 않기 때문이다. 주어진 여러 대안 중에서 개인이 자유롭게 선택할 수 있는 사회란 허상에 불과하다. 현실에서 정치 권력자, 고위직 관료, 기업가, 고소득자, 고학력자 등의 사회 지도층과 전문가집단은 위험 회피 또는 결정 지연 전략을 구사하다가 실패하더라도 살아남을 수 있다. 하지만 공중에게는 위험 회피 전략과 결정 지연 전략이 대체로 더 큰 위험을 초래하기 때문에 위험한 인생 설계에 귀착시키는 경우가 허다하다. 만일 대학 졸업의 학력을 가진 많은 여성이 냉혹한 시장경제에서 사회적 책임이 따르는 취업보다 전업주부가 되는 결혼 전략을 택한다면, 만일 저소득층이 빈곤 탈출을 포기하고 장기적으로 국가보조금에 의존해 삶을 그럭저럭 살아간다면, 만일 비정규직 노동자가 만성적 실업의 위협 속에서 상황에 대한 통제를 포기하고 문제해결을 국가에만 의존해 현실에 안주한다면, 그들은 비록 개인적으로는 위험 없는 삶을 살지 모르지만 체계에 대한 신뢰를 포기한 까닭으로 민주주의와 공공성을 위험한 방향으로 몰고갈 수 있다.

일상이나 조직활동에서 누군가 또는 무엇인가를 신뢰한다는 것은 다양한 혜택을 가져다준다. 특정 인물이나 조직, 사회의 기능체계에 대한 신뢰는 배신을 당하거나 기대에 어긋나는 반응에 접할 위험을 줄일 수도 있고, 여러 사회관계에서 번거로운 탐색 절차를 생략할 수도 있으며, 까다로운 과제를 보다 쉽게 수행하도록 해줄 수도 있다. 이러한 관점에서 보면 신뢰는 우선 행위자 간 소통에서 정보가 부족한 상황을 전제한다. 만일 상대방이나 조직, 사회의 기능체계에 대해 완전한 지식을 갖고 있다면 신뢰 자체가 필요 없을 것이다. 또한 그들이나 그것에 대해 완전히 무지하다면 신뢰가 형성조차 되지 않을 것이다. 그렇다고 해서 정보가 부족한 상황이 항상 신뢰를 필요로 하는 것은 아니다. 상대방의 행위나 조직, 기능체계의 활동을 항상 용이하게 감시할 수 있다면 신뢰는 굳이 필요하지 않을 것이다. 루만(Luhmann, 1968)에 따르면, 상대방의 행위나 조직, 체계의 활동에 대한 지속적인 감시가 구조적으로 불가능하거나 한계가 있을 때 신뢰가 등장한다. 상대방이나 조직, 체계가 어떻게 하는지 감시하지 않더라도 그들이나 그것이 일을 잘 처리할 것이라고 믿는 것이 신뢰이다.

우리는 일상의 경험으로부터 신뢰가 필수불가결하다는 것을 잘 알고 있다. 신뢰는 일상을 가능하게 하는 기본 전제이다(기든스, 1991: 43). 일반적으로 사람들은 가족이나 친인척뿐만 아니라 친지, 이웃, 친구, 직장동료 등의 친숙한 사람을 신뢰한다. 그에 비해 이방인과 같은 낯선 타자, 법규범, 공공기관, 사회제도는 별로 신뢰하지 않는다. 그렇다고 해도 민주화 이후 한국 사회에 찾아든 신뢰의 위기는 당혹스럽기까지 하다. 권위주의 정부에서 민주주의 정부로 이행하는 과정에서 일반적으로 정치에 대한 신뢰가 하락하는 경향이 있지만, 현재 한국의 정치에 대한 신뢰는 세계에서 가장 낮은 국가군에 속할 정도로 위기 상황에 처해 있다.

정치의 자기기술이 민주와 반민주의 구별에 의해 진행되던 때만 해도 민주화만 되면 민주주의가 성공적으로 작동해서 국가적 차원의 문제부터 지역적 차원의 문제, 수도권과 지방의 불균형 발전 문제까지 모두 원만히 해결될 것으로 기대했다. 그러나 진보와 보수를 막론하고 집권 후에 불법 정치 헌금, 정실주의 인사, 대통령 친인척의 뇌물 수수, 대통령 측근의 비리, 고위 공직자의 직권 남용, 여·야당 밀실정치, 정·관계 인사 봐주기 검찰 수사 등의 '비민주적인' 정치 스캔들에 지속적으로 얽혀들었고 이에 따라 정치에 대한 신뢰가 상실됐다.

현재 한국 사회의 부패 수준은 높고 신뢰 수준은 낮다(경제협력개발기구, 2011). 신뢰 수준은 OECD 17개국의 평균 1.62보다 나쁜 1.70으로 13위에 해당하고, 낯선 타인에 대한 신뢰지수는 OECD 평균 3.42보다 나쁜 4.0으로 꼴찌 수준이다. 일부 학자들은 경험적인 실증 연구를 통해 '서구와는 달리' 가족, 동향인, 학교동문, 직장동료 같은 사적 관계에 기초한 연줄망이 오히려 공적 제도에 대한 신뢰를 높인다고 평가하는가 하면(박통희·원숙연, 2000; 유석춘·장미혜·김태은, 2001), 또 다른 학자들은 연줄망이 일반적으로 공적 제도에 대한 신뢰를 떨어뜨린다고 평가한다(김용학, 2003; 박희봉 외, 2003). 이런 상이한 평가는 과연 경험적인 실증 연구가 신뢰의 본질을 알아내어 그 기능을 파악하는 데 타당한지에 대해 의문을 갖게 한다. 양자 모두 인물에 대한 신뢰와 제도에 대한 신뢰를 경쟁관계로 간주하고 있다.[14] 하지만 인물에 대한 신뢰 또는 사적 관계망이 과연 한국 사회의 발전 논리에 내재한 부작용인지, 나아가 규범적으로 배제해야 하는 요인인지는 의문이다. 사적 관계에 대한 신뢰가 높으면 공적 제도에 대한 신뢰가 상대적으로 약한지도 의문이며, 제도에 대한 신뢰가 높아지면 탈연고적인 생활방식을 갖게 되는지도 의문이다. 왜냐하면 인물에 대한 신뢰와 제도에 대한 신뢰는 '어느 한쪽이 승하면 다른 한쪽은 쇠하는' 영합적 게임(zero-sum game) 관계에 있지 않기 때문이다. 퍼트넘(Putnam, 2009)이 밝힌 것처럼 양자는 때로 다 같이 증가하기도 하고 다 같이 감소하기도 한다.

---

14 '사람에 대한 신뢰'는 보편적 인간에 대한 신뢰를 지시하기 때문에 종교와 철학의 영역에서는 유용하지만 사회과학 연구에서는 부적절한 표현이다. 현대 사회에서 신뢰는 특정 인물에 지향되어 있기 때문에 '인물에 대한 신뢰'가 적합한 표현이다. 이에 대한 자세한 논의는 제7장 2절 참조.

고도로 복잡한 현대 사회에서 신뢰 또는 불신, 신뢰 상실이 주제화되는 맥락을 한눈에 파악하기란 쉽지 않다. 일부 학자들은 신뢰와 불신을 대립관계에 있는 것으로 간주하지만 신뢰만큼이나 불신도 삶의 다양한 맥락에 두루 퍼져 있다. 일상에서 상대방에 대한 신뢰가 문제되는가 하면 정치인, 장관, 경찰, 판사, 교사, 의사 등의 전문가집단에 대한 불신, 그리고 행정부, 은행, 보험사, 연금기관, 교도소, 학교, 병원 등의 조직에 대한 불신, 나아가 정치, 경제, 법, 과학, 교육 등의 기능체계에 대한 불신이 문제되기도 한다. 핵발전소, 유전자복제, 유전자변형작물 등의 기술공학의 수용과 관련해 불신은 중요한 역할을 한다. 방폐장 입지 정책과 황우석의 핵이식 배아줄기세포 복제 관련 논문 조작 사태에서 공중은 후보지 주민들의 항의나 음모론의 형태로 정부 정책과 과학자에 대한 불신을 드러냈다. 과학에 기초한 기술이 삶의 구석구석을 지배하고 변화시킬수록 역설적으로 과학적 지식을 생산하는 전문가집단에 대한 신뢰는 더욱더 하락한다. 미국산 쇠고기 수입반대 광우병 촛불집회와 두부용 미국산 수입 콩 유전자변형작물 검출 소동 등에서 청소년과 시민은 정부의 안전성 대책을 불신하며 먹거리 위험에 민감하게 반응했다. 정부에 대한 불신과 야당에 대한 역할 기대의 실망은 투표율 저하라는 정치에 대한 신뢰 상실로 표출됐다.

조직, 기능체계 등의 사회적 체계에 대한 신뢰는 계산에 따른 합리적 선택이라기보다는 자발적인 결정이다. 따라서 그 신뢰대상이 자신에게 불이익을 초래한다든가 자신의 생명과 재산을 위험에 방치한다고 느낀다면, 공중은 그 반대급부로 그 체계를 강하게 불신한다. 다시 말해서 불신은 신뢰와 마찬가지로 복잡하고 불확실한 현대 사회에서 복잡성을 축소할 수 있는 대안으로 간주된다. 불신이 대안으로서 타당한가는 신뢰를 비밀유지와 위선, 공권력의 억압을 통해 악용했던 정치적 사건들에서 잘 드러난다. 집단이익과 이념적 정체성이 충돌하는 정치적 상황에서 권위주의 정부는 흔히 법에 대한 신뢰를 강제적인 개입 수단을 동원하는 데 또는 갈등을 억압하는 데 그릇되고 부당하게 이용해왔다. 「국가보안법」(1960년 제정)과 「집회 및 시위에 관한 법률」(1962년 제정), 제4공화국 헌법의 '긴급조치권'(53조), 제5공화국 헌법의 '비상조치권'(51조), 제6공화국 헌법의 '긴급재정·경제처분명령권'과 '긴급명령제정권'(76조) 등이 과잉 신뢰를 구축할 목적으로 만들어진 법이다. 권위주의 정부는 정치적 안정성을 확보하기 위해 비상 상황의 초법적 적용 범위를 남북분단으로 인한 외환 가능성에서 재정·경제상의 위기까지 확대함으로써 때로는 노조를 불법화하고 파업을 금지하고 노조 활동가들을 투옥해 그들의 요구를 잠재우는 등의 억압적 조치를 취할 수 있었다. 하지만 민주화된 정부도 이후 동일한 목적에서 이들 법을 폐지하지 않고 그대로 유지하고 있다.

상대방이 신뢰를 저버린 데 대한 제재는 다양한 형식으로 발달한다. 미시적 수준에서 관계를 끊는 수동적 형식의 제재가 있는가 하면, 도덕적 비난을 통한 오명 덧씌우기 등의 능동적 제재도 있다. 거시적 수준에서 법규범을 통한 직접적인 제재와 시민사회단체의 집단적 항의 등 다양한 형식이 제재 수단으로 동원된다. 특히 민주화 이후 신뢰의 배신 위험에 근거해 정부에 대한 신뢰를 구축하는 무리한 지향보다는 불신의 제도화가 설득력 있게 거론되고 있다(김성국, 2000: 65 이하; 노진철, 2001). 현실적으로 시민사회단체들은 불신을 감시 형식으로 이미 제도화하고 있다.

보도의 자유가 확대되면서 대중매체는 정치의 부정적 측면인 '비민주적인' 정치 스캔들과 부패, 정경 유착, 지역 패권 같은 폐단들을 훨씬 더 빈번히 폭로하고, 이에 공명해 공중은 대의민주주의에 대한 불만과 불신을 투표율 저하로 표출하기도 한다. 특히 대학교육을 받은 비율이 전체 연령대의 2/3를 넘어서는 20~30대의 투표율이 다른 연령대에 비해 현저히 낮다. 이들은 문제해결을 집단적으로 연대해 지향하기에는 너무 개인화되어 있다. 이들은 인터넷의 카페, 대화방, 홈페이지, 포털사이트 등 익명성이 보장된 가상공간에서 개인 사용자로 소통에 참여하고 있으며, 공공장소에서도 트위터, 페이스북, 카카오톡 등의 확산매체를 수시로 이용해 일시적인 사회관계를 끊임없이 지속한다. 주로 자기욕구의 실현에 관심 있는 이들은 정치적으로 적극적 공중이던 '386세대'의 이념적 가치지향에 대해 "아닌 것 같은데"라고 반박하는 부정의 철학을 좇는다. 이들 개인화된 공중은 민주화를 주도했던 40~60대에 비해 집단적인 항의행동의 경험이 많지 않아 선거를 통한 정권 교체나 정치 개혁을 실천하는 결정 능력이 약하다.

민주주의와 연관해 신뢰는 긍정적 함의와 부정적 함의를 동시에 지닌 역설로 인식된다. 현실에서는 이 역설이 어떻게 전개되고 있는가? 첫째로 민주주의가 신뢰를 기반으로 한다고 해도 민주주의는 불신이 제도화되어 있을 때 비로소 가능하다는 역설이 성립한다. 민주주의는 정부를 불신하는 시민사회단체들의 집단적 항의가 용이하도록 제도를 마련해야 성립 가능하다. 즉, 민주화 이후 민주주의를 구축하기 위한 방안으로 "신뢰하기 위해 불신한다"는 역설이 작동한다. 둘째로 시민사회단체들의 제도화된 불신이 신뢰가 유지될 만큼 성공적으로 작동하지 않아야만 비로소 민주주의가 자율적 통치 형식으로 성립한다는 역설이 성립한다. 민주주의 체제에서 시민사회단체들은 질적으로 다양해지고 양적으로 급증하고 있으며, 이들 시민사회단체의 왕성한 항의 활동이 과거에는 보이지 않던 정치권의 비리와 부패 등을 대중매체에 빈번히 노출시킨다. 이에 따라 공중의 정치 개혁 요구는 커져가지만, 정치권이 그에 상응하는 변화를 보이지 않으면 20~30대의 투표율은 급격히 하락한다. 즉, 시민사회단체들의 활동은 공중의 투표율과 역의 관계에 있을 수밖에 없다. 이러한 논의로부터 신뢰와 불신이 단순한 대립 개념이 아니라는 것을 알 수 있다. 신뢰 상실과 불신은 동일한 것이 아니다.

3. 불확실성 시대의 사회 진단

현대 사회의 불확실성은 기능체계들의 구조적 분화에 의해 생겨난 해석과 동일한 사태에 대한 해석 관점의 다양성을 함축하고 있다. 즉, 현대 사회의 불확

실성은 정치, 경제, 법, 과학, 교육 등의 기능체계가 합리적으로 작동하는 과정
에 잠재되어 있는 부정적인 결과이다. 공중은 삶의 합리화가 사회와 환경에
미치는 결과에 대해 끊임없이 생각하거나 되묻는 소통의 '재귀성'[15]을 통해 현
대 사회를 새롭게 인식하는 자기성찰의 계기를 열고 있다. 이에 따라 불확실
성은 결코 더 많은 지식으로 극복될 수 있는 것이 아니라 오히려 더 많은 지식
때문에 발생한다는 통찰에 이른다.

　상대적 자율성을 갖고 작동하는 기능체계는 시간이 지남에 따라 세계의
복잡성을 점차 체계 내부로 통합해 체계의 복잡성을 고도화하는 방식으로 상
황의 우연성 같은 불확실성의 원천을 제거한다(루만, 2007). 만일 어떤 기능체
계가 불확실성의 압력으로 작용하는 고도로 복잡한 사건들을 전략적으로 충
분히 제어하고 있다면, 그 체계가 사건들을 체계 내적인 결정 문제로 축소했다
는 것을 의미한다. 사회적 체계의 복잡성 축소 능력은, 세계의 모든 가능한 사
건과 사태를 그대로 사회적 체계에서 받아들이지 못하기 때문에, 극히 일부분
만 체계 내적인 자기준거성 기제에 따라 정보로서 받아들이고 나머지 다른 가
능성들을 배제하는 선택 기제를 일컫는다. 이 선택 기제는 세계 복잡성의 단
순한 물리적 감축이 아니라 세계의 복잡성이 특정 체계의 복잡성으로 전화되
는 질적 변화를 함축한다(노진철, 2010: 136 이하).

　인터넷 증권거래, 금융투자시장, 소비주의, 도시재개발, 포스트포디즘 등
은 물론 지식경제로의 이행도 미래에 많은 것을 약속하지만 동시에 현대인의
삶과 사회적 체계의 존속을 위협한다. 기업이나 투자자, 개미군단은 나름의
합리적인 자료 수집과 분석에 기초해 투자를 결정하지만, 그에 따른 결과와는
항상 시차가 존재하므로 불확실성이 따른다. 어떤 투자 계획으로부터 얻는 결

---

15 사회가 체계적으로 타자화한 '외부'의 존재와 그 관점으로 스스로를 우회적으로 다시
　인지하게 되는 일차적인 자기대면을 지시하는 개념이 바로 '재귀성(reflexivity)'이다(기
　든스·벡·래쉬, 1998: 27).

과에 대한 불확실성이 존재하는 상황에서 위험은 자연적으로 발생한다. 또한 세계화와 지식경제로의 이행에는 지구상에서 영위하는 인간의 삶—자연과 사회, 삶과 죽음, 질병과 노화, 사고와 감정, 현재와 미래—에 지식과 기술이 깊이 침투해 있는데도 어떤 위험이 언제 어떻게 발생할지 예측할 수 없는 불확실성이 상존한다. 이처럼 지식과 기술에 토대한 사회 변화는 더 이상 추상적인 것이 아니며, 개인의 구체적인 인생 설계를 비롯한 사적 영역까지 예측할 수 없는 불확실성에 노출시키고 있다.

지식과 기술의 혁신이 과거보다 빨라지고 세계화가 인터넷 온라인망 구축으로 급진적으로 진행되는 과정에서 사람들은 그 어느 때보다도 기능체계의 구조적 분화의 증대와 정보의 비대칭이 야기하는 불확실성을 심각하게 경험하고 있다. 상대방의 행위를 관찰하지만 그가 어떤 생각으로 어떤 의도로 그런 행위를 하는지 즉각 알 수 없다. 이처럼 타자나 대상으로부터 정보를 직접 관찰할 수 없기 때문에 소통에서 정보의 비대칭이 필연적으로 발생한다. 정보의 비대칭은 어느 한쪽이 다른 쪽에 비해 권력 우위에 있거나 권위를 갖기 때문에 발생하는 것이 아니다. 모든 소통에 이미 정보의 비대칭이 내재되어 있다. 사회에서 소통이 불평등하게 이루어지는 것은 처음부터 정보의 비대칭이 존재하기 때문이다. 다시 말해서 현대 사회가 당면하고 있는 불확실성은 자연적으로 주어진 불확실성이 아니라 기능체계의 구조적 분화와 정보의 비대칭에 근거해 사회적으로 구성된 불확실성이다.

현대 사회가 발전하는 과정에서 당면하게 된 위험들은 성공적인 근대화의 부작용과 그 후속 문제, 그로 인한 불확실성 등에 대한 비판적 성찰을 통해 현재를 진단하고 미래를 새롭게 주제화하는 계기가 된다. 신뢰의 붕괴는 신뢰를 밑천으로 삼아 작동하는 경제 영역인 금융부문에서 먼저 일어났다. 그리고 통제 불가능한 다양한 사회 영역이 위험과 위해의 구별에 의해 관찰됐다. 금융기관의 내부자 거래 및 기업의 세금 탈루 지원, 약탈적인 신용카드 관행과 대출 관행 등이 언론에 빈번하게 노출되면서, 또는 은행권의 주택담보대출 규모가 눈덩이처럼 불어나는데 갑자기 부동산 가격이 폭락하면서, 또는 단 한 번의 마우스 클릭으로 국가들 간 이동이 용이한 전자화폐가 금리나 주가·환율 등의 시장변수에 급격한 변동을 야기하면서, 정보의 비대칭에 기인하는 예상치 못한 금융 재난은 언제든지 발생할 수 있는 것으로 간주된다. 그에 따라 건강과 생명, 재산의 손실뿐만 아니라 사회관계의 지속성을 위협하는 잠재적 사건이 경제 영역에서 우선적으로 위험으로 인지된다.

민주화 이후 사회적 이해관계와 사회갈등이 공공 영역에서 용이하게 다루어지면서 정책, 법률, 예산 등과 관련해 정부가 내리는 모든 결정이 위험으로 인지된다. 1997년 동아시아 외환위기 이후 생산성 하락을 방지하기 위해 기업이 종신고용의 관행을 버리고 대량 해고와 신규 채용의 비정규직화를 단행하면서, 또한 정부가 심화되는 사회 양극화와 불평등을 방치하면서 노동자들은 실업, 빈곤, 질병에 쉽게 노출된다. 정치체계가 불공정한 방향으로 작동하고 있다는 인식은 경체체계가 불공정하다는 인식보다 훨씬 더 강하다. 정치 선거에 대한 참여 거부는 정치에 대한 신뢰가 붕괴되고 있는 징후이다.

후쿠시마 핵발전소 사고 이후 현 세대의 이익을 위해 미래 세대의 건강과 생명을 위협하는 것이 옳은가 하는 세대 간 형평성 문제를 제기하는 국가가 있는가 하면, 산업 에너지 공급의 안정성과 CO_2 감축에 근거한 공동체 전체의 이익을 강조하며 정부가 핵발전을 밀어붙이는 국가도 있다. 독일, 스위스, 이탈리아, 스페인, 벨기에 등은 핵발전소 위험의 통제 불가능을 들어 목표 연도를 정하고 핵발전소의 단계적 폐쇄 또는 신규 핵발전소의 건설 계획 포기를 결정했다. 하지만 한국, 러시아, 중국은 재난을 대응 가능한 것으로 간주해 핵발전의 확장을 결정했다. 충격적인 것은 한국 내의 핵발전소 밀집단지 주민들이 바로 이웃 나라에서 일어난 핵 재앙을 보고서도 '적당한 조건이라면' 추가적인 핵발전소 유치를 수용한다는 사실이다. 이미 11기의 핵발전소가 밀집해 있는 경상북도는 후쿠시마 핵발전소 사고 이후에도 '동해안 원자력 클러스터' 소성을 국책사업으로 추진하고 있고, 반핵단체와 환경단체가 이에 반대하는 시위를 벌이며 지방정부에 대한 불신을 강하게 표출하고 있다. 하지만 해당 지역 주민들은 '적당한 조건이라면' 큰 재앙의 잠재력을 갖고 있는 위험덩어리를 수용할 태세다. 경제적 낙후지역의 주민에게 핵발전소 사고는 안전관리만 '제대로' 한다면 일어나지 않을 수 있는 위험인 반면에, 빈곤은 지금 당장 가족의 생계와 자존을 위협하는 재난이기 때문이다. 그들에게는 미래에 일어날지도 모르는 핵 재앙의 위험보다 현재의 삶을 위협하는 빈곤의 위해가 훨씬 더 위협적이다. 이처럼 돌이킬 수 없는 지구적 재앙 가능성도 마다하지 않고 핵발전소 유치를 밀어붙이는 지방정부의 비공공성과 주민의 불의를 접하면서 우리는 신뢰의 도덕성에 의문을 던지게 된다.

위험은 외부의 힘에 의해 당하는 재난(위해)과는 달리 자기결정이 미치는 미래의 결과를 고려하는 것이며, 인물 또는 사회적 체계—조직, 제도, 사회 등—에 대한 신뢰 때문에 인물 또는 사회적 체계의 기회주의적 행동에 노출될 때 발생한다. 따라서 과학자들이 위험을 연구한다고 해서 위험이 줄어드는 것은 아니다. 그러나 위험 연구가 활성화된다면 위험에 대한 민감성은 예리해지고 위험도 집단적인 경험으로 가시화된다.

빠르게 변화하는 세계에서 전통적인 형식의 인물에 대한 신뢰는 더 이상 힘을 받지 못한다. 전통 사회에서 인물에 대한 신뢰는 주로 친족 또는 지역공동체에 기반을 두고 있었다. 그러나 세계화된 사회에서의 삶은 일찍이 만난 적도 없고 알지도 못하는 사람들, 멀리 떨어진 다른 곳에 살고 있는 사람들에 의해 영향을 받는다. 이러한 비인간적 관계는 사람들을 먹거리 생산·유통기관, 수질 정화기관, 은행과 같은 제도들을 신뢰하도록 떠민다. 이러한 떠밀림 방식으로 위험과 신뢰는 하나로 묶인다. 다른 국가들과의 자유무역협정(FTA) 체결로 외국에서 수입된 농수산물이 일상에 깊이 들어와 있다. 소비자가 동네 슈퍼마켓에서 이들 농수산물을 사는 것은 당국에서 행하는 식품 검사와 규제를 신뢰하기 때문이다. 또한 수돗물이 상수도사업본부의 엄격한 수질 정화 과정을 거쳐 가정에 도달한다고 믿기 때문에 수돗물을 마신다. 또는 은행에 아무런 걱정 없이 돈을 입금시키는 것은 은행 직원이 입금한 돈을 빼돌려 횡령하지 않고 자신의 계좌에 들어갈 것이라고 믿기 때문이다. 일상에서 위험을 인지하고 그것에 효과적인 방식으로 대응하고 있다면 그 일을 맡은 담당자들을 신뢰하고 있는 것이다. 이런 유형의 신뢰는 습관적으로 '주어진' 것이 아니라 행위자의 자기성찰과 소통의 '재귀성'을 통해 구성된 것이다.

사회가 전통과 관습에 많이 의존할수록 사람들은 위험에 당면해 자기성찰을 하기보다 기존의 관행을 따른다. 하지만 이전 세대들이 당연시했던 삶의 측면들은 현대인에게는 결정을 필요로 하는 열린 문제가 되고, 매일매일 벌어지는 행위는 위험을 고려해 지속적으로 성찰하고 새로운 지식에 입각해 행위를 개선하도록 조건을 만든다. 예를 들어 공단 조성이나 보 건설로 식수원 오염이 우려되는 상황에서 상수도사업소를 믿고 수돗물을 그대로 먹을지, 정수기를 설치해 정수한 물을 먹을지, 또는 생수업체가 제조한 물을 사 먹을지 결정하는 일은 매우 개인적인 행위이다. 하지만 수돗물과 정수기 물, 생수의 관리·위생 상태에 대한 환경기관의 보고서나 환경단체의 성명서, 대중매체의 보도가 가족이나 친지와의 소통에서 언급되고 재언급되고, 해석되고 재해석되면서, 촌평과 웃음거리, 비판을 주고받는 과정이 개인의 결정에 지대한 영향을 미친다.

미래가 불확실한 상황에서 결정이 가져올 위험을 인지하면서도 그들 또는 그 체계에 기꺼이 믿음을 보내는 것이 신뢰이다. 다시 말해서 결정의 영향을 받는 당사자에게 신뢰의 전제조건이 되는 것은 불확실성 또는 위험의 존재이다. 모든 것이 확실하고 모든 결정에 위험 부담이 없다면 애초에 신뢰는 문제조차 되지 않기 때문이다. 만일 어떤 행위자가 위험을 고려하면서도 감시할 필요를 느끼지 않는다면 그가 상대방의 행위를 신뢰하고 있기 때문이다.

체계에 대한 신뢰는 개인으로서의 인물에 대한 신뢰와는 다르다. 사람들은 인물에 대한 신뢰가 부족하더라도 그럭저럭 살아가지만 제도, 조직, 사회에 대한 신뢰 없이는 살아갈 수 없다. 만일 공중의 비합리적인 위험 인지가 정보

부족에서 비롯되었다면, 위험과 관련된 사회갈등은 공중에게 올바른 정보를 제공해 그들을 전문가로 만들면 저절로 해결될 일로 단순화된다. 하지만 이런 비현실적인 일은 '전문가 바보'의 허상으로만 존재한다. 재난은 정보가 부족한 상황에서 일어날 수 있는 체계에 대한 신뢰와 밀접한 연관이 있다(기든스, 1991).

신뢰 연구는 지난 10여 년간 구미 사회과학계에서 폭발적인 성장세를 보였고, 이에 자극을 받아서 우리 학계에서도 적지 않은 연구가 이루어지고 있다. 신뢰는 경험적 연구가 쉽지 않은 사회현상이다. 그 때문에 신뢰의 형성과 유형, 신뢰관계는 역으로 불신의 형성 조건에 대한 분석을 통해 설명되기도 하고(Garfinkel, 1963), 정신분열증 환자를 대상으로 모호성에 대한 관용 결여, 인지·감정의 역설적 양립, 자폐증 등 신뢰 능력의 결여에 대한 구조적 연관 분석을 통해 심리학적으로 설명되기도 한다(D'Zurilla and Sheedy, 1991).

최근 신뢰 연구는 대체로 공공 영역(정치·행정제도, 의회제도, 금융제도, 법률제도, 교육제도, 의료제도 등) 또는 조직(정부, 정당, 국회, 검찰, 법원, 학교, 병원, 언론사, 기업, 시민사회단체 등), 사회 지도층 또는 직업집단(정계, 관계, 재계, 법조계, 학계, 교육계, 의료계, 언론계 등)에 대한 신뢰 등 표준화된 태도 조사(흔히 설문지 형식으로)에 집중되어 있다. 하지만 이들 신뢰 조사는 신뢰의 본질을 깊이 해명하려는 노력 없이 신뢰 현상을 자료의 통계적 처리나 수학적 조작에 의해 확인 가능한 것으로 믿는 과도한 객관주의적 경향을 보인다. 연구의 초점이 표준화된 신뢰 태도를 측정하는 지표를 개발하고 연구자가 미리 가정된 조사 틀에서 현대 사회를 진단하는 모델을 구축하는 것으로 모아진다. 이들 조사 문항은 응답자들이 자신의 신념이나 태도에서 판단해 대답 또는 진술하도록 처리된 것으로 결코 일반적인 신뢰 형식이나 행위 유형과 동일시될 수 없는 것들이다.

연구자들은 확률론, 게임이론, 합리적 선택론 같은 실제 태도와는 괴리된, 사변적으로 구축된 사유 도구를 연구대상의 머릿속에 집어넣을 위험까지 드러내고 있다. 예컨대 피조사자들에게 "당신은 정부(또는 국회, 공공기관, 경찰,

공무원 등)를 얼마나 신뢰하고 계십니까" 하고 5점 또는 7점 척도에 따라 묻는 것은 그들에게 스스로 사회학자가 되라고 강요하는 것과 마찬가지이다. 피조사자들이 한 번도 생각해보지 않은 문제를 질문하는 것은 연구자의 사변적 추리에서 비롯된 과학적 오류이다. 또한 연구자들은 자신이 대상을 이해하는 방식을 그 대상에 그대로 전가시키는 위험도 안고 있다(부르디외, 2005: 254). "나는 정부를 신뢰한다" 또는 "나는 정부를 신뢰하지 않는다"는 진술 형식의 대답은 개인의 실제 행동에 대한 근거를 전혀 제공하지 못한다.

비록 비중이 추론 지표와 행동 지표에서 언어 지표로 옮겨지고 있지만, 그때마다 지표로 측정된 것이 신뢰인지 불신인지 어떻게 알 수 있느냐는 문제는 여전히 남는다. 예컨대 박정희 대통령 같은 권위주의적 통치자에 대한 보수주의자의 극단적인 동경이나 이 나라를 떠나고 싶다는 진보주의자의 극단적인 반응은 기존의 정치에 대한 불신을 보이는 것일 수 있다. 하지만 이러한 해석이 얼마나 납득할 만한 것인지는 연구자가 조사에서 기초하고 있던 신뢰 또는 불신에 대한 정의가 무엇이냐에 달려 있다. 이 나라를 떠나고 싶다는 것이 불만이나 실망을 보이는 것이라면, 이러한 입장이나 태도를 불신과 동일시할 수는 없다. 다른 한편 행위자가 손실을 회피하려는 행위나 태도를 불신을 드러내는 것으로 미리 규정해놓는다면, 불신의 영역은 그 윤곽을 헤아릴 수 없을 정도로 확장된다는 위험이 있다. 이처럼 피조사자의 신뢰 상황에 대한 관찰은 필연적으로 연구자가 자료를 이해하기 위해 채택한 이론적 관점에 의해 제약을 받는다.

이런 신뢰 지표에 의한 측정 수치의 높낮이 변화와는 다른 맥락에서 공공 영역에 대한 불신이 높아지는 데 대한 우려가 제기되고 있고, 더 나아가 체계에 대한 신뢰 논의가 활발하게 이루어지고 있다. 하지만 고도로 복잡한 현대 사회에서 대다수 공중에게 나타나는 신뢰에 대한 성찰적 이해는 유감스럽게도 거의 다루어지지 않고 있다. 벡Ulrich Beck은 한국 사회과학계의 신뢰 논의에 대해 현대 사회에 대한 성찰적 이해가 충분하지 못하다고 우려를 표명한다(벡,

2010). 신뢰에 대한 관심이 양적으로는 증가했지만 제도 또는 타인에 대한 신뢰와 불신의 측정에만 머물고 현대 사회에 대한 성찰적 이해가 불충분한 이유는 무엇인가? 종래의 연구가 주로 정부, 기업, 시민사회단체 등 조직에 대한 신뢰가 감소하는 원인을 추적하는 데 지향되어 있다면, 또한 신뢰의 시계열적 변화와 국가들 간 비교 측정에 필요한 조작적 정의를 내리는 연구 수준에서 탈피하지 못하고 있다면, 이제는 사회학의 본령인 시대 진단에 본격적으로 나서야 한다.

역사상 유례가 없는 불확실성 시대로의 변화와 중대한 위험 사건들의 소통, 그리고 이에 따른 신뢰에 대한 인식 변화와 행동이 어떻게 서양뿐만 아니라 동양에서 일어나는지를 파악하려면 신뢰와 위험의 관계에 대한 보다 심층적인 연구가 필요하다. 기존의 경험적인 신뢰 연구들이 신뢰를 희망, 배려 또는 확신과 혼동하고 있다는 루만의 지적(Luhmann, 1968)은 비록 지적 오만함이 묻어나긴 하지만 높은 이론적 견지에서 제기된 것임에는 틀림없다. 그는 자기 방식으로 구체적으로 신뢰를 분석하는 데 따르는 어려움을 지적하고 있다. 신뢰에 대한 이론적 분석보다는 이 이론적 분석을 태도 조사에서 관찰 가능하고 측정 가능한 용어로 조작하는 것이 더 어렵다는 그의 말은 타당하다.

어떤 경험적 분석도 조작적 정의가 어떤 형식으로 내려지는지를 확정하는 이론적 전제를 함축하는 그 시대에 대한 진단 없이는 제대로 이루어질 수 없다. 따라서 이 책에서는 시대 진단을 위해서 우선 불확실성과 위험이 만연한 현대 사회의 신뢰 구조에 대한 해석의 표현인 신뢰 의미론이 변화해온 역사적 맥락을 추적한다. 신뢰 의미론은 현대 사회에서 작동하는 신뢰 구조의 변화와 관련해 변이의 범위를 강하게 제한하는 구조적 조건들을 역사적 용례와 용어의 진화를 통해 보여주기 때문이다(Luhmann, 2001).

물론 이러한 의도의 완벽한 관철이 어렵고 기능체계들이 상대적 자율성을 갖고 빠르게 발전하기 때문에 이러한 발전을 학문적으로 충분히 파악할 수 없을지도 모른다. 신뢰의 위기 논의가 등장한 것은 20세기 말이기 때문에 17세기 중엽의 홉스Thomas Hobbes 같은 정치철학자, 19세기 말엽의 뒤르켐Emile Durkheim과 짐멜Georg Simmel 같은 고전 사회학자, 파슨스Talcott Parsons와 슈츠Alfred Schütz 같은 20세기 중엽의 사회학자로 소급해서 신뢰 논의를 전개하는 일이 얼핏 빗나간 것처럼 보일 수도 있다. 하지만 현대 사회가 접하는 새로운 위험에 대한 문제의식에서 이루어지는 신뢰 의미론의 재구성은 신뢰 담론의 숲 속을 헤매다가 엉뚱한 사유의 오솔길로 빠지는 것을 막아줄 것이다.

여기서는 신뢰와 불신의 차이, 신뢰 및 불신과 관련된 개념들이 명확하지 않은 채로 진행되는 현재 논의의 극복을 시도한다. 그것은 고전 사회학 및 현대 사회이론의 신뢰 연구를 루만의 자기생산적 사회체계이론과 견주어 탐구하는 형식으로 이루어진다. 또한 현대 사회에서 인물에 대한 신뢰와 체계에 대한 신뢰가 분화된 맥락을 좇는 방식으로 이루어진다. 이어서 체계에 대한 신뢰의 확실성이 급속히 불확실성으로 이행하는 불확실성 시대에 신뢰 의미론이 고유한 소통의 재생산을 지속시키는 맥락을 검토한다. 이 과정에서 신뢰 주제와 관련해 자기생산적 사회체계이론이 지닌 장점들이 드러날 것이다. 나아가 지식과 기술의 혁신에 기반을 둔 지식경제에서 어떻게 신뢰 의미론이 사회 각 영역에서 불확실성과 관련된 행위를 위험과 지속적으로 연결하는지 추적한다. 불확실성 시대에는 원인과 결과에 따른 인과론적 설명이나 미래에 실현될 도덕적 가치와 규범적 이상사회의 섣부른 제시보다 사회가 자기 자신을 어떻게 기술하는지, 자기기술에서 무엇을 보게 되는지 등 사회의 자기기술을 성찰적으로 관찰할 필요가 있기 때문이다.

제2장

신뢰 의미론의 역사적 변천

2,500년 전 춘추·전국시대에 살았던 공자(1985: 45)는 『논어』 「위정편」 22장에서 "그 사람을 신뢰하지 않는다면 그의 사람됨을 알 수 없다(人而無信 不知其可也)"고 설파하면서, 전통 사회의 질서가 권력과 돈이 아니라 신뢰에 기초하고 있음을 밝혔다. 공자는 당시 사회의 구조적 문제를 공공 영역이 시장에 의해 지배되는 위기 상황에 있다고 보았으며, 이의 해법을 신뢰 회복에서 구했다(배병삼, 2012). 후설Edmund Husserl은 현대 사회에도 여전히 소통은 신뢰를 전제로 한다고 역설했다(후설, 2009: 23 이하). 소통하는 두 사람은 어쩔 수 없이 신뢰에 의존한다는 것이다. 따라서 소통이 이루어지려면 자아와 타자가 서로의 이해 능력과 이해 방식을 신뢰해야 한다고 통찰한 점은 동서고금이 마찬가지였다.

루만(Luhmann, 1968)이 "주류 사회학에서 신뢰를 핵심 주제로 다루고 있지 않다"고 한탄한 지 40여 년 지난 작금의 상황은 많이 달라졌다. 신뢰는 사회과학계에서 그 중요성이 익히 알려져 있었지만 체계적인 연구는 드물게 이루어졌다. 신뢰와 관련한 이론이 충분히 발달하지 못했다는 것은 분명하다. 짐멜을 제외한 대부분의 학자들은 다른 것을 연구하면서 지엽적으로 신뢰 현상에 대해 언급했다. 베버Max Weber, 뒤르켐 등의 고전 사회학자뿐만 아니라 코저 Lewis Coser, 푸코Michel Foucault, 하버마스Jürgen Habermas 등과 같은 현대 사회학자는 신뢰 개념을 언급했지만 이론적인 맥락에서 체계적으로 다루진 않았다. 그들은 대체로 신뢰를 분석적으로 접근하기 까다롭고 다루기 힘든 현상들과 관련 있는 것으로 간주했다. 이처럼 주류 사회학은 신뢰를 부수적인 것으로 처리했다. 동일한 맥락에서 감베타Diego Gambetta는 학자들이 신뢰 현상을 과학적으로 분석하기보다는 무기력하게 방치한다고 비판했다(Gambetta, 1988).

신뢰는 그 의미가 역사적 맥락과 관련해 변화하고 있다. 물론 신뢰 연구가 역사적 맥락에 상응해 가시적으로 뚜렷한 주제의 변화상을 드러내는 것은 아니다. 그렇지만 사회학의 역사를 통틀어 조망해보면 대체로 세 단계의 세대 구분이 가능하다. 제1세대는 19세기 말엽 사회학이 태동하던 시기에 활동한 뒤르켐, 베버, 짐멜 등이고, 제2세대는 20세기 중엽 사회학이 영역을 확장하던 시기에 활동한 파슨스, 슈츠 등이다. 제3세대에는 20세기 후반 사회학의 부흥기에 활동한 블라우Peter Blau, 가핀켈Harold Garfinkel, 고프먼Erving Goffman, 루만, 기든스Anthony Giddens, 부르디외Pierre Bourdieu, 콜먼James Coleman, 퍼트넘Robert Putnam 등 다수의 사회학자들이 포진해 있다. 이들은 서로 다른 맥락에서 신뢰에 중요한 의의를 부여했다.

이 장에서는 사회학의 고전 작품에서 행해진 신뢰 현상에 대한 분석을 소개한다. 고전 사회학의 신뢰 연구는 기초사회학적 접근과 발전사적 접근으로 구분된다. 우선 발전사적 관점에서 신뢰 현상을 규정했던 뒤르켐, 베버, 짐멜 등을 다룬다. 이들은 원칙적으로 '개인에 대한 신뢰'에서 비인격적인 '물화된 신뢰'로의 이행이 현대 사회의 태생과 근대 자본주의의 전개에서 본질적인 요소라고 밝혔다. 짐멜은 좁은 의미의 신뢰에 몰두해 '개인에 대한 신뢰'와 유사 종교적인 믿음 유형을 가지고 과학 이전의 지식에 제한해서, 유용한 지식을 넘어선 신뢰 현상의 속성을 강조했다. 대체로 고전 사회학자들은 거시적 수준에서 신뢰의 기능적 필요성을 강조했다. 그리고 기초사회학적 관점에서 신뢰 현상을 규정했던 슈츠, 가핀켈, 고프먼 등을 다룬다. 파슨스가 신뢰의 기능을 사회의 기초적 질서를 수립하는 데 있다고 보았다면, 슈츠는 처음으로 친숙성에 주목해 지식사회학적으로 신뢰를 논했고 가핀켈과 고프먼은 미시적 수준에서 신뢰 현상을 지속적으로 다루었다.

1. 초기의 신뢰 연구: 홉스, 뒤르켐, 베버, 짐멜

근대 초기 홉스가 자연 상태에서 모든 사람은 서로를 불신하기 때문에 다른 모든 사람에 대한 투쟁 상황에 있다고 파악한 것은 놀랄 만한 일이다. 그에 따르면, 모든 사람은 능력이 같아지면서 동일한 목표를 추구하지만 모두가 그것을 얻을 수는 없기 때문에 서로 간에 불신이 생겨나고 불신에서 투쟁이 발생한다. 그는 『리바이어던(The Leviathan)』(1651)에서 투쟁의 본질을 투쟁에로의 지속적인 지향에 있다고 보고 사회 상태에 시간 개념을 도입했다. 그에 따르면 자연 상태에서 피할 수 없는 '만인에 대한 만인의 투쟁'은 인간의 본성에 내재해 있는 세 가지 갈등 요인 때문에 일어난다(홉스, 1986: 206 이하). 공동의 목표 추구에서 오는 '경쟁', 타자의 위협으로부터 자신을 방어하는 '불신', 타자의 일거수일투족에서 평판을 구하는 '명예'가 그것이다. 상대방에 대한 신뢰 상실과 강한 불신은 모두 이윤, 확실성, 명성 등을 지속적으로 추구하는 데서 근거하는 것으로 서로에게 위협이다.

이런 식으로 가정된 자연 상태는 규칙의 총체적 결여로서 특징지어진다. 이 때문에 경쟁은 자신의 행위 계기와 타자의 행위 계기에 대한 지속적인 정보 획득을 필요로 한다. 불신은 모든 사회관계가 진행되는 과정에서 안전에 대한 지속적인 배려를 요구한다. 명예는 자신의 사회적 지위를 유지하려는 사람들을 끊임없는 투쟁으로 이끈다. 이처럼 신뢰는 이미 초기 경험론에서부터 경쟁이라는 사회적 차원의 복잡성 문제, 불신에 따른 행위 조건에 대한 법적·국가적 보장 문제, 명예·존경과 연관된 인물에 대한 신뢰 문제와 직접적으로 관련지어졌다.

홉스는 개략적으로 묘사했던 딜레마에 대한 결정적인 해법을 신뢰에 귀결시켰다.[1] 그에 따르면 계약은 권리의 양도 또는 변경이기 때문에 계약의 표시는 권리를 과거·현재·미래와 관련해서 시간적으로 이전하는 소통이 된다(홉스, 1986: 216). 만일 계약자 일방이 그가 지켜야 할 계약을 정해진 시간 후에도 이행한다면 그와 상대방은 서로 신뢰하는 것이다. 미래에 계약을 이행하는 사람은 신뢰를 받고 있는 것이며 그의 실행은 약속을 지키는 것이다. 계약을 체결한 당사자 간의 신뢰는 쌍방이 외부의 강제력을 수용해서 의심스러운 경우 계약을 단절하는 데 대해 제재를 가하는 상황에서만 가능하다. 다시 말해서 당사자들이 계약 형식의 약속을 언제 충족된 것으로 또 언제 파기된 것으로 간주하는지 스스로 판단하지 못하는 한에서 당사자 간의 신뢰가 가능하다. 신뢰받는 피신뢰자가 계약을 파기할 경우 국가 강제력에 의한 처벌을 각오해야 하므로 처벌을 두려워한다는 것을 신뢰자가 계산에 넣을 때 비로소 계약적 신뢰는 가능하다는 것이다. 강제력으로 무장한 제3의 기관만이 쌍방이 야심, 탐욕, 기타의 정념에 구속되어 그때마다 타자를 속여 이익을 취하는 것을 막을 수 있다는 것이다(홉스, 1986: 217).

홉스는 합리적 선택론 구상의 근간을 이루는 신뢰 연구의 결정적 기초를 닦았다. 홉스는 당사자들 쌍방의 계약 체결에 기초가 되는 상호작용의 근본적

---

1 로크도 홉스의 계약설을 취해 역사적으로 형성되던 대의민주제의 토대를 신뢰에서 구한다. 하지만 그는 홉스의 전제주의를 자연 상태의 불확실성보다 더 나쁘다고 보고 주권재민과 공중의 항의권을 인정해 대의민주제, 입법권과 집행권의 분리, 법률에 의한 통치와 개인의 자유·인권의 약력을 역설했다. 선출된 대표자들은 그들이 대표히는 공중의 신뢰 속에서 활동할 뿐만 아니라 그들의 정치적 행위의 정당성도 선거에 의해 주어진 것이 아니라 공중의 신뢰에 있다고 본다(로크, 1985: 317).

인 모호성을 시간적·사실적·사회적 의미 차원에서 지향하는 사회계약론의 핵심을 제시했다. 신뢰는 사실적 차원에서 세계의 복잡성을 계약상 합의된 실행으로 축소하고, 사회적 차원에서 행위과정 및 상호작용을 위한 안정적 조건을 형성하며, 시간적 차원에서 과거·현재·미래의 시간적 전이를 통해 사회질서의 지속과 안정적 사회관계의 형성 및 유지를 위한 핵심 기제로 기여한다. 이처럼 홉스의 정치철학은 근대 초에 이미 신뢰 현상과 관련해 20세기 초 사회학이 강조했던 근본적인 문제들을 제기하고 있었다.

교환대상이 되는 업적이나 재화를 쌍방이 동시에 양도할 수 없는 상황에서 교환에 들어가는 사람들은 신뢰를 필요로 한다. 홉스의 신뢰 모델에서 신뢰의 결정적 동기는 고유한 이해관계 그리고 선호의 보전 또는 충족이었다. 그러나 홉스의 신뢰 모델은 오늘날 계약 형식의 신뢰 모델에도 여전히 남아 있는 몇 가지 문제를 안고 있었다. 첫째, 계약을 체결하는 당사자들이 권력을 장악하고 강제적인 처벌을 행사하는 통치기관을 어떻게 신뢰하게 되는지가 불분명했다. 통치기관의 처벌에 대한 두려움이 신뢰와 동일시될 수는 없다. 통치기관이 판결하는 처벌은 항상 옳다는 신뢰와, 실제로 죄를 범한 자에게 처벌이 내려진다는 신뢰는 처벌에 대한 두려움에서 오는 것이 아니기 때문이다. 둘째, 행위자들이 어떻게 통치기관의 통치에 동의하게 되는지가 불분명했다. 사람들이 계약을 통해 호전적인 자연 상태에서 평화로운 사회 상태로 이행한다는 홉스의 구상은 행위자들이 자연 상태에서 마주치는 깊은 불신을 어떻게 자진해서 — 모든 일에 대한 기초적 권리를 버리고 — 인정된 통치기관에 대한 신뢰로 바꾸는지를 설명해야 했다. 홉스의 자연법에 따르면 "다른 사람들이 어떤 일에 대해 자신의 권리를 포기할 준비가 되어 있다면 누구든지 그 일을 자발적으로 할 것이다"(홉스, 1986: 212). 그러나 이런 정식화는 실제 이들 각자가 어떻게 다른 사람이 자신의 기초적 권리를 포기할 준비가 되어 있다는 확신에 이르는지를 설명하지 못한다. 이때 신뢰가 아무런 역할을 할 수 없다는 것은 분명하다. 왜냐하면 홉스의 구상에서는 신뢰가 통치기관의 개입 이후에야 비로소 가능하기 때문이다.

　사회계약론에 내재된 이들 문제는 근대 철학에서 신뢰 조건에 대한 연구로 현실화됐다. 거기다 계약 형식의 신뢰에 대한 강조가 신뢰의 다양성을 너무 감소시키는 것이 아니냐는 우려가 제기됐다. 계약 형식의 신뢰 모델에서 기초가 되는 가정은 개인 간의 포괄적인 신뢰관계 중 제한된 한 단면만을 보여주었다. 또한 계약 형식의 신뢰 모델에서 문제가 되는 것은 다소 분명하게 드러났던 평등주의와 재화 교환에 대한 강한 지향이있다. 계약이론은, 계약관계에 들어가는 당사자들이 타자의 이해관계를 최소한으로 고려해 자신의 이해관계를 추구하며 서로의 권리와 의무를 확고히 하는 이상적인 평등 상황에서의 거래관계를 전제했다.

　이러한 근대 철학의 신뢰 논의와 달리 19세기 말 태동한 고전 사회학은 현대 사회의 발전과 연관된 연구대상인 신뢰 범주에 관심을 가졌다. 신뢰 현상에 대한 최초의 사회학적 논의는 사회계약론의 시각에 대한 비판의 형식으로 등장했다. 뒤르켐은 사회계약론이 분업에 의한 전문화가 지배하는 현대 사회에서 작동하는 계약의 실제적 구속력을 해명하기에는 역부족이라고 보았고, 사회계약론이 전제하는 공동체의 비계약적 상황을 분석했다. 그는 비계약론의 관점에서 사회관계의 계약적 규제를 제도로서 해석했고, 규범적인 정당화가 이루어지는 상황으로부터 계약의 구속력을 도출했다. 즉, 사회계약 그 자체가 아니라 규범적 정당화가 계약의 구속력에 타당성을 부여하는 기초적 전제를 형성한다고 보았다. 이러한 정당화는 해당 집단의 '집합의식'을 바탕으로 하며, 그 때문에 의무의 속성과 연관이 있었다(뒤르켐, 1976: 181).

　이와 함께 뒤르켐은 '자연법의 사회학적 근거'를 분석하며 도출했던 퇴니스Ferdinando Tönnis의 논거, 즉 "계약은 신뢰와 믿음에 근거한다"(퇴니스, 1976)는 논거에 구체적인 형식을 부여했다. 뒤르켐의 논의 배경에는 '유기적 연대' 개념이 자리하고 있다. 뒤르켐은 사회가 분업을 통해 확보한 사회적 연대를 '유기적 연대'라 칭했다(뒤르켐, 1976: 406 이하). 그에 따르면 현대 사회에서도 여전히 도덕적 합의가 사회통합과 연대의 원천으로 작동하지만, 계약이 관습과 충돌하거나 폭력과 사기를 통해 이루어진 경우 법과 여론이 당사자들을 보다 더 직접적으로 구속한다(뒤르켐, 1976: 358). 과학은 끊임없이 변화하는 고도로 복잡한 환경에 계약 당사자들이 잘 적응할 수 있도록 전문화된 지식의 형식으로 계도의 역할을 수행한다.

> 만일 계약적 관계가 구속력이 있다면 그것은 사회가 힘을 부여하기 때문이다. 사회가 계약적 의무를 규제하지 않는다면 그 의무는 더 이상 도덕적 힘을 갖지 못하는 약속에 불과하게 된다. 따라서 모든 당사자에게 계약을 존중하는 의무를 지우기 위해 사회는 언제나 개입할 준비가 되어 있다. 사회는 사회적 가치가 있는 계약에만 구속력을 제공한다. 즉, 법규에 동조하는 계약만 보호한다(뒤르켐, 1976: 408).

이에 따르면 신뢰는 도덕적으로 채워진 의무관계의 기초가 아니라 역으로 사회관계에 내재하는 규범적 의무로 이해된다. 하지만 이러한 중요한 지적을 했으면서도 뒤르켐은 정작 자신의 저작 어디에서도 신뢰 현상을 심도 있게 논의하지 않았다.

베버도 뒤르켐과 마찬가지로 신뢰 현상을 주변적으로만 다루었다. 그는 근대 자본주의의 발생과 합리화의 역동성을 탐구하면서 개인적으로 모르는 낯선 인물에 대한 신뢰의 의의를 언급했다. 베버(1997a: 50 이하)는 근대 자본주의의 발전 조건으로서 오로지 개인적으로 연결된 사적 신뢰에서 일반화된 공적 신뢰로의 이행을 강조했다. 그는 시장에서 교환을 통해 이루어지는 이익사회화를 "가장 비개인적인 실천적 사회관계"(베버, 2009: 318)라고 지적했다. 왜냐하면 시장의 이익사회화가 "교환 재화에 대한 이해관계에, 그리고 오로지 이런 이해관계에만 사실적으로 지향되어 있기 때문이다"(베버, 2009: 318). 시장은 오직 사물의 명색만 알 뿐이며, 우애와 존경의 의무나 혈연·지연 등을 기반으로 하는 인간관계의 모든 기초적 형식은 알지 못한다. 이러한 '절대적 사물화'의 행위 범주에서 "일단 약속된 사항의 형식적 부동성은 교환 상대방에 의해 기대되는 속성으로서 시장 윤리의 내용을 이루는 질적" 측면이다(베버, 2009: 318). 여기서 베버는 '불확실성이 지배하는 시대에' 시장의 형식을 띤 목적 합리적인 이익사회의 조건을 이루는 '재화의 법칙'을 확인했다(베버, 2009: 323).

> 교환 상대방의 합법성에 대한 보장은 궁극적으로 양쪽에서 정당한 것으로 받아들인 다음과 같은 전제에 근거한다. 양자는 모두 해당 상대방이든 다른 교환 상대방이든 관계없이 미래에도 교환관계를 지속하는 데 관심이 있으며, 따라서 주어진 약속을 지킬 것이고 적어도 신뢰와 믿음을 침해하는 일은 행하지 않을 것이라는 전제가 바로 그것이다(베버, 2009: 320).

그 밖에 베버는 퇴니스가 대립적인 실체로 이해한 '공동체와 이익사회'의 이념형적 전환을 통해 체계적인 의미 연관을 부여했다. 그에 따르면 공동체와 이익사회는 존재론적으로 확정할 수 있는 사회조직의 상태도 아니고, 그 각각을 특정 역사적 시대에 분명하게 귀속시킬 수 있는 사회관계의 유형도 아니다. "대부분의 사회관계는 부분적으로는 공동체의 속성을, 부분적으로는 이익사회의 속성을 지니고 있다"(베버, 1997a: 171). 왜냐하면 엄밀하게 목적합리적으로 만들어진 사회관계도 의도된 목적을 넘어서는 감정을 불러일으킬 수 있고, 공동체도 모든 참여자에 의해 또는 몇몇 참여자에 의해 전부 또는 일부가 목적합리적으로 이용될 수 있기 때문이다(베버, 1997a: 172). 이러한 베버의 열린 개념 이해에 비추어 보면, 인물에 대한 신뢰에서 객관화된 신뢰로의 이행이 일어났다는 일차원적인 발전 경로 논제는 현상적으로 부적절하다.

짐멜은 다른 고전 사회학자들과 달리 신뢰 현상을 심도 있게 다루었으며, 그 결과 현재에도 유용한 통찰을 내놓았다. 현대 사회에 대한 짐멜의 해석 맥락에서 신뢰 현상은 중요한 위치를 차지한다. 짐멜은 『돈의 철학(Philosophie des Geldes)』에서 현대 사회 삶의 일반적인 본질과 구조를 화폐의 확대된 형식인 신용의 논리에 기초하는 것으로 해석했다(짐멜, 1983: 598). 그는 근대성에 비판적인 다른 논문들과는 달리 금속화폐에 내재해 있는 약속, 즉 '구속성'이라는 사회학적 개념을 언급했다. 교환 당사자들이 실질가치를 직접 주고받는 물물교환과 달리, 금속화폐의 구속성은 제3의 심급, 즉 화폐경제의 광범위한 창출로 이행하는 것을 가능하게 했다(짐멜, 1983: 185). 생산과 소비는 우연적이고 비조직적으로 연결된 관계여서 시공간적으로 서로 분리되어 있는데, 화폐가 교환가치의 일반화를 통해 양자를 연결시킴으로써 경제 순환의 연속성을 보장했다(짐멜, 1983: 160). 따라서 근대 신용경제에서 일정한 한도에서 화폐를 발행·유통시키는 정부에 대한 공중의 신뢰와 경제 순환에 대한 신뢰는 기본적인 것이다. 짐멜은 이런 이중적 신뢰가 없다면 현금 유통은 일어날 수 없을 것이라고 보았다. 이중적 신뢰가 중단 없는 화폐 교환을 가능하게 한다는 것이었다. 이중적 신뢰가 없다면 지폐의 액면가가 그에 걸맞은 적절한 교환 행위를 이끌어내지 못하고 지폐에 의해 상징화된 가치량이 의심받았을 것이다. 지폐가 물질적으로 가치가 없으면서도 화폐로서 평가받는 것은, 화폐가 내재적 가치와는 무관하게 경제 영역에서 소통의 일관성을 유지하면서 기능적으로 사용된다는 것 외에 중앙정부가 제공하는 순환의 연속성 보장에 기초하고 있기 때문이었다(짐멜, 1983: 236).

짐멜에 따르면 '문화의 객관화 과정'에서 인물에 대한 신뢰와 일반적인 제도에 대한 신뢰는 역사적으로 분화되어 발전했다(짐멜, 1983: 599). 기능적으로 분화된 현대 사회의 사회관계는 행동의 동기화와 규정이 객관화되어 있어 더 이상 신뢰는 개인적인 친분관계를 필요로 하지 않는다(Simmel, 1992: 394). 적어도 전통 사회에서는 직업상 상호작용, 직업관계, 사업상 협력관계 등에서 아직 사회적 신뢰가 형성되지 못했고 행위 참여자들이 전체적으로 사회관계 내에 존재하는 데 상호작용의 본질적인 의의가 있었다(Simmel, 1992: 394). 그에 반해 현대 사회에서는 신뢰를 개인에게 보내는 것이 아니라 거래 상대방의 추상적인 능력에 보낸다. 화폐를 사용하는 사람은 누구나 자신이 모르는 다른 사람들도 그 가치를 인정할 것이라는 기대에서 화폐를 사용한다. 물론 그는 거래하는 상대방을 우선 신뢰하지만 무엇보다도 화폐 자체를 신뢰한다. 이러한 신뢰의 탈개인화는 상호작용이 화폐와 같은 다양한 형식의 상징 기호에 의해 매개되는 현대 사회의 목적지향적인 구도에서만 타당하다(짐멜, 1983: 259).[2] 이러한 맥락에서 짐멜은 미시적 수준의 직접적인 사회관계에서 작동하는 인물에 대한 신뢰 이외에 중범위 수준에서 전문가에 대한 일반적인 신뢰와 거시적 수준에서 상징 기호에 의해 매개된 체계에 대한 신뢰에 대해 언급했다.

이에 상응하게 짐멜은 현대 사회에서 신뢰 개념이 일반적 믿음으로서의 신뢰, 지식 형식으로서의 신뢰, 감정으로서의 신뢰 등으로 분화하고 있음을 지적했다. 그는 이들 세 가지 신뢰 유형을 지식과 연관해 각각 전(前) 지식의 형식, 지식의 형식, 탈지식의 형식으로 설명했다(Simmel, 1992: 393). 첫 번째인 일반적 믿음으로서의 신뢰는 누군가를 또는 어떤 원칙을 '믿을 때' 존재한다. 즉, 신뢰는 '믿음'의 대표적인 형식이다. 믿음으로서의 신뢰는 전통 사회의 많은 거래에 포함된 '약화된 귀납적 지식'의 의미로 설명된다. "농부는 올해도 예년처럼 작황이 좋을 것이라고 믿지 않는다면 밭을 갈고 씨를 뿌리지 않을 것이고, 상인은 고객이 자신의 상품을 탐낼 것이라고 믿지 않는다면 상품을 사들이지 않을 것이다"(짐멜, 1983: 183). 이러한 믿음으로서의 신뢰는 인간 삶에서 특정 불변적인 요소들에 대한 일반적 믿음이나 불특정한 기대, 일반화된 '희망'의 형식으로 우회적으로 표현됐다. 하지만 짐멜에 따르면 이러한 믿음의 형식은 신용 대출에서 문제가 되는 현상을 설명하지 못한다. 이 '약화된 귀납적 지식'의 의미에서 일반적 믿음으로서의 신뢰는 인물에 대한 신뢰와는 구별

---

2 여기서 상징 기호는 특정 상황에서 그것을 이용하는 개인이나 집단의 특수한 속성과는 무관하게 '작동'하는 소통매체를 의미한다. 정치적 권력과 화폐 이외에도 종교적 헌신, 과학적 진리 등이 일반화된 소통매체로 작동한다.

된다.

두 번째인 지식 형식으로서의 신뢰는 실천 행위에 기반을 두는 미래의 행동 가설이며 인간에 대한 '지식'과 '무지'의 차이에 기초한 중간 상황의 가설이다. 왜냐하면 전문가는 신뢰가 필요 없는 반면에 무지한 일반인은 전혀 신뢰할 수 없기 때문이다(Simmel, 1992: 393). 짐멜은 한편으로 아직 잘 알지 못하면서도 다른 한편으로 더 많이 아는 신뢰의 중간 상황에 대해 언급한 것이다. 여기서 전문가는 광범위한 물질적·사회적 환경을 조직하는 직업세계의 지식이나 전문기술을 보유하고 있는 인물을 의미한다. 문외한인 일반인은 대부분 아주 가끔씩 또는 불규칙하게 변호사, 의사, 교수, 변리사, 회계사, 건축가 등의 전문가에게 도움을 청한다. 전문가라는 인물은 실제로 삶의 많은 부분에 영향을 미친다. 일반인은 일상에서 그들의 지식에 대해 거의 아는 바가 없지만 그들이 수행하는 작업에 대해서는 신뢰를 갖고 있다. 의사가 자신의 질병을 치료하기 위해 애쓰고 있다든가, 변호사가 자신의 편에 서서 적극 변호를 펼칠 것이라든가, 건축가가 건물이 무너지지 않도록 튼튼하게 시공할 것이라든가 등등의 신뢰를 갖고 있다. 전문가는 상징 기호와 마찬가지로 사회관계를 특정 공간으로부터 분리해서 일반화한다. 짐멜에 따르면 일반인이 전문가를 신뢰하는 것은 그들이 이러한 과정을 완전히 주도해서도 아니고 지식에 통달해서도 아니다. 신뢰는 불가피하게 얼마만큼은 믿음인 것이다. 일반인의 믿음에는 전문가가 기대에 어긋나지 않게 행동할 것이라는 이제까지의 경험에 기초한 실용적 요인이 있다.

세 번째인 감정으로서의 신뢰를 짐멜은 지식과 무지의 차이를 초월한 믿음, 인간에 대한 내적인 무조건이라고 말했다(Simmel, 1992: 393). 이 신뢰 형식은 지식과는 어울리지 않는 감정 요소이며, 본질에 대한 관념과 본질 그 자체가 애초에 연관이 있다는 동일성 감정에 대한 신뢰이다. 다시 말해서 신뢰는 다양한 이해관계, 정서, 상호결합의 동기를 전체적이고 통일적으로 담아내는 형식인 동시에 원래 존재하던 모든 차이를 넘어 일정한 균일성을 띠게 만드는 형식이다(짐멜, 2005: 188). 여기서는 초이론적인 믿음이 중요하다(짐멜, 1983: 230). 그 순수한 형식은 종교에서도 발견되지만 화폐와 같은 상징 기호에 대한 신뢰에서도 발견된다(Simmel, 1992: 393). "화폐는 전적으로 사회적 현상이며 인간 상호작용의 한 형식이기 때문에 사회관계가 보다 긴밀해지고 신뢰할 수 있을수록 화폐의 특성은 보다 더 뚜렷이 나타난다"(짐멜, 1983: 221). 화폐 유통은 거래에서 화폐가치를 안정적으로 보장하는 국가의 존재를 전제로 한다(짐멜, 1983: 220). 화폐에 대한 신뢰는 경제 영역에서 실천 행위를 가능하게 하며 미래의 행위 가능성에 대한 확실성의 계산 이상을 내포한다. 화폐는 거래대상인 상품을 그 실재의 성질과는 상관없이 서로 교환하게 하는 일반화된 상징매체인 것이다. 즉, 화폐는 직접적인 상품 교환과 상관없이 지불과 지불유예, 소유와 무소유를 연결시키는 매체이다.

짐멜에 따르면 경제 영역의 일관성에 대한 일반인의 신뢰 요구를 화폐적 기능으로 형상화한 것이 신용이다. "신용은 직접적인 가치 교환을 대신해서 경제활동의 단계 간 거리를 보다 확대시키며 신뢰에 기초해서 이 거리를 극복한다"(짐멜, 1983: 599). 그 결과 신용은 비인격적으로 조직화되고 신뢰는 인물의 속성을 상실하게 된다. 여기서 짐멜은 최근 신뢰 논의의 핵심이 되는 위험 관점에 대해 "모든 신뢰는 항상 위험을 내포한다"(짐멜, 1983: 599)라고 언급한 후 유감스럽게도 더 이상 논의를 전개하지 않았다.

그 대신 짐멜은 『사회학(Soziologie)』에서 신뢰를 전통 사회로부터 현대 사회를 구분 짓는 이정표로 규정하는 동시에 현대 사회에서 가장 중요한 통합능력으로 파악했다(Simmel, 1992: 393). 그는 이 통합력이 기능적으로 분화된 현대 사회에서 점차 '객관적' 속성을 띤다고 암시했다. 인물 간의 접촉이 더 이상 개인적인 앎에 근거할 수 없기 때문이다. 짐멜은 신뢰를 실천 행위에 기초한 확실한 미래 행동에 대한 가설이라고 보고, 인간에 대한 지식과 무지의 중간 상황으로 간주했다(Simmel, 1992: 393). 짐멜이 인물에 대한 신뢰와 제도에 대한 신뢰를 구별한 것은 지금도 여전히 의미 있는 것으로 받아들여진다. 예를 들어 인지심리학자인 페테르만Franz Petermann은 인물에 대한 신뢰에 인지적 구성 요소로 해석되는 지식 이외에 짐멜에게서 발견되는 신뢰의 감정적 요소를 포함시켰다(Petermann, 1996: 17). 하지만 인지심리학적 접근은 조사대상인 일반인이 조사 시점에서 타자 및 대상과 접촉하면서 얻은 신뢰 또는 불신을 이미 체화하고 있다고 전제한다는 고질적인 문제를 안고 있다.

짐멜에 따르면, 신뢰와 관련해서는 행위하는 현재에서 상정하는 미래가 중요하다. 신뢰 행위에 기초하는 가설이 어떤 최종적인 확실성도 제공하지 않기 때문에 신뢰는 위험하다(Simmel, 1992: 263). 그는 신뢰 개념에서 상대방에 대한 지식을 고려했다. 신뢰는 확실성, 예컨대 확실한 정보에 근거해 형성되는 것이 아니다. 믿음을 정당화하는 데는 선험적인 증명이 아니라 믿음의 유지에 대한 반증이 필요하다. 그렇기에 믿음은 신뢰와 동일시될 수 없다. 짐멜은 인간에 대한 내적인 무조건을 경험이나 가설에 의해 매개되지 않는 시대정신의 본질적인 활동이라고 말했다(Simmel, 1992: 263).

짐멜이 믿음과 신뢰를 구별하는 방식(Simmel, 1992: 257)으로부터 우리는 신뢰가 경험을 고려한다는 것과 모든 사회관계는 상호작용과 관련이 있으며 가변적이라는 결론에 이른다. 그는 사람들이 일반적으로 서로를 믿는 사회적 신뢰가 존재하지 않는다면 사회는 붕괴할 것이라고 말했다. 왜냐하면 확실히 알고 있는 것들만 다른 사람에게 의존하는 관계란 없기 때문이다. 그에 따르면, 화폐 경제에서 없어서는 안 될 결정적인 것은 돈이 아니라 신뢰이다. 왜냐하면 신뢰가 없다면 금전적 거래는 중단될 것이기 때문이다(짐멜, 1983: 229). 이처럼 짐멜은 모든 사회관계가 신뢰를 필요로 하는 이유로, 능력의 교환이 순차적으로 진행되거나 시간적으로 지연되는 데서 비롯되는 시간 부족, 능력의 교환에 대해 상대방이 신뢰를 보낼지 안 보낼지 불확실한 상황에서 결과하는 정보 부족 등의 두 가지 어려움을 언급했다.

끝으로 짐멜은 신뢰 현상을 의무의 관점에서도 조명했다. 짐멜은 신뢰를 항상 '약속'을 포함하는 것으로 상정했다. 그것은 어떤 규칙이 존재한다는 관념과 그 규칙의 존재 사이에는 명백한 관련이 있고, 자아를 이 일관된 인식에 맡기는 데 확신의 감정이 존재한다는 것을 표현한 것이었다. 신뢰의 근거가 되는 특정한 이유가 있다 하더라도 신뢰 자체가 그것에 의해 설명되지는 않는 다(짐멜, 1983: 229). 즉, 있음직한 결과에 대한 '확신'은 단순한 인지적 이해라 기보다는 차라리 어떤 것에 대한 '약속'을 의미한다. 여기서 약속은 사람들이 소통을 목표로 사회적으로 확립된 규칙을 통해, 또는 비공식적인 친절과 애착 및 존중을 통해 매매·협정 및 계약을 — 잠재적인 시간이 지연되더라도 — 실현 하는 것이다(짐멜, 1983: 191).

결론적으로 짐멜은 신뢰 현상을 다루면서 신뢰의 유형으로, 지식과 무지 의 차이로 현대 사회의 상이한 발현 차원에서 신뢰 구도에 대해 언급했다. 이 해석에 따르면 약화된 귀납적 지식으로서의 신뢰는 사회에 귀속된다. 그에 비 해 지식과 무지의 중간 상황으로서의 신뢰는 현대 사회의 구도에 전형인 직업 인 및 전문가의 상호작용에 귀속된다. 그리고 체계에 대한 무조건적인 신뢰는 신뢰의 지배적인 유형이 개인적 친분관계에서 일반화된 상징매체로 이행한 결과인 것이다.

2. 과도기의 신뢰 연구: 파슨스, 슈츠, 가핀켈, 고프먼

대표적인 구조기능주의자인 파슨스는 신뢰가 사회성 형성과 유지의 필요조건 이라는 짐멜의 가정에 기초해서 기능체계들에서 연대의 기능과 유지 조건을 분석했다. 그는 신뢰 개념 자체를 체계적으로 다루지는 않았지만 신뢰에 대한 규범적·기능적 분석을 지향했다. 우선 파슨스는 의사와 환자의 관계를 예로 들어 직업세계의 상호작용에서 신뢰관계를 다루었다. 의사의 전문성, 비영리 지향성, 감정 중립은 환자와의 신뢰관계 형성에 기초적 조건이 된다. 여기서 신뢰는 전문가와 일반인의 능력 격차를 극복할 수 있는 기제로 기능한다. "신뢰는 상호작용에서 행위자들이 연대관계를 받아들이는 태도의 기초"(Parsons, 1978: 46)인 것이다.

파슨스는 화폐, 권력, 명망, 의무 등 일반화된 교환매체가 매체로서의 업적 능력과 사회적인 조정 능력에 대한 신뢰에 근거해 존재하는 것으로 전제했다. 그는 돈을 상징 기호로 분석했던 짐멜의 영향을 받아서 상징적으로 일반화된 교환매체를 사회이론에 핵심 개념으로 도입했다. 그는 일반화된 교환매체가 작용하는 것은 그 매체가 작동하는 이유를 묻지 않고 무조건 신뢰하는데 있음을 분명히 했다. 모든 일반화된 교환매체가 제 기능을 발휘할 수 있는 기초적 조건이 신뢰인 것이다(Parsons, 1980: 215).

신뢰를 연구하는 학자들 대부분이 슈츠를 거의 언급하지 않는다. 그것은 현상학에 기초한 슈츠의 사회이론이 신뢰를 주변적으로만 다루었기 때문이다. 슈츠의 분석은 신뢰보다는 어떤 사람이나 대상에 익숙하고 허물이 없다는 '친숙성'에 집중되어 있다. 최근의 신뢰 분석에서 행위자들의 자발성이 강조되고 신뢰가 기본적인 태도로 받아들여진 일상의 맥락을 중시하는 경향이 강하다는 점에서 '친숙성'에 대한 슈츠 현상학의 영향이 일정 정도 발견된다.

슈츠는 후설의 현상학에 연계해 생활세계론을 발전시켰다. 그는 개인들은 생활세계를 소박한 '자연적 태도'에 근거해 공동 체험한다고 가정했다. 그리고 생활세계의 존재와 유형은 '자연적 태도'에서부터 '파기될 때'까지 확실하게 주어진 것으로 간주했다(Schütz, 1973). 생활세계의 자명한 친숙성에 대한 인간의 현시적인 의심은 잠재적인 의문 가능성과 결부시켜서 배제했다. 게다가 생활세계의 확실성과 친숙성은 결코 동질적인 것이 아니었다. 인간은 생활세계에 대한 복잡하게 구조화된 지식, 즉 질서 잡힌 전형적인 지식을 갖고 있다. 슈츠는 생활세계에 대한 전형적인 지식이 매우 상이한 정도의 친숙성을 갖고 있다면서 개인적 친숙성, 집단적 친숙성, 문화적 친숙성 등 세 영역의 분화를 지적했다. 이들 친숙성은 개개인의 직접적인 생활환경과 관련이 있으며, 인간 지식의 전형적인 구조에 근거해서 행위, 작용, 인지 등의 세 인접 영역으로 이행할 수 있다고 보았다.

슈츠는 일상에서 이용할 수 있는 지식을 구분할 목적에서 실용주의자 제임스William James의 작업에 연계해 알려진 지식과 친숙한 지식을 구별했다. 알려진 지식이 사실에 대한 앎(know that)인 피상적 지식과 관련이 있다면, 친숙한 지식은 방법에 대한 앎(know how)인 심화된 지식과 관련이 있다. 행위자들이 일상에서 그때그때 획득한 지식의 범위·구조·형식은 상황의존적이고 결코 동일하지 않다. 그 때문에 일상 지식은 그때마다 현실에 걸맞게 일상의 맥락과 행위 연관을 지속적으로 조율할 필요가 있다. 이러한 일상 지식의 조율은 대부분 특별한 목적을 위해 자명하게 수행된다. 슈츠는 사회 세계의 모든 해석에 잠재되어 있는 해체 가능성에 주목했다. 그는 사회 세계를 지식의 전형적인 구조에 근거해 '파기될 때'까지 확실히 주어진 것으로 가정했다.

슈츠에 따르면, 생활세계의 확실성은 후설이 '자연적 태도'로 특징지은 '기타 등등'의 객관적 세계와 그에 대한 경험의 기본 가정 및 이상화, '나는 반복할 수 있다'는 주관적 행위 능력의 기본 가정 및 이상화에 근거한다. 이 두 가지의 이상화는 관점의 보편적 호혜성을 가정하고 일상 행위의 측면에서 표현된다. 또한 호혜성의 일반 명제는 항상 이미 행해진 상호작용 경험을 함축적으로 수행한 일반화이며, 비교할 수 있는 다른 상황과 이 상황에 연루된 다른 행위자들의 해석 모델로 우회적으로 표현된다. 이런 의미에서 슈츠는 우선 인지적으로 강화된 친숙성, 즉 복잡한 지식에 근거한 신뢰 현상에 주목했다. 그는 신뢰를 '말하기 유형'에 근거한 일상 지식의 전형적인 구조화 현상으로 보았다. '말하기 유형'은 개인적 경험을 유사한 것으로 해석된 다른 사람들의 상황과 행위에 단계적으로 양도하는 것을 가능하게 한다. 여기서 '기타 등등'의 이상화는 '확실히 주어진 것으로 상정된 생활세계의 기본 구조'에 해당한다. 생활세계는 사회·경제적으로 구조화된 구체적인 문화 세계의 측면에서 역사적으로 특수하게 나타난다. 슈츠에 따르면 생활세계의 기본 구조에는 ① 과거·현재·미래의 시간적 차원에 따른 생활세계의 구조화와 기억·성취·기대 등 객관적인 시간적 차원의 주관적 상관물, ② 생활세계(Umwelt)의 동료와 공동세계(Mitwelt)의 동포, 이전세계(Vorwelt)의 조상, 이후세계(Nachwelt)의 후손을 고려한 생활세계의 구조화, ③ 현실적인 세력 범위와 복구 가능한 세력 범위, 잠재적인 세력 범위의 구역 구분에 따른 생활세계의 행위 계층화가 존재한다.

끝으로 슈츠는 생활세계에 대한 지식의 친숙성을 사회학의 기초 이론으로 주제화하는 이외에 '자연적 태도' 개념과 이 자연적 태도에서 수행된 '판단중지(epoché)'를 신뢰 현상과 관련지어 포괄적으로 제시했다. 그에 따르면 생활세계의 행위자들은 실제로 세계가 그러해서가 아니라 바로 그 세계가 그러하다고 아무런 의심 없이 '당연히 여기는' 자연적 태도를 갖고 산다. 자연적 태도는 자연 세계를 정상적인 것으로 의심하지 않으며, 나아가 그것을 믿는 것이다. 그래서 모든 의심의 잠정적인 유보, 즉 의심의 판단중지와 함께 '세계의 현실에 대한 믿음'이 확립된다(김홍우, 1977: 176; 김광기, 2005: 55). 그들은 모든 현상이 거의 완벽한 규칙에 의해 발생하는 것처럼 여겨지는 자연 세계와 마찬가지로 사회 세계도 작동할 것이라고 믿는다. 또한 그들은 자신이 경험하는 사회 세계가 실제 역사적으로 주어진 것이라고 믿는다. 이 믿음은 본질적으로 '기타 등등', '반복 가능성'의 이상화를 포함한다. 삶이 이제껏 흘러온 것처럼 앞으로도 반복될 것이라고 믿는 것이다. 다시 말해서 슈츠는 생활세계의 자연적 태도를 세계 구조의 불변, 세계에 대한 경험 타당성의 불변, 세계에 작용하는 능력의 불변 등이 확실히 주어진 것으로 상정했다.

슈츠는 신뢰 현상을 기초적인 배경 가정과 배경 기대뿐만 아니라 신뢰자의 본질적인 기대와 관련지었다. 슈츠는 친숙성 개념을 명시적이든 암묵적이든 항상 '생활세계에서 대상과 사건의 유형에 대한 지식'을 갖는 상황으로 파악했고, 그때그때 나타나는 지식의 유형은 앞선 생애사의 사정 여하에 따라, 즉 동기에 관여한 이해 상황과 경험에 따라 달라진다고 보았다. 모든 집단에서 사회·문화적으로 조건 지어진 표현 도식과 해석 도식의 전형화는 우선 확실히 주어진 것으로 상정된 사회 세계에서 도출된 지식뿐만 아니라 일반화된 사회적 신뢰의 원천인 잠재적 지식에 근거했다.

슈츠의 현상학적 사회학에 기초해 신뢰 현상에 주목한 학자는 가핀켈이었다. 그는 신뢰를 상호작용의 안정성 유지를 위해 자명하게 받아들여진 조건으로, 즉 확실히 주어진 조건으로 간주했다. 세계는 우리가 지닌 근거 없는 신뢰에 의해 유지된다. 이와 같은 근거 없는 신뢰에 기초한 상호작용이 없다면 세계의 존재론적 지위는 확립되기 어렵다. 그는 자신의 연구를 슈츠의 알려진 지식과 친숙한 지식의 구별에 연결했다. 슈츠가 일상 지식의 전형적인 구조화와 관련해 지식의 '사실'에 논의를 제한했다면, 가핀켈은 일상에서의 자명성 생산과 관련해 '과학방법론'에 관심을 가졌다. 그리고 일상의 효과적인 정상화 기술에 초점을 맞추어, 특히 일상적 행위의 습관적 속성, 일상의 질서 지향과 질서 형성을 강조했다. 일상에서 사람들이 서로 공유하는 질서의 지향 양식과 상황 기대가 일상적 상호작용을 '관행'으로 만든다는 것이다.

가핀켈의 신뢰 분석은 일상의 모든 사회적 상황에 저장된 배경 지식과 수행된 해석 과정에서 자원으로서 기능하는 '무언의 배경 지식'에 대한 강조에 그 의의가 있다. 그는 사람들이 일상적 상호작용에서 지속적으로 상황과 사건에 대해 서로 이해하기 위해 노력하며, 다른 사람의 말과 행동의 객관적인 모호성과 열린 해석 지평을 유의미하게 완비하고 충족시키기 위해 획득된 배경 지식을 지속적으로 재수용하면서 상호 이해에 이른다는 사실을 지시하기 위해 신뢰 개념을 사용했다.

가핀켈은 이 유의미성의 생성 과정을 사회적 지향의 기초적 활동으로 파악했다. 여기서는 공중이 유사한 과정을 거쳐 공동으로 구축한 해석 지평을 유지할 것이라는 확실히 주어진 '확신'이 중요하다. 이런 상태를 고려해 그는 신뢰 개념을 좁은 의미로 사용했다.

한 사람이 다른 사람을 신뢰한다고 말하는 깃은 그 사람이 게임의 기본 규칙에 묘사된 사건의 규범적 질서와 일치하는 실제 사건들을 자신의 행동을 통해 생산하거나 게임의 조건으로서 존중하는 방식으로 행동하고자 노력한다는 것을 의미한다(Garfinkel, 1963: 193).

고프먼은 신뢰 현상을 체계적으로 논의하지는 않았지만,[3] 개인들의 상호작용 맥락에서 신뢰를 논의의 주제로 삼았다. 그는 신뢰를 다른 사람들의 진술이 도덕적일 것이라는 가정에 근거해 믿는 것으로 규정했다. 행위자들이 협력해 사회활동을 유지하려면 진술의 도덕적 성격이 필요불가결하다(Goffman, 1981: 91). 다른 사람이 한 진술의 도덕적 근거에 의문을 가진다면 불가피하게 신뢰와 불신의 딜레마에 빠진다는 것이다. 고프먼은 결정 상황에서 양쪽 당사자 가운데 일견 신뢰할 만하게 보이는 쪽에 신뢰를 표명하는 행위 규칙, 즉 일상에서 '무언의 합의'로 기능하는 원칙을 뛰어넘을 것을 요구했고, 나아가 신뢰의 형성·확정·보장을 위한 수단으로 '잰걸음 정치', 즉 긍정적인 환류 전략을 제안했다(Goffman, 1981: 113). 긍정적인 환류 전략은 개별 조건에 따라 그때그때 달라지는 진행들을 선행하는 과거의 진행으로 되돌리는 것이다.

이 밖에 고프먼은 신뢰 현상의 분석에 몇 가지 개념을 도입했다. 그가 첫 번째로 중요시했던 '시민적 무관심'은 일상에서 피상적인 만남이나 익명적인 사회 접촉을 할 때 기능하는 원칙으로, 기초적인 확실성의 감정을 형성하는 공손한 무관심이다. 도시 사람들은 길거리에서 스쳐 지나갈 때 상대방에게 그의 존재를 인식하고 있음을 내비치지만, 무례하게 보일지도 모르는 어떤 몸짓도 회피하는 도시 물정에 밝은 양태를 보인다는 것이다. 특히 익명의 접촉 상황에서는 모르는 척해야 하는 것들이 무수히 많다. 이 공손한 무관심은 주변 사람들에 대한 인식과 그들에 대한 존경 사이에서 균형을 맞추는 일이다. 즉, 익명성을 유지하고자 하는 그들의 권리를 존중하는 것이다. '시민적 무관심'은

---

3 고프먼의 연구대상은 '인간적인 자아와 사회화된 자아 사이의 불일치', 즉 두 자아의 긴장이 야기하는 '개인적 상호작용'의 과정과 의미의 구조화에 있었다.

"아마 개인들 간 의례에서 가장 경미하면서도 사회에서 끊임없이 사람의 사교를 통제하는 것이다"(Goffman, 1963: 84). 일상의 공적 공간에서 낯선 사람과 상호작용할 때 '시민적 무관심'의 원칙에 의해 도에 지나치지 않게 은근하게 서로 상대방에게 주의를 기울이도록 조절한다. '시민적 무관심'의 원칙은 상호작용과 관련된 슈츠의 기본 가정이 구체화된 것이다. 시민적 무관심은 모든 만남에서 항상 표출되는 것은 아니지만 친숙한 일상의 행위 공간에서든 완전히 낯선 행위 공간에서든 자신의 생존을 염려해 취하는 관행을 가능하게 한다.

두 번째로 고프먼은 다른 사람들에 대해 스스로 불러일으킨 인상을 고려해 첫 만남을 조절하는 의의를 신뢰와 동일시하는 것을 '신뢰 외양의 형성'이라고 일컬었다. 연극학적인 관점에서 보면 연출과 연기 수행에 대한 믿음에 의문을 갖는 것이 개인적 인상 관리의 선의에 대한 판단 기준으로 적절하다(고프먼, 1987: 231). 고프먼은 그렇게 형성된 상대방에 대한 인상이 주장과 약속으로 평가되며, 대체로 도덕적 속성으로 인정된다고 강조했다(고프먼, 1987: 228). 이때 알려진 친숙한 사람과 낯선 사람이 어우러지는 일상에서 응용된 연출 기술과 관련해 친숙한 사람들끼리는 신뢰의 원칙이 타당하다.

고프먼이 민속방법론에서 신뢰의 맥락으로 적시한 세 번째 개념은 '의례'다. 의례는 그 속에 표현된 다른 인물에 대한 경의와 존경을 구성 요소로 한다(Goffman, 1986: 61). 경의와 존경은 '상냥한 태도', '회피 의례'와 구분되며, 일반적인 '행동거지'와도 구분된다(Goffman, 1986: 64 ff.). 고프먼에 따르면 의례에 기울이는 주의가 신뢰를 형성하는 최우선 조치이다. 왜냐하면 의례는 의례적 행동을 취한 상대방에게 다음 만남에서 걸맞게 행동하도록 하는 '전형적 양식의 약속'을 포함하기 때문이다(Goffman, 1986: 68).

이 장에서 우리의 관심은 불확실성 시대의 위험 문제에 대한 의식과 신뢰 의미론의 역사적인 연관성을 밝히는 데 있었다. 이런 맥락에서 몇몇 사회학자들에 주목해서 신뢰 의미론을 재구성했다. 신뢰에 대한 사회학자들의 초기 논의와 과도기 논의는 통약 불가능한 상이한 관점들에서 이루어졌다. 이들의 신뢰 논의는 비록 이론적 측면에 제한되어 있지만 후세의 신뢰 논의에 많은 시사점을 던져준다. 최근 10여 년간에 급부상한 신뢰에 대한 이론적·경험적인 연구들도 여전히 신뢰를 제각기 다르게 개념화해 이루어지고 있다. 이처럼 신뢰에 대한 논의가 방향성 없이 분분하다는 것은 모두가 동의할 수 있는 통일적인 관점이 없음을 의미한다. 신뢰 현상에 대한 그동안의 이론적 작업과 경험적 작업을 종합해 모든 사회과학자들이 동의할 수 있는 신뢰이론을 구성한다는 것은 쉽지도 않을 뿐더러 어쩌면 의미 없는 일이 될지도 모른다.

제3장
현대 사회이론의 신뢰 연구

1980년대부터 사회과학계는 과학에 기초한 기술혁신에 수반하는 불확실성과 위험에 점차로 주목하기 시작했다. 불확실성과 위험에 대한 전문가들의 관심은 다양한 사회관계에서의 신뢰 문제에 대한 학술적 측면과 실용적 측면의 연구들로 이어졌다. 공간적 이동성의 증가, 정보기술의 발달은 개인적으로 모르는 타인들을 신뢰해야 하고 또 그들과 협력해야 하는 상황을 조성했다. 루만의 『신뢰(Vertrauen)』 영역본(1979)이 발간된 것을 계기로 영미권에서는 콜먼, 감베타, 츠톰카Piotr Sztompka 등이 합리적 선택론의 관점에서, 기든스가 역사사회학적 관점에서 신뢰와 위험의 관계에 관한 학문적 논의에 참여해 신뢰가 사회이론의 중요한 연구대상으로 부상했다. 이들은 대부분 심화된 논의를 위한 준거점을 신뢰와 위험의 연관성에 대한 이론적 설명과 개념적 역할 평가를 위한 이론적 준거틀을 제시했던 루만에게서 찾았다. 그 결과 신뢰는 20세기 말을 지나며 보편성을 추구하는 현대 사회이론의 중요한 논의대상 중 하나가 됐다.

세계적인 학문 동향에 걸맞게 한국에서도 최근 10여 년 동안 신뢰에 대한 다양한 이론적·경험적 연구서들이 집중적으로 쏟아져 나오고 있다. 하지만

제1장에서 언급한 것처럼 서구 학자들이 대체로 그들의 사회학적 통찰에 근거해 현대 사회에 대한 시대 진단의 일환으로 신뢰 현상을 위험과 연관시켜 다양하게 접근했던 것과는 달리, 한국에서는 신뢰의 원인과 결과를 정치적 경험 및 경제발전, 문화적 조건과 연관시켜 비교 역사 분석을 했던 퍼트넘과 후쿠야마Francis Fukuyama가 유독 유명세를 탔다. 그 이유 중 하나는 한국의 신뢰 연구가 현대 사회의 변화 원인에 대한 학문적 관심에서 비롯된 것이 아닌 데 있다. 한국의 신뢰 연구는 대체로 '사회적 자본' 개념의 범주를 크게 벗어나지 않는 수준에서 저신뢰의 원인을 전통 사회의 사적 행위 양태에 귀속시키거나, 대안적 사회의 구성 요소로서 신뢰의 고양을 규범적으로 요청하는 식의 획일화된 논의 경향을 보였다. 특히 동아시아 외환위기의 시대적 상황에서 한국의 신뢰 연구자들은 신자유주의의 이념인 공정한 게임 규칙의 정립이나 자유로운 시장의 작동을 위한 제도에 대한 신뢰 강화를 대안으로 수용했다. 그 결과 현대 사회에 대한 자기성찰의 계기로서의 신뢰의 중요성이 서구와 달리 심도 있게 논의되지 못했다. 이처럼 획일화된 논의 경향이 한국의 신뢰 연구를 지배했던 것은, 연구의 근거가 됐던 합리적 선택론이 한국 사회에 대한 설명력이 높은 것으로 과학적 타당성을 완전히 인정받았기 때문이라기보다는, 신뢰에 관한 국내 연구자들의 이론적 지식이 비교적 제한되어 있었다는 데서 연유한다.

한국의 대다수 신뢰 연구는 신뢰가 현대 사회의 위험 인지에 어떤 영향을 미치는지 분명하게 제시하지 않는다. 세계적인 학문 동향과의 분명한 차이는 신뢰 개념의 학술적 조작과 관련해 관찰된다. 여기서는 한국의 신뢰 연구가 현실적인 과제 수준이나 규범적 관점에 제한받지 않고 현대 사회에 대한 시대 진단으로 확대되기를 기대하면서 네 가지 사회이론의 관점에서 신뢰 논의를 조명하고자 한다. 루만이 자기생산적 사회체계이론의 관점에서 신뢰 현상을 위험과 연계해 체계 작동의 전제로 분석했다면, 기든스는 구조화이론의 관점에서, 콜먼은 교환이론에 기초한 합리적 선택론의 관점에서, 츠톰카는 거시적 수준의 사회변동 시각에서 신뢰를 다루었다. 이들 사회이론은 상이한 사고의 전통에 뿌리를 두고 있기 때문에 신뢰와 위험 현상에 대한 인식의 변화뿐만 아니라 실재하는 신뢰와 위험 현상의 상이한 측면을 전체적으로 조망하는 데 도움이 될 것으로 기대한다.

"모든 행위 유형은 행위자의 이익 실현을 증가시킨다는 투자의 목적에서 이루어진다"(Coleman, 1990: 32)라는 합리적 선택론의 투자 동기론은 마치 가장 설득력 있는 신뢰이론인 것처럼 보인다(Hartmann, 2001: 19). 왜냐하면 신뢰 현상에 대한 결정이론과 게임이론의 개념화 작업은 계산 가능한 지식이 현존하는 조건에서 신뢰와 배신의 차이를 고려해 문제의 윤곽을 명확히 표현한다는 장점이 있기 때문이다. 그러나 그동안 콜먼이 제안한 사례들에 근거해 결정이론과 게임이론이 신뢰 논의를 독점해온 것에 대해 다양한 이의가 제기되어 왔다(Blanchard and Horan, 2000; 포르테스, 2003; 김상준, 2004; 이선미, 2004; 김태룡, 2009). 최근의 신뢰 연구는 점차 첨예화되는 현대 사회의 위험 상황에 대한 이해와 신뢰를 포괄하는 관점, 즉 "위험한 선행 조치로서의 신뢰"(Luhmann, 1968: 23)가 우세한 상황이다.

신뢰 현상에 대한 이론적 논의들은 대체로 상이한 사회적 맥락에서 신뢰의 기능적 속성에 맞추어 이루어지고 있다.[1] 루만이 신뢰를 인지적 기능의 관점에서 배신의 위험을 감수할 채비를 하고 세계의 복잡성을 의미론적으로 소통을 통해 축소하는 기제로 규정하는 반면, 콜먼은 위험 부담을 지는 행위를 수행하게 하는 기능으로 규정한다. 츠톰카는 신뢰를 미래를 여는 기능에서 찾고 있다. 그러나 유념해야 할 것은 신뢰의 기능을 신뢰 현상 자체와 혼동해서는 안 된다는 점이다(Möllering, 2001). 신뢰 담론에 대한 이론적 논의는 대체로 근대화 과정에서 인물에 대한 신뢰와 체계에 대한 신뢰가 전자에서 후자로 발

---

[1] 근대성은 사회관계를 시간과 공간의 구속을 벗어나 재구조화하는 기제, 예를 들어 화폐로 대표되는 상징적 싱표(짐멜), 상징적으로 일반화된 교환매체(파슨스) 또는 일반화된 소통매체(루만), 전문가집단(기든스) 등에 의해 특징지어진다.

전하면서 분화·확장돼왔다는 데 동의한다(Luhmann, 1968: 75 ff.). 여기에 기든 스와 츠톰카는 제도적으로 매개된 신뢰와 전문가적 상호작용의 신뢰 유형을 추가한다. 하지만 양자의 신뢰 유형 추가는 베버가 이미 경고했듯이 '개념이 너무 구체화되어 형성된다'는 위험 부담을 안고 있다.

1. 기능적으로 분화된 사회의 신뢰: 루만

루만은 신뢰 현상을 본격적으로 소통 사건으로 이론화했을 뿐만 아니라 신뢰 개념의 역할을 평가할 수 있는 이론적 준거틀을 마련한 최초의 사회학자이다 (Misztal, 1996: 73). 자기생산적 사회체계이론의 혁신적인 점은 소통을 상호작 용, 조직, 사회 등의 사회적 체계를 재생산하는 기본 단위로 파악한 데 있다. 하버마스가 소통의 본질을 상호이해에서 찾고 합의를 소통 행위의 전제로 간 주하는 등 소통 개념을 협소하게 규정했던 것과 달리, 루만은 소통을 상호이해 나 합의 없이도 재생산할 수 있는 사회의 핵심 요소로 간주한다. 그는 소통을 재생산해내는 사회적 체계들의 기능적 관점에서 소통을 외부에 대해 열린 타 자 귀속인 '정보', 내부에 닫힌 자기귀속인 '통지', 여러 이해 가능성 중에서의 선 택인 '이해'의 단일체로 기술한다(Luhmann, 1990: 24). 즉, 소통은 항상 '어떤 것' 에 관한 소통으로 정보·통지·이해의 단일체이다.

여기서 정보는 의미의 전달자라는 일반적인 이해와는 다르다.[2] 소통은 어 떤 의미 내용을 발신자로부터 수신자에게 그대로 옮기는 것이 아니며, 그대로 옮겨졌는지 확인할 수 있는 과정도 아니다. 합의가 이루어져야만 진행될 수 있는 것도 아니다. 발신자인 타자가 수신자인 자아에게 어떤 소식을 알리는 정보의 '전달'이 결코 소통의 성공을 보장하는 것은 아니기 때문이다.[3]

---

2 루만의 소통이론에 대한 자세한 논의는 이중의 우연성과 관련해 제5장 3절에서 다룬다.

루만은 인간이 아니라 소통 그 자체에 의해 소통의 생산과 재생산이 이루어지는 사회에 대한 통찰을 열었다. 그는 신뢰 현상에 대해 자기생산적 사회체계이론에 따른 개념화를 시도해 체계와 환경의 차이를 기반으로 하는 체계이론적 접근과 신뢰의 역사적인 형성 과정을 중시하는 발전사적 접근을 구분했다.[4] 그는 체계이론의 관점에서 신뢰에 대한 기본적 경험을 "특정한 위험 문제에 대한 해결책이 신뢰"(Luhmann, 2001: 144)라고 파악했다. 이러한 가정의 배경에는 일상에서 소통을 통한 의미 생산이 곧 상호작용에서 '이중 우연성'[5]으로 인해 발생하는 의미 복잡성을 단순화한다는 루만의 오랜 주제가 자리하고 있다. 그는 체계의 작동이 세계의 복잡성을 축소하는 체계의 고유한 구조에 의해 결정되고, 역으로 구조는 특정한 소통을 반복적으로 재생산하는 체계

---

3 소통은 '비가 온다'는 정보와 타자가 자아에게 우산을 챙기게 하려는 의도가 자아에게 이해되어야 이루어진다. '비가 온다'는 정보의 통지 그 자체가 정보는 아니다. 정보는 선택이고, 의도도 선택이며, 타자의 정보와 의도에 대한 자아의 이해도 선택이다. '비가 온다'는 정보는 세계에서 말해진 것과 그를 통해 배제된 것들(맑다, 눈이 온다 등)을 구별한다는 의미에서 선택이다. 그리고 타자가 '비가 온다'고 말하는 것, 즉 통지하는 것은 타자의 선택이다. 타자가 자신에게 귀속되는 어떤 이유에서, 예컨대 그에게 오늘 날씨에 대해 물어서 또는 자기는 차라리 집에 머물겠다는 것을 이해시키려는 의도에서 하는 선택이다. 집에 머물겠다고 암시한 것이 아니라 우산을 챙기라고 충고한 타자의 동기부여를 자아가 오해했더라도 이해는 이루어진다. 오해는 이해의 한 형식이다.

4 환경은 특정 체계와 관련해 존재하는 어떤 것으로 그 체계에 속하지 않는 모든 부분을 포괄한다. 환경은 특정 체계에 의해 그리고 그 체계의 고유한 작동에 힘입어 만들어진, 그 체계와 구별되는 어떤 것이다. 따라서 체계이론의 환경은 환경오염, 기후변화, 동물보호 등 생태학적 위험에서 언급하는 '환경'처럼 인간이 살아가는 자연 속에 있는 고정된 동일성, 즉 때때로 '자연환경'이라고 부르거나 지구 전체를 지시하는 고정된 실체가 아니다.

5 자아가 타자를 지향해 행동하고 다시 타자가 자아를 지향해 행동하는 과정에서 서로 상대방의 기대를 잘 알지 못하기 때문에 이중 우연성 문제가 발생한다. 사회적 체계 또는 사회구조는 이로부터 파생되는 복잡성을 특정 의미로 단순화해 상대방의 기대를 파악할 수 있게 한다.

의 작동에 의해 구축되는 사회적 체계의 '자기생산성(autopoiesis)'을 언급한다. 사회의 기능체계들은 역사적으로 특화된 기능과 관련된 소통을 생산하고 이를 반복함으로써 체계를 재생산한다는 자기생산성의 논리에 따르면, 체계의 미래는 오로지 현재 행해지는 체계의 고유한 작동에 의해 결정된다는 통찰에 이른다.

루만에 따르면 신뢰는 세계의 복잡성을 의미론적으로 단순화하는 다양한 축소 기제 중 하나이다(루만, 2007: 252 이하). 타자의 행동은 자아가 기대하는 것과 다를 수 있다는 점에서 언제나 우연적이다.[6] 타자는 자아가 무엇을 기대하는지 아는 경우에만, 그리고 바로 그 때문에 자아의 기대와는 다르게 행동할 수 있다. 물론 타자는 자신의 의도를 은폐하거나 속일 수도 있다. 하지만 타자에게 신뢰를 보내는 자아는 자신의 행위 잠재력을 훨씬 폭넓게 확장할 수 있다. 그는 불확실한 전제에 기초해 행동하지만 신뢰를 통해 확실성을 제고할 수 있기 때문이다. 신뢰는 타자의 행동에 의해 우연적으로, 즉 자발적으로 입증되어야 하는 것이고, 입증된 신뢰를 속이기는 어렵다.

> 신뢰가 있는 곳에는 객관적으로 더 많은 체험과 행위 가능성이 있으며 사회적 체계의 복잡성이 증가한다. 즉, 사회적 체계가 자신의 구조와 일치할 수 있는 가능성이 크다. 왜냐하면 신뢰는 주관적으로든 객관적으로든 복잡성을 축소시킬 수 있는 효과적인 형식이기 때문이다(Luhmann, 1968: 8).

그에 따르면 신뢰는 개인이 사회적 체계, 즉 상호작용·조직·사회의 각

---

6 자아와 타자는 각자 행동을 자신의 경계 안에서 자기준거적으로 규정하기 때문에 상호작용하는 양자는 상대방을 꿰뚫어볼 수도 계산할 수도 없다. 양자의 행동은 상대방의 기대와 언제나 다를 수밖에 없다. 상대방의 행동이 기대와 일치하는 경우는 우연일 뿐이다.

수준에서 사회생활을 영위하는 데 없어서는 안 되는 기초적인 기제이다. 신뢰가 기대를 안정화해서 개인이 행위를 감행할 수 있는 조건으로서 기능하는 것이다.

자기생산적 사회체계이론의 관점에서 볼 때 신뢰가 없다면 불안과 혼란 때문에 아무것도 할 수 없다. 사람들은 아침에 눈을 뜨고 일어나기조차 두려울 것이고, 조직은 일을 수행하기 어려울 것이다. 사회적 상황의 다양성·우연성·복잡성이 증가하는 현대 사회에서 인간은 자신에게 주어진 능력만으로는 아무것도 확실하게 행할 수 없다(Luhmann, 1968: 1). 이와 같은 맥락에서 신뢰는 사회에서 작동하는 기대의 안정화 기제로서 인물에 대한 신뢰뿐만 아니라 권력, 화폐, 정의, 진리, 헌신 같은 일반화된 소통매체에 대한 신뢰도 포함한다. 이로써 "사회 기제의 안정화 기능은 이 기제에 대한 신뢰를 전제한다"는 짐멜과 파슨스가 발전시킨 논증을 루만에게서 다시 한 번 확인할 수 있다.

루만은 소통매체를 현대 사회에서 인물에 대한 신뢰의 유효 범위가 점차 줄어드는 문제를 해결하는 방책인 동시에 새로운 신뢰가 형성되는 기제로 관찰했다. 그는 신뢰 현상에 대한 논의를 짐멜이 도입한 두 측면에 제한했다. 그는 신뢰가 사회에서 한편으로는 복잡성의 축소 기제로, 다른 한편으로는 현재와 미래의 시간적 측면에서 행위의 조정 기제로 기능한다고 보았다. 그는 현대 사회에서 친숙한 것과 낯선 것의 구별이 다양해지고 특수해져서 관리하기 어려울 정도로 복잡성이 증가하고, 선택의 여지없는 현재의 위해가 미래에 준거해서 선택할 수 있는 위험으로 대체된다고 진단했다. 공중은 현대 사회에 존재하는 복잡성 증가로 인한 불안을 해소하기 위해 복잡성을 단순화하는 축소 기제로서 신뢰를 사용하기도 하지만, 사회적 체계의 합리성이 현재의 위험 감수를 요구하고 그로 인해 공중이 신뢰를 요구하기도 한다는 것이다.

루만은 신뢰를 우선 사회적 행위의 예측하지 못한 결과의 발생을 '위험'의 상징을 사용해 행위자의 선택을 매개로 해소하는 기제로 파악했다(Luhmann, 1968: 23). 그가 체계적 접근에서 행한 신뢰의 첫 번째 핵심인 위험(risk)과 위해

(danger)의 차이는 일상의 직관을 따랐다. 행위자가 자신이 참여한 결정에 후속되는 예측하지 못한 손실의 발생을 감수하는 것이 위험이고, 외부의 요인으로 현재 손실을 입는 상황에 방치되는 것이 위해다. 후자가 현재 입은 손실의 원인이 외부에 귀속되는 재난이나 외부의 결정이 손실을 야기한 경우에 제한된다면, 위험은 자기결정의 결과로 발생할 수 있는 모든 손실을 결정 자체에 귀속시켜 친숙한 세계로 끌어들이면서 신뢰 문제와 관련된다. 이처럼 루만은 신뢰를 위험과 위해의 차이 및 내·외부의 결정과 관련지어 이해했다. 신뢰가 '위험'이란 상징의 재현 기능을 통해 일상의 친숙한 세계에 자리 잡았다. 즉, 신뢰는 미래의 예측 불가능성을 현재 내리는 결정의 결과로 대면하는 자기성찰의 핵심적 요소인 것이다.[7]

루만이 신뢰와 관련해 행한 두 번째 핵심은 발전사적 관점에서 규정한 인물에 대한 신뢰와 체계에 대한 신뢰의 차이이다(Luhmann, 1968: 54). 그에 따르면 근대화 과정에서 사회의 지배적인 분화 원칙이 계층적 분화에서 기능적 분화로 이행하면서 신뢰의 유형과 기능도 변화했다. 전통 사회에서 작동하던 인물에 대한 신뢰가 현대 사회에서는 기능적으로 분화된 사회적 체계, 즉 조직과 사회의 기능체계가 재귀성을 획득하면서 체계에 대한 신뢰로 발전했다. 이로써 그는 짐멜이 제안한 '주관적 신뢰'와 '객관적 신뢰'의 차이를 넘겨받아, 주체와 객체의 구별에 의존한 근대 형이상학의 근본적인 사고 유형을 대체해 자기생산적 사회체계이론의 틀에서 '인물에 대한 신뢰'와 '체계에 대한 신뢰'의 역사적인 분화에 새로운 의미를 부여했다.[8] 루만은 인물에 대한 신뢰가 대부분

---

7 물리적·정신적인 손실인 위해는 예방-대비-대응-복구 단계로 이어지는 재난관리의 제도화를 필요로 한다. 이에 대한 자세한 논의는 노진철(2010) 참조.

8 루만은 인간을 사회제도의 영향을 받지 않는 '주체'라는 이상적 존재로 보았던 서구 계몽주의의 오랜 관점과 달리, 역사적·사회적으로 제약을 받는 특수한 존재로 간주한다. 즉, 인간은 결코 시대와 문화를 초월한 이성·감정·합리성을 체화한 완전한 통일체일 수 없으며, 역사적으로 변화하고 사회적 맥락에 따라 다양한 정체성을 가질 수밖에 없

타자의 친숙성(Vertrautheit)의 광범위한 조건들에 의해 생성되는 것으로 간주했으며, 의식적인 자기성찰이 필요 없는데 성찰이 행해지면 오히려 자명한 친숙성이 사라지는 경우와 관련이 있다고 보았다. 그에 반해 체계에 대한 신뢰는 "개인적으로 행하는 신뢰와 불신을 넘어선다"고 보았다.

친숙한 일상세계에서 신뢰는 상호작용에서 인지된 유기체적 신체와 심리적 인격(personality)의 통일체인 인물에 대한 신뢰를 가리킨다.[9] 루만에게서 '인물' 개념은 어떤 사람이 심리적이거나 유기체적인 한 측면으로서가 아니라 하나의 통일된 전체로서 소통에 참여한다는 의미이다. 그것은 타자의 행위 의미를 해석할 때 의미의 복잡성을 축소하는 데 도움이 된다. 루만에 따르면 전통 사회의 사회질서는 통일된 전체로서의 인물에 대한 신뢰를 기반으로 형성·유지됐지만, 현대 사회에서는 부분체계들의 기능적 분화로 인해 소통에 기초한 의미 구성이 매우 복잡해서 인물에 대한 지향만으로는 사회질서의 형성·유지에 필수적인 신뢰를 얻을 수 없다. 체계 자체가 신뢰를 얻는다(Luhmann, 1968: 23). 물론 인물에 대한 신뢰는 오늘날에도 개인 간의 접촉이 반복해서 일어나는 상호작용에서 강력하게 요구된다. 체계에 대한 신뢰는 인격적 요소를 의식하지 않고 사람 간 소통에 의해 형성된 사회적 세계의 속성을 의식한다. 이에 상응하여 체계에 대한 신뢰는 특정 조직 또는 사회의 기능체계들과 연관된 행위의 결정, 즉 복잡성 축소의 결정을 의식한다.

는 불완전한 행위자라는 것이다.

9 체계이론가들은 의식의 흐름 또는 소통이 자기준거적인 방식으로 작동하는 심리구조와 사회구조를 각각 심리적 체계와 사회적 체계라고 일컫는다. 심리적 체계나 사회적 체계는 환경과의 관계에서 항상 체계의 유지에 필요한 것보다 더 많은 가능성과 마주한다. 이러한 고도 복잡성은 언어, 자의식의 재귀성, 체계 형성의 사회적 형식 등과 같은 복잡성 축소의 기제를 요구한다. 이들 복잡성의 체계 내재인 축소 기제가 신택을 통해 특정한 미래를 다른 미래보다 더 기대하게 만드는 일반적인 기대 구조를 형성하고 사회질서를 유지한다.

루만에 따르면 근대화의 특성은 신뢰의 지배적 유형이 인물에 대한 신뢰에서 체계에 대한 신뢰로 이행했다는 데 있다. 고도로 복잡한 세계에서 현대인은 체계에 대한 신뢰 덕택으로 우연적인 사건들에도 안정적인 태도를 유지할 수 있으며, 모든 것이 달라질 수 있다는 깨달음을 얻었다는 것이다. 그가 발전사적 관점에서 행한 신뢰의 개념화 작업은 세 가지 명제로 요약된다(Luhmann, 2001: 151 ff.). 첫째, 현대 사회에서 인물은 안정적 사회제도에 덜 연루되기 때문에 친숙성은 점차 사적 영역으로, 즉 개인적 관계의 양식으로 축소된다. 전체 사회에 대한 기능이 사라지면서 친숙성은 개인의 사적 환경으로 남는다. 둘째, 무엇에 친숙하고 무엇에 무지한지에 대한 경계 짓기가 사회의 역동성으로 인해 본질적으로 어렵다. 셋째, 체계에 대한 신뢰는 애초에 체계의 기능에 대한 확신의 상태에 있다. 체계에 대한 확신을 결정에 맡겨야 한다는 요구가 딱히 제기된 적도 없지만 그렇게 결정에 맡겨야 하는 동기부여도 없다.

루만은 신뢰와 확신을 유사한 것으로 다루면서도 체계에 대한 신뢰가 사회적 체계의 기능에 대한 확신에 기초한다는 점을 분명히 했다. 체계에 대한 신뢰의 본질적 조건 중 하나가 확신이기 때문이다(Luhmann, 2001: 157). 고도로 복잡한 현대 사회에서 정치, 경제, 법, 과학, 종교 등의 기능체계들은 각각 권력, 화폐, 정의, 진리, 헌신 등을 소통매체로 삼아 세계의 복잡성을 체계 내적으로 축소하는 기능을 수행한다. 이들 기능체계는 체계가 세계의 복잡성을 단순화할 것이라는 기대, 즉 체계에 대한 신뢰와 이들 체계의 소통매체에 대한 신뢰를 전제로 상대적 자율성을 갖고 작동한다. 예컨대 정치는 선거 및 행정결정과 의회에서 정치인·관료·공중으로부터 신뢰를 받아야 제대로 기능할 수 있다. 마찬가지로 경제는 시장에서 판매자와 구매자로부터 화폐가 제대로 신뢰를 받을 때 기능하며, 화폐에 대한 신뢰가 없다면 체계가 기능할 수도 없다. 즉, 현대의 사회질서가 체계에 대한 신뢰를 강하게 요구하고 있다.

루만은 행위자가 상대방을 믿은 결과로 생길 수 있는 손실이 추구하는 이익보다 더 클 수 있는데도, 즉 나중에 후회할 가능성이 더 큰데도 믿음을 보내는 것이 신뢰라고 규정함으로써 신뢰가 '합리적 계산'과는 다르다는 점을 분명히 했다. 만일 상대방을 믿어 얻는 이익이 생길 수 있는 손실보다 확실히 크다면 양자의 관계는 합리적 계산 이상을 벗어날 수 없을 것이다. 다시 말해서 손실의 위험이 수용 가능한 범위 내에 있다면 신뢰가 아니라 합리적 계산이 작동한다. 신뢰 상실로 인한 손실이 신뢰 획득으로 얻는 이익보다 더 큰 상황에서도 상대방을 신뢰하는 행위자는 미래를 긍정적으로 선취해 마치 미래가 확실한 듯이 행동한다. 루만에 따르면 신뢰는 본래 기만에 근거한다(Luhmann, 1968: 33). 그렇게 해서 신뢰는 일반적으로 지식의 결여와 정보의 부족을 극복하는 "위험한 선행 조치"(Luhmann, 1968: 23)로서 기능한다. 이와 같이 루만은 신뢰 현상에 대한 기존의 인지적 접근을 여러 행위 중에서 하나를 선택하는 결정의 측면으로 보완했다.

루만은 확신과 신뢰의 차이를 대안의 존재 여부와 관련해 구별했다 (Luhmann, 1988: 98 ff.). 장차 후회로 변할지도 모르는 불확실한 상황에서 가능한 여러 행위 중에서 특정한 행위를 선택하는 것이 신뢰라면, 확신은 애초에 다른 대안을 고려하지 않는 것이다. 누군가를 신뢰했다가 나쁜 결과에 실망한 행위자는 자신의 선택을 후회하겠지만, 체계의 작동을 확신했다가 좌절한 행위자는 대체로 체계의 외부에서 그 원인을 찾는다. 체계에 대한 신뢰의 경우, 공중은 신뢰했다가 나빠진 결과에 대한 원인을 내적으로 자신의 결정에 귀속시킨다. 반면에 체계의 기능을 확신한 공중은 확신했다가 얻게 되는 실망을 외부의 상황에 귀속시킨다는 것이다(Luhmann, 2001: 148 ff.). 왜냐하면 체계의 기능에 대한 확신은 위험 상황을 의식하지 않고도 또한 그 대안을 고려하지 않고도 작동하기 때문이다.

루만이 의미하는 체계의 기능에 대한 확신은 상시적으로 감시하지 않더라도 그렇게 진행되리라고 믿고 안심하는 '무조건적인 신뢰'이다. 행위자의 기대 구조와 동기부여를 일정하게 틀 짓는 복잡성 축소의 한 형태가 확신이다. 그에 비해 체계에 대한 신뢰는 고도 복잡성의 기반에서 위험을 선호하는 경향이 있다. 따라서 기능체계는 기대만큼이나 실망에도 많이 노출된다. 기능체계는 더 많은 신뢰와 동시에 더 많은 불신을 필요로 한다(Luhmann, 1968: 99). 이런 맥락에서 루만은 불신을 단순히 신뢰의 반대 현상이 아니라 참여로 대표되는 항의에 대한 기능적 등가 기제로 볼 것을 제안한다. 이런 맥락에서 보면 감베타가 루만의 확신 개념을 행위자의 신뢰보다 바람을 드러내는 '희망'에 더 가깝다고 비판한 것(Gambetta, 2001: 220)은 타당하지 않다. 왜냐하면 체계에 대한 신뢰가 적어도 감베타의 주장처럼 미래에 대한 희망적인 예측과 인지적 부조화의 해체를 기반으로 작동하지는 않을 것이기 때문이다.

결론적으로 말해서 루만에게 신뢰는 불확실성, 위험, 정보 부족 등 사실적 차원의 문제와 연속성·비동시성·지연 등 시간적 차원의 문제를 해결하는 사회적 차원의 복잡성 축소 기제이다. 즉, 신뢰는 불확실성이 증가된 현대 사회에서 시간적 차원의 문제를 극복하고 정보 부족의 문제를 해소하는 기제인 것이다(Preisendörfer, 1995: 264). 이런 맥락에서 보면 체계에 대한 신뢰는 현대 사회의 복잡한 구조가 아니라 복잡한 사회질서에 대한 신뢰에 전문화되어 있다. 또한 체계에 대한 신뢰는 상이한 기능체계들의 상호보완 및 갈등의 규제에 대한 관념과 기능에 기인하는 한에서 다차원적이다. 합리적 선택론이 주장하듯이 신뢰를 이익 극대화라는 투자 차원의 개념으로 정의한다면 갈등의 측면과 관련된 불신 개념과의 차이를 명확히 드러내지 못한다.

루만의 신뢰 개념화 작업은 합리적 선택론이 주로 신뢰를 개인적 차원이나 가치판단이 포함된 규범적 측면에서 접근하는 데 기인하는 단순성의 한계를 넘어서 논의 지평을 현대 사회에 대한 성찰로 확대하는 데 주요한 기여를 했다(강수택, 2003: 164). 정치, 경제, 법, 과학, 교육, 종교 등의 기능체계에 대한 이해 없이 현대 사회를 제대로 파악할 수 없다는 점을 고려한다면, 기능체계의 작동에 전제가 되는 사회적 체계에 대한 신뢰의 해명은 현대의 사회질서와 그 재귀성[10] 기제를 이해할 수 있는 계기를 연다는 점에서 중요하다.

루만의 신뢰 개념에 대해 몇 가지 관점에서 비판이 제기된다. 첫째, 루만이 사회이론을 구성하면서 신뢰에 대한 기초적인 분석을 하지 않았다는 지적이다(Misztal, 1996: 76 ff.). 체계에 대한 신뢰와 결정의 관련성이 자명한 것으로 선취되어 있는 것에 대한 실제적인 분석이 필요하고, 인물에 대한 신뢰를 실용적인 기제로 고려하지 않는 것이 문제라는 주장이다. 하지만 루만은 행위 대안들을 분석하면서 애초에 확신과 신뢰를 구별해 다루었고(Luhmann, 2001: 147 ff.), 양자가 상이한 재귀성과 자기준거성에 의해 전개된다고 밝혔다. 즉, 두 전략의 어느 한쪽이 다른 쪽으로 환원되지 않는 것으로 간주했다.

둘째, 루만이 현대 사회의 특성으로 제도화된 신뢰의 형성, 즉 인물에 대한 신뢰에서 체계에 대한 신뢰로의 이행을 언급하는데, 이에 대한 추가적인 분석이 필요하다는 지적이다. 이에 대해 루만은 기능적 분화로 인해 전통 사회의 특성인 장소에 대한 의심할 바 없는 자명성의 맥락이 지속적으로 사라지고 있다고 주장한다. 그리고 현대 사회에서 인물에 대한 신뢰가 약화된다는 명제는 그동안 신뢰관계에 대한 여러 경험적 연구들이 증명했다.

2. 급진적 현대의 신뢰: 기든스

기든스는 신뢰 현상을 진보한 현대, 즉 '급진적 현대(radicalized modernity)'로의 발전에 따른 사회적 · 정치적 결과에 대한 연구 맥락에서 검토했다. 그에게

---

10 재귀성(reflexivity)은 흔히 성찰(reflection)에 빗대어 성찰성으로 번역되는 경향이 있다. 여기서 재귀성은 개인의 내면적 성찰 능력에 귀속되는 이성의 추상적 발현을 뜻하는 것이 아니라 지배적 사고구조나 행위양식, 생활양태 등의 과정이 다시 그 과정을 자신에게 적용하는 것에 의해 과정의 선택성을 강화하는 현대 사회의 비가역적인 자기준거 기제를 일컫는다. 예컨대 학습을 학습대상이 아니라 학습 과정 자체와 관련짓는 학습의 학습이 재귀성이다. 재귀성은 전통 사회에는 없던 현대 사회의 특수한 속성으로서 체계의 능력과 선택성을 강화시키지만 이성의 작동을 오히려 배제한다.

급진적 현대는 신뢰와 위험, 기회와 위협이 공존하는 '인위적 불확실성'의 시대이다. 급진적 현대로의 발전 과정과 역동성은 한편으로는 시간과 공간의 분리와 지구적 표준화로, 다른 한편으로는 거기서 결과하는 사회관계의 탈지역화와 재귀적 조직화로 특징지어진다(기든스, 1991: 31 이하). 기후변화 또는 핵공학, 생명공학, 나노기술 등의 기술공학과 연계된 위험들은 그 강도에서 세계적이며, 세계의 다수 인구에게 영향을 미치는 우연한 사건으로 확대된다는 측면에서도 그러하다. 제도화된 위험이 수백만 사람의 삶에 영향을 미치는 상황에서 행위의 신뢰가 가장 중요한 문제로 부각되고 있다(기든스, 1991: 132 이하). 다시 말해서 급진적 현대와 연관된 새로운 위험들이 신뢰를 위협하고 있는 것이다. 오늘날 공중은 대체로 직면하고 있는 위험들을 이미 알아차리고 있다. 하지만 그 같은 위험들이 확실한 일로 바뀔 수 있다고 믿도록 강제하는 역할을 했던 종교와 관습은 과거의 위상을 잃어버렸다.

기든스는 급진적 현대가 이들 위험으로부터 "방향을 잃은 채 질주하는 크리슈나의 수레(juggernaut)"(기든스, 1991: 157)라는 통찰에 이르렀고, 나아가 존재론적 불안이 확산되고 있음을 진단했다. 기술공학에는 통제할 수 있는 범위가 어느 정도 정해져 있으며, 동시에 통제를 벗어나 질주할 위험이 항상 공존한다. 따라서 이들 위험에 대한 객관적인 평가는 사실상 불가능하다. 이들 위험을 평가할 때는 반드시 의견을 구할 전문가를 누구로 할지, 또한 누구의 권위를 구속력 있는 것으로 수용할지 계산에 넣어야 한다(기든스·벡·래쉬, 1998: 134). 이것은 전문가가 위험을 다루는 데 한계가 있다는 뼈아픈 인식이었다.

기든스는 루만이 신뢰와 확신, 위험과 위해의 구별로부터 출발해 이것들의 연관성을 규명하는 방식으로 신뢰를 분석한 것에 동의한다(기든스, 1991: 45). 다만 루만이 전통 사회의 신뢰와 현대 사회의 신뢰의 본질적인 차이를 발전사적 입장에서 기술한 것과는 달리, 기든스는 양자의 차이를 지역화와 탈지역화의 구별에서 찾는다. 그에 따르면 전통 사회의 신뢰가 '체면 유지'에 기반을 둔 지역화된 신뢰라면 현대 사회의 신뢰는 탈지역화된 체계에 의해 지배된다(기든스·벡·래쉬, 1998: 137). 여기서 신뢰의 탈지역화는 지역에 얽매인 상호작용 맥락에서 사회관계를 분리해내어 불특정한 시간과 공간의 긴장을 통해 재구조화하는 과정을 일컫는다(기든스, 1991: 35). 전통 사회에서 신뢰가 친족, 지역공동체, 종교적 우주론, 전통 등의 지역화된 사회구조에 의해 지배됐다면, 급진적 현대에서는 시간과 공간의 원격화에 따라 사회관계에 대한 정보가 부족하기 때문에 체계에 대한 신뢰가 필요하다는 것이다. 급진적 현대에서는 탈지역화 기제가 작동해 결코 만난 적도 본 적도 없는 '부재하는 타자'의 행위가 공중의 삶에 영향을 미친다. 다시 말해서 탈지역화 기제는 현대 사회에 공통적인 일반화된 신뢰, 즉 '사회적 신뢰'를 기반으로 작동한다. 사회에서 탈지역화 기제의 실행 능력은 필연적으로 이들 기제에 대한 신뢰를 전제로 한다. 이런 맥락에서 기든스는 정치·경제·법 등의 기능체계와 전문가집단을 포괄하는 '추상 체계'의 기능과 조정 및 권능에 대한 신뢰 형식의 구축과 유지가 현대 사회의 작동과 안정화의 핵심이라고 주장한다. 그에 따르면 추상 체계는 일단 특정 장소에 고착되던 일상으로부터 벗어나 잠재적으로 불안정한 신뢰 기제에 의존하게 된다(기든스·벡·래쉬, 1998: 138). 이런 맥락에서 신뢰 분석은 근대성의 본질로 간주되는 탈지역화와 재귀성 사이의 관련을 해명하는 역할을 한다. "신뢰관계는 근대성과 연관된 시간과 공간 분리의 지구적 확대에 기초가 된다"(기든스, 1991: 97). 그렇게 해서 신뢰 현상의 분석이 기든스의 근대성 논의의 중심에 있게 된다.

현대 사회의 신뢰와 관련된 기든스의 중심 명제는 짐멜과 루만에 의해 구상된 핵심 노선을 따른다. 기든스의 명제는 신뢰를 내포하는 사회관계를 한편으로 하고, 신뢰를 유지하는 체계 연관을 다른 한편으로 한다(기든스, 1991: 28). 양자를 구별하는 것은 상호작용에 의해 표현되는 인물들 간 공존의 사회관계와 체계의 사회 구속으로 표현되는 신뢰관계이다. 그에 따르면 "대면적 헌신과 비대면적 헌신의 구별"(기든스, 1991: 90)에 따라 인물에 대한 신뢰와 체계에 대한 신뢰가 분화했다. 오래 지속된 친분을 토대로 대면적으로 입증된 인물에 대한 신뢰가 먼저 분화했고, 그다음에 개인의 속성으로부터 독립된 탈지역화에 기반을 둔 비대면적인 추상 체계에 대한 신뢰 기제, 그중에서도 전문가집단에 대한 신뢰가 분화했다(기든스, 1991: 93).

기든스는 신뢰의 필요성이 행위 연관과 체계에 대한 지식의 결여에서 기인한다고 보는 점에서 기능적 접근방법을 취한다. 그는 루만과 마찬가지로 행위의 복잡하고 우연적인 주변 조건에 근거해서 '신뢰의 최우선 요건'을 "권력의 결여가 아니라 완전한 정보의 결핍"(기든스, 1991: 46)에서 찾았다. "항상 우리 눈에 보이면서 그들의 활동이 직접적으로 감시될 수 있는 누군가는 신뢰할 필요도 없는"(기든스, 1991: 19) 것이다. 기든스의 시각에서도 탈지역화 기제, 즉 상호작용이 이뤄지던 국지적 맥락으로부터 벗어나 사회관계를 재구조화하는 과정에서 정보 부족은 신뢰의 필요조건이다. 여기서 다양한 삶의 영역에서 정보 제공이 확실성에 대한 기대를 높이지만 동시에 실망의 위험을 배태한다는 역설이 성립한다.

세계에서 탈지역된 삶을 지향해 작동하는 체계에 대한 신뢰는 타자의 '도덕적 올바름'에 대한 신념보다 "우리가 잘 알지 못하는 추상적 원리의 정확성에 대한 믿음에 기초한다"(기든스, 1991: 47). 정치·경제·법 등의 기능체계가 작동하려면 사람들이 그것을 신뢰하지 않으면 안 된다. 신뢰해야만 잘 알지도 못하고 언젠가 알게 될 것도 아닌 다른 사람들 또는 체계들과 상호작용할 수 있기 때문이다. 이들 체계는 개별적으로 권력·화폐·법률을 수락하거나 탐색하지 않더라도 그 자체로서 인정받는 신뢰에 의해 기능한다. 기든스는 현대 사회의 구조에 결정적인 영향력을 행사하는 추상 체계 중에서도 전문가집단에 대한 신뢰의 기능을 각별히 강조했다(기든스, 1991: 93). 전문가집단이 지식을 과학의 보편타당성 틀에서 재귀적으로 전유하고 전문가의 지식이 광범위한 시간과 공간에 걸쳐 지구촌을 통합하는 기능을 한다는 것이다. 전문가의 지식은 이런저런 방식으로 비과학적인 공중의 지적 토대에 영향을 미치고, 그로 인해 공중은 자신이 생산에 직접 관여하지 않은 지식, 즉 전문가에게서 빌린 지식을 전유하게 된다. 전문가집단을 신뢰하는 공중은 이 지식을 발생 맥락과는 상관없이 다른 행위 맥락에서도 응용함으로써 지식이 전문가집단에 대한 신뢰에 기초해 공중의 사회적 행위에 재귀적으로 적용된다. 사회적 행위에 재귀적으로 적용되는 지식은 전문가와 공중의 차별화된 권력 및 가치의 역할, 의도하지 않은 결과들의 영향, 전문가와 공중의 이중적인 해석 등으로 순환하면서 여과된다는 것이다. 특히 그는 과학적으로 일반화된 '보편적 지식'의 응용 가능성이 탈지역화 기제의 기초를 이룬다고 보았다. 이로써 탈지역화 기제는 사회관계를 특정한 지역의 속박으로부터 벗어나게 해서 지식을 지구적으로 확장하는 도구로 기능하게 한다는 것이다.

기든스는 루만이 신뢰와 위험의 연관성을 규명한 것에 동의했다. 현대 사회에서는 인간관계나 체계의 작동에서 급증하는 우연성에 대한 인식이 실망의 위험에 대한 인식과 동시적으로 나타나며, 신뢰가 인물과 체계 모두에 대해 위험을 줄이거나 최소화하는 기능을 한다(기든스, 1991: 48). 하지만 루만이 체계에 대한 신뢰와 관련해서만 확신 개념을 사용했던 데 반해, 기든스는 인물과 체계를 막론하고 모든 신뢰에 항상 확신이 함축되어 있다고 주장했다(기든스, 1991: 46). 그는 확신이 신뢰보다 더 많은 것을 내포하는 것으로 상정했다. 그는 신뢰를 인물의 행위나 체계의 작동에서 일어날 수 있는 우연한 사건이나 결과에도 불구하고 그 인물이나 그 체계에 대해 확신을 갖는 것으로 정의했다. 그는 확신을 인물의 정직성이나 성실성에 대한 믿음뿐만 아니라 추상적 원리, 즉 비인격화된 원리의 정확성에 대한 믿음도 포괄하는 것으로 상정해 체계에 대한 신뢰를 인물에 대한 신뢰와 같은 속성을 갖는 것으로 간주했다.

기든스는 탈지역화 기제가 신뢰 없이는 어떤 역할도 할 수 없다는 것을 의심하지 않았다. 그러나 그가 신뢰의 대칭 개념으로 "실존적 불안 또는 공포"(기든스, 1991: 108 이하)를 설정한 것은 탈지역화 기제의 역할을 약화시켰다. '불신'이 신뢰의 대칭 개념으로 설정되는 것은 적절치 않다는 그의 지적은 루만의 견해를 다시 확인한 것으로 타당하다. 하지만 기든스는 애초에 체계들,

특히 전문가집단과의 접점에 의해 형성되는 탈지역화 기제를 대면적 헌신과 비대면적 헌신을 매개하는 기제로 이해했다(기든스, 1991: 93). 그는 탈지역화 기제를 '재진입(re-entry)' 기제로 기능하는 것으로 파악했다. 국지적인 장소 귀속으로부터 탈피한 추상적 사회관계가 다시 시간과 장소의 제약을 받는 지역적 조건에 재진입해 — 부분적이든 일시적이든 — 대면적 상호작용의 차원과 비대면적 구속의 체계적 맥락을 매개하는 기제로 기능한다고 보았다. 다시 말해서 그는 공중의 '기본적 신뢰(Urvertrauen)'[11]가 믿음의 형식으로서 "체계 자체의 작동보다는 오히려 체계의 적절한 작업 수행"(기든스, 1991: 47)과 관련이 있다고 보았던 것이다. 공중의 기본적 신뢰는 화폐·권력·법에 대한 일상의 '친숙성'[12]에 근거하는 동시에 이들 체계의 작업 수행에 기초한 '실용적 관계'로 제한된다. 이에 따르면 전문가집단에 대한 신뢰는 그에 상응하는 인물에 대한 신뢰가 아니라 그들이 보유하고 있는 지식의 확실성에 대한 신뢰가 된다(기든스, 1991: 41).

기든스는 존재의 불확실성에 대한 공중의 감정적 민감성을 강조하기 위해 신뢰를 존재론적 안전의 기초로 간주했다(기든스, 1991: 102 이하). 이것은 존재의 불확실성이 인간 행동의 결과라는 현대 사회의 자기성찰에 내재된 긴장이 신뢰에 대한 요구 증가로 나타났다는 의미이다. 일상을 예측하기 어려울수록 실존적 불안은 커져만 가고, 친숙성이 약화될수록 신뢰에 대한 요구가 더 커진다는 역설이 작동한다. 하지만 그는 신뢰와 친숙성을 분석적으로 구분하지 않음으로써 이러한 역설을 무시했을 뿐만 아니라 잘 모르거나 정보가 전혀 없거나 부족한 인물에 대한 신뢰를 상대방에 대한 '성실'이나 '애착' 등의 감정을 포

---

11 기든스(1991)는 슈츠의 생활세계 개념으로부터 유추해 기본적 신뢰(Urtrust), 세계 신뢰(Worldtrust), 존재 신뢰(Betrust) 등 신뢰 현상의 핵심 개념을 이끌어냈다.
12 친숙성(familiarity)은 기든스의 지적대로 성, 사랑, 결혼과 연계된 남녀 간 감정 관계인 '친밀성(intimacy)'과는 다른 것이다(기든스, 1996).

함한 것으로 가정했다(기든스, 1991: 47). 이러한 신뢰와 친숙성의 분석적 모호성으로 인해 인물에 대한 신뢰와 체계에 대한 신뢰의 구별에도 불구하고 체계에 대한 신뢰를 인물에 대한 신뢰로 환원시키는 자기모순이 발생했다.

무엇보다도 기든스는 발달심리학자인 에릭슨의 작업에 의지해 모든 사람이 이미 유아기 때 사회화 과정에서 신뢰의 '예방 접종'을 받았다고 주장했다(기든스, 1991: 103 이하). 이 사회화 과정이 성인이 된 후에도 '존재론적 확실성'과 신뢰를 갖도록 '보호 고치' 역할을 한다는 것이다. 그에 따르면, 성인은 무의식적으로 신뢰와 안전을 위해 동기부여를 하지만 무의식이 그들의 행동을 직접적으로 동기부여하는 일은 거의 없다. 그가 볼 때 사회의 재생산은 주로 심각한 회의나 냉소 없이 거의 습관적으로 규정되는 일상적 관행에 기반을 둔다. 특히 공적 세계는 일상적 관행에 대한 존재론적 확실성에 의해 유지된다. 여기서 존재론적 확실성은 시간과 공간을 가로질러 자아정체성이 지속된다는 믿음과 일상에 대한 사회적 신뢰를 의미한다. 뉴스에서 등장하는 험한 일들이 나에게는 일어나지 않을 것이며, 적어도 나와 친숙한 친지, 이웃, 친구, 직장동료가 나를 배신하지는 않을 것이라는 나를 둘러싼 사회 세계에 대한 신뢰가 있다는 것이다. 이런 사회적 신뢰가 일상에서 매일 맞닥뜨리는 판에 박힌 일련의 경험들에 의해 지탱되고 일상에서 일어나는 모든 사회적 마주침의 전제조건이 된다. 즉, 사회적 신뢰는 불확실성이 증가하는 현대인의 삶에서 부정적인 가능성을 차단하는 기능을 하는 보호 고치라는 것이다. 이런 사회적 신뢰는 본질적으로 안전에 대한 확신이라기보다는 비현실적인 믿음인 것이다.

기든스는 현대 사회에 등장하는 체계에 대한 신뢰가 잘 모르는 타자에 대한 일반화된 신뢰인 사회적 신뢰와 모순된다는 점을 지적했다(기든스, 1991: 128). 그는 전통 사회와 달리 현대 사회에서는 사회적 신뢰가 체계에 의해 재구조화되면서 일상적 일과가 탈도덕화된 것으로 간주했다. 비록 체계에 대한 신뢰가 진숙한 인물에 대한 신뢰와 긴밀하게 결합되어 있지만, 인물들 간의 상호 신뢰는 더 이상 친족과 촌락공동체 내의 인격화된 행위 연관에 의존하지 않는다는 것이다. 따라서 현대 사회에서 인물에 대한 신뢰는 더 이상 주어진 것이 아니라 자신을 '부재하는 타자'에게 개방하는 노력에 의해 실현된다는 주장이다(기든스, 1991: 131).

결론적으로 기든스는 체계에 대한 신뢰의 수요가 증가하는 것은 현대 사회의 고유한 현상이며, 이른바 신뢰의 중간자, 즉 제도화된 신뢰관계의 존재가 결정적으로 중요하다고 보았다. 그는 체계에 대한 신뢰 형성이나 수용을 사회관계의 구축 및 존속과 연관을 지었다. 전통 사회에서는 친족, 친구, 이웃, 지역공동체 등 사회관계에서 제도화된 인격적 유대와 인물의 정직성, 기사도의 행동규약 등이 신뢰관계로 작동했다면 현대 사회에서는 원칙적으로 위험의 유형과 조정의 전형에 따라 제도화된 신뢰관계가 작동한다는 것이다(기든스, 1991: 47). 이런 제도화된 신뢰관계로 각종 감시기관과 조정기관, 표준설정기관, 직업윤리, 법제도, 보험 등이 언급된다. 기든스는 이런 신뢰관계의 맥락에서 받아들여지는 '수용 가능한 위험'을 짐멜의 '불충분한 귀납적 지식' 부류에 귀속시켰다.

기든스의 신뢰 개념화 작업에 대해 몇 가지 관점에서 비판이 제기될 수 있다. 첫째, 그가 예증으로 제시한 생태학적 재난과 핵위협이 과연 사람들이 위험 상황에 대한 인식 없이 저지른 행위의 의도하지 않은 결과인지 의문이다. 사람들은 대체로 4대강 사업이나 핵발전소 건설이 미래에 재난을 일으킬 수 있다는 점을 알면서도 경제발전에 대한 현재의 바람에서 그 위험을 감수하고 있기 때문이다. 둘째, 기든스는 사회에서 문제를 제기하고 항의하는 불신의 역할을 저평가한다. 그의 영향으로 신뢰 연구를 하는 학자들은 대체로 신뢰를 현실과 괴리될 정도로 고평가하고 있다. 대체로 지표에 의한 신뢰 수준의 측정은 신뢰의 증가된 필요성을 주어진 조건에 맞추어 도출해내는 한계를 보이고 있으며, 저신뢰 현상을 확인한 후에는 신뢰 강화를 대안으로 언급하기 일쑤이다.

3. 합리적 선택 행위로서의 신뢰: 콜먼

콜먼은 "모든 행위자는 효용의 극대화를 목적으로 행위한다"(콜먼, 2003: 89)고 전제하는 신고전주의 경제학의 목적합리적인 행위 개념에 기초한 합리적 선택론의 관점에서 신뢰 현상을 분석했다. 다만 신고전주의 경제학이 공리주의의 입장에서 개인적 최적화와 집합적 결과를 동일시하는 것과는 달리, 콜먼은 경쟁 상황에서 개인적 최적화가 어떻게 사회구조의 재생산과 일치하는지를 밝히고자 했다(Coleman, 1990: 360). 그는 루만의 신뢰 개념에 연계해서 경쟁 상황을 상정한 합리적 선택론의 중심 명제들을 이끌어냈다. 그 기본 구상은 일반 교환 모델에 입각해 불확실성의 조건에서도 합리적으로 결정하는 행위자를 가정하는 데 있다.[13] 그에 따르면 어떤 행위자가 타자의 결정에 의존해야하는 상황에서도 위험을 무릅쓰고 그를 신뢰할 경우 얻게 되는 이익이 예상되는 손실에 비해 크다면 그 타자에 대한 신뢰가 존재하게 된다(Coleman, 1990: 91 ff.).

콜먼은 개인의 이익 추구와 사회적 통제 사이에 균형을 유지하는 것이 무임승차를 방지하는 해법이라고 보았다. 만일 모든 사람이 이기적으로 자기이익만 챙기려 한다면, 사람들은 상대방과의 협력으로 이익을 기대하기보다는 손실을 입지 않을까 불안해할 것이다. 상대방이 계약을 제대로 지킬지, 갖고 있는 능력을 성실하게 발휘할지, 배신하지 않을지 등 타자가 어떤 행동을 할지 불확실한 것이다. 따라서 합리적인 행위자는 이들 문제를 해결하기 위해 서로 알고 지내는 친분관계에서는 기회주의적 행위를 자연적으로 제약하고 서로 배신하지 않으리라는 신뢰에 기인하는 협력관계를 장기적으로 유지하게 된

---

13 합리적 선택론의 세력 범위는 순수한 경제적 행위를 훨씬 넘어선다. 일반 교환 모델은 핵심적 구성 요소인 행위자와 자원 외에 생소하고 낯선 자원에 대한 행위자의 이해관계를 교환물의 제공 형식으로 도입한다.

다. 즉, 신뢰는 증가된 불확실성을 흡수하기 위해 합리적인 행위자가 잠재적인 협력자에게 협력하도록 자극하는 행위 선택의 전략인 것이다. 신뢰는 상대방을 신뢰해서 얻을 것으로 예상되는 이익이 예상되는 손실에 비해 큰 경우에 이루어진다. 이를 그가 제시한 설명방식으로 표현하면, $\frac{p}{1-p} > \frac{L}{G}$의 상황에서 이루어지는 결정이다. 이때 p는 이익을 획득할 확률, G는 기대이익, L은 기대손실을 의미한다(Coleman, 1990: 99 ff.).

콜먼은 신뢰자와 피신뢰자의 관계, 즉 목적지향적인 두 합리적 행위자 간에 이루어지는 미시적 수준의 관계로서 신뢰를 다루었다(이재혁, 1998). 그는 신뢰자의 입장에서 피신뢰자가 신뢰할 만한 행위를 하느냐 아니면 신뢰를 저버리는 행위를 하느냐가 신뢰관계의 유지에 중요하다고 보았다. 신뢰자가 피신뢰자에게 신뢰를 보낸다는 것은 자신에게 이익이 될 수도 있고 손실이 될 수도 있는 자원을 피신뢰자의 결정에 맡긴다는 뜻이다. 즉, 신뢰자는 피신뢰자가 자기보다 자신의 이해관계를 더 잘 충족시켜줄 것이라는 기대 또는 희망에서 특정 자원에 대한 통제를 일방적으로 그에게 위임한다는 것이다. 그런 맥락에서 콜먼은 자신을 믿고 맡긴 사안에 대해 장차 신뢰를 지키는 피신뢰자의 신뢰 가능성(trustworthiness)을 증진시킬 수 있는 조건들을 제시했다(Coleman, 1990: 108).

콜먼은 신뢰 시점과 기대된 보상 시점 사이의 시간적 지연을 중요시했다. 신뢰자는 자원에 대한 통제를 위임한 후 어느 정도 시간이 지나야 신뢰의 확실성을 얻을 수 있다(Coleman, 1990: 91). 사회적 교환에서 시간적 비대칭은 원칙적으로 위험을 표현한다. 콜먼 역시 급부와 반대급부의 구조적으로 불가능한 동시성이 신뢰 행위의 특수한 위험을 구성한다고 보았다. 이처럼 신뢰 상황은 앞서 언급한 정보 부족[14] 같은 사실적 차원의 문제와 지연 같은 시간적

---

14 콜먼은 정보가 행위자가 주관적으로 인지하는 복잡성을 축소하고 기대와 실제관계에 근접하는 객관적으로 올바른 결정을 내리는 데 기여한다고 본다. 행위자가 이익을 얻

차원의 문제를 함축하고 있으며, 그와 함께 위험과 감정의 손상을 포함한다. 그가 제시한 신뢰 문제의 역사적 본보기는 루만과 짐멜의 사회학적 조언을 거슬러 홉스의 계약론에까지 이른다.[15] 물론 그 배경에는 계약 당사자들이 인정한 제도의 강제력과 강제적 제재의 잠재력이 전제되어 있으며, 이해관계의 합리적 추구로 문제해결을 현실화하려는 구도가 깔려 있다. 하지만 '자유로운 계약 주체' 개념이 현대 사회질서의 결과인 점을 고려한다면, 제도가 개인들 간 사회적 계약의 결과일 수는 없는 것이다.

신뢰의 영향이 '어떤 위험을 내포하고 있는 상황의 하위 부분'으로 이해된다면, 콜먼은 "행위자는 의도적으로 목표를 지향해 행동한다"(Coleman, 1990: 91)는 가정에서 신뢰자를 항상 피신뢰자에게 일방적으로 신뢰를 보내는 방식의 문제 많은 결정을 하는 자로 표현했다. 그는 신뢰의 네 가지 측면에 대해 언급했다. 첫째, 신뢰 제공은 자원 양도를 포함한다. 둘째, 피신뢰자가 신뢰할 만하다면 신뢰자의 상황이 개선되지만 그렇지 않다면 악화된다. 셋째, 자원 수신자가 실제 의무를 지지 않고도 자원 양도는 이루어진다. 넷째, 정당한 신뢰 제공에 대한 평가는 신뢰가 이루어지는 시점까지 잠재적으로 지연된다. 결정은 신뢰에 긍정적이든 부정적이든 신뢰자 쪽에서 이익 획득의 계기, 즉 신뢰의 개연성에 대한 정보와 나중에 신뢰가 상실될 경우 가능한 손실에 대한 정보를 어느 정도 갖고 있느냐에 달려 있다(Coleman, 1990: 114). 그리고 신뢰가 정당한 것인지, 정보 탐색에 얼마나 많은 노력이 필요한지를 추정하는 데도 이익과 손실의 잠재적 판단이 중요하다. 이러한 지식의 적절성이 신뢰의 형성 과정에서 시간의 지연을 의미 있는 것으로 만든다. 이런 맥락에서 콜먼은 신

을 개연성을 판단하는 데 정보가 매우 중요하지만, 정보는 항상 결정에 필요한 만큼 충분치 못하다.

15 계약상 일치된 양 당사자의 급부가 시간적으로만 지연된 채 제공될 수 있는 행위 가운데 자기이익을 극대화하는 선택 상황에서의 신뢰 불가피성에 대해 처음 언급한 학자가 홉스다.

뢰 평판을 사회적 자본의 한 구성 부분으로 파악했다. 그에 따르면 모든 신뢰
자는 잠재적인 피신뢰자를 신뢰하게 하는 사회구조의 형성에 특별한 이해관
계를 가진다.

콜먼의 기여는 피신뢰자의 행동이 신뢰에서 갖는 역할에 유의했다는 데
있다. 즉, 잠재적인 피신뢰자와의 종래 경험이 신뢰자에게 중요한 지향점을
제공할 것이고, 피신뢰자가 자신에 대한 정보를 조작할 가능성이 있다는 것이
다. 우선 그는 신뢰자가 관심을 기울이는 결과가 오로지 피신뢰자의 능력에
달려 있음을 지적한다(Coleman, 1990: 113 ff.). 피신뢰자는 신뢰자에 대해 협력
과 배반을 여러 번 선택하게 된다. 그때마다 기대의 좌절을 처벌하는 규범이
작동한다. 하지만 피신뢰자가 자신의 선택에 대해 직접적인 책임을 지는 경우
는 드물다. 따라서 피신뢰자의 합리적인 고려가 장차 신뢰자의 이익 및 손실
과 관련해 중요해진다. 피신뢰자가 신뢰자와의 관계를 오래 지속할수록, 그리
고 그 관계에서 기대하는 이익이 클수록 그의 신뢰 가능성은 커질 것이다. 게
다가 피신뢰자의 신뢰 가능성은 신뢰자와 잠재적 신뢰자를 연출하는 다른 행
위자 사이에서 소통이 얼마나 활발하게 일어나느냐에 영향을 받는다.

콜먼은 두 번째 요소를 뉴욕의 유대인 다이아몬드 보석상과 런던의 햄브
로스 은행의 사례를 들어 설명한다. 유대인 보석상은 거래를 협의하는 과정에
서 수십만 또는 수백만 달러 가치의 다이아몬드를 품질 보증, 정상적인 자금의
흐름을 보장하는 계약서, 특별 보험 등의 보호 장치 없이 악수 하나로 끝냈으
며(콜먼, 2003: 94), 런던 대형 은행의 상담직원은 위험성이 높은 고액 긴급대출
을 계약서도 없이 상호 간의 구두 약속으로 처리했다(Coleman, 1990: 92). 통상
적으로 보석상과 은행은 거래에서 자신의 물건을 지키기 위해 공식적인 보증
제도와 보험제도를 이용한다. 상대방에 대한 신뢰가 부족한 경우 법제도에 대
한 신뢰가 보완적 역할을 하는 것이다. 따라서 유대인 보석상과 런던 은행의
이 같은 상거래는 강한 신뢰가 없다면 불가능한 일이다. 유대인 보석상의 거
래는 당사자 중 누군가의 정보 조작으로 잘못될 경우 본질적으로 폐쇄적인 유

대인 공동체에서 영원히 추방당하는 위험에 노출되기 때문에 가능하다. 런던의 은행가들도 '신뢰 가능성 평판'을 누리는 주요 고객(VIP)에게는 공식적 절차를 밟지 않고 긴급대출을 행한다. 그것은 거래에서 평판을 잃는 것이 그들에게 곧 미래 이익의 상실을 의미하기 때문에 가능하다. 구성원 모두가 이런 사실을 잘 알고 있기 때문에 그들은 시간과 비용이 드는 공식 제도를 통하지 않고도 거래할 수 있는 것이다. 이러한 신뢰 체계는 사회의 다른 영역에서도 형성될 수 있지만, 그것을 위반했을 경우 지불해야 할 비용이 얼마나 크냐에 따라 상대화된다. 콜먼은 이들 신뢰 체계의 형성이 구성원 모두 동질적인 이해관계에 있는 변치 않는 폐쇄적 공동체를 전제로 한다는 점을 분명히 했다(Coleman, 1990: 125).

두 행위자 간에 이루어지는 미시적 수준의 일방적인 신뢰관계에서만 신뢰가 형성되거나 유지되는 것은 아니다. 콜먼은 신뢰 체계를 교환관계와 마찬가지로 위험이 상존하거나 정해진 행위 방향이 없는 상황에서, 즉 불확실성의 조건에서 자원에 대한 통제를 타자에게 단순히 그리고 합리적으로 이전하는 형식으로 이해했다. 그는 신뢰 논의를 잠재적인 신뢰자와 피신뢰자에 대한 미시적 수준의 기초적 고찰에서 거시적 수준의 고도로 복잡한 체계까지 확장했다. 그는 가족에서 정부·기업·법원을 거쳐 정치·경제·법 등의 기능체계들까지 포괄하는 행위자들이 타자가 통제하는 자원에 대한 이해관계 때문에 의도적으로 교환관계에 참여하는 것으로 가정했다.[16] 그는 교환관계 모델에 기초해 먼저 단순한 신뢰관계, 그다음엔 두 행위자 이상의 신뢰관계, 나아가 다수의 인물 또는 집합적 행위자가 참여하는 거시적 수준의 신뢰 체계에 대해 분석했다.[17]

---

16 여기서 자원은 행위자가 일정한 재량권을 갖고 있어 통제할 수도 있고 이해관계도 있는 것들을 말한다. 그리고 교환물의 제공은 신뢰를 보내는 것으로 나타난다.

17 이들 신뢰 체계는 단순한 상호 신뢰 체계, 중개적 신뢰 체계, 제3자 신뢰 체계 등의 세

콜먼이 합리적 선택론의 관점에서 구상한 신뢰 유형학은 신뢰 상황과 내기 상황의 '구조적 상동성'을 전제한다. 그는 신뢰자를 상대방의 내기 판돈과 이길 가능성을 의식해 자신의 승산을 계산하는 노름꾼과 동일시해 신뢰에서 자발성의 중요성을 강조했다(Coleman, 1990: 103). 결과의 예측이 불확실한 상황에서 신뢰의 자발성에 깔린 패러다임은 죄수 딜레마의 게임이론이다. 이에 따르면 모든 결정이 상대방의 신뢰에 대한 평가에 달려 있다. 신뢰자 또는 피신뢰자의 결정이 상대방에게 야기하는 결과가 명백히 드러난 상황에서 신뢰 문제는 상대방의 행위에 대한 지식의 결여가 그 본질이다. 콜먼은 비협력적인 피신뢰자에 대한 제재 가능성과, 확실성을 높이는 적법한 계약같이 신뢰자의 위험을 감소시킬 가능성을 지적했다. 이런 대안의 곤란한 부분은 그와 관련된 사회적 비용이며, 신뢰자의 신뢰에 대한 '합의된 가치 척도'가 존재하지 않는다는 데 있다. 신뢰를 보내는 행위에 대해 법적 도구들을 적용할 수는 없는 것이다.

콜먼은 신뢰자, 피신뢰자, 신뢰중개인 등 신뢰관계 참여자의 집단 신뢰 행위에 영향을 미치는 세 가지 신뢰의 유형을 제시했다(Coleman, 1990: 180 ff.). 신뢰중개인은 둘 이상의 참여 심급이 연결망 형식으로 상호 거래하는 다양하고 복잡한 실체들의 행위를 묘사하기 위한 범주이다. 복잡한 실체들이 처한 기본 조건은 행위자의 자기이익 추구와 밀접한 관련이 있으며, 호혜성의 행위 규범, 대중매체의 등장, 정보기술의 발달과 같은 사회구조적 조건을 함축한다. 신뢰중개인으로는 조언자형, 보증자형, 경영자형 등 세 가지 유형을 제시한다. 모든 구성원이 조언자의 판단을 매개로 피신뢰자의 능력과 정직성을 신뢰할 때 조언자형 중개인이 포함된 신뢰관계가 나타난다. 조언자형 중개인은 잘못 조언할 경우 잃을 수도 있는 자신의 명성을 건다면, 보증자형 중개인은 피신뢰자가 신뢰자에 대한 신뢰를 상실하더라도 자신의 명성을 그대로 유지한다. 하지만 후자의 경우 중개인과 신뢰자는 자원을 잃는다. 조언자형 신뢰

가지 유형으로 구분된다(강수택, 2003: 167).

관계의 특수성은 신뢰자가 중개인과 피신뢰자에 대한 신뢰를 동시에 얻는다는 데 있다. 그 때문에 조언자형 중개인은 100% 완전한 중개인으로 연기하지 않는다. 경영자형 중개인은 일종의 경영 기능으로 특징지어진다. 공통된 이해관계를 가진 다수의 행위자들이 이해관계를 실현하기 위해 활동에 관여할 때 경영자형 중개인이 나타난다. 물론 신뢰관계에서 제3자의 역할은 수동적으로 구상되어 있다. 금융 거래에서 채권을 양도받은 제3자 간에 채권의 소유자를 바꾸는 채권의 양도·양수가 그 사례다. 이때 매개적 행위자는 상이한 신뢰자들의 자원을 묶어 하나 또는 그 이상의 다수 피신뢰자에게 연결하는 역할을 한다. 이처럼 콜먼은 신뢰 논의를 체계의 수준까지 확장하긴 했지만, 루만이 논의 영역을 기능체계들에 대한 신뢰로 확장한 데 비해 공동체의 신뢰관계를 분석하는 데 그쳤다.

콜먼은 피신뢰자와의 관계에서 잠재적 위험 조건이 존재하는데도, 즉 신뢰자의 손실 계기가 이익 획득의 계기보다 더 클 수 있는 상황에서 개인들은 합리적인 행위자로서 신뢰를 보낸다고 정의했다(Coleman, 1990: 108). 이처럼 신뢰 조사에 직접 맞추어진 개념 조작은 신뢰 문제의 미묘한 차이를 밝히기에는 적절하지 못한 발견술이다(Preisendörfer, 1995: 267; 김상준, 2004: 77). 왜냐하면 이 명제의 틀에서는 오로지 합리적 계산에 근거한 일방적 신뢰와 재귀적 신뢰의 제공만이 중요하기 때문이다. 즉, 현저하게 단순화된 신뢰 현상만 고려대상이다. 이러한 개념 조작은 신뢰와 불신을 애초에 대립관계로 확정해 오히려 헷갈리게 만든다.

또한 콜먼이 주목한 현상들은 과연 신뢰 개념으로 적절하게 전환해서 표현된 것인지 의문을 갖게 한다. 개인 행위자는 어떤 확실성에 근거해서 누구에게, 언제, 무엇과 연관해 신뢰를 보내는가? 그는 어떤 가정에 근거해서 받은 신뢰를 되갚는 것을 누구에 대해, 언제, 어느 정도까지 행하거나 기대하는가? 개인 행위자는 타자의 이해관계가 무엇인지 어떻게 알 수 있으며, 어떤 행위 요소가 그의 잠재적 배신을 회피하는 데 기여하는가? 이러한 질문은 그에 걸맞은 개인들과 쌓은 경험의 원초적인 의의, 즉 상호작용의 역사적 차원을 지시한다.

콜먼이 신뢰 현상을 일상의 직관에 반하는 방식으로 개념 조작했다는 것은 특히 친구들 간의 신뢰 상실에 대한 분석에서 분명하게 드러난다(Coleman, 1990: 104 ff). 콜먼은 '자기이익을 극대화하려는 이기적 개인'의 경제적 패러다임을 경제 외적인 사회 영역으로 확장하기 위해 부르디외의 '사회적 자본' 개념에 의지했다. 이기적 개인의 자기이익 추구가 경제적 영역만이 아닌 사회 모든 영역에서 궁극적인 행위의 동기부여가 된다는 가정 아래(김상준, 2004: 71 이하), 사회적 자본을 "주어진 구조에 속하는 개인이나 집단이 특정한 행위를 하도록 유도하고 촉진하는 능력"(콜먼, 2003: 93)이라고 정의했다. 즉, 사회적 자본은 개인에 귀속되는 것이 아니라 사회관계인 맥락의 일시적 산물인 것이다(이선미, 2004: 203). 그는 사회적 자본 개념을 배경으로 사회적으로 친숙한 사람들이 배신을 당할 때 그렇지 않은 경우보다 더 크게 손실을 입는다고 논증했다. 이런 식으로 콜먼은 친구들 간 상호작용의 역사에서 구축된 친숙성을 사회적 자본으로 해체했다. 그 결과 콜먼은 친숙한 관계에서 처음부터 일방적 관계나 비대칭적 관계를 배제하고 있다.

현대 사회의 고도 복잡성을 고려한다면 합리적 선택론이 개인의 사회구조적 성찰 능력을 과대평가한 것은 아닌지 묻게 된다. 왜냐하면 합리적 선택론이 주목하는 요소는 궁극적으로 '이기적 개인'이기 때문이다. 따라서 합리적 선택론이 사회구조적 과정에 맞추어 재단된 '행위이론'의 관점을 경험적으로 충분히 수용할 수 있을지 의심이 간다. 또한 신뢰 현상이 재귀적 신뢰의 형식에 국한되지 않는다는 콜먼의 신뢰 개념 조작에 대해서도 이의를 제기할 수 있다. 합리적 선택론은 비용과 이익 계산에 기초한 합리성 기준에 따른 행위 상황과 내기 상황에 대한 극단화를 일방적으로 단행하고 있다. 따라서 인지적으로 재단된 신뢰 개념에 초점을 맞추느라 신뢰 현상이 너무 경제적으로 환원된 것은 아닌지 묻게 된다. 그 결과 합리적 선택론은 현재의 행위자, 가치, 권력 배분 상태 등 기존의 사회질서를 당연한 것으로 전제하는 현상 유지의 성격이 강하다. 합리적 선택론이 신자유주의에 융합되어 경쟁적인 국제관계에서 오로지 자기이익만 추구하는 국가의 정책 결정을 설명하는 문제해결이론으로 작동하고 있는 것은 우연이 아닌 것이다.

4. 신뢰문화와 사회적 자본: 츠톰카, 퍼트넘, 후쿠야마

일련의 학자들이 신뢰 범주를 문화적 측면과 연계된 유동적 변수로 다루고 있다는 사실은 매우 인상적이다. 대표적으로 츠톰카의 '시민문화'와 퍼트넘·후쿠야마의 '사회적 자본' 등의 이론적 조류는 신뢰를 문화적 맥락과 연계해 사회적 행위의 유동적 변수로서 파악했다. 츠톰카가 신뢰문화의 요소들과 관련해 신뢰 현상을 언급했다면, 퍼트넘과 후쿠야마는 사회적 자본 개념에 의지해 사회적 행위자들이 도덕 공동체의 구성원으로서 얻게 되는 일반화된 신뢰의 기반을 이루는 '조직문화'에 주목했다.

　　츠톰카는 합리적 선택론의 한계를 의식해 신뢰를 사회의 역동적인 잠재력을 현실화하는 데, 또한 행동의 잠재력을 현실화하는 데 없어서는 안 되는 시민문화의 원천으로 간주했다. 여기서 결정적인 것은 타자에게 신뢰를 줄 만큼 행위자의 능력을 높이는 시민문화의 재화가 일자리 안정, 종교적 신념, 가족 배경, 사회적 연결망 등과 연계된 집단 분배에 집중되어 있다는 점이다. 이들 집단 분배의 재화를 마음대로 다룰 수 있는 행위자는 외부의 법적 제재 수단이 없더라도 이들 재화를 욕구하는 타자가 협력할 것으로 기대할 수 있다는 것이다.

　　특히 그는 만연된 불신의 잠재적 원인과 관련해 네 가지 관점을 언급했다. 첫째, 정치·경제·사회적 상황에서의 불확정성 및 불확실성, 불투명성, 예컨대 정치적 불투명성, 재정적 불안정성, 실업률 급증, 인플레 위험, 은행 도산, 범죄율 급증, 규범적 탈봉합, 자율성 상실 등, 둘째, 치안·통제기구(법원, 경찰, 교정기관, 세무서)의 비능률성과 결함, 셋째, 신정치엘리트들의 빗나간 공공성 지향 및 정치적 부패, 비난받는 친족 경영 성향, 공약의 공허성과 불충분한 투명성, 대중매체에 대한 영향력 행사 혐의, 넷째, 극적으로 요구와 현실이 갈리는 정치 변혁에 대한 높은 기대 수준 등이 만연된 불신의 잠재적 원인으로 지목됐다(Sztompka, 1995: 268 ff.; 1999: 174 ff.).

즈톰카는 신뢰에서 '계산된 지향'은 중요한 문제가 아니라는 입장이다. 그는 타자에 대한 변함없는 배려, 위임된 과제에 대한 책임 있는 인지, 신뢰 보답에 대한 기대 등 세 가지 유형의 신뢰 의무와 관련해 '계산된 지향'을 특이하게 부적절한 것으로 논증했다. 또한 그는 신뢰의 기능과 기능적 등가 기제에 대한 집중적 분석을 넘어 신뢰와 불신의 역기능에 관심을 기울였다. 합리적 선택론자들이 신뢰를 타자를 신뢰하는 데 따른 위험을 감수하면서도 개연성을 계산하는 태도로 상정한 데 비해, 그는 신뢰의 기능으로서 행위 잠재력의 활성화, 행위 능력의 획득, 협력 유인의 자극, 통제 필요성의 해소와 그 비용 절약, 일치하지 않는 능력들의 확장, 사회적 자본의 증가, 공공성의 강한 지향 등 다양한 요소들을 언급했다(Sztompka, 1995: 255 ff.).

즈톰카의 기여는 신뢰와 불신의 기능적 등가성을 주목한 데 있다. 그는 신뢰의 오용과 불신의 관계에 대한 반응을 포함해 기능적 등가 기제로 숙명론과 부패, 사회적 통제 기제의 형성, 외국인의 고립화와 혐오, 미지 사회에 대한 지향, 사회관계의 법제화 과정 등을 언급했다. 그가 합리적 선택론의 신뢰 정의에 의존하면서도 신뢰와 불신의 기능적 등가 현상을 다룬 것이 신뢰의 문화적 조건에 대한 구체적 기술과 어느 정도 일치할지는 아직 미지수이다.

또한 루만과 기든스가 불확실성 시대에 행위가 수행하는 문제해결과 관련해 신뢰를 다뤘던 것에 비해, 즈톰카는 개인들 간의 신뢰 범주에 제한했다는 점에서 신뢰 개념을 너무 협소하게 정의했다.[18] 합리적 선택론은 가장 엄밀한

---

18 즈톰카는 제도에 대한 신뢰가 제도 속에서 행동하는 개인의 행위로 이전 가능하다는 입장이다. 그는 동유럽 국가들, 특히 폴란드의 정치적 변화 과정을 개인 간 신뢰의 맥락에

이론이면서도 신뢰에 대해 가장 엉성한 개념 규정을 하고 있다. 합리적 행위 이론가들이 이런저런 방식으로 가정하는 것처럼 유연한 신뢰가 '계산된 행위'에 기인하지 않을지도 모른다. 츠톰카의 연구는 '신뢰문화'의 표제어 아래 민주적 사회제도에 대한 상이한 견해와 상이한 행동 지향의 원천, 정당성 지평의 형성에 걸맞은 정치적·문화적 장의 인지적 및 규범적 원칙에 집중됐다. 그가 제안한 신뢰문화의 형성과 연계해 이후 시민사회의 개혁과 신뢰의 조직화에 대한 논의가 활성화됐다.

그에 따르면 신뢰의 핵심은 타자의 행위의 우연성에 관계되는 '내기'에 있으며(Sztompka, 1995: 256), 신뢰문화는 규범 및 가치체계로서 행위자들이 내기를 거는 기반을 형성한다. 이런 의미에서 신뢰문화는 타자를 신뢰하거나 자신이 신뢰받는 긍정적 경험들이 장기적으로 지속된 결과로 이해된다. 이에 걸맞은 경험은 다시 사회구조적 측면에서 규범적 질서의 연관성, 사회질서의 안정성, 사회제도의 투명성, 행동 환경의 친숙성, 인물 및 제도의 뚜렷한 책임의식, 개인적 속성의 긍정적 사회분위기, 복지 기반의 자원 등으로 구성된다. 특히 공중의 공공성 지향에 대한 강조는 완전한 상태의 복지 수준을 상정한다. 츠톰카의 신뢰문화 개념은 이런 식으로 뚜렷하게 규범적인 강세를 유지하고 있다. 그리고 게임이론에 기반을 둔 그의 신뢰 개념은 표준화된 조사 목록에 속하는 다양한 개념 정의의 외양을 띠고 있다. 하지만 이런 개념 정의는 혼란스럽고 오히려 혼선을 빚게 한다. 그의 신뢰문화 논의는 다양한 신뢰의 정의들을 한데 모아놓았지만, 그에 걸맞은 다양한 기제와 기능 조건을 갖는 신뢰관계를 다루지 못하고 있기 때문이다.

이와 달리 퍼트넘과 후쿠야마는 신뢰를 사람들로 하여금 공공성 또는 정치적 영향력을 확대하기 위해 서로 협력하도록 만드는 사회적 자본의 한 유형으로 간주했다. 퍼트넘이 사회적 자본을 행위자들이 사적 이익을 극대화하기

서 분석했다.

위해 협력하는 공공재로 상정함으로써 사회적 자본 개념의 범주를 정치 영역에 제한했다면, 후쿠야마는 신뢰가 경제 전반에 미치는 효과를 설명하기 위한 사회적 자본의 조건이자 결과라며 그 기능적 역할을 경제발전과 시장 경쟁력에서 구했다.[19] 즉, 그들은 신뢰가 정치 또는 경제의 발전에 필수 요소라고 주장했다.

퍼트넘은 사회적 자본의 기능이 조직 행위자를 효과적으로 행동하게 만드는 참여의 연결망, 의무감, 정직성, 호혜성의 규범과 함께 자발적 결사체들(종교조직, 봉사조직, 취미단체, 시민사회단체 등)을 조직화하고 유지하는 능력에 있다고 보았다(퍼트넘, 2009: 222, 556). 참여 연결망의 현존과 호혜성 규범의 광범위한 수용이 신뢰를 만들어내지만 동시에 이들 협력 수단은 신뢰를 전제로 한다는 것이다. 그에 따르면 이들 연결망에서 형성된 신뢰는 그에 속하지 않거나 구성원이 모르는 낯선 인물들에게까지 확장된다. 지엽적인 사회 맥락에서 형성된 신뢰가 정치조직의 질에 영향을 미칠 수도 있다. 다시 말해서 정치적 상호작용에 참여하는 공중은 공공성을 실행에 옮길 용의가 있는 한 자신들이 신뢰에 근거해 만난다고 믿는다는 것이다. 그는 1970년대 이후 미국에서 일어난 시민사회단체의 회원 감소와 공동체성의 감소에 주목하는 한편, 1970년대 지방분권화가 추진된 이탈리아에서의 북부지역 민주정부의 성공과 남부지역 보수정부의 실패를 사회적 자본의 존재와 부재의 차이로 설명했다. 여기서 그는 신뢰의 정치적 효과에 주목해 수평적인 연결망에서 얻어진 신뢰가 공공성에 지향된 정치에 대한 신뢰로 이어진다는 구상의 타당성을 검증했다.

그에 비해 후쿠야마는 대기업의 존재를 기준으로 주요 민족국가들을 저신뢰사회와 고신뢰사회로 분류하는 등 신뢰를 철저하게 경제적 가치로 환원해,

---

19 후쿠야마(1996: 50)는 사회적 자본의 존재를 경제적 선진 국가의 성공 요인으로 간주하고 "사회적 자본은 한 사회 또는 그 특정 부분에 신뢰가 정착됐을 때 생긴다"며 신뢰의 경제적 역할을 강조한다.

신뢰를 경제조직을 구성하는 사회적 자본의 원동력으로 간주했다. 가족주의에 기반을 둔 중국계와 라틴계 사회가 중앙집권적 국가와 대기업 관계의 부조화를 특성으로 하는 '저신뢰문화'라면,[20] 미국과 독일이나 일본은 정치와 경제를 연결하는 중간조직의 강한 연대와 전문경영인 중심의 대기업을 특성으로 하는 '고신뢰문화'라는 것이다. 그는 사회적 자본이 풍부할수록 경제적 생산성이 높은 것은 구성원이 규범과 가치를 공유해 개인이익을 집단이익에 종속시키는 조직 능력에 신뢰가 달려 있기 때문이라고 보았다.[21] 신뢰가 합리적 선택의 산물이 아니라 한 사회 또는 특정 문화 부분에 정착해 결속하고 협력하도록 하는 조직 능력, 즉 경제적 가치를 형성하는 사회적 자본으로 기능한다는 것이다(후쿠야마, 1996: 49 이하).

퍼트넘(2000: 140 이하)에 따르면 현존하는 조직의 행위자들은 화폐·권력·지식의 매개 없이도 공공성을 좇아 서로 협력한다. 특히 공공성을 지향하는 정치조직은 직접적인 보상을 고집하기보다는 추후 신뢰의 대상이 되는 데 만족한다. 따라서 정치제도의 성공과 실패는 역사적인 뿌리를 가진 시민사회의 문화에 기초하는 신뢰에 달려 있다는 것이다. 이런 맥락에서 그는 신뢰를 개인적 속성인 동시에 사회적 효율성을 향상시키는 조직의 속성을 가리키는 사회적 자본의 한 형식으로 간주했다. 사회적 자본은 개인의 경험과 지역사회의 특성에 종합적으로 영향을 받아 구성된다는 것이다.

퍼트넘은 사회적 자본 개념으로 정치적 조정의 질과 참여의 실제적 연관을 구체적인 역사적 사실을 통해 기술했다(퍼트넘, 2000: 296). 그는 정치적 측

---

20 중국 문화권과 라틴 문화권은 모든 사회활동이 가족을 기본 단위로 구성되고 그 안에서 개인의 정체성, 소속감, 이해관계를 추구하기 때문에 가족 중심의 소기업 위주 경제가 발달했다는 것이다.
21 개인들 간 이익의 충돌과 생산성 향상을 위한 협력의 필요성이 그 사회에서 공유되는 문화적 규범을 생산하고, 개인들로 하여금 자신의 이익을 넘어 조직에 대한 결속을 갈망하게 한다는 것이다.

면에서 사회적 자본 개념을 매개로 콜먼의 합리적 선택론과 토크빌Alexis de Tocqueville의 '자유주의적 시민사회론'을 조합해 신뢰를 개인의 행위 차원에서 측정했지만, 그 영향력의 범위를 국가와 시민사회의 구조로 확대 해석했다(이선미, 2004). 콜먼이 사회적 자본 개념을 통해 사회적인 것을 개인의 행위 차원에서 도출해내는 이론화 작업에 관심을 가졌다면, 퍼트넘은 역사적으로 '주어진' 결사체 문화가 사회적 자본을 지속적으로 재생산한다고 전제하고 그것을 미시적 수준에서 신뢰와 연결망을 주요 지표로 설정해 측정하는 실증적 연구에 주력했다. 그는 결사체를 개인에 대한 신뢰의 존재를 상징하는 대표적 제도로 간주하고, 일반 교환 모델에 따라 결사체 참여뿐만 아니라 공중이 지역사회에서 다른 사람들과 맺는 모든 관계를 참여 범주에 포함시켰다.

또한 그는 결사체가 국가 권력으로부터 스스로를 방어할 수 있는 시민사회의 자율성 획득에 필수 요소라고 보고, 개인주의에 지향된 서구의 정치문화에서 결사체에 기반을 둔 공동체적 정치문화로 이행하는 데 사회적 자본이 효율적으로 기능한다는 점과 신뢰가 정치의 성패를 좌우하는 결정적 요인이라는 점을 이탈리아 북부와 남부의 차이를 통해 입증했다(퍼트넘, 2000: 134 이하). 북부가 참여·호혜성 등의 형식으로 전승된 결사체의 신뢰문화에 기초해 지방자치에 성공했다면, 남부는 역사적으로 참여 문화가 부재했던 지역이어서 지방자치에 실패할 수밖에 없었고 결과적으로 빈곤에서 벗어나지 못한 것으로 설명했다.[22]

이 절충적인 '자유주의적 시민사회론'은 세계은행과 일부 국가에서 대의민주주의의 한계를 극복할 수 있는 대안으로 떠오르면서 과학 밖에서 크게 각광을 받았다(Fine, 2001). 퍼트넘이 제시한 사회적 자본의 측정 척도는 마치 각국

---

22 지방자치의 실패 이유를, 800여 년 전통의 가족 중심의 수직적인 협력체가 사회에 뿌리내려 있던 탓으로 이웃을 비롯해 타자를 믿지 못하고 지역 주민이 힘을 합쳐 문제를 공동으로 해결하려는 노력이 부재했던 데서 찾았다(퍼트넘, 2000).

정부의 정치적 성공과 경제발전의 성취 여부를 객관적으로 판단할 수 있는 좌표처럼 받아들여졌고, 그 결과 국가들 간 신뢰 수준의 비교 연구에 많이 활용됐다. 하지만 과학체계 내부에서는 자유주의적 시민사회론의 지향이 타당한가에 대해 회의적이다.

퍼트넘은 사회적 자본의 쇠퇴 현상에 주목했다는 점에서 현대 사회에 대한 사회학적 시대 진단에 비교적 근접해 있다. 그는 미국 사회에서 구성원의 결속에 지향된 '결속형 사회적 자본'과 공정성·평등·정의 등 인류 보편적 가치에 지향된 '연계형 사회적 자본'이 분화되어 발달하고 있음을 언급했다. '결속형 사회적 자본'이 내향적이고 배제적인 속성을 가진다면, '연계형 사회적 자본'은 외향적이고 포용적인 속성을 가진다(퍼트넘, 2009: 25). 그는 지난 50여 년 동안 미국에서 양자가 모두 현저히 쇠퇴했다면서, 그 증거로 1960년대 이래 시민사회단체 회원의 가입률이 줄어든 사실을 제시했다. 또한 사회적 자본이 쇠퇴하고 신뢰 기반이 사라지는 원인으로, 세대교체가 이루어지면서 신세대가 제2차 세계대전을 치른 구세대의 자발적 연대의 미덕을 전수받지 못해 참여에 대한 가치와 행위가 줄어들었다는 점을 지적했다.[23] 젊은이들은 가족이나 교회 신자, 클럽 회원들과 함께하는 시간을 줄이는 대신 혼자서 볼링하기, 박물관 가기, 팝 공연 가기 등 혼자 하는 시간을 증가시켰고, 그 결과 친척이나 이웃, 친구와 덜 어울리게 되어 공동체의식이 희박해졌으며, 동시에 그들에 대한 신뢰가 낮아졌다는 것이다.

하지만 이러한 설명 방식은 1950~1960년대의 참여 유형인 결사체에만 주

---

23 퍼트넘(2009)은 사회적 자본의 하락 원인으로 그 밖에 세 가지 요인을 더 지적했다. 첫째로 여성이 노동시장에 진출하면서 맞벌이 가족이 증가해 시간의 압박과 경제적 압력으로 소규모 단체에 참여할 여력이 줄었으며, 둘째로 교통수단의 발달로 사회적 이동성이 증가함으로써 지역적 연대가 약화됐고, 셋째로 휴대전화·인터넷·소셜미디어 등 정보기술이 발전하고 라디오·텔레비전·CD 등 대중매체의 시청시간이 늘어나면서 사회적 고립의 습관을 키우게 됐다는 것이다.

목한 탓으로 1960년대 이후 여성·인권·환경·평화운동에서 등장한 정부 규탄 성명서 발표, 서명운동, 시민궐기대회, 대정부 건의안 발표, 정부·정당 항의방문, 파격적 항의시위 등의 새로운 대안적 참여 유형을 간과했다는 비판을 받았다. 그리고 개인의 의도 및 행위와 직접 연관이 없는 조직 요소가 정식화되지 못한 탓으로 결속형 사회적 자본의 참여율 저하가 인물에 대한 신뢰 하락으로 연계되고, 연계형 사회적 자본의 신뢰 하락이 혼자 노는 시간의 증가와 연계되어 해석됐다는 문제가 있다.

퍼트넘(2009: 222 이하)은 낯선 개인들이 결사체 활동을 통해 만나고 협력하는 과정에서 사회적 신뢰가 증가하고 그것이 지방자치를 활성화시키고 참여를 증가시킨다고 주장했다. 물론 미시적 수준에서 결사체를 통한 시민 연대가 사회적 신뢰에 긍정적 영향을 미치는 것을 보여준 연구가 없는 것은 아니다(Brehm and Rahn, 1997). 하지만 특정한 목적의 실현을 위해 조직된 결사체 내부의 신뢰가 과연 결사체 외부의 공중이나 체계에 대한 신뢰로 확장될지는 의문이다(Cohen, 1999; 서현진, 2006). 소집단의 구성원들이 공공성을 위해 기꺼이 행동할 수도 있다. 하지만 이러한 자발성이 무리 없이 전체 사회를 위한 행동으로 바뀔 수 있을지는 불확실하다.

사회적 자본의 효율성은 결사체에 소속된 행위자들의 신뢰관계에 국한되기 때문에 오히려 다른 집단과 갈등이나 분열을 일으킬 가능성이 있다(McLean, Schultz and Steger, 2002). 결사체는 구성원들 간에 신뢰를 양산할 수 있지만 협소한 집단관심과 집단이익에 봉사하는 탓으로 국가 또는 시장에 대한 신뢰 형성에 오히려 장애가 될 수도 있다(배유일, 2004). 대도시의 조직폭력배와 테러 조직처럼 폐쇄적 결사체는 많은 경우 반(反)사회적 목적으로 이용되기도 한다(뉴턴, 2003). 국가에 대한 신뢰를 정치인에 대한 신뢰의 단순한 합으로 간주할 수 없듯이, 시장에 대한 신뢰를 기업인에 대한 신뢰의 합으로 간주할 수 없다. 시민사회가 결사체로 구성되긴 하지만 결사체의 단순한 총합이 시민사회는 아닌 것이다(Cohen, 1999: 213 ff.). 그 때문에 콜먼은 사회적 자본이 신뢰관계에 있는 행위자들에게 경쟁적인 이익을 제공하기는 하지만 그들의 이익이 반드시 사회적으로 긍정적 결과를 수반하는 것은 아니라는 점을 분명히 했다.

발전사적 관점에서 현재 민주주의(이탈리아의 지방자치)의 성패가 과거(중세 이탈리아의 도시국가)에 뿌리를 둔 정치문화에 달려 있다는 퍼트넘의 인과론적 가정에 대해서도 비판이 제기됐다(Cohen, 1999; 서순탁, 2001; 김상준, 2004; 김태우, 2005). 퍼트넘이 중세 도시국가라는 '과거의 현재'였던 역사적 사실을 그 구체성의 맥락으로부터 탈각시켜 시민사회라는 '현재의 미래'로 연계시킨 것은 모든 것을 현재에 고착화하는 '현재주의'의 오류를 범한 것이다. 시민사회는 자본주의, 근대 민족국가와 함께 비로소 등장한 지극히 근대적 산물이다(이선미, 2004: 199). 게다가 시민사회가 국가 및 시장과의 역학관계에 따라 역동적으로 변한다는 점을 고려한다면, 시민사회의 구조는 사회마다 다양한 양태를 띨 수밖에 없다.

또한 경제발전과 사회적 자본의 연관성에 대한 후쿠야마의 주장은 실증적인 경험적 연구 결과와 적잖이 상충된다. 특히 사회적 자본 개념을 사용한 연구들이 그 부정적 측면을 간과했다는 사실이 여러 차례 지적됐다. 슬럼가, 조직폭력배, 마약 카르텔 같이 사회적으로 배제되거나 고립된 곳에서는 사회적 연결망이 오히려 경제발전을 저해했다(Bourgois, 1995). 고도로 통합된 사회적 연결망은 구성원들에게 많은 이익을 제공하기도 하지만 유지에 큰 비용이 들기 때문에 그 비용이 이익을 초과한다(Narayan and Pritchett, 1999). 뉴욕 시 이민노동자에 대한 연구(Waldinger, 1995)는 가난한 흑인들이 외부인에게 배타적인 백인 연결망의 배제구조 탓에 건설 현장이나 서비스 산업에 취업하기 힘들다고 밝혔다. 그리고 뉴욕의 다이아몬드 도매시장 같은 동종업종 상인들의 모임은 공공성에 반하는 가격 담합으로 끝나기 일쑤였으며, 이런 가격 담합은 사회발전에 전혀 도움이 되지 않았다. 만일 각종 자원에 접근할 특권을 가진 엘리트집단이 무임승차를 하거나 무능한 구성원들의 불합리한 요구를 관철시켰나면, 그것은 다른 집단들이 자본을 축적하고 성공할 수 있는 기회가 사라지는 불이익을 받는 것을 의미한다(포르테스, 2003: 164). 왜냐하면 제한적인 사회적 자본이 어떤 집단에게는 경제발전과 계급상승을 이끄는 자원을 제공하겠지만, 다른 집단에게는 이와 반대되는 결과를 초래하기도 하고 사회적으로 바람직하지 못한 결과에 이르게도 하기 때문이다(포르테스, 2003: 166).

퍼트넘은 신뢰와 불신의 차이를 인식하지 못한 채 양자를 동일한 연속선상의 정도 차이로 파악하는 논리적 오류를 범했다. 그 결과 공중이 정부활동을 불신하는 원인을 규명하는 차원에서 정부에 대한 신뢰 하락을 다루었으며, 신뢰를 증진시키는 대안으로서 자유주의적 시민사회와의 협치(governance)를 제시했다.[24] 그는 집단에 준거한 이기주의에 대해서는 반론을 제기했다(퍼트넘, 2009: 475 이하). 또 행위자들이 서로 협력한다면 보다 좋은 결과를 얻을 수 있는데도 공동이익을 위한 협력에 실패하는 이유는 그들의 무지나 비합리성 때문이 아니라 불신에 있다고 보았다. 조직 내 신뢰 수준이 높으면 높을수록 협력 가능성은 커지지만, 불신이 생기기 시작하면 개인 행위자는 배신하고 무임 승차하려는 유인을 가지게 된다는 것이다(퍼트넘, 2009: 26). 따라서 배신과 무임승차 전략을 최소화하기 위해서는 사회규범·연결망과 함께 자발적 협력을 촉진하는 주요 기제인 상호 신뢰가 필요하다고 보았다. 그는 게임이론가들이 상호 신뢰에 기초한 자발적 협력을 지나치게 저평가한다고 보았으며, 한 사회의 신뢰를 설명할 때 역사적으로 전승되어온 자발적 협력의 문화와 자유민주주의 문화 수준에 주목할 것을 요청했다(퍼트넘, 2009: 565). 하지만 신뢰가 자발적 협력을 일으키거나 사회적 효율성을 향상시킨다는 합리적 선택론의 공리주의적 시각에 대해서는 사회갈등의 불가피성과 순기능을 간과하는 문화적 편향성을 지적하지 않을 수 없다.

게다가 퍼트넘은 '자유주의적 시민사회론'의 관점에서 아무런 정당화 과정

---

24 시민사회단체에 가입해 활동하는 시민들이 타자에 비해 비공식적 연결망과 신뢰를 증가시킨다는 주장은 이미 시민사회론자들(Almond and Verba, 1963)에 의해 행해졌다.

없이 사회적 자본을 '건강한 시민사회'의 구축을 위한 필수 요소로 간주했다. 결사체의 사회적 자본이 조직에 내부적 지속성을 제공하는 것이 집단적인 문제해결을 위한 '건전한 사회'의 형성에 도움이 된다는 것이었다(Briand, 1998). 하지만 신자유주의가 세계화를 주도하는 속에서 공정한 경쟁의 도덕성을 내세운 미국 시민사회의 헤게모니 행태를 고려했을 때, 사회적 자본과 시민사회의 상관관계를 당연한 것으로 전제하는 '자유주의적 시민사회론'의 관점은 정치적으로 위험하기까지 하다(Cohen, 1999: 209 ff.). 그런데도 그는 사회적 자본은 '좋은' 것이라는 도덕적 가치판단에서 이탈리아 남부와 북부의 비교 연구에서도 사회적 자본의 부정적 측면은 무시한 채 긍정적 측면만 강조했다(퍼트넘, 2000: 86 이하).

퍼트넘의 사회적 자본 개념은 개인의 속성에서 국가의 속성으로 전환되면서 사회적 자본이 원인인 동시에 결과가 되는 순환 논리의 함정에 빠졌다(포르테스, 2003: 169; 김상준, 2004: 82). 그는 사회적 자본이 국가와 시민사회의 협치를 통한 참여 증가라는 긍정적인 결과를 이끌어냈다고 설명하는 동시에, 민주주의 통치가 이루어지지 못한 지역은 시민 연대가 역사적으로 활성화되지 못했던 탓이라고 주장했다(퍼트넘, 2000: 303; 2003: 128). 즉, 사회적 자본이 오랜 기간 축적된다면 정부와 시민사회의 협치가 성공할 수 있고 협치에 성공한 국가는 역사적으로 시민 연대가 발달해 있다는 순환적 인과론에 빠졌다. 이러한 순환 논리는 대면적 결사체 참여와는 다른 비대면적 유형의 시민사회 경험을 가진 비서구 사회에서 작동하는 국가 권력에 대한 시민사회단체의 항의 능력과 정부와의 새로운 협치 가능성을 간과한다는 비판을 피하기 어렵다(박희봉, 2002; 이선미, 2004).

후쿠야마의 고신뢰와 저신뢰의 구별 역시 형식적 포함관계가 역사적 결과물로 환원되면서 논증되어야 할 명제를 논증의 근거로 삼는 전형적인 순환 논리에 빠졌다. 고신뢰와 저신뢰의 구별은 양자 사이에 일종의 포함관계가 성립한다는 전제에서 가능하다(한준, 2008: 25). 신뢰의 높고 낮음은 신뢰가 어느 사회에나 존재하는 일반적인 현상으로 정도의 차이만 있다는 의미이다. 따라서 같은 유교문화권에 속하는 일본과 한국을 고신뢰와 저신뢰로 구별한 것은[25] 경제발전이라는 결과로부터 문화적 원인을 역으로 유추해낸 탓이 컸다.

또한 국가 간 비교 연구는 연구자마다 개별 국가들의 사회적 자본 경향이 다른 결과를 내놨으며, 때로는 정반대를 언급할 때도 있었다. 핼펀David Halpern 은 모든 나라가 현재 미국처럼 사회적 자본의 쇠퇴를 겪는 것은 아니라고 주장했다(Halpern, 2005). 그가 보기에 영국과 오스트레일리아는 미국처럼 지난 수십 년간 사회적 자본이 지속적으로 감소했다면, 스웨덴과 네덜란드나 일본 은 사회적 자본이 안정적이거나 오히려 증가했고, 독일과 프랑스는 지표들이 다소간 양면적인 측면을 보였다는 것이다. 또한 그는 국가마다 사회적 자본의 경향이 본질적으로 달랐고, 연구자들이 대체로 측정에서 다른 지표를 사용했 기 때문에 다른 측면들을 보여주었다고 주장했다. 중국의 사회적 신뢰 수준만 놓고 보더라도 미국과 일본보다 낮다고 평가하는 문헌이 있는가 하면(후쿠야마, 1995), 그 중간 수준으로 평가하는 문헌도 있고 그보다 더 높다고 평가하는 문 헌도 있었다(Inglehart et al., 1998). 한국의 사회적 신뢰 수준도 미국과 일본의 그것보다 더 높다고도 하고 더 낮다고도 했다(후쿠야마, 1995; Inglehart et al., 1998; 이재혁, 2006). 스웨덴이나 덴마크와 비교해서도 한국은 인물과 체계(조 직, 제도)에 대한 신뢰가 모두 낮지만 일본보다 높다는 연구도 있었다(유석춘· 장미혜·배영, 2002). 이처럼 연구마다 국가 간의 신뢰 차이에서 다른 결과가 나

---

25 후쿠야마(1996: 81 이하)에 따르면, 일본은 막부시대 봉건 영주에 대한 충성과 연관되 어 친자가 가족의 통솔권을 계승하기에 부적합하다고 판명되면 이방인을 계승자로 결 정하는 '열린 가족주의'가 발달했고, 제2차 세계대전 이후 이러한 '자발적 사회성'이 중 간조직에 대한 신뢰로 확장되는 등 역사적으로 항상 고신뢰사회로 발전해왔다. 반면 한국은 가족과 혈족에 기초한 '폐쇄적 가족주의'가 발달했고, 비록 현대에 이르러 재벌 들이 국가의 시장 개입에 의해 생겨났지만 여전히 가족 중심의 경영과 기업 승계의 전 통을 유지하는 등 역사적으로 저신뢰사회의 속성을 유지하고 있다는 것이다.

옴에 따라 양적 측정 방법의 신뢰 연구가 과연 타당한지에 대해 회의를 품게 된다.

　게다가 각 국가의 역사적 측면을 무시한 상태에서 사회적 자본의 수준을 단순 비교한 것이 많은 해석상의 오류를 낳았다. 야마기시 도시오山岸俊男는 불확실성에 대한 미국과 일본의 대처 방법이 역사적으로 동일하지 않다는 점을 부각시키며, 후쿠야마가 일본을 고신뢰로 분류한 것에 대한 반론을 폈다(야마기시 도시오, 2001: 254). 일본은 전통적으로 가족주의가 강한, '안심'에 의해 움직이는 폐쇄 사회라는 것이다. 야쿠자의 집단적 관계를 특징짓는 '안심'은 타자를 통제할 수 있는 확정적 관계에서 타자의 행위에 대한 우호적 기대이며, 불확정적 관계에서 타자의 행위에 대한 계산된 기대인 '사회적 신뢰'와는 다르다는 것이다. 일본인은 타자를 통제하는 안전장치가 존재할 때만 상호작용에 대해 안심하며, 이런 안전장치가 없다면 타자를 무조건 불신한다는 것이다. 야마기시의 실험 디자인을 이용한 경험적 조사(Hayashi et al, 1999)도 일본은 미국과 달리 안심의 역할을 사회적 신뢰보다 더 중시한다는 것을 증명했다. 신뢰가 본디 이런 안전장치가 없더라도 타자를 신뢰하는 것이라는 점을 고려한다면, 일본의 신뢰는 폐쇄적 집단에서만 작동하는 문화 편향적인 것이다. 야마기시의 실험 디자인을 한국에 적용한 연구(조기숙·최병일, 1999)는 안심에 대한 일본의 의존도가 한국과 미국보다 더 높은 반면, 한국의 사회적 신뢰는 미국과 일본보다 더 높은 것으로 조사했다. 이것은 후쿠야마의 주장을 뒤엎는 반증 자료도 되지만, 한국이 두 국가에 비해 사회적 신뢰와 안심이 모두 높다는 조사 결과는 기존의 다른 조사들과 상충된다.

　콜먼에서 츠톰카를 거쳐 퍼트넘과 후쿠야마에 이르는 합리적 선택론의 신뢰 논의는 역설을 불러일으킨다. 이들의 영향을 받은 학자들은 나름대로 기존의 합리적 선택론의 약점을 보완 또는 극복하려고 모색했지만, 그들의 시도는 대체로 합리적 선택론의 기본 관점이 갖고 있는 한계를 벗어나지 못했다. 무엇보다도 인간 행위를 설명하는 이론적 능력에 강한 의문이 제기된다. 인과적 기제를 명시하지 못하거나, 문화나 우연성을 덜 중요하게 다루거나 무시하거나, 이론이 불완전하다거나, 거시적 사회현상을 오도하는 심리학적 환원론을 지지하거나, 편견에 치우친 환원론적 결정론에 의지한다는 등의 다양한 비판이 제기된다. 덴진Norman Denzin은 합리적 선택론의 합리성 규범이 현실 활동에 부합하지 않을 뿐만 아니라 집단행동을 조직하는 정서에도 부합하지 않는다고 강하게 비판한다(Denzin, 1990: 182 ff.). 심지어 그린Donald Green과 샤피로Ian Shapiro는 합리적 선택론이 스스로 설명할 수 있는 범위의 한계에 대해 성찰해야 하며, 다른 이론적 설명들을 무시하거나 인정하지 않으려는 경향을 포기해야 한다고 주장한다(Green and Shapiro, 1999: 203). 하지만 이런 비판에도 불구하고 한국의 현실을 합리적 선택론을 적용해 설명하려는 많은 시도가 있어왔다. 그동안 합리적 선택론은 경제사회학과 정치학 분야에서 신뢰 연구에 엄청난 영향력을 행사했으며, 신뢰의 기본 정의까지 방법론적 개인주의로 물들이고 있다.

5. 한국 학계의 사회적 자본 선호와 그 한계

한국 학계에서 신뢰 논의는 활발히 진행되고 있지만 이론적 관심은 매우 제한적인 수준에 머물러 있다. 1990년대 말의 심각한 외환위기 상황과 한국 사회를 저신뢰사회로 규정한 후쿠야마의 시기적절한 도발이 맞물려서, 신뢰 연구는 경제 위기의 극복과 한국 사회의 신뢰 회복이라는 현실 문제의 해결에 상대적으로 집중됐다. 후쿠야마의 연구가 경제환원론적인 논리 비약이라는 이론적 결함에도 불구하고 한국 학계에서 유독 주목을 받았던 것은, 한국을 직접 거론하면서 가족주의 문화의 존속과 중앙집권적 국가의 출현을 저신뢰사회의 전형적 특성으로 언급한 탓이 컸다.

한 국가의 정치적·경제적 특성과 신뢰 수준을 연계시킨 후쿠야마의 경제

환원론은 한편으로 외환위기에 대한 정치적 대응의 실패와 외환위기로 촉발된 IMF 관리체제 한가운데서 보수적 학자들에게 당시의 경제 위기에 대한 설명력과 해결책을 두루 갖춘 것으로 비춰졌다(김용학·손재석, 1998; 박찬웅, 2000; 유석춘·장미혜·배영, 2002; 황준성, 2005; 우천식·김태종, 2007; 이병기, 2009). 그들은 외환위기의 원인을 국가에 대한 신자유주의의 불신 논리를 좇아 정부 및 금융시장의 신뢰 상실에서 찾았다. 대체로 IMF 관리체제의 구조조정과 소형화, 성과주의 인사 등으로 인한 조직 구성원 간 신뢰 하락을 설문조사와 측정도구를 통해 측정하는 것이 선호됐다(문형구·최병권·내은영, 2011). 그에 따라 세계 금융시장을 교란하는 투기성 헤지펀드의 존재와 투기성 자본의 국제적 이동을 용이하게 한 전자상거래, 신자유주의의 한계 등 심각한 사회구조적 요인에는 정작 관심을 돌리지 못했다.

다른 한편으로 일부 신뢰 연구는 신뢰를 친숙성과 개념적으로 구별하지 않은 탓으로 한국의 저신뢰 상태의 원인을 가족주의, 지역주의, 학벌 등의 전통 문화에 귀속시키는 데 주저하지 않았다(이재열, 1998; 박찬웅, 1999; 윤민재, 2004). 제도에 대한 낮은 신뢰의 원인을 찾는 탐색에서 애초에 근대 제도가 짧은 기간에 압축적으로 발달한 데 따른 부작용이나 근대 제도 자체에서 형성된 불신은 고려대상에서 제외했다. 후쿠야마의 일본 예외론에 반론을 제기하면서 개인에 대한 '사적 신뢰'와 체계에 대한 '공적 신뢰'가 동양이 서양에 비해 모두 낮다고 주장하는 경우도 그 원인을 과거 전통 사회의 문화적 흔적에서 찾았다(유석춘·장미혜·배영, 2002). 이처럼 국내의 신뢰 연구들은 문화결정론의 관점에서 한국 사회의 문화적 특수성을 규정하는 데 주력했기 때문에 서구 국가들과의 비교를 통해 한국 사회를 서구 사회와 달리 역사적으로 주어진 '불신의 악순환'(박찬웅, 1999; 유재원, 2000; 장수찬, 2002)에 빠진 저신뢰사회로 규정했다.

그 밖에 또 다른 신뢰 연구는 민주화 이후 나타난 투표율의 지속적 하락과 정부·정당·정치인에 대한 공중의 불신이 높아진 데 대한 실체적 관심에서 이루어졌다(이재열, 1998; 이재혁, 1998; 박찬웅, 1999, 2000; 장수찬, 2002; 한준, 2003;

윤민재, 2004; 박희봉·이희창 외, 2009; 김왕식, 2010). 그들은 사회적 자본 개념을 정치와 경제, 시민사회로 확장해서 개인을 분석 단위로 신뢰 수준을 측정한 후 시계열 분석이나 미국, 유럽 국가들과의 비교를 통해 저신뢰 현상을 가시적으로 보여주는 데 치중했다. 대체로 한국 사회를 저신뢰사회로 선규정하고 — 최근 10~20년의 단기성 신뢰 조사에 의지해서[26] — 이를 증명하는 비역사적인 실증 연구가 선호됐다.

한국 학계의 사회적 자본 선호는 신뢰의 이론적 논의에 대한 이해 부족과 밀접한 연관이 있다. 세 집단의 학자들은 이념적 성향의 차이를 넘어 사회적 자본을 정치 또는 경제발전의 필수 요소로 간주했던 퍼트넘과 후쿠야마의 이론적 단순성에 매료되어 있었다. 그 결과 그들은 행위자의 동기부여를 원인과 결과의 인과성 맥락에서 바라보던 대면적 신뢰의 틀에서 벗어나 비대면적 신뢰와 신뢰 가능성의 측면에서 바라보는 이론적 작업을 처음부터 포기했다. 사회적으로 이해 가능한 모든 행위는 상황과 목적에 직접적으로 연관된 의미 맥락을 제외하고는 신뢰와 신뢰 가능성의 관점에서 기술할 수 있다는 점이 간과됐다. 행위자가 신뢰와 신뢰 가능성의 관점을 의식했든 아니든, 의도적으로 겨냥했든 의식적으로 어겼든 모든 상호작용에는 신뢰 문제가 맴돌고 있었는데도 말이다. 그리고 한국 사회의 근대화 과정에서 지배적인 신뢰 유형이 인물에 대한 신뢰에서 체계에 대한 신뢰로 이행했다는 사실, 즉 체계에 대한 신뢰가 관철된 상황에서 연결망이 때로는 신축적으로 작동하기도 하고 그렇지 않기도 했다는 사실도 무시했다. 나아가 어떤 연구도 고도의 합리화를 추구하는 현대 사회가 구조적으로 안고 있는 불확실성을 신뢰와 불신의 구별로 주제

---

26 시계열 분석에서는 주로 세계가치 조사, KDI 사회적 자본 조사, 서울대학교 사회발전연구원 국민의식 조사, 성균관대학교 서베이리서치센터 한국종합사회조사 등이 활용됐다. 투자자 시점에서 이뤄진 신뢰 분석에서는 해외와 국내의 유사 실증 연구들에서 사용된 측정도구들을 편의에 따라 임의적으로 조합한 다양한 신뢰 측정도구들을 활용했다(문형구·최병권·내은영, 2011).

화하는 시대 진단의 맥락에 관심을 기울이지 않았다.

그들은 대체로 사회적 자본의 긍정적 측면만 부각시키면서 경제 위기, 정치 위기를 극복할 수 있는 대안으로 선호했으며, 불신을 사회적 자본의 하락과 동일시해 사회적 자본의 강화를 해결책으로 제시하는 데 만족했다(장수찬, 2002, 2007; 박종민·배정현, 2007). 그들은 호소하듯이 '좋은 사회'의 구현을 도덕적으로 요청하거나(김명언·이영석, 2000; 유석춘·장미혜·배영, 2002), 국가에 대한 시민사회의 자율성 논리로 확장하려는 의도에서 '자유주의적 시민사회론'에 의지했다(이재열, 1998; 이재혁, 2000, 2005, 2006; 이서행, 2002). 그들 신뢰 연구의 이론적 자원은 미국 사회학계의 영향을 받은 탓으로 주로 홉스, 로크 등 영국 도덕철학의 개인주의 전통과 공리주의 및 교환이론으로부터 파생된 합리적 선택론에 제한된 편이었다.[27] 그들은 대면적 상호 게임관계의 전략적 계산에 근거하는 '소그룹 내 신뢰'의 공통적인 구성 요소들을 정리해서 신뢰에 대한 절충적인 정의를 내리거나 그 특성과 조건을 한데 종합해서 신뢰 유형을 분류하고 그 어디에 한국 사회를 위치 짓는 데 만족했다(김용학, 1996; 이재열, 1998; 이재혁, 1998; 장덕진·배영, 1999; 박찬웅, 2000). 나아가 그들은 신뢰 하락의 결과를 거래비용 등 경제적 변수로 축소해서 설명한 후, 신뢰를 고양시키기 위한 해결책을 결사체나 협치에서 구했다. 그에 따라 사회질서의 작동을 예측할 수 있는 경험적 기초를 혈연·지연·학연의 공동체적 연줄망 또는 자원결사체 참여에서 찾거나 그것이 근대 체계(조직, 제도 등)에 대한 신뢰의 형성에 미치는 영향을 두고 실속 없는 논쟁을 벌였고, 한국 사회의 낮은 신뢰를 회복하는 방안도 미국식 시민사회에서 유추했다.

그들은 때로 신뢰를 타자 또는 다른 집단과 연결되는 사회관계의 한 형식으로 간주하는 사회적 자본 개념의 모호성을 방편으로 삼아 정치인과 정치조

---

27 퍼트넘(2009: 29 이하)은 사회적 자본 개념 자체가 미국 지식인 사회에서 공동체의 번성과 쇠퇴를 둘러싼 오래된 논쟁을 새로운 언어로 표현한 것에 불과하다고 지적한다.

직에 대한 신뢰 증진을 위한 정책 방안을 제안하거나(조기숙·남지현, 2007; 박희봉·이희창 외, 2009; 이병기, 2009), 때로 공정성과 효율성이 지켜지지 않을 경우 엄격한 법제도 운영을 통해 처벌과 제재를 가해 신뢰를 복원할 것을 제안했다(이재열, 1998; 박찬웅, 1999; 이병기, 2009). 전자에 대해서는 정부에 대한 신뢰가 낮기 때문에 어떤 정책 방안도 정당성을 확보하지 못한다는 반론이 제기될 수 있고, 후자에 대해서는 법과 제도에 의한 부정적 제재가 가하는 위협이 — 물리적 강제력(폭력)은 사용됐다가는 역효과가 나기 때문에 — 대체로 가시적으로 잘 드러나지 않을 뿐만 아니라 감정이 메마른 비인격적 관계를 만들어내 제도에 대한 신뢰 형성에도 부적절하다는 지적이 있다. 검찰과 경찰, 사법부가 규칙을 위반한 사람들에 대한 처벌을 엄정히 집행한다면 신뢰가 회복될 것이라는 합리적 선택론자들의 기대는, 세계에서 가장 처벌적인 제재를 갖고 있는 미국이 일탈행위를 폭넓게 관용하는 네덜란드·프랑스·독일을 포함한 유럽 국가들보다 정부에 대한 신뢰가 높지 않다는 사실에 의해 무너진다. 물론 현실에서 상대방 인물은 못 믿어도 법과 제도를 신뢰하기 때문에 거래가 이루어지는 경우를 흔히 볼 수 있다. 금융제도와 신용기관에 의해 보장되는 거래는 — 재화의 선별에서 개별 인물의 이해가 반영되기는 하겠지만 — 신뢰와 관련해 인물의 속성을 반영하지 않는다. 누구도 자신이 감옥에 가지 않았다는 이유를 들어 자신의 신뢰를 증명하지는 않는다.

후쿠야마가 한국을 고신뢰사회와 저신뢰사회의 이분법에 들어맞지 않는 잔여 범주로 처리했는데도,[28] 일부 학자들은 그의 이분법에 동조해 경제발전과 연계된 사회적 자본의 증가를 혈연·지연·학연의 공동체적 연줄망의 병폐

---

28 후쿠야마(1996)에 따르면 한국은 중국문화권에 속하기 때문에 소기업 위주 경제가 발달해야 했는데, 장기 집권한 박정희 정권이 소수 대기업에 대해 구사한 행정·재정적 지원과 중소기업 진입 규제 정책에 힘입어 대기업 위주 경제가 가족적 유대에 기반을 둔 저신뢰 형식으로 파행적으로 발전했다.

를 극복할 수 있는 해법으로 간주했다(이재혁, 1999; 박형·김학노, 2003; 이희창·박희봉·전지용, 2008). 이들은 사회적 자본을 자본주의의 축복으로 믿는 후쿠야마의 신뢰 논의가 갖는 이데올로기적 함의를 간과했다. 하지만 "신뢰관계가 거래비용을 감소시킨다"는 신제도주의의 논지는 "개인에 대한 높은 수준의 신뢰가 경제에서 전반적인 거래비용을 줄임으로써 경제발전에 긍정적 영향을 미친다"(후쿠야마, 1996)라고 간단하게 해석될 수 있는 것이 아니다. 사회적 자본과 관련된 신뢰의 이해에서 유념할 것은 신뢰가 높은 것이 반드시 바람직한 것은 아니라는 점이다. 왜냐하면 사회적 자본을 전유하는 개인 또는 집단의 동일한 기제가 바람직하지 못한 결과를 가져올 수 있기 때문이다. 민주화 이후 각종 선거를 치를 때마다 반복되는 영·호남 유권자들의 지역 연고 정당에 대한 몰표 행사가 민주주의의 근간을 위협하고, 집권당이 바뀔 때마다 반복되는 정부 고위직 관료의 회전문 인사와 법조계·경찰계의 수장, 문화예술계·방송계의 수장, 공기업·산하기관·사업자단체 등 감독대상 기관에 대한 대통령 측근의 낙하산 인사 관행이 각종 정책 실패와 부패·비리의 온상이 되고 있다. 그 결과 정부, 의회, 경찰, 법원 등 조직에 대한 신뢰는 각종 정책의 실패와 부패 스캔들, 세월호 참사 같은 재난사고가 거듭될 때마다 추락하고 있다. 정치인과 고위직 관료, 정당과 행정부, 입법부, 사법부에 대한 불신이 건전한 감시와 비판에 근거하는 것이라면 그것이 오히려 권력 분립을 통한 견제와 균형을 지향하는 민주주의의 근간이 된다.

문화결정론의 관점은 신뢰와 불신이 모두 끊임없이 변화하는 유동적 가치인데도 역사적으로 주어진 정적 대상인 것처럼 다룬다는 한계를 갖는다(김상준, 2004; 김인영, 2008). 적어도 민주화 이후 행정부·입법부·사법부 등 공공 영역에서 민주주의가 지속적으로 진전되고 대기업과 중소기업은 수출보조금 지급제도의 폐지와 국가 소유 기업의 민영화에도 불구하고 여전히 급성장하는데도, 공공 영역뿐만 아니라 민간 영역도 시간이 갈수록 신뢰가 감소하는 경향을 보이는 것(한준, 2008)은 후쿠야마의 문화결정론과는 배치된다. 다른 국가들과 비교하더라도 한국이 민주화와 경제발전에도 불구하고 사회적 신뢰가 여전히 낮은 저신뢰 국가군에 속한다는 사실(이병기, 2009)은 "사회적 자본이 경제발전과 민주주의 발전에 영향을 미친다"는 후쿠야마의 가설을 부정한다.

개인을 대상으로 한 설문조사를 통해 사회적 자본을 계량적으로 측정한 많은 연구들은 퍼트넘에 의존해 정부, 의회, 법원, 시민사회 등 거시적 수준에서의 신뢰를 미시적 수준의 비공식적인 사회적 자본에서 확인하는 방법론적 개인주의의 관점을 택했다(한준, 2008). 이러한 유형의 연구들은 기존의 사회학 연구들이 취했던 사회구조적 설명을 버리고 합리적 행위의 연역적 모델의 관점에서 정치 위기를 대면적 상호작용 영역에서의 사회적 자본의 하락으로 설명했다. 그런데 퍼트넘이 규정한 대로 사회적 자본이 협력을 촉진시켜 '주어진' 목적을 달성하는 효율성을 최적화하는 조직의 속성을 지칭하는 것이라면, 문화결정론에 기초한 퍼트넘의 인과론적 가정은 근본적인 오류를 안고 있다(김태룡, 2009: 43). 만일 신뢰가 대면적 상호작용에서 반복적인 게임에 의한 전략적 계산의 결과라면, 이런 신뢰는 공중을 대상으로 하는 비대면적인 사회적 신뢰와 동일한 것일 수 없다. 왜냐하면 공중은 사회의 대부분을 차지하지만 그들이 모여 어떤 하나의 의견을 가진 단체로 성장하는 것은 구조적으로 불가능하기 때문이다. 개개인은 상황에 대해 어떤 생각을 가지고 있긴 하지만 대체로 여론에 휩쓸릴 뿐이다.

퍼트넘은 호혜성에 근거한 사회는 불신이 팽배한 사회보다 더 효율적이라면서 신뢰와 정직이 일상의 불가피한 마찰과 가치적 대립·갈등을 완화시킨다고 주장했다. 이에 동조한 한국의 신뢰 연구들은 합리적 선택론에 기초해 사회적 자본과 시민사회의 연계성을 강조한 퍼트넘의 시민사회 담론을 좇아 민주화 이후 다양한 신사회운동의 형식으로 등장한 시민사회에 주목했다(이재열, 1998; 박희봉, 2002; 김인영, 2008). 결사체에의 가입이 상호의무 이행과 호혜성 원칙의 준수로 회원 간에 신뢰를 구축하고, 이러한 신뢰가 민주주의의 기본이 되는 참여문화라는 사회적 자본의 형성에 기초가 된다는 것이다. 하지만 현실에서는 사회적 자본 또는 신뢰가 사회통합이나 시민사회의 발전에 긍정적으로 작용한다고 일반화할 근거가 존재하지 않는다는 반론이 제기된다. 대부분의 결사체 구성원들이 신뢰로 뭉쳐 있지 않으며 다툼과 갈등으로 분열되기가 일쑤이다. 교우단체, 친목단체, 노동조합, 전문직단체, 정치후원단체 등의 결사체가 파벌을 짓는 패거리문화를 양산하는 경우가 허다하다. 또한 민주주의를 향유하는 공중도 사회 전반에 동일한 권리가 확대되는 데 관심을 가진다고 보기 어려운 역사적 사례들이 적잖다(이선미, 2004: 205). 결사체가 오히려 다른 사람들이 참여하는 길을 포괄적으로 막는 사회적 배제의 기능을 하거나 편견이나 불관용 같은 가치를 유지·확산하는 기능을 하기도 한다(이재열, 1998; 이재혁, 1998). 왜냐하면 특정 인물이나 집단이 사회적 자본을 많이 가진다는 것은 다른 타자들이 그로부터 배제된다는 것을 의미하기 때문이다.

또한 한국 학자들은 정부에 대한 신뢰 하락을 극복할 수 있는 대안으로 퍼트넘에 의지해 정부와 시민사회의 협치를 지지했다(박희봉·김명환, 2000; 박희봉·김동욱 외, 2003; 주성수, 2003). 그들은 협치를 새로운 정치발전의 추동력으로 전제하고 공공 정책의 결정 과정에서 시민사회단체의 참여 확대를 요청했다. 공중이 공공 정책의 결정 및 집행 과정에 활발히 참여할 때 정부는 보다 더 효율적으로 운영될 수 있고, 헌법에서 보장하는 권리가 강화될 수 있으며, 개인 및 지역사회의 요구가 정책 결정에 보다 더 잘 반영될 수 있다는 것이다. 하지만 민주주의가 오랫동안 자리 잡았던 서구 국가, 나아가 시민사회가 발달한 국가에서조차 신뢰가 실제로 감소하고 있다는 서구 학자들의 푸념이 끊이지 않는다. 1980년대 이래 전 세계의 많은 나라에서 민주화가 일어났지만 지금은 대의민주주의에 대한 불신이 커지고 있다.[29] 민주화 이후 민주정부도 부패나

---

29 민주화 과정은 각국의 사회 상황에 따라 상이한 양상을 띠었지만, 정보기술의 발달에 기초해 진행된 세계화 과정이 이러한 흐름에 중요한 역할을 했다. 민주주의 혁명과 그 진행 과정에 대한 소식이 세계화된 미디어를 통해 권위주의 국가들에 알려졌고, 이는

정실주의, 밀실 거래, 연고자 봐주기, 회전문 인사 등 반민주적 방식으로 운영된다는 사실이 대중매체에 쉽게 그리고 빈번하게 노출되고 있다. 그 결과 민주주의로의 이행을 가능하게 한 정보·통신매체의 발달이 오히려 민주주의에 대한 불신을 만들어낸다는 '민주주의의 역설'이 지적된다.

민주화 운동가들에게 실천 가능하고 그 사회에 적합한 사회 변혁 모델을 제시해주었다. 1980년대 칠레, 볼리비아, 아르헨티나 같은 남미 국가들은 권위주의적 군사 통치로부터 민주주의로 성공적으로 이행했다. 이와 유사하게 1989년 공산주의 진영의 붕괴와 더불어 헝가리, 폴란드, 불가리아, 동독, 체코슬로바키아, 루마니아, 소련 등 동유럽 국가들에서도 민주화가 진행됐다. 아프리카의 베냉, 가나, 모잠비크, 남아프리카공화국, 튀니지, 리비아, 이집트 등의 권위주의 국가들도 민주주의 이념을 받아들였다.

제4장
중간 고찰: 신뢰 담론의 지형

앞 장에서 고전 사회학부터 현대 사회이론에 이르는 신뢰 연구를 이론적인 맥락에서, 또한 경험적인 맥락에서 서술했다. 현대 사회이론들은 대체로 신뢰를 복잡성, 우연성, 선택성, 기대, 소통, 행위 등의 추상적 개념을 사용해 정의 내리고 있다. 그 덕분에 어떤 이론이 사회질서의 어떤 기제에 부합하는지 비교·분석할 수 있는 여지도 생겨난다. 그러나 공적 조직에 대한 신뢰 조사나 경험적 연구들은 신뢰 개념을 엄밀하게 정의 내리기보다 여러 이론적 입장을 조합해 모호한 정의를 내리고 연구대상들에 대한 신뢰 정도를 측정해 양적 격차를 드러내는 데 집중되어 있다. 학자들은 신뢰가 개인의 속성인지 체계의 속성인지, 또는 신뢰가 다른 행위자에 대한 귀속의 결과인지 귀속 그 자체인지, 복잡성의 축소 기제인지를 두고 두루뭉술한 논의를 전개할 뿐이다.

그들은 개연성은 있지만 아직 경험적으로 정당화되지 못한 유사 논증을 방편으로 각종 신뢰 지표들을 구해 신뢰 인식을 측정하고 있다. 하지만 신뢰사들은 대부분 이런저런 경우에 무엇 때문에 신뢰를 보내는지에 대한 근거를 명시적으로 진술한 적도 없고 일상에서 그런 일로 곤란을 겪은 적도 없다. 물론 이들 근거가 그들의 자존심을 지키고 행위를 정당화하는 데 기여했으리라고 추론할 수는 있다. 신뢰에 대한 논증과 지표로 측정된 유사 논증은 서로 밀접한 연관이 있다. 대중이 함께하는 시공간의 응축, 그리고 사회분위기에 따라 지표로 측정된 유사 논증이 신뢰에 대한 논증이 되기도 하지만, 신뢰에 대한 논증이 마치 유사 논증처럼 취급되기도 한다. 이 때문에 유사 논증을 선별하고 질을 평가하는 데 문제해결에 지향된 전형적인 발견술이 이용될 수 있는 여지도 있는 것이다.

신뢰 조사에 응하는 사람들은 대체로 유사 논증의 신뢰 지표들을 피신뢰자 또는 신뢰대상인 체계와의 관계에서 막연히 추론으로 또는 자신의 생활환경에서의 관찰을 통해 이끌어낸다. 여기에 피신뢰자와의 경험, 피신뢰자에 대한 타자의 경험, 동일한 피신뢰자에 대한 타자의 신뢰 관찰, 확인된 다수의 견해, 피신뢰자의 개인적 행동 또는 사회구조적 행동 등을 측정하는 지표들이 동원된다. 물론 이런 신뢰 지표는 관찰자에 따라 달라지는 신뢰 및 위험에 대한 인지, 그리고 신뢰의 학습 과정과 현존하는 맥락에 대한 정보를 가시적으로 보여주는 데 목적이 있다. 따라서 신뢰 지표로 제시된 유사 논증의 해석과 처리도 일반적인 신뢰 능력의 전제, 즉 방법론적 개인주의에 기초한 일반적인 신뢰 방식에 따라 규정된다. 그에 따라 일반적인 이념 성향(나이 외, 2001), 사회적 자본 및 사회적 참여(퍼트넘, 2009), 문화적 가치(잉글하트·웰젤, 2011) 등이 제도에 대한 신뢰에 영향을 미치는 신뢰자의 주관적 요인으로 언급된다(한준, 2008: 117).

학자들 간에 무엇을 신뢰로 이해하는지에 대한 명확한 합의가 있는 것은 아니다. 고전 사회학에서 현대 사회이론에 이르는 신뢰 연구들은 신뢰와 위험 인지의 관계에 대해 상이한 시각을 제공한다. 이러한 맥락에서 "신뢰 개념은 신뢰할 수 있는가"(Gambetta, 2001)라는 감베타의 질문은 신뢰 개념이 학문적 조건이나 논점에 따라, 그리고 연구 주제에 따라 다양하게 정의되는 실상을 그대로 반영하고 있다. 만일 다양한 학자들이 지칭하는 속성들로부터 공통 인자를 끌어내어 신뢰에 대한 개념을 정의한다면,[1] 그 개념은 너무 일반적인 것이 되어 현실을 파악하는 데 쓸모없는 공허한 개념이 될 수밖에 없다. 따라서 여기서 행하는 중간 고찰은 선행 연구자들의 논의를 포괄한 통합적 신뢰이론을 제시하려는 시도가 아니며, 기존의 상이한 분석 시각과 이론 갈래들을 종합한 신뢰 유형의 '개념적 합의안'을 제시하려는 무모한 시도도 아니다.

이 중간 고찰은 신뢰와 위험의 관계에 대한 사회학적 시각을 명료히 하기 위해서 선행 연구자들의 논의를 재검토해서 결코 포기할 수 없는 쟁점이 무엇인지 드러내는 데 주된 목적이 있다. 위험을 감수하고서라도 사회관계에서 신뢰를 지켜야 하는 이유는 무엇인가? 여기서 시도되는 신뢰와 위험의 관계에 대한 기초사회학적인 관점은 발전사적인 맥락과 새로이 획득된 사회이론의 지식으로 복잡하게 얽혀 있는 기존 논의들을 몇 가닥의 씨줄과 날줄로 가늠해서 파악하기 위한 시도이다.

기초사회학적 관점에서 보면 사회학자들은 초기부터, 특히 짐멜과 슈츠는 구속성, 생활세계의 기본구조 등 신뢰 현상에 대한 사회구조적 분석을 지향했다. 비록 신뢰를 인물에 대한 신뢰의 의미에서 접근하더라도 이를 모든 상호작용에 함축된 선험적 조건으로 간주할 수 없다는 것은 분명했다. 역사발전론의 측면에서 보면, 짐멜에서 루만과 기든스로 이어지는 주요한 지적 흐름은 근대화 과정에서 사회의 지배적인 신뢰 유형이 인물에 대한 신뢰에서 체계에 대한 신뢰로 이행했음을 확인했다. 이러한 신뢰 구조의 발전사적 윤곽은 때로는 역사적 사례 연구로 밝혀지기도 했지만(Zucker, 1986), 때로는 신뢰 의미론의 역사적 분석을 통해, 즉 사회적인 것이 문화적으로 처리된 해석 지표인 언어의 변화에 대한 분석을 통해 밝혀지기도 했다(Luhmann, 2001). 또한 신뢰의 의의가 규범적 요구에서 과거와 미래의 시간화된 사건의 영역으로 이전된다는 것이 지식사회학적 성찰을 통해서도 밝혀졌다(Sztompka, 1995).

---

1 대표적으로 김우택·김지희(2002)의 작업이 이에 해당한다.

이제까지 사회학계에서 행해진 신뢰 논쟁의 지형은 크게 미시적 수준에서의 인물에 대한 신뢰와 거시적 수준에서의 체계에 대한 신뢰로 대별되는 구도로 짜여 있다. 특히 루만과 기든스의 통찰이 사회이론의 측면에서 수용되면서 인물에 대한 신뢰와 체계에 대한 신뢰의 분화에 관심이 집중되고 있다. 이로써 우리는 신뢰 담론의 지형을 신뢰 구조의 변동 틀에서 파악할 수 있게 됐다. 인물에 대한 신뢰가 하락하는 조건을 밝히려는 경험적인 작업들이 활발하게 진행되는 한편, 체계에 대한 신뢰가 하락하는 현상을 새로운 위험들의 등장과 관련해 설명하려는 작업도 활발하다.

신뢰와 위험의 관계에 대한 주제화는 기초사회학적 관점에서 몇 가닥의 씨줄과 날줄로 엮인 담론 지형을 형성한다. 신뢰와 위험은 객관적으로 확인할 수 있느냐 없느냐와 상관없이 엄연히 소통으로 존재한다. 사회제도에 대한 신뢰가 낮아지면서 공중은 오히려 위험의 잠재성에 대해 더욱 민감해진다는 역설이 작동한다. 대체로 위험 소통이 활발해지면서 현대 사회가 위기에 처해 있다는 인식이 일상에서 확산되는 경향이 있다. 그리고 공중은 위험 소통을 통해 사회제도에 대한 신뢰가 현저히 하락하는 경험을 하게 된다.

여기서는 신뢰와 위험의 관계 규명을 위한 선행적인 작업으로서 네 가닥의 씨줄과 날줄로 엮인 핵심 논쟁을 통해 신뢰 담론의 지형을 살펴볼 것이다. 이를 통해 불확실성 시대에 사회의 복잡성을 축소하는 기능을 하는 신뢰와 위험의 의미 맥락이 보다 분명하게 드러날 것으로 기대한다. '재귀적 신뢰'와 '기능적 신뢰'의 구별에 대한 진술에 연결해서 신뢰 논의에 대한 추가적인 해명을 시도하고, 이후 신뢰와 유사하지만 다른 현상들, 즉 도덕·확신·친숙성 같은 인접한 현상들과의 관계 규명을 통해 신뢰 담론의 지형을 재구성할 것이다.

1. 재귀적 신뢰와 기능적 신뢰

사회학자들은 대부분 신뢰 논의를 그 현상과 관련된 핵심 개념들에 대한 정의를 내리는 것으로부터 시작한다. 그 때문에 신뢰 개념은 논의하는 학자의 수만큼이나 다양하게 정의된다(Rousseau et al., 1998: 394; 박찬웅, 2000). 그들은 대체로 신뢰를 '협력'이나 '예측 가능성', '확신' 개념과 동일한 것으로 다루거나 혼용해서 사용한다(Mayer et al., 1995: 712). 대표적으로 감베타는 신뢰를 "누군가를 믿는 것은 상대방이 우리에게 이익이 되는 행위 또는 최소한 손실을 끼치지 않는 행위를 할 가능성이 충분히 높아서 우리가 그와의 협력을 고려해볼 수 있는 상태를 의미"(Gambetta, 1988: 217)한다고 정의해, 신뢰와 협력을 동일시했다. 이것은 개인 간, 정부 간, 기업 간에도 동일한 것으로 간주된다. 그러나 우리는 상대방을 신뢰하지 않더라도 그로부터 자신이 필요로 하는 행동을 이끌어내려고 할 경우 일시적으로 그와 협력할 수 있다. 당사자들이 서로 신뢰한 결과로 협력이 이루어질 수 있으나 협력이 위험을 감수하려는 의지를 반드시 내포하는 것은 아니다. 따라서 신뢰와 협력 개념은 명백히 구별되어야 한다.

일부 학자는 신뢰를 "선의로 행동하는 인물에게서 일반적으로 기대할 수 있는 상대방의 행동에 대한 예측 가능성 정도"(Gambetta, 1988)라고 규정해 신뢰와 예측 가능성의 구별을 모호하게 했다. 양자가 모두 불확실성을 감소시키는 기능을 한다는 점은 분명하다(Lewis and Weigert, 1985a). 그러나 일관되게 이기적으로 행동하거나 타인을 배려하지 않는 인물을 행동이 예측 가능하다는 이유만으로 신뢰하지는 않는다(Mayer et al., 1995: 714). 일관되게 행동해 예측 가능하면서도 상대방에게 피해를 주지 않을 것으로 기대되는 행동을 하는 사람만 신뢰를 받을 수 있다. 신뢰와 예측 가능성은 사실상 다른 개념이다.

도이치Morton Deutsch는 누군가를 신뢰한다는 것은 "그가 자신에게 어떤 혜택을 가져다줄 수 있는 능력과 의지가 있다는 확신이 있어야만"(Deutsch, 1960:

25) 가능하다고 주장했다. 쿡John Cook과 월Toby Wall도 신뢰를 "어떤 사람이 다른 사람들의 말과 행동이 좋은 의도를 가진 것으로 기꺼이 간주하고 그 말과 행동을 확신할 수 있는 정도"(Cook and Wall, 1980: 39)라고 정의했다. 이처럼 일부 학자들은 신뢰와 확신을 명확히 구별해 사용하지 않았다. 그러나 신뢰는 확신과는 달리 누구든 상대방을 관찰하면 즉각 인지할 수 있는 현상이 아니다. 만일 신뢰자가 피신뢰자 또는 신뢰대상과 모종의 약속을 전제로 서로 영향을 주고받는 상호관계에 있다면, 양자 간에는 신뢰가 상실되거나 배신당할 수 있는 잠재적인 위험이 발생한다. 이런 위험에 대한 고려 없이 상대방을 무조건 확신하는 말이나 행동을 신뢰라고 볼 수는 없다(Luhmann, 1968).[2]

신뢰 개념에 대한 의견이 왜 학자들 간에 이처럼 일치하지 않는 것인지, 또 신뢰 개념이 왜 이처럼 모호하고 명확하지 않은 것인지, 그 근거에 대해서는 여러 가지 추측이 가능하다. 우선 신뢰는 매우 익숙한 현상이면서도 일상의 타성에서 벗어나 현상에 대한 논리적 분석이 가능한 만큼 지적 거리가 충분하게 확보되어 있다. 적어도 루만, 기든스, 콜먼 등은 그렇다는 것을 보여주었다. 물론 츠톰카는 신뢰에 대한 정의를 명확히 내리는 일이 일련의 사회적 실천으로 이루어진 신뢰 현상에 대한 논리 정연한 맥락화를 보장하는 것은 아니라고 주장했다(Sztompka, 1995: 255). 신뢰가 일어나는 조건을 분석해서 그 바탕을 이루는 정의에 포함된 요소들의 존재를 증명하는 일이 신뢰가 무엇인지를 추상적으로 정의 내리는 것보다 결코 쉽지 않다는 것은 분명하다.

신뢰 현상에 대한 고전 사회학자들의 논의와 현대 사회이론가들의 논의를 재구성해 개념의 종합화를 시도했던 대표적인 학자는 미츠탈Barbara Misztal이다. 그는 철저하게 질서 이론의 시각에서 신뢰에 접근해 현대 사회에서 형성된 질서 유형으로 안정형 질서(stable order), 결속형 질서(cohesive order), 협력형 질서(collaborative order) 등 세 가지를 제시하고, 그 각각에 대응하는 신뢰

---

2 신뢰와 확신의 관계에 대한 심도 있는 논의는 제4장 3절에서 다루어진다.

형식을 부여했다(Misztal, 1996: 63). 그는 이러한 구분 방식이 신뢰의 상이한 기능을 가장 효과적으로 드러낼 수 있다고 믿었다. 안정형 질서는 지속적이고 안정적인 상호작용 관계로, 결속형 질서는 밀접한 인간관계와 결속으로 특징지어지는 상대적으로 폐쇄적인 관계로, 협력형 질서는 노동 분업에 기초한 협동 작업의 특수한 형식으로 규정했다(Misztal, 1996: 96 ff.). 미츠탈이 언급한 것은 현실의 질서 유형이기보다는 다차원적인 질서 개념의 상이한 관점과 사회영역이었다. 이에 따르면 안정형 질서는 사회 세계의 예측 가능성, 신빙성, 명료성의 기반을 조성하는 질서 체계이다. 이에 걸맞게 그는 신뢰가 상호작용 규칙, 사회적 거리 규칙, 친목조직 규칙의 네트워크 속에서 개개인의 '아비투스(habitus)'로 실체화되는 사회 현실의 안정화 기능을 한다고 주장했다(Misztal, 1996: 102 ff.). 또한 신뢰가 친숙성과 우정, 공통 신념과 가치에 기초해 규범적 통합을 이끌어내는 사회 결속의 기능도 한다는 것을 논증했다(Misztal, 1996: 157 ff.). 그는 신뢰가 연대와 관용을 촉진하고 지배를 정당화하는 기제와 정치적 실천으로 기능하는 측면이 있다는 것도 언급했다(Misztal, 1996: 208 ff.). 신뢰가 다른 사람들과 잘 어울리는 척도, 즉 협력 기능을 한다는 것이다. 다시 말해서 신뢰가 안정형 질서에서 아비투스로 작동한다면, 결속형 질서에서는 열정으로, 협력형 질서에서는 전략으로 작동한다는 것이다(Misztal, 1996: 95 ff.).

미츠탈은 아비투스로서의 신뢰를 상대 행위자의 행위를 재귀적으로 처리하는 전략으로(Misztal, 1996: 98), 즉 부르디외의 아비투스 개념과 연계되지만 사실상 부르디외와는 다른 의미로 사용했다. 그런 점에서 그가 신뢰를 사회질서의 안정성을 보장하는 전략으로 간주하면서도 동시에 부르디외의 아비투스 개념에 대응시킨 것은 부적절한 것이었다. 그는 아비투스로서의 신뢰를 엄밀하게 질서 이론의 맥락에서만 이해했다(Misztal, 1996: 101). 하지만 신뢰가 전략으로도 배경으로도 파악된다는 것은 개념 정의의 모호성을 드러내는 것이었다. 게다가 신뢰 개념에 대한 세 가지 다른 규정은 그 관계의 설정이 명료하지 않다는 문제가 있었다. 전체적으로 보아 신뢰 현상에 대한 기존의 개념화 작업들을 종합해 신뢰의 이론화를 모색했던 미츠탈의 기획은 성공적인 것이 아니었다. 오히려 그의 작업은 이들 신뢰 개념이 추가적인 체계화에 의해서도 서로 연결되지 않으며, 궁극적으로 사회 기제로서 무엇이든 다 포함하는 열린 형식으로 종합화해서는 안 된다는 것을 역설적으로 보여주었다.

신뢰가 익숙한 현상인 만큼 그에 대한 다양한 정의들이 사상누각이었던 것은 아니다. 세계 사회학계에서 근래 행해지는 이론적 논의 맥락을 살펴보면, 루만-기든스-콜먼으로 이어지는 구상은 신뢰 현상을 불확실성 시대의 다양한 위험들과 연관해 체계적으로 다룬다는 점에서 발견술의 관점에서도 유용하다. 이들의 이론 구상은 제각기 기초사회학적으로 숙고한 신뢰의 속성과 작동 범위에서 나오는 특별한 성과들을 내놓고 있다. 이들은 짐멜과 연결해 현대 사회에서 보편화된 신뢰의 기능적인 불가피성을 공통적으로 강조했다. 다만 짐멜이 신뢰를 무지와 지식 사이의 중간 상황으로 특징지었다면(Simmel, 1992: 393), 루만과 기든스는 신뢰 기능을 정보가 부족하고 감시가 가능하지 않거나 또는 감시하는 데 비용이 너무 많이 드는 상황에서도 타자가 자신의 기대에 부응하는 행동을 취할 것이라는 기대와, 불확실성을 감수하는 선택 가능성과 연관을 지었다.

만일 우리가 상대방에 대해 완전한 정보를 갖고 있거나 상대방의 행위에 대한 감시나 통제가 용이하다면 신뢰는 필요 없을 것이다. 정보가 완전하다면 확실성을 가지고 행동할 수 있어 신뢰가 변수로 작용할 여지가 거의 없을 것이다. 반대로 상대방에 대해 완전히 무지한 경우라면 막연한 바람이거나 요행을 바랄 뿐 신뢰가 개입할 여지는 없다. 인지적 측면에서 보면 정보와 감시의 결핍은 위험의 필요조건인 것과 마찬가지로 신뢰의 필요조건이기도 한 것이다.

피신뢰자의 행위에 대한 관찰이 근본적으로 한계가 있거나, 비록 기술적으로는 가능하더라도 경제적인 이유에서 바람직하지 않은 경우 우리는 상대방을 신뢰하거나 불신하게 된다. 또한 신뢰는 피신뢰자가 우리의 기대를 배반할 수 있는 자유를 갖고 있다는 사실과 연관이 있다. 신뢰는 피신뢰자의 다양한 선택 가능성을 전제한다. 만일 피신뢰자가 선택할 수 있는 대안의 범위가 이미 제한되어 있다면 신뢰 자체가 필요하지 않을 것이다. 강압이나 대안 부재 등 선택의 여지가 없는 상황에서는 신뢰가 필요 없기 때문이다. 그리고 피신뢰자의 신뢰 수용은 필연적으로 과거와 미래의 시간 간격을 수반한다. 왜냐하면 신뢰자가 상대방에게 자발적으로 신뢰를 보내는 것은 과거의 경험적 사례들로부터 유추된 피신뢰자의 신뢰 가능성에 대한 추론을 바탕으로 현재 시점에서 미래의 위험을 고려하기 때문이다. 이런 맥락에서 보면 신뢰는 정보가 부족한 상황을 대체하고 나아가 미래를 선취하는 그 무엇이다. 이러한 신뢰의 기능적 정의는 신뢰 개념이 왜 현대 사회에 대한 성찰에서 핵심적 역할을 하는지 설명해준다.

기초사회학적인 신뢰 논의에는 원칙적으로 두 가지 갈림길이 있다. 하나는 신뢰를 인지적 현상, 즉 피신뢰자의 신뢰 가능성을 의식하는 재귀적 과정으로 파악하는 것이고, 다른 하나는 그 신뢰의 재귀성이 작동하기 이전의 현상, 즉 기능적 현상으로 파악하는 것이다. '재귀적 신뢰'가 콜먼·감베타 등의 합리적 선택론으로 대표된다면, '기능적 신뢰'는 루만·기든스·루이스J. David Lewis·웨거트Andrew Weigert 등의 넓은 의미에서 해석학적으로 논증하거나 해석학으로부터 영감을 받은 이론적 입장을 포괄한다.

재귀적 신뢰는 신뢰 상황의 객관적인 위험 또는 상대방에 대한 불신에 준거해서 구성된다. 따라서 상대방에 대한 신뢰는 그에 앞서 상대방에 대한 불신이 있어야 가능하다는 역설이 성립한다. 신뢰가 피신뢰자에 의해 오용된다면 그 오용이 신뢰자에게 다시 부정적으로 귀결된다는 데는 이론의 여지가 없다. 반면에 기능적 신뢰는 잠재적으로 행위를 수반하는 모든 상호작용의 원천으로서, 즉 아직 주제화되지 않은 사회적 행위의 배경 가정으로서 상호작용에 참여한 행위자 쪽에서 구성된다. 따라서 기능적 신뢰는 인물 또는 사회적 체계와 관계있는 행위 지향이며, 다른 조직이나 사회의 다른 부분체계들을 고려해서 자신의 생각과 태도를 표출하는 행위 지향이다. 그렇다고 해서 기능적 신뢰가 다양한 신뢰 논의를 포괄하는 신뢰의 종합형과 동일시될 수는 없다. 기능적 신뢰는 사회적 체계별로 특수한 사회적 상황에 제한된 신뢰의 표현형이 다르다는 것을 전제한다.

불확실성 시대에 새롭게 제기하는 신뢰 논의는 기능적 신뢰의 시각에서 사회구조적 설명을 하는 것을 목표로 삼는다. 기능적 신뢰는 신뢰의 재귀성이 작동하기 이전의 신뢰 효과를 부각시킨다. 기능적 신뢰는 행위자들의 상호 지향과 기대 유지를 위한 문제해결을 포함하는 구체적인 상호작용의 역사에 근거한다. 일차적으로 신뢰는 기대 유지만으로는 부적절하다고 풀이할 수 있다. 왜냐하면 신뢰는 미래적인 것과 관계하기 때문이다. 또한 신뢰는 멀거나 가까운 미래와 관련해 기능적으로 표현된 태도가 계속되는 일의 진행에 대한 부정적 가정을 포함하기 때문이다. 누군가를 또는 무엇을 신뢰한다는 것은 마치 어떤 미래도 합리적으로 일어나지 않을 것처럼 사는 것이다(Lewis and Weigert, 1985a: 969). 여기서 '마치'는 신뢰 현상의 핵심을 기능적인 기본 가정으로 내재한다. 그 때문에 우리는 흔히 그 사람 또는 그것에 대한 신뢰가 깨진 뒤에야 비로소 그 사람 또는 그것을 신뢰하고 있었다는 것을 알게 된다. 이것은 신뢰가 바로 재귀적으로 처리될 수 있는 특정 상황과 관련해 특수한 기대와 결합되어 있는 것은 아니라는 것을 보여준다.

가치결정론의 의미에서 기능적 신뢰의 특성은 신뢰 문제의 핵심 현상인 상대방 또는 대상의 신뢰 가능성에 대한 엄정한 평가와 관련해 분명하게 드러난다. 합리적인 행위자는 상대방 또는 신뢰대상의 신뢰 가능성을 평가하기 위해 정보를 얻으려고 시도하지만, 바로 이것이 신뢰관계의 형성을 촉진하기보다 저해한다는 역설이 성립한다(Preisendörfer, 1995: 268). 윌리엄슨Oliver Williamson은 합리적 선택론이 상정한 신뢰 개념에 따르면 '행위자들이 위험을 감수해야 하는 경제적 교환 과정에서는 계산적 신뢰가 적절하다'는 명제는 형용 모순이며 범주 오류라고 지적했다(Williamson, 1993: 463). 그에 따르면 상거래에서 모르고 믿었다가 당하는 행동은 조롱거리일 뿐이다. 즉, 정보가 부족한데도 상대방을 신뢰하는 행동은 파산의 위험을 감수하는 무모한 짓이다. 그는 이해득실을 따지는 계산을 바탕으로 한 위험에 대해서는 신뢰가 아니라 선택만 있을 뿐이라고 주장했다. 이것은 합리적 선택론이 경제적 범주를 매개로 형상화하고 해석한 모든 사회관계에 타당하다. 이런 맥락에서 윌리엄슨은 일부 합리적 선택론자들이 신뢰와 위험을 혼용하는 경향을 분별없는 것이라고 비난했다(Williamson, 1993: 485). 그들은 신뢰 현상을 슈츠, 가핀켈, 주커Lynne Zucker의 작업과 연계해 사실상 기능적 신뢰 개념으로 설명하고 이를 실용적 재귀성으로 바꾸어 표현했을 뿐이라는 것이다. 여기서 실용적 재귀성은 행위 수행에 수반되는 의식, 즉 '현존 의식'을 의미한다. 현존 의식의 포괄적 속성은 양 당사자들이 행위를 지속하는 데는 효과적이지만 결코 명시적인 성찰의 대상은 아니다.

이로써 기능적 신뢰 개념은 폴라니Michael Polanyi가 제시한 명시적 지식과 암묵적 지식의 구별과 연관된다(폴라니, 1992). '명시적 지식'은 언어나 문자 형식으로 표출된 지식으로 문서화된 지식 또는 데이터화된 지식을 일컫는다. 그에 반해 '암묵적 지식'은 학습과 체험을 통해 개인에게 체화돼 있지만 겉으로 드러나지 않는 지식이다.[3] 폴라니는 암묵적 지식의 중요성을 강조했는데, 대부분의 사람들은 말로 표현하는 것보다 더 많은 암묵적 지식을 보유하고 있다는 것이다. 오랜 경험이나 자기만의 방식으로 체득한 지식이나 어떤 일을 오래하면서 자연스럽게 터득한 방법이나 요령이 여기에 포함된다. 명시적 지식은 이런 암묵적 지식을 기반으로 공유되는 지식으로, 즉 암묵적 지식이 형식을 갖추어 표현된 것이라 할 수 있다.

기능적 신뢰가 누군가를 또는 어떤 대상을 신뢰하거나 불신하는 근거가 되는 이런저런 관점에 대한 경험적 지식이라는 데는 누구도 이의를 달지 않는

---

3 인간 행동의 기초가 되는 지식은 암묵적 지식이다. 다만 암묵적 지식은 명시적 지식에 비해 접근하기가 쉽지 않다.

다(Hartmann, 2001: 25). 짐멜에 따르면, 완전히 정통한 전문가는 신뢰를 필요로 하지 않을 것이고, 완전히 무지한 공중은 당연히 한 번도 신뢰를 받은 적이 없을 것이다(Simmel, 1992: 393). 하지만 해석학적 논증의 입장에서 중요하게 부각된 경험적 지식은 너무 포괄적이며, 이 지식의 포괄성이 신뢰와 그에 근거한 행위에 본질적인 자명성과 확실성을 부여한다는 데 근원적인 딜레마가 있다.

그런 까닭에 '내기에의 참여'는 콜먼의 주장(Coleman, 1991: 123 ff.)과는 달리 더 이상 신뢰 행위로 분류할 수 없다. 내기는 실제적인 이익 획득과 관련된 모호한 희망이다. 내기 상황에서는 다른 선택의 여지가 없기 때문에, 즉 일정한 목적을 지닌 행위가 영향을 미치지 못하기 때문에 희망 개념이 적절하다. 이런 재귀적인 대안의 상실이 희망을 재귀적 신뢰나 기능적 신뢰와 구별하게 한다. 재귀적 신뢰가 합리적 선택 행위에서 본질적인 것이라면, 기능적 신뢰는 상호작용·조직·사회의 부분체계로 신뢰 능력이 증가하는 사회적 체계의 분화에서 본질적이다. 이렇게 신뢰의 기능적 분화를 확인한 결과로 우리는 신뢰를 사회구조적인 대안 상실의 상황, 즉 다른 방도가 없는 상황, 의무적 강요, 의존성, 강제 등으로부터 떼어낼 수 있다(Gambetta, 2001: 213). 한국의 가계저축률이 1990년대 초 20% 안팎에서 2011년 2.7%로 하락한 배경에는 정규직보다 비정규직이, 직업인보다 실업자가 저축보다 소비를 더 선호하는 비합리적인 결정을 내려야 했던 역설이 자리하고 있다(≪경향신문≫, 2013년 1월 22일자). 미래가 불확실하다면 저축을 많이 해서 대비하는 게 정상이지만, 임계점을 지나 희망이 없다고 판단한 저소득자들은 경제적으로 자포자기에 빠져 현재에서 만족을 얻는 소비를 택했다. 다른 대안이 없는 저소득자들은 상황을 타개하기보다 큰 손실 없이 이겨내기를 희망하는 것 외에 다른 도리가 없었던 것이다.

최근 신뢰 연구의 지배적인 경향은 더욱 첨예해지는 위험사회의 소통 지평에서 신뢰를 이해하거나 신뢰 현상을 포함하는 위험 관점에서 신뢰를 이해하고자 한다. 대표적으로 신뢰를 신뢰자의 '위험한 선행 조치'로서 파악하는 경향이 있다(Luhmann, 1968: 23; Coleman, 1990: 91). 일상의 직관에 따라 인지적 접근에 기초할 경우 합리적 선택론이 작업한 신뢰 논의의 몇몇 가정이 먼저 떠오른다. 정치나 시장 상황뿐만 아니라 일상적 상호작용에서도 상대 행위자의 전략적 가변성이 야기하는 불확실성이 지배한다. 이에 따르면 피신뢰자 또는 대상을 신뢰했을 때 얻는 이익과 불신했을 때 입는 손실을 계산하고 아울러 피신뢰자가 신뢰자의 기대대로 행위할 확률을 고려해 신뢰 행위가 이루어진다(Coleman, 1990: 99). 즉, 피신뢰자를 신뢰할 때 얻는 이익이 손실보다 상대적으로 더 크고 피신뢰자가 신뢰자의 기대대로 행위할 확률이 상대적으로 더 높다면 신뢰 행위가 일어날 것이다. 하지만 손실이 이익보다 더 크고 기대대로 행위하지 않을 확률이 상대적으로 더 높다면 신뢰 행위는 일어나지 않을 것이다. 또한 이익 또는 손실이 일어날 행위의 확률이 같은 경우 신뢰자는 신뢰할지 말지를 결정하지 못할 것이다.

신뢰에 대한 가치결정론의 개념화는 '계산된 지식' 상태를 조건으로 신뢰와 불신, 신뢰 형성과 신뢰 상실의 구별에 근거해 문제의 윤곽을 보다 분명하게 정식화할 수 있다는 장점이 있다. 하지만 콜먼이 제시한 사례들을 근거로 합리적 선택론자들이 신뢰의 개념화를 독점하는 데 대해서는 앞 장에서 이미 언급한 것처럼 일련의 이의들이 제기됐다. 이런 경향에 공명해 근래 신뢰 논의는 대체로 사회학적 논의 맥락에 신뢰의 기능적 속성을 맞추어 접근하는 추세이다(기든스, 1991; 김상준, 2004; 엄묘섭, 2007; 노진철, 2010).

루만은 인지적으로, 그리고 동시에 기능적으로 접근해 신뢰를 세계의 복잡성의 축소 기제로서 정의했다. 츠톰카는 신뢰에서 미래를 여는 기능을, 그리고 파슨스와 미츠탈은 질서를 구축하는 기능을 지적했다. 그러나 기능적 신뢰의 관점에서 유념해야 할 점은 신뢰 현상 자체와 신뢰의 기능을 혼동해서는 안 된다는 것이다. 자기생산적 사회체계이론의 주창자인 루만에 따르면, 모든 사람은 임의적인 시점에서 상이한 행위들을 자유롭게 선택할 수 있기 때문에 세계는 통제할 수 없는 복잡성으로 분산되어 있다(Luhmann, 1968: 24). 여기서 신뢰는 행위자에게 '지금 여기'에서 세계의 복잡성을 특정한 것으로 축소해 인지하고 소통할 수 있도록 단순화하는 기능을 한다.

신뢰자는 피신뢰자에게 신뢰를 보내는 방식으로 미래를 현재에서 선취하려고 한다. 미래는 현실화될 수 있는 것보다 훨씬 더 많은 가능성을 허용하지만 그중 하나가 결정되어 그 하나가 신뢰의 대상이 된다(Luhmann, 1968: 5). 소통 과정에서 타자도 자신과 같은 또 다른 자아라는 맥락에서 '타자적 자아(alter-ego)', 즉 타아로 본다면,[4] 신뢰는 신뢰받는 타자의 자유를 서서히 제약하는 일이다. 타자의 자유는 궁극적으로 타자의 원칙적인 계산 불가능성과 결부되어 있다. 신뢰자는 타자가 기대대로 행동할 것이라고 상정하지만, 그에 걸맞게 그를 또 다른 자아인 '타아'로 고려해 자신의 위치를 잡을 정도로 모든 행위 가능성을 선취하지는 못한다. 신뢰가 세계의 복잡성을 축소해 단순화한다는 루만의 구상(Luhmann, 1968: 34)으로부터, 우리는 그가 신뢰를 자명한 사실로 받아들일 뿐만 아니라 성찰만이 이 자명성을 깨뜨릴 수 있다고 선험적으로 전제한다는 것을 논리적으로 추론할 수 있다.

신뢰 논의의 중심에는 인물에 대한 신뢰와 체계에 대한 신뢰의 분화가 자리하고 있다. 앞서 지적했듯이 근대화 과정에서 인물에 대한 신뢰에서 체계에 대한 신뢰로의 이행이 일어났다는 가설이 대세를 이루고 있다. 짐멜, 파슨스, 기든스, 츠톰카 등은 인물에 대한 신뢰와 체계에 대한 신뢰에다가 전문가 간에 존재하는 것과 같은 제도적으로 매개된 신뢰, 즉 조직에 대한 신뢰를 추가한다.

앞장에서 다루었던 서구 사회학계의 신뢰 논의는 몇 가지 의문을 갖게 한다. 첫째, 발전사적 가설이 과거와 미래를 현재 시점에서 바라보는 '현재주의(presentism)'[5]에, 즉 현재의 고착화에 너무 경도되어 있는 것은 아닌지 묻게 된

---

4 '타자적 자아'(Parsons and Shils, 1951: 10 ff.)는 소통의 상대방인 타자이면서 동시에 그 역시 소통하는 자아라는 것을 지시한다.

5 현재주의의 문제는 과거 역사를 해석할 때보다 미래를 예측할 때 더 심각해진다. 미래에 대한 예측이 현재에 이루어지기 때문에 이 예측은 현재의 영향을 받을 수밖에 없다.

다. 현재주의의 문제는 과거의 시점에서 세계를 바라보는 방식과 현재의 시점에서 세계를 바라보는 방식이 다르다는 것, 그리고 미래의 시점에서 세계를 바라보는 방식 또한 다르다는 것을 깨닫지 못하는 데서 생긴다. 둘째, 위험과 합리적 계산의 관점이 신뢰 현상에 대한 유일한 접근방법인 양 내세우고 있는 것은 아닌지 묻게 된다. 끝으로, 이 접근방법이 혹여 '위험사회'에 대한 개념적 합의안을 준비하고 있는 것은 아닌지 의심하게 된다.

합리적 선택론이 ― 잠재적 신뢰관계로 확대 가능한 ― 상호작용의 첫 단계를 보다 높은 사회적 이익을 얻기 위한 '전략적 조치'라고 규정한 것은 그 해석을 지나치게 경제적 의미로 몰아간 것이다. 경제적 접근방법은 전략적 조치가 신뢰관계를 체계적으로 결산과 효용, 효율성으로 축소한다고 본다. 그 때문에 신뢰는 상호작용의 첫 단계에서 기대이익이 다른 행위 지향들을 억누르는 상황인 것으로 파악된다. 신뢰관계의 형성 근거가 반복적 교환관계이든 공식적 사회제도이든, 개인에의 귀속이든 집단에의 귀속이든, 신뢰자와 피신뢰자의 일체성이든 피신뢰자에 대한 예측 가능성이든, 적어도 상호작용의 첫 단계는 계산적이지 않은 것으로 상정된다.

타자가 실제로 신뢰자의 기대대로 행위할지 보장할 수 없는 데서 신뢰가 기인한다는 통찰이 과연 분석적 내용보다 더 많은 것을 설명할지는 여전히 의문이다. 합리적 선택론에 기초한 신뢰 논의는 그것을 다른 개념으로 바꾸어 표현하는 것으로 설명을 대체하고 있을 뿐이다. 유념할 것은 신뢰를 신뢰자와 피신뢰자의 합리적 결정과 관련 있는 잠재적 위험관계로 파악하더라도 피신뢰자가 신뢰자에게 명시적으로 신뢰를 되돌리는 재귀성이 여전히 신뢰 논의의 중심에 있다는 사실이다.

2. 도덕과 신뢰의 관계

중간 고찰에서는 지난 30여 년 동안 서구에서 활발하게 진행된 신뢰 개념의 역사적 근거에 대한 지식사회학적 성찰을 완수하고자 한다. 우리는 앞서 고전 사회학계의 뒤르켐, 베버, 짐멜이 신뢰 현상을 다루었던 맥락을 논의의 출발점으로 삼았다. 그때 제기된 물음은 왜 신뢰 문제가 사회학의 관심 영역에서 주변부로 밀려나 있었던가 하는 점이었다. 비록 1960년대 후반 루만이 신뢰 문제를 기초사회학의 범주에 포함시키긴 했지만, 사회학계에서 신뢰 논의가 본격적으로 불붙기 시작한 것은 1980년대에 이르러서였다. 1980년대 초부터 세계 지성계는 1970년대의 경기 침체에서 갓 벗어난 세계시장의 유동성과 자본 축적의 요구가 강화되는 속에서 공공성 및 사회정의의 회복을 위해 사회의 도덕화를 추진하는 강한 움직임을 보였다. 그 때문에 신뢰 논의는 '좋은 사회질서'(Cook and Wall, 1980; 김명언·이영석, 2000; 유석춘·장미혜·배영, 2002), '선의'(Gambetta, 1988)에 대한 규범적 강조에서 보듯이 세기말 분위기에 휩쓸려 일정 정도 도덕화되거나 공동체 윤리로 포장되는 것이 아닌가 하는 의심을 받기도 했다.

사회학은 그 역사가 상대적으로 짧기 때문에 통상 역사적 검증이 이루어지기란 쉽지 않다. 그렇지만 1990년대 이래 신뢰 논의가 규범적으로 고취되어 폭발적으로 증가한 현상은 어느 정도 역사적 평가를 가능하게 한다. 앞서 언급했던 미츠탈의 신뢰 논의 종합화(Misztal, 1996)는 이런 방향에서 시도된 것이었다. 하지만 현대 사회가 엄청난 역동성을 가지고 발전했던 20세기 초 사회학계가 신뢰 현상을 집중적으로 탐구하지 못했다는 식의 일차원적인 설명 방식은 신뢰 논의가 진전되는 데 별 도움이 안 된다. 미츠탈은 이런 문제 많은 전제로부터 출발해서 1990년대 신뢰 논의의 대유행이 일어난 원인을 합의, 연대, 협력의 기초가 광범위하게 침식당하던 시대적 변화에 귀속시켰다. 이런 맥락에서 그는 현대 사회에 나타난 질서를 안정형, 결속형, 협력형의 세 가지 유형으로 구분해 각각에 신뢰의 형식을 부여했던 것이고, 협력형 질서의 신뢰에 상대적으로 높은 가치를 부여했던 것이다. 이런 규범적 시각에서 행한 신뢰 구분은 연구자가 선호하는 '바람직한 유형'의 신뢰를 처음부터 상정하고 있다는 점에서 자의적이다.

사회학의 보편적 발전이라는 맥락에서 신뢰 논의를 진척시킨 학자는 츠톰카다. 그는 근래 사회학계에서 행해진 신뢰 논의를 정리해 다양한 신뢰 목록들을 열거했다. 그는 인물에 대한 신뢰부터 제도·공공기관에 대한 신뢰에 이르기까지 여러 형식의 신뢰대상을 언급했다. 최근의 신뢰 논의에서 대체로 '문화적 전회'가 관찰된다는 그의 지적은 타당하다. 존재론적 지평에서 전체주의적 사회 구상에서 사회구조의 현장 이미지로의 전회가 있었고, 인식론적 지평에서 경직된 사회구조적 설명에서 문화적 설명으로의 전회가 있었다(Sztompka, 1999: ix). 하지만 이런 문화적 전회를 통한 접근은 기껏해야 근래 의의를 획득한 신뢰의 ─ 충분조건이 아닌 ─ 필요조건을 보여줄 뿐이다. 과도한 경제화, 관료화, 법제화, 전문화의 결과로 인한 다양한 위험들에 걸맞게 신뢰관계가 다양한 기제와 기능 조건을 지시한다는 것은 충분히 다루어지지 않았다.

세계 사회학계의 동향은 세계화, 지식정보화, 지식경제, 저출산, 노령화 같은 사회구조적 조건의 변화에 주목해서 이념적 가치 변화에 대한 신뢰 상실, 가치관·생활양식의 다원화, 민주주의 정치의 역설, 외국인 노동자의 국제적 분업 증가 같은 문화 변동에 관심을 집중하고 있다. 게다가 현재 많은 사람들은 온라인상에서 불특정한 타인들 또는 기존 인맥과 연결망을 만들고 트위터, 페이스북, 카카오톡 같은 소셜미디어(SNS)를 일상적으로 이용하고 있다. 온라인과 소셜미디어가 공중을 끼리끼리 모여 의견을 공유케 하거나 선거에 동원하는 확산매체로 등장하면서 공공 영역을 지배하고 있다.[6] 2002년 대선에서

---

6 기업들은 소셜네트워크 서비스를 이용해 특정 소비자 그룹을 대상으로 맞춤형 광고 및 홍보를 제공하거나 페이스북의 '좋아요' 버튼처럼 특정 상품에 대한 선호를 직접 확인

인터넷 모임과 토론방, 휴대전화 문자 메시지가 탈정치화된 젊은 층을 투표 참여로 유도해 노무현 후보를 당선시키는 데 큰 역할을 했다면, 2011년 서울시장 보궐선거에서는 팟캐스트 방송의 토크콘서트와 파워 트위터리안이 올린 글의 리트윗, 투표 인증샷이 동일한 효과를 통해 시민사회단체 출신의 박원순 후보를 당선시키는 데 결정적인 역할을 했다. 하지만 2012년 총선과 대선에서는 20~30대와 진보적 사회운동조직뿐만 아니라 50~60대와 보수적 결사조직도 특정 인물에 대한 지지를 유도하는 데 온라인과 소셜미디어를 동원했다. 정보가 부족한 상황에서 결정을 내려야 하는 유권자들에게 온라인과 소셜미디어가 정치적 인물에 대한 일시적인 신뢰 구축용으로 이용됐다.

고전 사회학에서 현대 사회이론에 이르는 다양한 사회학자들이 내린 신뢰 정의, 즉 이론적으로 도출된 신뢰 양식은 각자 자신의 구상 틀에서는 납득할 만한 것이었지만, 그것이 실제 경험적으로 쓸 만한 것인지에 관한 정보는 주지 않는다. 신뢰에 관한 이론적 논의는 관찰자 관점과 참여자 관점 사이에 현저한 거리가 있다는 사실에 의해 특징지어진다. 물론 모든 이론에 대해 이런 식의 비난을 가할 수 있다. 따라서 이 점이 과장되어서는 안 되겠지만, 관찰자 관점과 참여자 관점 사이의 거리는 신뢰 논의에서 유독 크게 벌어지고 있다. 그 때문에 신뢰 논의는 특유의 어려움이 있다. 우리는 신뢰자로서 신뢰에 대해 생각하는 것이 아니라, 신뢰를 상실하거나 장애를 입은 후에야 비로소 상대방을 왜 신뢰하게 됐는지를 소통하면서 알게 되는 것은 아닌가? 따라서 신뢰는 나중에 비로소 의식된다는 인지적 내용을 자체에 내포하고 있다.

일부 학자는 신뢰가 인지적 현상이라기보다는 심리적 현상이라고 이의를 제기한다(김명언·임성만, 2000; 톰슨, 2000; Frevert, 2000). 개인 간에 관심과 배려와 같은 결속이 오랫동안 반복적인 상호작용을 통해 점진적으로 형성되면

하는 '소비자 상품관련행동(COBRA)'으로 활용하거나 '전자적 입소문(eWOM)'으로 활용하고 있다.

서 이를 기반으로 사랑, 우정, 친밀성 같은 감정적 신뢰가 형성된다는 것이다 (Rousseau et al., 1998; 이헌수, 1999). 신뢰가 감정 또는 직관에 기초한다는 것은 자명한 일이지만(Lewis and Weigert, 1985a: Dederichs, 1997), 신뢰 현상을 심리적 차원으로 환원하는 것은 너무 단순한 판단이다. 일찍이 짐멜은 성실성을 예로 들어 과잉 단순화 문제를 지적했다(Simmel, 1992: 658). 다시 말해서 신뢰는 성실성 또는 권위 현상과 유사하게 개인의 속성과는 아무런 관련이 없는 것으로, 다만 개인에 귀속되는 사회 현상일 뿐이다.

또 다른 일군의 학자들은 마치 호소라도 하듯이 모든 신뢰 행위에 수반되는 신뢰의 도덕적 의무를 언급했다(후쿠야마, 1996; Baier, 2001; 정범모, 2002; 김인영, 2004). 피신뢰자가 신뢰 행위를 자신의 의무로 삼는 것이 자기이익에 집중하는 경우보다 더 확고하다는 것이었다. 그러나 공중이 여느 때와 같이 호혜성과 도덕적 의무 가운데서 판단한다는 것은, 신뢰관계가 단순한 자기이익과는 다른 동기부여에 근거한다는 점을 보다 더 분명하게 한다. 동일한 맥락에서 퍼트넘은 자기이익 추구에 지향된 사회적 자본 개념이 공중의 도덕성이나 도덕적 의무와 연관이 있긴 하지만 이와는 다르다는 입장을 취했다(퍼트넘, 2009: 31). 공중의 도덕적 의무는 호혜적인 연계형 사회관계망에서 가장 효과적으로 작동한다는 이유에서다.

공중이 비록 높은 도덕성과 도덕적 의식을 가지고 있더라도 개인화되어 있다면 그 사회가 반드시 '연계형 사회적 자본'이 풍부한 사회라고 할 수 없다. 20~30대의 개인화 경향은 2004년 국회의 대통령 탄핵 사건 이후 지속적으로 하락하는 저조한 투표율에서 확인된다. 2000년대 들어 시민운동이 활성화되지 못하는 이유도 20~30대의 개인화 경향과 무관하지 않다. 도덕 관념은 지금까지 학자들이 해결할 수 없던 또 다른 문제를 제기한다. 감베타는 한 집단 내에 또는 두 사람 간에 존재하는 신뢰는 부도덕한 목적에 기여할 수도 있기 때문에 보는 신뢰관계가 지지를 받는 것은 아니라고 주장했다(Gambetta, 2001). 이것은 집단 구성원과 타인의 관계에서뿐만 아니라 집단 내 구성원들 간에도 그러하다. 인물 '갑'은 인물 '을'의 순진함을 자신의 목적을 위해 철저히 이용할 수 있고, 갑이 무엇에 관여하는지 어떤 근거에서 신뢰하는지 을이 알지 못하더라도 을을 신뢰관계에 끌어들일 수 있다. 외부 관찰자의 관점에서 그런 경우는 신뢰라고 일컬을 수 없을 것이고, 내부 관찰자도 행위자들의 신뢰의 질을 나중에서야 알 수 있을 것이다.

바이어Annette Baier에 따르면, 신뢰관계에 있는 두 인물이 모두 그때그때 다른 관점을 취하는 신뢰의 근거들을 수용할 수 있어야만 신뢰는 도덕적으로 정당하다(Baier, 2001). 신뢰의 근거가 무엇인지 명확히 드러나 있지 않은 상태에서 다른 인물이 자기이익에 반하는데도 신뢰할지 또는 신뢰를 저버리지 않을지 따져보는 일은 도덕적 수준에서 결코 사소한 일이 아니다. 응답 없는 신뢰나 깨진 신뢰가 일으키는 감정을 고려한다면 차이는 분명하다. 만일 자기이익에 근거해 다른 인물을 신뢰한다면, 기대에 어긋날 경우 어떻게 그런 인물을 신뢰할 만큼 자신이 어리석었는지를 자책할 것이다. 만일 제재 기제가 작용해서 서로를 신뢰한 것이라면 제재가 충분히 위협적이지 못했다고 분노할 것이다. 하지만 우리는 도덕적 실망 형식으로 신뢰에 반응하지는 않는다. 만일 신뢰가 공중의 공동이익을 기대한 데서 출발한 것이라면 그때서야 공동이익의 상실에 대해 도덕적으로 실망할 것이다. 이런 도덕적 접근방법은 신뢰와 위험의 관계에 대한 논의 맥락에서 볼 때 결코 만족스러운 것이 못 된다.

3. 친숙성과 신뢰의 차이

친숙성은 낯섦, 즉 생소성과 대칭되는 개념으로 기든스(1991: 147)의 존재론적 확실성에 걸맞은 개념이다. 루만은 친숙성과 신뢰가 흔히 혼동되는 이유를 신뢰가 일상세계에서 형성되는 방식에서 찾았다. 신뢰는 본질적으로 친숙성과 구분되는 현대적 현상이면서도 여전히 친숙성의 조건을 통해 형성되기 때문에 혼동이 일어난다는 것이다(Luhmann, 2001: 143). 친숙성은 본래 자주 보거나 들어서 익숙해진 과거가 그대로 미래로 이어지던 사회, 즉 미래가 현재의 결정에 좌우되지 않던 전통 사회의 속성이다. 전통 사회에서는 '과거의 현재'가 '현재의 현재'가 되고, 그로써 '현재의 미래'가 되며, 나아가 '미래의 현재'도 된다는 등식관계가 성립했다.[7]

친족공동체나 소규모 마을공동체에서는 이런 현재의 과거 지향이 친숙성을 이끌었다면, 현대 사회에서도 친숙성은 세계화된 지역사회 또는 직업세계의 많은 측면에서 일상적 관행에 근거해 여전히 남아 있다. 현대 사회의 친숙성은 더 이상 전통 사회처럼 가족의 친밀성이나 지역화된 장소의 특수성, 지속적이고 안정적인 의무화된 친구 간의 의리인 우정에서 얻어지는 것이 아니다. 친숙성은 이제 추상적 체계와의 고유한 상호작용 방식에 의해 새롭게 '재진입'하는 사건들에서 얻어진다(기든스, 1991: 147 이하). 친숙한 세계에서는 '상징'을 사용해 낯선 것 ─ 그래서 생소한 것, 적대적인 것 등 ─ 이 기존의 친숙한 것으로 재진입한다. 그런데도 친숙한 것과 낯선 것 간의 경계가 그대로 남아 있는 것은 양자의 구별이 작동하는 데 따라 항상 그 경계의 지평도 함께 작동하면서 일상적으로 남아 있기 때문이다. 즉, 우리는 낯선 것에 대해 친숙한 방식으로 알고 있는 것뿐이다(Luhmann, 2001: 146).

현대의 익명적 도시에서는 성애를 동반한 능동적이면서도 우연한 만남들이 자기실현의 욕구가 강해진 젊은 세대에 재진입해 '낭만적 사랑'이라는 친숙한 사건으로 재현되면서 친밀성은 핵가족의 중요한 속성이 되었다(루만, 2009). 그리고 특정 장소로부터 멀리 떨어진 우연한 것들도 지역사회에 재진입해 친숙한 사건으로 발현된다. 장소의 특수성과 친족 유대를 와해시키는 데 일조한

---

7 현대 사회에서는 과거의 시점에서 바라보는 현재와 현재의 시점에서 바라보는 현재가 다르며, 현재의 시점에서 바라보는 미래와 미래의 시점에서 바라보는 현재도 나를 수밖에 없다.

교통수단의 발달이, 명절의 전국적인 귀성 인파에서 보듯이 상대적으로 소규모이고 비형식적인 장소를 재건해 지역성을 회복하고 먼 지역에 사는 일가친척 간의 교류를 촉진시키는 '재진입'의 역설을 낳았다.[8] 그런가 하면 직장생활에서 이리저리 얽힌 우연한 인연들이 도시의 익명적 관계들에 재진입해 여전히 우정으로 표현된다. 하지만 폭탄주 건배로 시작하는 남성들의 사교모임에서 드러나듯 현대의 우정은 친구들이 서로 각자의 마음을 털어놓지 않거나 의견 대립을 피하는 탓으로 행위 능력과 언술 능력을 상실한다(아렌트, 1996). 여기서 미래를 우연성으로 특징짓는 것은 추상적 체계의 몇몇 기본 원리에 숙달된 외부 관찰자의 관점, 예컨대 지식에 기초한 과학자의 관점이다(기든스, 1991: 149). 물론 행위자 자신은 이러한 우연성을 인지하지 못한다.

산업화와 도시화가 심도 있게 진행된 현대 사회를 사는 우리는 일상세계에서 '우정'의 상징을 통해 이웃, 친구, 학교동창, 직장동료 등의 친숙한 타자와 상호작용하기도 하지만, 공공장소에서 매일 수백 또는 수천 명의 낯선 타자들과 끊임없이 마주치며 산다. 도시는 서로 다른 사람들을 한데로 모아 일상의 복잡성을 강화하고 사람들을 서로에 대해 낯설게 만들었다. 이와 함께 타자가 기대와 다르게 행동할 위험은 늘어만 간다. 예컨대 전통 사회에서 혈연이 양반 가문의 혈통을 잇거나 혼인 범위를 규정하는 공식적 관계로 작동했다면, 현대 사회에서 혈연은 법체계나 관료화된 조직에서 공식적으로 규정되지 않는 비공식적 관계로 기능한다. 공식적 지위의 규정에 출신 가문, 출신 지역, 출신 학교 등이 작동하는 경우는 드물다.[9] 공식적 관계는 관료조직에서 가장 뚜렷

---

8 기든스(1991: 146 이하)는 친숙성과 낯섦의 교차점에서 '재진입'이 '전치'와 변증법적으로 일어난다고 본다. 재진입이 국지적인 장소 귀속으로부터 탈피한 추상적 사회관계가 다시 지역사회에 투입되어 새로운 조건을 재구성하는 역설을 지시한다면, 전치는 일상의 공동 경험이 세계화된 지역사회 내부로 끼어들어 가는 통합 현상을 지시한다.

9 정부의 고위직 인사 단행 후에 언론은 지역 편중 또는 지역 안배, 학벌 편중 또는 학벌 안배 등의 평가를 심심찮게 내린다.

하게 나타나는 직위 간의 위계처럼 연공서열이나 직급별 성과주의 원칙에 의해 수립된다. 그렇기 때문에 연줄이 닿는 친숙한 타자와만 '정(情)'을 나누는 전통적인 연고주의의 한계를 넘어, 현대 사회의 친숙성은 공적 지향성을 갖는 동호회, 봉사단체, 시민사회단체 등의 자발적 결사체 활동을 통한 낯선 타자와의 대면적 상호작용으로까지 확장되고 있다.

한국에서 친숙성은 통상 '정'으로 상징화되어 소통된다. 일상에서 '정'의 선호는 친숙성과 낯섦(또는 생소성)의 구별에 의한 상호작용의 기초로 작동하는 것으로, 도덕적으로도 자명한 것으로 간주된다(박통희, 2004). 근대화가 서구 사회와의 교류를 통해 촉발되면서 부분체계들의 기능적 분화가 짧은 기간에 압축적으로 진행되는 한편으로, 그에 따른 전통 및 인습의 와해, 이웃 관계의 황폐화, 경제 불황과 기업 도산, 선거의 당락과 권력 이동 등으로 불확실성은 극도로 높아졌다. 이처럼 미래가 불확실한 사회 변동기에 가족주의, 지역주의, 학벌주의 등의 연고주의는 일정 정도 복잡성을 축소하는 기제로 기능한다. 다시 말해서 연고의 연줄망은 사랑이나 우정의 상징을 매개로 한 '두터운 친숙성'의 원천[10]이자 불확실성이 높은 상황에서 특정 조직 내에 행위를 예측할 수 있는 구성원들을 포용해 복잡성을 축소하는 기능을 수행한다. 하지만 기능적으로 분화된 부분체계들에서 연줄망을 도구적으로 이용하는 연고주의는 기득권 세력이 자신의 이해관계를 내세우거나 보호하는 등의 사회적 해악

---

10 근대화 과정에서 반촌(班村) 출신의 지배층은 유교적 전통, 규범이나 가치관이 더 이상 기능하지 못하던 근대화된 도시에서 집단적 동질성에 기초한 친숙성을 구축해 정치적·경제적·사회적 자원에 대한 자신의 영향력을 증가시켰다. 반촌 중심의 상위 친족 단위인 종친회는 도시로 공간 이동해 후손들의 집단정체성 형성을 위한 광범위한 친목단체로 거듭났으며, 도시화된 공간에서는 학맥을 이어주던 계회가 현대 교육제도에 기초한 동창회로 변모했고, 동향인들의 향우회가 장소 귀속성에 바탕을 둔 인연을 이어갔다. 급변하는 사회에 적응하고 전통적 제도의 개선 또는 해체 과정에서 끊임없는 선택을 해야 하는 불확실성의 상황에서 과거 향촌 사회를 지배하던 동질성에 기초한 계회는 가입과 탈퇴가 사실상 불가능한 '결속 집단'으로 재구성됐다(노진철, 2012).

을 발생시키기도 한다.

'정'으로 수렴되는 현대의 친숙성은 개인을 무엇보다도 경직되고 지나치게 굳게 통합된 가문이나 동족부락 등의 특정 집단의 구성원으로서가 아니라 자기세계를 가진 하나의 인물로 상정한다. 다시 말해서 현대의 정은 전통적인 가문과 동족부락인 마을에서는 불가능했던 권리인 거절할 수 있는 권리를 기초로 하고 있다. 전통 사회에서는 사용할 수 없던 '더 이상 사귀기 싫다', '더 이상 친구가 아니다', '더 이상 혼인관계를 지속할 수 없다' 등을 말할 수 있는 자유가 친숙성과 낯섦의 구별을 사용해 정을 나누거나 헤어지는 것을 가능하게 한다. 따라서 현대 사회에서 친숙성을 기반으로 하는 조직은 끊임없는 구성원의 교체를 감수해야 하는 불안정한 것이며, 따라서 끊임없이 새로운 친숙한 관계를 생성해야만 유지될 수 있다(정성훈, 2013: 335). 이런 맥락에서 친숙성은 전통적인 연고주의와는 뚜렷이 구별되는 현대적 개념이다.

세계화와 정보기술의 발달에 따라 이전에는 몰랐던 사람들과의 개인적 유대가 계속적으로 만들어지는 세계 사회는 결코 익명적인 사람들과 낯선 세계에 산다는 것을 뜻하지 않는다. 일상에서 통상적으로 접촉하는 사람들의 관계가 친숙성 대신에 비인격적인 유대관계로 변한 것이 아니다. 따라서 행위자가 행위를 하면서 미래에 일어날 결과의 앞서 언급한 문제들을 제기한다는 것은 가능하지 않다. 기든스는 전통 사회의 특성인 존재론적 확실성과 현대 사회에서 의식된 우연성을 매우 직관적으로 구별해 기술하고 있지만, 친숙성이 신뢰와 불신 이외에 복잡성을 인지하고 축소하는 소통 형식으로 여전히 작동한다는 것은 분명하다(Luhmann, 1968: 80). 전형적인 기대 유형들을 가능하게 하는 주변세계와 전체로서 부정도 거부도 되지 않는 일상세계에서 친숙성은 여전히 중요하다. 우리는 일상적으로 장 보러 동네의 재래시장에 가고, 버스 타고 학교에 다니고, 고혈압·당뇨 때문에 주기적으로 병원에 다니고, 회사에서 일하며 월급을 받고, 국가에 세금을 내는 등 친숙한 세계 구조와 의미 유형에의 의존을 피할 수 없다. 그러나 일상세계에서 이 의존성은 다루는 주제와 태도의 이동성에 의해 완화된다. 만일 미래가 문제된다면 친숙성은 신뢰로 또는 불신으로 이행하기도 하고, 과거의 경험에 의지해 신뢰가 다시 명확한 친숙성으로 역이행하기도 할 것이다. 일상세계에서 이와 같은 이행은 복잡성 축소를 위한 다양한 전략을 가능하게 한다.

불확실성이 높은 현대 사회에서도 여전히 친숙한 세계에서 신뢰가 형성되며, 친숙한 양상들의 변화는 인간관계에서 신뢰의 형성 가능성에 영향을 준다. 따라서 신뢰 조건을 탐구할 때 상대방이나 대상에 대한 친숙성의 조건과 그 한계가 무엇인지를 간과해서는 안 된다(Luhmann, 1988: 95). 상대방이나 대상의 친숙성 정도는 신뢰의 전제조건이기 때문이다. 그러나 후쿠야마(1996)가 고신뢰와 저신뢰를 구별하고 친숙성을 저신뢰의 범주로 형상화한 것은 자의적 가치판단이 개입된 것이었다. 정은 같은 가문 출신이나 같은 지역 출신, 같은 학교 출신 등의 집단적 동질성에 기초한 연고주의를 넘어 낯선 타자에게까지 확대되는 기초적인 신뢰 욕구이다. 현대 조직의 구성원들은 친숙성을 기반으로 상대방에게 정을 주기 때문에(박통회, 2004: 35), 그들의 친숙성은 상대방을 '타아'로 여겨서 계산 없는 신뢰관계로 발전하는 데 기여한다. 다시 말해서 세계에서 타자가 대상이 아니라 타아로서 의식되는 한 친숙성은 인물에 대한 신뢰의 필요조건이지만 그 자체가 신뢰는 아니다.

친숙성은 인물에 대한 신뢰의 형성에 유리한 조건들을 조성한다. 사람들은 친숙한 인물에 대한 포괄적인 태도와 상세한 이미지를 갖고 있다. 그 때문에 사람들은 위험이 인지되지 않은 상태에서 그 인물의 선택을 수용하거나 평가할 때 그를 믿을 수 있다고 느낀다(Gill et al., 1998). 대체로 이것은 그 인물에 대한 신뢰 형성에 긍정적으로 작용한다. 따라서 같은 집단이나 같은 공동체에 속한다는 소속감이 인물에 대한 신뢰에 영향을 미칠 수 있다.[11] 직접 알지 못하는 타자라 하더라도 같은 성씨나 같은 지역, 같은 학교, 같은 회사의 출

---

11 일반적으로 외부 집단보다는 내부 집단에 더 큰 신뢰를 보낸다(코저, 1980).

신이라는 이유가 친숙성의 범주를 넘어 인물에 대한 신뢰로 이행하는 것을 보장하는 것이다(노진철, 2012).

친숙한 세계는 상대적으로 단순하며, 이 단순성은 매우 제한된 범주에서만 보장된다. 복잡성이 친숙성과 낯섦으로 구별되면서, 즉 상대방 또는 대상을 친숙한 것과는 다르게 보고 다르게 행동할 수 있는 자유가 있는 한에서 세계에 대한 전통적인 자명성은 흔들린다. 사회질서가 더욱더 복잡해지고 다양하게 변화하면 할수록 사회질서는 자명성, 즉 잘 알려진 친숙성을 점점 더 잃게 된다. 왜냐하면 매일의 일상적인 경험은 사회질서를 단편적으로만 떠올리거나 회상할 수 있게 하기 때문이다. 이런 의미에서 현대 사회에서 친숙성의 선호는 기본적으로 불확실성에 대한 인식을 전제로 한다. 이때 불확실성은 근본적인 불확실성으로 인지되기보다는 통상 체계에서 통제하고 교정할 수 있는 오류로 파악된다(노진철, 2010: 387). 여기서는 어느 정도 관찰자와 무관한 우연성이 문제된다. 물론 과학자가 거짓된 결론을 내릴 가능성은 항상 존재한다. 그렇지만 원칙적으로 이것이 "유일무이하고 변하지 않는 과학적 진리가 존재한다"는 과학자들의 보편적 믿음을 바꾸지는 못한다. 과학자들은 친숙성의 상황에서 존재론적 확실성의 상태가 있다고 믿는다.[12] 따라서 아직 일어나지 않은 미래의 현재가 '지금 여기'에서 회의에 빠질 일은 없다. 오히려 기대에 어긋난 것들은 오류 또는 거짓, 무능으로 단정된다. 이러한 단정짓기는 무엇보다도 무엇을 선택하고 무엇을 금기시할지에 대한 합의가 사회에 광범위하게 존재하는 것으로 전제한 데서 가능하다.

일상에서 텔레비전, 라디오, 신문, 인터넷, 소셜미디어 등 다양한 형식의 확산매체 중 무엇을 소통 도구로 이용할지 선택하는 데서, 또한 금융시장의 세계화로 인한 후속 문제 또는 기술공학의 후속 결과에 대해 판단을 내리는 데

---

12 과학 체계의 소통은 확실성과 창의성에 제한되어 있기 때문에 친숙성과 낯섦의 차이는 과학 외부에서 참과 거짓의 판단을 자극하는 구별이다.

서 중요한 것은 일상의 경험을 토대로 한 친숙성의 선호다. 친숙성은 상대적으로 확실한 기대를 가능하게 하며, 그를 통해 남아 있는 잔여 복잡성을 축소한다. 하지만 불확실성 시대에 미래의 위험이 인식되면서 친숙성의 선호는 점차 체계에 대한 신뢰 요구로 대체되고 있다. 사회질서 자체가 고도로 복잡해지면서 미래를 확정할 필요성, 즉 신뢰의 필요성이 생겨난 것이다. "새로운 지식과 기술이 끊임없이 발전한다"는 것은 동시에 과학과 기술에 대한 신뢰가 형성되지 않는다면 위험 인식이 곧바로 '재앙'이나 '재난' 등의 위해 인지로 전환되어 일상에서 가공할 파괴력을 가질 수 있기 때문이다. 이때 재난(위해)은 이러지도 저러지도 못하는 무기력한 상황이며, 결정과는 직접적 관련이 없는 무지의 혼란 상태이다.[13]

과학과 기술의 발전이 의도했던 확실한 생산물뿐만 아니라 그로부터 파생된 위험도 불평등하게 분배되어 있다는 인식은 벡이 『위험사회』에서 문제시했던 '근본적인 우연성'을 새삼 상기시킨다. 통제 불가능한 핵연료의 에너지 생산, 생명공학 실험이나 나노기술 실험, 유전자변형작물의 확산, 환경오염, 의료사고 같은 과학과 기술 발전의 부정적인 결과들은 추후 개선될 수 있겠지만 쉽게 무시될 수 있는 것이 아니다. 전문가들이 친숙한 세계에서부터 출발하더라도, 예컨대 과학이 비록 확실성에 대한 기대에는 어긋나지만 공중의 이해를 얻으려 노력하더라도 그 근본적인 우연성은 학습되지 않는다. 따라서 특정 지식이나 기술에 대한 신뢰 요구가 주목받지 못할지도 모른다. 하지만 과학과 기술의 발전으로부터 파생되는 미래의 위험은 피할 수 없는 것이기에, 결과적으로 잠재적 당사자인 공중은 과학적 객관성과 전문가의 능력을 불신하게 된다.

우연성을 의식하는 다른 형식은, 루만과 기든스가 이미 지적했듯이 결정

---

13 다시 말해서 위해는 신뢰 또는 불신에 찬 익숙함을 가능하게 하는 친숙성이 결여된 상태이다.

의 기초가 되는 준거 자체가 우연적이라는 인식이다. 대표적으로 관찰자에 의존적인 우연성이 있다. 과학에서 진리는 의심할 여지 없는 '주어진' 것이 아니며, 그 자체로 관찰자에 의존적인 역동성을 함축하고 있다. 행위자가 우연성을 이런저런 형식으로 인지하는 한 자신의 행위가 타자의 행위에 준거한다는 것은 행위자에게 위험하다. 행위자는 부분적인 무지를 알면서도 행위를 지속하려면 그 방법을 찾아야 한다. 우연성이 필연성의 부정을 지시하는 것이라면, 즉 '필연적이지 않은 모든 것'의 차원에서 나온 선택과 관련 있는 것이라면 결정이 내려지더라도 선택되지 않은 다른 가능성들은 사라지는 것이 아니라 잠재화된다.

가능성의 차원에서 보면, 현재하는 우리는 '더 확실한' 선택이 있는지 없는지 결코 알 수 없다. 이와 마찬가지로 '객관적으로 확실한' 선택 역시 주어져 있는 것이 아니다. 그렇기 때문에 확실하다고 믿는 자는 우연성의 압력에 항의하기 위해서라도 확실한 사실을 발견해내어 자신과 타자를 납득시켜야 한다(Watzlawick, 1984). 인물에 대한 신뢰는 타자와 친숙한 상황에서 나온다. 만일 신뢰를 주고받던 자신과 타자가 비인격적인 영역으로 되돌아간다면, 양자는 갑자기 소통이 단절되어 다시금 낯선 관계에 놓일 수 있다. 왜냐하면 인물에 대한 신뢰는 항상 양면적이며 소통의 단절 가능성은 크든 적든 간에 항상 존재하기 때문이다(기든스, 1991: 150). 우리는 일반적으로 친숙한 것과 낯선 것을 구별하고, 낯설고 생소한 것이 과도하게 증가한다는 사실로부터 소통을 시작한다. 아직 일어나지 않은 미래의 사건에 대한 정보들은 과거의 것에 친숙하다는 의미에서 경험 형식으로 존재한다(March and Olson, 1976).

친숙한 일상세계에서는 과거가 현재와 미래를 압도한다. 과거는 다른 가능성이 있을 수 없기 때문에 이미 복잡성의 축소가 일어난 상태이다(Luhmann, 1968: 20). 주어진 바의 친숙성은 세계를 단순화하고 손실 없는 관계로 만들 수 있다는 기대를 심어준다. 공중은 친숙한 상태가 지속될 것이고, 손실 없는 관계로 입증된 것은 반복될 것이며, 익숙한 세계는 미래로 계속 이어질 것이라고 상정하고 행동한다. 그에 반해 신뢰는 미래에 지향되어 있다. 친숙한 일상세계에서의 신뢰는 오로지 역사가 확신의 조건으로 작용할 때만 가능하다(Luhmann, 1968: 21). 즉, 역사적 기반이나 과거의 경험이 없다면 누구도 대상을 신뢰하지 않는다. 그러나 신뢰는 과거로부터 이끌어진 것이 아니라 예측하지 못한 일이 발생하는 미래를 규정하기 위해 위험을 무릅쓰는 것이다. 물론 미래의 낯선 불확실성을 인식하는 신뢰 상황이 다시 '위험'의 상징을 통해 수용가능한 친숙한 상황으로 바뀔 수 있다(Luhmann, 1968: 80). 하지만 감당할 수 없는 현대 사회의 다양한 위험들에 처해 신뢰는 더 이상 숙고하지 않고 행동으로 옮기는 일상적 관행이 된다. 물론 이러한 관행들은 필시 그 고유한 역사를 갖고 있다. 이혼율·자살률·범죄율 증가, 금융위기, 근로빈곤, 청년실업, 주거난, 교육 불평등, 고령화, 저출산, 테러, 자원 결핍, 에너지 결핍 등을 공중이 일상에서 미래의 재앙 수준의 심각한 위험으로 인식할지 안 할지는 확실하지 않다.

새로운 위험들이 증가하는 상황에서 사회 현상에 대해 이론적 분석을 하든 경험적 분석을 하든 친숙성과 신뢰의 차이를 항상 고려해야 한다. 미래가 위험으로 의식되는 한 누구도 친숙성과 신뢰의 차이를 무시하지는 못한다. 친숙성과 신뢰의 관계가 더 이상 전통적으로 규정된 일상세계에 기반을 두고 있지 않기 때문이며, 더 이상 낯선 것과의 성세에 의해 확실하게 구별되지 않기 때문이다(Luhmann, 1968: 21). 각종 결정에 따르는 후속 문제, 금융시장의 세계화로 인한 통제 상실, 기술공학의 후속 결과와 관련된 위험, 생태학적 위협 등에 대해 재귀적으로 되묻는 현대 사회의 자기기술의 복잡성이 정치나 과학과 같은 특정 체계에서 체계합리적인 방식으로 간단히 축소되지 않을 것이기 때문에, 행위를 지속하는 것은 항상 문제이다. 루만에 따르면, 신뢰는 체계합리적인 행위와 그에 따른 위험에 대한 통제 영역에서 통제 가능성과 통제 불가능성의 차이를 반영하는 사회적 체계의 자기준거의 전형이다. 이러한 정황이 복잡성 축소 기구로서 정부이나 정당, 국회, 검찰, 법원, 학교, 병원, 언론사, 기업, 은행, 학회, 시민사회단체 등의 조직에 대한 신뢰에 관심을 기울이게 한다.

4. 확신과 신뢰의 차이, 그리고 불신

신뢰를 정의하는 일은 신뢰를 수반하는 기대 속성의 상이한 유형들과 관련해 계속적인 성찰을 요구한다. 앞서 언급했듯이 확신은 신뢰와 혼용되는 대표적 개념이다. 루만은 신뢰와 확신을 구별해 사용할 것을 제안했고, 얼Timothy Earle 과 츠베코비치George Cvetkovich는 신뢰와 확신의 구별을 사회적 신뢰를 논의하는 기초로 삼았다(Earle and Cvetkovich, 1995). 일상이 기대에 크게 어긋나지 않을 것이라고 믿고 행동하는 것을 '확신'이라 한다면, '신뢰'는 아직 일어나지 않은 그 무엇에 대해 그 결과가 자신의 기대에 어긋날 수 있는데도 믿는 것이다 (Luhmann, 1988: 95). 이러한 정의는 가치결정론의 엄밀한 신뢰 가능성 분석보다 더 명료하다. 왜냐하면 신뢰와 확신의 차이를 규정하는 데 동원된 기대 개념이 양자의 상이한 윤곽선을 더 분명하게 보여주기 때문이다. 적어도 우리가 길거리를 마음대로 다닐 수 있는 것은 마주치는 낯선 사람이 이유 없이 덤벼들어 목을 조르지는 않을 것이라는 확신이 있기 때문이다. 하지만 야간 뒷골목에서 폭력, 강도, 살인, 강간 등의 강력 범죄가 급증한다면 최소한의 치안 유지를 책임지는 경찰에 대한 신뢰는 상실된다.

확신이 체계에 대한 신뢰가 재귀적으로 작동하기 이전의 선험적 현상이라는 루만의 구상에 동의한다면, 신뢰는 사회이론의 핵심 개념 중 하나인 성찰과 어떤 관계에 있는지를 묻게 된다. 확신은 신뢰가 인지되기 이전의 일반적인 기대인가? 신뢰자는 자신도 의식하지 못한 채 대상을 확신하는 것인가? 루만은 이들 물음에 대해 경험적인 신뢰 조사에서 요구되는 직관에 의지했다. 신뢰는 의식하지 않고도 일어나며, 신뢰자는 분명한 성찰 행위 없이도 타자에게 신뢰를 보낸다는 것이다. 만일 그를 신뢰하는가라고 자문한다면, 그것은 이미 신뢰가 아닌 것이다.

체계에 대한 신뢰가 그 체계에 대한 일련의 지식이나 확신이라는 루만의 관점은 합리적 선택론과도 근접해 있다. 피신뢰자는 신뢰자가 행하려고 의도한 것을 자신에게 행하도록 자극한다. 여기서 신뢰는 자명한 인지적 현상으로 기술된다. 만일 타자가 실제 어떻게 행동할지 전혀 확신할 수 없다면 위험을 피할 방법은 없다. 타자와의 인지적 경험이 신뢰 또는 불신의 기초가 된다. 이런 종류의 인지적 단초는 합리적 선택론의 관점에서도 의미가 있다. 우리는 대부분의 사회 영역에서 타인에게 행위를 할 때 더 이상 자명한 사실로부터 출발할 수 없다는 것을 경험하고 있다. 그렇다면 신뢰에 대한 인지적 접근의 핵심은 친숙성의 시공간을 점차 응축시키는 현대 사회의 역동성에 대한 이론적 반영이다.

불확실성에서 비롯된 미래의 위험을 감수하면서도 믿고 기대하는 것이 신뢰라면, 위험을 특별히 의식하지 않고 당연히 그런 것으로 믿는 것은 확신이다. 따라서 신뢰가 과거에 관여한 경험이 있는 상황을 요구한다면, 확신은 과거의 경험과는 관계없는 기초적인 믿음이다. 정상 상황에서 사회적 신뢰는 중요하지 않다. 대부분의 사회관계가 확신에 기반을 두고 있기 때문이다. 우리는 건물이 갑자기 무너져 지나가는 사람을 덮치지 않을 것이라고 확신하고 거리를 활보하며, 자동차가 갑자기 교통 신호를 무시한 채 인도로 달려들어 사람을 해치지 않을 것이라고 확신하고 산다. 나아가 사람들은 은행이나 정당, 국민연금공단이나 의료보험관리공단이 맡은 업무를 정해진 기간까지 끝낼 수 있다고 확신하거나 특정한 요구 또는 상황을 감당할 능력이 있다고 확신한다. 은행에 돈을 맡기거나 인터넷 쇼핑몰에서 신용카드로 물건을 살 때 확신이 중요한 역할을 한다. 우리가 어렵사리 번 돈을 은행에 규칙적으로 맡길 수 있는 것은 은행원이 흑심을 품고 돈을 가로채더라도 금융감독원이 은행원을 처벌하고 고객의 피해를 보상해줄 것이라고 확신하기 때문이다. 유권자들이 특정 정당을 지지해 후보자에게 투표하는 것은 정당들이 당연히 엄밀한 심사 과정을 거쳐 훌륭한 후보자를 공천했을 것이라고 확신하기 때문이다. 또한 젊고 건강한 사람이 노후나 질병에 대비해 국민연금과 의료보험료를 매달 규칙적으로 납부하는 것은 퇴직 후나 질병에 걸렸을 때 국가가 책임지고 지급할 것이라고 확신하기 때문이다. 만일 이런 확신들이 없다면 사회는 극심한 혼란에 빠질 것이다. 이런 맥락에서 신뢰가 사회관계를 성립시키고 확장하는 데, 사회제도가 제대로 기능하는 데 반드시 있어야 하는 필요조건이라면, 확신은 명확하게 입증되지 않은 수많은 사실에도 불구하고 우리의 일상을 가능하게 하는 충분조건이다.

여기서 우리는 루만(Luhmann, 1968: 97)이 신뢰를 현재의 손실, 즉 위해나 재난이 아니라 미래의 위험에 대한 대응으로 본다는 점에 유의하고자 한다. 우리는 어떤 위험을 회피할 수는 있지만 그것을 회피할 경우 특정한 혜택을 포기해야 한다. 그래서 피할 수 있는데도 위험을 무릅쓰고 믿는 것이 신뢰이다. 만일 타자의 행위에 대해 실망할 가능성이 높은데도 다른 대안보다 그 행위를 더 선호하는 태도를 취한다면 신뢰 상태에 있는 것이다. 반면 아무런 다른 대안을 고려하지 않고 있다면 아직 확신 상태에 있거나 그 밖에 다른 무엇을 해야 할지 모르는 판단 장애의 상태에 있는 것이다. 만일 다른 대안이 있는데도 아무런 행동을 취하지 않는다면, 그것은 확신을 잃은 상태에서 불안한 것이며 더 나은 미래에 대한 기대를 포기하는 것이다.

많은 학자들이 신뢰를 확신과 구별하자는 루만의 제안을 받아들여, 위험을 인지하지 못하거나 위험을 감수할 의지가 없는 태도를 신뢰로 간주할 수 없다는 데 동의했다(기든스, 1991; Mayer et al., 1995; 나은영, 1999; Endreß, 2001; 김용학, 2003). 우리는 일상적으로 주변에서 벌어지는 일들에 대해 자기 나름으로 예측하고 그 예측에 맞추어 행동한다. 이런 일상의 경험에 근거해 일부 학자는 신뢰를 타자 행위에 대해 선의로 행동하는 사람의 예측 가능성으로 간주했다(Gambetta, 1988). 특히 사회심리학자들은 신뢰 수준이 한 행위자가 다른 행위자의 행위를 예측할 수 있느냐 없느냐에 달려 있다고 주장했다(Rempel et al., 1985). 신뢰자의 신뢰 수준이, 피신뢰자의 과거나 현재의 행위에 기초해 신뢰자가 미래에 할 행위에 대한 예측이 가능한지의 여부에 따라 결정된다는 것이었다. 만일 피신뢰자의 행위가 과거부터 현재까지 일관성을 보인다면 미래의 행위도 그와 동일할 것이라고 예측할 수 있으며, 이는 곧 그가 신뢰자의 기대에 따라 행위할 확률이 높다는 것을 의미했다. 하지만 우리는 일관되게 이기적으로 행위하거나 타자의 요구를 무시하고 행위하는 사람을 단지 그의 행위가 예측 가능하다는 이유만으로 신뢰하지는 않는다(Mayer et al., 1995: 714). 누군가를 신뢰하는 것은 그 사람의 행위가 예측 가능하기 때문이 아니라, 그가 자발적으로 위험을 감수하고 나아가 상대방의 행위로 말미암아 손실을 입을 수도 있는 자신의 취약성을 받아들이는 태도를 보이기 때문이다. 다시 말해서 예측 가능성은 신뢰의 다양한 필요조건 가운데 하나일 뿐이다.

우리는 확신을 잃는 경우 위험을 야기한 외적 원인에 대해 실망하지만, 신뢰를 상실한 경우 내적 원인을 고려해 그 인물 또는 그 체계를 신뢰했던 자신을 탓한다. 그런데 현대 사회에서는 외부 환경에 대한 통제 능력과 사회제도에 대한 성찰 능력이 심화되는 가운데 집단 결속에 대한 확신이 점차 약화되는 대신에 체계에 대한 신뢰가 강화되고 있다. 가령 전통 사회의 남녀는 결혼 이외의 다른 대안이 없는 상태에서 부모의 뜻에 따라 결혼하고 결혼생활도 부모 또는 친인척의 참견을 받는 등 권위적인 친족 결속에 대한 확신 속에 살았다. 하지만 현대 사회의 남녀는 결혼을 할지 안 할지, 어떤 사람과 언제 결혼할지 등을 자신이 결정하기 때문에 배우자에 대한 신뢰에 바탕을 둔 친밀한 애정관계뿐만 아니라 결혼의 지속이 깨질 위험도 스스로 감내해야 한다(황정미, 2004: 203). 그런데 남녀가 결혼이 초래할 수 있는 위험을 명확하게 인식하고 신뢰 속에 결혼한다고 해서 결혼 실패의 위험이 줄어드는 것은 아니다. 즉, 선택의 여지가 없는 전통 사회에서는 친족 결속에 대한 확신이 부부관계를 지배했지만, 독신가구와 동거·이혼·재혼 등으로 다변화되는 현대 사회에서는 어떤 가족관계를 맺을지에 대한 선택의 폭이 넓어지면서 부부관계를 유지하는 데도 신뢰가 필요하다.

　전통 사회에서 현대 사회로 이행하는 과정에서 전통적 확신은 약화되고 체계에 대한 신뢰는 증가하고 있지만, 체계에 대한 신뢰가 형성되려면 여전히 확신을 필요로 한다. 확신 상실과 신뢰 상실이 초래하는 결과는 상이하다. 확신 상실이 이혼, 가정폭력, 가족 동반 자살 등으로 표출되는 소외로 이어지고 구성원을 가족 같은 좁은 세계에 위축시킨다면, 신뢰 상실은 출산율 저하로 인한 대학구조 개혁, 비혼인자 비율 증가로 인한 복지제도 변화 등에서 드러나듯 해당 기능체계에서 남녀의 합리적인 행위 범위를 위축시킨다. 이러한 확신과 신뢰의 차이를 통해 우리는 신뢰 상실이 확신 상실로 인한 직접적이고 필연적인 결과가 아니라는 것을 알 수 있다(Luhmann, 1968: 103). 루만에 따르면 확신은 체계와 환경의 비대칭 관계를 전제로 한다. 환경에 속하는 인물은 조직이나 사회의 기능체계들의 운영에 대한 충분한 정보를 얻기 어려울 뿐만 아니라 조직이나 기능체계들에 영향을 미칠 수 있는 여지도 적다. 따라서 어떤 체계를 신뢰한다는 것은 체계에 대해 일반화된 행동 기대를 가지고 있다는 뜻이다. 반면 자신의 이해관계를 지키기 위해 어떤 영향력도 행사하지 않고 단지 일반적인 기대 정도만 표명한다면 그 체계에 대해 확신의 상태에 있는 것이다.

　신뢰와 확신의 차이가 사소한 것이 아니라는 것은 정치체계의 작동에서도 쉽게 확인된다. 정치체계는 협력을 파기하는 행위자에게 제재를 가한다는 '계약'의 의미에서 행위자들의 협력을 권력으로 강압할 수 있다. 민주적 법치 국가의 맥락에서 공중의 행위가 체계로 구조화되고 안정화된다면 공중은 정치체계에 대해 확신의 상태에 있는 것이다. 다시 말해서 실정법은 입법부·행정부·사법부에 의해 제정되고 집행되고 해석되는 것을 통해 전체적으로 갈등이 어떻게 처리되는지 개괄할 수 있다는 확신을 심어준다. 이에 비해 민주적 행동양식이 자리 잡는 데는 제도만으로는 불충분하다. 사회 지도층의 부패, 권력형 비리, 정치 공작, 민간인 사찰, 공안 정국 등 반민주적 행동양식으로 인해 민주적 제재의 기제가 약화되는 시기에도 민주주의 제도의 안정성이 보장되고 방어된다고 과연 누가 확신을 가지고 말할 수 있겠는가? 정부의 최고 결정권자가 충성에 바탕을 둔 '사적 신뢰형' 인사방식을 고수한다면,[14] 고위직 관료의 임면은 매번 공중의 신뢰와 불신의 차이에 의해 정치체계를 불안정하게 동요시킨다. 만일 개각 때 새로 내정된 인물이 인사청문회에서 과거에 저지른 탈세, 위장 전입, 부동산 불법 투기, 전관예우 같은 위법 행위에 대한 의혹을 명료하게 해명하지 못하거나 이런 의혹에도 불구하고 통치권자의 결기로 임명된다면 부당행위, 부패, 불의의 회상 속에 감추어진 정치체계에 대한 불신은 제거될 수 없을 것이다.

정치체계에서 신뢰 개념의 기초를 이루는 것은 계약과 약속의 이행, 유권자의 이해관계, 제재 기제의 공정성, 부당행위의 인정 등을 포괄한다. 물론 특정한 정계 인물이 이런 유형의 태도를 취하리라는 것을 공중이 어떻게 알 수 있는가 하는 문제는 여전히 남는다. 상호작용 맥락에서 신뢰가 형성되는 것을 기술하기는 상대적으로 쉽지만, 그렇게 생겨난 신뢰가 어떻게 일반화된 행동 기대가 되는지 설명하기는 쉽지 않다. 기든스처럼 사회제도 또는 추상적 체계에 대한 신뢰 탐색은 위로부터 신뢰를 형성하는 대학, 교육기관, 언론기관, 종교단체 등의 상징기구에서 행정부, 입법부, 사법부 등의 국가기구에 대한 신뢰 탐색으로까지 확장되는 추세다. 그러나 그 '제도의 본성'(Offe, 2001)을 누군가 내면화하고 있다는 것을 우리는 어떻게 인지할 수 있는가? 우리는 대체로 타자, 특히 알려지지 않은 익명의 인물에 대해서는 잘 알지 못한다. 그런 까닭에 우리는 신뢰의 인지 작용에 대한 다양한 이론들이 행한 설명을 의심하게 된다.

많은 사람이 낯선 타자나 체계에 대한 신뢰를 그때그때 즉흥적으로 판단

---

14 이명박 정권과 박근혜 정부는 고위직 인사 때마다 대통령에게 귀한을 집중하기 위해 측근으로 기용한 인물을 다른 부처에 재기용하는 '회전문 인사'를 한다는 비판을 받았거니 받고 있다.

하거나 감정적으로 파악한다는 점도 과소평가해서는 안 된다. 신뢰 조사자에게 자신의 속마음을 털어놓는 일은 실제로는 일어나지 않으며, 다만 임의적으로 일어난다고 추정된다. 문화적 편향, 과거 경험, 일반화, (사건·사고에 의해 촉발된) 일시적 불안, 감정적 과장 등이 이 추정 과정에 영향을 미친다고 보아야 한다. 그렇다면 신뢰에 대한 이론적 논의는 최소한 이런 종류의 감정이나 태도와 연계되는 개인적 과정으로부터 사회적 과정을 구별해서 다루어야 한다. 이로써 불신의 형성 조건을 분석하는 것(Baier, 2001)이 체계에 대한 신뢰의 형성 조건과 관련된 더 나은 시야를 얻기 위한 것이라는 추측이 가능하다.

기능체계들의 구조적 분화의 강화에 근거해 부분체계 간 상호의존성이 증가하면서 신뢰 요구가 상대적으로 증가한다는 점과, 국가기구나 사회제도 등에 대한 신뢰가 하락하는 반면 시민사회단체들의 불신이 증가한다는 점을 구별해야 한다. 정치, 경제, 법, 과학, 교육 등의 기능체계들에 대한 신뢰 요구가 증가하면서 신뢰와 관련된 사람들의 행동을 예측하기 어렵게 만드는 자유 공간이 확장된다. 그리고 자유 공간의 발전이 특정한 행동에 대한 기대 구조를 갈망하게 한다. 신뢰 경험이 자체적으로 발전하고 체계의 환경과 틈새에 뿌리 내리려면 시간이 필요하다(세넷, 2009). 신뢰는 돈을 주고 살 수 있는 것도 권력으로 명령할 수 있는 것도 아니며, 배울 수 있는 것도 가르칠 수 있는 것도 아니다. 이런저런 핑계로 신뢰의 확인을 교묘하게 피할 수는 있겠지만 타자의 신뢰를 얻는 데는 시간이 필요하다. 신뢰는 대체로 마주침의 지속적인 반복을 요구한다. 따라서 더 많은 신뢰 요구는 긍정적인 신호일 수 있다.

현재 도처에서 들리는 신뢰에 대한 규범적 요청은 개인을 협력자로 요구하며 타자와의 협력에 자발적으로 의존하는 존재로 간주한다. 공중은 더 이상 대통령, 장관, 고위직 관료, 국회의원, 정당 간부, 판사, 검사, 경찰 간부 등의 국가 지도층을 신뢰하지 않으며, 소비자는 더 이상 대기업 사주와 임원, 은행 간부, 보험 전문가 등의 경제 지도층을 신뢰하지 않는다(한준, 2008). 요컨대 우리 시대를 표현하는 일상적 신뢰 상실은 기능적 신뢰의 요구 증가와 구별해야 한다. 정당정치를 보더라도 신뢰 상실은 확실해 보인다. 1987년의 절차적 민주주의가 달성된 직후 90%에 육박하던 투표율은 점차 낮아지더니, 2004년 국회의 대통령 탄핵 사건 이후 국회의원선거와 지방선거 모두 50%대로 떨어졌고, 2008년 제18대 국회의원선거 투표율은 46%에 불과했다. 특히 2004년 국회의원선거 이후 2012년 대선까지 7번의 선거에서 20~30대는 평균 46.8%의 투표율을 보인 반면 50~60대는 평균 70.8%의 투표율을 보여 두 세대의 투표율 격차가 24%에 달했다. 이처럼 두 세대로 분열된 민주주의는 기존의 정당정치에 대한 20~30대의 신뢰 상실을 반영한다.[15]

하지만 20~30대가 100일 이상 광우병 촛불집회 형식으로 정부에 대해 불신을 표출한 것은 정당정치에 대한 신뢰 상실과는 또 다른 양상이다. 여기서 공중은 먹거리 안전성을 보장하는 수준의 재협상을 요구하고 관철시키기 위한 항의 전략으로 정부에 대한 불신을 채택했기 때문이다. 또한 2011년 서울시장 보궐선거에서 시민사회단체 출신의 박원순 후보가 당선된 과정이나 2012년 대선에서 유력 후보인 안철수 컴퓨터 백신프로그램 연구소 설립자의 등장 과정은 '공중의 정치적 무관심이 지배적인 추세가 됐다'는 일반적인 통념과는 배치된다. 왜냐하면 양자는 친숙한 인물에 대한 전통적 신뢰에서 비롯된 우발적 사건이라기보다는 정치혁신에 대한 기대에서 비롯된 우연적 사건이기 때문이다.[16] 이런 현상을 설명하는 데 정치에 대한 공중의 관심과 무관심의 구

---

15 중앙선거관리위원회(2013: 351 이하)의 표본 조사 결과에 따르면, 대통령 탄핵 직후인 2004년 제17대 총선의 투표율은 60.6%에 불과했으며, 20대 전반과 후반, 30대 전반과 후반의 투표율은 각각 46.0%와 43.2%, 53.2%와 59.8%에 머물렀다. 2006년 제4회 지방선거의 투표율은 51.6%이며, 20대 전반 38.3%, 20대 후반 29.6%, 30대 초반 37.0%, 30대 후반 45.6%로 떨어졌다. 2007년 제17대 대선의 투표율은 56.7%로 2002년 제16대 대선에 비해 12.5% 하락했다. 또한 20대 전반과 후반, 30대 전반과 후반의 투표율이 각각 51.1%와 42.9%, 51.3%와 58.5%로 60%를 밑돌았다 2008년 제18대 총선의 투표율은 46.1%이며, 연령대 투표율이 각각 32.9%와 24.2%, 31.0%와 39.4%로 총 유권자의 1/3을 넘지 못해 대표성 자체가 문제시됐다.

별은 별 도움이 되지 않는다.[17] 개인화된 공중은 광범위한 형식의 정치 참여를 통해 그 어느 때보다 적극적으로 국가 지도층, 경제 지도층 등 압축적 근대화의 수혜를 입은 사회 지도층에 도전하고 있고, 그에 따라 불신이 지배하는 곳에서 신뢰에 대한 요구는 이전보다 더 커지고 있다.

이런 관찰 맥락에서 우리는 일상적인 신뢰 상실이 곧바로 불신으로 통하는 것을 막고, 불신을 무관심 또는 무차별과 구별해서 다룰 수 있다. 신뢰하지 않는다고 불신이 높아지는 것은 아니며, 신뢰한다고 불신이 낮아지는 것도 아니다. 불신도 신뢰와 같은 참여 행위인 것이다. 루만(Luhmann, 1988)이 말한 바와 같이 불신은 신뢰의 단순한 반대 현상이 아니라 기능적 등가 현상이다. 홉스(1986: 154)가 일찍이 간파했듯이 불신은 사람들을 부추겨서 다른 수단을 찾아보게 하는 의심이다. 비록 신뢰할 준비 태세가 되어 있지 않더라도 사람들이 불신을 드러낼 가능성은 항상 있다. 만일 시민사회단체들은 사회 현상에서 어떤 문제를 의식한다면 정부의 정책이나 기업의 경영 전략, 학자의 진술에 대한 불신을 집단적 거부 행동을 용이하게 하는 항의 전략으로 선택한다. 불신이 시민사회단체 등의 비정통적인 정치조직의 활동 형식으로 제도화되어 있는 것이다.

이에 루만은 신뢰를 시간적 차원을 도입해 중립화해서 '위험한 선행 조치'의 문제로 볼 것을 제안했다. 그에 따르면 상대방을 신뢰하는 신뢰자는 현재에서 미래를 선취하는 자이다. 그는 마치 미래가 확실한 것처럼 행동한다. 그로써 사람들은 그가 시간의 긴장을 이겨냈다고, 적어도 시간의 차이를 극복했

---

16 2012년 제18대 대통령선거 투표율이 76%로 제17대 투표율 63%에 비해 13% 급상승했던 것은 총선과 대선이 8개월 간격으로 치러지면서 차기 정권의 선택과 연계해 '박정희 대 노무현의 대리대결'(≪동아일보≫, 2012년 11월 26일 자)로 야기된 정치에 대한 일시적인 관심 상승의 결과로 읽힌다.

17 투표율 자체는 주로 지지자를 결집시키는 정당의 능력에 좌우되는 것이어서 정치에 대한 공중의 관심을 대변하는 지표로서 부적당하다.

다고 말한다(Luhmann, 1968: 8). 루만에 따르면 신뢰는 항상 미래를 과거로 바꾸는 현재에 기초한다. 궁극적으로 신뢰 문제는 미래가 현재에서 현실화되고 또 과거로 바뀌는 것보다 훨씬 더 많은 가능성을 포함한다는 사실에 의해 실현된다. 고도로 복잡한 미래는 이를 현재화하는 인간의 잠재력을 요구한다. 그런 상태에서 살아가기 위해 인지적 한계가 있는 인간은 세계의 복잡성을 단순화하는 효과적 형식인 축소 기제로 신뢰를 택한다. 이런 맥락에서 루만은 짐멜처럼 신뢰에 사회의 본질적 의미를 부여한다.

세계화, 유연화, 예측 불가능성, 위험, 정보 부족, 감시 결핍 등은 현대 사회가 요구하는 신뢰를 구축하는 데 필요조건을 형성한다. 하지만 이것들이 '위험사회' 담론에 의해 주제화되면서 현대 사회는 추정되는 불확실성에서 헤어나지 못하고 있다. 이런 작금의 상황에서 상호작용이 행해지는 곳이면 어디서나 신뢰가 구축되어 있다고 장담할 수는 없다. 결국 다른 선택의 여지가 없는 상황에서 행위하는 것이라면 불확실성 속에서도 행위를 해야 한다. 그에 반해 신뢰는 "솔선수범하는 참여"(Luhmann, 2001)를 전제한다. 불확실성의 상황에서 신뢰자가 자발적으로 피신뢰자에게 신뢰를 보내야 한다는 것은 역설이다. 신뢰와 결부되어 있는 감정 손상은 사소한 일이 아니다. 만일 이런저런 선택의 여지조차 없다면 우리는 매우 불안해할 것이다. 흔히 대안을 찾는 데 이르러 신뢰가 깨진다는 것은 신뢰관계가 순진함과 경솔함을 본질적으로 포섭하고 있다는 반증이다.

제 2 부
불확실성 시대의 사회학적 시대 진단

제5장
인물에 대한 신뢰

오늘날 신뢰가 빈번히 거론되는 것은 그만큼 신뢰가 위협을 받고 있다는 반증이다. 남을 믿는 신뢰는 항상 배신당할 위험을 계산에 넣어야 한다. 하지만 상대방을 얼마나 신뢰할 수 있는지에 대한 신뢰의 양적 측정은 손쉽게 이루어졌던 데 비해, 피신뢰자가 장차 얼마나 신뢰를 지켜줄 것인지, 즉 신뢰를 되돌려줄 것인지를 나타내는 신뢰 가능성에 대한 측정은 사실상 제대로 이루어진 적이 없다. 신뢰 가능성은 신뢰받는 타자가 의식적이든 무의식적이든 자신에게 통지된 것을 받아들이는 정도를 나타낸다. 또한 국가들 간 경제 성장의 격차를 신뢰 또는 사회적 자본과 연계시킨 많은 경험적 연구들은 신뢰할 만한 결과를 내놓지 못하고 있다. 한국과 밀접한 연관이 있는 미국, 중국, 일본과의 4개국 비교 연구에서도 신뢰 수준의 순서는 연구자마다 각기 다른 국가 배열을 보여주었다.

누군가를 믿는다는 것은 개인의 심리적 자질에 속하는 것인가? 타인으로부터 신뢰를 받는다면 타자에게 신뢰를 주고 호감을 살 만한 개인적 속성, 즉 인격을 갖고 있기 때문인가? 인물에 대한 신뢰는 대체로 인격에 대한 관찰을 전제한다는 입장이다(Krampen et al., 1982). 어떤 사람은 다른 사람들보다 낯선 타자에게 더 강하게 신뢰를 보내는 성향이 있다는 주장이다. 아니면 신뢰는 경제학자들이 주장하는 것처럼 투자자의 합리적 투자 또는 경기에 대한 소비자 인식을 파악하게 하는 정보재인가? 그도 아니면 경제사회학자들이 주장하듯이 개인의 행위 수준으로 축소될 수 없는 사회적 자본이 정치 및 경제 발전의 필수 요소인가, 또는 사회질서의 유지와 발전을 위한 투명하고 공정한 공적 신뢰의 정립은 가능한 것인가? 학계는 신뢰를 둘러싼 이들 의문에 대해 상이한 견해들을 내놓고 있다.

홉스 이래 많은 영미권 학자들은 신뢰를 행위자 간의 잘 이해된 자기이익 추구만으로도 충분한 것으로 상정했다. 특히 합리적 선택론은 행위자의 자기이익 추구를 전제한다. 공식적 제재이든 비공식적 제재이든 사람들은 제재를 두려워하기 때문에 어떤 인물이든 약속을 하거나 계약을 한다면 그로써 신뢰관계가 성립될 수 있는 조건이 존재한다고 보았다. 궁극적으로 신뢰관계 자체에는 어떤 인물이 어떤 동기에서 신뢰 있게 행동하느냐는 것은 의미가 없다. 그런데도 일단의 학자들은 '신뢰'와 '확신'의 차이를 이기적 신뢰와 이타적 신뢰를 구별하기 위해 사용했다. 합리적 선택론자들은 이기적 신뢰와 이타적 신뢰의 구별을 근본적으로 사소한 것으로 간주했다.[1] 그들은 양자의 차이를 ─ 제재에 대한 두려움이나 자기중심적인 동기부여에서 나온 신뢰가 불안정한 상태에 있는 반면에 ─ 타자의 호의를 전제하는 신뢰가 특히 불확실성과 위험에 대해 잘 보호된다는 것을 말해주는 정도라고 보았다. 그래서 그들은 양자의 차이를 대신해 신뢰 맥락을 구별하는 새로운 전략을 제시했다. 그들은 경제적 합리성, 즉 도구적 합리성이 신뢰를 파괴할 수 있다는 결론을 내리고, 공적 이익에 지향된

---

1 이기적 신뢰는 타자를 고려하지 않는다는 뜻이 아니라 타자가 자기이익에 도움이 된다면 고려하는 것으로 보았고, 타자의 이익을 고려하는 경우에도 언제나 자기이익은 챙긴다고 보았다.

호혜성을 지향하는 신뢰 형식에서 돌파구를 찾았다.

합리적 선택론은 타자와 이해관계에 얽혀 있을 때만 그들을 신뢰한다고 가정하는 만큼 양자의 신뢰 능력이 감소할 수 있는 위험을 함축하고 있다. 자기이익에 반하는 타자의 배타적 지향이 양자 간의 신뢰 형성을 촉진하는 조건들을 드러나지 않게 파괴한다는 것이다. 즉, 배신에 대한 제재가 없다면 신뢰관계에 있는 행위자들은 자기이익을 추구할 때 타자의 신뢰를 쉽게 깨뜨린다는 것이다. 이처럼 행위자의 자기이익 추구에 근거하는 합리적인 신뢰관계는 깨지기 쉬운 불안정한 것이다. 하지만 사람들은 타자에 대해 조금 친숙하기만 해도 그가 협력할 준비 태세가 되어 있다고 강하게 믿는다. 특히 친밀한 관계에 있는 남녀는 자신에 대한 상대방의 호의를 안다면 그를 강하게 신뢰한다. 이러한 차이들이 과연 사소한 차이인가? 오히려 앞서 언급한 차이들로부터 자기이익에 근거하는 합리적 신뢰관계와 호의에 바탕을 둔 신뢰관계가 상이할 뿐만 아니라 질적으로도 다른 신뢰관계라는 것을 추론할 수 있다.

얼과 츠베코비치, 츠톰카는 신뢰란 오로지 인물에 대해서만 가능하다고 단호하게 주장한다(Earle and Cvetkovich, 1995; Sztompka, 1999). 사람들 간의 대면적 헌신이 존재하는 경우에만 신뢰가 존재한다고 말할 수 있다는 것이다. 비대면적 유형의 신뢰는 인물에 대한 신뢰에 기반을 둔 '사회적 신뢰'에 포함되는 부차적인 것으로 간주했다. 츠톰카는 사회적 신뢰의 대상 범주를 귀속적 지위(인종, 연령, 성별, 종교 등), 역할(부모, 형제, 직업 등), 집단(정부, 작업집단, 학생 등), 조직(법원, 경찰, 은행, 군대, 교회 등), 기술체계(교통, 통신, 주식거래 등)를 포함해 사회에까지 확장했다. 하지만 이들 다양한 스펙트럼의 사회적 신뢰는 인물에서 사회에 이르는 연속선상의 어딘가에 존재하는 것이며, 합리적 선택에 기초한 인물에 대한 신뢰로 환원해 유형별로 분류한 데 지나지 않는다. 또한 후쿠야마는 인물에 대한 신뢰가 미치는 대상 반경의 넓고 좁음을 저신뢰사회와 고신뢰사회의 구별 기준으로 삼았다. 그는 개인을 동심원 구조의 중심에 두고 그의 신뢰가 미치는 반경이 가족이나 친구에 제한되는가, 제도에 의해 낮선 타자에까지 확장되는가에 따라 사회의 유형을 구분했다(후쿠야마, 1996). 이들은 사회적 신뢰 또는 저신뢰사회와 고신뢰사회가 기본 구조에서 인물에 대한 신뢰의 그것과 별다른 차이가 있다고 보지 않았다. 다시 말해서 신뢰가 미치는 대상 범주에 따라 구분하든 신뢰가 미치는 반경에 따라 구분하든, 모든 신뢰는 인물에 대한 신뢰가 취하는 합리적 선택의 논리를 내포하고 있다고 보았다.

행태주의에 기초한 이런 견해는 언뜻 보아서는 매우 명료한 듯하다. 우리는 일상에서 일차적으로 인물에 대한 신뢰를 경험하기 때문이다. 하지만 이들의 인물에 대한 신뢰의 확정은 개인으로 환원될 수 없는 다양한 수준의 체계기제들이 다시 체계 내 개인의 행위로 옮겨진다는 딜레마를 임시변통적인 잔여 범주로 처리하고 있다는 인상을 준다. 그에 반해 루만은 현대 사회가 너무 복잡해서 인물에 대한 신뢰만으로는 생존에 필수적인 신뢰가 만들어질 수 없으며, 그 대신 다양한 사회적 체계들이 신뢰를 받는다는 입장을 취하고 있다 (Luhmann, 1968). 그에 따르면 세계의 복잡성과 인간의 인지 능력 사이의 간극을 메우면서 역사적으로 진화한 것이 상호작용, 조직, 사회 등 사회적 체계의 분화 양식이다. 여기서는 그러한 맥락에서 신뢰의 이념형적 분화로부터 논의를 시작해 대면적 상호작용과 사회적 신뢰의 관계, 이중 우연성을 통해 인물에 대한 신뢰의 맥락을 추적할 것이다.

1. 신뢰 분화의 이념형

일반적으로 신뢰와 관련해서 사적 신뢰와 공적 신뢰, 미시적 수준의 신뢰와 거시적 수준의 신뢰, 개인에 대한 신뢰와 제도에 대한 신뢰 등의 다양한 구별이 분석에 동원된다. 사적 영역과 공적 영역의 구별은 정치 영역으로부터 가정(경제) 영역을 분리했던 19세기의 이데올로기가 반영된 서구의 이원론적 사회관게 모델에 기원을 둔 것으로, 두 영역의 분리를 끊임없이 재구성하는 경향이 있다. 또한 미시와 거시의 구별은 사회이론들이 지향하는 분석 수준에 관한 것으로, 각각의 맥락에서 다른 맥락을 포섭해야 하는 과제를 안고 있어 두 가지 상이한 성격의 신뢰 유형을 설명하기에 적절치 않다. 미시적 수준에서 행하는 개인과 제도의 구별은 신뢰대상을 개인의 행위 차원에서 개인과 제도로 구별하는 것과 다름없다. 특히 제도에 대한 신뢰 개념은 신제도주의의 관점에 강하게 경도되어 있다는 문제가 있다. 또한 경제사회학이 민주주의와 경제발전이라는 목적지향적인 시대 진단에서 행하는 사회적 자본과 신뢰 작동의 인과관계 설정은 설득력이 약하다. 양적으로 측정된 사회적 자본과 신뢰를 단순히 연관시키는 것은 신뢰 감소가 실망으로 이어지면서 신뢰 회복을 규범적으로 요청한다는 문제가 있다. 체계에 대한 신뢰를 강화하기 위한 해법으로 미시적 수준에서 공정한 규칙의 확립을 요청하는 것(이재열, 1998)도, 연고주의의 강한 연줄망을 추가하는 것(이재혁, 1998)도, 실망의 위험을 감수하고 생성되는 신뢰 기제를 관찰하지 못하기는 마찬가지다.

대부분의 사람들은 신뢰할 만한 행동을 적잖이 한다. 그에 반해 불신으로 이끄는 행동은 신뢰할 만한 인물과 신뢰하지 못할 인물을 식별하는 가치들을 상대적으로 많이 지니고 있다. 여기서 인물은 독립된 자율적 존재로서의 '주체'가 아니라 상대방과의 상호작용에서 비로소 인지되는 유기체적 신체와 심리적 인격의 통일체를 지시한다. 인물에 대한 신뢰와 체계에 대한 신뢰의 구별은 대부분의 경험적 연구에서 양자 간에 지극히 미미한 연관성밖에 밝혀내지 못했다는 사실에 의해 지지된다. 사회에 불신 풍조가 만연해 있다면 체계에 대한 신뢰를 회복하는 것은 쉽지 않겠지만, 그렇다고 해서 불신 풍조가 체계에 대한 신뢰가 하락하는 원인이라고 볼 수는 없다. 또한 미시적 수준과 거시적 수준의 구별은 인물에 대한 신뢰와 체계에 대한 신뢰를 연결하기가 쉽지 않다는 점을 시사한다. 미시와 거시의 연결에 대한 관심은 사회질서가 발현되는 방식과 관련이 있다. 미시적 수준의 극단에서 볼 때 사회질서는 인간의 내면화된 힘으로부터 발현되며, 본질적으로 개인 상호 간의 타협으로부터 발현된다. 반면 거시적 수준의 극단에서 볼 때 사회질서는 인간 외부에서 발현되며 본질적으로 집합적이다. 즉, 사회질서는 집합적 현상에 의해 구성된다. 우리는 어떻게 거시적 수준에서 미시적 수준으로 내려가야 하는지를 사회구조와 그 구조의 변화가 개인의 태도에 미치는 영향을 고려하는 방식으로 비교적 체계적으로 접근한다. 하지만 거시적 수준의 사회 현상을 개인의 태도의 집합적 효과를 통해 추론해내는 것은 쉽지 않다(Luhmann, 1968: 105). 즉, 미시적 수준에서 거시적 수준으로 올라가는 도약은 불명확하고 불합리한 추론이 될 가능성이 크다. 왜냐하면 개인 간 상호작용 수준에서는 진실이라 해도 전체로서의 사회, 즉 체계의 수준에서 진실한 것이 아닐 수 있기 때문이다(Fine, 2001).

일상에서 어떤 방식으로든 소통에 의지해야 하는 인간은 어쩔 수 없이 신뢰에 의존한다. 전통 사회에서 살던 인간은 다른 사람보다 혈연이든 지연이든 학연이든 공동체에서 가까이 지내는 사람을 더 믿었을 것이다. 서구에서 먼저 국가, 시장, 법, 과학 등 부분체계들의 분화를 통해 화폐, 권력, 정의, 진리 같은 소통매체들이 역사적으로 진화해 일반화하는 현상이 일어났으며(루만, 2012: 371), 한국 사회에서도 근대화 과정에서 신뢰가 기능적으로 특수한 유형의 소통 연쇄에 특화되는 한편으로 인물과 관련해 사사화(私事化)되는 복잡성의 축소가 일어났다. 근대화는 신뢰가 합리적인 생활 태도의 전제가 되도록 행위 선택의 조건을 바꾸었다. 일반화된 소통매체는 한 사람의 선택이 다음 사람에게 자신의 선택 행동을 후속 주제와 연결시키는 선택의 조건화를 형성했으며, 이를 통해 상대방이 소통을 수용하도록 동기를 부여했다. 하지만 점점 더 커지는 부분체계들의 분화가 점점 더 길어지는 선택의 연쇄를 더 이상 개괄할 수 없게 만들었다. 다른 사람에 대한 신뢰가 더 이상 세계에 대한 그의 견해를 즉각적으로 수용하는 것이 아니게 됐다. 사람들은 다양한 세계관의 차이들을 견디어내는 것을 배워야 했고, 자신의 행동을 낯선 타자의 선택에 연결하는 것을 배워야 했다.

일상세계의 지향은 신뢰관계가 친숙성에 근거해 형성된다는 경험을 전제로 한다. 혈연·지연·학연의 연고는 안정적인 사회관계의 형성·유지에 기반이 되는 경우 집단적 동질성을 공유하는 '우리'에게 무조건적인 수용과 전폭적인, 때로는 과장된 신뢰를 보내어 결속을 강화시킨다(최상진·김기범 외, 2005). 일상 언어 수준에는 '믿다', '의지하다', '약속하다' 등 신뢰 개념과 등가적인 우회적 표현들이 있다.[2] 이들 표현은 다분히 규범성을 내포하고 있다. 신뢰는 결정적인 확실성이 없어도 사회적으로 믿는 것으로 해석된다. 그런 까닭에 신뢰의 수용은 피신뢰자 또는 조직의 신뢰를 저버리지 않을 의무를 포함한다. 동시에 사람들은 신뢰를 그 자체로서 받아들이면서 피신뢰자 또는 조직에게 신뢰를 보낸 이해관계를 고려해 신뢰자를 지속적으로 통제하지 말 것을 요구한다. 짐멜이 신뢰를 실천 행위에 기초한 확실한 미래 행위에 대한 가설(Simmel, 1992: 425)이라고 정의한 이래로 신뢰의 규범적 차원과 관련해 사회학계에 광범위한 동의가 존재하는 것으로 보인다. 타자에 대한 신뢰에는 이 신뢰에 걸맞은 높은 도덕적 가치가 부여되어 있는 것이다(Parsons, 1978; 고프먼, 1987: 188).

신뢰의 규범성 내포에 대한 학계의 일반적 경향은 도덕의 양면성으로 인해 혼란스럽다. 왜냐하면 어떤 종류의 것이든 도덕은 일단 억압을 의미하기 때문이다. 도덕을 요청하는 사람이나 조직은 자신의 행동에 대한 성찰보다는 도덕의 이름으로 타자의 행동을 통제하고 규율하는 경우가 더 많다. 또한 자기규율도 타자의 감시를 의식하면서 자신의 행동과 사고의 가능성을 제한하는 결과를 가져올 수 있다. 이처럼 도덕은 타자와 자신을 규율하는 규범화의 기획을 내포하고 있기 때문에 신뢰에 요구되는 자발성의 기획과 상충될 수밖

---

2 '믿다'는 "어떤 사람이나 대상에 의지하며 그것이 기대를 저버리지 않을 것이라고 여기다"라는 뜻이며, '의지하다'는 "다른 것에 마음을 기대어 도움을 받다"라는 뜻이고, '약속하다'는 "다른 사람과 앞으로의 일을 어떻게 할 것인가를 미리 정하여 두다"라는 뜻이다.

에 없다. 일부 학자들이 신뢰의 의의와 관련해 규범적 측면을 과잉 강조하는 것과는 달리 친숙성 개념은 규범과 관련해 구조적으로 중립적이다. 특정한 시공간에서 상호작용이 상대적으로 오래 지속되는 소수의 사람들 간에 형성되는 친숙성은 정의상 균형, 조화, 안녕, 보호, 자명한 합의, 일치, 협력 최적화 등의 가치를 결코 내포하지 않는다.

근대화 과정에서 역사적으로 세 가지 상이한 수준의 사회적 체계가 분화된 것을 근거로, 그에 상응하는 신뢰 형성의 미시적 수준, 중범위 수준, 거시적 수준의 세 가지 이념형을 고려해볼 수 있다. 이들 상이한 신뢰 수준에 대한 의견 표명은 신뢰 현상의 분화된 '세계 내 위치'를 우회적으로 경험할 수 있게 한다. 첫째, 미시적 수준에서 인물에 대한 신뢰의 이념형은 상호작용 참여자들의 상호 신뢰에 근거한다. 일상에서 자유로운 소통의 원천을 이루는 친숙성은 특별한 주제 없이도 소통을 용이하게 하는 실마리를 다양하게 제공한다. 가족관계와 친구관계에 안정성을 부여하는 인물에 대한 신뢰관계에서는 신뢰가 주제화되어 소통된다는 것 자체가 곧 위기의 징후로 받아들여진다. 둘째, 중범위 수준에서 조직에 대한 신뢰의 이념형은 인물에 대한 신뢰 없이도 유지될 수 있다. 조직 간부에 대한 헌신은 그의 전문 능력이나 지도력과는 무관하다. 상관을 섬기는 부하 직원들의 충성은 업무상 협력, 생산품의 윤리적 대표성이나 기업의 평판과 무관하게 일어난다(Darbalet, 1996. 79 ff.). 셋째, 거시적 수준에서 사회의 부분체계들에 대한 신뢰의 이념형은 기업들 간 소통 또는 협력의 동반자들 간 소통, 전문가와 고객 간 소통(투자상담원과 투자자, 변호사와 의뢰인, 건축가와 거주자, 의사와 환자 등)처럼 사회관계의 확신에 근거한 신뢰이다. 투자자들은 불확실하고 통제가 불가능한 상황에서, '투자에 대한 위험은 궁극적으로 투자자 본인이 책임지는 것'이라는 조언에도 불구하고 자신이 신뢰하는 투자상담원이 추천한 종목에 투자를 한다(박통희, 1999: 5).

세 가지 상이한 신뢰 수준의 존재는 중범위 수준의 조직에 대한 신뢰가 미시적 수준의 인물에 대한 신뢰와 맞물리느냐 또는 거시적 수준의 체계에 대한 신뢰와 맞물리느냐 하는 극복하기 어려운 문제를 야기한다. 신뢰는 미시적 수준의 가치결정론과 게임이론의 관점에서 보면 행위자에 관한 지식과 결합되어 있지만, 거시적 수준의 사회체계이론의 관점에서 보면 '지속성'이 신뢰 형성의 결정적인 조건을 구성한다. 신뢰할 수 있는 행위 밀도는 집약적인 사회관계, 쌍방향 소통 밀도의 형식 등과 관련해 대체로 합의되어 있다.[3] 결과적으로 신뢰와 관련해서는 구성원 간 상호작용의 습관적 되풀이, 즉 반복적 행위의 형식들이 역사적으로 형성되어 있다. 이에 따라 신뢰의 분화는 궁극적으로 오랜 상호작용의 역사에 기초한다는 논증에 무게가 실린다.

수많은 경험적 연구들은 인물에 대한 신뢰의 범위가 어디까지이며 어떤 기능을 하는지를 두고 선행 연구들을 얼버무려 나름대로 정의 내린 후 경험적 조사를 행한다. 이들 연구는 한편으로 개인의 속성에 맞추어진 신뢰 요구가 사회생활의 모든 영역에서 변함없이 강하다는 것과 신뢰에 대한 다중의 견해는 기만당하기 쉽다는 것을 보여주었고, 다른 한편으로 기능적으로 분화된 현대 사회는 너무 복잡해서 인물에 대한 신뢰 지향만 가지고는 일상에서 복잡성을 파악하기 어렵다는 것도 의심할 여지 없는 사실로 드러냈다. 현대의 사회질서가 서로 알고 지내는 신뢰하는 사람들의 소규모 연결망으로 파악될 수 있는 것이 아니라는 점도 분명해졌다. 신뢰 논의는 자연스럽게 인물에 대한 신뢰의 형성 맥락과는 또 다른 형식의 신뢰 방식인 체계에 대한 신뢰의 존재에 집중되었다.

일상에서는 인물에 대한 신뢰와 체계에 대한 신뢰가 밀접히 관련되어 있지만, 두 가지 신뢰 유형이 근본적으로 분화되어 있다는 것은 쉽게 확인된다. 립셋Seymour Lipset과 슈나이더William Schneider는 1960년대와 1970년대 미국에서

---

3 신뢰관계의 조건과 원인, 전제에 대한 연구들은 신뢰 현상에 대한 매우 상이한 관점들을 보여준다. 신뢰 형성의 근거와 맥락은 대체로 행위의 습관적 되풀이, 행위 밀도, 행위 전문화, 행위 범주화, 행위 전략 등 다섯 영역으로 구분되어 주제화되고 있다.

시민사회단체에 대한 신뢰가 현저하게 증가한 반면 개별 정치조직과 그에 속한 관료들에 대한 신뢰가 하락했음을 증명했다(Lipset and Schneider, 1983). 이에 상응하게 서구 사회의 정치 활동에 대한 관찰(Kaase, 1999)도 구체적인 정치인에 대한 신뢰와 정치체계에 대한 신뢰가 서로 독립해서 작동한다는 명제를 다시 한 번 확인했다. 여기서 인물에 대한 신뢰의 하락이 과연 체계에 대한 신뢰를 상실하게 하는 방향으로 영향을 미치는지는 추가적인 경험적 연구를 필요로 한다. 두 가지 신뢰관계가 어느 정도까지 사회구조와 경험 사이의 긴장을 유지할 수 있는지 알아보아야 한다.

정치인에 대한 신뢰와 정치체계에 대한 신뢰의 분화에서 핵심은 세계적으로 보편화되고 있는 민주주의와 관련된 정치문화 연구들의 논의 주제와 연장선상에 있다.[4] 핵심 단어는 "신뢰 연결망"(Eisenstadt, 2001)과 "신뢰문화"(Sztompka, 1999)이다. 논의를 주도한 것은 "비공식적인 정치문화가 정치적 제재의 근거가 된다면 일시적인 비능률 상황에서도 민주주의 체제의 안정성을 보장할 수 있다"는 바람이다. 시민문화 연구는 정치에 대한 신뢰 분석의 지표로서 일차적 사회화 과정, 시민사회단체 참여, 정치조직의 산출물 및 실행능력의 평가, 사회적·경제적 관계의 판단, 정당에 대한 태도 등을 지목했다(Lipset and Schneider, 1983; Gabriel, 1999; 장수찬, 2002; 박희봉·이희창, 2010). 이와 관련해 의미심장한 경험적 사례는 1989년 공산주의 붕괴 과정에서 자유민주주의 체제로 이행했던 동구권의 "격변하는 사회"(Sztompka, 1993)이다. 이 사례 연구는 오그번의 문화 지체 개념을 적용해 동구권에서는 신뢰문화의 확립에 필요한 문화적 자원이 결여되어 있었다고 밝혔다.

---

4 1970년대 중반에는 세계의 2/3 이상이 권위주의 국가로 간주됐지만, 1980년대 이후 최근까지 많은 국가에서 민주화가 진행되고 있다. 북아프리카의 튀니지, 리비아, 이집트, 예멘, 시리아 등 이슬람 국가도 민주주의 이념을 받아들여 권위주의 정권의 타도에 나섰다. 이제 민주주의는 더 이상 서구 사회의 전유물이 아니라 세계 어느 곳에서든 정치적 정당성을 가늠하는 근본적인 기준이 되고 있다(헬드, 2010).

2. 대면적 상호작용과 사회적 신뢰

인물에 대한 신뢰 논의는 합리적 선택론이 중심이 되어 이른바 '단순한 상호작용'의 측면, 즉 대면적 상호작용에서의 신뢰를 중심으로 이루어졌다(Ziegler, 1997; 김우택·김지희, 2002; 고범서, 2004; 이재혁, 2009). 신뢰를 주로 개인의 속성 또는 개인들 간 관계의 특성으로 이해했던 것이다. 이러한 미시적 수준에서의 신뢰 변이형은 인터넷 소통에서의 신뢰의 형성(김동윤, 2007; 김봉섭, 2010)이나 노사 파트너십, 지역 파트너십에서의 신뢰의 형성(조준모, 2004; 전명숙 외, 2011)에 대한 연구로 나타났다. 하지만 대면적 상호작용에 기초해 형성되는 인물에 대한 신뢰가 비대면적인 사회적 신뢰와 동일한 것인지 의구심을 갖게 된다(Cohen, 1999: 220). 인물에 대한 신뢰는 그 근거를 직접적인 상호작용에 두기 때문에 상호작용의 상대방이 누구인지 관찰할 수도 있고 긍정적인 환류도 가능하다. 이러한 특성이 사회적 신뢰에는 결여되어 있다. 또한 전체 사회에서 작동하는 신뢰는 개인이 사회적 신뢰를 내면화했을 때 비로소 인지 가능하다. 사회적 신뢰가 개인에게 내면화된다는 것은 신뢰 성향이 개인마다 다르다는 뜻이다. 사회적 신뢰가 개인에 내면화되어 대면적 상호작용에서 개성 있게 표출된 것이 인물에 대한 신뢰란 말이다.

이렇게 개인화된 인물들은 사회의 어느 한 기능체계에만 완전히 통합될 수 없으며 자신의 고유한 사회적 장소를 가지고 있지도 않다(루만, 2009: 31). 다양한 기능체계들이 돈·권력·권리·지식·믿음·문화 등의 분배를 결정하기 때문에, 개별 인물은 여러 체계에 부분적으로 그리고 동시에 참여할 때만 자신의 생물학적·심리적·사회적 욕구를 충족시킬 수 있다. 즉, 현대 사회에서 인물들은 어떤 한 계급 또는 한 집단의 성원과 같은 하나의 통합 형태에 '완전히' 소속되는 사회통합을 포기하고서야 비로소 기능체계들에 포용될 수 있다. 이것은 무엇보다도 현대 사회에서 과거 사람들을 통합시켰던 출신 신분이나 가문이 해체되는 데서 확인할 수 있다. 도덕적으로나 법적으로 유연성과 자유를 얻게 된 개인화된 인물은 비로소 기능체계들의 요구에 적절히 적응할 수 있게 된다. 이들은 더 이상 신분이나 가문을 통해 또는 계급이나 역할을 통해 자기 정체성을 확인할 수 없으며, 자기세계를 가진 하나의 인물로서 사회의 복잡성을 가능한 한 축소해서 소통하게 된다. 이런 점에서 개별 인물의 기능체계에의 참여는 사회통합이 아니라 포용에 의해 보다 잘 설명될 수 있다.

루만은 현대 사회에서 개별 인물은 어떤 한 계급·집단에의 소속으로 얻게 되는 '연대'를 대체해 기능체계에 포용된다고 말한다(루만, 2012: 1210). 개별 인물은 정치체계에 정치가 또는 유권자로서, 경제체계에 사용자 또는 노동자로서, 생산자 또는 소비자로서, 법체계에 법조인 또는 의뢰인으로서, 과학체계에 과학자 또는 문외한으로서, 교육체계에 선생 또는 학생으로서, 종교체계에 성직자 또는 신자로서 포용된다. 때로 이들 개인화된 인물의 결사체 참여는 정부에 대한 불신을 강화해 집단적인 항의행동을 용이하게 하는 계기로 작용하기도 한다(장수찬, 2002; 노진철, 2004a; 박종민·김왕식, 2006). 한국 사회는 민주화 과정에서 정치적 소통 공간의 확장으로 정치 참여와 결사체 참여가 늘어나면서 오히려 그것이 정치에 대한 신뢰와 사회적 신뢰를 다 같이 하락시키는 요인으로 작용했다(한준, 2008).

대면적 상호작용에서 신뢰가 주요한 역할을 하는 고전적인 예로 '협상'이 있다(Axelrod, 1988). 협상은 당사자들이 신뢰에 기초해 "내가 너에게 하듯이 너도 나에게 그렇게 하라"는 호혜성 규범을 공유하고 있어야 가장 효과적으로 진행된다. 하지만 대면적 상호작용은 권력관계처럼 수직적으로 구성될 수도 있다. 신뢰관계가 작동하는 수직적 상호작용의 예로 일정한 인물들 간의 명령과 복종의 관계가 있다. 베버는 정치를 위한 신뢰관계의 조건을 카리스마적 통치의 유형에서 그려냈다(베버, 1997). 추종자들은 통상 공중과 구별되는 비범한 자질이나 능력을 가진 인물을 맹목적으로 신뢰해서 그에게 복종한다는 것이다. 하지만 대면적 상호작용은 상대방으로부터 일정한 결과를 얻어내기 위해 지속되지만 — 훌륭한 논증과 그에 걸맞은 영향력을 행사하지 못하면 — 통상적으로 원하는 결과를 완전히 얻어내지는 못한다.

　상호작용하는 양쪽을 다 만족시킬 수 있는 '합의'는 최소한 '누구도 기만당하거나 불이익을 받지 않아야 한다'는 신뢰가 양쪽에 모두 존재해야만 가능하다. 합의론의 틀에서 보면 상호작용하는 사람들이 타자를 합의할 수 있는 자격을 갖춘 인격체로 받아들여 신뢰를 보낸다는 것이 하등 이상할 것이 없다. 하지만 합리적 선택론이 전제하듯이 항상 합의에 이른다고 보기에는 개개인이 너무나 상이하다. 따라서 양 당사자의 의견이 시간의 흐름과 개인이 처한 상황 맥락을 넘어서도 변치 않는다고 가정하는 데는 무리가 따른다. 궁극적으로 인간관계는 복잡하게 뒤얽혀 있고 불투명하기 때문에 현대 사회에서 모든 사람이 공유하는 가치에 대한 합의 주장은 공허하다. 즉, 합의 규범은 현대 사회에서 더 이상 통용되기 어렵다. 그것은 단지 역사적으로 순수한 행위 원칙으로서만 인지될 뿐이다. 이 모든 것은 사회에서 신뢰가 일어나기 때문에 그 해결도 사회적 차원에서만 가능하다는 의미 이상이 아니다. 굳이 사람들 간 합의가 존재해야 한다면 그것은 가능한 모든 피해를 자기로부터 멀리 두려는 방어적 합의일 뿐이다. 만일 정보의 부족 또는 부재로 합의가 이루어지지 않는다면 더 많은 정보의 제공이 해결책이 될 것이나, 지식 자체가 불확실하고 합의에 논란이 많은 상황에서 문제해결은 불확실할 수밖에 없다.

　나아가 기든스는 신뢰를 주어진 일련의 사건이나 그 결과와 관련한 어떤 인물에 대한 확신 또는 제도에 대한 확신으로 정의한다. "여기서 확신은 상대방의 사랑이나 존경에 대한 믿음을 나타낼 수도 있고, 또는 추상적인 원리(기술적 지식)의 정확성에 대한 믿음을 나타낼 수도 있다"(기든스, 1991: 47). 그는 전통 사회와 현대 사회의 환경적 차이가 신뢰에 영향을 미치는 근본적인 원인이라고 규정한다. 현대 사회에서는 시간과 공간의 분리, 탈지역화 기제, 제도적 재귀성 등의 거대한 역동적인 힘들이 작동하면서 지역성이 약화되고 신뢰의 환경에도 근본적 변화가 일어났다는 것이다. 그렇다면 신뢰가 현대 사회에 만연한 불신과 오해, 갈등의 양상에 대한 해결책인가? 이러한 문제의식은 소외(마르크스), 아노미(뒤르켐), 고독한 군중(리스먼) 등의 개념에서 보듯이 근대성을 이해하는 다양한 관점에서 공유될 수 있다.

최근 위험관리에서는 단순한 과학적 자료의 제시보다 신뢰 획득이 더 중요하다는 점을 여러 조사들이 밝히고 있다. 위험관리를 책임지고 있는 기구들을 강하게 불신하는 모습이 여기저기서 나타난다. 이렇게 만연한 불신은 위험인지와 위험을 줄이려는 정치적 적극성과도 강하게 연결되어 있다(Flynn et al., 1992). 이에 걸맞게 기든스는 근대성을 낯선 타자에 대한 신뢰에 토대한 사회조직의 형식으로 파악했으며, 인물들 간 친숙성을 신뢰의 핵심으로 간주했다 (기든스, 1998). 그에게 현대 사회는 단순히 '위험사회'이기만 한 것이 아니라 신뢰 기제가 흥미롭고도 중요한 방식으로 전환된 사회이기도 하다. 즉, 낯선 타자를 사교적 열의를 가지고 대하며 시장을 포함해서 다양한 비인격적 관계를 유지하기 위해 능동적 신뢰가 점차 중요해지면서 현대적 사회관계가 출현한다는 것이다. 이 능동적 신뢰가 "친숙한 개인적 유대에서부터 지구적 상호작용-체계에 이르기까지 다양하게 출현하는 새로운 형식의 사회 연대의 기원" (기든스·벡·래쉬, 1998: 258 이하)이며, 타자에 대한 개방성뿐만 아니라 더 많은 체계에 대한 개방성과 제도적 재귀성을 전제로 한다고 말한다.

자아와 타자의 상호작용은 관찰자에게 인과성으로, 즉 원인에서 결과로 형식이 바뀌는 과정으로 관찰될 뿐만 아니라, 이 과정을 통제하려는 관심에서 관찰되기도 하고 그와 동시에 상징복합체로서 이해되기도 한다(Luhmann, 1968: 41). 모든 행위자는 그것을 알고 있으며, 양자 간에 행해지는 모든 행동이 무엇을 표현하는지를 그 결과에 대해 예측하는 것보다 훨씬 더 잘 안다. 그들의 행위 동기부여는 매우 다양할 수 있다. 행위자가 자신에 대해 행위로 말하는 모든 소통은 행위자의 의도를 드러내는 모험적인 시도이다. 행위자가 의도를 드러낸다는 것은 상대방에게 자신의 행위가 잘못 해석되지 않고 자신의 의도대로 바로 그렇게 받아들여질 것이라는 최소한의 신뢰를 전제로 한다. 따라서 상대방에 대한 신뢰가 쌓이면 행위자의 행위 잠재력도 증가한다. 행위자가 신뢰할 수 있는 상대방은 상황이 변하더라도 자신에게 손해를 끼치지 않을뿐더러 자신에게 이익이 될 수도 있다는 믿음을 주는 사람이어야 한다.

행위자에게는 자신이 상대방에게 신뢰할 만한 사람으로 비치는 것이 문제일 수도 있다. 또한 행위자는 자기에게 충실하려고 그리고 스스로 존중할 만한 인물로 살아가려고 늘 노력할지도 모른다. 행위자가 자신의 인격에 따라 무의식적으로 행동한 것이 자발적인 것으로 보일 수도 있고, 사건의 핵심과 관련된 것일 수도 있으며, 사회적으로 고지식하고 보수적인 것으로 비칠 수도 있다. 이처럼 행위의 동기부여야 어떠했든지 이들의 자기표현은 대체로 신뢰의 형성과 신뢰관계의 지속성에 대한 기대라는 유사한 결과에 이른다. 이런 맥락에서 보면 신뢰에 기초한 사회질서의 형성이 개인적인 동기부여의 상이성이나 다양성과 관계없이 광범위하게 이루어지고 있다는 것은 확실하다.

일상에서 그의 행동이 자발적이냐 타의적이냐, 의도적이냐 강제적이냐를 판단하는 기초는 인과성이 아니라 '역할'이다(Luhmann, 1968: 44). 게다가 행동의 결과가 기술적으로 복합적으로 매개된 사건은 상대적으로 개인과 관련이 없는 것처럼 보인다. 조직의 상관이 내리는 지시가 작용한 결과도 마찬가지다. 다양한 원인들이 인식할 수 없을 만큼 함께 작용하면 할수록 그 일의 주모자를 가리기는 더욱더 어려워진다. 대구 지하철 참사에 대한 책임은 누구에게 있는가? 대구 지하철 참사의 원인은 방화라는 외부 상황에 의한 강제, 개인에 귀속되는 조치, 복합적으로 매개된 기술공학의 작용 등이 혼합된 양태를 보인다(노진철, 2004b). 방화 용의자의 그릇된 판단이 전동차에 불을 냈지만, 그것이 대형 참사를 야기했다고 보는 데는 무리가 따른다. 192명의 사망자 대부분이 반대편에서 진입한 전동차에서 발생했기 때문이다. 그 전동차의 기관사는 빠른 결정을 요구받는 긴박한 상황에서 판단을 잘못했으며, 종합사령실의 직원들은 역과 전동차에서 벌어지는 모든 일을 모니터를 통해 파악해 대처하지 못할 만큼 미숙했다. 이처럼 기대하지 않은 반응은 주의와 숙련을 요구하는 사항으로 개인에 귀속된다. 그 반면에 현저하게 기술적으로 야기된 것들은 모

두에게 그 책임이 있더라도 개인에게 귀속시키기보다는 어쩔 수 없는 것으로 간주된다.[5]

미시적 수준에서의 신뢰 형성에 대한 대표적인 분석으로 낯선 타자를 상대로 한 택시운전사에 대한 헨슬린James Henslin의 사례 연구가 있다(Henslin, 1968). 그는 택시운전사를 상대로 직업활동에서 신뢰가 가지는 의의를 조사하면서 어떤 기준에 의해 손님을 받거나 거부하는지를 물었다. 택시운전사가 '위험한 선행 조치'를 하거나 결정하는 데 핵심적 문제는 손님에 대한 자신의 전형적인 기대 — 즉, 이념형적 손님상 — 와 택시에 탄 손님들이 실제 제공하는 자기표현 — 즉, 총체적 인상 — 에 대한 자신의 전형적인 구조화된 인지를 어떻게 일치시키느냐에 있었다. 그에 따르면, 어떤 행위자가 자신과 타자에 대해 정의를 내리고 그 정의에 기초해 기꺼이 타자와 상호작용하는 것을 "신뢰하고 있다"고 말한다는 것이다(Henslin, 1968: 140). 그는 현상학자인 슈츠와 가핀켈의 작업과 연계해 방법론적으로는 귀속 가능성의 관점에서 그리고 내용적으로는 일상의 친숙성의 관점에서 친숙성과 전형화가 필연적인 연관관계에 있다는 것을 밝혀냈다.

우선 택시운전사가 개별 인물에 대해 갖는 일련의 불특정한 상황 정의와 역할 기대는 사회적 신뢰에 기반을 두고 있다. 이 상황 정의와 역할 기대가 손님이 제공한 자기정의에 대해 택시운전사가 신뢰를 보내도록 이끈다는 것이다. 여기서 헨슬린은 택시운전사가 손님을 받아들이도록 만드는 네 가지 기준

---

5 배연시설은 지하공간의 유독가스를 밖으로 배출만 하고 외부 공기를 안으로 유입할 만큼 완전하지 못했으며, 대피통로를 밝히는 조명은 어떤 상황에서도 차단되지 않도록 설치됐어야 했다. 전동차 차량에는 비상시 운전실과 중앙관제실, 경찰서, 소방서와 연결되는 통신장비가 있어야 했고, 출입문의 개폐장치는 단전 시에도 열 수 있어야 했으며, 문이 열리지 않을 경우에 대비한 비상징구를 갖추고 있어야 했다. 어떤 비상시에도 시동을 켜고 끄는 전원키(Mascon Key)를 뽑지 말도록 규정했어야 했고, 전동차 차량에는 비상시에 역사와 경찰서, 소방서와 자동 연결되는 핫라인을 설치했어야 했다.

을 점진적인 인정 질서로 제시했다(Henslin, 1968: 140 ff.). 이 네 가지 기준은 수용 가능한 목적지의 제시, 답례품의 표현(운임 지불)에 대한 기대, 교환 의지 및 지불 의지의 표명, 상황의 무위험 표명(공격적 태도 부재) 등이다. 역으로 손님을 거부하도록 동기부여하는 다섯 가지 기준은 수용 불가능한 요구 및 목적지의 제시, 답례품의 무표현성, 제공된 답례품 수령에 대해 표명된 불만, 제공된 답례품의 위험 부담, 공공연하게 핑계를 대는 동기부여의 인지 등이다.

그러나 신뢰 형성의 근원적 측면은 택시운전사가 거명한 기준들의 충족 여부를 관찰할 수 있는 가정들이 무엇인지 해명되어야 알 수 있다. 헨슬린은 분석의 출발점으로 고프먼의 인상 관리의 구별, 즉 일반적인 '세팅'과 인물 인상('전면')의 구별, 그리고 인물 인상은 다시 외모('연출')와 실제적인 행동('예절')의 구별을 도입했다. 결국 관찰과 묘사는 택시운전사의 축적된 사회 경험과 생활 경험이 본질적이라는 데로 귀결됐다. 즉, 택시운전사가 자신의 직업 영역에서 낯선 타자인 손님을 얼마만큼 신뢰하는지의 정도인 신뢰 가능성의 신호를 해석하는 데, 전문성을 갖춘 택시운전자의 사회적 민감성이 본질적이라는 것이다(Henslin, 1968: 142). 택시운전사는 손님의 신뢰 가능성 여부에 대한 판단을 내릴 때 먼저 탑승 지역 판정, 주간 운행과 야간 운행의 구별, 사설 전화기 호출과 공중전화기 호출의 구별, 남자 손님과 여자 손님의 구별, 현금과 신용카드의 지불방식 구별, 약간 취한 상태와 만취 상태의 구별, 여행 목적지 판정 등 직업 영역의 전문성과는 관련이 적은 다양한 고정관념의 요소들을 활용했다(Henslin, 1968: 144 ff.). 이런 사회적·문화적인 고정관념들 외에 그는 손님의 앉은 자세, 작은 몸짓, 사소한 상호작용 신호(사투리, 말투 등), 합리적 행위 또는 비합리적 행위에 대한 평가, 자의적인 상황 통제의 범위 등과 같은 까다로운 요소들도 신뢰의 강화 또는 무시를 판단하는 분류에 끌어댔다.

신뢰와 위험의 관계와 관련해 확실한 것은 낯선 타자와의 교류 상황에서 형성되는 신뢰가 본질적으로 일상적으로 규정된 자명성, 즉 포괄적이고 판단 지향적으로 기능하는 행위 요소들을 동원한 결정에 바탕을 두고 있다는 것이다. 헨슬린은 택시운전사와 손님의 상호작용에서 조사된 배열들로부터 여섯 가지 신뢰관계 요소들을 분석적으로 구별했다(Henslin, 1968: 140). 즉, 행위자 쪽에서 자기정의 제공, 다른 행위자의 인상 요소 중에서 그때마다 다른 조합 형식의 인지, 자기정의의 타당성 수용, 형식에 구애받지 않는 상호작용 준비 태세, 행위자의 자기정의 수용에 기초한 상호작용 실행, 자기정의 수용 — 또는 그때마다 다른 행위자를 만족시키는 다른 정의로의 교체 — 에 의존한 상호작용의 지속 등이 그것이다. 이리하여 헨슬린의 경험적 연구는 이미 50년 전에 현재 다양한 학문 영역에서 논의되는 피신뢰자의 신뢰 가능성 지표와 신뢰 요소를 대부분 언급해 놓았다.

이들 사적 영역의 대면적 상호작용에서 작동하는 신뢰 요소들은 미시적 수준에서 통상 공적 영역의 결정에 참여하는 행위자들이 판단하고 결정할 때 고려하는 신뢰 판단 모형의 구성에서 전형적인 기본 요소의 범주에 상응한다. 사회적 신뢰는 사적 영역뿐만 아니라 공적 영역에서도 결정자가 결정의 일관성을 유지하는 데 가장 영향을 미치는 요인에 속한다. 나아가 결정의 일관성은 일상에서 행위자들이 결정에 관여하는 다른 결정자들로부터 신뢰를 확보하는 것은 물론이고 그들을 신뢰할 수 있도록 하는 근거가 되기도 한다. 그 결과 사회적 신뢰의 형성은 사적 영역과 공적 영역에서 공히 결정에 따르는 사회적 비용을 감소시키는 데 긍정적인 역할을 한다.

3. 이중 우연성과 인물에 대한 신뢰

신뢰는 위험의 인지를 전제로 한다. 왜냐하면 외압에 의해서든 선택의 여지가 없어서든 모든 것이 확실하거나 결정에서 의도하지 않은 결과가 나타날 위험이 없다면 신뢰는 문제조차 되지 않기 때문이다. 루소Denise Rousseau 등은 기존의 신뢰 연구들이 대체로 루만의 영향을 받아 신뢰를 위험과 연결하지만 추가적으로 상호의존성을 주요한 요소로 다루고 있음을 지적한다(Rousseau et al., 1998). 다른 사람들이 적절한 행동을 할 것인지 하지 않을 것인지가 불확실한 것이 위험의 원천이라는 데 이의를 달 사람은 없다. 위험은 미래의 불확실성을 적절히 통제해 합리적인 행위 영역을 확장하려는 시도에서 비롯된 것으로, 다른 사람들에 대한 신뢰의 바탕이 된다. 하지만 상호의존성은 한 사람의 이익이 다른 사람에 대한 의존 없이 달성될 수 없다는 필연성을 전제로 한다. 동일한 맥락에서 합리적 선택론은 결정자가 인지한 신뢰 상실의 확률을 위험으로 간주하면서도 신뢰가 불가항력적인 상호의존성이나 관행과는 다르다는 점을 언급한다.

콜먼은 개인 간 신뢰를 합리적 효용을 계산해서 측정한 결과로 파악했다 (Coleman, 1990: 99 ff.). 그에 따르면, 타자를 신뢰해 얻는 이익이 손실보다 더 크고 기대대로 타자가 행동할 확률이 높으면 신뢰가 일어나지만, 반대로 손실이 이익보다 더 크고 타자가 배신할 확률이 높으면 신뢰는 일어나지 않는다.[6] 즉, 신뢰는 타자를 신뢰해서 얻는 이익과 타자가 배신했을 때 입는 손실에 대한 계산과 아울러 타자가 신뢰자의 기대대로 행동할 확률을 고려해 이루어진다. 감베타는 신뢰를, 한 행위자가 자신의 행위에 영향을 미치는 타자들을 감시 또는 통제할 수 없는 상황에서 타자가 자신에게 이로운 행동 또는 최소한 해가 되지 않는 행동을 수행할 가능성이 충분히 있다고 예측하기 때문에 그와 협력해도 된다고 판단하는 주관적 확률로 정의했다(Gambetta, 1988: 217). 동일한 맥락에서 주커는 신뢰를 경제적 교환관계에 참여하는 모든 사람이 공유하는 일반화된 기대로 간주하고, 신뢰관계를 형성하고 유지하려면 공정한 게임

---

6 콜먼은 신뢰자가 타자가 기대한 대로 행위를 할 확률(P)과 그때 얻는 신뢰자의 이익(G)의 곱이 신뢰자가 타자가 배신할 확률(1-P)과 이때 발생하는 신뢰자의 손실(L)의 곱보다 큰 경우에 한해 신뢰자는 타자를 신뢰하게 된다고 한다. 이 신뢰자의 효용 계측에 따른 신뢰는 $P \times G > (1-P) \times L$로 나타낸다. 자세한 것은 제3장 3절에서 다루었다.

의 규칙과 정당한 절차가 수용되어야 한다고 주장했다(Zucker, 1986). 이처럼 합리적 선택론자들은 신뢰를 경제학적 관점에서 손익 계산의 결과로 이해하고 있다.

합리적 선택론의 시각에 대해 루이스와 웨거트는 신뢰가 손익 계산과 같은 합리적 선택에 의해 이루어질 수 없다고 비판하면서, 신뢰가 공식적 및 비공식적 사회관계에 본질적으로 내재하고 있는 규범과 의무에 기인한다는 점을 지적했다(Lewis and Weigert, 1985a). 신뢰는 본질적으로 개인에 귀속되는 심리적 속성이 아니라 대면적 상호작용에 기반을 둔 전체 사회와 관련된 '사회적 실체'라는 것이다. 가능한 손실이 획득된 이익보다 더 클 것 같은 상황에서 오히려 상대방을 신뢰한다고 말한다든가, 자신의 행위가 나쁜 결과로 이어져 유감으로 생각될 때 상대방의 신뢰가 필요하다고 주장한다는 것이다. 이것이 의미하는 바는 무엇일까? 신뢰는 애초에 기대에 어긋날 위험을 내포하고 있다는 것이다. 이런 점에서 합리적 선택론자들이 모든 신뢰를 합리적 계산에 근거한 신뢰로 해석한다면, 그것은 신뢰의 핵심을 간과하는 것이다.

루만은 신뢰와 확신, 예측 가능성이 대체로 가깝거나 먼 미래와 관련해 기대와 어긋날 수 있는데도 상호작용하는 상대방을 믿는 태도 양식으로서 다 같이 불확실성을 감소시키는 기능을 하지만 이것들이 서로 다르다는 점에 주목한다(Luhmann, 2001: 210). 그는 확신과 예측 가능성이 대상에 대한 기대를 전제로 한다는 점에서 신뢰와 공통점이 있지만, 신뢰는 배신 가능성을 내포하는 개념이라고 주장한다. 즉, 확신과 예측 가능성이 신뢰의 필요조건은 될 수 있어도 충분조건은 아니라는 것이다. 동일한 맥락에서 메이어Roger Mayer 등도 신뢰는 배신의 위험을 명시적으로 내포하고 있다고 지적한다(Mayer et al., 1995). 이런 맥락에서 신뢰자와 피신뢰자는 루만이 언급한 '이중 우연성'이 발생하는 불안정한 관계이다.

루만은 처음부터 신뢰를 복잡성, 우연성, 다양성 등이 상존하는 현대 사회에서 일상을 가능하게 하는 기본 요소로서 파악했다(Luhmann, 1968). 그에 따르면, 신뢰는 사회화를 통해 형성된 내적 욕구 성향인 '인격(personality)'에 귀속되는 어떤 속성이 아니라 세계의 복잡성을 단순화하는 축소 기제의 하나다. 여기서 복잡성은 여러 요소들이 너무 복잡하게 얽혀 있어 갈피를 잡을 수 없는 무질서와는 완연히 다른 것으로, 다양한 부분체계들이 형성되면서 내부 요소들의 역동적인 상호작용을 통해 형성될 수 있는 소통 가능성의 총체라고 정의된다(루만, 2007: 95). 루만에 따르면 소통 또는 그것이 가시적으로 드러난 행동은 행위자에 대해 무엇인가를 진술하고 있기 때문에 소통 자체가 이미 상대방에 의해 무시될 수 있는 위험한 시도이며, 따라서 잘못 해석되지 않고 자신이 원한 대로 받아들여질 것이라는 '최소한의 신뢰'를 전제하고 있다(Luhmann, 1968: 42). 이런 맥락에서 보면 신뢰는 합리적 선택론의 주장처럼 신뢰자가 다양한 선택과 의존에 따르는 위험을 명확히 인지하고 그러한 위험을 감소시키는 목적합리적 행위라기보다는[7] 개인들 간 의존관계와 체계의 기능에 대한 확신 대부분을 '당연시하여' 복잡성을 줄이는 축소 기제인 것이다. 이중 우연성이 수반되는 불확실한 상황에서 신뢰자는 자신의 기대대로 피신뢰자가 행동할 확률을 계산할 때 피신뢰자가 신뢰 덕분에 얻는 이익이 상대적으로 크면 자신의 기대에 따라 행동할 가능성이 큰 것으로, 반대로 손실이 크면 배신할 가능성이 큰 것으로 기대한다. 또한 피신뢰자는 신뢰자를 배신했을 때 입게 되는 손실과 신뢰자의 기대대로 행동했을 때 얻는 이익을 고려해 신뢰자의 기대대로 행동하거나 배신하게 된다.

대면적 상호작용에서 신뢰가 심각하게 위협받는다고 판단될 경우 신뢰나 불신이 문제해결의 관건이 된다. 다행스러운 것은 신뢰나 불신이 선택 사항으로 제시되고 문제해결이 이 선택에만 의존하지 않는다는 점이다(루만, 2007: 253). 상대방에게 신뢰를 보내는 사람은 보다 더 다양한 행동들을 조합할 수

---

7 신뢰자나 피신뢰자가 손실을 인수하는 이유를 그들의 인격에 귀속시킨다면 신뢰의 사회적 실체가 제대로 파악되지 않는다는 이론적 한계가 있다(박통희, 1999: 5).

있을 것이고 보다 더 합리적으로 행동할 수 있을 것이다. 이런 신뢰에 비해 불신은 상대방의 행동에 대한 제약의 위력이 훨씬 더 강력한 전략이다. 재난을 사전에 예방하기 위한 목적에서 법적 금지조치가 행해지거나 행정적·기술적 안전관리대책과 손실에 대한 충분한 보상책이 마련되어 있다면 공중은 불확실성의 상황에서도 위험을 감수할 수 있다.

위험 사건과 관련된 행위자들에게 구속적인 의미 연관의 형성과 안정화는 자기준거적으로 작동하는 소통의 연쇄 과정 없이는 생각할 수 없다. 그러나 심리적 체계인 인격들은 서로 직접 접촉하는 것이 불가능하기 때문에 위험 사건에 대한 정보가 한쪽에서 다른 쪽으로 직접 전달된다거나 전달된 정보가 양쪽에서 동일하다는 것은 가능하지 않다. 행위자들이 위험 사건에 대해 소통을 지속하면서 이 위험 소통이 고도로 복잡한 사회구조를 형성·유지한다. 여기서 소통은, 루만에 따르면 항상 당사자들 간에 행해지는 '어떤 것에 관한' 소통으로 서로 연관된 세 가지 선택인 정보, 통지, 이해의 단일체이다. 소통 과정에서 당사자들 간에 정보는 '전달'되는 것이 아니라 '통지'되고 이해되는 것이다. 그에 반해 대중매체의 소통은 한 체계에서 다른 체계로 정보가 '전달'되는 것이다. 이러한 구별을 통해 그는 소통이론에서 기존의 은유적인 전달 개념과 발신자와 수신자의 요소적 구분을 모두 지양했다. 정보가 발신자와 수신자의 상호작용에 의해 구성되는 것이라면, 양자는 서로를 자신처럼 자유롭고 자의적인 존재, 즉 '타아'로 받아들여야 한다는 것이다. 왜냐하면 상호작용이 가능하기 위해서는 양자가 서로 상대방의 행동뿐만 아니라 상대방의 기대도 기대할 수 있어야 하기 때문이다. 즉, 양자는 자신에 대해 그리고 상대방에 대해 갖는 이중적 기대 구조를 통해 행위를 선택한다.

'이중 우연성'에 기반을 둔 소통의 참여자를 표현하기 위해, 루만은 주체와 객체의 엄격한 구별에 기초한 기존의 '발신자-수신자 모델'을 적극적인 의미 산출자의 선택 활동을 강조하는 '관찰자 모델'로 대체할 것을 제안한다(Luhmann, 1971: 25). 소통의 생산과 재생산은 의식의 지속적인 존재를 전제로 하지만 의식에 의해 그 의미가 결정되는 것은 아니다. 그러므로 정보와 의미 요소들이 소통하는 당사자의 한쪽에서 다른 쪽으로 완성된 그대로 '전달'될 수는 없다. 그에 반해 대중매체는 어떤 한 체계에서 형성된 정보가 다른 체계에 전달되어 정보 형성을 자극하는 것으로 파악된다. 하지만 한쪽에서 다른 쪽에 어떤 소식을 알리는 정보의 '전달'이 소통의 성공을 보장해주지는 않는다.

현대 사회에서 정보는 응축된 시간과 공간에서 언어를 사용하는 대면적 상호작용보다는 신문, 잡지, 라디오, 텔레비전, 인터넷, 팟캐스트, 페이스북, 트위터 등의 시공을 초월한 각종 대중매체에 의해 더 많이 전달된다. 이들 대중매체는 정보의 확산매체로서 일상에서 벌어지는 사건에 대한 정보를 불특정 다수에게 제공해 보도대상의 투명성을 보장한다. 그렇지만 소통에서 그에 대해 누가 어떻게 이해하고 반응하는지는 불확실하다. 이런 맥락에서 소통하는 당사자들 간 이해는 '그 뜻을 받아들인다'는 의미의 일상적 용법과는 달리 사회적 체계에 의해 제공된 선택지의 '통지된 의미'를 뜻한다.[8] 예컨대 과학적 논쟁에 관여하는 신뢰는 도덕적 논쟁에 관여하는 신뢰와는 통지된 의미가 다르다.

이런 맥락에 따르면 소통 그 자체는 행위가 아니다. 행위는 소통을 단순화해서 인물에 귀속시킨 수행으로서 소통의 관찰 가능한 형식이다. 여기서 인물은 결코 심리적 체계인 인격이 아니며 완전한 실체로서의 인간은 더더욱 아니다(루만, 2007: 377). 우리가 죽은 사람에 대해 소통할 수 있는 것도 인물이 실체가 아니라 소통을 유지시키는 내적 접합점으로 기능하기 때문이다(크니어·나세이, 2008: 128). 그런 점에서 소통하는 인물은 파슨스(1989)가 자율적 의지를 가진 개인 행위자의 내적 욕구성향으로 상정했던 인격과도 다르다. 왜냐하면 조직 내 개인은 인격으로서가 아니라 장관, 공무원, 정당대표, 국회의원, 유

---

8 '그 뜻을 받아들인다'라는 의미의 이해는 사건에 대한 정보를 자신의 행동의 기초로 삼는다는 뜻이다.

권자, 기업대표(CEO), 관리직, 근로자, 노조원, 판사, 검사, 변호사 등의 조직 내 지위 또는 대표성으로 단순화되어 관찰되기 때문이다. 행위는 비가시적인 소통 사건들 가운데 인물에 귀속되는 통지 요소로 단순화되어 시간적·공간적으로 응축된 일상세계에서 관찰된다. 소통의 연계, 즉 소통의 연쇄적인 작동이 가시화되기 위해서는 우선 행위로 관찰되어야 한다. 행위는 특별히 이러한 목적으로 '구성된 인물'을 대상으로 행해지며, 문제가 발생할 경우 공중은 행위의 결과를 헤아려 누구에게 책임을 물어야 할지를 알게 된다. 소통을 행위로 단순화시키는 관찰은 기능체계마다 다르게 일어날 수 있다. 예컨대 정치 선거에서 비례대표 후보의 추천을 대가로 공천 헌금을 받은 인물은 법에서는 관심사가 되지만 경제에서는 관심사가 되지 않는다. 대학이 학생을 선발하거나 회사가 직원을 채용할 때 그 인물의 능력이나 성실성에 대한 판단은 입학 또는 채용 현장에서 경험한 그의 인격이 아니라 입시 전형 성적표, 졸업장, 자격증 등에 준거해 내린다. 그것들이 관련 조직에 대한 신뢰를 표상하고 있기 때문이다. 은행이 어떤 인물에게 대출할 때도 그의 인격이나 평판이 아니라 그가 가입한 보증보험을 관리하는 금융기관이나 입주 예정인 아파트 건설회사에 대한 신뢰에 기초한다. 다시 말해서 소통 행위나 행위자인 인물이 자명하게 실체인 것은 아니다.

소통의 맥락에 따라 행위의 귀속은 다르게 이루어지며, 그 행위가 반드시 인물에 귀속되는 것도 아니다. 그러므로 체계에 대한 인식 없이 신뢰 개념을 논하는 것은 고도로 복잡한 현대의 사회질서를 이해하는 데 한계가 있을 수밖에 없다. 이 점을 고려한다면, 신뢰를 미시적 수준의 개인 행위를 넘어서 거시적 수준의 체계에서 파악해야 한다. 사회체계이론은 현대 사회에서 기능체계들은 체계의 기능에 대한 신뢰에 기초해 작동하는 것으로 전제하기 때문에 신뢰가 자명성의 공간을 확장한다고 본다. 이런 맥락에서 현대 사회에서는 인물에 대한 신뢰에 체계에 대한 신뢰가 본질적 조건으로 작용한다고 본다. 그에 반해 합리적 선택론은 처음부터 신뢰 개념을 행위자의 원초적 인지와 관련해 파악하는 미시적 수준의 '의미 인지론'에서 이해된 측면에 제한하고 있다(이재혁, 1998). 고도로 복잡한 현대 사회에서 '행위 주체', 즉 '합리적 인간'은 과연 지속적으로 증가하는 신뢰에 대한 요구를 수행할 능력이 있는가? 체계이론과 합리적 선택론의 양측에서 모두 다양한 조직들 또는 기능체계들에 대한 신뢰를 불특정 다수를 대상으로 측정하는 접근방법에 강한 회의가 일고 있다. 많은 설문 조사들이 보여주듯 현대 사회에서 인물들 간 '친숙성'의 공간이 점점 더 좁아지고 있는 것이 사실이라면, 인물에 대한 신뢰는 더 이상 행위를 조정할 수 있는 힘을 갖지 못할 것이다. 하지만 신뢰가 체계에 대한 일련의 지식 또는 확신에 바탕을 두고 있는 것이라면, 체계에 대한 신뢰가 근대화 이후 전체 사회에 어떻게 그렇게 빨리 또 널리 확산될 수 있었는지 묻게 된다. 일상세계에는 확신에 대해 끊임없이 되묻는 재귀성 기제가 존재하지 않기 때문에 확신은 더 이상 자명성에 대한 기능적 등가 기제로서 기능할 수 없다.

앞서 언급했듯이 신뢰 기능에 대한 논의에서 핵심적 개념은 우연성이다. 루만은 신뢰를 대면적 상호작용에서 필연적으로 생겨나는 이중 우연성이 작동하는 중요한 결과 중 하나로 간주했다. 사회적 행위의 관점에서 보면 우연성과 신뢰의 관계는 보다 더 분명해진다. 상호작용하는 두 행위자 ─ 심리적 체계이든 사회적 체계이든 ─ 는 내부를 알 수 없는 암흑상자(black box)처럼 서로를 꿰뚫어 볼 수 없다. 그래서 소통에 관여하는 두 행위자의 최초 관계는 상대방의 선택을 우연한 것으로 기대할 수밖에 없다. 양 당사자는 서로 우연한 기대에 대한 우연한 기대라는 의미에서 이중 우연성을 만들어낸다(루만, 2007: 252 이하). 초기 관계는 상호작용하는 행위자 각각에게 계산 불가능한 것으로 규정된다. 이러한 이중 우연성과 그에 따른 위험이 사회적 행위의 근본 문제이다. 서로 알지 못하는 자아와 타자의 상호작용은 이것을 극명하게 보여준다(Luhmann, 1988: 171 ff.). 이중 우연성은 소통에서 자아와 타자가 서로 상대방의 기대를 잘 모르기 때문에 양자의 선택이 필연적이지도 않고 불가능하지도 않다는 문제와 관련 있다(루만, 2007: 215). 타자가 자아의 기대에 의존하고 다시 자아가 타자의 기대에 의존해 소통하는 것이라면, 서로 상대방의 기대를 알지 못하기 때문에 이중 우연성 문제가 발생한다. 다시 말해서 신뢰든 불신이든 서로 상대방이 기대와 다르게 행동할 수 있는 위험이 있다고 판단될 경우에 나타난다.

이중 우연성은 행위자에게 타자로부터 자유롭게 살 수 있는 가능성을 제공한다(Gambetta, 1988: 218). 다시 말해서 인물에 대한 신뢰는 자아와 타자의 상호의존성 때문이 아니라 양자 간의 이중 우연성 때문에 생겨나는 불안정한 관계이다. 인물에 대한 신뢰는 배신의 위험이 지배하는 상황에서 사회적 차원에서 '인격'으로 표출되는 인물의 적절성에 대한 신뢰 형식으로 나타난다. 불확실성이 지배하는 상황에서 타자를 신뢰하는 사람은 신뢰하지 않았더라면 사라졌을 다수의 행위 가능성들을 신뢰를 통해 현실화한다. 이는 앞서 언급한 도이치에게서도 여실히 나타난다(Deutsch, 1958). 그는 신뢰를 "기대 이익보다 기대 손실이 큰 불확실한 상황에 처한 개인의 비합리적인 선택"으로 정의한다. 즉, 신뢰는 자아가 손실을 입을 가능성이 있는데도 타자를 신뢰하는 것으로서, 결과적으로 신뢰자가 갖고 있는 취약성을 강조하고 있다.

이처럼 이중 우연성이 지배하는 상황에서 소통과 행위는 어떻게 지속적으로 안정화될 수 있는가? 파슨스는 이중 우연성 문제를 해결하기 위해 합의론의 맥락에 따라 행위의 지속을 '공유된 상징체계'에서 확인된 가치 합의에 의거해 설명했다(Parsons and Shils, 1951: 26). 즉, 자아와 타자의 상호작용에는 문화 전승에 내재하는 장기적 구조의 맥락에서 사회화와 전통을 통한 가치 합의가 이미 작동하고 있다는 것이다. 이와 관련해 루만은 전혀 다른 해결책을 제시한다. 루만은 만약 타자의 행위가 ― 파슨스가 상정했듯이 ― 자아가 행위하는 방식과 자아가 자신의 행위를 타자에 연결하는 방식에 달려 있는 것이라면 타자는 어떠한 행위도 할 수 없다면서, 파슨스의 규범적 해결책을 비판했다. 이 논리적 역설을 해결하기 위해 루만은 우연성 개념에서 필연성과 불가능성을 배제했다. "필연적이지도 않고 불가능하지도 않은 그 무엇이 우연성이다. 그

것이 지금 있는 — 있던, 있게 될 — 그대로 있을 수도 있지만 또한 다르게도 가능하다면 그것 또한 우연이다"(루만, 2007: 220). 즉, 우연성은 어떤 것이 지금과는 다른 식으로 있을 수 있는 모든 가능성을 포괄한다.

이중 우연성 문제에 대한 해결책으로 '사회화'와 '전통'을 설정했던 파슨스와는 달리, 루만은 시험적인 행위 가능성을 설정했다. 그는 마치 두 개의 암흑상자처럼 상호작용하는 심리적 체계인 인격들뿐만 아니라 교류가 가능할 정도로 투명성을 확보한 사회적 체계들에도 이미 '가치 합의가 주어져 있는' 것처럼 강요하는 것은 아무런 의미가 없다고 파슨스를 비판했다(루만, 2007: 229). 더욱이 기능적으로 분화된 현대 사회에서는 더 이상 고정된 가치 합의란 유용하지 않다는 것이다. 루만의 자기생산적 사회체계이론은 우발적 가능성까지 열어놓고 있다. "타자는 아직 불확실한 초기 상황에서 우선 자신의 행동을 시험 삼아 행한다. 타자는 우호적인 눈길이나 몸짓, 선물로 자신의 행동을 시작하고, 자아가 자신이 제안한 상황 정의를 어떻게 받아들이는지 기대한다"(루만, 2007: 218). 즉, 타자는 특정 행위의 대안을 선택하면서 동시에 자아의 가능한 반응을 숙고하고 예견해 기대로서 고려한다. 나아가 타자는 자신이 먼저 가능한 반응으로 기대한 행동에 대해 자아가 어떻게 반응하는지를 다시 고려하는 등과 같이 기대의 기대라는 '기대의 재귀성'은 계속 연장될 수 있다. 물론 이러한 기대의 재귀성이 자아에게서도 동일하게 일어난다. 자아와 타자 사이의 이런 기대의 증폭 현상을 피해 갈 수 있는 합리적인 대안은 기대의 기대라는 순환 속에는 존재하지 않는다. 고프먼(1987)이 진술한 것처럼 시민적 무관심에서 마주침의 개시로 이행하는 일은 당사자 모두에게 항상 위험을 내포하고 있기 때문이다. 그 이유는 막 개시된 마주침의 성격에 대해 양자 모두 오해할 여지가 있기 때문이다.

또한 루만은 우연성 개념으로 관찰자가 그때마다 주도하는 선택에 따르는 '주어진 세계'의 비(非)존재, 즉 근본적인 불확실성에 대해 언급했다(Luhmann, 1988: 152). 모든 것이 — 저것이 아닌 — '이것'과는 다른 관점에서 보면 — 미래에는— '지금'과는 다를 가능성을 함축하고 있다. 그렇게 해서 미래가 현재에서 문제로서 다루어지고, 또한 공유된 기대 구조를 형성할 필요가 생겨난다. 이처럼 자기생산적 사회체계이론은 '혼돈으로부터 질서'를 향하고 있다는 점에서 반(反)보수적이며 전적으로 급진적이다(리제-쉐퍼, 2002: 85 이하). 심리적 체계 또는 사회적 체계의 관점에서 보면, 특정 행위나 결정·중단 등이 장차 어떤 결과를 가져올지 모르는 불확실성의 상황에서 위험이 발생한다. 현재의 결정이 미래를 구속하고 이러한 구속이 미래의 가능성을 제약하지만, 미래가 되어야 이 제약을 비로소 관찰할 수 있다는 사실은 현재의 결정에 위험 부담을 지운다. 위험 의식은 우연성에 대한 인지가 모두 다를 수밖에 없는 직접적인 논리적 귀결이다.

그렇다면 상호작용이나 조직, 사회의 부분체계 등의 사회적 체계가 불확실성 속에서 어떻게 작동할 수 있는가 하는 질문을 하게 된다. 루만에 따르면, 상호작용에서는 이중 우연성이 지배하기 때문에 '행위 주체'의 이익 추구는 지나치게 요구가 많은 태도이다. 따라서 이를 사회적 행위의 일반 명제로 전제할 수 없다. 그래서 루만은 질문을 "행위자의 소통이 상대방에 의해 받아들여질지 무시될지가 불확실한데도 어떻게 상호작용이 지속될 수 있는가"로 바꿀 것을 제안한다(루만, 2007: 160). 사회적 체계의 형성을 행위자의 이익에 입각해 설명하는 견해는 상대방이 의미 제안에 대해 어떻게 반응하는지에 따라 부차적으로 구성된 것일 뿐이다. 사회는 이중 우연성 문제를 역사적으로 스스로 해결해왔다. 이중 우연성이 등장한다는 것은 문제해결의 과정이 시작됐다는 뜻이다. 사회적 체계는 그 과정에서 스스로 우연성과 오류에 친숙해질 수 있다. 따라서 이중 우연성은 필연적으로 사회적 체계를 형성하며, 이러한 의미에서 지속적인 선택 문제로서 자기촉매적으로 작동한다는 명제가 성립된다. 사회적 체계를 형성하는 소통 과정은 순수한 이중 우연성이 구조화된 이중 우연성으로 바뀌면서 가능해진다(루만, 2007: 251).

자기생산적 사회체계이론의 구상에 따르면, 사회적 체계의 형성은 기능적인 것이고 이중 우연성은 도처에서 생겨나면서도 끊임없이 해결 과정이 진행되는 역설이다. 이에 따라 서양 철학에서 오랫동안 이성 중심의 사고를 지배해온 전통적인 주체 개념은 사회학에서 제거된다. 하버마스가 제안한 '간주관성(inter- subjectivity)'도 진부한 주체와 객체 구상의 잔재를 그대로 간직하고 있기는 마찬가지이다. 자기생산적 사회체계이론에 의한 주체 개념의 제거는 "이 세계를 더 이상 하나의 관점에서 기술할 수 없다"라는 부분체계들의 기능적 분화 구상과 연관되어 있다. 정치, 경제, 법, 과학, 교육 등 기능체계들의 분화가 일어났다는 것은 전체 사회의 정체성을 대표하는 것이 우연적으로 된다는 의미이다. 왜냐하면 기능체계들은 어떤 체계이든 다른 체계와는 다른 관찰 입장을 갖게 되며, 그에 따라 전체로서의 사회는 동시에 여러 가지로 다르게 대표될 수 있기 때문이다. 따라서 어떤 기능체계도 필연적으로 전체 사회를 대표하지 못하며, 원칙적으로 어떤 기능체계도 전체 사회를 대표할 수 없다. 그래서 사회를 대표하는 정체성과 그 관찰 상황은 언제나 '다르게도 가능하다'는 의미에서 매우 우연적이다.

이중 우연성의 상황은 타자에 대한 정보와 그의 행위의 대안 및 동기부여에 대한 정보가 부족한 상황으로 특징지어진다(루만, 2007: 255). 그와 함께 일면적인 의견이나 계획을 발의하는 일은 기대가 좌절될 위험을 내포하고 있다. 이것이 바로 신뢰가 사회적 의의를 얻게 되는 상황이다. 다시 말해서 우리가 이중 우연성의 상황을 파악함과 동시에 위험을 피할 수 없는 것으로 인지한다면, 그리고 인물에 대한 신뢰가 시간적 차원에서 우리의 결정 행위가 미치는 잠재적인 미래 상황을 현재에서 선취하는 것이라면, 위험은 긍정적으로 기회로 해석될 수 있다.

신뢰하는 행위자가 상대방을 신뢰할 것인지 신뢰하지 않을 것인지 결정하려면 상대방에 관한 믿을 만한 충분한 정보 또는 지식이 필요하다. 상대방의 능력과 의도에 대한 믿을 만한 정보는 타인들로부터 제공되는 평판이나 졸업장·자격증·증명서와 같은 제도적 보증, 그리고 지속적인 상호작용을 통한 경험에 의해 획득된다. 만일 행위자가 상대방에 대한 완전한 정보를 가지고 있다면 신뢰는 불필요할 것이며, 그는 확신의 상태에 있게 된다. 신뢰는 정보가 부족한 상황에서 통지된 정보가 과거에서 이끌어낸 정보들로 덧씌워지고, 현재에서 불확실한 미래를 규정하는 위험을 무릅쓰는 상태이다. 루만에 따르면 신뢰는 미래 세계의 복잡성을 현재에서 줄이는 축소 행위이다. 신뢰자는 피신뢰자 또는 신뢰대상에게 마치 미래에 특정 가능성만 있는 것처럼 약속한다. 그는 자신의 현재의 미래가 미래의 현재라고 다짐한다. 그렇게 해서 그는 피신뢰자 또는 신뢰대상에게 특정한 미래, 즉 그와 공유하는 미래를 제시한다. 그 미래는 과거부터 반복적으로 발생하는 당연한 어떤 것이 아니라 과거와는 다른 새로운 것을 지닌 미래이다(Luhmann, 1968: 20). 다시 말해서 신뢰는 피신뢰자 또는 신뢰대상에게 특정한 미래가 현재에서 일어나는 것처럼 실행 상황을 시뮬레이션 하는 것이다. 신뢰는 미래에 지향된 선택 행위의 우연성, 즉 기대하는 것과는 다른 결과가 나타날 위험에 대해 반응하는 것이다. 신뢰는 피신뢰자에게 이런 우연성의 위험에도 불구하고 마치 특정한 결과가 나타날 것처럼 행위를 선택하도록 하거나 받아들이게 한다. 결정적인 것은 한번 자기신뢰를 잃어버린 사람은 신뢰를 항상 타자의 선택 행위와 연관 짓는다는 점이다.[9] 즉, 특정한 미래 사건을 결정을 통해 현재화하는 행위자는 자신에 대한 신뢰를 잃어버리게 되면 다른 행위자의 행위에 더 의존하게 된다. 이때 신뢰는 자발적으로 참여한 다른 행위자가 기대에 어긋날 경우 자신의 행동을 후회할 것이라는 그에 대한 자신의 기대를 포함한다(Luhmann, 1968: 25).

물론 신뢰가 확실성을 부여하지는 못한다. 신뢰는 오히려 타자의 선택 행위에 의해 생겨난 불확실성에 대해 관대하다. 그것은 타자에 대한 신뢰 문제를 신뢰자의 '위험한 선행 조치' 문제보다 더 확정적으로 처리할 수 있기 때문

---

9 물론 자기신뢰는 자신의 계획을 신뢰하는 것이 아니라 계획의 전환을 필연적으로 보이게 하는 작업 능력, 창의성 같은 자신의 능력을 신뢰하는 것이다.

이다. 신뢰는 자아와 타자가 계속 상호작용을 진행하도록 하기 때문에 신뢰 행위 자체는 합리적이다. 하지만 충분한 지식에 기초해 합리적으로 내려진 결정은 신뢰를 필요로 하지 않는다. 침몰된 세월호 승객의 제주도 여행은 해운사와 운항감독기관의 관리하에 선장과 선원이 자신의 생명과 안전을 책임지고 목적지까지 데려다줄 것이라고 신뢰하기 때문에 가능했다. 만일 연안 여객선 운항에서 과적, 화물 고정 불량, 평형수 부족 등의 안전 규정 위반과 출항 시 운항 관리자의 '봐주기 식' 확인이 관행적으로 이루어져왔다는 것, 선원들이 열흘에 한 번 비상훈련을 받도록 돼 있는 운항관리 규정을 지키지 않아도 해경이 행정지도를 하지 않는다는 것을 알았다면, 그들은 선박 여행에 따른 위험을 감수하는 결정을 내리지 않았을 것이다. 다시 말해서 신뢰는 지식이 부족한 상태에서 내린 결정을 전제로 한다. 짐멜에 따르면, 신뢰는 항상 무지와 완전한 지식 사이의 중간 상황에 적절하다(Simmel, 1992: 393). 문제는 있지만 확실한 결정을 내리기에는 그에 대한 지식이 충분치 않은 상황이나 정보를 얻을 수단조차 없는 상황을 일상에서 자주 경험하고 있지 않은가! 이런 상황이 지식을 매개로 결정에 이르는 전략을 희망 없는 것으로 보이게 만든다. 그 결과 위험 사건에 대한 소통이 증가하면 할수록 현실에서는 오히려 위험 의식이 더욱더 고양되는 정반대의 현상이 일어난다. 미래에 대한 완전한 지식이란 있을 수 없기 때문에, 엄밀히 말해서 미래의 불확실성에 지향된 모든 행위는 신뢰에 의존하고 있다.

제6장
체계에 대한 신뢰

언제 무슨 일이 어떻게 일어날지 알지 못하는 불확실성은 미래가 현재로 바뀔 수 있는 것도 아니고, 그로써 과거로 바뀔 수 있는 것도 아니라는 본질적인 전제에서 파생된 문제이다. 미래는 실천 행위를 통해 가능성을 현재화하는 인간의 잠재력을 넘어서 있다(Luhmann, 1968: 12 ff.). 이렇게 해서 가능한 미래의 사건 중에서 의식적인 선택의 필연성이나 기회가 생겨나고, 어떤 한 사건을 선택하는 결정 행위와 함께 위험도 생겨난다. 다시 말해서 원칙적으로 열린 미래가 위험에 대비되는데, 상호작용과 조직, 사회의 부분체계 등의 사회적 체계는 미래의 연쇄되는 행위들을 현재의 행위에 연결시키고 연속성을 보장받기 위해 미래에서 의식적으로 선택을 한다. 현재의 행위들과의 연결을 지속적으로 확보하는 것이 사회적 체계가 해결해야 할 과제가 된다. 사회적 체계는 선택된, 즉 기대된 미래의 현재가 실제로 등장하도록 고려해야 한다.

루만은 자기생산적 사회체계이론을 처음 접하는 사람들에겐 이해하기 쉽시 않은 개념들로 사회적 체계가 현재에서 미래의 행위 연쇄를 보장하는 문제를 지속적으로 해결해야 한다는 점을 지적했다. 물론 사회적 체계는 자신의

'현재의 미래'와 '미래의 현재'의 차이를 알고 있다. 이러한 맥락에서 보면 미래는 우연적이기 때문에 선택의 문제가 된다. 실현 가능한 모든 미래 사건의 총체는 현재의 미래 개념으로 표현된다(노진철, 2010: 168). 이것의 의미는 미래의 열림, 즉 미래의 우연성에 대한 현재 존재하는 지식이다. 미래에 투사해 인지된 사건들은 미래의 현재로서 표현된다. 예컨대 기후변화는 미래 사건들 중에서 선택된, 현재 민감해진 구체적 사건이다. 즉, 현재의 미래는 모든 가능한 미래의 현재이며, 그중 단지 몇몇 사건들만 가능성으로 인식될 수 있다(노진철, 2010: 269). 실제로 미래에서 현재로 바뀐 사건은 현재의 미래의 극히 일부분이다.

　일종의 선택인 결정은 시간적 차원에서 보면 '현재의 미래'와 '미래의 현재'의 차이 때문에 위험이 된다. 그렇기 때문에 안전은 현실적으로 기대할 수 없다. 위험 회피자는 어쩔 수 없이 위험을 감수하긴 하지만 위험을 혐오하기 때문에 주식거래, 결혼, 핵발전 등 관찰대상을 그가 불확실한 것, 위험한 것으로 간주한 대상과 구별해 안전한 것으로 관찰한다. 물론 그는 위험에 대응하면서도 자신이 이런 구별을 한다는 것을 알지 못할 수도 있다. 그러나 미래를 아직 알 수 없다는 것이 결국 안전을 훼손한다. 그렇게 해서 구별의 한쪽인 안전이 다른 쪽인 위험으로 확장된다(노진철, 2010: 196).

　국가의 위험관리 제도가 발달하고 재난대응체계가 갖추어졌다고 해서 재난 사고가 일어나지 않는 것은 아니다. 비록 국가가 위험을 관리하더라도 여러 가지 요인이 겹치면서 일어나는 우발적인 사고의 위험은 상존한다. 사고가 재난이 되는 것은 사고가 예측한 대로 일어나지 않기 때문이다. 위험과 더불어 사는 현대 사회에서 위험 사건의 진행에 대한 통제력을 잃을 경우 사고는 언제 어느 곳에서나 일어날 수 있는 정상적인 현상이다. 공중이 세월호 참사에 대해 민감한 반응을 보이고 불안해하는 것은 재난의 발생빈도가 과거보다 높아졌다거나 해상 재난이 자신의 삶에 직접적인 영향을 미치기 때문이 아니다. 세월호 참사는 어떤 짓을 하거나 하지 않은 인간 행위의 직접적인 결과로 수많은 생명이 죽음을 맞이해야 했던 것으로 관찰되기 때문에 위험 소통의 주제가 된다. '안전 한국'을 약속했던 정부의 부실한 재난대응체계에 대한 공중의 분노와 아무것도 할 수 없는 살아 있는 자의 죄의식은 이 신뢰가 깨진 데 대한 정상적인 반응이다. 이 "안전이 위험하다"는 역설은 아직 모르는 미지의 미래에 근거해 실행할 때보다는 '완전한' 기술, '확실한' 지식, '올바른' 정보 같은 사실적 차원을 더 많이 기대할 때만 은폐될 수 있다. 나아가 위험과 안전의 구별은 모든 결정이 위험을 생산한다는 사실을 은폐하고 있으며, 위험에 맞서 안전을 주장했던 결정자가 위험을 생산한다는 사실 또한 숨기고 있다.

그런 연유로 신뢰를 형성하고 유지하는 것은 그때마다의 현재에서 미래 지평과 관련을 맺는다. 다시 말해서 신뢰의 형성과 유지는 미래의 현재를 실현하는 데 있는 것이 아니라 미래를 현재화하는 데 있다(Luhmann, 1968: 13). 설령 신뢰가 과거의 사건들과 관련이 있더라도 신뢰는 미래에 지향되어 있다. 학창시절 민주노동당에 입당해 후원금을 내온 현직 검사가 검찰감찰반의 내사 중에 탈당했지만 사직해야 한 사건이 좋은 예이다(≪경향신문≫, 2011년 10월 20일 자). 검찰은 그의 탈당에 의해 장래 법 집행의 공정성을 상실할지도 모르는 위험이 제거되자, 과거 행적에 대한 처벌을 강행하기보다 사표 수리를 선택했다. 즉, 미래의 법 집행에서 중요한 법체계의 확실성 보장이 그 검사가 과거 행한 모든 법 집행 행위를 오류나 과실로 판명하는 것에 의해 훼손되어서는 안 됐던 것이다.

사람들은 통상 미래의 현재를 실현시키는 과정을 '계획'으로 표현한다. 그들은 이것을 목적과 수단에 따른 계산, 즉 예측을 포함한 통제 행위로 받아들이지 신뢰로 인지하지는 않는다. 계획이 미래를 수립하는 과정이라면, 신뢰는 특정한 미래, 불확실한 미래를 현재에서 다루는 과정이다. 즉, 신뢰는 특정 미래를 현재화하는 과정이다. 신뢰는 끊임없이 합리화를 추구하는 현대 사회가 만들어낸 불확실성을 인식하면서 형성되기도 하지만, 상실되기도 한다. 자기생산적 사회체계이론의 급진성은 신뢰의 필요성이 체계와 환경의 분화로부터 나온다는 통찰에 있다(Luhmann, 1991: 34). 불확실한 상황에서 내려진 결정에서 중요한 것은 미래의 과잉 복잡성이다. 미래는 항상 현재에서 실현될 수 있는 것보다 더 많은 가능성으로 다가온다.

　　조직이나 사회의 부분체계들에 대한 신뢰는 앞에서 다뤘던 인물에 대한 신뢰와는 본질적으로 다르다(Luhmann, 1968; 기든스, 1991; 안소영·장용석, 2007). 친구나 이웃을 신뢰하는 사람이 정부를 불신할 수도 있고, 정부를 신뢰하는 사람이 이웃을 신뢰하지 않을 수도 있다. 체계에 대한 신뢰는 인물에 대한 신뢰와 경험적으로 상관관계가 있을 수도 있고 없을 수도 있다. 그렇지만 이론적으로 이 둘은 분명히 별개로 다루어져야 한다. 정부에 대한 신뢰나 불신은 특정 인물에 대한 신뢰의 원인일 수도 있고 결과일 수도 있지만, 그것이 사회적 신뢰와 같은 것이 아니라는 점은 분명하다. 국가도 기업도 모두 관료조직에 의해 운영되고, 제도화된 규칙으로 지배되며, 또 원칙적으로 계산 가능한 조직이다. 관료조직은 행위의 자의성, 즉 우연성을 줄이는 역할을 한다. 따라서 정부를 비롯한 조직에 대한 신뢰, 사회의 부분체계들에 대한 신뢰는 특정 인물에 대한 개인적 신뢰 경험으로는 결코 환원될 수 없는 다른 요인들에 의해 형성된다.

1. 조직에 대한 신뢰

정치인에 대한 신뢰와 정부에 대한 신뢰는 비교적 경험적인 신뢰 연구가 용이하게 행해지는 몇 안 되는 영역에 속한다. 여기서 정부는 특정 시기에 집권한 정권과 입법·사법·행정으로 제도화된 국가권력을 통칭하는 중의적 의미로 사용된다. 특히 중범위 수준의 신뢰 연구는 이들 정치조직이 부여된 역할과 관련된 의무와 기대를 충족시킬 수 있는 기능적 역량을 갖추고 있는지를 평가하는 행위와 직접적으로 관련된다(Barber, 1983). 또한 정치조직이 신뢰대상에 영향을 미치거나 수행 실적을 유지·증진시키고 효과적인 조직 운영을 위해 필수적인 지식이나 기술을 어느 정도 구사하는지를 평가하는 행위와도 관련된다(Mayer et al., 1995: 717). 이런 맥락에서 일련의 신뢰 연구는 공중이 정치조직의 기능적 역량에 대해 신뢰를 보내는 제도적 요인들을 조사한다.

조직이론가들(March and Olson, 1984)이 정치조직의 자율성을 옹호하는 것과는 달리, 합리적 선택론자들은 집단적 행위의 딜레마에 대한 제도적 해결을 지향한다. 홉스에 따르면, 강제력을 독점한 지배자는 규정에 근거해 일탈에 대한 제재를 가할 수 있기 때문에 정치조직의 존재 자체가 이미 개인 행위자들을 서로 협력하도록 한다(홉스, 1986). 결과적으로 행위자는 자기이익을 좇아 권력자에게 복종하고, 권력자는 자신에게 예속된 사람들의 행위를 다소간 계산 가능하다고 믿는다.

신제도주의는 정치제도 또는 경제제도를 정치적 활동 또는 경제적 생산에 지향된 일단의 행위 규칙이라고 설명한다. 신제도주의의 핵심 주제 중 하나는 제도가 개인 행위자의 집합적 결정이나 사회분위기, 문화조류를 반영하기보다는 오히려 행위자의 결정과 문화조류에 영향을 미친다는 것이다. 다시 말해서 조직 행위자의 행위 상황은 그 활동이 이루어지는 지역사회의 특성이나 물리적 조건에 의해 영향을 받기도 하지만, 가장 중요한 것은 사회적 신뢰를 활성화하는 데 공적 행위 규칙인 제도에 대한 신뢰가 중심 역할을 한다는 것이다. 만일 정치제도가 공중에게 법과 제도를 통해 신뢰 가능성이 있는 확실성을 제공한다면, 정책 집행 및 공권력에 대한 공중의 신뢰가 다시 공중의 협력을 용이하게 한다는 것이다. 그러나 신제도주의는 사회적 신뢰의 확장에서 자발적 결사체의 역할을 논의에서 배제한다. 신제도주의의 접근방법에 따르면, 사회적 신뢰가 개인의 선택에 의해 공급될 경우 사회는 항상 필요로 하는 양보다 신뢰가 부족하다는 신뢰 결여를 경험할 수밖에 없다.

조직에서의 신뢰 현상에 대한 연구는 일반적으로 협력관계에서의 신뢰를 강조한다. 조직에 대한 신뢰를 협력을 위한 전제조건으로 파악할 것이냐(Gambetta, 2001), 아니면 협력의 결과로 파악할 것이냐(Axelrod, 1988)를 놓고 논쟁이 벌어진다. 양자는 문제가 제기된 신뢰 현상에 대해 상이한 관점에 초점을 맞추고 있다. 전자는 협력관계에 있는 상대방이 가설적으로 상정한 신뢰에의 지향을 행위자의 행위 맥락에 대한 일반적인 가정에 근거해서 추론하고, 후자는 협력에 근거하는 물질적으로 충족된 신뢰, 즉 상대방에게 맞춘 구체적인 신뢰 측면에 주목한다. 결국 조직과 관련해서 일상적으로 행해지는 미시적 수준의 상호작용에서 가장 먼저 경험하는 것이 신뢰인 것이다. 루만의 언급처럼 조직에 대한 신뢰는 외부에서 주어진 복잡한 정보나 복잡한 상황을 단순화시키는 축소 기제인 것이다.

정치에 대한 신뢰가 문제되는 상황은 어느 정도 불확실성과 위험이 예상되는 상황이다. 따라서 결정에 따른 역동적인 불확실성을 인정하고 위험을 감수하겠다는 정책결정자의 태도와 의지가 중요하다. 정책결정자도 당사자도 이익이 발생할지 손실이 발생할지 알 수 없는 불확실한 상황에서 민주주의 제도가 규정하는 자기준거적인 계산의 위험을 감수한다. 위험은 믿는 대상에 대해 무지하여 당하는 위해와는 근본적으로 다르다. 위험과 위해의 구별은 본질적으로 인간의 삶에 영향을 미치는 의도하지 않은 결과들이 인간 스스로의 활동과 결정에 의해 만들어진 것이라는 통찰로부터 비롯된다. 정책결정자가 인지하는 미래의 위해가 현재 결정을 내리는 순간에는 위험으로 작동한다. 다시 말해서 신뢰와 불신은 결정자와 당사자가 상호의존적이고 위험이 발생할 수 있는 불확실한 상황에 처해 있을 때 비로소 중요해진다. 동일한 맥락에서 루만은 일찍이 신뢰와 불신을 상호보완적인 관계로 이해할 것을 제안했다 (Luhmann, 1968: 78 ff.). 하지만 신뢰 연구들은 대부분 불신을 신뢰와 동일한 연속선상에서 정도의 차이로 간주해 불신과 신뢰 상실을 동일시하는 경향을 보이고 있다.

신제도주의는 정부가 법, 계약 등 공적 제도를 효율적으로 집행한다면 사회적 신뢰를 형성시킬 수 있는 능력을 갖는다는 전제에서 정부에 대한 신뢰와 사회적 신뢰의 상관관계를 분석하는 경향이 있다(Rothstein, 2000). 북유럽 국가처럼 제도에 대한 신뢰가 높으면 사회적 신뢰도 높지만, 한국처럼 제도에 대한 신뢰가 낮으면 사회적 신뢰도 낮다는 것이다(장수찬, 2007; 이병기, 2009). 이에 따라 신제도주의는 국가가 법과 제도의 개혁을 통해 경제발전을 촉진하는 방향으로 사회적 신뢰를 육성할 것을 제안한다. 하지만 그들은 법과 제도의 개선을 통한 신뢰 회복 논의에 치중한 나머지 정치적으로 경제발전이라는 목적을 미리 설정해놓은 것에 대해서는 의문을 달지 않는다. 사회적 신뢰의 육성은 오로지 기술적 측면, 도구적 측면에서만 접근할 뿐이다. 이런 신제도주의의 신뢰 논의는 신뢰와 위험의 관계, 더 나아가 신뢰의 위험을 제대로 파악하지 못한다. 왜냐하면 이들의 가치판단은 양자 중 확실성 쪽에서 일면적으로 행해지기 때문이다. 하지만 신뢰는 논증될 수 있는 것이 아니며, 현존하는 정보가 소통을 압도하면서 이루어진다. 이것은 체계에 대한 신뢰가 확실성 쪽인 신뢰자를 선호하며, 신뢰와 불신의 차이와 관련이 있음을 지시한다.

　　정부에 대한 신뢰 연구는 대략 신뢰의 중요성에 관한 이론적 논의, 신뢰에 영향을 미치는 요인 연구, 신뢰의 개념 구성과 측정에 관한 연구 등 세 가지로 범주화할 수 있다. 그 가운데서도 정부에 대한 신뢰에 영향을 미치는 요인을 경험적으로 규명하는 작업이 가장 관심을 끌고 있다. 신뢰의 영향 요인에 관한 기존 연구가 신뢰대상의 성격과 신뢰자의 신뢰 성향을 중심으로 진행된 것(Mayer et al., 1995)과는 달리, 정부에 대한 신뢰 연구는 대체로 개인이 처한 사회적·경제적·문화적 조건을 다룬다. 대표적으로 퍼트넘은 지방자치가 성공적으로 정착된 이탈리아 북부와 정착에 실패한 남부의 차이에 관한 연구를 통해 개인이 속한 지역 및 공동체의 역사와 전통이 개인 및 사회의 신뢰 수준 또는 신뢰문화에 직접 영향을 미친다고 주장한다(퍼트넘, 2000). 하지만 정치 참여, 자발적 결사체에의 참여가 정부에 대한 신뢰에 영향을 미친다는 지적도 있다(Rothstein, 2000). 정치 참여 활동이 활발하게 이루어지는 참여민주주의에서 정부에 대한 신뢰가 높다는 것이다. 정치 및 시민사회에의 참여문화가 신뢰라는 사회석 자본을 증가시키고 경제발전과 민주주의에 기여한다는 것이다. 스톨Dietlind Stolle도 자발적 결사체에의 참여가 호혜성과 신뢰를 증진시킨다고 주장한다(Stolle, 1998). 또한 인물에 대한 신뢰의 부정적인 경험(범죄, 차별)과 실업률, 소득불균형으로 나타나는 지역적 특성이 정부에 대한 신뢰에 영향을 미친다는 지적도 있다(Brehm and Rahn, 1997). 인물에 대한 신뢰의 부정적인 경험이 정치적 관심과 참여를 감소시키고, 이것이 다시 정치인과 관료의 책임의식을 약화시켜 정부의 효율성에 부정적 영향을 미친다는 것이다.

앞서 언급한 신뢰 연구들은 신뢰자와 피신뢰자 간 또는 신뢰자와 조직 간에 일상에서 일어나는 불공정성, 가변성, 무일관성, 책임회피의 계기를 포함하고 있지 않다. 신뢰는 이들 어두운 면을 동반하지만 그것을 잠재화하는 것에 의해 비로소 성사된다. 이들 어두운 면이 없다면 신뢰는 그저 희망 사항일 뿐이며 위험이 따르는 선행 조치가 아니다. 이런 맥락에서 체계에 대한 신뢰는 위험 선호와 위험 회피 또는 위험 예방과 위해 방지의 차이가 체계에 재진입해 위험 회피 또는 위험 예방을 성사시키는 경우로 해석된다. 다시 말해서 이러한 차이가 체계 내로 재진입하지 않는다면, 단순히 인물에 대한 신뢰만 일어날 뿐이지 체계에 대한 신뢰는 일어나지 않는다. 하지만 위험 선호 또는 위해 방지 쪽에서만 체계 내로 재진입이 일어나는 단순한 재진입은 체계에 대한 불신을 일으킨다. 위험 선호 또는 위해 방지 쪽에서는 인과성의 선택이 너무 제한적이기 때문이다. 결국 체계에 대한 신뢰에 필요한 위험 선호가 없다면 위험 예방만 유효한 대안이 된다. 미국의 '정치 위험 서비스(Political Risk Services)' 그룹은 1979년부터 정치 위험, 경제 위험, 금융 위험 등을 측정하는 '국제 국가 위험 지표(International Country Risk Guide)'를 개발해 체계의 일상적인 신뢰 상실의 위험을 사전에 예방하기 위한 작업을 하고 있다. 물론 예방 자체가 체계의 학습 계기를 활성화시키는 것은 아니다(Wildavsky, 1988).

체계에 대한 신뢰 수준의 변동이 위험의 발생 확률 및 파국적인 재난의 잠재력과 관련이 있다는 것은 각종 '인위적 위험'의 운영조직에서 쉽게 발견된다. 항공운항 관제실과 핵발전소 중앙통제실, 식품의약품안전청과 보건소, 고속철도 관제실과 지하철 중앙통제실, 금융통신 상시감시 시스템과 모바일통신 보안 시스템 등 위험을 관리·통제하는 운영조직이 대표적 사례이다. 이들 조직은 성공과 실패의 균형을 찾기 위해 시행착오에 의한 장기적인 학습효과가 일어나기를 마냥 기다릴 수만은 없다(LaPorte, 1981). 왜냐하면 이들 조직의 중대한 오류는 즉각 재난이나 위해 형식으로 손실을 초래할 뿐 아니라, 경험상 적응에 따른 이익보다는 입게 되는 손실이 훨씬 더 크기 때문이다. 게다가 균형·조화 같은 가치지향의 방식은 외부 환경을 자신이 원하는 방향으로 이끌어갈 수 있다고 막연하게 믿는 '통제의 허상'을 낳을 뿐이기 때문이다.

이들 운영조직은 균형에 대한 책임을 가능한 한 단기적으로 수용하고, 오류는 가능한 한 주변적 수준에 머물게 한다. 이들 조직은 위험을 관리·통제하는 데도 거듭되는 실패에서 해법을 찾는 시행착오를 체계에 대한 신뢰로 대체하고 있다. 하지만 재난이나 위해에 대한 공중의 민감성이 고도로 증가된 조건에서 체계에 대한 신뢰는 양날의 칼이 된다. 왜냐하면 위험을 관리·통제하는 운영조직에 대한 신뢰의 관점은 재난 방지가 위험 예방보다 훨씬 더 비중이 커지는 비대칭적인 동시성을 지시하고 있기 때문이다.

위험의 관리·통제에도 불구하고 돌발적인 재난이나 위해가 일어날 개연성이 높은 영역에서는 조직에 대한 신뢰가 시행착오에 의한 장기적 학습효과를 무시해도 좋을 정도로 시급한 문제이다(페로, 2013). 이런 위험 상황에서는 위험 회피든 위험 수용이든 어느 한쪽에 중점을 둔 도구적 합리성이 조직에 수용된다. 위험관리조직은 위험 사건이 터지면 어느 쪽을 택하든 조직의 목적에 부합하게 정보를 처리한다. 이처럼 비대칭적으로 불일치한 '조직 내 재진입'이 합리성의 관념과 연계되어 진행된다(Luhmann, 1993). 비대칭적 불일치가 조직에 재진입하는 조건은, 정보 결핍이 소통을 구속하고 미래가 불확실한 데도 조직의 행위 능력을 보증하던 신뢰가 위험을 야기한 경우이다(Esposito, 1997). 조직의 합리성의 본질은 바로 이러한 선택의 불확정성과 구속의 필요성의 비대칭적 관계에 있다. 만일 조직에 대한 신뢰의 구체적 조건들이 이 두

기준을 충족시킨다면 신뢰는 합리적인 것으로 기술될 수 있다.

최근 신뢰 논쟁은 조직 내부의 작업 과정(Gondek et al., 1992; Heisig, 1997), 조직들 간 작업 과정(Lane and Bachmann, 1998) 등을 중심으로 활발하게 이루어지고 있다. 예를 들어 이탈리아 남부에서 마피아와 관련된 정치 후견인집단의 형성 측면에서 집단 신뢰를 분석하는가 하면(Gambetta, 1994), 지역 환경에서 공중의 신뢰 구조를 연구하고(Eisenstadt and Roniger, 1984), 전형적인 전문직업인과 고객의 신뢰관계, 즉 변호사와 의뢰인, 의사와 환자, 물리치료사와 환자, 건축가와 거주자 사이의 신뢰관계를 연구한다(Parsons, 1965, 1978; Barber, 1983; Preisendörfer, 1995).

통상 눈에 보이는 책임은 직접적으로 국가에게 책임을 지우는 공중의 상징적 책임 귀속이다. 책임은 공중을 지향해 특별히 형성된 지배의 상징·몸짓·언어, 그리고 국가의 지배수단 속에서 통치로 표현된다(퀼러, 2002: 274). 공중의 상징적 책임 귀속은 더 이상 인물이 아니라 비인격적인 업무 처리에 귀속된다. 그것은 정부조직의 행위자가 아니라 조직의 규칙이 정부조직의 필요성과 수행을 대변하기 때문이다. 정부의 조직활동은 조직 행위자의 판단에 따라 행해지는 것이 아니며, 조직 행위자가 조직의 규칙을 임의적으로 바꿀 수도 없다. 무엇보다도 공중이 과거에 비해 조직의 형성과 유지에 더 많은 영향력을 행사하고 있다. 이 변화된 책임 귀속이 조직에 대한 신뢰를 가능하게 한다.

불확실성이 높아진 현대 사회에서 조직 행위의 원인이 직접적으로 개인에 귀속되는 경우는 드물다. 직장 상사의 영향력도 마찬가지로 개인에 귀속되기 어렵다. 게다가 다수의 원인이 동시에 작용하는 경우 장본인의 행동을 따로 분리해내기가 쉽지 않다. 1997년 외환위기에 대한 책임은 누구에게 있는가? 긴급 교체된 부총리 겸 경제기획원 장관은 취임 즉시 경제성장률, 물가상승률, 경상수지, 재정수지 등 경제 기초 여건의 건전성을 내세워 IMF의 구제금융이 불필요하다고 선언하고, 자구책인 금융시장 안정 대책을 발표했다. 하지만 그것이 오히려 국제신인도를 떨어뜨려 대규모 외환 유출에 의한 환란을 야기했다는 사실은 경제적 요인 분석만으로는 증명하기가 쉽지 않다. 일련의 연구와 경제 청문회를 통해 드러났듯이, 그의 결정에는 중앙집권형 관치금융과 재벌 기업의 과도한 차입 경쟁, 단기외채 위주의 외채구조, 금융기관의 부실 운영 등이 복잡하게 얽힌 국내적 요인(박대근·이창용, 1998)과, 미국 신용평가회사의 신용등급 하락(임준환, 1998), 일본 금융기관의 단기외채 연장 거부, 전자화폐에 기초한 세계 금융시장에서의 신속한 대규모 자본이동(신인석, 1998) 등 국외적 요인, 그리고 개인에 귀속되는 행동 양태가 혼합될 수밖에 없었다. 그로부터 1년 후 외환위기에 대한 책임을 묻기 위해 개최된 경제 청문회에서 정치권은 외환위기의 책임을 개인에 귀속시키는 것이 불가능하다는 것을 확인했다. 정치인들은 외환위기가 정상적인 경제 현상이라는 것을 인정해야 했다. 정부의 자구책 발표에 대한 기대와 다른 외환시장의 반응은 경제부총리 및 경제 관료를 비롯한 정책결정자들의 주의와 숙련을 요구했으나 그들은 그렇지 못했다. 개인에 귀속시킬 수 있는 부분은 여기까지였다. 이들의 행위에 대한 법적 책임을 묻기는 어려웠다. 그리고 법적 책임 귀속은 국가신인도의 향상에 전혀 도움이 되지 않았다.[1] 경제부총리가 감옥에 가지 않는다고 해서 국가신인도가 증명되는 것도 아니었다.

광우병 위험이 있는 미국산 쇠고기의 수입 반대 촛불집회와 같은 초대형 갈등의 극복은 수입 재개 협상에 관여한 핵심 인물에 대한 신뢰만으로는 충분치 않았다. 책임 수용과 책임 회피의 차이가 국가의 책임 수용 쪽에서 비대칭화됐다. 이것은 광우병 위험을 감수하는 결정을 내린 정부와 책임 수용을 요구하는 공중의 인식 차이에서 잘 드러났다. 정부는 촛불집회와 인터넷을 매개로

---

1 한 국가를 경제적 단위로 하여 국가위험도, 국가신용도, 국가경쟁력, 국가부패지수, 정치권리자유도, 경제자유도 등을 평가하는 국가 신인도는 무디스, S&P, 피치·IBCA 등 국제신용평가기관들에 의해 주기적으로 측정·발표 된다. 세계 금융시장에서 국가신인도는 해외 차입, 외국인 투자 등과 관련된 금리 형성에 큰 영향을 미친다.

강화된 반대 여론의 압력에 굴복해 책임을 수용하고 추가 협상을 택했다. 결과적으로 체계에 대한 신뢰가 정부와 공중 간에 강한 긴장을 유발하면서 확실성이 보장되는 쪽, 즉 책임 수용 쪽에서 비대칭적인 불일치가 일어났다.

조직은 책임을 수용하기를 꺼린다. 조직이 책임을 진다는 것은 행위의 결과를 헤아리기 어렵다는 불확실성과 관련된 큰 위험이다. 따라서 조직에 대한 신뢰는 조직이 가능한 한 책임을 회피한다는 점을 함께 고려해야 한다. 즉, 체계에 신뢰를 보내는 것은 항상 책임 수용과 책임 회피의 차이를 고려해야 한다. 체계에 대한 신뢰는 조직 또는 사회의 부분체계들과 관계가 있는 것이지 책임질 용의가 있는 개인 인물과 관련이 있는 것은 아니다(Luhmann, 1968).

2. 조직 행위자에 대한 신뢰

현대 사회에서 각종 조직은 그 행위자인 인물이 아니라 그의 지위와 역할에 의해 대표된다. 이에 상응하게 전제조건으로서의 신뢰와 결과로서의 신뢰의 차이는 지위와 역할로 대표되는 조직 행위자들과의 상호작용 유형을 통해 일목요연하게 설명된다. 정치조직은 대통령, 장관, 도지사, 시장, 공무원, 국회의원, 유권자 등에 의해, 경제조직은 대표이사, 감사, 근로자, 금융가, 회계사 등에 의해, 법조직은 판사, 변호사, 원고, 피고 등에 의해, 과학조직은 학회장, 학술지 편집위원장, 대학장, 연구소장, 대학교수, 학자, 연구원 등에 의해, 교육조직은 학교장, 교사, 학부모, 학생 등에 의해 대표된다. 대표는 공공성의 영역에서만 일어날 수 있다. '사적'인 대표는 존재하지 않는다. 대표는 공적으로 존재하는 인물을 통해 볼 수 없는 조직을 보이게 만든다.

우리가 특정 시공간에서 행해지는 상호작용에서 이들 지위를 가진 인물과 마주한다는 것은 그가 속해 있는 조직과 관계한다는 의미이다. 사람들은 조직 자체와 조직을 운영하는 행위자들을 명확하게 구분하며, 조직이 특정 정책에 실패했다면 조직 자체보다 이를 운영하는 조직 행위자들의 지도력 실패로 간주한다(Lipset and Schneider, 1983). 따라서 조직에 대한 신뢰 하락이 곧바로 조직의 정당성 위기로 연결되지는 않는다.

조직 행위자와 공중 간 상호작용의 일반적 구조는 조직에 대한 신뢰 요소를 고려해 다음과 같이 요약할 수 있다. 우선 공중은 조직 행위자의 판단 능력을 신뢰한다. 둘째, 조직 행위자와의 상호작용에서 공중은 개인적인 형편에 대해 매번 상세하게 얘기하는 것을 피하려 한다. 따라서 공중은 조직 행위자가 자신이 통지한 것들을 친숙한 방식으로 취급할 것이라고 믿는다. 셋째, 공중의 신뢰는 조직 행위자가 그만이 접근할 수 있는 정보들을 공중에게 불리하게 사용하지 않을 것이라고 믿는 정직성과 연결된다. 넷째, 조직 행위자에 대한 신뢰는 그가 현실 진단뿐만 아니라 문제해결에도 충분한 만큼의 정보를 갖고 있다는 투명성을 가정한다. 다섯째, 조직 행위자에 대한 신뢰는 그가 자신의 경험을 공중의 부정적 상태를 점진적으로 지양하는 데 효과적으로 사용할 것이라는 믿음에까지 이른다.

여기서 언급한 판단 능력, 친숙성, 정직성, 투명성, 효과성 등의 다섯 가지 관점은 조직 행위자와의 상호작용 구조에 적합한 신뢰의 표현형이다. 경험적으로 이들 다섯 가지 관점은 정치인, 기업가, 변호사, 의사, 물리치료사, 건축가 등의 전문가와 접촉하는 데 전제조건으로 적절할 수 있다. 특히 조직 행위자와의 구체적인 경험에 기초한 신뢰 기준은 시간이 경과하면서 획득된 개인적 지식에 근거해 부분적으로는 배타적으로 작동한다. 예컨대 환자는 경우에 따라서 다른 의사가 아닌 바로 그 의사에게만 간다. 환자는 집 근처에 있는 의사를 찾아가든 여러 의사들의 진찰을 받아보고 그들 중에서 가장 믿을 만한 사람을 선택해 진료를 받든, 한 번 주치의가 정해지면 좀처럼 바꾸지 않는다. 그로써 '공적 인물'과 기능의 구조적 분리가 경험적으로 일어난다.

우리가 상대방의 행위에 대해 판단할 때 기초가 되는 것은 대체로 특정 조직과 특정 기능체계 내 행위자의 역할이나 조직 내 위치이다. 그 행위가 자의적인지 타의적인지, 의도적인지 실수인지 판단할 때조차 조직 내 행위자의 역할은 판단의 근거가 된다. 조직 내 주요 직책을 맡고 있는 행위자에 대한 신뢰는 그가 특정 지위의 활동이나 역할을 잘 수행할 것이라는 믿음이다. 다시 말해서 특정 조직의 행위자에 대한 신뢰는 인물에 대한 신뢰가 아니라 그의 사회적 역할에 대한 신뢰이다.

이미 앞에서 언급한 바와 같이 신뢰는 항상 기대에 대한 실망 가능성과 관련이 있다. 실망하지 않는다면 확신이 없었던 것이고, 확신한다면 신뢰는 필요 없기 때문이다. 확신 상태에서는 무엇이 일어날지 이미 알고 있거나, 그런 상황을 전혀 기대할 필요가 없다. 헌법에 대한 신뢰는 헌법 자체에 지향해 있는 것이 아니라 헌법재판소와 그 부속기관에 속하는 담당자들의 행위를 넘어 헌법 실행과 법체계의 안정성 및 발전 가능성에 지향해 있다. 왜냐하면 사회제도의 담당자는 제멋대로 행동하는 것이 아니라 제도화된 규칙의 테두리 내에서 제도 내적 논리에 따라 행동하기 때문이다. 하지만 제도화된 규칙은 항상 조직 행위자에 의해 수행된다. 사회제도를 대표하는 공적 가치도 역할 수행자로서 제도의 기본 이념을 실현하고 표현하는 행위자의 상징적 행위에서 비로소 관찰할 수 있다. 따라서 조직이 존립하기 위해서는 구성원이 공유하는 가치가 그런 행위자의 제도화된 규칙 행위에서 상징적 표현을 갖추어야 한다.

제도화된 규칙이 조직 행위자에 의해 수행된다는 것이 자명하게 받아들여지는 데서 보듯이 조직에 대한 신뢰는 민주주의의 결정적인 요소이다. 상대방 또는 대상의 친숙성은 근대화 과정에서 폐기된 것이 아니라 부분체계들의 기능적 분화(다원화)의 조건에서 새로운 특성으로 변화한다. 개인적 차원에서 이루어지던 상대방이나 대상의 친숙성이 제도에 대한 신뢰로 이행하는 과정이야말로 근대화 과정의 핵심을 이루는 제도적 요소이다. 개인이 은행에서 받은 대부는 은행에 대한 개인적 채무이지만, 은행제도가 중앙은행 및 국가 채무와 연계되면서 개인적 채무는 이른바 공적 채무로 바뀌게 된다. 대규모 시장이 존재한다는 것은 생면부지의 낯선 타자들 간에도 몰인격적인 신뢰를 바탕으로 경제적 거래가 이루어질 수 있다는 의미이다. 대통령에 대한 신뢰는 대중 매체의 보도와 연계되어 제도화된 규칙, 여기서는 헌법에 따른 통치제도에 대한 신뢰로 전이된다. 다시 말해서 현대 사회에서는 공중이 조직 행위자에게 신뢰를 보낸다 하더라도 그것은 조직에 대한 신뢰의 결여된 부분을 보완하는 수준이다.

한편 체계에 대한 신뢰를 인물에 대한 신뢰로 환원해 다루는 일단의 학자들(김용학, 1998; 이재열, 1998; 장덕진·배영, 1999)은 신뢰를 증진시키는 규범적인 해결책을 선호했다. 이들이 보여준 "신뢰가 규범적 제재에 의해 강화된다"는 관점은 공중의 신뢰를 규범적으로 전제할 뿐만 아니라 실제로 신뢰가 규범적으로 전이된다는 입장이다. 이들에 따르면 한국 사회에서 해방 이후 미군정과 일제 친일부역자의 공존, 군사 쿠데타와 권위주의 정부의 등장 등 사회적 혼란을 야기한 역사적 사건들은 인물에 대한 신뢰에 기초한 건전한 시민사회의 형성에 장애로 작용했던 것으로 해석된다. 역사적으로 권위주의 정부의 좌파 탄압과 장기 집권에 기초한 관료행정, 공안정국의 빈번한 출현은 분명 병리적 현상임에 틀림없다. 그렇지만 권위주의 정부가 집권 기간 동안 비정상적으로 높은 신뢰를 받고 있었다는 사실이 간과되어서는 안 된다. 신뢰가 무조건 높은 것이 능사는 아닌 것이다. 공정성과 효율성을 지키지 않는 행위에 대한 엄격한 제재가 아니라 일탈행동이나 아래로부터의 발의, 비판의 허용이 오히려 신뢰관계를 강화할 수 있다. 물론 신뢰자가 일탈이나 발의, 비판을 실행하기 위해서는 민주적인 사회질서가 담보되어야 한다. 게다가 높은 신뢰를 요청하는 규범적 관점은 국회의원들이 선거를 통해 공중으로부터 권한을 위임받았으면서도 지속적인 책임을 지지 않는 대의민주주의의 결함을 여전히 설명하지 못한다.

민주주의에서 신뢰는 정치인을 지향한다. 직접선거의 경우 정치인들은 정당의 공천을 받았든 무소속으로 출마했든 선거에 입후보해 유권자에 의해 선출된다. 이것이 정치에서 의미하는 것은 유권자와 그들을 대표하는 정치인의 관계가 대면적 상호작용이 아니라 상호의존관계에 있다는 것이다. 민주주의의 특성은 정치인에게 자신을 뽑아준 유권자를 배려하려는 강한 동기를 부여한 데 있다. 그것은 정치인에 대한 신뢰가 단순히 어떤 정치인이 자신과 더 친숙한 인물인가에 의해 좌우되지 않는다는 뜻이다. 즉, 정치인과 공중의 관계는 양자가 서로를 직접적으로 지향하지 않으면서도 의회제도의 우회로에 의해 제약을 받는다.

물론 선출된 것은 의회제도 그 자체가 아니고 그 제도의 행위자인 정치인이다. 정치인에 대한 신뢰는 비록 선거운동이 인물 중심으로 치러졌더라도 의회제도를 대표하는 지위의 소유자라는 의미에서 신뢰가 주어진 것이다(퀠러, 2002: 271). 예컨대 노무현 대통령 탄핵 사태 이후 진보적 인사가 대거 진출했던 제17대 국회의 정당정치와 이명박 대통령 당선 후에 보수적 인사가 다수를 차지했던 제18대 국회의 정당정치는 그들의 현격한 정치적 성향의 차이에 의해 영향을 받을 수밖에 없었다. 그렇지만 두 대통령의 통치시기에 특정 정치인에 대한 공중의 직접적인 신뢰관계는 어디에도 존재하지 않았다. 의원들은 여당에 속하든 야당에 속하든 그들의 정치활동에서 때때로 정치적 상호작용의 동반자인 공중으로부터 신뢰를 받거나 잃었다. 의회 내에서 정당들은 차별화 전략을 구사하며 자기들끼리 결속을 다지는 데 반해, 공중은 '보수'니 '진보'니 입장 표명을 하더라도 일관성 있는 이념적 사고를 보이기보다는 그다지 깊이가 없는, 일시적인 시류에 따르는 대세 순응주의의 경향이 강하다.[2]

---

2 1970년대 선거에서 김대중 바람이 언급된 이후 언론은 선거에 영향을 미치는 모든 사건에 대해 바람 풍(風) 자를 붙여 공중의 대세 순응주의를 지시한다. 그 가운데 보수 세력이 선거에 승리하기 위해 의도적으로 일으키는 '북풍'이 대표적이며, 1987년 대선 전에 발생한 KAL기 폭파사건 및 선거 전날 폭파범 김현희의 압송 입국, 1992년 대선 전에 안기부가 발표한 거물 간첩 이선실 및 남조선노동당 사건, 1996년 총선 직전 판문점에서 전개된 북한군의 갑작스러운 무력시위 사건, 1997년 대선 직전에 안기부가 관여한 휴전선 총격사건 등이 언급된다.

물론 그들은 어느 한 정당의 정치관에 친숙하게 동조하는 경향도 보인다. 특정 정당을 지지하는 공중은 흔히 갈등 상황에서 상대편 정당의 정치관을 혐오스러운 것으로 간주하는 경향이 있다. 정당 간의 갈등이 커진 시기와 정치에 대한 불신이 증가한 시기가 대체로 일치한다는 흥미로운 조사가 있다(나이 외, 2001: 256 이하). 그에 따르면 여당과 야당은 전략상 중요한 정치 행위자들을 만들어내 사사건건 대립 국면을 조성하고 민주정치의 핵심 요소인 협상은 빈번히 실종될 위험에 처해왔다. 그 결과 정치인 전체가 공중의 기본적 이해관계와는 동떨어진 채 당리당략에 의해 행동한다는 문제가 생겨났다.

헌정사상 초유 사태였던 국회의 대통령 탄핵 사건은 정당정치에 대한 불신을 장기간에 걸쳐 만연시켰다. 정당 간 극단적인 대립이 국가적 위기 상황을 만들어냈다. 당시 야당인 새천년민주당과 한나라당은 대통령의 선거 중립 의무 위반과 측근 비리에 대한 사과 거부를 이유로 탄핵을 발의해 다수의 힘으로 국가수반이 2개월간 공석인 국가비상사태를 만들어냈다. 이에 대해 공중은 전국적인 촛불시위와 뒤이은 국회의원 총선에서 군소정당이던 여당을 다수당으로 선택하는 형태로 야당에 대한 불신을 표출했다.[3] 여소야대 정국에서 다수당이 정부를 통제하려고 했던 반면, 유권자들은 이를 다수당에 의한 민주주의의 훼손으로 간주해 선거를 통해 심판을 했다.[4] 탄핵을 주도했던 한나라당과 새천년민주당은 참패해 조직의 존폐 위기에까지 내몰렸다.

조직 행위자가 조직의 신뢰관계를 결정하는 토대인가? 대의민주주의에서는 정치인과 공중의 직접적인 대면 접촉은 거의 없다. 그 때문에 신뢰는 정부,

---

3 한 달 후에 치러진 제17대 국회의원선거 때까지 전국 각지에서 매일 탄핵에 반대하는 촛불시위가 잇따랐고, 시민사회단체들은 탄핵소추안 가결을 야 3당의 쿠데타로 규정하고 탄핵안 철회운동에 돌입했다.

4 선거 결과 선거 전 47석의 군소정당이던 열린우리당은 과반이 넘는 152석을 차지하고, 선거 전 145석으로 제1당이던 한나라당은 121석밖에 얻지 못하는 결과를 낳았다. 62석으로 제2당이던 새천년민주당은 9석, 10석이던 자유민주연합은 4석을 얻었다.

국회, 정당 등의 조직 또는 대통령, 장·차관, 국회의원, 당대표 등 조직 행위자로서의 정치인에게 향할 수밖에 없다. 다만 조직은 항상 자신의 행위자를 갖기에 조직에 대한 신뢰와 인물에 대한 신뢰가 가시적으로 분별되지 않는 것뿐이다. 조직 행위자는 부재하는 것을 현존하는 것으로, 보이지 않는 것을 보이는 것으로 만드는 역할을 한다(퀼러, 2002: 275 이하). 이런 방식으로 그에 의해 대표되는 조직이나 구성원의 의지가 일을 수행하는 과정에서 현존하게 된다. 다른 한편 그 자체로는 보이지 않는 사회가 공유하는 기본적 가치와 질서 원칙이 조직 행위자들을 통해 보이게 된다.

장·차관과 고위직 관료, 일반 공무원 등 행정조직의 행위자 대부분은 공중에 의해 직접 선출되기보다는 임명권자에 의해 관련법에 따라 이런저런 형식으로 임명되기도 하고, 공무원시험·국가고시 등을 거쳐 선발되기도 한다. 선출되거나 임명된 조직 행위자들은 공중에 대해 개인적인 평판이나 친숙성에 근거해 행동하지는 않는다. 따라서 그들에 대한 공중의 신뢰는 제도의 우회로를 통한 판단에 지향되어 있다. 그에 비해 선거는 유권자가 대표자를 당선 또는 낙선시키는 조절 장치이다. 출마한 인물은 당선되지 않으면 낙선되거나 사퇴해야 한다. 그러나 선거는 4~5년의 주기를 갖고 있으며, 떠들썩한 퇴진 스캔들은 매일 일어나는 일이 아니다. 낙선 또는 퇴진은 의회제도의 한 단면일 뿐이며, 게다가 드문 경우이다. 만일 조절 장치가 제 기능을 하고 대체 후보가 준비되어 있다면, 조직 행위자가 그릇된 행동을 하더라도 그가 속한 조직이나 정치에 대한 신뢰는 상실되지 않는다. 낙선자는 자기가 패배한 그 제도 내에서 다음 기회에 다시 경쟁하는 것이 그 제도 밖에서 경쟁하는 것보다 위험이 적을 때 비로소 선거 결과를 받아들이고 다음 선거의 패배 위험도 수용한다. 물론 선출된 당선자는 의회제도의 행위자로서 제도에 대한 신뢰 형성에 결정적으로 기여한다.

3. 위험 소통과 전문가집단

근대화는 초기부터 경제적 위험을 측정하고 가시화해 위험이 개인 차원에서 분산·수용될 수 있도록 미래의 피해에 대한 물질적 보상을 보증하는 사회보험제도를 발달시켰다. 열린 미래에 대처하려는 사회보험제도는 사회의 불의에 대한 새로운 인식이라기보다는 사회적·경제적 삶을 인간의 과학적인 예측 능력으로 통제할 수 있다는 신념이 발전시킨 것이다(기든스, 1997: 155). 특히 1930년대 이후 케인스주의는 경기침체·대량실업 등의 위험이 국가에 의해 효과적으로 관리될 수 있다는 신념을 심어주었다. 제2차 세계대전 이후 서구 국가는 대부분 실업, 근로빈곤, 양극화, 주거난, 교육 불평등, 고령화, 저출산, 질병, 전쟁 등 근대화 과정에서 초래된 인위적 위험을 국가가 가능한 한 최선을 다해 대응해야 하는 시대적 과제로 기정사실화했다. 현재 국가의 개입은 위험관리의 범주를 경제발전, 기술혁신, 환경오염 등으로 확장하는 추세에 있다.

비록 인물에 대한 신뢰는 의심을 받더라도, 즉 신뢰가 좀 낮더라도 그럭저럭 살아가지만(Shapiro, 1987), 근대화된 도시에서의 일상은 우연성과 위험이 내포된 환경에서 신뢰를 바탕으로 하지 않으면 안 된다. 인구밀집형의 거대 도시는 짧은 기간에 급팽창하는 사회적 수요를 충당하기 위해 관료집단의 계획에 따라 개발된 근대화의 기념비적인 결과물이다. 이것은 도시계획이 사회적 합의 과정을 거치지 않고 정부에 의해 강압적 방식으로 집행됐음을 시사한다. 그 결과 도시는 짧은 시간에 농업에 기반을 둔 오랜 전통적 모습을 상실하고, 도시공간을 구획하고 재배치하는 도시계획가와 국토공간계획가의 계획에 의해 산업화에 적합한 거대 도시로 탈바꿈했다. 거대 도시의 급속한 건설과 재개발은 토목공학, 건축공학, 도시공학 등의 전문지식의 기반이 없다면 불가능한 일이었다. 그러나 좁은 도시공간에의 과도한 인구밀집, 단기간에 우후죽순처럼 솟아난 생활기반시설과 대형 구조물, 급속히 뻗어나간 지하철, 고가도로, 도시가스관, 전선망, 전신전산망 등 사회기간시설의 이용 증가는 거대 도시를 재난 사고에 취약한 공간으로 만들었다.

현대 사회는 불확실성을 주제로 하는 위험 소통을 통해 '이제 더 이상 이대로는 안 된다'는 경고의 메시지를 발하고 있다. 인간은 그토록 안전을 추구해왔지만 더 이상 종래와 같은 방식으로 삶의 안전을 도모할 수 없다는 것을, 위험 소통은 사회 도처에서 표출하고 있다. 특히 페로Charles Perrow가 "정상 사고(Normal Accident)"(페로, 2013)의 구상을 통해 기술공학과 복잡한 현대 조직에 내재된 안전과 위험의 동시성을 강조한 이래로, 안전의 근원이던 과학에 기초한 기술혁신이나 조직혁신이 위험의 근원으로 바뀌는 현대 사회의 역설을 직시하게 됐다. 이에 학자들은 위험과 안전의 이분법적 구도를 넘어서는 현대 사회의 재귀성과 성찰 능력을 요구하고 있다. 과학에 기초한 기술혁신과 정보 기술의 발전에 따라 일상에서 전에 없던 통제 불가능한 불확실성과 위험을 역동적으로 경험하고 있다. 몰랐던 사실이 새로 발견되고 끊임없이 새로운 원인이 불확실성을 초래하는 상황에서 위험에 대한 공중의 민감성이 과거 어느 때보다 증가하고 있다. 결국 공중은 사회적 체계, 즉 조직과 사회를 신뢰할 것인지 말 것인지를 결정하도록 요구받는다. 결정에 필요한 지식이 부족한 상황에서 당사자인 공중이 결정에 따른 위험을 인지하면서도 그 사회적 체계가 올바른 결정을 내릴 것이라고 기꺼이 믿음을 보낸다면 체계에 대한 신뢰가 작동하는 것이다. 불확실성 속에서 손실 발생 확률의 계산에 의지해 깊은 고뇌 끝에 신뢰를 보내는 결단에는 위험 인지가 이미 전제되어 있다.

불확실성이 지배하는 상황에서 조직 또는 사회의 부분체계에 대한 신뢰는, 고도로 복잡한 체계의 작동에 따른 위험을 인지하면서도 체계의 신뢰 가능성에 준거해서 사람들이 체계에 자발적으로 보내는 신뢰이다. 체계가 신뢰를 지킬 것이라 기대하는 신뢰 가능성이 체계에 대한 신뢰를 낳는다. 이처럼 체계에 대한 신뢰는 재귀적 형식의 신뢰, 즉 신뢰 능력이 신뢰자와 체계의 쌍방향에서 소통되는 재귀적 관계에 근거를 두고 있다. 신뢰자는 신뢰할 만한 체계의 신뢰 가능성을 기반으로 신뢰에 따르는 위험을 기꺼이 감수하는 행동을 하게 되고, 체계도 신뢰자의 긍정적 기대에 부응해 행동하게 된다. 재귀적 형식의 신뢰관계에 기초하는 오랜 확신의 경험은 이 소통관계를 기능적 신뢰로 전환할 수 있도록 하며, 또 이러한 전환이 현실에서 규칙적으로 일어나고 있다. 공무원 시험 열풍은, 1997년 동아시아 외환위기 이후 고용 불안이 증가한 다른 조직과 달리 경력 원칙의 제도화에 근거한 공직에 대한 확신이 직업을 선택하는 동기부여로 재귀적으로 작동한 탓이 컸다. 이처럼 일상용어나 현실에서 신뢰는 미래와 관련된 희망 또는 확신에 가깝다는 것은 분명하다. 하지만 확신은 미래 일의 진행에 대한 확실성이 희망보다 더 클 때 가능하다. 만일 확신이 조직, 사회의 부분체계 등의 배경 가설의 타당성과 연관되어 재귀적으로 작동한다면 사회적 체계에 대한 기능적 신뢰의 조건이 된다.

　　방법론적 개인주의에 기초한 합리적 선택론은 이런 거시적 현상을 개인의 행위로 환원해서 계산적 신뢰 개념으로 설명한다. 신뢰를 보내는 행위자는 집합체 내에서 자기이익을 극대화하는 대신에 다른 행위자를 위해 또는 독립적으로 존재하는 집합적 행위자의 공동이익을 위해 행동한다는 것이다(Coleman, 1990: 145). 즉, 위험이 상존하거나 행위의 결과가 불확실한 상황에서 행위자는 자기이익이 자신보다 타자를 통해 더 잘 충족되리라는 기대에서 자원을 일방적으로 그 타자에게 이전한다는 것이다. 계산적 신뢰 논의는 유감스럽게도 중범위 수준에서 고려할 수 있는 전문가집단에 대한 신뢰 분석을 결여하고 있다. 공중은 비행기, 지하철, 고속철도, 고속여객선, 핵발전소, 인간배아복제, 컴퓨터연결망 등 첨단기술의 세부적인 작동 방식과, 필연적으로 난해한 그들 기술에 대해 무지하기 때문에 전문가집단의 전문성을 믿는 수밖에 없다. 이들 첨단기술의 경우 몇 만분의 일의 낮은 확률에 불과한 우발적 사고라 하더라도 대형 참사의 위험은 잠재해 있다. 공중은 이들 고위험 기술의 개발 및 운영과 관련된 결정 과정에 참여할 수 있는 기회가 차단된 상태에서, 즉 정보가 결핍된 상황에서 행정 관료나 의회 또는 해당 운영조직이 온갖 위험을 고려해 모든 결정을 합리적으로 내렸을 것이라고 신뢰하지 않으면 안 된다. 그렇지 않다면 그들은 비행기나 지하철, 고속철도, 고속여객선을 마음 놓고 탈 수도, 핵발전소 주변에서 무심하게 살 수도 없을 것이다.

　세월호 참사에 대한 시민들의 분노는 '총체적 난국'으로 표현되듯이 재난대응체계에 대한 신뢰가 전문가집단의 직업윤리와 책임의식의 결여로 인해 무너진 데 대한 반응이다. 승객의 생명과 안전을 책임진 선장과 선원이 있고 선박의 안전 관리 · 운항을 제도적으로 보장하는 법제도와 재난대응체계, 그에 상응하는 감독기관과 재난대책본부, 구호조직 등이 있는데도 침몰하는 선박으로부터 단 한 명도 구조하지 못할 정도로 작동하지 않는 일이 일어났다. 선장과 선원은 선내 비치가 의무화되어 있는 '여객선비상수색구조계획서'와 '위기대응행동 매뉴얼'을 따르지 않았다. 마찬가지로 해수부는 '주변해역 대형 해상사고 대응 매뉴얼', '해양사고(선박) 위기관리 실무 매뉴얼'을, 해경은 '해상수색구조 매뉴얼'과 '전복사고 발생 시 체크리스트'를 준수하지 않았다. 매뉴얼은 출동 대원과 현장 지휘관이 사고 선박의 도면이나 구조를 잘 아는 사람을 대동해 선내로 진입해 수색 · 구조활동을 벌이게 되어 있었고, 체크리스트에는 승객 또는 선원의 퇴선 여부 파악, 구명조끼 착용 여부, 당시 상황을 확인해 보고하도록 되어 있었다.

　선장과 선원은 해상교통관제센터의 승객 퇴선 명령과 구명벌 투하 지시에도 불응하고 승객을 위험에 방치한 채 먼저 탈출했다. 그들은 "가만히 있으라"는 대기 방송을 수차례 반복한 후 후속 조치 없이 탈출해 승객들을 선실 내에 가두었다. 또한 해경 경비정은 선장과 선원을 먼저 구조해 육상으로 인계했을 뿐만 아니라 선내 진입에 대동할 선원을 찾으려는 노력도 하지 않으며, 목포 해경서장의 선내 진입과 퇴선 방송 지시에 불응했다. 해경은 전복 7시간 후 수중 구조인력 첫 투입, 54시간 후 선체 진입 등 부실한 수색 · 구조작업으로 구할 수도 있었을 많은 생명을 수장시켰다. 또한 중대본은 비전문가인 안행부의 일반 행정직으로 구성돼 재난 상황을 통제하는 데 실패했으며, 국무총리의 지휘를 받는 범정부사고대책본부의 설치로 초기에 컨트롤타워의 기능을 상실했다. 그 후 수사 과정에서 무리한 구조 변경을 눈감아 준 한국선급의 부실한 선박 안전검사와 출항 시 운항관리자의 부실한 안전점검, 형식적인 안전교육 등을 방치한 해수부(해양항만청), 해경 등 감독관청과 해운사 간의 잘못된 관행이 복원력을 상실해 '시한폭탄' 상태인 세월호의 상시적인 편법·불법 운항을 가능케 했던 것으로 드러났다. 결과적으로 전문가집단에 대한 신뢰를 상실한 공중은 여객선, 지하철, 비행기, 핵발전소 등의 안전에 대해 불안해하는 것을 넘어서 정부의 감독기관, 국회, 정당, 언론 등 다양한 공적 기관들을 불신하게 되었다.

복잡성·우연성·다양성이 혼재하는 일상에서 행위의 정확한 결과는 누구도 예측할 수 없다. 행위자들이 합리적으로 행위하든 비합리적으로 행위하든 이론적 예측은 같다는 합리적 선택론의 주장은 미래의 결과를 예측할 수 없는 불확실한 상황에서 타당성을 잃는다. 미래가 현재 내린 결정에 달려 있다는 것을 알면서도 그 결과에 대해 낙관적으로도 비관적으로도 전망할 수 없으며 조정할 수도 없는 불확실성이 현실을 지배하고 있다. 신뢰자가 타자에 대한 감독이나 통제 능력과는 상관없이 타자가 자신에게 중요한 특정 행위를 수행할 것이라는 기대에서 타자의 행위에 대한 자신의 취약성을 기꺼이 받아들이는 것이 신뢰이다. 다시 말해서 신뢰는 신뢰자가 손실을 입을 가능성이 있는데도 타자를 신뢰하는 것이며, 결과적으로 신뢰자가 자신의 취약성을 인정하는 것이다. 신뢰자가 자신이 손실을 입을 가능성을 고려하지 않고 타자를 신뢰한다는 것은 과거 경험과 미래 예측을 근거로 하지 않는 비합리적인 행위임에 틀림없다.

신뢰 소통은 시간적 차원에서 모든 결정을 위험으로 만드는 과거와 미래의 차이와 관련이 있다. 만일 미래가 없다면 위험 또한 존재하지 않을 것이다. 위험이 위력을 발휘하는 공간은 미래의 시간이다. 우리는 일상에서 제한된 정보 또는 부족한 정보를 토대로 나중에 후회되더라도 쉽게 철회할 수 없는 결정들을 시간에 쫓기며 내려야 한다. 택시 대신에 지하철을 타는 사소한 결정에서부터 대학 진학, 취업, 주택 매매, 결혼, 이혼에 이르기까지 일상에서의 수많은 결정들은 시간의 제약을 받으며 내린 결정이며, 이를 철회하는 데는 많든 적든 신뢰를 잃을 위험이 따른다. 또한 각종 사회적 위기 상황에서 여당과 야당이 치열한 공방을 벌이며 다다른 국가적 주요 결정도 관련 정보가 부족한 상황에서 시간에 쫓기며 내린 것이다. 결정의 지연이 곧 정부의 정치적 무능으로 평가되는 정치구조에서, 집권당은 문제시되는 정책 현안에 대해 자유롭고 평등한 정보의 접근 및 공유에 기초한 공중의 참여와 토론을 통해 합의를 도출하는 '숙의민주주의'보다 원내대표가 주도하는 업무 수행의 효율성을 내세운 신속한 결정을 선호한다. 예컨대 광우병 발생 지역인 미국산 쇠고기의 수입, 한미자유무역협정 체결, 미국발 세계 금융위기에 대처한 대규모 재정 지출, 경제적 가치를 생태학적 가치로 기만한 4대강 사업, 북한의 연평도 공격에 대한 맞대응 등이 그렇게 내려진 정치적 결정들이다. 이들 결정은 정치에 대한 신뢰 상실의 위험을 감수하지 않고서는 철회할 수 없는 것들이다(노진철, 2010: 164).

위험 상황에서 타산적으로 행동하는 공중의 신뢰는, 애초에 그들이 피신뢰자 또는 조직에게 조건 없이 신뢰를 보낸다는 것을 전제로 한다. 이런 의미에서 신뢰는 합리적 계산이 끝나는 지점에서 비로소 시작된다. 불확실성이 지배하는 상황에서 합리성은 목적에 대한 수단을 최적화하기 위한 맥락에서 요구되는 것이 아니라 현재 결정이 필요한 상황에서 요구된다. 미래의 결과가 불확실하다는 사실은 결정 이후에 일어나는 경과가 어떠하냐를 고려해 현재 합리적으로 결정할 것을 요구한다. 하지만 위험 회피의 행위 지향은 미래의 잠재적 손실을 줄이기 위해 현재의 결정에서 선취할 수 없는 미래를 선취하려는 시도이며 위험을 감수하는 선택이다(March, 1989). 다시 말해서 결정에 따른 결과가 불확실한 상황에서 위험을 극복하기 위해 합리성에 의지하지만, 결정을 내릴 때 법률이나 규범을 준수하는 합법성이든 절차에 의한 합리성이든 합리성을 산입한 것이 오히려 위험을 생산하는 데 결정적으로 기여한다는 합리성의 역설이 일어난다(노진철, 2010: 173).

한편 공중의 신뢰는 추상적 원리 또는 지식에 대해 잘 알지 못한다는 무지에 바탕을 두고 있다(기든스, 1991: 47). 바로 이 무지가 회의 또는 신중한 태도를 갖게 한다. 위험에 대한 민감성이 극도로 증폭되고 대형 사고의 재발 가능성이 여전히 상존하는 상황에서 공중은 정부 당국과 공공기관이 제시하는 지식에 대해 회의적이거나 불신하는 매우 부정적인 태도를 취한다. 전문가집단의 진실성이 의심받게 되거나 회의의 대상이 되면 될수록 미래는 불확실해지고 행위의 선택에 따른 위험은 그만큼 더 커지기 때문이다.

4. 체계에 대한 신뢰의 확장

현대 사회에서는 신뢰가 정상적인 합리적 생활 태도의 전제가 될 정도로 사회구조가 바뀌었다. 세계가 복잡해지고 동시에 우연적인 과정들에 의해 지배되면서, 그리고 이러한 변화에 대한 의식적 수용이 그 효과성을 강화하는 데 따라자연 세계를 살아 있는 전체, 즉 음양이 역동하는 우주로 보는 통일체 사상은무너졌으며 세계관은 기능적으로 특화된 형식적 결정의 전제들로 물러났다.

루만에 따르면 선택이 자신의 행보의 결과로 상정되는 동시에 현존하는타자의 선택이나 현재 기대되는 타자의 선택으로 상정되는 한에서 복잡성은고도화된다(Luhmann, 1968: 51). 따라서 고도로 복잡한 사회의 다원화된 부분체계들에 대한 신뢰, 즉 '기능적 신뢰'는 더 이상 인물에 대한 신뢰 개념으로환원될 수 없다. 삶 주변 가까이에 있는 인물에 대한 신뢰도 있지만 개인이 아닌 추상적인 선택 연관에 대한 신뢰, 즉 체계에 대한 신뢰가 더 중요해진다(Luhmann, 1968: 50 ff.; 기든스, 1991: 108 이하). 전자가 심리적 욕구의 측면이 강조되어 마치 신뢰가 사사화(私事化)된 것처럼 개인에 속하는 관용적인 것으로 다루어지고 있다면, 후자는 기능적으로 특화된 유형의 소통과 관련된 것으로 익명의 일반적 타자들에 의해 그 신뢰 능력이 입증될 수 있다(Luhmann, 1968: 52).

사회의 기능체계들에서 일어나는 소통을 원활하게 하는 것은 추상적인 소통 기제이다. 루만은 이것을 '일반화된 소통매체'라고 불렀고, 기든스는 '상징 기호'라고 칭했다. 상징적으로 일반화된 소통매체는 이른바 특정 행위는 지속적으로 작동시키는 반면에 다른 행위들은 배제하는 '일반화된 주제화 구조'이다. 세계의 복잡성을 축소하기 위해 정치에서는 권력, 경제에서는 화폐, 법에서는 정의, 과학에서는 진리, 교육에서는 학력, 종교에서는 신앙 같은 일반화된 소통매체들이 발달해서 소통의 지속적인 연쇄를 보장하고 있다. 이들 소통매체는 사회적 행위에 대한 특정 기대 구조를 의미 있게 만들며, 타자들로 하여금 사회적 행위를 의미 있는 것으로 인정하게 한다. 하지만 이들 일반화된 소통매체를 통한 소통에는 필연적으로 새로운 위험이 따르며 새로운 유형의 신뢰 문제가 제기된다(Luhmann, 1968: 52). 새로운 위험에도 불구하고 공중은 특정 기능체계의 일반화된 소통매체에 의해 복잡성이 축소된 그런 소통들을 어떻게 신뢰하는가? 그리고 조직 행위자들이 자신들의 선택 조치를 상호 양도하는 것이 어떻게 가능한가?

루만에 따르면 신뢰가 현대 사회의 복잡성을 축소하도록, 즉 의미를 단순화하도록 작용하려면 현대 사회의 과도한 재귀성으로부터 자유로워야 한다(루만, 2007: 254). 그런데 체계에 대한 신뢰는 잘 알지 못하는 추상적 원칙들이 제대로 작동하고 있다고 믿게 만든다(기든스, 1991: 47). 따라서 타자들도 이 원칙들을 고수하게 된다. 일반화된 소통매체는 이중적인 역할을 한다. 한편으로 소통매체는 사회적으로 증가된 소통의 의미 복잡성을 축소해서 구성원이 처리할 수 있게 만들고, 이중 우연성이 지배하는 상황에서 행위를 계속할 수 있도록 보장한다. 다른 한편으로 소통매체는 사회의 기능체계들의 분화를 통해 또는 탈지역화를 가능케 하는 기제를 통해 그 체계의 복잡성을 증가시키고 그 증가를 가속화시킨다. 결과적으로 일반화된 소통매체의 두 가지 기능에 의해 그에 따른 체계적 행위는 긍정적으로는 자아와 타자 사이에 연쇄적인 행위의 계기로서 인지되고, 부정적으로는 행위의 중단, 즉 잠재적인 상실로서 인지된다. 타자는 일반화된 소통매체 또는 일반화된 주제화의 의미를 구속력 있는 것으로 인정하고 소통에 참여한다. 이때 체계에 대한 신뢰는 상호작용하는 양자 간에 이들 소통 기제가 제 기능을 발휘하도록 지지하는 역할을 한다.

개별 기능체계에서 진행되는 소통은 일반화된 소통매체의 양가적인 상징적 약호(권력 유지와 권력 상실, 지불 가능과 지불 불능, 합법과 불법, 진실과 허위, 우월과 열등 등)에 의해 관리된다. 그러므로 체계에 대한 신뢰는 언제나 기능적으로 특화된 신뢰이다. 즉, 체계에 대한 신뢰는 해당 기능체계 또는 전문가집단의 사회적 기능에 따라 달라지는 신뢰이다. 문외한인 공중의 시각에서 보면 이 기능은 다양한 구성요소들을 가진 특정 기능체계에 대한 기대가 일반화된다는 것을 의미한다. 체계에 대한 신뢰는 특정 기능체계에 대한 기대의 충족에 지향되어 있다. 이것은 체계에 대한 신뢰가 개인의 신용에 기초하는 것이 아니라 행위 규칙에 대한 신뢰에 근거한다는 의미이며, 이 행위 규칙이 행위자의 행위를 이끌어낼 것으로 기대된다는 의미이다. 이로써 항상 특정 체계의 행위자는 인물로 관찰된다. 이런 맥락에서 합리적 선택론자들은 어떤 역할을 맡고 있는 인물들에 대한 신뢰가 쌓이다 보면 그 인물들과 독립적으로 그 역할에 대한 신뢰가 증가한다고 주장했던 것이다(Sztompka, 1999). 조직을 운영하거나 대표하는 사람들이 신뢰받지 못할 행동을 해서 그 인물들에 대한 신뢰가 하락한다면 그와 함께 조직에 대한 신뢰에도 타격이 가해진다고도 했다. 이로부터 조직은 인물에 대한 신뢰를 여전히 요구한다는 논리적 귀결에 이른다(쾰러, 2002: 275). 하지만 그것은 고도로 복잡한 사회의 기능체계들에 대한 신뢰를 인물의 역할이나 기능, 조직의 절차, 기능체계들의 특수성과 그에 결부된 신뢰에 대한 기대의 특화를 고려해 관찰해야 한다는 의미 이상은 아니다.

대법원장 및 대법관, 헌법재판소장 및 재판관 후보자에 대한 국회 인사청문회가 실시되는 이유는 사법부가 공중에 의해 선출된 권력이 아니므로 사회의 다양한 가치와 이념을 포용하는 대표성을 간접적으로 확보한다는 제도적 보완의 의의도 있지만, 최고 사법기관이자 국가권력기관 중 하나인 사법부에 대해 국회가 민주주의와 법질서를 지키는 후보자의 자질에 대한 검증 장치 역할을 한다는 데 있다. 실정법과 법조 윤리에 대한 중대한 위반 행위를 저질렀거나 다른 재판에 개입해 공정성에 의심이 가는 행동을 저지른 법관이 조직 내부의 승진 형식으로 대법관으로 임명된다면 사법부의 판결에 대한 신뢰가 저하될 수밖에 없다. 비록 그들의 판결이 공정한 절차를 거쳐 내려지더라도 정의로운 판결에 대한 기대는 약화된다. 이에 사법부가 불신받는 위험을 최소화하기 위해 국회 인사청문회가 신뢰 확보를 위한 검증 장치로 작동하는 것이다.

이처럼 사회의 기능체계들에 대한 신뢰는 개별 인물의 일상적 행위와 직접 관련되지는 않는다. 체계에 대한 신뢰는 일차적으로 기능체계들에 의해 행동으로 구체화되는 핵심 소통매체, 이들을 구체화한 상징적 약호를 통한 정보의 체계 내적인 처리 질서, 개인의 행동에서 관찰할 수 있는 기능체계들에 의해 구조화된 실행 능력(민주화, 경제발전, 정당성, 재난의 예방 강화, 진학 등), 실제적인 행동 각인으로 구체화된 제도화 형식(체계 질서, 조직 구조, 절차 등) 등과 관련이 있다(Lepsius, 1997: 285 ff.). 기능체계들의 고유한 기능에 대한 신뢰는 본질적으로 그 체계의 고유한 가치 관념의 타당성을 믿는다는 의미이다. 생각할 수는 있지만 정확히 예측할 수 없는 불확실성의 상황에서 기능체계들의 기능에 대한 신뢰는 공중의 행위가 바로 이 가치 관념에 지향되어 있다는 것과 관련이 있다. 기능체계들에 참여하는 조직은 이 가치 관념에 준거해 구조화되고 통제된다. 기능체계들의 구조는 체계가 지향하는 소통 가능성을 보이는 기대 구조이며, 어떤 주제가 다루어질 수 있는지를 결정하고 누구와 언제 소통해야 하는지를 명확히 한다. 이 구조는 체계의 지속적인 작동을 촉진시키고 한 작동에서 다른 작동으로의 전이가 불안정해지는 것을 막기 위해 제재를 수반한다. 기능체계들의 제재 능력은 체계에 대한 신뢰를 안정화하는 데 결정적이다. 다시 말해서 기능체계들은 체계의 고유한 핵심 소통매체와 주어진 규범에 어긋나는 행위에 제재를 가한다. 제재는 긍정적일 수도 있지만 부정적일 수도 있다. 이러한 기준들에 의해 체계에 대한 신뢰가 형성된다.

루만은 화폐를 상품 간 교환 수단인 교환매체가 아니라 타자에게 재화의 선별을 양도할 수 있는 자유라고 규정한다. 이 자유가 화폐 소유자가 언제 누구와 어떤 대상을 어떤 조건에서 교환하는지를 양적 제한, 즉 결핍에 기인하는 교환 계기의 추상적인 가치에 의해 보장한다는 것이다. 화폐는 화폐 소유자와 화폐 무소유자 사이의 소통에 의해 가치가 획득되지만, 소통 과정에서 화폐가치가 변하지도 않으며 화폐를 통해 표현된 경제체계의 복잡성을 잃지도 않는다. 즉, 화폐는 전체 경제체계의 복잡성을 단편적으로 개인에게 양도할 수 있게 하는 소통매체인 것이다(Luhmann, 1968: 53 ff.). 여기에는 화폐 자체가 교환에 참여하는 당사자들에게 신뢰를 준다는 것이 전제되어 있다. 양자는 화폐의 소유가 미래의 욕구 충족을 위해 현재 화폐 사용의 결정을 미루고 화폐에 재현된 경제체계의 복잡성을 추상적 형식으로 이용할 수 있는 가능성을 실제로 손안에 쥐는 것이라고 확신할 수 있어야 한다. 여기서 경제체계에 대한 신뢰가 안고 있는 일반적인 문제의 윤곽이 드러난다. 타자의 예측 불가능한 행위가 경제적 거래에서 주는 장애가 신뢰를 통해 간단히 배제될 수 있는 경우에만 이득을 취하려는 경제적 행위자의 합리적인 노력—화폐 사용의 지연, 우회, 포기 등—이 동기화될 수 있다. 그렇다면 상징매체인 화폐의 가치가 실체가 갖는 물질적 가치로부터 완전히 독립해, 개인들로부터 받는 신뢰가 형성되고 유지되는 것이 어떻게 가능한가?

개인은 한편으로 화폐가치의 안정성과 다양한 사용 계기의 지속성을 신뢰할 뿐만 아니라 경제체계가 정상적으로 작동한다는 것을 전제한다. 다시 말해서 개인의 신뢰는 친숙한 인물에 대한 신뢰가 아니라 경제체계의 기능 수행에 대한 신뢰이다. 이러한 체계에 대한 신뢰는 화폐 사용을 통해 지속적으로 확인되는 경험들에 의해 형성된다. 다른 한편으로 화폐는 통제하기가 매우 어렵다. 화폐제도와 관련해 신뢰 문제의 징후를 보이는 사건들, 전문가들에게는 경제 위기의 경고 기능을 수행하고 금융제도와 신용기관을 특별한 수세로 몰거나 시장구조의 변화를 통한 적응을 불러일으키는 수많은 사건들이 있다. 인플레이션과 디플레이션, 스태그플레이션, 호황과 불황은 비합리적 행동과 계산착오의 결과가 아니라 경제가 정상적으로 작동하는 과정에서 항시적으로 일어나는 현상이다(Minsky, 1982: 37). 이들 사건을 능숙하게 처리하기 위해서는 엄청난 주의와 시간 소비, 학습된 지식과 예지 능력이 요구되지만 성공하는 경우는 드물다. 기업들은 은행 대출로 자금을 조달하게끔 되어 있고, 은행은 상환 능력이 있다고 판단되면 어떤 기업에게든 대부를 해준다.[5] 게다가 은행은 은행권, 환어음, 수표 등 신용화폐를 너무도 간단하게 발행하는 탓에 화폐제도는 항상 불안정할 수밖에 없다.

신뢰자들은 전모를 파악할 수 없는 고도로 복잡한 경제체계의 수정이 불가능하다는 것을 안다. 그들은 시장이 예측 불가능한 것들에 맡겨져 있다고 느끼면서도 강박관념에서 계속 화폐제도를 신뢰해야 하는 역설적인 상황에 놓인다(Luhmann, 1968: 54). 자본가와 은행가를 비롯한 화폐 소유자는 투자라는 일반적인 해결 수단을 선호하지만 그로써 지급 능력, 즉 유동성을 상실하게 된다. 투자와 유동성 상실의 반복 속에서 화폐의 총량이 증가하면 할수록 경제체계에 대한 신뢰는 더욱더 위협을 받는다.

인플레이션의 경우 투자가 화폐의 지불 능력을 높이는지 또는 낮추는지, 무료급식의 도입이 정치권력의 획득 기회를 증가시키는지 또는 감소시키는지, 이러한 문제를 처리하기 위해 기능체계들에서는 '프로그램'이 구축된다.

---

5 자금 회수가 불가능한 악성 부채의 수준이 점점 올라가면 한 기업만 채무를 제대로 갚지 못해도 다른 기업들도 이자와 채무를 갚을 능력을 줄줄이 상실하는 사태로 이어질 가능성이 커진다. 왜냐하면 기업들이 비용을 줄이기 위해 생산을 줄이고 노동자를 해고하기 때문이며, 현금을 구하기 위해 자산을 내다 팔면서 자산가격이 붕괴되는 사태로 악화될 가능성이 크기 때문이다. 그리하여 생산과 수요가 모두 폭락하면서 부채로 인한 디플레이션을 불러오고 결국 불황으로까지 이어진다(잉햄, 2013: 69).

루만에 따르면 프로그램은 기능체계들에서 "작동들의 올바른 선택을 위해 미리 주어진 조건들"(Luhmann, 2002: 79)이다. 기능체계들은 이 프로그램을 통해 외부에서 주어진 조건들을 고려할 수 있다. 정치체계에서는 「공직선거법」과 정당 강령이 직접 여당과 야당을 결정하지는 않지만 선거에서 중앙과 지방의 분권화 및 의원의 할당 기준으로 작용한다. 경제체계에서는 가격 기제와 투자 프로그램이 지불할지 안 할지를 결정한다. 법체계에서는 법률, 명령, 시행령, 시행세칙, 업무규정, 계약 등의 프로그램이 무엇이 합법인지 불법인지를 결정하며, 과학체계에서는 이론과 방법론이 참과 거짓에 관해 결정하는 프로그램으로 작동한다. 이들 프로그램은 역사적으로 기능체계의 상징적 약호를 내정해 이 약호가 비대칭적으로 작동하도록 만드는 방식으로 소통을 관리한다.

한국, 타이완, 싱가포르 등 동아시아 신흥공업국에서는 국가 관료주의가 정치의 의제 설정과 여론 형성, 이해관계의 수렴 과정뿐만 아니라 정책 결정에서도 합법적 구속성을 갖는 선별적 개입을 지속적으로 조직하고 강화해왔다. 국가는 사회 전체 또는 경제 부문별로 이루어진 합리적인 계획에 따른 미래의 전망 제시를 통해 기업들이 투자 결정을 조정할 수 있는 기준을 제공했다. 이에 따라 개입주의 정책의 입안과 집행을 위해서는 전통적인 의미의 경제학자로서의 전문지식보다는 정치적 비전을 강제 구속력 있는 법제도로 정착시킬 수 있는 정책입인자이자 관리자로서의 능력이 필요했다. 따라서 경제 관료의 주축은 법률에 정통한 법학도들이었다(장하준, 2006: 228). 중앙 관료들은 부득이한 경우 경제개발계획에 따른 자신들의 결정을 공권력 행사와 예산 집행의 형식으로 강제로 관철시켰다. 따라서 경제에 개입하는 관료조직의 소통매체로서는 화폐가 아니라 권력이 제격이었다. 관료들이 각종 법제도와 범정부기구에 의해 보장된 정치적 자율성을 갖고 있지 않았다면 기업들이 자유시장 체제에서라면 관심을 가지지 않을 새로운 산업활동을 하도록 장려할 수두 강제할 수도 없었을 것이다.

권력은 부정적 제재, 특히 물리적 강제력을 행사할 가능성에 결정적으로 의지한다. 관료들이 국가의 보호와 보조를 받는 기업들을 합리적인 계획에 따라 통제하려면 부정적 제재를 가할 수 있는 권력을 보유해야 한다. 하지만 실제로 이런 제재를 가할 경우 권력은 실패하는데, 그렇게 해서는 원래 이루고자 했던 것을 이룰 수 없기 때문이다. 권력의 부정적 제재가 만들어낸 부작용은 세월호 참사 후 한국선급의 부실한 선박 안전 검사와 운항 관리자의 형식적인 안전 점검 등 감독관청과 해운사 간의 잘못된 관행에서 그대로 드러났다. 관료조직의 권력이 오랜 기간 규제와 통제 위주로 작동한 결과 감독기관과 감독대상 간의 유착관계가 오히려 고착되었다. 전직 관료는 감독대상인 공기업이나 산하기관, 협회, 조합, 대기업, 금융기관, 건설사, 원전, 로펌, 회계법인, 사립대학 등에서 수억 원의 연봉과 퇴직 후 생활을 보장받는 대신 '로비스트' 역할을 맡고, 현직 관료는 자신의 퇴임 후를 감안해 로비에 귀를 기울이는 전·현직 관료의 유착관계가 수십 년간 지속되어온 것이다. 사업자들은 자신의 이익을 보장받기 위해 고위직 관료와 미래의 일자리를 약속하는 공모를 했고, 그 대가로 감독이 느슨해지는 일종의 봐주기 식 '회피 행동'이 양쪽의 적나라한 이해관계에 의해 관행으로 자리 잡았던 것이다. 그 결과 제도상 재난대응체계는 갖추어져 있었지만 현실에서는 작동하지 않는 일이 일어났다. 따라서 권력의 실행은 항상 부정적 제재를 행사하지 않는 방식에 대한 끊임없는 성찰을 요구한다.

권력자는 실제 경찰력과 군사력을 동원할 수 있는 위치에 있으면서도 강한 힘을 보여주는 것과 제재 실행을 삼가는 것 사이에 끊임없이 균형을 취해야 한다(루만, 2012: 455 이하). 이것도 역시 소통의 문제이다. 다시 말해서 상대방을 위협하지 않으면서도 위협해야 하는 역설이 필요하다. 그런 점에서 정치체계의 복잡성을 권력에 의지해 축소하는 과정에서 신뢰는 필수적이다. 하지만 그런 신뢰가 어디에 위치하는지는 쉽게 말할 수 있는 것이 아니다. 국가 지도층은 열정의 형식으로든 관행의 형식으로든 애써 신뢰를 얻으려고 노력하지 않는다. 결정 라인의 최상위에 있는 조직 행위자로 대표되는 조직의 의인화는 정치체계의 상층부에서 대통령, 국회의장, 대법원장, 정당대표, 국회의원, 고위직 관료, 지방자치단체장, 공무원 등 공공기관의 인물에 대한 유사 신뢰가 형성되는 것을 가능하게 했다.

정치 선거는 선출된 대통령, 지방자치단체장, 의원들이 모든 사안에 대해 개인의 사적 이익보다는 공적 이익을 판단 기준으로 삼아 결정할 것이라는 신뢰에 기초한다. 그러나 그들은 선거에서 주권을 소유한 유권자의 결정은 필요로 하지만 유권자를 신뢰할 수는 없다. 정치 영역에서 신뢰는 주권의 본질적 한계와 관련이 있을 수 있다.[6] 그러나 주권과 신뢰 사이의 딜레마는 정치적으로 복잡성을 축소하는 문제를 개념적으로 확정하는 데 있다. 정치적 복잡성의 축소 문제는 사실상 사고의 날카로움이 아니라 상이한 이해관계를 접목해 합의 또는 이의의 가능성을 감지하고, 주요 보직을 인물들로 채우고, 일반화된 정책 프로그램을 제안하는 등의 잰걸음의 정보 처리 과정을 거쳐 해결된다. 고프먼이 말한 '잰걸음 정치'가 성공해 그때그때 정보를 제공할 수 있으려면 복잡성 축소, 결정 지평의 축소, 다른 가능성 배제 등의 동인은 절대적이다. 잰걸음 정치의 정보 처리 과정이 정치를 신뢰할 만한 것으로 만든다. 비록 결정의 동일성을 보증하기 위해 중앙 부서가 잰걸음 정치 과정을 주도하겠지만, 주권은 단번에 임의적으로 행사될 수 있는 것이 아니다. 결론적으로 정치에 대한 공중의 신뢰는 개별적으로는 별로 위험할 것 없는 잰걸음 정치에서 형성된다.

이런 정보 처리의 질서를 고려할 때 공중의 신뢰는 더 이상 조직 행위자의 정치적 실행의 합법성과 합목적성에 대한 신뢰라는 단순한 형식을 취할 수 없다. 그에 따라 정치적 신뢰는 두 가지 상이한 일반화된 영역으로 분화된다. 한편으로 공중은 정치 선거에 집권당의 정책과 행정 결정의 기대에 대한 만족이

---

6 헌법은 "대한민국의 주권은 국민에게 있고, 모든 권력은 국민으로부터 나온다"라고 규정하고 있다. 국가의 최종적인 최고 의사결정자는 국민이라는 의미이다. 하지만 현실적으로 국민의 주권 행사는 선거와 국민투표 등으로 정치에 참가하는 것에 제한된다.

나 실망을 표현하는 심판 기능을 부여한다. 다른 한편으로 공중은 정치의 가장자리에 머물면서 정치가 헌법상 보장된 '인간으로서의 존엄과 가치를 지닌 존재'로 인정하는지를 헤아려 정치체계를 그 자체로 신뢰한다(Luhmann, 1968: 60). 개별 결정은 매우 분명한 신뢰 기준을 포함하지만 공중을 권력의 중심부에 참여시키지는 않으며 그때그때 다양한 방식으로 참여가 이루어진다. 정치에 대한 실망은 일반화시킬 수는 없지만 술집 잡담이나 커피숍 한담, 텔레비전 앞 분노로 비교적 쉽게 표출되며 흔히 후속 여파도 없다. 그에 반해 체계에 대한 불신은 매우 불확정적이지만 광범위한 정치 참여를 유발하며, 시민사회의 정치적 의제 설정과 연계될 경우 정치의 성쇠를 다툴 만큼 후속 여파가 크다. 정치에 대한 신뢰와 불신은 맞물려 체계 질서의 안정성에 영향을 미치며, 조직 행위자에 대한 신뢰에 비해 신뢰 문제를 복잡하게 만든다.

화폐와 권력에 대한 앞선 논의는 일반화된 소통매체가 축소된 복잡성을 양도하는 기제로서 기능한다는 것으로 요약할 수 있다. 소통매체에 의한 복잡성 축소는 그것을 기대하는 쪽에서든 실행된 것으로 받아들이는 쪽에서든 신뢰를 전제로 한다. 루만에 따르면 일반화된 소통매체는 역사적으로 복잡성 축소 양식과 전제된 신뢰 유형의 관점에서 부분체계들의 기능적 분화를 강화했으며, 현대 사회의 복잡성을 크게 증가시켰다(Luhmann, 1968: 61). 이러한 현대 사회의 발전이 모든 상호작용에서 우연성을 확실하고 명료하게 했던 것이다. 이에 따라 일반화된 소통매체의 분화는 단지 '잘될 것'이라는 단순한 희망 사항이 아니라 타자의 체험과 행위를 — 행위자 또는 체험자로 조건화하는 데 따라 — 매체의 특수한 신뢰의 형식으로 처리한다는 것을 전제로 한다. 그와 동시에 복잡성 축소와 축소된 복잡성의 타자 양도가 소통 행위의 조직화된 체계로 분화된다. 다시 말해서 복잡성을 축소하는 기능체계는 신뢰를 전제로 하고 또 신뢰를 지속적으로 유지하려 한다.

5. 체계에 대한 신뢰의 조건

고도로 복잡한 현대 사회에서 자아와 타자 사이에 선택 능력의 위임을 보장하는 것은 친숙한 인물이 아니라 추상적인 체계이다. 그에 따라 체계에 대한 신뢰가 친숙성을 대신한다. 물론 사회의 복잡성 정도는 익명의 타자들이 의미와 세계를 상호주관적으로 체험하는 양식에 따라 달라진다. 개별 행위자는 동일한 것을 슈츠가 언급한 '일상의 동료'로서, 즉 '타아'로서 공동 체험한다. 동일한 시대를 사는 동료들 간에 특별한 신뢰가 필요한 것이 아니라[7] 의미와 세계를 상호주관적으로 구성하는 익명적인 소통 형식이 필요한 것이다. 물론 모든 소통이 행위와 행위 통제라는 목적을 달성할 수 있는 것은 아니다. 일상에서 소통은 조직과 사회에서 제안된 의미를 수용하기도 하고 무시하기도 한다.

참석자들이 처해 있는 상황에 따라 소통할 수 있도록 하는 것이 바로 상징적으로 일반화된 소통매체이며, 이 소통매체는 시공간적인 한계를 넘어 '지금 여기'에 참석하지 않은 사람들과도 소통할 수 있게 해준다. 일반화된 소통매체는 세계의 복잡성을 축소해 한 소통을 다른 소통과 연결하는 의미론적 장치로서 작동한다. 소통매체는 일상에서 타자와 소통할 때 특정 행위의 연쇄는 개연적으로 만들고 다른 행위 가능성은 배제하는 이른바 현대 사회의 '일반화된 주제화'이다. 이것은 소통매체가 특정 기능체계에서 사회적 행위에 의미를 형성하는 기대 구조로 기능하는 동시에 일반적 타자들로부터 유의미한 것으로 인정된 의미론적 장치로서 기능하기 때문에 가능하다. 그리고 소통매체가 작동하도록 준비 태세를 하는 것이 바로 체계에 대한 신뢰이다. 다시 말해서 체계에 대한 신뢰는 타자들이 상징적으로 일반화된 소통매체 또는 일반화된 주제화를 구속적인 것으로 인정하는 것이다. 예컨대 화폐가 교환시장, 생산시장, 노동시장 등을 둘러싼 경제적 소통에서 비인격화된 신뢰매체의 역할을 하기

---

7 비록 그들이 '시대정신'에 동의하지 않더라도 시대정신을 흔들지는 않을 것이기 때문이다.

때문에 추상적인 교환가치의 일반화가 가능하다(기든스, 1991: 36).

　인플레이션 상황에서 보듯이 사람들은 화폐의 추상적인 교환가치를 더 이상 신뢰할 수 없게 된다면 재빨리 물물교환이나 금 같은 상품화폐 형식으로 복귀한다. 특정 지역 내의 노동력·재능·상품 등의 생산과 소비를 직접 교환하는 지역통화(LETS),[8] 멕시코시티의 탈록(Thaloc),[9] 미국의 시간 달러,[10] 영국의 시간관리은행,[11] 대전의 한밭레츠[12] 등이 그런 사례들이며 금 사재기, IMF 금 모으기운동은 또 다른 사례이다. 체계에 대한 신뢰는 개인 행동의 도덕성 대신에 추상적 원칙의 정확성에 기초한다(기든스, 1991: 47). 즉, 낯선 타자들이 소통에서 추상적 원칙을 고수한다는 것이 중요하다. 유념할 것은 추상적인 소통매체의 이중적 역할이다. 한편으로 소통매체는 사회적 연관들의 증가된 복잡성을 다시 체계 내적인 맥락에서 축소하는 데 기여하고, 그로써 우연성에도 불구하고 행위의 지속성을 보장한다. 다른 한편으로 소통매체는 일반적으로 루만이 언급한 기능적 분화를 통해 또는 기든스가 언급한 탈지역화를 통해 체계의 복잡성을 증가시키고, 나아가 전체 사회의 복잡성 증가를 촉진시킨다. 앞의 두 차원에서 상징적으로 일반화된 소통매체와 체계의 고유한 행위는 그 당

8　LETS(Local Exchange Trading System)는 제한된 지역에서 각자가 보유하고 있는 노동력·재능·물품을 필요로 하는 사람에게 제공하고 자신도 다른 사람으로부터 그것들을 제공받아서 서로 도움을 주고받는 지역 내 교환 거래 제도이다. 이 제도는 1930년대 세계 대공황 시기에 처음 유행했으며, 1980년대 새롭게 세계적으로 부활하고 있다.

9　아스텍 시대 '비의 신' 탈록(Thaloc)의 이름을 딴 탈록 화폐는 물물교환과 달리 모든 상거래를 열 번까지 기록할 수 있으며, 모든 행위에서 새로운 공동체적 가치를 만들어낸다.

10　시간 달러(time-dollar)는 노동력과 서비스뿐만 아니라 식품, 옷, 집 저당, 건강보험, 컴퓨터에 의한 자료 처리, 학자금 대여를 위해서도 교환될 수 있다. 2000년 현재 앵글로 색슨 국가에서 300개 이상의 지역에서 도입하고 있다.

11　영국의 시간관리은행에서는 한 사람의 1시간 노동을 다른 사람의 1시간 노동으로 교환할 수 있다. 능력, 기술, 나이와 관계없이 모든 사람의 노동시간 가치는 동일하다.

12　한밭레츠는 2000년 대전에서 출발한 품앗이 제도이다.

연한 귀결로 긍정적으로는 행위 연쇄의 계기로, 부정적으로는 잠재적 손실로 인지될 수 있다.

체계에 대한 신뢰의 근거는 조직, 사회 등의 사회적 체계를 기능적 특수성의 측면에서 접근하여 관찰할 수 있다. 일반화된 소통매체는 소통을 통해 축소된 의미가 다음에도 사용될 것이라는 신뢰에서 작동한다. 여기서 '일반화된'은 소통매체가 신뢰를, 그리고 다른 사람들의 신뢰에 대한 신뢰를 강제한다는 의미이다(루만, 2012). 그렇지만 신뢰를 받는 데는 신뢰의 사회구조적 조건이라고 부르는 몇 가지 공통점이 있다.

첫째, 체계에 대한 신뢰는 신뢰자의 자발성을 필요로 한다. 상황이 위험한 것으로 인지되어야만 신뢰는 현실에 맞추어 작동한다. 그러나 결정의 불확실성은 동시에 결정의 자유를 의미한다. 즉, 사람들이 신뢰를 누구에게 또는 어느 대상에 줄지 결정할 수 있는 상황에서만, 그러니까 신뢰자의 자발성이 주어지는 상황에서만 신뢰는 가능하다(Luhmann, 1988: 181). 만일 상황이 재난이나 위해를 일으키는 것으로 또는 체계의 유지를 위협하는 것으로 받아들여지거나 사회구조적으로 강제된 것이라면, 사람들은 신뢰를 누구에게도 어느 대상에게도 줄 수 없다. 신뢰자의 자발성은 신뢰가 결코 규범적으로 요구되는 것일 수 없다는 의미이다. 그런 이유에서 일반적으로 신뢰의 형성에는 자발적 참여 또는 적어도 자발적 참여 가능성이 필요하다.

둘째, 체계에 대한 신뢰는 학습할 수 있어야 한다(Luhmann, 1968: 42 ff.). 체계에 대한 신뢰의 학습은 일반화될 수 있는 긍정적 경험에 달려 있다. 그러나 사회적 신뢰의 형성에서 학습은 신뢰를 보내는 동시에 신뢰가 상대방에게 어떤 강도로 받아들여지는지를 헤아리는 일이다. 기대한 것에 대한 실망은 신뢰에 대한 기대가 적합하지 못해서 일어날 수도 있다. 즉, 신뢰받는 피신뢰자가 신뢰를 받아들이지 않을 수도 있다. 모든 형식의 신뢰는 항상 배신 — 변절, 위선, 사기, 기만 등 — 의 위험을 어느 정도 내포한다. 조직이 수행 실적이나 이득을 가로챌 수도 있으며, 받기로 약속된 것을 받지 못할 수도 있으며, 계약 잘

못으로 사기를 당할 수도 있다. 조직은 대외용으로 내세우는 가치와 실제 행하는 활동이 다른 위선을 저지르기도 한다. 조직 행위자가 공중을 상대로 회견한 내용과 실제의 조직 운영이 다르다면 위선이다. 따라서 신뢰대상이 배신하는 위험도 학습해야 하는 신뢰 영역에 속한다. 조직이나 사회에 대한 신뢰의 학습은 체계의 행위자인 '공적 인물'과의 접촉을 가능하게 하는 접근점이라는 점에서 중요하다(기든스, 1991: 100). 또한 사회적 체계들에 대한 신뢰의 학습은 일반적 타자를 신뢰할 수 있는 필요조건이기도 하다. 공중은 일상생활을 하면서 흔히 서로의 체면을 지켜주거나 살리는 데 상당한 주의를 기울인다. 사회 모임에서 체면 손상을 야기할 수 있는 행동을 피하는 것이나 체면치레하는 행동을 하는 것은 체계에 대한 신뢰 형성에서 체계 내적인 전제가 된다(Luhmann, 1968: 85 ff.).

셋째, 체계에 대한 신뢰는 상대방이 받아들일 수 있어야 한다. 이것은 신뢰 문제가 항상 특정 기능체계와 관련돼야 한다는 뜻이다(Luhmann, 1968: 103). 기능체계들은 환경의 복잡성을 파악해 그것을 체계 내적 논리로 축소하는 한에서 합리적으로 작동한다. 기능체계들은 인물에 대한 신뢰의 입증을 과도하게 요구하지 않고도 신뢰와 불신을 이용하는 방법을 이해해야만 비로소 환경의 복잡성을 체계의 복잡성으로 축소시킬 수 있다(Luhmann, 1968: 105). 예컨대 인간 복제의 기술적 가능성에 기인하는 인간 배아줄기세포 연구에 대한 신뢰 문제는 과학자의 윤리적 책임의식을 촉구하는 것으로는 해결되지 않는다. '황우석 사태'의 경우 과학체계에서는 ≪사이언스(Science)≫에 발표된 논문의 데이터 조작의 사실 여부가 관건이었다. 그와 상관없이 법체계에서는 연구비 수주 시 개인맞춤형 의료를 표방한 연구 결과의 과장에 의한 사기 혐의와 정부 지원금의 횡령 여부가 관건이었다. 정부가 배아줄기세포 연구에 막대한 지원금을 몰아준 것은 개인 황우석에 대한 신뢰에 의해 결정된 것이 아니라, 정치의 논리에 따라 생명공학을 미래의 성장동력으로 간주해 국가전략산업으로 설정한 때문이었다. 그래서 연구 행위의 사기 혐의 여부에 대한 판단은 황우석에 대한 과학계의 불신과는 별개로 법체계에서 다루어야 하는 일이었다. 하지만 법원에서 무죄 판결이 내려지고 과학자의 연구 윤리가 강화됐다고 해서 연구 과정에서 인간 배아줄기세포의 오용 가능성이 해결되는 것도, 유전 정보의 오용이 야기하는 생물학적 차별 문제가 해결되는 것도 아니다.[13] 따라서 공중의 특정한 기대가 이들 기능체계에서 인지되지 못하거나 무시된다면 전체 사회에 대한 신뢰의 하락으로 상징화될 수도 있다.

넷째, 체계에 대한 신뢰는 행위의 통제 가능성을 필요로 한다. 체계에 대한 신뢰는 근거 없이 행위자에게 찾아들지도 않지만 타인들에게 생각 없이 보여주지도 않는다. 화폐제도나 과학적 진리, 정치권력에 대한 신뢰는 수많은 확인을 바탕으로 쌓이기 때문에 신뢰의 근거는 통제되고 또 통제될 수 있어야 한다. 신뢰는 완전한 지식에 근거하는 것이 아니기 때문에 신뢰의 통제 형식도 지식에 맞추어져 있지 않다.[14] 신뢰는 실제 그 근거를 통제하기에는 너무 복잡하다. 그 때문에 조야하게 단순화된 신뢰 지표들을 이용해 신뢰가 측정된다(Luhmann, 1968: 31). 인물과 제도는 소통 장애에 민감한 상징 복합체이기 때문에 모든 사건을 신뢰의 관점에서 분류할 수 있다. 체계에 대한 신뢰의 통제는 체계 내적인 통제 기제에 대한 신뢰를 통해 행해진다(Luhmann, 1968: 65). 신뢰의 통제는 그 체계의 소통 과정에 적극적으로 참여해 감시·감독을 본업으로 하는 인물이나 조직 — 감사관, 회계사, 감독관, 감사원, 국세청, 공직자윤리위원회, 금융감독원, 공정거래위원회, 원자력안전위원회 등 — 에 의해 행사될 수 있다. 다른 사람들은 통제조직을 믿고 어쩔 수 없이 사건의 주변에 머물러야 한다. 추가적으로 체계에 대한 신뢰는 일반적 타자에 대한 신뢰의 관찰에 의해 통제될 수도 있다. 확신과 의심, 불안 등이 상징적으로 체면과의 결합을 통해 체계

---

13 인간 배아가 어느 시기부터 인간인가 하는 판단은 과학체계와 법체계에서는 관심이 없는 윤리적 논쟁의 대상일 뿐이다.
14 피신뢰자의 신뢰 가능성을 지표로 측정하는 것은 전문가에게나 가능한 일이다.

에 대한 신뢰를 통제한다(기든스, 1991: 100).

다섯째, 체계에 대한 신뢰는 제재할 수 있어야 한다. 인물에 대한 신뢰에서는 일반적으로 문제가 잘 드러나지 않는다. 신뢰관계가 계약관계, 노사관계, 위계관계, 민원관계, 고객관계, 사제관계 등의 형식으로 체계 내에 포함되면 될수록, 신뢰가 조직과 사회의 부분체계들에 맞추어지면 질수록 신뢰관계가 스스로를 제재할 가능성은 적어진다. 이와 관련해 체계들은 신뢰의 제재 가능성을 상징적인 방식으로 진술한다. 국가는 국가권력의 이름으로 신뢰를 위반하는 행위를 감독하고 제재를 통해 계약의 이행을 담보한다. 법은 법질서와 정의를 내세워 계약의 불이행을 제재하고 피해 보상을 명령해 타인을 신뢰하는 데 드는 위험을 감소시킨다. 구체적으로 법과 제도가 계약 위반 등 신뢰를 저버리는 행위로부터 소유권을 보호하는 제도적 장치로 작동한다. 특정 인물은 못 믿어도 법과 제도를 신뢰하기 때문에 거래가 이루어진다. 결국 법과 제도가 신뢰를 위반하는 행위를 제재하는 근거는 사람들이 자신의 행위에 따르는 정치적·경제적·법적 결과를 고려하기 때문이다.

앞서 언급한 것들은 체계에 대한 신뢰 개념의 중요한 측면들이다. 여기서 분명한 것은 신뢰 분석의 관점이 "신뢰란 무엇인가"라는 존재론적 물음에서 "무엇 때문에 신뢰하는가"라는 기능적 물음이나 "어떻게 신뢰하는가"라는 사회구조의 형성 및 과정·조건에 대한 물음으로 전환되고 있다는 점이다. 하지만 신뢰에 대한 기능적 접근방식이 이론적 논의에 어느 정도 생산적인지는 아직 충분히 드러나 있지 않다.

일반화된 소통·매체의 경우 무엇 때문에 신뢰를 전제하는지 적실하게 설명할 수 있는 것은 시간적 차원이다(Luhmann, 1968: 62). 어떤 사회적 체계가 화폐와 권력을 갖고 있다면 결정을 미룰 수도 있고, 그러면서도 미결정 상태에서 선택 가능성을 여전히 확보할 수 있다. 사회적 체계는 병렬적으로 벌어지는 상황들을 미리 인지하거나 특화할 수 없지만, 선택된 사건들이 연결되면서 긴 연쇄를 형성할 수 있다. 그로써 사회적 체계는 환경에 대한 적응을 ― 체계 복잡성의 수준을 높이면서 ─ 가능케 하는 복잡한 후속 결정 과정을 수행할 수 있는 시간을 벌 수 있다. 여기서 다른 여러 환경 사건들에 대해 차이를 두지 않는 무차별을 통해 사회적 체계는 반응 시간을 번다.

이처럼 신뢰가 체계의 시간 지평을 확장시킨다면, 신뢰 상실은 체계의 시간 지평을 위축시키고 체계의 복잡성과 요구 충족의 잠재력도 위축시킨다. 장기적 시야를 가져야 비로소 충족될 수 있는 많은 요구들이 신뢰 결여로 인해 동시에 제기되거나 매우 짧은 간격을 두고 계속 제기된다면, 체계의 신뢰 상실이 요구의 충족 가능성을 약화시킬 것이다(Luhmann, 1968: 63). 체계의 신뢰 상실은 요구의 통지 과정을 가속하는 다양한 방법들, 예컨대 주가 폭락이나 여론화가 동원되어 점점 더 강도 높게 요구의 우선순위를 결정하도록 만든다. 결국 체계의 신뢰 상실이 복잡성을 축소하는 강력한 수단을 손에 쥐게 한다. 예컨대 신뢰가 상실된 정부나 기업은 강제력을 동원해 문제를 해결하려 하거나 주요 이해 관련자들을 부분적으로 교체해 소요를 잠재운다. 물론 제도화가 가능한 새로운 질서를 찾을 수도 있다. 정부가 세월호 참사 후 수습책으로 국가개조론과 강력한 국가안전처 신설을 제시한 것도 신뢰 회복을 목적으로 한 것이다. 그러나 새로운 질서는 상대적으로 복잡성의 수준이 낮고 그에 상응해 수행 실적도 떨어진다. 물론 신뢰 형성과 일반화가 개별 기능체계에서 어느 정도 관철될 수 있는지, 그리고 신뢰 양식과 확실성이 어떻게 바뀔지는 경험적 연구를 통해 확인하는 수밖에 없다.

친숙성에서 체계에 대한 신뢰로의 이행은 신뢰가 학습되는 것을 용이하게 해주고, 혈연·지연·학연 등의 공동체 내부의 보증을 불필요한 것으로 만들며, 개인적 상호작용을 기능적 상호작용에 의해 대체하는 것으로 보인다. 그에 비례해 신뢰의 통제는 보다 더 어려워진다. 체계에 대한 신뢰로의 이행은 신뢰를 분산시키고, 체계는 이 신뢰의 분산을 통해 외부의 자극에 대해 저항력이 생기고 개별 실망에 거의 영향을 받지 않는 면역력이 생긴다(Luhmann, 1968: 63). 인물에 대한 신뢰가 무의식중에 속마음이 드러나는 사소한 것들에 의해 쉽게 무너지는 데 반해, 체계에 대한 실망은 항상 체계의 특수성에 따라 설명되거나 용이하게 진정될 수 있다. 사람들이 실망할 때마다 체계가 매번 새롭게 신뢰를 학습할 필요는 없는 것이다.

또한 신뢰는 신뢰자를 개인화시키는 것으로 보인다. 피신뢰자가 무엇을 얻는지 확인하지 않는다든지, 정치에 대한 신뢰를 개인적인 결정 기대에서 가늠한다든지, 여가 등 개인적인 욕구 만족에 돈을 쓴다든지, 결혼 지연, 1인 가구 급증, 이혼율 급증, 저출산 등으로 가족주의가 불안정해진다든지 등등으로 신뢰자가 처한 개인적 상황이 의식된다. 다른 한편 체계에 대한 신뢰는 인물에 대한 신뢰처럼 주거나 거부할 수 있는 주관적인 수행으로 의식되지 않는다. 이로써 체계에 대한 신뢰가 일상에서 주제화되지 않는 잠재성이 오히려 체계의 안정에 기여한다.

게다가 체계에 대한 신뢰는 개인적인 동기부여에 좌우되지 않는다. 정치권력의 작동이나 시장 거래에서 개인에게 권력이나 화폐를 신뢰하는지 그렇지 않은지에 관해 누구도 묻지 않는다. 마찬가지로 구체적인 사례에서도 체계에 대한 신뢰가 ― 구체적인 개인들이 시의적절하게 등장하더라도 ― 그와 소통하며 친숙해진 사람의 동기부여에 달려 있는 경우란 거의 없다. 그와 동시에 기만과 그에 기반을 둔 재현도 변화한다. 인물에 대한 신뢰는 상대방의 재현을 꿰뚫어보고 속임수를 경계하고 대비해야 하지만, 체계에 대한 신뢰는 이런 신뢰의 요구사항으로부터 자유롭다(Luhmann, 1968: 64). 예금자들이 거래 은행의 재정 건전성에 문제가 있다고 판단해 은행이 보유하고 있는 화폐보다 더 많은 화폐를 대거 인출했다고 해서, 또는 국가가 공권력으로 밀어붙일 수 있는 것보다 더 강력한 긴급명령을 발동했다고 해서, 그것을 기만이라고 지칭하는 사람은 없다. 체계에 대한 신뢰는 이들 사례에서 보듯이 개인의 동기부여에 반하는 일반화와 무차별화를 통해 기만을 예견하고 개별적인 위협을 받는 수준을 넘어선다.

체계에 대한 신뢰의 통제는 점점 더 전문적인 지식을 요구한다. 화폐제도의 경우 그것은 분명하다. 신뢰 평가 지표에 의한 간편 조사도 전문가만 할 수 있다. 정치세력과 정치발전에 대한 평가도 정치 과정에의 능동적 참여를 통해서만 얻을 수 있는 공적 인물과 그의 역할, 정치조직에 대한 상세한 지식을 요구한다. 현실에서 신뢰에 대한 통제는 감시·감독을 본업으로 하는 인물이나 조직에 의해서만 행사될 수 있다. 통상 공중은 신뢰 통제를 본업으로 하는 인물이나 조직을 신뢰해야 하며, 어쩔 수 없이 사건의 주변에 머물러야 한다. 신뢰 통제도 신뢰를 필요로 하는 체계에 옮겨져 제도화되거나 명시적으로 된다. 따라서 기능체계에 대한 신뢰는 그 체계의 내적인 통제 능력에 대한 신뢰를 포함한다(Luhmann, 1968: 64). 체계의 위험 선호 경향도 체계 자체에서 통제해야 하는 것이다.

제7장
신뢰와 불신의 제도화

세계화의 추세에 따라 낯선 이방인과의 만남이 일상사가 되고, 전문가집단의 지식이 일상으로 확대되고, 사회공학 또는 기술공학의 후속 결과와 관련된 문제와 생태학적 문제 등 현재의 결정에 따른 위험에 대해 공중의 민감성이 높아졌다. 이러한 상황에서 신뢰 상실을 의식한 정부의 신뢰 구축 조치가 강화되는 가운데 신뢰와 불신의 사회적 의의는 더욱 커지고 있다. 이러한 변화에 기초해 국가기구·정치조직·경제조직·법조직 등에 대한 낮은 신뢰가 과연 높은 신뢰로 바뀔 수 있는지, 기술혁신의 오용 가능성에 직면해 근본적인 불신이 지배하고 있지는 않은지, 사회적 위험과 기술적 위험이 점차 사회를 위협하고 있는 것은 아닌지, 과연 신뢰문화나 불신문화가 신뢰 또는 불신을 더 빠르게 확산시키는 것인지 등의 새로운 성찰 문제들이 현대 사회에 대한 시대 진단의 형식으로 제기된다.

사회학적 시대 진단은 '위험사회', '정보사회', '불신사회', '생태위기' 등과 같이 극적인 특징들을 사용해 기술하는 것을 선호한다. 분명 이들 특징은 이목을 집중시킬 수 있을 만큼 역사적으로 새로운 것을 부각시키는 데 효과적인 극적 현상들이다. 하지만 이것들은 복잡성 축소를 의도적으로 단행한 것으로서 개별 현상만 시야에 들어오게 한다. 즉, 극적인 개별 현상을 역사적 차이를 반영하는 대표적인 것으로 기술하는 오류를 범하고 있다. '위험사회'를 극적인 현상으로 부각시키는 것이 기술공학으로 인한 위험과 그에 따른 두려움이라면, '정보사회'를 부각시키는 것은 컴퓨터와 전자매체에 의한 자료 처리를 통해 산출된 정보의 홍수와 그로 인한 분별 능력 마비에 대한 불안이다. 같은 맥락에서 '불신사회'에는 투표율 하락에 대한 우려, '생태위기'에는 이상기온·자원고갈·환경오염에 대한 불안이 부각되어 있다. 그런데 '위험', '정보', '신뢰', '생태학'이라는 핵심 용어는 그 이상의 것을 드러낸다. 이것들은 더 이상 개별 기능체계들과 관련되지 않는다. 이것들은 부분체계들의 기능적 분화에 초점을 맞추어 현대 사회의 다양한 측면들을 기술하고 있다.

이들 핵심 용어는 특수한 것으로부터 일반적인 것으로 이행하는 현대 사회의 자기기술을 암시한다. 일시적으로 여론의 주목을 받다가 사라지는 기술들에서 사회가 자신을 주제화하는 데 따라 행해지는 과학적 분석, 즉 루만이 언급했던 "2차 질서의 관찰"(루만, 2007)이 시대 진단의 배경이 된다. 이때 동일한 정도로 설득력 있는 복수의 자기기술이 용인되어야 하고, 관찰과 기술의 논리도 단일 맥락 구조에서 다맥락 구조로 이행해야 한다. 관찰과 기술의 논리가 더 이상 하나의 구별을 사용해 어떤 것은 부각시키면서 다른 것은 탈락시키는 것이 아니라, 역사적 맥락에 따라 다양한 의미 형식을 관찰에 노출시켜야 한다(루만, 2012: 1250 이하). 다시 말해서 시대 진단은 사회의 감수성이 무엇을 시대적 과업으로 포착하고 있는지 보여주어야 한다.

기술공학이 배태한 신종 위험, 금융시장의 세계화로 인한 문제, 생태학적 문제, 먹거리 문제에 대한 소통 가능성이 인터넷과 소셜미디어 등 새로운 확산매체에 의해 폭발적으로 증가하면서, 전문가집단의 지식이 주는 권위는 무너지고 있다. 공중은 교수·의사·법률가 같은 전문가들의 말을 인터넷에서 검색·검토할 가능성을 갖게 되었다. 어떤 교수가 수업시간에 양극화의 원인을 중산층의 몰락에 있다고 가르친다면, 학생들은 소셜미디어를 통해 불충분한 복지제도와 같은 다른 원인을 찾아낼 수 있다. 어떤 의사가 인간광우병인 변종 크로이츠펠트 야콥병(vCJD)이 광우병인 소해면상뇌증(BSE)에 걸린 쇠고기를 먹은 사람에게 나타나는 질병이라는 주장은 과학적 증거가 없다고 말한다면, 공중은 인터넷을 뒤져서 인간광우병이 광우병과 관련 있다는 과학적 증거를 찾아낼 수 있다. 또는 어떤 법률가가 특정한 법적 문제와 관련해 아직 판례가 없다고 말한다면, 공중은 인터넷 검색으로 그러한 판례를 찾아낼 수도 있다. 하지만 이런 지식의 출처에 대한 검토는 쉽지 않으며, 이런 지식이 권위를 가지기도 어렵다. 어떤 방식으로든 소통에 의지해야 하는 사람들은 어쩔 수 없이 신뢰에 의존해야 한다(루만, 2012: 371). 대량 발간되는 인쇄 신문, 공간의 제약을 받지 않는 라디오, 지구적 연결망을 가진 텔레비전, 시·공간의 한계를 초월한 인터넷, 소셜미디어 등 새로운 전자매체의 시대에는 신뢰가 더 이상 인물에 지향될 수 없고, 따라서 사회적 지위로 전환될 수도 없다. 오로지 체계에 대한 신뢰만이 남아서 불확실성을 흡수한다.

인물에 대한 신뢰와 체계에 대한 신뢰의 차이는 시장에서 잘 드러난다. 인물에 대한 신뢰로부터 출발하는 합리적 선택론은 수요자 행위 및 공급자 행위의 예측 가능성과 단조로움을 전제한다(Strasser and Voswinkel, 1997). 그러나 시장은 장기적으로 보면 안정적인 경기 흐름이라 하더라도 호황과 불황의 상태를 불규칙하게 오가는 경기 순환에 의해 작동한다. 경기 침체와 회복은 세계 금융시장이나 유가 파동과 같은 불가피한 외적 변수에 의해 촉발되기도 하지만, 긴 역사를 돌이켜보면 대부분의 호황과 불황은 뚜렷한 외적 충격 요인 없이 일어난다. 경기가 침체되면 수요 부족으로 전반적인 가격 수준이 하락하고, 물가 하락은 실질적인 화폐 공급이 증가하는 것을 의미한다. 불황으로 기업들이 순투자율을 아주 낮은 수준으로 떨어뜨리거나 마이너스 투자로 선회하면, 새로운 기업들에게는 오히려 잠재적 이익을 낼 수 있는 사업 기회가 열린다. 정부의 경기부양책이 없더라도 경기 침체가 영원히 지속될 수는 없다.

경기 침체도 장기적으로는 자기한계를 가지고 있는 과정이다.

　이런 시장경제의 자기강화 과정에 대한 확신은 소비자들에게 친숙성을 일깨운다. 사람들은 조직의 규범이나 규칙에 따라서 친숙성을 느낄 수 있다. 가족, 이웃, 학교동창, 직장동료와의 상호작용 또는 조직 내 상호작용에서 나타나는 사건들의 결과가 친숙성이다(Kemper, 1990). 같은 동네, 같은 학교, 같은 직장 등의 친숙한 사회관계에서 친숙성은 정(情)으로 언어화되어 형성되며, 구성원들은 서로 공유하는 조직의 규범 또는 감정 규칙에 따라 자신의 감정을 조절하고 때로는 실제로 그렇게 느끼려고 감정을 관리한다(혹실드, 2009). 조직은 매우 사적인 친숙성의 감정을 집단감정으로 변형시키고, 집단감정은 조직 내에서 바람직한 것으로 여겨져 규범이나 규칙으로 강요된다. 친숙성은 단순히 신뢰의 동기를 유발하는 것이 아니라 행위자의 인지적 해석 과정을 통해 경험되고 변형되며 조정되는 사회적 대상이다. 콜린스Randall Collins에 따르면 사회적 체계의 구조는 구성원들의 결속 기능에 의존하는데(Collins, 1981), 특히 구성원들 간 결속은 그 구조를 유지하는 데 필수적인 요소이다. 즉, 구성원들 간 결속이 증가 또는 감소하는 데 따라 사회적 체계의 구조는 재생산되거나 변화될 수 있다.

　현대 사회가 인터넷 연결망을 통해 세계적으로 탈중심화되고 소셜미디어를 통해 새로운 연결을 창출하면서, 사회질서도 신뢰의 대상을 감정이입할 수 있는 근거리 소통에서 벗어나 점점 더 세계적인 연계성을 드러낸다. 그에 따라 현대의 사회질서는 사회관계에서 사람들이 아무런 감정도 느낄 수 없는 기능체계에 대한 신뢰를 더욱더 요구하고 있다. 사람들은 이제 좁은 무리 내에서 곗돈을 부어 목돈을 마련하는 것보다 은행에 돈을 예치하는 것이 더 확실하다고 믿는다. 또한 매일 밤 군불 때어 구들장을 덥히던 고향에 있는 시골집의 아궁이를 걷어내고 스위치만 올리면 즉각 덥혀지는 전기온돌로 대체하고 있다. 날씨에 관계없이 제공되는 전기가 집의 난방에 장기적으로 더 안전하다고 믿는다. 이런 시대 전환기에는 문제해결에 기능적 등가 기제의 필요성이 더욱더 커지고 있다. 기능적 등가 기제는 일부는 사회적 상호작용에서 신뢰의 기초로서 감정을 대체하기도 하고, 일부는 점점 범위가 확대되는 사적 영역으로 물러나기도 한다. 과거 가정과 직장 등 사적 영역의 중심이었던 학연·지연·혈연은 오히려 사적 영역의 주변부로 밀려난다.[1] 그에 비해 조직, 기능 체계 등 사회적 체계의 자기기술이 문명 발전 과정에서 보다 확실성의 의의를 얻고 있다.

1. 사회적 체계의 신뢰 준비

신뢰가 형성되는 사회적 조건은 매우 복잡하며 끊임없이 변화한다. 신뢰 형성의 사회적 조건은 한편으로 신뢰자(체계)의 구조에 달려 있으며, 다른 한편으로 체계 외부로부터 작용한다. 공중이 체계에 대한 신뢰에서 기대하는 것은 두 가지의 징검다리 역할이다. 신뢰는 체계의 외적 조건과 체계 내부의 사용 가능성 사이에서, 그리고 일반화와 특수화 사이에서 징검다리 역할을 한다(루만, 2012: 464). 외적 보증에 대한 체계의 신뢰는 아직 구체화되지 않은 상황에서도 공중이 소통매체에 의지하는 것을 가능하게 한다. 하지만 관건은 여전히 일반화와 특수화의 차이를 외부화에 의해 해소하는 것이다. 그 해소 방식이 다른 사람의 신뢰를 신뢰하고, 그래서 '다원적 무지'를 방패막으로 하여 움직이는 형식이라 해도 그렇다.

　이제까지 신뢰 논의는 주로 신뢰가 형성되고 유지되는 체계의 외적 조건에 치중해 있었다. 신뢰의 형성 과정에서 체계의 내적 조건이 어떠한지는 구체적으로 다루지 않았다. 상대방을 신뢰하는 입장에 있거나 상대방에게 신뢰

---

1 연애, 성적 매력, 육아, 여가, 오락, 인터넷, 소셜미디어 등으로 사적 영역이 넓어지고 있다.

를 보낼 준비를 갖춘 개인 또는 체계는 내적으로 어떻게 조직되어 있는가? 사회 통념상 개인이든 조직이든 기능체계든 신뢰한 결과로 인해 입을 뜻밖의 손실이나 배신 등 실망스러운 상황을 미리 예측해 처리할 수 있는 능력을 갖고 있다면, 그 체계는 신뢰할 준비가 되어 있다고 말한다. 그러나 이런 체계의 자기신뢰를 자발적인 신뢰 준비와 동일시하는 것은 논란의 여지가 있을 수밖에 없는 추측이며, 자기신뢰가 무엇이냐는 또 다른 문제를 낳는다.

하지만 신뢰를 '사회 결속', '좋은 사회질서', '선의'로 정의하는 신뢰에 대한 규범적 접근은 이런 문제에 대해 언급조차 하지 않았다.[2] 규범적 접근은 공중이 어떤 상황에서 신뢰를 보내는지 묻고는, 공동체의 삶을 영위하는 데는 신뢰를 입증하는 것이 규범적 정언명령이라는 결론을 이끌어낸다. 공중은 무작정 신뢰를 보내는 것이 아니라 신뢰를 얻기를 원하는 자에게만 신뢰를 보낸다는 것이다. 이런 해법은 신뢰를 필요로 하지 않는 자에게도 '신뢰를 보내라'고 요구하는 모양새를 피할 수 없다. 하지만 신뢰자가 '피신뢰자가 신뢰를 받고자 한다'고 자기정당화해서 창조한 부당한 신뢰는 문제가 된다.

따라서 고도로 복잡한 세계에서 신뢰 형성의 외적 조건은, 공중은 충분한 인식 없이도 행위하고 실천적으로 참여한다는 사실과 연계해 탐구해야 한다. 동일한 맥락에서 신뢰 형성의 내적 조건에 대한 분석도 이러한 사실을 탐구의 출발점으로 삼아야 한다. 루만에 따르면 복잡성은 외적 구조와 과정에 의해서뿐만 아니라 내적 구조와 과정에 의해서도 축소된다(Luhmann, 1968: 87). 신뢰의 확실성은 오히려 신뢰관계의 단절이 신뢰의 철회로 이어지고, 나아가 관계의 급격한 변화를 결과하는 데서 역설적으로 기인한다. 신뢰한 결과로 인한 실망은 하찮은 일로 치부되는 것이 아니라 역으로 상대방의 비정상성이나 부도덕성 때문에 일어난 흔치 않은 사건으로 과장된다.

체계에 대한 신뢰는 신뢰 준비와 신뢰 가능성을 구별해서 파악해야 한다

---

2 이에 대한 자세한 논의는 제4장 2절 참조.

(Luhmann, 1968: 88 ff.). '갑'에 대한 '을'의 신뢰를 밝히는 신뢰 준비는 배신의 위험을 인지하면서도 갑에게 책임을 맡기는 을의 의지 척도이다. 누군가 갑에 대한 을의 신뢰를 공언한다면 신뢰 준비가 작동한 것이다. 체계에 대한 신뢰는 배신의 위험을 인지하면서도 타자 또는 조직의 결정을 믿고 수용하거나 다른 행위자에게 책임을 맡기는 행위이다. 만일 배신의 위험이 있는데도 행위의 선택이 이루어진다면 그 체계에 대한 신뢰는 사실적 차원, 사회적 차원, 시간적 차원에서 특화되어 작동한다.

피신뢰자 또는 신뢰대상의 신뢰 가능성은 신뢰를 보내는 신뢰자의 신뢰 준비와 신뢰 근거에 상응한다. 따라서 신뢰가 누구에게 또는 어느 대상에 귀속되느냐가 중요하다. 신뢰 가능성은 신뢰받는 수용자, 즉 피신뢰자 쪽에서 측정해야 한다. 예컨대 뉴스 보도에서 통계 형식으로 제시된 신뢰 조사 자료도 직접적으로 피신뢰자와 관련성이 적은 지표들은 공중을 대상으로 그 타당성을 검증할 필요가 있다. 피신뢰자의 신뢰 가능성에 대한 계량적 측정에서도 신뢰 준비와 신뢰 행위를 그 시의적절성, 위험 인지, 신뢰가 무시될 경우의 결과 등을 측정해 함께 고려해야 한다. 어떤 행위자가 높은 위험을 인지하면서도 다른 행위자에게 행위 선택을 위임한다면 후자의 신뢰 가능성은 커진다.

체계에 대한 신뢰의 기대에는 상이한 관점들이 있고, 신뢰 준비는 이런 기대와 연관이 있다. 따라서 공중의 신뢰 기대에 대한 설문 조사를 바탕으로 타자를 신뢰할 준비가 되어 있는지 그 신뢰 준비를 측정하는 것은 방법론적으로는 논리에 맞다. 그러나 이때 체계에 대한 신뢰의 기대가 어떤 관점에서 표현된 것인지가 진술되어야 한다. 신뢰자의 시각에서 보면, 체계에 대한 신뢰는 신뢰 가능성이 있는 피신뢰자 또는 신뢰대상의 역할과 공중의 역할을 공중의 시각에서 체계 내적으로 서로 맞추는 일이다. 그 반면에 피신뢰자 또는 신뢰대상의 시각에서 보면, 체계에 대한 신뢰는 피신뢰자 또는 신뢰대상의 역할과 공중의 역할을 신뢰 가능성 있는 피신뢰자 또는 신뢰대상의 시각에서 체계 내적으로 조정하는 일이다. 그리고 신뢰관계의 환경에서 보면 체계에 대한 신뢰는 그 신뢰관계와 관련 없는 타자에게 미치는 결과에 대한 평가가 중요하다. 이 신뢰관계의 결과는 일반적 타자의 기대에 의해 평가되며, 그로써 논쟁이 되는 체계에 변화 가능성을 담보하는 규범적 속성을 부여하게 된다.

　루만의 논리에 따른다면 체계에 대한 신뢰의 형성은 체계가 신뢰할 준비가 되어 있는가에 달려 있다. 신뢰자의 신뢰 준비가 그에 상응하게 불확실성을 흡수해 확실성을 증가시키지는 않는다. 오히려 신뢰자의 신뢰 준비는 신뢰의 확실성을 대가로 체계가 감내할 수 있는 수준에서 불확실성을 증가시킨다. 이것은 결코 개인 또는 특정 조직, 특정 기능체계가 불안정적인 기대에서 안정적인 기대로 이행할 수 있는 다양한 가능성에 만족한다는 뜻이 아니다. 집단심리학적 접근은 불확실성 속에서는 집단대화를 통해 신뢰가 방어 기제를 해제시키고, 다양하게 열려 있는 대입을 통해 확실성의 근거들을 제시한다고 주장한다. 그러나 심리적 체계 내에서 의식이 어떻게 작동하는지에 대해서는 설명이 불충분하다. 집단심리학과 집단치료에서는 의식의 흐름이 무시되고 '건강한' 인격에 대한 강한 규범적 요청으로 대체되어 있다.

　상대방이나 신뢰대상이 기만하더라도 그에게 어떤 이익도 없을 듯한 상황 또는 상대방이나 대상의 기만이 누설되어버리는 상황에서는 그의 신뢰 가능성은 고려할 필요가 없다. 상대방이나 대상에 속고 이용당할 가능성이 매우 낮은 상황, 즉 확실성이 높은 상황에서는 신뢰가 불필요하다(Yamagishi et al., 1994). 신뢰가 자기확실성에 근거한다는 것은 기능적 관점에서는 복잡성 축소의 내적 기제의 현존에서 찾을 수 있다. 만일 신뢰가 환경 복잡성의 축소에 체계 구조와 상호보완적으로 작용할 만큼 체계 내적인 축소 기제로 안정화된다면 체계에 대한 신뢰는 현실화된 것이다. 상대방이나 대상의 배신에 실망한 경우에 다른 인물이나 조직, 기능체계 등으로부터 복잡성 축소와 문제해결의 부담을 덜 수 있도록 체계는 다른 체계에 신뢰를 보내어 구조적으로 구속되지 않는 체계 내적 자원들을 처리하게 된다.

　루만에 따르면 기능체계는 세계의 복잡성을 체계 내적으로 모사할 수 있을 만큼 충분히 복잡하지는 못하다(Luhmann, 1968: 88). 따라서 세계의 복잡성이 시간적 관점과 사실적 관점에서 체계 내적으로 그대로 모사될 수는 없다. 세계의 복잡성에 상응하게 개별 기능체계에 문제해결의 잠재력이 일반화되어 있어야만 그 체계에 고유한 소통 기제가 시간적 관점과 사실적 관점에서도 일반화되어 발달한다. 체계에 대한 신뢰에서 작동하는 심리적 체계의 일반화는 행동 중심의 합리적 선택론으로는 설명할 수 없는 감정 고정과 자기기술의 확실성을 중요한 예증으로 한다.

복잡성 축소의 가장 기초적 기제 중 하나가 바로 특정 인물이나 대상에 대한 감정관계의 안정화이다. 다시 말해서 어떤 개별적인 감정대상이든 사회관계에서 기대의 일반화 원칙으로 오랫동안 지속적으로 작동하는 감정관계가 있다. 감정은 완전히 수동적인 무위의 상태부터 강한 발홍의 상태에 이르기까지 다양한 형태를 띤다(콜린스, 1995: 210). 감정은 원칙적으로 편안함, 든든함, 기쁨, 자부심 등의 긍정적인 감정과 분노, 두려움, 슬픔, 불쾌함, 수치심, 죄책감, 의심 등 부정적인 감정을 포함해 친숙한 대상의 모든 측면을 포괄한다(최상진 외, 2005). 하지만 인지심리학자들이 감정을 외부 환경에 대한 인간의 인지적 평가나 비교의 결과라고 보고 감정을 설명하는 데 지각하고 해석하는 인간의 정신적 능력을 강조했던 것(Watson and Clark, 1984; Lazarus, 1991)과는 달리, 사회구성주의자들은 대상에 대한 감정을 표현하는 형태는 사람마다 다를 수 있고, 언제 감정을 드러내는지가 문화마다 다를 수 있으며, 감정이 바뀔 수도 있지만 특정한 대상에 대한 감정은 그 모든 것을 포괄한다고 본다. 특히 중요한 사실은 이러한 감정의 다양한 변이가 집단 결속을 나타내는 학연·지연·혈연 등의 연줄망에 얽힌 대상의 친숙성과 관계가 있다는 것이다. 대상의 친숙성이 사회적 체계에 대한 신뢰 형성을 체계화하고 확실하게 하는 기초적인 배경 기제로 작동한다는 것이다.

소셜미디어는 발신자의 정보에 마치 친구의 권유같이 '확장된 친숙성'으로 기능한다. 페이스북에서는 모두가 서로에게 친숙성으로 다가온다. 이런 친숙성은 소비자 간 정보 교류뿐만 아니라 정치·경제·문화 등의 다른 분야로도 흘러넘쳐 이들과 관련된 정보에까지 확장된다. 때로 파워 트위터리안의 한마디가 대중매체의 뉴스나 논평보다 훨씬 더 친숙할 수 있다. 특히 사적 매체이면서도 공적 담론을 다루는 경우 오히려 현실의 친구들보다 '확장된 친숙성'이더 영향력을 미치는 경향이 있다. 파워 트위터리안이 친숙성과 공정성을 모두보유하고 있는 피신뢰자로서 받아들여지고 있는 것이다.

감정은 조직, 기능체계 등 사회적 체계의 구조를 지탱해줄 뿐만 아니라 사회적 체계의 구조에 의해 재생산되기도 한다. 즉, 사회적 체계의 구조는 구성원들의 감정을 재생산하기도 하고 증가 또는 감소시키기도 한다. 또한 사회적체계의 구조는 감정에 의해 매개되어 지속되기도 하고 변동을 겪기도 한다(콜린스, 1995: 211). 사회적 체계의 구조는 매우 복잡하다. 이런 복잡성에도 불구하고 사회적 체계의 구조 유지가 가능한 것은 어떤 이유에서인가? 콜린스에따르면 그 기제가 인지적이 아니라 감정적이기 때문이다. 구성원은 사회적 신뢰뿐 아니라 열정을 갖고 조직이나 기능체계들의 고유한 작동에 참여한다는것이다. 경제활동과 권력관계는 객관적인 실체를 갖고 있지 않으며, 어떤 사람이 무엇을 소유하고 있는지, 그들의 권위를 어떻게 행사하는지 지각하는 가운데 조직된다. 이와 같이 사회적 체계의 작동에서 구성원의 결속을 결정하는감정의 동력은 중요하다. 구성원 간 상호작용은 합리적인 계산에 의해 동기부여된 것이 아니다. 마찬가지로 그들은 사회적 체계에 대한 신뢰를 합리적으로계산해 반응하지도 않으며, 도덕적 가치 정향에 대해서도 계산하지 않는다(콜린스, 1995: 216). 감정은 아직 불특정한 상황에서 조직, 기능체계와 같은 사회적 체계에게 신뢰를 보내는 것을 동기화한다. 그에 상응하게 감정은 그 밖의다른 것에 고착되지 않는 신뢰 준비를 전제한다. 감정은 파슨스의 '유형 변수'의 용어를 빌리면 '특수성(개별성)', '확산성(불특정성)', '자기지향성'에 지향된태도이다. 감정은 다른 모든 대상을 개별 관점에서 동일하거나 더 나은 수행실적을 올리더라도 배제하거나 비교적 무시한다. 비록 동시대인에게는 놀라운 일이라 하더라도 구성원은 감정 규칙을 공유하지 못하는 다른 일들에 대해서는 무관심을 고정한다.

감정은 상황 또는 사회관계와 관련된 공적 소통 과정에서 체계 외적인 복잡성 축소와 체계 내적인 복잡성 축소를 동시에 수행한다(Luhmann, 1968: 89). 이것은 감정의 강점이기도 하면서 약점이기도 하다. 감정은 대상에 대한 선호를 통해 환경의 복잡성을 축소하면서 그와 동시에 체험 처리의 체계 내적 가능성을 동일한 의미에서 고정시킨다. 대상에 대한 감정을 의식 속에 고정한 체계는 자신을 대상과 동일시한다. 체계 외부에서도 내부에서도 대안이 더 이상 남아 있지 않다면, 감정은 탄력적이지도 못하고 양도 가능한 것도 아니다. 감정은 단지 상하거나 새로이 하는 것을 통해서 정리될 뿐이다. 만일 감정관계가 회복할 수 없을 정도로 파탄 난다면 세계의 과잉 복잡성이 다시 원상으로 복구될 수 있다는 문제가 있다. 따라서 감정의 배경에는 불안이 잠복해 있으며, 감정은 어떻게든 입증된다면 후속 감정관계를 동기화하게 된다.

감정관계의 일반적인 구조는 문제해결의 일반화된 상징매체가 신뢰 준비의 기초로서 중요하다는 것을 말해준다(Luhmann, 1968: 90). 개인 간 긍정적인 감정관계는 신뢰가 없다면 지속적으로 유지되기 어렵다. 긍정적인 감정관계는 질투가 그렇듯이 서로 감정을 거스르는 불안정 상태로 이행한다. 흔히 감정은 다른 것으로 대체하기가 쉽지 않으며, 그래서 불안정 상태로 가는 것을 막지 못할 수도 있다. 또한 감정은 감정이 미치지 못하는 다른 사람들과의 신뢰관계에도 관여하는 기초가 될 수 있다. 학연·지연·혈연의 친숙한 관계와 고향에 대한 감정적 몰입은 좁은 집단의 범주를 벗어나 신뢰관계를 다양하게 열 수 있는 기초가 된다. 예컨대 가족에 대한 어린아이의 감정 고정은 사회적 신뢰를 배우는 기초가 된다. 그렇게 해서 신뢰 준비는 그의 현존에 감사하는 그들의 감정이 비록 오래전에 사라졌더라도 친숙하면서도 진정성 있는 태도로 계속 남아 있을 수 있다.

고도로 분화된 현대 사회에서 신뢰 준비는 학연·지연·혈연의 연줄망에 토대하는 친숙성이나 과제 및 의무로 얽힌 역할 상황과 같은 신뢰 기초만 가지고는 충분치 못할 수도 있다. 한편으로 사회질서가 자아와 타자의 차이와 관련해 감정을 개인화하고 있으며, 감정을 일회적인 것으로 의식할 뿐만 아니라 자명성을 결여한 향유대상으로 만들고 있다. 다른 한편으로 사회질서는 개인을 신뢰하도록 동기화하고, 그에 따라 보편적인 기초적 지향을 큰 비용 들이지 않고 만족시킨다. 합리적 선택론에 입각한 합리적 계산과정이 이에 포함되지는 않는다.

현대 사회에서 모든 상황의 역학에 의해 자기기술을 요구하는 목소리가 커져 있기도 하지만, 잘못된 상황에서도 여전히 통하는 해결책을 알고 있는 기능체계의 확실성이 신뢰 준비를 위한 기초로서 유용한 체계 내적인 자원이 된다(Luhmann, 1968: 91). 신뢰를 입증하는 것도 체계의 자기기술의 일부이기 때문이다. 신뢰자는 신뢰를 보내는 성향이 있는 인물이나 체계로 묘사된다. 신뢰가 부적절한 것으로 판명된다면 신뢰자는 사람들을 실망시킬 뿐만 아니라 상황에 따라서 웃음거리가 되기도 한다. 자기가 이용당한다는 것을 파악하기에는 너무 어리석었다는 것이 분명해진다. 그는 "신뢰하되 맹신하지는 마라!"라고 말하는 모호한 윤리의 희생양이 된다. 남을 무조건 신뢰하는 것은 그의 잘못인 것이다. 사회화 과정에서 체득한 "보호 고치"(기든스, 1991: 103)가 없는 신뢰는 훗날 더 큰 사고를 칠 수도 있다. 자기기술은 이런 실망 또는 배신, 기만의 상황을 고려한 훈련과 숙련성을 요구한다. 애초에 특정 대상이나 인물에 쉽게 신뢰를 보내는 사람은 실망스러운 경우에도 자기기술을 바꾸지 않거나 웬만한 손실을 입지 않는 한 관계를 다시 갖는 경향이 있다.

고도로 분화된 현대 사회에서 자기기술의 확실성이 얼마나 유동적인지는 감정 고정과 비교해보면 알 수 있다. 확실성의 일반화 원칙은 대상의 정체성에 있는 것이 아니라 기술된 기능체계의 정체성에 있다. 루만에 따르면 기능체계는 환경에 대해 선택적 이해관계를 가진다(Luhmann, 1968: 92). 즉, 기능체계의 기술과 태도는 어느 때든 어떻게든 바뀔 수 있으며, 환경에 속하는 구체적 대상의 운명으로부터 독립되어 있다. 기본적으로 '집단동일시'라는 감정 기제는 기능체계의 내부와 외부가 융합된 것이 아니라, 여전히 내부와 외부의 분리를 유지하는 기능체계의 자기기술의 복잡성 축소 방식일 뿐이다. 기능체계의 경계는 체계가 자기에 대한 모든 정보를 통제하는 것에 의해 유지된다. 기능체계는 물론 그 정보들을 신뢰한다. 그렇게 해서 기능체계의 자기기술은 더 복잡한 환경과 조화를 이룰 수 있다. 다양한 신뢰가 기능체계가 대상과 감정적으로 연결되어 있음을 입증한다. 그리고 신뢰의 자기입증은 기능체계가 외부로부터 방해받지 않고 조정 준비를 한다는 의미에서가 아니라, 역으로 친숙한 개별 상황을 벗어나 더 큰 맥락에서 바라보는 거리두기, 다른 것과의 차이를 두지 않는 광범위한 무차별, 기능적 등가 기제로의 대체 준비 등의 의미에서 이루어진다. 즉, 현대 사회에서 기능체계는 신뢰가 널리 확산되는 전략적으로 합리적인 태도임을 스스로 입증한다.

기능체계의 자기기술에서 다소 유동적이지만 확실성의 원천은 대상의 성향과 관련 있는 이상·반응성, 대상의 운명과 관련 있는 귀속지위·교육·훈련·성공, 환경 조건인 이해력·감정·협력 등 매우 다양하다. 기능체계의 자기기술에는 특히 고프먼(1987)이 '팀'이라고 지칭했던 집단성의 제도화도 있다. 확실히 감정 고정과 동일한 효과를 내는 방법들은 많다. 마찬가지로 유사한 감정 고정 효과를 내는 다양한 무리의 인물들도 있다. 따라서 개별 요소에 의한 단선적인 인과적 설명 방식은 이러한 자기기술의 기능과 구조의 열린 관계에 적합하지 않다. 집단에 따라 영향력이 상이한 사회 통제에 대한 설명은 이들 다양한 확실성의 원인에서 찾을 수 있다. 분쟁의 배경을 잘 아는 정치가들은 대체로 과거 교육 과정에서 연마한 기술의 확실성을 통해 다양한 위험들을 정치적으로 쟁점화한다. 사회적 세력들은 자신들의 감정을 표출할 활로를 개척하고 성공적인 자기기술을 행하는 방식으로 신뢰의 내적 근원에 영향을 미치며, 사회적 상호작용의 양식과 신뢰 준비의 구체적인 방향을 결정한다.

신뢰 준비는 감정에 의한 것이든 자기기술의 유연성에 의한 것이든 체계의 구조에 달려 있다(Luhmann, 1968: 93). 오직 체계의 확실성이 구조적으로 보장돼야만 체계는 구체적인 상황에서 행위를 할 때 확실성을 고려하지 않아도 된다. 그것은 체계의 신뢰 준비가 복잡성을 흡수하는 경우 체계의 구조들에 의해 행위의 부담을 덜 수 있기 때문이다.

궁극적으로 신뢰가 어떻게 현실화되는가는 체계가 어떤 인물 또는 조직, 사회의 부분체계와 신뢰를 형성할 준비가 되어 있는가에 달려 있다고 해도 과언이 아니다. 체계에 대한 신뢰는 신뢰자들의 개별적 동기부여와는 상관없이 비교적 강제적으로 형성된다. 루만에 따르면 신뢰 형성은 체계 외부에서가 아니라 신뢰를 필요로 하는 체계 내부에서 통제된다(Luhmann, 1968: 93). 즉, 체계의 기능에 대한 확실성과 신뢰에 대한 신뢰의 재귀적 형성은 신뢰자의 개별적 동기부여 구조와는 관련이 없다. 이로써 신뢰자의 신뢰를 입증하는 구조와 신뢰 과정에 대한 질문은 무의미해진다. 신뢰자와 피신뢰자 간의 신뢰 형성이 오로지 신뢰자가 신뢰를 보낼 준비가 되어 있는가에 좌우되지만은 않을 것이기 때문이다. 마찬가지로 체계는 자기의 신뢰가 미치는 결과에 대한 책임 부담을 덜게 된다.

앞서 언급했듯이 신뢰 체계는 감정 표현 또는 성공적인 자기기술을 위한 사회적 조건과 관련이 깊다. 특정 인물과 관련된 사적 조건을 사랑, 우정, 충성 등으로 칭송하고 조롱거리로 삼지 않는 사회분위기가 필요하다. 사회분위기는 신뢰 형성이 반복되도록 제도화하고 장애가 발생할 경우 자기기술의 출구와 방안을 제시하기에 충분해야 한다. 이런 방식으로 신뢰 체계의 구조가 강화된다. 다른 경우 체계의 구조는 사전에 환경을 배려해서 참여에 따른 불확실성을 흡수하는 부담을 덜게 된다. 체계에 대한 신뢰와 마찬가지로 체계의 구조는 선택 가능성을 제한하거나 은연중 믿게 만들며, 지속적인 상호작용에서 신뢰를 단기적으로 입증한다. 신뢰자는 배신당할 위험을 최소화하기 위해 제재 가능성을 신중하게 고려한다.

이처럼 신뢰가 형성되는 다양한 방식에 접하여 신뢰 형성의 보편적인 방법을 찾는 일은 포기된다. 신뢰 형성의 다양한 가능성 속에서 오히려 사회에서는 신뢰가 거부되는 것을 막아야 한다는 사회적 통찰이 끈질기게 일어난다. 고도로 분화된 현대 사회는 전통 사회보다 복잡성 축소에 더 많은 신뢰를 필요로 한다. 그에 상응하게 신뢰가 형성되고 안정화되는 데 훨씬 더 다양한 기제들을 준비하고 있다. 즉, 사회적 체계들의 신뢰 준비가 전통 사회에서보다 훨씬 더 강하게 요구되며, 동시에 사회는 그만큼 결과에 따른 불확실성 흡수의 부담을 덜게 된다.

2. 신뢰와 불신의 분화

근대 국가는 본래 권력의 오·남용 가능성에 근거하는 정부에 대한 불신에서 출발해 만들어졌다. 따라서 헌법은 정부의 일방적인 지배를 허용하지 않도록 신중하게 만들어졌다. 하지만 박정희 정부에서 전두환 정부에 이르는 권위주의 정부는 공권력을 동원해 정부 비판이나 정치 토론, 정책에 대한 이의 제기를 원천적으로 차단함으로써 국가에 대한 과도한 신뢰 상태를 조장했다. 특히 공중의 가치 정향과 정치적 견해의 여론화가 언론 통제로 차단되어 정치에 환류되지 못하는 반민주적인 권력 오·남용에 의해 이러한 파행이 가능했다.

이 과잉 신뢰 기간을 예외로 한다면, 정부에 대한 불신은 민주화 이후 수십 년에 걸쳐 지속되고 있다. 각종 조사에서 정부에 대한 신뢰는 기대 이하로 낮을 뿐만 아니라 지속적으로 하락하고 있다. 정부에 대한 신뢰 저하의 원인을 단순하게 그릇된 분야에의 세금 낭비나 정책 실패, 비효율성 등에 귀속시킬 수 없는 이유는 기업, 법원, 대학, 언론사, 시민사회단체, 병원 등 다른 주요 조직에 대한 신뢰도 동반 하락하고 있기 때문이다. 그런데 공무원 시험에 응시하는 수험생이 한 해에 45만 명을 넘나드는 '공무원 시험 열풍',[3] 시민의 자발적인 법질서 준수, 높은 조세 납부율 등을 고려하면 정부에 대한 신뢰는 실상 낮은 편이 아니다. 다시 말해서 정부에 대한 신뢰 저하는 민주화 이후 정책의 현실성을 외면하고 그저 좋은 정책 의도를 퍼뜨리기만 하는 권력매체의 인플레이션을 반영하고 있는 것이다. 이것은 정부에 대한 신뢰의 유지에 점점 더 비용이 많이 든다는 것을 의미한다. 무리한 기대를 포함해 정부 정책에 대해 회의하거나 항의하는 극단적인 경우가 불신이다. 정부에 대한 불신은 정치에 대한 환멸이나 냉소주의가 아니라 민주주의에 대한 기대에서 오는 감시와 견제를 반영하고 있다. 이런 맥락에서 오페Claus Offe는 신뢰를 공중이 믿는 배경 조건에 대한 확신이라고 규정하고 민주주의를 위해서는 배제된 자의 연대와 함께 필연적으로 불신이 전제되어야 한다고 주장한다(Offe, 1999: 124).

신뢰는 그 속성상 성숙한 민주주의 사회에서도 깨지기는 쉬워도 구축하기는 어렵고, 파괴된 신뢰를 재구축하는 데는 많은 시간과 노력이 필요하다. 신뢰와 불신의 소통은 여전히 비대칭적으로 일어난다(LaPorte and Metlay, 1996: 343; 슬로빅, 2008: 370 이하). 이러한 신뢰와 불신의 비대칭을 감안한다면 불확실성 시대에는 불신이 신뢰만큼 중요한 대안으로 간주될 수 있다.

일반적으로 신뢰는 위험의 인지에 부정적인 영향을 미친다. 새로운 지식과 기술의 후속 결과, 세계 금융시장의 위기, 생태학적 위협 등 신뢰자가 결과적으로 높은 비용을 치를 수 있는 결정에 따른 위험이 상존하는 상황에서는 신뢰가 현존하지 않기 때문에 신뢰와 불신의 비대칭이 기대된다. 현실의 결정 문제에는 흔히 신뢰나 불신이 존재하며, 이 경우에 신뢰는 부정적인 정보를 평가 절하한다. 신뢰의 비대칭에 대한 경험적 작업에 근거해 이런 효과의 우세를 단순히 주장할 수는 없다. 신뢰와 불신의 비대칭에 대한 경험적 연구(Siegrist and Cvetkovich, 2001; 슬로빅, 2008)와 정보의 중요성에 대한 유의성 영향 연구(Rothbart and Park, 1986; Lupfer et al., 2000)는 조사대상자를 낯선 인물

---

3 2014년 4월 3,000명을 모집하는 국가직공무원 9급 채용시험에 19만 3,840명이 지원해 65대 1의 경쟁률을 기록했다.

과 각종 조직·제도로 구별한다. 하지만 이들 연구의 결과를 이미 불신이 제도화되어 있는 현실 상황에 일반화하기는 어렵다. 제도화된 불신은 비대칭이 어느 정도까지 존재하는지, 신뢰가 새로운 정보의 해석에 어느 정도까지 영향을 미치는지에 대해 의문을 갖게 한다.

공중은 자신의 기대가 충족되지 않을 위험을 줄이고 신뢰를 확실히 하기 위해 호혜성의 규범을 존중한다(Offe, 2001: 255). 피신뢰자는 신뢰자로부터 신뢰받고 있다는 것을 알고 있어야 하며, 의무감을 갖고 신뢰를 존중할 수 있는 능력이 있어야 한다. 이 경우 신뢰관계는 자기강제적이고 자기확대적이다. 신뢰자는 피신뢰자가 어떤 특정 행동을 하거나 하지 않을 것이라고 확실히 믿는다. 그러므로 신뢰 또는 불신의 소통은 어느 한쪽으로 편향되는 비대칭이 작동하면서 확실한 신뢰 쪽에서 재진입한다. 나아가 신뢰는 확실성과 불확실성의 차이 중 확실성 쪽에서 재진입한다. 그렇기 때문에 인물에 대한 신뢰의 재진입은 항상 어느 정도 체계에 대한 신뢰와 관련이 있다고 추론할 수 있다. 오페에 따르면 조직화된 호혜성의 규범을 믿는 신뢰자는 피신뢰자의 행동을 확실히 하기 위해 정보 획득, 행동 감시, 통제에 드는 비용을 줄일 수 있다(Offe, 2001: 257). 왜냐하면 신뢰자는 피신뢰자를 감시할 필요가 없어지고, 피신뢰자에게 기대하는 행동을 강요하기 위해 제3자를 불러들일 필요가 없어지기 때문이다.

인물에 대한 신뢰와는 달리 체계에 대한 신뢰는 결정적으로 신뢰가 중단되는 임계점에서 불신이 끼어든다는 특성이 있다(Luhmann, 1968: 104). 따라서 체계에 대한 신뢰의 분석은 애당초 불신을 일상적인 신뢰 상실과 동일시해서는 안 된다. 오히려 결정적인 것은 불신과 신뢰 상실 간 양자택일의 기능적인 공존이다. 정부에 대한 신뢰가 현저히 하락하고 불만이 만연하다는 것은 쉽게 확인할 수 있는 사실이다. 국가 간 신뢰 비교 연구에 따르면(조승헌, 2010), 소득 수준과 정치에 대한 신뢰 사이의 상관성에 대한 국제적인 양상을 고려하더라도 한국은 정치에 대한 신뢰가 예외적으로 낮은 편이다.[4] 공중은 이제 압축적 근대화 과정에서 정권 연장을 위해 자의적으로 공중을 동원하던 강한 국가의 영향력으로부터 벗어나 있다. 민주화 직후 90% 전후에 이르던 국회의원선거 투표율이 국회의 대통령 탄핵 사건 이후 50% 전후로 급락했고, 특히 20~30대의 투표율은 40% 전후로 급락했다. 그러나 이것은 정치에 대한 환멸이나 무관심이 높아졌다기보다는 당리당략을 좇아 정쟁만 일삼는 정당정치에 대한 불신의 표출이었다. 왜냐하면 1990년대에 등장한 시민사회단체에 대한 신뢰는 모든 조직 중에서 가장 높을 뿐만 아니라 상승세를 그대로 유지하고 있기 때문이다(한준, 2008: 61). 다시 말해서 공중은 의식주 따위의 물질주의 가치관에 함몰된 소비사회에 대한 항의로 삶의 질, 인권, 환경보전, 윤리적 소비, 사회적 책임 등의 탈물질주의적 가치관과 접목해 정치적 쟁점에 따른 조직 결성, 활발한 정치 토론, 성명서 발표, 시국 선언, 촛불집회, 불매운동 등의 항의 형식을 통해 정치에 적극적으로 참여하고 있다. 2010년 지방선거부터 본격화된 트위터, 페이스북, 카카오톡 등의 소셜미디어를 동원한 '트위터 팔로워', '투표 인증샷' 열풍은 2011년 서울시장 보궐선거와 2012년 국회의원선거로 이어지면서 젊은 층을 겨냥한 투표 독려 수단으로 자리 잡았다.

위험의 인지와 소통에서 중심 역할을 하는 것은 신뢰와 불신이다. '제조된 위험'과 관련해 결정 권한이 있는 국가기관 및 시설 운영기관과 당사자인 공중 사이에는 신뢰가 형성되기도 하고 상실되기도 한다. 공중의 신뢰는 어떤 의미에서는 맹목적인 것이어서 공중은 외부의 결정에 의해 자신의 생명과 재산이 위험에 방치된다고 느끼면 그 반대급부로서 엄청난 불신을 한다. 수차례 반복됐던 각종 국책사업의 철회 사태와 세월호 참사가 그 반증이다. 정책의 결정 및 집행 과정에서 공중의 항의가 정부의 권위와 공신력을 저하시키기도 하지만, 행정 일반에 대한 불신을 증폭시키기도 한다. 결과적으로 공중의 불신은

---

4 선진국은 정치에 대한 신뢰가 평균 46%, 중진국은 36%인 데 비해 한국은 24%로 세계 최하위이다(조승헌, 2010).

정부의 정책 결정 및 집행 능력에 대한 기대 약화 등 지배에 대한 '정당성 위기'를 촉발할 수 있다.

위험의 인지와 소통에서 판단의 합리성은 무엇과 관련이 있으며, 신뢰는 무엇과 관련이 있는가? 만일 목적합리성이든 목적-수단 관계의 최적화이든 결정이론의 합리성 개념을 판단의 척도로 선택한다면, 신뢰와 불신의 구별은 처음부터 너무 협소한 개념 틀에 갇혀 신뢰 사태를 제대로 처리할 수 없다. 신뢰는 특정 목적의 달성을 위해 선택할 수 있는 수단이 아니다(Luhmann, 1968: 97 ff.). 신뢰는 방법론적 개인주의에 기초한 결정이론이 말하는 목적-수단관계 모형의 최적화 구조를 취하지 않는다. 또한 신뢰는 손실과 비용의 기대치로 정의되는 위험 사건의 적중 정도를 측정하는 신뢰도가 아니며, 몇몇 경험적 사례들에서 발생 확률의 형태로 그 적합성을 통계적으로 추론해내는 사건의 예측 가능성도 아니다. 결정함수로 행동효율을 측정하고 행동 결정을 수치로 구하는 산정 기술은 신뢰와 마찬가지로 복잡성을 축소하는 기능을 할 뿐이다. 대표적으로 보험업은 미래의 잠재적 손실을 과거에 경험했던 손실 패턴에 의거해 발견하는 고유한 위험 산정법을 도입해 보험회사의 합리적인 운영을 보장하면서 급속도로 발전했다. 하지만 이런 산정 기술은 신뢰의 기능적 등가 기제는 될지언정 본래의 의미에서 신뢰 행위는 아니다. 어떤 사회 영역이든 산정 기술이 충분히 발달해 있다면 신뢰는 불필요하다. 왜냐하면 산정 기술이 신뢰를 대체할 수 있기 때문이다. 현실에서는 그 반대로 결정 기술의 제한된 능력으로 인해 불확실성 흡수를 보완하는 형식으로 체계에 대한 신뢰가 강하게 요구된다. 신뢰는 올바른 결정의 근거를 밝힐 수 있는 검증 가설과는 다른 것이다. 따라서 올바른 결정을 위한 신뢰성의 산정 모형은 신뢰 문제를 빗겨간다.

사회조사의 경험적 연구와 기술적 연구는 대체로 사전 작업 없이 사회학계에 광범위하게 수용된 합리화이론을 좇아 기능적 분석을 '합리적'인 것으로 평가하는 경향이 있다. 또한 고도로 복잡한 세계에서 인간 행위의 지향에 유의미하게 기여하는 모든 수행을 '합리적'인 것으로 간주한다. 결정이론이 특정 행위에 대한 결정과 관련해 합리성 개념을 발전시키긴 했지만, 사회의 부분체계들의 형성은 오히려 복잡성에 대한 인간의 파악 능력과 축소 능력이 증가하는 것과 밀접한 관련이 있다. 따라서 현대 사회에 대한 사회학적 시대 진단의 맥락에서 '합리성'은 기능체계와 그것을 유지하는 기능과 관련이 있어야 한다.

부분체계들의 기능적 분화가 복잡성을 축소하는 체계 잠재력을 증가시킨다는 시대 진단의 맥락에서, 체계에 대한 신뢰는 기능적으로 합리적이다. 체계에 대한 신뢰 없이는 아주 단순한 형식의 협력만 가능하다. 개인의 행위는 체계에 대한 신뢰가 없다면 양자가 계획한 것보다 훨씬 더 협력에 장애가 되기 때문이다. 어떤 사회적 체계든 행위 잠재력의 증가를 위해서는 신뢰가 없어서는 안 된다. 특히 신뢰자는 상대를 탐색하고 반응하는 데 드는 비용을 절약할 수 있어 소통하는 데 시간을 번다. 시간은 복잡한 체계 구조를 형성·유지하는 데 결정적인 변수이다. 체계의 고유한 욕구는 지속적으로 유지될 수도 있고, 지연되어 추후에 충족될 수도 있다. 체계의 시간 지평이 체계에 대한 신뢰에 기반을 둔 화폐·권력·진리 등의 소통매체에 의해 확장된다면, 미래의 작용에 지향된 도구적 행위가 사회에 제도화될 수 있다(Luhmann, 1968: 98). 다시 말해서 화폐·권력·진리와 같은 소통매체는 실체에 의해 담보되는 것이 아니라, 축소된 의미가 다음에도 사용될 것이라는 신뢰에 의해 작동한다(루만, 2012: 451).

신뢰가 체계 합리적이라는 판단은 체계에 대한 신뢰에 동의하는 것으로 해석된다. 신뢰는 개별 행위와 관련이 있기도 하지만, 조직이나 기능체계의 수준에서 비로소 위험 선호의 경향이 적절히 통제되고 그에 따라 실망의 비율도 너무 높지 않게 유지된다. 이것이 타당하다면 더 복잡한 체계는 더 많은 신뢰를 필요로 하며 그와 동시에 더 많은 불신을 필요로 한다. 즉, 불신이 통제의 한 형식으로 제노화돼야 한다.

체계 합리성이 신뢰에만 귀속될 수는 없다. 오히려 체계 합리성은 신뢰와 불신을 포괄하는 기능체계의 고유한 의미 측면에서 작동한다. 즉, 본래의 세계 관계들이 해당 기능체계의 고유한 특수성에 따라 양가적으로 도식화된 소통에서는 신뢰 또는 불신이 구조화된 대안으로 취해진다. 루만에 따르면 세계는 역사적으로 구조화된 기능체계의 양가적인 구별 도식, 즉 정치는 공직과 결정 권력을 잡느냐 못 잡느냐, 경제는 지불하느냐 지불하지 않느냐, 법은 어떤 행위를 합법으로 간주하느냐 불법으로 간주하느냐, 과학은 어떤 진술이 진리냐 거짓이냐 등에 따라 소통을 처리한다. 이 모든 경우에 서로 대립하는 상황 정의는 우선 논리적으로 서로 호환될 수 없다. 신파극 〈이수일과 심순애〉가 보여주듯 화폐 소유가 사랑으로 이행할 수 없고, 리센코 학설(Lysenkoism)에서 보듯 권력이 특정 이론을 과학적 진리로 정할 수 없으며, 그 역도 성립하지 않는다. 정치체계에서 세계는 매번 권력을 잡느냐 못 잡느냐의 척도에 따라서 결정이 내려지는 영역이라면, 경제체계에서 세계는 지불능력의 생산과 재생산을 위한 투자대상이다. 법체계에서 세계는 합법과 불법을 구별하는 것을 통해 구조화되는 영역이라면, 과학체계에서 세계는 참된 진술과 거짓된 진술이 존재하는 타당성의 영역이다.

이들 기능체계가 양가적 도식화를 매개로 소통이 마치 단순한 부정을 통해 한쪽 값에서 반대쪽 값으로 이행하고 그 역방향의 이행도 수월한 것처럼 처리하는 것을 두고, 루만은 매체의 "기술화"(루만, 2012: 433)라고 지칭한다. 부자는 소유한 화폐를 지불을 위해 사용할 수도 있고 그렇지 않을 수도 있으며, 집권 여당은 권력을 합법적으로 사용할 수도 있고 불법적으로 사용할 수도 있다. 이처럼 한 형식에서 다른 형식으로의 이행이 용이해지고 구별된 양자가 대립으로 파악될 정도로 서로 연결된다면, 각 체계는 합리성이 작동하는 것으로 관찰된다. 그리고 소통에서 반대쪽 값으로의 이행이 용이하고 조정 가능하다는 사실은, 폐쇄적으로 작동하는 기능체계가 경계의 확정에 따른 배제의 위험을 감수해야 한다는 의미이다. 루만에 따르면 화폐, 권력, 법, 진리 등 기능체계들의 약호에 비해 신뢰 기제가 상대적으로 '기술화' 정도가 약하다는 것이 무엇보다도 역으로 부정 가능성의 작동을 어렵게 한다(Luhmann, 1968: 101). 다시 말해서 신뢰가 불신으로 바뀌기는 쉽지만 역으로 불신이 신뢰로 바뀌기 어려운 것은 기술화 정도가 낮기 때문이다.

신뢰의 낮은 기술화 정도는 '신뢰는 규칙이고 불신은 예외여야 한다'든가, '신뢰가 의심될 때는 불신에 자리를 내주어야 한다'는 윤리적 입장에서 유사한 형태로 나타난다. 개별 사례의 결정에서 신뢰와 불신은 서로를 배제한다. 그 때문에 행위이론은 윤리적 입장을 취해 신뢰와 불신의 양자택일을 규칙과 예외의 도식에 따라 재구성하고 있다. 신뢰는 바람직한 필요조건으로 간주되는 반면, 불신은 예외적인 극복대상으로 규정된다. 하지만 신뢰와 불신은 체계와 관련해 상황이 충분히 분화될 수 있다면 동반 증가한다. 따라서 추상적 탐구 수준에서는 개별 사례가 신뢰를 받을지 불신을 받을지에 대한 어떤 지침도 얻을 수 없다. 다만 개별 기능체계에 대한 심도 있는 분석이 신뢰나 불신의 결정을 내릴 근거를 밝히는 데 도움이 될 것이다. 이에 반해 자기생산적 사회체계이론은 신뢰 기제의 합리성과 신뢰 기능을 충족시킬 수 있는 체계의 조건에 대한 판단을 내릴 수 있다는 장점이 있다.

기능적으로 분화된 체계에 따라 신뢰의 수행이 각기 체계 합리적으로 증가하는 데는 신뢰 형성의 관점이 중요하다. 하지만 이것이 신뢰와 불신이 기능체계의 형성에 의해 어떻게 조정되고 동반 증가할 수 있는지에 대해 말해주진 않는다. "사회학적 의미에서의 근대 합리성은 기능체계들의 체계 합리성과 다름없다"(루만, 2012: 224)는 루만의 사회학적 시대 진단에 동의한다면, 체계 내부와 외부의 차이에서 신뢰와 불신의 구별되는 배치와 동반 증가에 대한 합리적 기준을 찾아야 한다.

사람들이 조직에 참여하는 경우 그 구성원의 입장에서 신뢰가 조직의 내적 경과에서 요구되는지 아니면 외적 경과에서 요구되는지를 구별할 수 있다. 사람들은 흔히 식상동료를 외부인보다, 같은 조합원·당원·단체회원을 낯선 타자보다 더 신뢰할 것이라고 가정한다. 또한 대체로 조직의 내적 경과가 외적 경과보다 신뢰를 더 많이 획득하고 유지할 것이라고 생각한다. 특히 대부분의 조직이 구성원의 자격 요건을 제한해 불특정 외부 인사가 참여할 길을 열어놓지 않거나, 심지어 불법적이어서 비밀로 유지해야 하는 조직 수행의 실적들을 적잖이 산출하는 까닭으로 조직의 경계가 곧 신뢰의 경계라고 생각하는 경향이 현저하다.

그러나 고도로 복잡한 사회적 체계의 문제에 대한 기능적 분석이 보여주는 조직상은 그렇게 단순하지 않다. 대부분의 조직은 상호 신뢰를 통해서만 이루어지는 관계에 참여하기 위해 자신의 환경에 신뢰를 보내는 것이 생존에 꼭 필요한 것일 수 있다. 그래서 조직 구성원은 외부에 신뢰를 입증할 수 있어야 한다. 하지만 일반적으로 조직은 참여하는 구성원 간에 신뢰가 거의 필요 없도록 내부 관계가 상세하게 프로그램화되어 있다. 따라서 조직의 다른 기제들이 행동의 불확실성을 사전에 제거해버린다. 거대 조직은 부서의 특성이나 개인의 직위 및 직책에 따라 관할과 업무분장을 상세히 규정해 구성원 간의 신뢰 없이도 업무를 효율적으로 처리할 수 있게 한다. 더욱이 많은 조직들이 항상 외부 변화에 민감하게 반응하기 위해, 지속적인 개혁을 위해, 그리고 상호 신뢰가 가져오는 익숙한 구태의연함에 빠져들지 않기 위해 내부 관계에서 불신을 필요로 한다.

조직의 내부와 외부의 분화가 (바람직한) 신뢰와 (정당한) 불신의 경계와 그대로 동일시될 수 있는 것은 아니다. 부분체계의 기능적 분화와 전문화가 동시에 진행되면서 조직의 내부 차이는 점차 증가하는 반면, 외부 환경에 대한 차이는 감소하는 경향이 있다. 구성원들이 내적 경과에서 외적 경과와는 다른 의미에서 그리고 다른 근거에서 신뢰 또는 불신에 동기화된다는 의미에서, 조직의 경계는 신뢰와 불신의 분리 전략을 가능하게 한다. 조직의 내부 세계는 외부 세계와 다르며, 따라서 누구도 조직의 경계를 벗어나서까지 신뢰의 입증을 시종일관할 의무는 없다. 대학 교수회에서 대학의 운영과 관련해 어느 교수가 입장을 표명한 것을 다른 교수들이 주저 없이 지지할 수는 있다. 그렇더라도 그들은 그에게 사적으로 돈을 빌려주는 위험 부담은 지지 않을 수 있다. 체계의 경계는 흔히 친숙성과 신뢰가 불신으로 바뀌거나 체계에 대한 신뢰가 인물에 대한 신뢰 또는 불신으로, 또 불신이 무관심으로 바뀔 수 있는 중요한 경계로 작용한다.

루만에 따르면 신뢰와 불신의 분화가 사회적 체계의 측면에서는 합리적이다(Luhmann, 1968: 103). 신뢰와 불신의 분화는 기능체계가 환경과 비교해 내적 질서를 유지하는 데 기여하기 때문이다. 또는 두 관점의 분화가 인간의 행위 역량에 맞추어 재단된 체계의 내부 질서를 복잡한 환경에서도 안정화하는 기능을 하기 때문이다. 이를 통해 체계와 환경의 복잡성 격차가 어느 정도 해소될 수 있다. 물론 신뢰의 역할은 내적으로도 외적으로도 제한적일 수밖에 없다. 어떤 조건에서 신뢰의 입증 과정이 합리적으로 작동할지는 체계 합리성의 포괄적 개념에 입각해 판단해야 한다. 자기생산적 사회체계이론의 관점에서 보면, 신뢰는 외견상 비합리적으로 보이더라도 체계 유지의 기능을 충족시키기 때문에 합리적이다.

신뢰 또는 불신의 관점이 기능체계에 따라 전문화되는 것도 신뢰와 불신의 합리화에 기여한다(Luhmann, 1968: 103). 정치, 경제, 법, 과학, 교육 등 기능체계의 경계가 정의되는 한에서 각 체계는 내적으로 특수한 기능에 맞추어 부분체계와 그 기제들을 재단하고 신뢰 또는 불신과 관련해 기대되는 행위와 상황·역할이 무엇인지 규정한다. 기능체계에서 신뢰와 불신의 복잡성 축소 방식은 원칙상 혼란스러울 수 있지만, 구체적인 인물이나 집단의 신뢰 가능성을 상징하는 대상과 사건에 지향되어 일정한 양식을 보이는 경향이 있다. 물론 이것이 신뢰관계 또는 불신관계가 특정한 관점에 제한되어 있다는 의미는 아니다. 신뢰와 불신의 특수한 계기가 정당화되는 데는 이미 체계 합리화의 가능성이 포함되어 있다. 기능체계들은 이런 방식으로 신뢰와 불신의 공존을 예견할 수 있으며, 신뢰와 불신은 다양한 방식으로 맞물려 상승하기도 하고 하락하기도 한다.

3. 제도화된 불신

현대 사회에 대한 시대 진단은 자연스럽게 신뢰와 불신의 복잡성 축소가 과연 체계의 고유한 가치에 대한 항의나 그 고유한 항의의 작동 양식에까지 이르렀는가 하는 문제로 나아간다. 미시적 수준에서는 이미 짐멜이 내적으로 변화하는 관계들의 강한 외적인 확정 척도로서 혼인 계약의 법적 성립에 대해 언급했다(Simmel, 1992: 659). 근대화 초기부터 혼인 관습은 인물 간 관계의 변화에 완고하게 맞섰다. 이런 의미에서 일제강점기에 조선총독부는 민법·상법·형법 등에서 일본의 근대법을 그대로 의용했지만, 예외적으로 혼인과 관련해서는 일본의 근대 민법을 의용하지 않고 조선의 관습법을 인정했다.[5] 하지만 '재판상 이혼' 등 변화된 조선의 관습은 1922년 「조선민사령」을 개정해 일본 민법을 의용한 신뢰관계로 재정착됐다(이승일, 1999).[6] 자녀들이 받을 유산의 할당 몫과 관련해 상속법은 일본 민법을 의용한 호주상속제도에 따라 남성 우위, 남성 중심의 전통적 가부장제의 신뢰관계를 법적으로 구축했다. 해방 후에도 전통적 가부장제의 틀은 그대로 유지됐다. 하지만 1970년대 여성주의의 등장과 1990년대 권위주의 군사정권의 몰락 이후 권리와 자유에 대한 요구가 사회적으로 강해지면서 기존의 혼인 형식에 대한 항의가 자유연애, 동성결혼, 동거혼, 비혼 등의 다양한 가족 형태로 표현됐다.[7] 이에 상응하여 상속법이 남성과

---

5 조선은 1895년 홍범14조 발표 시 민법과 형법의 제정 의지를 보였지만, 실제 법 제정은 1912년 일본의 민법과 형법을 의용한 「조선민사령」과 「조선형사령」으로 나타났다. 하지만 친족 및 상속만은 조선 관습법으로 규율하도록 했다.

6 조선총독부는 1922년 결혼(민법 제765조), 재판상 이혼(제813조~제836조), 사생아 인지(제827조~제836조), 친족회(제944조~제953조), 상속(제1023조~제1037조) 및 재산분리(제1041조~1050조)에 관한 규정을 「조선민사령」 제11조에서 제외해 일본 민법의 적용을 받게 했다.

7 이혼율은 1980년대까지 5% 이하에 머물렀으나 외환위기 이후 수직적으로 급상승해 40%대를 15년 이상 계속 유지하고 있다.

여성 간 차별 없이 균등 상속으로 변경됐으며, 호주제도 2005년 헌법재판소의 헌법불합치 결정으로 폐기됐다.

신뢰 제도는 모든 사회적인 것의 변화에 연동해 발달한다. 중범위 수준에서는 정당 및 그 고위 간부와 관련해 정당법이 정당의 성립부터 운영 및 소멸에 이르기까지 신뢰관계를 제도화한 것은 제3공화국에서였다. 제1~2공화국 시기에는 미군정 당국이 제정한 「정당에 관한 규칙」만 존재했다. 「정당에 관한 규칙」은 3인 이상의 정치집단이면 모두 정당으로 등록할 수 있도록 함으로써 정당의 난립을 초래했다. 정당과 사회단체의 구분이 불분명해 1947년에는 이 규정에 따라 등록된 정당이 무려 344개에 이르렀으며, 사회단체들도 이 시기에 치러진 국회의원선거에 대거 참여했다.

거시적 수준에서는 정보사회의 도래와 함께 「전자상거래법」이 제정되어 인터넷 상거래에서 신뢰를 실현시키는 통제 형식과 규제 형식이 정착되고 있다. 다른 한편 외환위기 이후 화폐가치의 안정성 유지와 관련해 IMF 대기성 차관 협정문에 정해진 시한에 맞춘 금융개혁 및 금융구조조정, 건전성 규제 및 감독, 기업지배구조 및 구조조정, 이와 관련된 금융개혁 법률의 제정 및 개정[8] 등 신자유주의의 새로운 금융 규제 형식이 신뢰를 제도화했다. 세계화의 추세 속에 신자유주의에 따른 시장경쟁의 원리가 정치, 경제, 법, 과학, 교육 등 사회의 전 영역에서 강요되면서 신뢰 상실의 비용과 결합되었다. 시장경쟁의 원리가 모든 사람을 경쟁하게 만들면서 경쟁을 통한 효율성의 극대화를 추구하도록 사회적 조건을 조성했다. 각종 사회공학과 기술공학의 기술적 지식에 기초해 가속화된 세계화에서 기인하는, 친숙성의 결여와 불확실성은 실업자와

---

8 당시 재·개정된 금융개혁 법률로는 「한국은행법」, 「금융감독기구의 설치 등에 관한 법률」, 「금융산업의 구조개선에 관한 법률」, 「은행법」, 「예금자보호법」, 「신탁업법」, 「증권거래법」, 「종합금융회사에 관한 법률」, 「상호신용금고법」, 「선물거래법」, 「보험업법」, 「주식회사의 외부감사에 관한 법률」, 「금융실명거래 및 비밀보장에 관한 법률」 등이 있다.

비정규직의 양산을 통해 사용자와 노동자 간 신뢰에 부정적으로 작용했다. 이 분석이 옳다면 노동시장의 유연성은 오로지 노동조합과의 높은 거래비용을 대가로 해서만 얻어질 수 있다. 이 거래비용은 일작업장 단위로 행해지는 개별 단체교섭 시도들의 부수적인 결과로 생겨난다.

이 신뢰 상실의 비용은 사회가 도맡는다. 이혼율과 자살률, 범죄율이 급증하고 근로빈곤, 사회 양극화, 교육 불평등이 심화되면서 국가정보원, 검찰, 경찰, 법원, 공정거래위원회, 노동위원회와 같은 제도들이 사회질서 유지를 명목으로 여전히 동원된다. 이들 제도는 확신은 높지만, 높아진 확신은 상실된 신뢰의 일부분을 보충할 뿐이다. 나아가 현대 노동세계는 많은 위해들을 위험으로 대체하고 있다(세넷, 2002). 노동자들은 어쩌면 일어날 법한 손실의 원인을 자신의 행동에서 찾도록 학습된다.[9] 세계 금융경제와 같은 통제할 수 없는 힘뿐만 아니라 재래 기술의 쇠퇴도 일자리 감소에 한몫을 한다. 세계 금융경제의 동역학은 자유주의 정책과 사회주의 정책의 구별을 무의미하게 만든다. 보수 정당과 진보 정당이 내놓는 경제 정책의 공약들은 서로 구별될 수도 없고 제대로 이행될 수도 없다. 이에 따라 시장경제는 모든 책임을 개인에게 귀속시킨다. 실업과 비정규직의 증가, 근로빈곤은 근로의욕 저하, 추가교육의 결핍이나 노동시장의 유연성 결핍 등 노동자의 책임으로 설명된다. 불신의 제도화가 필요해지는 이유이다.

만일 신뢰와 불신의 수행 실적이 동시적으로 높아지기를 기대한다면, 그것은 이 상이한 기제의 조합이 인물의 개인적 동기구조와 위험 선호의 경향으로부터 독립해 확정되어야 가능하다. 이런 일은 오로지 인물에 귀속되지 않는, 새로운 행위 동기로 대체한 조직에서만 일어날 수 있다. 조직은 과업 수행과 결정구조를 더 이상 인물에 의존하지 않도록 탈인물화시켜 인물에 대한 신

---

9 위해가 자신의 결정의 결과로 오인되지 않는 모든 손실이라면, 위험은 미래의 손실을 자신이 내린 결정의 결과로 받아들이는 것이다.

뢰와 불신을 걱정하지 않도록 만든다. 신뢰자는 스스로 배신의 위험 부담을 지지 않고 조직의 위험을 염두에 두고서 행동한다. 그는 신뢰를 입증해야 하는 경우 횡령, 배임 등 명백한 잘못을 저지르지 않았는지를 유의하기만 하면 된다. 불신자도 특정 인물에 대한 비난, 적대감, 투쟁 같은 축소 방식을 더 이상 재수용하지 않으며, 조직을 근거로 실망에 대비한 행동양식을 기획하고 모든 중차대한 후속 결과를 우려해 불신을 한다.

과업 수행에 대한 신뢰 또는 불신이 기대되는 상황에서 조직 행위자가 조직에 대한 신뢰를 크게 높이거나 불신을 완전히 낮추지는 못한다. 한편으로 신뢰자 또한 불신을 유지해야 한다. 만일 조직의 간부나 동료가 사회정의나 규정에 어긋나는 명백히 부당한 입장을 표명한다면 조직 행위자는 항의해야 한다. 세월호 참사의 경우 선박이 빠르게 기울면서 탈출이 힘들어질 수 있는 상황인데도 선장이 퇴선 명령을 내리지 않는다면 선원 중 누군가는 선장에게 퇴선 명령을 내릴 것을 요구해야 했다. 하지만 선장과 선원 간 권위적인 조직문화가 불신의 표출을 불가능하게 했던 것으로 보인다. 권위적인 조직문화는 안정적인 사회관계에서는 집단적 동질성을 공유하는 '우리'에게 무조건적인 수용과 전폭적인 신뢰를 보내 결속을 강화시키지만, 재난 상황에서는 오히려 상관이 잘못된 판단을 내릴 경우 많은 인명 피해를 야기할 수도 있다. 상관이 잘못된 행동을 할 때 부하가 자신의 의견을 직접적으로 드러내지 못하게 만드는 권위주의 문화는 스스로 생각하고 판단해서 행동하는 자발성을 약화시킬 뿐만 아니라 조직 밖의 사회적 체계에 대한 신뢰를 저하시킨다는 점에서 바람직하지 않다. 다른 한편으로 불신자는 정당한 불신이라 해서 불신을 조직 운영에 장애가 될 때까지 밀어붙일 수는 없다. 예컨대 대학 교수회가 정부가 추진하는 총장 직선제 폐지에 대해 대학의 민주화와 자율성을 내세워 항의할 수는 있지만, 총장 직선제 폐지를 추진하는 총장을 불신임 투표에 붙일 경우 오히려 교수회가 대학 운영의 파행을 우려하는 교수들의 불신을 받을 수 있다. 이처럼 개별 사례에서 신뢰 또는 불신이 행해지면서도 조직과 기능체계가 합리적인 것은 윤리가 작동하기 때문이다.

신뢰도 불신도 모두 기능체계에게는 합리적이다. 왜냐하면 신뢰와 불신은 질적으로는 차이가 있지만 기능적으로는 모두 외부에서 주어진 정보나 복잡한 상황을 단순화하는 축소 기제이기 때문이다. 기존의 체계 내적인 복잡성 축소에 따른 위험을 감수하지 않으려는 사람도 그 자신이 행위를 하려면 복잡성을 축소해야 하는데, 그때 추구하는 항의 전략이 불신이다. 예를 들어 여성 운동가들은 전략적으로 남성을 싸워야 할 적으로 불신하는 방식으로 주어진 정보나 복잡한 상황을 단순화시키고, 이에 근거해 여성들에게 일터에서, 선거에서, 학교에서 또는 가정에서 양성 평등을 위한 합리적인 항의 행동을 시도할 것을 요구한다.

따라서 체계에 대한 신뢰에서는 신뢰가 깨어지고 불신으로 이행하는 임계 상태가 결정적으로 중요하다. 조직에서는 전문화된 불신의 요구를 수렴한 통제 형식이 작동할 수 있으며, 타자들은 이런 제도화된 불신 기능을 신뢰한다. 체계 내부의 높은 신뢰는 구성원의 선별 과정 및 선별 기준의 틀에 근거한다. 또한 이에 근거해 전문화된 강한 불신이 형성된다. 조립 라인에서 일하는 노동자가 작업 속도를 높일 수 있는 것은 불신의 시선으로 완성품을 검수하는 동료 노동자에 대한 신뢰가 있기 때문이다. 나아가 친숙한 것을 낯선 것처럼 다루고 그에 대한 보고를 불신하는 것이 조직의 과제로서 허용되어 있는 과학자, 연구자, 재판관 같은 불신에 전문화된 역할들도 있다.

체계 외적 관계에서도 신뢰 또는 불신과 관련해 체계 구조적인 근거가 전개된다. 체계와 환경 간 교류에서는 신뢰관계의 구체적인 학습과 입증이 중요하다. 불신하는 행동이 환경과 관련해 소통 장애와 갈등을 야기하는 경우 구성원들에게 미치는 체계의 영향력과 배후 지원이 중요하다. 제도화된 불신은 피신뢰자가 신뢰를 위반했을 때 거래비용, 즉 배신의 위험을 보상하는 보험의 역할을 한다. 하지만 기능체계들은 불신을 체계 유지를 위협하는 갈등으로까지 확대되지 않는 방식으로 제도화하고 제한해야 한다. 불신이 인물에 귀속되어 개인이 '희생양'이 되지 않도록, 즉 갈등으로 이어지지 않도록 불신을 제도화하고 제한해야 한다. 다시 말해서 기능체계들은 '제도화된 불신'을 필요로 하더라도 불신이 신뢰보다 우월한 위치를 차지하지 못하도록 막는 기제, 또는 구성원들이 어쩔 수 없이 서로 불신하더라도 불신이 상승작용을 일으켜 자기 파괴로 이행하지 못하도록 막는 기제를 필요로 한다(Luhmann, 1968: 84).

민주주의가 자율적인 통치 형식으로 신뢰에 기반을 두는 것은 사실이지만, 민주주의는 궁극적으로 불신의 제도화를 전제하는 형식에 의해 다른 자율적인 통치 형식과 구별된다. 이것은 '신뢰가 불신의 제도화를 전제하고 있다'는 역설과, '신뢰는 제도화된 불신이 작동하지 않아야 성공할 수 있다'는 역설을 동시에 일으킨다. 이 두 가지 역설이 현실 사회에서는 어떻게 해소되는가?

민주주의는 국가권력의 오·남용에 대한 감시 형식으로 공중의 불신을 제도화하고 있다. 과거 권위주의 정부가 지배하던 시기에 공중은 통상적으로 관료들의 정책 결정을 무조건 수인하는 태도를 취했다. 즉, 정부에 대한 신뢰는 문제조차 되지 않았다. 하지만 정치·행정의 민주화와 지방자치로 인해 정책 결정 과정에서 공중의 의견이 높은 비중으로 고려되면서, 공중은 지역의 이해관계와 상반되거나 불안을 야기하는 정책에 단호히 거부하는 태도를 취한다. 즉, 불신은 공중이 상대방인 정부를 적대적으로 대하는 집합적 참여를 형성·유지하기 위해 필요로 하는 항의 전략이다(노진철, 2004a).

츠톰카가 "민주주의의 역설"(Sztompka, 1998: 25 ff.)로 묘사한 정치 특유의 제도화된 불신의 역설이 시간적으로 개괄할 수 있는 선거와 국회의원 임기의 확정 형식으로 작동한다. 권력기구에 대한 불신이 권력에 대한 심판과 감시의 형태로 공중의 공식적 의무로서 제도화된다. 민주주의는 권력기구와 지배층, 공중이 모두 제도화된 불신에 노출됐을 때 역설적으로 더 공고해질 수 있다(임혁백, 2000). 그러나 제도화된 불신 그 자체가 민주주의를 공고히 할 수 있는 것은 아니다. 민주주의와 자본주의적 산업화가 작동하는 과정에서 초래되는 삶의 불안정과 빈곤, 차별, 불평등을 해소하려는 복지국가, 그리고 공중의 자발적인 참여로 이루어지는 시민사회가 강화될 때 정치체계와 경제체계에 대한 신뢰도 강화될 수 있다.

"신뢰를 형성·유지하기 위한 조치로서 불신이 제도화된다"는 역설이 정치체계를 넘어서 일반화되고 있다. 제도화된 불신의 역설 논리가 경제체계에서는 매년 체결되는 임금협상과 단체협약, 노사협의회의 도입 형식으로, 법체계에서는 항고 절차와 변호사에 의한 피고인의 방어 형식으로 존재한다. 일반적으로 제도화된 불신의 역설의 주도적인 이념은 불신의 제도화가 단체협약, 대의제도, 사법부의 독립, 기능체계들에 대한 신뢰 강화에 기여한다고 규정한다. 이러한 제도화된 불신과 함께 분명해지는 것은 정치적·경제적·법적 기제와 그 밖의 다른 제도적 기제들이 신뢰의 대안이 될 뿐만 아니라 신뢰 형성의 원천 및 전제, 지지 범위로 해석된다는 점이다.

통상 정당정치와 3심제도에 대한 신뢰가 낮다는 것은 시민사회의 성숙도가 낮을 뿐만 아니라 민주주의의 수행이 향상되기 어렵다는 것을 의미했다. 그에 반해 바버Bernard Barber는 제도화된 불신이 가지는 긍정적 기능을 지적한다(Barber, 1983). 제도화된 불신이 통제를 정당화해 사회제도에 대한 안전망 역할을 하며 복잡성을 축소한다는 것이다. 1989년 동유럽의 정치적 변혁 과정에서 자유민주주의 체제로 이행한 현실 사회주의 사회는 경험적으로 의미심장한 사례이다. '부드러운 혁명'에 의해 동유럽에서 공산 정권이 하나씩 무너지는 상황은 지식인에서 공중에 이르기까지 누구도 예측하지 못한 것이었다. 반세기 이상을 지배해온 공산 정권에 대한 불신이 고조됐고, 민주주의를 향한 공중의 열망이 2년 동안의 짧은 기간에 동유럽의 공산 정권을 빠른 속도로 무너뜨렸다. 츠톰카는 폴란드에서 일어난 정치적 상황을 기술하면서, 공산 정권의 붕괴 이후 일반적인 신뢰 상실과 정당정치에 대한 불신이 강하게 형성되고 있음을 밝혔다(Sztompka, 1995: 254 ff.). 현실 사회주의 사회의 민주화에 신뢰 상실이 장애로 작용했다는 것이다. 그는 신뢰 상실의 상황을 파악할 수 있는 경험적 행동 지표로 이민율 증가, 공공 영역에서의 퇴장, 항의집회 횟수, 감시

사회의 정도, 국민저축률, 외국 명품의 소비성향, 도박벽, 사적 서비스 업종 및 사립학교의 선호 등을 언급했다(Sztompka, 1995: 263 ff.). 그리고 불신을 확산시킨 잠재적 원인으로 정치적·경제적·사회적 상황의 불투명성과 불확실성(규제 강화, 재정 불안정성, 실업, 인플레 위험, 금융파산, 범죄율 증가 등), 신참 정치엘리트의 부정적 이미지(공공성 결여, 부패정치, 계보정치, 헛공약, 여론 조작 혐의 등), 정치 개혁에 대한 높은 기대 수준과 현실의 불일치, 경찰 치안의 비효율성과 취약성 등을 지적했다(Sztompka, 1995: 268 ff.). 동유럽에서는 44년간의 공산당 지배와 민간조직에 대한 억압 때문에 법치국가의 제재에 상응하는 불신의 정치문화가 확립되는 데 필요한 문화적 자원이 결핍되어 있었다는 지적이다.

신뢰문화의 구상은 "민주적인 법치국가는 불신의 비공식적인 정치문화를 필요로 한다"는 가정을 원칙적으로 전제하고 있다. 감베타는 이탈리아 마피아에 대한 연구에서 불신의 역기능에 주목해, 어떻게 불신이 마피아로 재현된 신뢰구조를 만들어내는지를 기술했다(Gambetta, 1994). 마피아가 등장한 근거로는 법치국가·정당정치·시장경제에 대한 불신과 마피아가 제공하는 사회적 이동성을 지적했다. 불신이 높은 사회에서는 국가가 법률을 집행하는 과정에서 상당히 많은 감독비용과 집행비용이 소요되며,[10] 다양한 항의 형식과 법적 분쟁이 발생할 가능성도 그만큼 커진다는 것이다. 법치국가의 제재는 불신의 정치문화에 근거하지만, 불신은 일시적인 비능률의 상황에서도 법치국가의 안전성을 보장한다.

법치국가의 질서 확립과 연계해 정치체계는 다음과 같은 불신의 제도화 원칙을 고유한 특수성에 따라 구성하고 있다(Eisenstadt, 2001). 첫째, 사회구조적인 다중심성의 제도화, 자원분배의 다원화 및 권력분립의 제도화를 통해 개인적 행위자 또는 집합적 행위자가 정치 과정에 참여하는 것을 보장하는 정치

---

10 감베타는 이런 불신의 결과로 공적 서비스의 낮은 질과 높은 처리비용, 인적 자본의 유출, 기술혁신에 대한 낮은 자극 등을 언급했다.

질서의 틀이 구축된다. 둘째, 정치체계와 경제체계 간 또는 정치체계와 법체계 간의 구조적 연동이 지속적으로 제도화된다. 셋째, 대안적인 여론이 합법적 공간에서 형성되고 재생산될 수 있도록 제도화된다. 넷째, 공적 정치 과정에 대한 대안으로 자율적 참여와 영향력 행사의 계기가 시민사회에 제도화된다. 다섯째, 공적 정치 과정에 항의를 접목하고 상징화하는 불신의 기제가 시민운동에 제도화된다. 이들 불신의 제도화 원칙이 정치질서가 특정 집단을 사회구조적으로 무시하거나 배제하지 못하게 제도화되는 것을 보증한다.

불신의 제도화 원칙은 기능적으로 분화된 현대 사회의 상이한 신뢰 유형과 관련해 잠재적인 발전 시나리오를 상정하고 있다. 역사적으로 체계에 대한 신뢰가 확산된 맥락이 신뢰와 불신의 발전사적인 사회 교류의 핵심을 이룬다. 그에 따르면 친숙성의 맥락에서 특화된 신뢰의 매개제도가 점진적으로 불신이 제도화되는 과정에서 구조화된다(기든스, 1991: 36). 선거관리위원회, 감사원, 금융감독원, 공정거래위원회, 노동위원회, 노사정위원회, 원자력안전위원회, 소비자보호원, 상품검사소 등의 공공기관과 신용평가회사,[11] 금융실명제, 정보공시제, 참공약 시민운동(manifesto) 등 다양한 신뢰의 매개제도는 사회구조적으로 신뢰를 형성하기 위해 불신의 제도화 원칙을 추구한다.

정치적 수단은 정치적인 것의 특수한 국면인 상징적 욕구의 충족이라는 의미에서 '대화'와 연관이 있다(Brunsson, 1989). 정부와 행정부, 의회, 정당 등의 관료적인 정치조직에서 소통은 정치적 수단을 직위와 관련해서 확인한다(루만, 2001: 45). 게다가 의회는 서로 충돌하는 집단의 가치들을 대화를 통해 만족시키는 데 전문화된 조직이다. 다른 정치조직들 대부분도 의회와 마찬가지로 어느 정도 서로 모순되는 욕구들을 다루어야 하고 또 당사자들을 만족시켜야 한다. 시장의 불확실성이 고도화된 상황에서 등장한 '노사정위원회'는 정

---

11 영국의 피치 IBCA, 미국의 무디스와 스탠더드앤드푸어스 등 세계 3대 신용평가회사 이외에 각 국가 및 지역별로 34개 이상의 신용평가회사들이 활동 중이다.

치적 강제력이나 시장에 의해 해결될 수 없는 문제를 해결하기 위해 정부가 경영자(경총)와 노동자(노총)의 대화를 제도화하고 있는 대표적 사례이다. 정책결정자는 정치적으로 쟁점화된 모든 문제를 결정의 형식을 취해 해결하려고 한다. 만약 모든 일이 '합의'에 의해 결정될 수 있다면 정치적 결정 자체가 필요 없을 것이다. 결정하는 주제와 관련해 이의가 제기될 수도 있고 대화의 자원에 대해 서로 시샘하거나 항의할 수 있다. 그들이 애초 의도했던 결정과는 다른 선택이 내려질 수 있는 우연성은 갈등과 신뢰 상실의 위험을 수반한다(노진철, 2010: 371).

공중의 자발적인 정치 참여활동이 곧바로 사회적 신뢰를 정치조직이나 정치체계에 대한 신뢰로 확장하는 것은 아니라는 주장은 일견 타당하다. 왜냐하면 신자유주의 정책처럼 자원과 권력에 대한 불평등한 접근 가능성을 그대로 둔 채 공중의 참여만을 강조할 때 참여는 양날의 칼이 되기 때문이다. 정부가 외환위기의 극복 과정에서 시장친화적인 신자유주의 정책을 도입하면서 정책결정 과정에의 참여 기회를 열어준다는 명목으로 출범시킨 '노사정위원회'는 한국노총과 민주노총이 기업의 구조조정에 따른 정리해고와 근로자파견법 제정에 반대해 탈퇴하면서 좌초했다. 그것은 국가가 신자유주의 정책을 계속하기 위해 외환위기에 따른 경제 위기의 관리, 즉 정부의 입장을 정당화하는 데 노조를 동원한 까닭이 컸다. 정부는 경제정책 결정 과정에의 노사 참여를 구실로 재벌 개혁을 위한 대기업의 구조조정, 금융기관의 신뢰 회복을 위한 구조조정, 노동시장의 유연화, 공공 영역의 개혁 등을 단행했는데, 그 결과는 높은 실업률, 비정규직의 양산, 양극화의 심화였다.[12] 공중이 외환위기의 막대한 손

---

12 구조조정의 결과 1997년 11월부터 2002년 12월까지 총 655개의 금융기관이 퇴출됐으며, 외환은행의 독일 금융그룹 코메르츠방크(2003년 미국계 사모펀드 론스타)로의 매각, 제일은행의 미국계 투자회사 뉴브리지캐피탈(2005년 영국계 스탠다드차타드)로의 매각이 행해졌고, 삼성전자와 포스코, KT&G 등의 외국인 투자자 주식 보유가 50%를 넘어섰다.

실로부터의 회복에 대한 기대로 마지못해 그 결과를 수용할 수는 있겠으나 정부에 대한 신뢰가 높아진 것은 아니다.

불확실성 시대에는 불신이 신뢰와 마찬가지로 위험과 위해를 헤아려 인식하는 합리적인 대안으로 간주된다는 점에 주목해야 한다. 미래가 현재의 결정에 달려 있는 위험들에 대한 공중의 인지와 소통은 체계에 대한 신뢰 또는 불신의 결정과 밀접히 관련되어 있다. 어떤 계기적 사건으로 위험 소통이 활성화되면 정부, 정당, 법원, 검찰, 기업 등의 조직은 비밀 유지 및 위선 전략을 구사해 자신들에 대한 신뢰를 무리하게 구축하려는 반면, 시민사회단체들은 기성 정치권 또는 사회제도에 대한 공중의 불만과 항의를 해당 기능체계에 대한 불신으로 일반화해 주의·관심과 참여를 유도한다(김성국, 2000: 65 이하; 노진철, 2004a). 불신의 타당성은 권위주의 정부가 공중의 과잉 신뢰에 근거해 실제의 갈등을 부당하게 억압해왔다는 역사적 사실에 준거해 확보된다. 따라서 체계에 대한 신뢰를 구축하려는 무리한 전략보다 불신의 제도화 필요성이 설득력을 얻고 있다.

시민사회가 추진하는 불신의 제도화는 해당 기능체계들마다 그에 상응하는 고유한 형식으로 나타난다. 공중이 권력자나 정치인의 약속을 신뢰하지 않는다면, 시민사회는 그들에게 위임된 권한에 상응하는 감시와 책임 규명, 절차적 투명성 등의 장치를 만든다. 또한 공중이 공직자의 공복의식을 신뢰하지 않는다면, 시민사회는 그들이 장악한 권력 행사의 범위와 한계를 철저히 규율하고 감시하는 일을 수행한다. 그리고 공중이 기업의 도덕성을 신뢰하지 않는다면, 시민사회는 그들의 이윤 획득 과정에 상응하는 규제와 감시의 틀을 강화한다. 공중이 학교와 교사를 신뢰하지 않는다면 시민사회는 '스승의 권위' 이면에서 벌어질 수 있는 촌지, 불법찬조금, 체벌 등의 비리를 봉쇄하는 제도를 만든다. 이들 사회관계와 사회구조에 대한 불신 현상들을 접하면서 사회학적 시대 진단을 하는 학자들은 불신을 부정적으로 설정하던 어설픈 도덕적 판단을 유보하고 불신에 기초한 사회의 성찰 능력에 관심을 돌리고 있다.

시민사회가 소통 공간과 민주주의 규범의 학습 공간으로 질적으로 발전하는 것은 체계에 대한 신뢰의 확장에서 중요하다. 시민사회단체들이 주도하는 시민 발의나 사회 비판은 인물에의 책임 귀속 때문에 비로소 가능하다. 물론 시민 발의나 사회 비판은 조직(제도)이나 기능체계에 대한 불신을 전제로 한다. 시민 발의나 사회 비판이 체계에 대한 불신을 활용하면 할수록, 즉 조직에 속하는 인물에 대한 감시와 감독을 강화하면 할수록 체계에 대한 신뢰는 역설적으로 강화될 수 있다. 다시 말해서 조직이나 기능체계에 대한 신뢰는 역설적으로 시민사회의 제도화된 불신 기능을 이용해 회복될 수 있다. 이에 상응하게 제도화된 불신은 현대 사회에서 조직이나 기능체계에 대한 신뢰를 유지하는 기능을 한다. 따라서 세월호의 경우도 정부가 국가안전처를 급조해 안행부의 중대본처럼 권한은 강하지만 책임은 없는 '관료주의의 옥상옥'을 만들기보다는 정부·국회·전문가·시민사회가 참여하는 범국가 차원의 사고조사위원회를 구성해 사고의 원인과 초기 대응 단계의 문제점을 파악하고, 충분한 공론화 과정을 거쳐 종합적인 재난 대응 대책을 내놓는 것이 미래의 위험과 더불어 살아야 하는 현대 사회에서 신뢰를 회복할 수 있는 최선의 대안이다.

제 3 부
불확실성 시대의 신뢰와 불신 소통

제8장 복잡성 축소 기제로서의 신뢰

제9장 부정의 신뢰 강화 기능

제10장 지식에 기초한 신뢰와 불신의 역설

제8장
복잡성 축소 기제로서의 신뢰

모든 형식의 상호작용에서 신뢰가 중요하다는 것을 우리는 경험으로 안다. 신뢰를 형성하고 유지하기 위해 우리는 가용할 수 있는 많은 자원과 시간을 투자한다. 그러나 우리는 흔히 어렵게 얻은 신뢰를 때로 너무나 쉽게 잃는다. 거짓말이 신뢰와 그와 연계된 상징적 가치를 뒤엎기도 하지만, 누군가는 실책과 허위 진술에 감추어진 '진정한 인격'의 가면을 가차 없이 벗긴다.

20세기 후반부터 적지 않은 학자들이 인물에 대한 신뢰의 감소와 시민 정치참여의 감소, 체계에 대한 신뢰의 감소, 긍정적 미래 지향의 감소를 지적했다. 하지만 아직 어느 누구도 이 네 가지 감소 현상이 어떤 의미 있는 방식으로 서로 상관관계를 맺는지 확인하는 경험적 탐색 작업을 하지는 않았다. 그런데도 사회적 자본 논의에서는 최근까지도 이 네 가지 현상이 합리적 선택 행위로 간단히 환원될 뿐만 아니라 인과적으로 서로 연결되어 있다는 주장이 확실한 근거 없이 통용되고 있다. 물론 현대 사회가 처한 일상적인 신뢰 상실에 대한 논의 가운데, 예를 들어 정치인에 대한 신뢰 상실과 복지 지향 정책에 대한 불신의 증가 등을 지표로 측정하는 것과, 한눈에 파악하기 어려운 다양한 행위 연관의 증가 현상에 근거해 신뢰 수요의 증가를 진단하는 것은 구별해 다루어야 한다는 주장은 타당하다.

신뢰 현상의 핵심적 의의는 실용적이고 기능적인 속성에서 찾을 수 있다. 루만과 기든스는 추상적인 체계에 대한 신뢰가 인물에 대한 신뢰와 달리 기능적으로 분화된 현대 사회에서 비로소 발전된 새로운 유형의 신뢰라는 데서 논의를 시작한다(Luhmann, 1968: 52; 기든스, 1991: 94). 그런 점에서 우리는 역사적 발전 과정에서 양자의 구조적인 연속과 단절이 '연속의 부정'과 '단절의 부정'으로 동시에 작동한다는 역설을 인정한다. 인물에 대한 신뢰는 체계에 대한 신뢰로 이행·발전했지만 동시에 연속되어 있기도 하다. 또한 양자는 단절되기도 했지만 동시에 단절되지 않기도 하다. 그렇다면 합리적 선택론이 다양한 신뢰 유형에 대한 이해를 모두 합리적인 효용 계산의 결과로 환원하는 것은 타당하지 않다. 체계이론의 시각에서 보면 위험이 전제된 상황에서의 신뢰는 사회적 차원에서 진행되는 나와 너의 관계, 즉 자아와 타아의 관계이며 행위자들 간의 호혜성 지향으로 구성된다. 또한 체계에 대한 신뢰는 위험이 체계 내적으로 특화되어 문제가 되는 기능체계들의 핵심 현상으로서 '기능적 신뢰'를 지시한다.

짐멜에 따르면 신뢰는 인간의 행위에 대한 이해와 무지의 중간 지점에 위치한다(Simmel, 1992: 318). 합리적 선택론자들은 대체로 미시적 수준에서 벌어지는 신뢰 행위에는 지대한 관심을 보이면서도, 이들 신뢰 행위를 가능하게 하는 거시적 수준의 사회구조에 대해서는 소수만 관심을 기울였다. 하지만 현대 사회의 구조 형성에 관여했던 초기 동인들이 사라진 연후에도 사회가 지속적으로 유지될 수 있는 것은 기능체계들에 대한 신뢰가 여전히 사회에 존재하기 때문이다. 현대 사회의 사회관계는 붕당, 서원, 동계 등 전통적인 공동체적 결사체에 비해 친숙성을 덜 필요로 한다(노진철, 2012). 대학생들은 강의 신청을 할 때 교수의 수업 내용과 실험 계획, 연구 수행은 고려하겠지만, 그 교수의 사생활과 인격에 대해서는 큰 관심이 없다. 대학생들은 교수라는 인물과 친숙하지 않더라도 그 교수가 정해진 시간에 나타나 강의계획표상 예정된 논의 주제를 다룰 것이라고 신뢰한다.

루만에 따르면 신뢰는 복잡성을 몇 단계로 축소하는 과정에서 형성된다 (Luhmann, 1968: 45). 먼저 신뢰는 그것을 드러내도록 동기부여가 되는 배신의 위험이 상존해야 한다. 그리고 신뢰자가 신뢰를 보내는 상대방에게 의존하고 있는 상황이 전제되어야 한다. 만일 그가 자신의 행위를 상대방에게만 의존하고 있다면 그는 배신당할 위험을 감수해야 한다. 비록 상대방에 대한 경험이 축적되어 있다 할지라도 배신의 위험이 완전히 제거된 것은 아니다. 신뢰자가 신뢰를 보내는 시점과 피신뢰자의 기대된 행위 수행 간에 존재하는 불가피한 시간 간격 때문에 신뢰자는 피신뢰자가 장차 어떤 행동을 할지 미리 알 수 없으며, 따라서 신뢰의 불투명성, 무시, 우연성을 감수해야 한다.

체계에 대한 신뢰는 불확실한 미래에 대한 우려에서 출발한다. 즉, 불확실한 조건에서 상대방이나 조직을 신뢰하고 그 행동에 반응하는 행위가 신뢰의 출발점이 된다. 이처럼 체계에 대한 신뢰는 그것을 주고받기 어려울 것이라고 판단되는 불확실성의 조건에서 역설적으로 가장 긴급하게 요구된다. 그것은 신뢰가 체계에서 발생하는 불확실성 문제를 해결할 수 있는 일반화된 복잡성 축소 기제로서 기능하는 까닭이다. 체계에 대한 신뢰가 증가하면 그와 함께 신뢰 유지에 대한 위협도 증가한다. 경제체계에서 불확실성은 어떤 측면에서 일반화되느냐에 따라 이중으로 투자 결정에 영향을 미친다. 한편으로 불확실성은 경제적 사건의 예측을 어렵게 해 유동성 선호를 확실성의 등가 기제로서 강화할 수도 있고, 투자 유보에 동기부여를 할 수도 있다. 다른 한편으로 불확실성은 화폐에 대한 신뢰를 뒤흔들 수도 있고, 화폐의 실질가치로 되돌릴 수도 있다. 이러한 이중 효과가 금융정책을 통한 개별 결정의 정확한 조정을 어렵게 만든다. 화폐는 확실성의 등가물로서 현재에 이미 불특정한 미래의 기대를 충족시킬 수 있다. 그와 동시에 화폐는 다른 형식의 신뢰에 대한 기능적 등가물이기도 하다. 개별 결정은 화폐를 보유할 것인지와 마찬가지로 화폐를 지출할 것인지도 신뢰를 통해 전체 경제체계에 의존한다. 개별 결정이 보다 합리적으로 내려질수록 신뢰를 통한 경제체계에의 의존은 더욱더 커진다. 욕구가 화폐에 의해 충족될 수 있다는 관점에서 보면 화폐는 위험을 흡수하는 동일한 기능을 더 정확하고 효과적인 방식으로 수행할 수 있다.

1. 부분체계들의 기능적 분화

현대 사회는 개별 부분체계들의 관점에 따라 다르게 관찰되고 기술되는 고도로 복잡한 세계이다. 이런 맥락에서 모든 부분체계를 통합하는 하나의 중심체계는 존재하지 않는다. 복잡한 근거를 갖는 다양한 사회문제에 직면해 무기력한 공중은 정치가 사회의 다른 영역에서 해결할 수 없는 문제들을 해결해줄 것이라고 막연하게 기대한다. 하지만 정부가 다른 사회 영역에 개입해 의도된 방향으로 조정하려던 정책들은 의도하지 않은 부정적 결과로 인해 신뢰를 잃기 일쑤이다.

산업정책, 부동산정책, 노동정책, 교육정책, 의료정책, 국토개발정책, 에너지정책 등은 대체로 재계(시장) 또는 노동계(노동조합), 교육계(학교), 의료계(병원), 과학계(학회) 등의 항의에 부딪혀 좌절되거나 변형된다.[1] 정치체계는 정치권력의 이름으로 행동하는 자와 그렇지 못한 자의 차이에 준거해 권력의 일반화된 상징적 약호에 따라 자기생산적으로 작동할 뿐이다. 그런 점에서 정치체계에 세계를 대표하는 중심적 위치를 부여하고 총체적 책임을 지우는 것은 적절치 못하다는 루만의 지적은 타당하다. 정치체계는 자기 고유한 작동양식을 벗어나서 자기 고유한 약호의 밖에서 자신의 프로그램에 따르지 않는

---

1 새만금 간척사업, 경부고속철, 천성산 터널사업, 방폐장 입지사업, 한반도대운하 건설사업 등 각종 국책사업이 당사자들의 항의로 지체되거나 변형됐다.

작동을 할 수 없다. 만일 그런 일이 벌어진다 해도 우리가 그런 작동을 즉각 정치적인 것으로 인지해 지속적 소통을 이끌어가지는 못할 것이다. 사람들은 그 것을 필연적으로 다른 어떤 것으로 인지할 것이다. 예를 들어 실정법을 위반한 범죄 또는 정의의 맹목적 발로, 손해배상의 청구대상, 한때의 유행이나 학문적 외도로 받아들일 것이다.

이런저런 형식의 손실과 위협의 징후가 사회에서 다각도로 인지되고 있는 작금의 상황에서, 위험 소통은 궁극적으로는 세계의 복잡성에 눈을 돌리게 한다. 루만의 논지처럼 위험이 현재 계산 가능한 손실이 미래로 지연되는 것을 통해 사회적으로 구성되는 것이라면, 신뢰는 현재 경험하는 불확실성을 미래의 위험으로 처리하는 과정에서 사회적으로 구성되는 것이다(Luhmann, 1968: 39). 사회적으로 인지된 손실과 위협의 징후 속에서 시·공간적으로 분리되어 있는 집단과 제도는 상호 연관을 맺고 있는 것으로 가정된다. 정치(국가), 경제(시장), 법(법원), 과학(학회) 등의 기능체계들은 특정 문제에 특화되어 그 처리를 떠맡고 있다.[2] 기능적으로 동일하지 않은 이들 기능체계가 17~18세기 서구 사회에서 각기 분화됐다는 것은 자명하다. 그리고 20세기를 거치면서 비서구 사회는 서구 사회와의 빈번한 교류를 통해 이미 기능적으로 분화된 체계들을 빠르게 수용해 근대화를 압축적으로 진행했다.

기능체계들이 서구 사회에서 이미 분화된 상황은 비서구 사회에서 기능체계들의 분화가 압축적으로 진행되는 조건을 만들었다. 하지만 압축적 근대화 과정은 결코 서구의 역사를 단순히 반복해 되밟는 과정일 수 없으며, 자국의 역사와 문화에 기초해 서구 문화의 일차적인 침식을 극복하는 행위 선택에 의해 역동적으로 이루어졌다(노진철, 2010). 즉, 비서구 사회에서 진행된 '압축적

---

2 자기생산적 사회체계이론에 따르면, 기능체계들은 환경의 복잡성을 체계의 고유한 약호를 통해 적절한 정보로 파악해서 체계 내적 복잡성, 즉 체계의 복잡성으로 축소하는 기능을 담지하고 있다(루만, 2007: 100 이하).

근대화'는 서구 사회에서 역사적으로 형성된 기능적으로 특수한 행위들을 단순 모방하거나 학습한 것이 아니라 개별 사회에서 소통에 의해 재구성되는 과정을 밟았다.[3]

　뒤늦은 근대화를 시작한 비서구 사회에서 국가의 대응은 자유방임주의를 채택했던 서구 유럽과는 사뭇 달랐다. 서구 사회의 지속적인 기술 규모의 확대에 대응해 후발 국가는 '선진 경제' 따라잡기에 필요한 자원을 동원하기 위한 강력한 제도적 수단을 필요로 했고, 국가 개입주의와 권위주의 정권의 부자연스러운 동반관계가 정당화됐다. 국가는 근대화와 관련된 거의 모든 영역에 정책적으로 개입했다. 한국 정부는 국내시장을 확보하고 해외시장을 개척할 목적에서 시장경제에 정책적 개입을 했다. 1960년대 박정희 군사정권의 등장은 근대화가 시장의 자율성 기제에 따르지 않고, '강한 국가'가 시장에 개입해 정책을 계획적으로 추진하는 조건을 형성했다. 당시 박정희 정권은 경제뿐만 아니라 법, 과학, 교육, 언론 등의 기능체계들에도 광범위하고 깊숙이 개입해 행정적 규제를 가했다. 국가기구에 모인 상대적으로 내적 동질성이 강한 관료집단은 근대화에 필요한 시간과 비용을 최소화하기 위해 강력한 통치권자의 결의에 따라 시장에 대한 체계적인 개입과 규제를 단행했다. 국가의 정책적 개입과 규제는 변화하는 국내외 환경에 집중적이고 신속하게 대처하기 수단이었을 뿐, 기능체계들의 자율성을 훼손하는 위험을 감수하는 것은 아니었다.

　중앙정부는 압축적 근대화에 용이한 여건을 조성하기 위해 전 국토의 가용자원을 중·단기적으로 구획·관리하는 계획경제 방식의 '경제개발 5개년계획'을 수립했다.[4] 박정희 정부는 국가 경제의 불확실성을 최소화하기 위해 개

---

3 줄레조(2007)에 따르면 프랑스에서는 실패한 주거 모델인 '대단지 아파트'가 한국에서 성공할 수 있었던 이유는, 아파트가 한국 사회에서는 서구와 달리 서구화와 동일시하는 근대성의 이미지로 재구성된 데 있었다.

4 경제개발 5개년계획은 경제 선진국이 일본과 프랑스에서 제2차 세계대전 직후 국가가 주도하는 경제 재건의 필요성에서 채택됐으며, 저개발국가인 한국과 타이완은 국가 개

입했다. 정부는 부문별 산업정책을 국가의 투자 조정과 결합시키기 위해 1966년부터 매월 대통령 주재로 '수출진흥확대회의'를 개최했고, 정부가 선호하는 전략산업에 투자하는 기업에게 수출 지원 금융과 조세 감면 혜택,[5] 무역 관련 법규 정비,[6] 원자재 수입을 위한 환율 조작 등의 행·재정적 지원을 했다. 1970년대 정부는 종합무역상사제도 도입,[7] 외국인 직접투자 유치,[8] 수출자유지역 설치,[9] 중화학공업 수출기업의 세제·금융상 지원[10] 등의 전략산업 육성정책을 통해 시장경제에 개입했다. 국가는 세계시장의 경쟁 상황에서 필연적으로 발생할 수밖에 없는 시간과 가용자원의 낭비를 방지하기 위해, 대기업과 은행

입의 산업화 전략으로 이 5개년계획의 형식을 택했다.

5 수출기업에 대한 세제지원정책으로는 수출산업에 대한 소득세·영업세·물품세·법인세 등의 감면 조치, 수출산업에 대한 특별감가상각제도 채택, 「관세법」 개정(1967)을 통한 탄력관세제도 도입, 보세가공무역의 장려를 위한 수출산업에 대한 관세상 우대 조치 등이 있었다.

6 종래의 무역 관련 법규를 통합한 「무역거래법」 제정(1967), 수출을 지원하기 위한 「수출보험법」 제정(1967)이 이루어졌다.

7 종합무역상사제도는 새로운 해외시장 정보의 입수와 새로운 수출시장을 개척할 필요성에 따라 1975년부터 실시됐다. 종합무역상사는 국제 입찰 등에서의 우선권, 원자재 수입요건의 완화, 수출금융 특별지원 등의 특혜를 받았다.

8 정부는 1960년대 말 차관기업의 부실화, 외채 증가 등의 부작용에 직면해 차관 상환부담이 없는 재일교포의 직접투자를 유치하기 위해 1970년 「외국인투자기업의 노동조합 및 노동쟁의조정에 관한 임시특례법」과 「수출자유지역설치법」을 제정했고, 1973년 외국인투자에 대한 특혜를 대폭 확대하는 방향으로 「외자도입법」을 개정했다.

9 수출자유지역은 외국 기업이 무관세로 설비와 원재료를 도입해 이를 가공한 후 전량 외국으로 수출할 수 있도록, 마산과 이리(현재의 익산)에 조성한 임해공업단지로서 1970년대 중반에는 총수출의 20% 내외를 차지했다.

10 1976년 정부는 수출입은행을 발족시켜 자본재 수출에 필요한 중·장기금융을 공여하는 '연불수출금융제도'를 실시했으며, 1978년에는 산업 설비에 대한 세제 감면과 「산업설비수출촉진법」을 제정해 플랜트 수출을 장려하는 등 적극적인 중·화학공업 수출 진흥정책을 추진했다. 그 결과 정부의 지원 규모는 1968년 63억 원에서 1978년 1,395억 원으로 무려 22배나 늘어났다.

뿐만 아니라 노동자, 심지어 언론도 국가의 정책 목표와 지침에 따라 동원하고 통제했다. 대기업과 금융의 안정성도 중앙정부의 정치적 지시에 의해서만 보장될 수 있었다(김대환, 1998: 32 이하). 국가가 교육의 지향 방향을 인문계-문리대 중심에서 실업계-공대 중심으로 전환해 산업정책과 연계된 인력의 지속적 충원을 제도화했는데, 이 같은 교육의 급속한 구조 변동은 교육의 고유한 기제를 통해서는 도저히 불가능한 일이었다. 이러한 중앙에의 권력 집중은 경제발전에 대한 광범위한 합의에 기초해 국가에 대한 신뢰의 형성을 강제할 수 있는 확실한 조건이었다.

한국은 세계 어느 국가보다도 근대화가 급진적으로 진행됐던 까닭에 불연속성과 연속성의 공존에 따른 장애로 인해 현실 사회에 대한 시대 진단이 상대적으로 지체됐다. 산업화와 도시화가 짧은 기간에 압축적으로 진행된 탓으로 전통적인 것이 일정 정도 유지된 채 근대성의 본질인 불연속성을 경험해야 했다. 서구 사회의 근대화가 시장 기제에 의해 진행되면서 불확실성에 많이 노출됐던 것과는 달리, 한국 사회는 국가에 의해 강제된 과잉 신뢰가 복잡성을 축소하는 기능을 했다. 적어도 민주화가 정착되기 이전인 1980년대까지 국가에 대한 신뢰는 불연속성과 연속성의 공존에 따른 부작용 등의 후속 결과를 무시하고 처리 속도를 가속화하는 기제로 작동했다. 그 결과 사회구조의 거대한 변화에 따른 불확실성과 위험의 원인이 오히려 '숙명론', '연고주의', '지역주의' 등 전통적인 잔재에 귀속되면서 근대화의 불연속성과 그 후속 결과가 제대로 파악되지 못했다.

기능체계들에서 비전문가일 수밖에 없는 국가 관료들은 자신이 내린 결정이 미칠 부정적 결과들을 고려하지 않고 현재의 이익을 위해 결정을 내렸다. 그것을 가능하게 하기 위한 필요조건이 국가에 대한 신뢰였다. 당시 주권을 소유한 것은 국민이 아니라 국가의 관료조직이었다. 이를 위해 관료조식의 권력은 재귀적으로 조직돼야 했고, 최고 통치자에의 권력 집중화 형식과 합법적인 권력교체 형식이 '유신헌법'에 의해 제도화됐다. 압도적인 권력의 집중화가 확실해진 뒤에는 권력의 잠재력이 몇 배로 거침없이 늘어날 수 있었다. 정부는 '무제한적 권력'의 실정화와 그와 병행해 발전한 정치적 목적의 실정화를 통해 반정부조직 및 민주화운동조직의 결성을 불법화하고 집회를 금지했으며, 공권력을 동원해 공중의 민주화 요구를 잠재우고 민주화 활동가들을 투옥해 항의를 무력화시켰으며, 언론 검열과 탄압을 행하는 등의 억압적 조치를 권력 상실에 대한 우려 없이 집행했다. 국가긴급권[11]과 「국가보안법」 등의 무제한적 권력이 국가에 대한 불신을 방지하기 위한 강압적 장치로 동원됐다. 이처럼 권위주의 정권이 강압적 폭력을 동원해 환류 과정을 차단한 탓으로, 공중은 국가 관료들의 결정에 따른 위험과 부작용 등의 후속 결과에 대한 올바른 정보를 얻을 수 없었다. 즉, 공중은 정치적·행정적 결정의 영향을 받는 당사자이면서도 그 결정에 따른 후속 결과를 공적 영역의 의제로 설정할 능력을 구조적으로 결여하고 있었다.

국가 주도의 경제발전 과정에서 빈부격차와 양극화, 경제 불황과 실업, 환경오염, 그리고 기술발전의 후속 결과와 관련된 위험들이 발생했고, 개입주의 정책은 권력형 비리와 공직자 부패, 중앙과 지방 간 권력 배분 차이와 영·호남 지역 갈등, 정치 이데올로기 차이의 과도한 적대성 표출[12] 등의 부작용을 낳았다. 그렇지만 이들 위험과 부작용 등의 후속 결과에 대한 인식은 권위주의 정권의 연장과 공중을 매수할 경제발전 등의 정치적 필요성에 의해 일정 정도 억제됐다. 그러나 위험과 부작용의 인식이 억제됐던 것뿐이지 그 위험과 부작용의 현실이나 효과가 억제된 것은 아니었다. 다른 한편 권위주의 국가는 개입주의 정책이 전략산업의 발전과 관련된 위험을 분산해 불확실성을 최소

---

11 제4공화국 유신헌법 53조의 긴급조치권, 제5공화국 헌법 51조의 비상조치권이 국가긴급권에 해당한다.

12 이데올로기적 적대성은 종북 좌파 규정과 배제, 이념적 낙인찍기와 일상된 반북-반미 집회 등으로 과도하게 표출되어 정치체계의 소통에 수시로 장애를 일으킨다.

화하는 것처럼 신화를 조작했다. '압축적 근대화'의 신화는 권위주의 국가의 지배를 정당화하는 이데올로기로 기능했을 뿐만 아니라 정치적·행정적 결정 또는 경제발전이 체계적으로 생산해내는 위험과 부작용을 근대화에 수반되는 사소한 '잔여 문제'로 만들었다. 압축적 근대화의 신화는 근대화가 정치·행정 체계의 후진성에 의해 방해받은 것이 아니라 오히려 강한 국가에 의해 계획적으로 수행됐음을 시사한다. 국가 관료의 결정에 의한 위험과 부작용은 공적 논쟁이 억압되면서 과학적 연구의 대상이 될 수 없었고, 정치적 갈등의 중심에 서지도 못했다. 그 결과 공중은 국가를 통하지 않으면 어떤 문제도 해결되지 않는다고 확신하는 과잉 신뢰 상태에 있었다. 이에 상응하게 공중은 국가의 업무 수행에 대한 항의를 불가능한 것으로 체념하고 국가의 결정을 받아들이는 수동적인 행위자로 길들여졌다.

국가 개입주의에 의한 '선진 경제'에의 진입 성공이 과도하게 부각된 이면에는[13] 압축적 근대화가 사회의 모든 영역에서 진행된 맥락이 간과된다는 문제가 있다. 사회의 다양한 영역에서 동시에 진행된 압축적 근대화는 과거와 미래가 항상 현재에 위치하면서, 즉 다양한 형식의 역사의식과 미래의 불확실성이 서로 뒤섞여 상호작용하는 공간에서 다양한 시간화 가능성들을 산출했고, 일상에서 그것들이 서로 경쟁하도록 만들었다. 여러 선진국으로부터 다양한 근대 제도들이 경쟁적으로 도입되어 짧은 기간에 정착됐다. 압축적 근대화는 선진국의 제도들을 따라 그대로 모방한 것이 아니었다. 역사의 변동기에 이루어진 근대화는 특정 선진국의 제도를 모범으로 삼아 모방한 것이 아니라

---

13 한국은 1995년 국내총소득(GNI) 1만 달러를 넘어섰고, 1996년 OECD에 가입했으며 세계 10위권의 경제 규모를 가진 '선진 경제'에 진입했다. 그러나 괄목할 만한 경제발전은 서구와 경쟁하는 동종 산업계에서 국가가 공권력을 동원해 상대적 저임금을 계속적으로 유지하는 동시에, 정치적 안정성의 확보를 위해 다수 노동조합들을 불법화하고 파업을 금지하거나 노조 활동가들을 투옥하고 노동자들의 분배와 복지개선 요구를 억압하는 등의 강압적 통제에 의해 달성된 것이었다.

변화하는 국내외 환경에 맞물려 여러 선진국의 제도들이 끼워 맞추어진 형태로 재구축됐다. 형법·민법·상법 등 대부분의 법이 일제강점기를 거치며 서구의 근대법을 도입한 일본의 영향을 받았다면, 해방 이후에는 독일의 영향을 받아 발전했으며 공법과 사법 모두 고도로 발달된 형태를 갖추었다.[14] 교육제도는 일제강점기에는 일본의 직접적인 영향하에 있었지만, 해방 이후 대학과 각급 학교는 미국식의 편제를 따랐다. 하지만 최근 미국을 비롯한 선진국이 계급 격차로 인한 교육 위기를 겪고 있는 데 반해, 한국의 교육제도는 미국 정부가 교육 위기의 타개를 위한 벤치마킹 대상으로 언급할 정도로 높은 대학 진학률과 학업 능력의 평준화를 달성했다.[15]

국가가 경제발전을 주도하면서 우리 사회는 공권력 또는 독점권, 법규제 등의 남용에서 비롯되는 위험에 대해 근대화 초기의 선진국들보다 더욱 깊이 인식하고 있었다. 이것은 민주화 이후 제도에 대한 신뢰에 대해서도 과거의 선진국들보다 더욱 민감했음을 나타낸다. 따라서 현대 제도는 과거 서구 국가들의 근대화 과정의 그것보다 훨씬 더 복잡하고 더 정교하게 조정되고 있다. 법, 교육, 과학의 사례만 보더라도 부분체계들은 기능적 분화에 기반을 둔 복잡성 축소 능력에 기초해 잔여 세계와 뚜렷이 구분된다. 자율적인 작동 원리의 측면에서 보면 외부에서 일어난 사건들에 대한 의미 선택이 특정 기능체계 내에서는 서로 연계되어 일어나고, 기능체계는 그렇게 형성된 의미 경계를 토대로 환경과의 경계를 설정하고 있다. 즉, 기능체계들은 국가 개입주의로부터 빠르게 벗어나면서 환경의 복잡성을 체계의 고유한 구별 — 정치는 권력 유지와 권력 상실, 경제는 지불 가능과 지불 불능, 법은 합법과 불법, 과학은 진실과 허위, 교

---

14 하지만 법률이 분쟁을 해결하거나 인간의 행위를 규제하는 규칙을 만들고 조정하는 데 일일이 간섭하지 않는 등, 서구의 법질서와는 뚜렷한 차이를 보인다. 공중은 법률의 테두리 밖에서 분쟁을 해결하는 방법을 여전히 고집한다.

15 하지만 과잉 교육열로 인한 정부의 잇단 입시정책 실패, 가정의 과중한 사교육비용 부담, 학생들의 불행 등의 부작용을 낳고 있다.

육은 우월과 열등 ― 에 따라 처리하는 것을 통해 자신의 환경에 대해 경계를 짓는다. 체계의 고유한 선택구조가 특정한 의미를 지속적으로 재생산하면서, 사회에는 사람들이 행위를 그에 지향하는 사회질서와 그에 상응하는 기대구조가 확립된다. 이처럼 "기능체계들의 자기분별력이 체계 내적인 복잡성의 처리를 증가시킨다"는 것은 사회이론상 더 이상 "전체 사회가 동일한 것으로 파악될 수 없다"는 동일성 상실의 중요한 결론에 이르게 한다.

과거 전통 사회에서 일반적인 의미 해석을 구속하던 유교와 같은 전체 사회에 해당하는 관찰자의 관점이 현대 사회에는 더 이상 존재하지 않는다. 기능체계들은 전체로서의 사회를 전제하지 않는다. 기능체계는 자신의 부분체계를 넘어서는 기능적으로 조응하는 어떤 요구도 알지 못한다. 또한 기든스가 언급했듯이 근대성 자체가 이미 불연속성의 형식을 취하고 있다(기든스, 1991: 20). 근대화 과정에서 기능체계들이 기능적으로 특화되면서 관찰자의 시각이 정치적 관찰, 경제적 관찰, 법적 관찰, 과학적 관찰, 교육적 관찰 등으로 다양화되고 전문화되었다. 국가 개입주의의 국가 우위의 위계 서열을 대신해서 기능체계들은 점차 국가(정치)의 우위를 인정하기보다는 자신의 기능에 우위를 두고 그 위치에서 다른 기능체계들, 나아가 전체 사회를 환경으로 다루는 규칙을 세워나갔다.

현대 사회에 더 이상 전체 사회를 지배하는 단일한 기대구조가 존재하지 않는 것이라면, 사회적 체계의 행위는 인물이든 조직이든 사회의 부분체계이든 근본적으로 다른 체계가 기능적 분화에 관여하는지 그리고 관여한다면 어떤 형식으로 관여하는지를 알지 못하는 데 따른 불확실성을 동반할 수밖에 없다. 불확실성은 사회적 체계의 관점에서 보면 위험으로 해석될 수 있는 사회적 행위의 우연성으로 표출된다.[16] 사회적 행위의 우연성과 그것을 위험으로

---

16 모노(1996)가 필연성 개념의 대칭으로 우연성 개념을 도입한 이래 우연성은 인과석인 필연성을 포함하지 않는 모든 작동을 지시한다. 즉, 우연적이라는 것은 인과적으로 필

평가하는 데는 신뢰 개념이 필요하다. 신뢰 담론은, 인간의 삶에 영향을 미치는 의도하지 않은 결과들이 인간의 행위와 결정에 의해 만들어진 것이라는 현대 사회의 재귀성에 대한 성찰에서 비롯된다.

민주화 이후 국가 개입주의의 확실한 버팀목이던 압축적 근대화의 조건들이 해체되고 1989년 공산주의의 붕괴와 세계화, 지식경제로의 이행이 급격히 진행되는 과정[17]에서 정책 입안자들은 심화되는 갈등의 조정이 갈수록 어려워진다는 것을 인식하게 됐다.[18] 정부는 동아시아 외환위기를 계기로 기존의 개입주의 정책을 약화시키고 신자유주의에 바탕을 둔 정책 개혁을 실시했다. 이것은 정부가 개입을 철회했다는 의미가 아니라 직접 개입에서 길잡이로 이행했다는 것을 의미한다. 정부는 유인책으로 국가전략산업 지정, 기술개발과 특정 산업 육성을 위한 보조금 지급, 각종 평가를 통한 대학교육의 재정지원 등을 동원했다. 하지만 국가기간산업을 지탱해오던 공기업이 이윤 창출에 실패하면서 정부는 은행, 공항, 철도, 의료, 가스, 전기, 수도 등으로 확대해 민영화를 광범위하게 추진하고 있지만, 그 저항이 만만치 않은 데다가 보조금 지급 규모도 여전히 만만치 않다.

민주화 이후 공중은 점차 외연적으로 성장하는 기능체계들의 재귀적 작동이 미치는 후속 결과와 관련된 위험 문제들에 눈을 돌리고 있다. 체계의 합리화에 따른 불확실성을 해소하려고 내린 수많은 정치적·행정적 결정, 경제적

연적이지도 불가능하지도 않은 모든 것을 의미한다(Luhmann, 1992; 노진철, 2010).

17 공산주의의 붕괴는 제2차 세계대전 이후 작동했던 자본주의와 공산주의 양 진영의 국제적 폐쇄 무역체제가 종식을 고했다는 것을 의미했다. 그 결과 세계화는 자유무역과 자유방임주의 산업정책을 강조하는 신자유주의의 지배 속에서 가속화되었다.

18 노동쟁의조정위원회(노동쟁의조정법), 소비자분쟁조정위원회(소비자보호법), 의료심사조정위원회(의료법), 환경분쟁조정위원회(환경오염피해분쟁조정법), 보험분쟁위원회(보험업법), 건설업분쟁조정위원회(건설업법), 저작권심의조정위원회(저작권법) 등 특별법에 의해 설립된 갈등조정위원회 이외에 행정 각 부처 간의 업무를 조정하기 위한 각종 위원회가 있다.

투자 결정 또는 과학발전과 기술혁신 등의 중첩된 결정들이 오히려 위험을 체계적으로 재생산해낸다는 통찰이, 증상 완화에만 치우친 기존의 대증요법 대신에 그 원인이 되는 근대성에 대한 자기성찰을 요구하고 있다. 국가 관료에 의한 위로부터의 정책 결정과 대기업 고위 경영진의 결정, 점점 더 긴밀해지는 과학과 기술의 결합이 만들어낸 '인위적 불확실성'의 상황에서 신뢰는 결정 절차의 공정성과 조직의 신뢰 가능성, 즉 평소 행하는 조직의 위기관리 능력에 대한 신뢰와 결부된다(노진철, 2010). 물론 금융감독원, 공정거래위원회, 감사원, 국가안전보장회의(NSC), 원자력안전위원회, 식품의약품안전처 등의 다양한 감시·감독기관이 각종 위험의 관리와 통제에 관한 엄밀한 조건을 행정규칙과 법규범으로 규정하고 있다. 그러나 각종 위험의 감시와 관리가 법적·제도적으로 구축되어 있는 근대 국가에서 오히려 주식시장 붕괴, 경기 침체, 대량실업, 세계적 유행병, 환경오염, 핵발전소 사고, 전쟁, 테러 등 쉽게 통제하지 못하는 대재앙 또는 재난이 빈번히 일어난다는 역설이 생겨난다. 물론 지구적 재난이라는 최후의 상황에 대한 사후관리 계획은 존재하지 않는다.

최근 인위적 불확실성의 양적 팽창에 대한 공중의 민감성이 증대하고 있다. 이러한 민감성의 이면에는 한편으로 과거 권위주의적 관료 행정의 임의적인 결정과 집행의 후속 부작용, 민주화 이후 대두된 민주적 권리 행사를 거부하는 투표율 하락, 경제력의 수도권 집중과 경제적으로 낙후된 지방들 간 격차 심화, 고용 불안정과 양극화, 과도한 물질적 가치의 지배와 환경오염 등에 대한 자기성찰이 깔려 있다. 다른 한편으로 공중은 재앙과 불의를 자신의 통제 밖에 있는 어쩔 수 없는 불행이나 위해로 받아들이기보다 국가와 기업조직, 전문가집단이 내린 결정에 따른 위험에 자신이 노출된 것으로 받아들인다. 압축적 근대화에 대한 재평가는 경제와 기업의 외형적 성장에만 치중했던 국가 주도의 경제발전을 공중이 결정에 참여해 삶의 질과 관련해 재조정하려는 사회의 자기성찰에서 비롯된다. 하지만 민주화 이후에도 공중은 그들대로 국가 개입의 반내급부인 도덕적 해이로 말미암아, 부작용과 재난(위해)이 발생할 때마다 스스로 해결하려는 자발성보다는 정부에 대책을 요구하거나 정부와 기업에 피해에 대한 보상을 요구하는 대증요법을 당연시한다. 자발성을 결여한 공중은 이러한 위험이 일어나지 않도록 하는 데 또한 일어난 위험에 대처하는데, 위험에 노출된 당사자인 자신보다 국가에 더 큰 책임이 있다고 여긴다. 그결과 국가에 대한 신뢰는 여전히 확보되지 못하고 있거나 위험 상황에 처할 때마다 하락한다.

2. 신뢰와 위험의 관련성

기능체계들은 위험 사건과 관련된 의미의 복잡성을 체계의 고유한 의미로 축소하는 방식, 즉 위험과 관련된 체계의 고유한 소통을 생산해낸다. 기능체계들에 대한 신뢰가 약화되거나 붕괴된다면 사회의 구성원 모두가 그 피해를 입는 것은 피할 수 없다. 특히 정부가 장기적으로 신뢰를 받지 못한다면 불확실성에 대한 불안으로 전체 사회의 신뢰 수준이 하락하면서 심각한 혼란을 초래할 수 있다. 신뢰받지 못하는 정부는 단순히 정책의 실패를 거듭하기 때문이아니라 전체 사회에서 신뢰의 하락 추세를 만들어낼 위험이 있기 때문에 문제가 된다(이준웅, 2012: 120).

따라서 민주화된 국가에서의 정책 결정은 과거 권위주의 정부에서 모든일이 최고 결정권자의 의지에 의해 결정·집행되던 일련의 과정보다 더 복잡하고 더 치밀하게 계획되어 전개된다. 국가 개입에 필수적으로 따르는 결정의위험과 기능체계들의 상호의존성이 시간이 갈수록 점점 더 중대되는 상황은,확실성과 보편성에 토대를 둔 기존의 정책 패러다임과 그에 근거한 정부의 결정 및 집행의 관행에 변화를 요구하고 있다. 개별 유권자들이 특정 정치인이나 정당을 지지 또는 반대하는 것과 상관없이 선거용 정책 공약들이 국책사업으로 구체화될 경우, 지역 또는 계급·집단이 각기 이해관계에 따라 세력화하면서 정치가 대립과 갈등으로 치달을 수 있다. 예컨대 제17대 대통령선거에서 특정 지역의 유권자를 의식해 미끼로 던진 공약인 동남권 신공항 건설, 과학 비즈니스 벨트 조성 등의 대형 국책사업은 유치를 희망하던 다른 지역들의 조직화된 불신에 부딪혀 정책 입안 단계부터 파행을 거듭했다. 결국 중앙정부는 불신이 촉발한 과도한 정치적 부담으로 인해 정치 위기를 인지하면서도 이들 사업을 백지화하는 결정을 내렸다. 불신이 정책의 성패를 좌우하는 중요한 전제조건이 된 것이다.

정치(국가) 또는 경제(시장)에 대한 신뢰는 부정적으로 인지된 위험과 관련이 깊다. '한강의 기적'을 외치며 '하면 된다'고 자신만만해하던 경제 관료들은 1997년 제2금융권의 과다한 단기외채로 인한 대외 결제수단의 일시적 부족으로 발생한 외환위기에 대해 무기력했다. 외환위기를 극복하는 과정에서 정부는 IMF의 압력을 받아 기업의 구조조정과 정리해고, 부동산 투기 억제 조치, 금융 개혁 등 신자유주의 경제 개혁을 단행했다.[19] 고전적 자유주의를 국가의 개입이 없는 자유방임 상태에서 경쟁이 시장에서 자생적으로 생겨나는 것으로 기술한다면, 신자유주의는 시장에서 자생적으로 발생하는 경쟁은 없기 때문에 국가가 시장에 개입해 인위적으로 경쟁을 조장해야 하는 것으로 기술한다.[20] 따라서 신자유주의 개혁 프로그램은 근본적으로 경쟁이 없던 사회 영역

---

19 아시아 외환위기를 기점으로 정부는 금융부문에서 퇴출 또는 인수·합병의 방법으로 부실 금융기관을 대거 정리했고, 금융 규제 완화와 금융의 하부구조를 정비하는 제도를 도입했다. 또한 대통령과 5대 기업집단 대표 사이에 합의된 '기업구조조정 5대 원칙'에 따라 계열기업들 간 상호채무보증 해소와 재무구조 개선, 핵심 사업부문 설정과 비핵심 사업 기업 매각 등의 기업구조조정 프로그램이 추진됐다. 그리고 64대 재벌집단과 채권은행 사이에 2000년까지 부채비율을 200% 이하로 감축하는 약정을 체결했으며, 재무구조 및 수익성이 비교적 양호한 5대 재벌그룹은 채권은행단과 재무구조 개선 약정을, 64대 재벌그룹은 채권은행들과의 협의로 워크아웃을 자율적으로 추진했다.
20 신자유주의 통치는 국가가 사회의 어떤 영역에든 개입해서 경쟁 기제를 구축하고, 이 경쟁을 통해 사회에 조절 기능을 수행한다(푸코, 2011).

에 개입해 경쟁을 유인하는 국가권력의 체계적 사용과 관련이 있으며, 그에 따라 무리한 집행에 따른 위험과 부작용 등 후속 결과는 예고된 것이었다.[21] 그 결과 수많은 기업들이 부도와 경영위기를 맞았고, 구조조정과 정리해고로 인한 실업자 양산, 저임금의 비정규직 양산, 중소상공인 및 중산층의 몰락[22] 등으로 고통은 공중의 몫이었다. 이에 따라 사회에는 전체적으로 신자유주의 개혁 프로그램에 대한 불만과 그에 따른 정부의 위기관리 능력에 대한 불신이 팽배해 있다.

신자유주의 개혁 프로그램이 수행되던 중에 찾아든 2008년 미국발 세계 금융위기의 여파로 건실하던 은행들이 갑작스레 외환 부족에 시달려야 했고, 재무구조가 건실하던 우량 기업들이 부도 위험에 내몰렸다. 젊은 세대는 이제 비정규직, 정리해고, 실직 등의 위험이 높은 노동조건에서 첫 직업 경력을 시작해야 한다. 정부가 '노동부'를 '고용노동부'로 개칭하면서까지 일자리 창출에 정책적 비중을 두고 있음을 통지했지만, 지식경제의 속성인 '고용 없는 성장'은 안정적인 직업을 얻을 가능성을 보장해주지 않으며, 정부에 대한 신뢰는 급격히 하락하고 있다.

신자유주의의 이론적 기초가 되는 시카고학파의 '합리적 기대이론'은 2007년 4월 미국에서 터진 비우량주택담보대출(subprime mortgage loan) 위기에 대

---

21 하비에 따르면 "신자유주의란 우선 보기에는 강력한 사적 소유권, 자유 시장, 자유무역의 특징을 갖는 제도적 틀 내에서 개인의 열정적 자유 및 기능을 해방시킴으로써 인간 복지가 가장 잘 개선될 수 있다는 점을 제안하는 정치적·경제적 실행에 관한 이론처럼 보인다." 여기서 국가는 "이러한 실행에 적합한 제도적 틀을 창출하고 보호하는" 역할을 한다(하비, 2007: 15).

22 한국경제연구원에 따르면 1992년 75%가 넘었던 중산층 비중이 2010년 58%로 줄었다. 반면 빈곤층은 7.7%에서 19.2%로 크게 늘었다. 중산층은 1997년 동아시아 외환위기와 2008년 세계 금융위기를 거치며 실질소득이 감소한 데 비해 과다한 자녀 양육비와 사교육비, 스펙 쌓기 경쟁, 연소득의 평균 7.7배에 이르는 집값 부담 등으로 가계부채가 증가해 급격히 무너지고 있다.

한 예측은 고사하고 이 위기가 세계 금융위기로 발전될 가능성을 파악하는 데도 실패했다. 세계 금융위기가 전개되자 경제학자들은 합리적 시장 모델과 시장에 대한 신뢰를 포기할 수밖에 없었다. 합리적 기대이론은 시장 개방, 금융 자유화, 투자자유화, 민영화, 규제 완화, 세금 인하가 미치는 긍정적 영향과 이를 위한 제도 개혁에 초점을 두는 경향이 있었다. 동일한 논리로 신자유주의자들은 정부 개입의 부작용에 대한 연구, 즉 미시적 수준에서는 이익집단의 지대 추구, 거시적 수준에서는 정부 실패를 부각시키는 연구에 매진했다(이왕휘, 2012). 하지만 최근 세계 금융시장에서 가격 기제가 제대로 작동하지 않는 시장 실패의 사례들이 부각되면서 시장에 의한 자율적 규제에 대한 비판이 제기되고 있다. 시장 옹호자들이 은행의 과도한 위험 행위를 감시하고 규율한다고 믿었던 가격 기제가 경제체계의 위험 축적을 예방하는 데 실패했던 것이다.[23]

산업사회학의 관점에서는 동아시아 외환위기 이후 경제 영역에서 세계화를 조건으로 한 한국 경제의 구조적 결함과 기업조직의 취약성을 관찰했다(정운찬, 1998; 강철규, 1998). 세계화의 압력이 상승하면서 기업조직의 전통적인 충성관계가 사라졌고 국제통화기구가 주도한 신자유주의 개혁 프로그램인 해외 기업 매각, 기업 인수와 합병, 구조조정이 불안정한 결과를 초래했으며, 기업이 노사 협력 또는 갈등의 장소로서 특별히 큰 부담을 졌다. 노동자들이 대량 해고되는 인원 감축이 기업 경영진에 대한 신뢰 결여로 이어졌다(금재호·조준모, 2001; 심지홍, 2003). 기업의 효율성과 과도한 이윤 추구의 결과로 젊은 신입사원은 한 기업의 사용자와 평생을 함께하는 안정된 경력을 더 이상 기대

---

23 미국 금융위기의 주요 원인은 미국 정부가 정책적으로 권장한 주택구입용 신용대출의 급증과, 뒤이은 주택가격의 거품 붕괴로 금융기관들이 건전성 기준을 충족시키기 위해 대출금을 일시에 회수한 것이 심각한 신용 위기를 초래했던 데 있다. 그 과정에서 금융혁신으로 생겨난 파생금융상품이 시장의 위험을 현저하게 높여놓았기 때문에, 투자 위험을 회피하면서 유동성을 창출할 목적으로 도입한 파생금융상품이 오히려 금융부문 전체로 위험을 확대시키는 부작용을 초래했다(홍수완·유태환, 2012).

할 수 없게 되었고, 숙련성을 갖추지 못했거나 급변하는 세계시장에 부적합한 숙련성을 갖춘 노동자들은 세계시장의 변화에 취약하고 불안정한 주변적인 일자리로 밀려난다는 것을 의미했다.

이에 견줄 만한 결과들이 새로운 기술의 수용에서도 입증됐다. 기술에 대한 경험적 연구들은 대부분 신뢰와 인지된 위험의 관계 또는 신뢰와 위험 감수의 관계를 여러 경험적 자료들을 통해 입증했다(Sjöberg, 1999; Siegrist et al., 2000). 적어도 특정한 기술과 관련해서는 신뢰가 위험 인지에 중요한 영향을 미쳤다. 기술과 연계된 위험은 대체로 그에 필요한 지식이 충분치 못한 상태에서 내려진 평가였다. 기술의 이익 또는 위험을 평가하는 데 공중은 전문가의 과학적 평가뿐만 아니라 다른 기술 관련 행위자들의 진술과 전망도 함께 고려했다. 기술관련 평가에서 전문가집단에 대한 신뢰가 중요한 기능을 했던 것이다.

기술의 복잡성 증가에 따른 결과들은 지금까지 세계시장이 문제해결을 최적화해 처리 속도를 현저히 상승시키는 방식으로 포착했다. 특정 영역에서 일정한 기간에 걸쳐 특허가 많이 쏟아져 나오면 고유한 시장이 형성됐다. 기술의 발전 방향은 수익성의 관점에서 지불 또는 비지불의 여부가 결정했으며, 지불할 가치가 없다면 그 기술의 투입은 중단됐다. 끊임없이 변화하는 시장 상황은 기술혁신을 추동하는 원동력이었다. 그렇지만 기술의 존립과 발전 과정에서 경제적 이해는 충분조건이긴 하지만 필요조건은 아니다. 기술혁신은 경제적 이해관계에만 얽매이는 것이 아니라 정부 정책과 같은 정치적 변수에 의해서도 좌우된다. 다시 말해서 기술은 자체의 기술적 논리에 의해서만 발전하는 것이 아니라 과학, 정치, 경제 같은 다른 부분체계들과 연동해서 발전한다.

여기서 민주주의 또는 경제발전이 과연 기술에 대한 신뢰와 위험 인지의 관계에 조절 효과가 있는지 묻게 된다. 기술에 대한 신뢰와 위험 인지의 관계에 대한 연구들은 대체로 핵에너지와 생명공학에서 행해졌으며, 특히 공적 관심의 중심에 있는 위험들이 비중 있게 다루어졌다. 새로운 기술이 주는 이익을 강조하면 할수록 위험 인지는 감소했다(Frewer et al., 1995). 기술의 옹호자들은 그 이익을 강조했을 뿐 안전 측면이나 위험 감소 조치를 주제로 소통하지 않았다. 그 부수효과로 위험은 더 낮은 것으로 인지됐다. 만일 인지된 이익과 인지된 위험 간에 인과적 관계가 존재한다면 이러한 숙고는 적절할 것이다. 그러나 제3의 변수인 사회적 신뢰가 이익의 평가뿐만 아니라 위험의 평가에 영향을 미칠 수 있기 때문에 관찰된 관계에서는 단지 '인지적 허상'의 관계만 다루어진다.

생명공학에 대한 위험 인지가 수용에 미치는 영향을 조사한 연구에 따르면(Siegrist, 2000), 인지된 이익에는 사회적 신뢰가 긍정적으로 작용했지만 인지된 위험에는 부정적으로 작용했다. 핵에너지·제초제·인공감미료의 이익과 위험에 대한 조사에서도 이에 비견할 만한 인지심리학적 연구 결과가 관찰됐다. 여기서도 사회적 신뢰를 통제했더니 인지된 이익과 인지된 위험의 상관관계가 현저히 감소했다. 33명의 첨단기술자와 관계 활동가를 대상으로 인지된 이익과 인지된 위험의 상관관계를 조사한 연구에 따르면(Alhakami and Slovic, 1994), 양자는 역상관관계에 있었다. 어떤 기술에서 높은 이익을 인지한 기술자와 활동가는 동일한 기술에서 어떤 이익도 인지할 수 없던 기술자나 활동가보다 그 기술을 덜 위험한 것으로 등급을 매겼다. 반면에 이러한 결과에 대한 반론도 있었다. 사회적 신뢰가 일정하게 유지되는 부분 상관관계에서는 양자의 상관계수가 분명히 감소하는 경향이 관찰됐다(Siegrist and Cvetkovich, 2000). 이것은 인지된 이익과 인지된 위험의 상관관계가 '인지적 허상'의 관계라는 또 다른 증거이다.

이처럼 인지심리학자들은 기술에 대한 인지된 이익과 인지된 위험의 규정에 감정이 핵심 기능을 한다는 것과, 양자가 인지적 허상의 관계에 있음을 밝혔다. 다만 보편적 감정에 대해 말했거나 특수한 사회적 신뢰에 대해 말했던 정노의 차이만 있었다. 그들은 모든 위험에 대해 신뢰가 영향을 미치는 것이 아니라, 결정에 필요한 지식이 결여된 위험 상황에서만 신뢰가 중요하다고 주장했다. 다시 말해서 공중은 잘 알지 못하거나 전혀 지식이 없는 기술에 대해 위험을 평가할 때 신뢰에 의존한다는 것이다(Siegrist and Cvetkovich, 2000).

기존 연구들이 지닌 약점은 이론적 논의의 부족에 있다. 대다수 학자들은 신뢰의 부정적인 동조 변화에 대한 통계적 증거를 제시하는 데 그쳤고(Lipset and Schneider, 1983; 나이 외, 2001; 장수찬, 2002; 한준, 2008), 몇몇 학자들은 정부와 공공기관, 기업과 민간기관, 시민사회단체 등 다양한 제도에 대한 신뢰를 조사대상자들에게 묻는 데 그쳤다(박종민, 1997; 박종민·배정현, 2007, 2011; 이광희, 2009). 신뢰를 어떤 측면에 집중해 분석할지는 조사대상자들의 판단에 맡겨졌다. 그 결과 다수 연구에서 신뢰는 다차원적인 구성물로 기술됐다(Braithwaite, 1998; Metlay, 1999; 김지희, 2006; 박종민·배정현, 2007, 2011; 이광희, 2009). 일부 학자들은 신뢰에 영향을 미칠 수 있는 특수한 가치 신념들을 제시했다. 그들은 기능적 분석에 근거해 신뢰의 감정적 구성 요소와 능력적 구성 요소를 구별하거나 공적 신뢰와 교환 신뢰를 구별했으며, 공개성과 정직, 이해 관계와 배려, 지식과 전문가 판단을 구별했다. 하지만 다차원적으로 구성된 이들 요소는 대체로 신뢰와 확신으로 수렴될 수 있는 것들이다. 또한 한국 학자들은 서구 학자들의 신뢰 지표를 그대로 차용해 측정한 탓으로 이들 제도에 대한 공중의 신뢰가 서구에 비해 매우 낮다는 점만 확인했을 뿐이었다. 그들은 민주화 이후 의제 설정 기제가 과거 권위주의 정부의 대통령·집권당의 단원 구조에서 정당·시민사회·사법부·대중매체의 4원 구조로 이행하면서 정치적 갈등이 사법적 판단에 의해 처리되고, 두 번의 여야 권력 교체에서 여당이 8번이나 바뀔 정도로[24] 대의민주주의가 크게 위축됐다는 점을 간과했다.

---

24 여야 권력 교체는 1998년과 2008년 두 번 이루어졌지만 여당은 민주정의당 → 민주자유당 → 신한국당 → 한나라당 → 새정치국민회의 → 새천년민주당 → 열린우리당 → 한나라당 → 새누리당으로 지속적으로 바뀌었다. 민주화 이후 대통령을 배출한 정당은 모두 선거를 앞두고 대통령 세력과 차기 유력주자 세력의 권력 갈등으로 해산됐다.

유념해야 할 것은 신뢰 측정의 통계적 의의와 신뢰의 실천적 적실성을 동일시해서는 안 된다는 점이다. 대부분의 연구들이 신뢰 측정에 임의추출법을 사용했다. 하지만 예측의 중요성을 측정하는 설명 변수와 관련해 이들 연구는 분명하게 구별됐다. 일부 연구가 신뢰를 인지된 위험의 본질적 부분으로 설명했던 반면에(Siegrist et al., 2000; 박형신, 2010; 김홍주, 2012), 다른 연구들에서 설명 변수는 별로 특이하지 않은 것으로 나타났다(김영평 외, 1995; Sjöberg, 1999). 이러한 격차는 이들 연구의 이질성을 고려한다면 놀랄 만한 일이 아니다. 이들 신뢰 조사 작업은 조사 기술, 연구 디자인, 종속변수, 신뢰 개념의 학술적 조작과 관련해 다양하게 변형됐다. 그 때문에 신뢰의 보편적인 효과를 계산한다는 것은 별 의미가 없다.

3. 사회적 신뢰의 존재 의미

대체로 경험적 연구들은 동·서양의 문화적 차이와 국가들 간 문화적 차이에 관계없이 정부와 공공제도, 그리고 그들 행위자에 대한 공중의 신뢰가 세계적으로 감소 추세에 있다는 점을 지적한다. 특히 미국 학자들은 지난 50여 년 동안 사회적 신뢰의 수준이 점차 낮아지고 있다고 확인했다. 립셋과 슈나이더는 미국의 정부·기업·노동조합에 대한 신뢰를 비교해서 1960년대부터 정부에 대한 신뢰가 감소하고 있음을 분석했다(Lipset and Schneider, 1983). 그들에 따르면 미국의 다양한 제도들 간에는 신뢰의 격차가 상당한 정도로 존재하며, 이 격차가 1960년대 이후 점점 더 벌어졌다. 정부를 신뢰하는 미국인이 1960년대 중반에는 전체 인구의 3/4에 이르렀지만, 1990년대 말에는 전체 인구의 1/4로 현격히 감소했다(나이 등, 2001). 미국에서 투표참여율은 조지 부시와 존 케리 간 양극 현상을 보였던 2004년 대통령선기 기간 중에 삼시 올라가기 했지만, 전체적으로 1960년대 후반 이후 빠르게 감소했다. 일부 공중은 공적 활동에서

물러나서 사적 영역으로 후퇴했다. 공적 활동에서 정치에 대한 신뢰 감소와 참여 쇠퇴의 두 경향은 서로를 강화하는 부정적 상응관계에 있었다. 유럽 학자들도 유럽공동체가 1973년 이후 매년 조사한 유로바로미터(Eurobarometer)에 기초해 사회적 신뢰의 저하 경향을 지적했다. 일본에서도 제도에 대한 사회적 신뢰가 감소하고 있었다. 이 기간에 정치조직과 시민사회단체에 대한 신뢰도 감소했을 뿐만 아니라 정치에 대한 자발적인 참여도 뚜렷이 감소했다(Inglehart, 1999; 퍼트넘, 2009).

1989년부터 2008년까지 20년간의 '세계가치조사(World Value Survey)'[25]에 따르면 한국의 사회적 신뢰는 미국이나 유럽에 비해 매우 낮은 수준일 뿐만 아니라 지속적으로 낮아졌으며, 하락 속도가 다른 국가들에 비해 빨랐다(김태종, 2007; 이동원·정갑영 외, 2009; 이병기, 2009). 학자들은 그 원인으로 전통 문화와 연계된 혈연·지연·학연을 중심으로 한 폐쇄적인 연결망의 특이성을 지적하거나,[26] 압축적 근대화 과정에서 정책결정권자에 의한 빈번한 정책 변화의 부작용으로 '법을 지킨 사람이 오히려 손해를 본다'는 낮은 법질서 준수의식 형성과, 정부에 의한 법·제도의 공정한 집행을 신뢰하지 않는 불신문화를 지적했다.[27] 그리고 외환위기 이후 경기 침체와 구조조정, 대규모 실업, 양극

---

25 세계가치조사는 '유럽가치조사'가 세계 다른 국가들을 포괄하는 조사로 확대된 것으로 세계 유수 대학의 사회과학자들이 각국의 정치적·사회문화적·종교적·윤리적 가치를 조사하기 위해 진행 중인 학술 프로젝트이다. 현재까지 1981~1984(21개국), 1989~1993(43개국), 1994~1998(53개국), 1999~2004(70개국), 2005~2008(57개국), 2009~2011(52개국) 등 6차례 조사가 이루어졌다.

26 이에 대한 자세한 논의는 제3장 5절과 제4장 4절 참조.

27 민주화 이후 공권력의 정당성이 상당 부분 회복됐는데도 여전히 과거의 관행과 습관이 남아 법률과 규칙을 지키는 것을 가볍게 여긴다든지 공중의 의무로 여기지 않는 경향이 만연해 있다는 문화 지체 현상에 대한 지적도 있다. 과거 권위주의 정권에 대해 공중이 정당성을 철회한 결과, 정부가 제정하고 집행하는 법률과 규칙에 대해 정당성을 부여하지 않고 법률을 어기는 불법시위, 폭력행동을 민주화운동으로 정당화하는 관행이 은연

화의 심화로 인한 계층 갈등의 격화도 그 원인으로 지적했다.

'세계가치조사'에 따르면 정부에 대한 신뢰도 역시 OECD 국가 중 스페인을 제외하고 수십 년에 걸쳐 가장 낮았다. 일부 학자들은 개인을 대상으로 사회·인구학적 특성과 인지적 요인을 측정해, 어떤 요인이 정부에 대한 신뢰 수준의 하락에 더 영향을 미치는지 검증했다(박희봉·이희창·조연상, 2003; 손호중·채원호, 2005; 김상돈, 2009). 반면 역사적 측면에서 접근한 학자들은 누적된 정치적 경험에서 획득된 정보가 정부 불신을 강화한다고 분석했다(서문기, 2001). 권위주의 정부의 장기간 지배가 규범 체계를 붕괴시켰고, 그로 인해 자발적 결사체가 발달하지 못한 것이 정부에 대한 신뢰를 하락시켰다는 것이다.

이처럼 사회적 신뢰가 부정적으로 발전하는 원인은 무엇인가? 사회적 신뢰가 어떤 요인에 의해 감소하는지는 누구도 확정적으로 설명하지 못한다. 다만 공통적으로 광범위하게 인정하는 것은 사회적 신뢰가 체계에 대한 신뢰의 중요한 구성 요소라는 점이다. 제재 가능성이 부재하는 상황에서도 사회적 신뢰가 높은 사람은 낮은 사람보다 더 빈번하게 협력한다(Yamagishi, 1988). 하지만 '세계가치조사'를 활용한 연구들을 보면 시민사회단체 가입률의 증가가 사회적 신뢰를 증진하는 효과가 있는지는 확실하지 않다(Knack and Keefer, 1997). 다만 조직에 대한 신뢰는 제한된 제재 가능성만으로도 협력을 이끌어낼 수 있기 때문에 조정비용이 적게 든다는 이점이 있다.

유감스럽게도 사회적 신뢰가 위험 인지에 미치는 영향에 대해서는 지금까지 조사되지 않았다. 기술과 사회활동에 대한 상이한 위험 평가들은 서로 긍정적인 상관관계에 있었다(Sjöberg, 2000). 그러나 위험에 대한 민감성 정도에는 많은 차이가 있었다. 일부 사람들은 모든 기술에 두려움을 가졌던 반면에, 또 다른 사람들은 위험에 침착하게 반응했다. 물론 사회적 신뢰가 어떤 상황

중에 형성된 것이 공중의 법질서 준수 의식을 전반적으로 낮추고 있다는 것이다(이동원·정갑영 외, 2009: 207 이하).

에서 어떤 인물에게 신뢰를 보내는지 완전하게 결정하지는 못한다. 상황적 요소들이 그때마다 중요한 역할을 하기 때문이다. 일부 학자들이 사회적 신뢰의 인지적 요소에 비중을 두었다면, 또 다른 학자들은 설득에 대한 심리적 반발에 비중을 두었다(Rains and Turner, 2007; 유선욱·박계현·나은영, 2010). 혹자는 신뢰를 능동적인 결정의 결과물로 간주하기도 했고(Blackburn, 1998), 사회적 평판의 영향으로 간주하기도 했다(이홍표·한성열, 2006). 이들은 대체로 사회적 신뢰의 인지와 판단의 합리성을 동일시했고, 감정을 오히려 사회적 신뢰를 저해하는 것으로 고찰하는 경향이 있었다. 이러한 접근방법은 적절치 않다. 왜냐하면 감정은 사회적 신뢰를 저해할 수도 있지만, 큰 비용의 소모 없이 필요한 결정을 내리도록 도와줄 수도 있기 때문이다. 루소 등(Rousseau et. al., 1998)은 사회적 신뢰와 위험의 관련성을 언급하면서, 사회적 신뢰란 타자의 의도나 행동에 대한 긍정적 기대에 근거해서 취약성을 받아들일 의도를 함축한 심리 상태라고 정의했다. 유감스럽게도 이런 심리학적 정의는 사회적 신뢰 현상의 일부만 설명할 수 있을 뿐이다. 사회적 신뢰는 구체적 인물의 수준을 넘어 조직 및 조직 행위자에 지향되어 있다는 점이 중요하다.

신뢰 또는 불신으로 이끄는 과정은 광범위하게 자동적으로 진행된다. 따라서 누구에게 무엇 때문에 신뢰를 보내는지 논증하기가 쉽지 않다. 인종, 성별, 연령, 소득 수준, 정치적 성향, 교육 수준, 종교적 신앙 등의 개인적 특성이 유사한 사람들은 유유상종으로 어울릴 기회가 많기 때문에 서로 친숙하다. 친숙성이 위험 상황을 전제하는 신뢰와 혼동되어서는 안 된다는 점은 앞에서 언급한 바와 같다. 친숙성에 기초한 폐쇄적인 연결망은 자기집단의 이해관계를 관철시키기 위해 다른 집단들을 배제한다. 즉, 친숙성은 사회적 신뢰를 증진시키기보다 오히려 저해하는 원인으로 작용할 가능성이 크다. 그들만의 강한 연결망은 집단 내부의 인물에 대한 신뢰를 양산할 수는 있지만, 체계에 대한 신뢰의 형성에는 오히려 장애가 될 수 있다. 대구 수성구와 경북 봉화군을 비교한 신뢰 연구(박형·김학노, 2003: 195)는 혈연·지연·학연으로 맺어진 인맥이 사회적 신뢰나 체계에 대한 신뢰의 형성에 거의 도움이 되지 못한다는 것을 보여주었다.[28] 인맥이 선거 때마다 지역을 대표하는 것으로 간주되는 보수 정당에 대한 편향된 지지로 나타나 지방정치는 지속적으로 정치 실종의 위험에 노출되어 있었다. 이 정치적 위험은 '경상도에선 한나라당 공천이면 말뚝만 꽂아놔도 당선된다'는 비아냥거림으로 표현됐다. 친숙성이 다른 집단들에 대한 배제의 원리로 작동한 여파로 대구·경북지역은 민주화 이후 한나라당(뒤이은 새누리당) 이외에 다른 대안 세력이 존재하지 않는다. 마찬가지로 호남지역도 민주당 이외에 다른 대안세력이 존재하지 않는다. 그 결과 영·호남지역에서는 선거 때마다 특정 정당에 대한 지지 편향이 반복되면서, 민주화 이후 오히려 민주주의가 위협을 받는 역설이 일어난다(노진철, 2012). 나아가 영·호남의 분열과 갈등은 전체 사회에서 사회적 신뢰가 형성·유지되는 데 부정적인 영향을 미치고 있다.

사회적 신뢰는 세계적 추세와 대동소이하게 청소년이 성인보다, 미혼자가 기혼자보다, 여성이 남성보다, 저소득자가 고소득자보다, 진보적 인사가 보수적 인사보다, 고교 졸업자가 대학 졸업자보다, 가톨릭교도가 개신교교도보다 낮은 것으로 나타난다. 인종, 성별, 연령, 외모 같은 부수적 요소들은 사회적 신뢰의 위험을 감수하게도 하지만 회피하게 할 수도 있는 양면성을 가진다. 또한 이런저런 차별을 받은 경험이 있는 집단의 구성원들은 잘 모르는 타자가 미래에도 자신을 공정하게 대우할 것이라고 기대하지 않을 것이고, 따라서 다른 사람들을 덜 신뢰할 것이다.

그렇다면 사회적 신뢰 또는 불신의 체험을 결정하는 요소는 무엇인가? 신뢰는 최소한 둘 이상의 행위자들이 실망하거나 배신당할 위험을 무릅쓰고 신

---

28 두 지역 모두 친목단체와 연계된 친숙한 인물에 대한 신뢰가 높았고, 낯선 타자에 대한 사회적 신뢰가 유독 낮았다. 체계에 대한 신뢰도 사법부, 행정부, 의회 순으로 낮게 나타났다.

뢰를 주고받는 상호지향이다(Lewis and Weigert, 1985b: 456). 상호지향은 암묵적이든 현시적이든 타자 지향이 아니라 행위자들 간의 쌍방향 인식에 기반을 둔 공유하는 상황 이해에 기인한다. 신뢰는 행위자들 간 상호이해를 통해 구조화된 행위 양식으로 표현되고 그 속에서 상징화된다. 사회학적 주제의 틀에서 보면 신뢰는 그에 상응하는 감정들이 형성되도록 고무하는 소통의 약호로 기능하지만, 결코 한 인물에서 다른 인물로 이입되는 태도 또는 감정으로 환원되지 않는다.

우리는 일상에서 사람들이 상이한 유형의 신뢰들을 이리저리 자의적으로 옮겨 다닌다고 성급하게 전제해서는 안 된다. 기든스는 부모와 자식 간 신뢰가 전 생애에 걸쳐 이런저런 형식으로 존재하는 다양한 신뢰 욕구를 만들어낸다는 전제에서 논의를 출발했다(기든스, 1991: 105). 하지만 이러한 전제를 따르지 않아야만, 낯선 타자나 잘 모르는 대상을 신뢰하는 능력이 특정 제도 틀에서 획득된다는 점과 다른 추상 체계의 행위 연관에서는 '기본적 신뢰'가 더 이상 아무런 역할을 하지 못한다는 점을 이해할 수 있다. 신뢰하는 능력은 그 자체가 사회적 맥락과 상관없이 작용하는 기본적 신뢰의 처리에 근거한다. 우리는 신뢰의 특성이 상이하다는 점과 신뢰의 강도가 다르다는 점을 모르지 않는다. 모든 이론적 구상은 마치 그에 걸맞은 행위 영역이 실제 존재하는 것처럼 작동한다. 하지만 누군가 다른 사람을 신뢰한다면 그것은 그의 '호의'에 의존하는 것이라는 주장은 논쟁의 여지가 있다(이현수, 1999; Baier, 2001: 43). 호의는 피신뢰자가 신뢰자에게 어떤 특별한 애정을 가지고 있다는 사실을 암시한다. 즉, 피신뢰자는 신뢰자가 도움을 요구하지 않는데도 신뢰자를 기꺼이 돕고자 하는 의지를 가지고 있다는 것이다. 하지만 피신뢰자가 자신의 이해득실을 고려치 않고 신뢰자의 이익을 보호하고 지원하며 배려하는 호의에서 신뢰가 나온다는 것은 결코 자명한 일이 아니다.

상호작용에서 얼굴 표정, 몸짓 또는 몸동작과 상반되는 통지는 불신을 불러일으킬 수 있다. 언어적 통지와 비언어적 통지가 일치하지 않는다면 흔히 불신이 일어난다. 그런 경우 소통하는 사람이 자신의 진정한 동기부여를 은폐하려고 애쓴다고 추측하게 되고, 그의 비언어적 통지가 그도 모르는 사이에 그것을 누설한다. 대기업의 경영자가 노동조합 간부들을 만나 일자리 감축을 유감스럽다고 말하더라도 그의 몸짓과 말투가 '전혀 유감스럽지 않다'는 신호를 보낸다면 노조 간부들은 그의 진술을 신뢰하지 않을 것이다.

이러한 불일치는 상징의 측면에서도 일어난다. 실제 정부의 객관적인 수행 실적과 정부에 대한 신뢰가 일치하지 않는다는 것은 여러 조사에서 확인된다. 연구자들은 정부에 대한 신뢰 하락의 원인을 찾기 위해 정부의 판단 능력, 결정절차의 공정성, 일관성, 책임성, 정직성, 호의 등에 대한 공중의 반응을 측정했으나 결과는 상이했다(이헌수, 1999; 박천오·주재현, 2007; 박통희, 2008; 장준구·정종원, 2011). 정부에 대한 신뢰가 정부에 대한 공중의 통제 가능성과 일치하지 않았으며(송하중, 2001), 정치 참여가 높은 사람이 그렇지 못한 사람보다 오히려 정치조직을 더 불신했다(장수찬, 2002; 오경민·박홍식, 2002). 이런 불일치가 일어나는 것은 실행 단계나 계획 단계의 정책이 본래 기대에 어긋나기 때문이거나 이념적인 원리원칙과 충돌하는 것이 이유일 수 있다.

우선 공중이 비교대상으로 삼는 것은 현재의 정부가 과거의 정부에 비해 얼마나 잘하느냐 못하느냐가 아니라, 현재 정부의 수행 실적이 현재의 기대에 얼마나 부합하느냐이다. 공중은 어떤 정부의 어떤 정책이 더 나은지를 따지는 분석적 논쟁을 벌이지 않으며, 다만 당면한 현안 문제에 대해 정부의 일처리가 유능한지, 얼마나 효과적으로 문제를 해결하는지를 평가한다. 또한 통지 내용과 그 저변에 깔린 가치관의 불일치가 불신을 야기할 수 있다. 정부의 정책 방향이나 정책안의 선택에 동의하지 않는 공중은 정부의 '객관적인' 활동 성과와 관계없이 정부를 불신한다. 그들은 정부가 전혀 엉뚱한 일에 노력을 기울이고 있다는 인식 때문에 정부를 신뢰하지 않는다. 즉, 여야를 가리지 않고 기성 정당들이 그들이 바라는 정책을 대변하지 못한다는 인식이 불신을 야기한다. 민주화 이후에 보수 정부에서 진보 정부로, 다시 보수 정부로 이행하는 과정에서 집권당의 이념적 성향에 따라 정도의 차이가 있긴 하지만, 강경 보수주의자와 강경 진보주의자는 집권당에서 채택한 중도적인 정책에 불만을 품고 기성 정당에 대한 냉소적인 비판을 통해 정치에 대한 신뢰 하락을 부추기는 선봉장 노릇을 했다. '대북 퍼주기', '복지 포퓰리즘', '민생정치 실종', '사회적 약자 배려 않는 불평등 정책' 등이 기성 정당의 비판에 동원된 주제들이다.

이처럼 통지 내용과 가치관의 불일치 또는 실재와 기대의 불일치가 불신을 야기하기도 하지만, 그렇다고 해서 일치하는 통지가 반드시 신뢰로 이어지는 것은 아니다. 다양한 경험적 연구들이 실제 활동과 가치관의 일치가 신뢰의 형성과 유지에 긍정적인 영향을 미친다는 사실을 검증했다(Earle and Cvetkovich, 1995). 조직의 고유한 가치가 조직 또는 조직 행위자의 행동을 통해 재귀적으로 생산된다면 이 행동이 사회적 신뢰를 형성한다는 것이다. 만일 다른 사람이나 조직이 세계를 자기와 유사한 방식으로 해석한다면 그는 상대방이나 조직을 신뢰하게 된다는 것이다. 같은 맥락에서 공중은 자기와 유사한 이해관계를 대변하는 정부, 정당, 정치인에게 신뢰를 보낸다(Schweer, 1997). 어떤 가치와 신념이 중요한지는 일반적으로 대답할 수 있는 것이 아니다. 대체로 당시의 정치적 상황이 어떤 가치가 정치체계에 고유한 것인지를 규정한다는 점에서 우연성이 지배한다.

4. 체계에 대한 신뢰의 사회적 기능

신뢰를 보낸다는 것은 항상 실망이나 배신의 위험을 감수하는 일이다. 루만에 따르면 신뢰에는 합리적인 이유가 없으며, 현존하는 정보를 압도하는 것에 의해 실현된다(Luhmann, 1968: 26). 짐멜이 언급한 바와 같이 신뢰는 '지식'과 '무지'의 혼합이다(Simmel, 1983: 263). 다시 말해서 사람들은 미래를 전망할 수 없는 상황에 대해, 사회적으로 일반적 타자에게 일시적으로 신뢰를 보내는 방식으로 대처한다. 즉, 의미 복잡성을 능동적으로 축소한다. 신뢰는 개개인이 의존하고 있는 관계의 대부분을 당연시함으로써 각자가 처한 복잡성을 줄인다. 일반적 타자는 이런 사람들의 신뢰에 기초해 실제 성공할 수 있는 계기를 갖기도 한다.

조직의 상급자와 부하 직원의 관계에서 부하의 행동반경은 신뢰가 충분치 못하다고 판단되면 제한될 수밖에 없다. 신뢰를 증명하지 못하는 그의 무능력은 상관의 신뢰 가능성, 즉 상관이 그의 신뢰를 받아들일 가능성을 제한한다. 그리하여 부하는 상관에게 신뢰할 만한 사람이 되고자, 즉 자신의 신뢰를 증명해 보이고자 한다. 그는 한편으로 근면·성실·충성을 보이는 전략으로 권위적인 조직문화의 극단을 추구하기도 하고, 다른 한편으로 인물로서 또는 조직 행위자로서 자신을 드러낼 수 있는 자유롭게 결정할 수 있는 지위로 승진하는 전략을 택하기도 한다. 양자의 행위 잠재력은 신뢰가 증가하는 정도만큼 증가한다. 만일 양자의 신뢰가 개선된다면 농담이나 아래로부터의 정책 제안, 생략된 말투, 격의 없는 언행, 호의적 침묵, 까다로운 주제 선택 등의 새로운 행동방식이 가능해진다. 이 새로운 행동방식이 다시 양자의 신뢰를 증명해야 하는 계기로 작동하면서 신뢰는 축적된다.

체계에 대한 신뢰의 기초가 되는 사회적 신뢰를 조정하는 것은 신뢰 증명의 계기와 신뢰의 조건, 배신의 위험 등이다. 체계에 대한 신뢰 증명에는 계기가 있어야 한다. 신뢰자가 상대방이나 신뢰대상에게 의존해 있는 상황이 아니라면 신뢰를 증명할 일은 없다. 또한 의존 상황에서 그는 상대방이나 신뢰대상에게 실망하거나 배신당할 가능성이 있어야 한다. 적어도 이것들은 무엇이 인물에 대한 신뢰에 관계되는지, 무엇이 체계에 대한 신뢰에 관계되는지를 조정한다. 루만에 따르면 이러한 조정 기제에 의해 신뢰의 사회구조적 조건이 신뢰의 원천으로 변화한다(Luhmann, 1968: 42). 이 조정 기제는 고프먼이 '잰결음 징치', 즉 개인 수준에서의 환류 전략으로는 파악할 수도 이해할 수도 없는 것이나. 이런 맥락에서 보면 인물에 대한 신뢰는 단지 신뢰에 대한 기능적 분석의 가능한 측면 중 하나일 뿐이다.

　체계에 대한 신뢰의 사회적 기능이 무엇인가 하는 문제는 공중의 부정적인 반응에 대한 이해가 결정적으로 중요하다. 체계에 대한 신뢰는 위험에 대한 고려가 있어야 비로소 드러난다. 국가는 신뢰가 하락하면 할수록 신뢰의 위기를 극복하기 위해 개입을 더욱더 강화하는 경향이 있다. 사실 국가가 받는 진정한 위협은 법과 제도의 미비에 있다기보다는 위기관리 능력에 대한 공중의 신뢰 상실에 있다. 세월호 참사가 국가권력의 정당성 위기로까지 치달은 것은 재난관리를 위한 법과 제도가 잘 갖추어져 있는데도 현실에서는 작동하지 않았다는 데 있다. 국가는 이 위기를 극복하기 위해 책임 귀속과 처벌을 강행하고 '국가안전처'의 신설을 골자로 하는 새로운 위기관리 대책을 서둘러 발표하지만, 이 책임자처벌과 긴급대책이 신뢰의 회복을 보장해주지 않는다는 데 딜레마가 있다. 공중이 더 이상 위기관리체계가 제대로 작동할 것이라고 신뢰하지 않는 것이다.

　사회가 민주화될수록 위험에 관한 정보의 소통은 보다 더 원활해지기 때문에 정부의 위기관리 능력에 대한 신뢰는 정보의 공유를 기반으로 더 깨지기 쉬워진다. 2008년 5월의 광우병 촛불집회는 광우병 감염의 공포와 불안이 지배하는 위험 상황에서 정책결정자의 합리적 논증은 오히려 공중의 항의를 유지시키는 설득력 있는 근거가 된다는 것을 보여주었다(노진철, 2009). '무지'가 공중 사이에서는 과학적 지식보다 더 민감하게 작동한다는 것이 극적으로 드러났다. 당초 광우병 소동은 정부가 자유무역협정 체결에서 국민의 건강과 생명을 보호할 책무보다 미국과의 신뢰 유지를 더 중시했던 데 대한 분노가 MBC 〈PD수첩〉의 광우병 인간 감염 위험 보도를 계기로 공중의 항의 집회로 표출됐던 것이다. 촛불집회는 광우병의 출현이나 수입산 쇠고기에 의한 인간 감염과 같은 실제 사건이 없었는데도 그때그때 인터넷과 와이브로 TV, 광장에서 촉발된 우연적인 사건들에 의해 항의 소통의 장기적인 연쇄를 지속했다.[29] 정부가 이들의 항의 담론을 '광우병 괴담'으로 무시하고 전문가들을 동원한 합리적 논증을 구사한 것이,[30] 오히려 '명박산성'으로 상징화된 '불통 정부'로 규정되어 100여 일간 촛불집회와 시위가 지속되는 원동력이 되었다.

결정된 정책의 이익과 위험, 후속 결과 문제를 가늠하는 데 필요한 만큼의 지식이 부족한 상황에서 공중은 루만이 언급했던 '복잡성의 체계 내적 축소'를 시도한다. 이때 의미의 복잡성을 단순화하는 다양한 가능성이 시도될 수 있다. 현존하는 지식의 빈틈을 메우는 것이 흔히 고려될 수 있는 전략이지만 쉽게 실천할 수 있는 해결책은 아니다. 사람들이 가용할 수 있는 자원과 시간, 인지 능력에는 한계가 있다. 그렇기 때문에 사람들은 현재의 행위 능력을 유지하기 위해서라도 타자나 대상에게 지속적으로 신뢰를 보내야 하는 수많은 상황을 경험하고 있다. 하지만 인물이나 조직에게 표명된 신뢰가 그 인물이나 조직의 행위를 정당화한다는 보증은 어디에도 없다. 그 어떤 합리적인 행위도 그 어떤 조직도 현재 내리는 결정이 미래에 어떤 결과를 낳을지 예측할 수 없다. 하지만 복잡한 문제를 해결해야 하는 조직에게는 시간의 제약이 문제해결의 과업보다 더 중요하다(노진철, 2001: 81). 현실에서는 시간의 제약 속에서 어떤 인물이든 어떤 조직이든 마냥 숙의만 하고 있을 수 없다. 따라서 하버마스(2007)가 제안한 이성적 담론의 이상적인 결과인 '숙의'는 이성적 담론의 조건

---

29 인터넷 카페 '2MB탄핵투쟁연대'(12월 22일 결성)와 '이명박 심판을 위한 범국민운동본부'(4월 6일 개설), 그리고 1,500여 개 시민사회단체로 구성된 '광우병국민대책회의'(5월 6일 결성), '천주교정의구현전국사제단'(6월 30일부터 1주일간), 불교 단체(8월) 등이 운동의 지속성을 확보하기 위해 돌아가며 촛불집회를 주최했지만 공중의 참여는 자발적으로 이루어졌다. 여고생을 비롯한 청소년, 주부, 직업인, 대학생, 연예인, 음악가, 예비군, 장애인 등의 다양한 집단이 집회에 참여했고 휴대전화, 인터넷, 와이브로 TV, 인터넷카페 등 다양한 확산매체가 정보의 확산에 동원됐다. 쟁점은 촛불집회를 주최하는 집단의 강경화로 쇠고기 수입 협상 반대에서 점차 교육 문제, 대운하 건설이나 공기업 민영화 반대 및 정권 퇴진으로까지 확대됐다.

30 한국과학기술단체총연합회와 한국과학기술한림원, 한국과학기술연구원, 한국생명공학연구원 등의 정부 출연 연구기관들이 인간광우병 위험 소통의 확산 방지에 동원됐다.

이 사전에 충족된 상태에서만 나타날 수 있다는 점에서 현실적으로 실천하기가 어렵다. 이처럼 시간의 제약 속에서 내리는 결정은 신뢰를 필요로 한다.

루만은 '무지'를 그 기능적 특수성과 관련해 체계에 대한 신뢰와 연관을 짓는다(Luhmann, 1995). 왜냐하면 무지의 상태에서는 변경 가능성을 확정하는 규범의 재보장이 아니라 정보 부족이 문제가 되기 때문이다. 정부 정책에 대해 문제를 제기하는 공중이 정부 불신의 원인인 것이 아니라, 그런 문제에 납득할 만한 정보를 제시하지 못하는 정부가 불신을 초래한다(이준웅, 2012: 124). 따라서 정부가 제기된 문제에 대한 의혹을 해소한다면 불신은 다시 신뢰로 이행할 수 있다. 정보 부족이 신뢰에 의해 상쇄된다는 것은 언론의 기능, 즉 대중매체를 통한 소통을 지시한다. 즉, 공중과의 소통을 통해 생산된 체계에 대한 신뢰는 정치적 결정을 공중에게 알리는 언론의 역할과 관련이 있다. 언론이 공중의 이해 관심을 대변해 정부 정책에 대해 문제를 제기하고 비판하고 설명을 구하는 감시자·비판자의 역할을 수행한다면, 대중매체의 보도와 정부의 해명이 반복되면서 정부에 대한 신뢰는 증가할 수 있다. 하지만 민주화 이후 신문사와 방송사들은 정치적·이념적 노선을 노골화하면서 정부 정책에 대한 공정하고 책임 있는 비판보다 무분별한 비난과 공격을 일삼았다. 대중매체들이 자사의 정치적·이념적 입지에 따라 정부에 대한 과도하게 우호적인 정보와 과도하게 적대적인 정보를 편향되게 제공한다면, 보도가 활발하게 일어나더라도 정보의 비대칭으로 인해 정부에 대한 불신이 가중될 수 있다.

루만(2007: 173 이하)이 신뢰를 기능적으로 관찰해 복잡성을 축소하는 선택 기제로 규정한 것으로부터 몇 가지 가설을 도출할 수 있다. 첫째, 신뢰는 미래가 현재 전망할 수 있는 단순한 상황보다 오히려 복잡한 상황에서 형성된다. 둘째, 그에 대한 지식이 충분치 않은 상황에서 내린 결정에서는 신뢰가 중요한 역할을 한다. 셋째, 신뢰가 계몽을 통해 이루어질 수는 없으며, 불신이 도덕적 훈계에 의해 제거될 수 있는 것도 아니다. 넷째, 신뢰는 결국 합리적으로 논증된 결정 과정과 동일한 방식으로 탐구될 수 없다. 따라서 신뢰의 관찰과 분석에서는 상징적으로 일반화된 소통매체의 형식에 유념해야 한다. 이것은 신뢰가 소통의 세 가지 의미 차원인 사실적 차원, 사회적 차원, 시간적 차원에서 역동적으로 일어난다는 뜻이다. 사실적 차원이 세계 안에서 일어나는 '무엇', 즉 대상·이론·견해 등의 사건에 질을 부여하고 있다면, 사회적 차원은 '누가' 대상·이론·견해 등의 사건을 주제화하는지 지시한다. 시간적 차원은 어떤 일이 '언제' 일어나는지 알려준다.

제7장에서 언급했듯이 신뢰는 한편으로 사실적 차원에서 특화되어 있다. 신뢰는 체계의 수준에서는 일반화된 소통매체에 걸맞은 기능체계들에 준거해 특화되어 있다. 예컨대 정치에 대한 신뢰는 종교에 대한 신뢰나 여론에 대한 신뢰와는 구별된다. 다시 말해서 신뢰는 이론적으로는 기능체계들 각각에 고유하게 구성된다. 다른 한편으로 신뢰는 사회적 차원에서도 특화되어 있다. 미시적 수준에서 인물에 대한 신뢰, 중범위 수준에서 조직에 대한 신뢰, 거시적 수준에서 기능체계들에 대한 신뢰가 구별되고, 그들 간의 상호 영향은 그때마다 행위자의 관점에서 분명히 진술할 것을 요구한다. 이들 상이한 수준에서 일어나는 신뢰와 불신의 이행은 타당성이 있다. 특히 불신의 경우 개인적 기대의 좌절이나 부정적 기대가 전체 사회의 이름으로, 즉 전체 사회를 대표하는 것으로 모습을 드러낸다. 또한 신뢰는 시간적 차원에서도 특화되어 있다. 원칙적으로 신뢰는 미래에 지향되어 소통하는 것이지만, 체계에 대한 신뢰는 각각 특수한 행위 규칙과 그와 연관된 미래의 소통 연쇄를 지시한다. 신뢰는 형성된 때부터 사라질 때까지 체계에 특화된 상이한 미래 지시들 간에 분화되어 있다.

신뢰의 사회적 기능이 복잡성 축소에 있는 것이라면, 결정에 필요한 지식이 부족한 상태에서는 신뢰가 결정에 강한 영향력을 행사할 수밖에 없다. 만일 지식의 빈틈이 기대 이상으로 크다면 결정자는 전문가나 여론 주도층의 평가를 수용하노록 제약을 받을 것이다. 그에 반해 결정자가 어떤 주제에 대해 매우 밝다면 결정을 내릴 때 자신이 동원할 수 있는 지식을 모두 이용할 것이다. 그때 신뢰는 별반 중요하지 않다. 하지만 지식이 제한된 경우에는 신뢰가 중요한 역할을 한다(Siegrist and Cvetkovich, 2000). 잘 알지 못하는 정책과 그 결정에 따른 부작용, 후속 결과 문제와 관련해서는 공중의 신뢰와 인지된 위험 사이에 상관관계가 관찰된다. 정책 결정과 그 후속 결과가 일으키는 위험의 원천에 접할 경우 공중은 그에 따른 위험을 스스로 평가하지 못한다. 공중은 상황의 복잡성을 단순화하고 결정된 정책의 이익과 위험을 가늠하기 위해 조직에 대한 신뢰 또는 불신을 이용한다. 그에 반해 상대적으로 포괄적인 지식을 갖고 있는 정책의 결정 및 그 후속 조치와 관련해서 공중은 신뢰에 의존하지 않는다. 후자의 경우 위험을 스스로 평가할 수 있기 때문이다. 따라서 후자의 재난·위해에 접해서는 신뢰와 인지된 위험 사이에 어떠한 관계도 관찰되지 않는다. 지식과 신뢰의 동일한 상호작용이 인지된 이익에서도 관찰된다. 자기가 잘 알지 못하는 정책의 경우에만 신뢰가 인지된 이익에 영향을 미친다.

5. 체계에 대한 신뢰로의 이행 조건

기능적으로 분화된 현대 사회는 학습, 신뢰, 자기기술 등의 사회 기제들이 재귀적으로 작동할 수 있을 만큼 충분히 복잡하다. 루만(2012: 174)은 이들 기제가 그와 관련된 소통을 재귀적으로 다시 자기에게 적용하면서 이 재귀성에 의해 다른 가능성들을 효과적으로 잠재화한다고 말한다. 신뢰의 재귀성은 다소간 명료하진 않아 쉽게 인지할 수 없는 형식을 취하고 있다. 하지만 신뢰 기제의 재귀성이 제도화되면서 사회질서의 복잡성이 증가하고 그에 따른 부정적인 결과, 즉 후속 결과 문제들이 다양한 형식으로 인지된다.

사회적 신뢰 형성의 기초와 기능에 대한 통찰은 피신뢰자의 신뢰 가능성에 대한 직접적인 확신을 얻기 위해 노력하는 것과는 다른 양식을 취한다

(Luhmann, 1968: 73). 여기서 통찰은 대상에 직접 다가가는 방식을 통해 신뢰가 정당한지, 신뢰가 본래의 의미에서 지식에 의해 대체되는지, 아니면 대체될 필요가 있는지에 대한 더 명확한 인식을 추구하는 것과는 다르다. 통찰은 대상과 일정한 거리를 두고 신뢰의 기능과 조건을 염두에 두면서 정보를 압도하는 필연성으로부터 출발해 재귀적으로 신뢰 형성 기제를 다시 신뢰하는 것이다. 이것은 상징 작업을 통해 구성된 사회적 세계를 '만들어진 허상'으로서 통찰하는 것이다. 각자가 놀이의 규칙에 유의하고 상호 신뢰에 근거해 사회 기술(記述)의 유지에 협력하는 한에서 이것은 그 세계를 소통을 지속할 수 있는 조건을 이루는 허상으로서 통찰한다.

친숙성의 상황에서 어떻게 체계에 대한 신뢰로의 이행이 일어나는가? 친숙성과 체계에 대한 신뢰 사이에는 연속성이 존재하는 것은 분명하다. 루만은 존재론이 상정한 주체와 객체, 실재와 허상의 이분법적 대립은 인물에 대한 신뢰가 신뢰 기제의 재귀적 관계를 통해 체계에 대한 신뢰로 이행하는 역사적 맥락을 파악하는 데 부적절하다고 판단했다. 그는 "주체가 객체를 파악한다"는 주장은 경험적인 근거가 없으며, 주체는 의미론적 구성물에 지나지 않는다고 거부했다. 허상도 역시 지속적인 경험과 체험의 전제가 되는 구성된 현실이라고 보았다(Luhmann, 1968: 74). 재귀성의 관점에서 보면 친숙성 상황에서의 인물에 대한 신뢰는 신뢰자와 피신뢰자가 서로 상대방을 현실과 관련된 태도의 불일치를 극복할 수 있는 인물로 상정하고 상호 간에 감정을 교류하는 얼굴 표정의 규율과 교류의 규칙적 작동에 대해 신뢰하는 것이다.[31] 그에 비해 상대방의 통찰적 배려가 사회적으로 제도화되어 있고 기대된다면, 상대방의

---

31 그들은 의도적이든 결과에 대한 책임을 지든 교류에 대한 상대방의 기술이 중단되지 않고 계속되는지, 그리고 계속된다면 언제까지 계속되는지, 어떤 긴장을 감내할 수 있는지, 어떤 역할 맥락에서 기술되는지, 노출되어서는 안 되는 약점은 어디 있는지 평가할 수 있고, 그 평가를 고려해 상대방과의 소통을 자발적으로 준비할 수 있다. 상대방의 기술을 통찰하고 있는 그들은 특정 인물을 신뢰하는 것이다.

고유한 기술의 확실성이 보증되고 그와 함께 감정으로부터 독립된 자기신뢰의 학습이 용이해진다. 통찰적 배려는 신뢰의 기초가 되어 사회적 교류를 마찰 없이 조정할 수 있다. 통찰적 배려는 상호작용에 대한 더 높은 신뢰와 상호작용의 연쇄 가능성을 가능케 해 더 크고 복잡한 사회적 체계의 초석이 된다.

하지만 통찰적 신뢰는 자발적 신뢰에 비해 큰 단점이 있다. 통찰적 신뢰는 신뢰자에게 더 많이 신중할 것과 다른 가능성을 더 많이 숙고할 것을 요구한다. 신뢰자는 직접 다른 사람을 신뢰하지는 않지만, '그런데도 기능하는' 신뢰의 근거를 신뢰한다(Luhmann, 1968: 75 ff.). 여기서 루만은 현대 사회에서 복잡성을 축소하는 체계에 대한 신뢰의 기능을 본다. 물론 통찰적 신뢰는 행위자를 훨씬 더 큰 복잡성으로 부담 지우고 심리적으로 어렵게 만든다. 통찰적 신뢰가 자발적 신뢰보다 복잡성 축소의 기능을 더 잘 실현하는 것은 아니다. 이런 통찰적 신뢰는 동일한 교육을 받은 관료들의 관료주의적 행동 양태에서, 다른 사회 영역에 대한 영향력을 상대적으로 잘 통제할 수 있는 정치·경제와 같은 기능적으로 특화된 집단행동 영역에서 발견된다. 이런 맥락에서 루만은 인물에 대한 신뢰가 체계에 대한 신뢰로 이행하는 조건으로 근대화를 지목했다. 근대화가 특정한 경계 내에서 정보 처리 수행이나 상태를 동일하게 유지하는 체계의 능력에 대한 신뢰를 가능하게 했다는 것이다.

사람들은 조직의 목적이 조직에서 활동하는 사람들의 목적과 다르다는 것을 잘 알면서도 조직의 구성원이든 비구성원이든 정부·기업·학회·학교 같은 거대 조직을 통찰적으로 신뢰한다. 또한 사람들은 화폐의 가치가 과장되어 있으며 조폐공사가 그에 상응하는 금·은·동 등 어떤 등가물로도 덮을 수 없다는 것을 잘 알면서도 화폐의 구매력을 통찰적으로 신뢰한다. 화폐의 구매력에 대한 신뢰는 모든 사람이 자신의 화폐가 동일하게 실질가치로 상환되는 걸 원하지 않는다는 경험에 의존한 기대에서 작동한다. 그리고 사람들은 국가가 국민의 생명과 재산, 평화를 보장하고 갈등 문제를 결정을 통해 해결하는 권력을 가지고 있다고 믿는다. 그들은 많은 시민이 동시에 폭동을 일으키거나 결정을 인정하는 것을 거부한다면 국가의 강제력이 이를 해결하기에 역부족이라는 것을 잘 알면서도 국가권력을 통찰적으로 신뢰한다.

조직에 대한 신뢰와 기능체계에 대한 신뢰는 재귀성 국면을 포함하는 근대적 신뢰의 특성을 보인다. 예컨대 진리에 대한 신뢰는 연구대상의 특성을 잘 드러내는 연구 결과와 관련이 있는 것이 아니라, 연구대상이 지닌 복잡성의 축소가 이론 및 방법론에 따라 적절하게 잘 이루어지고, 그에 따른 위험의 인계가 다른 학자들의 연구 활동에서 입증되고, 이를 통해 계속적인 입증을 할 동기가 부여되는 것과 관련이 있다. 이런 한에서 신뢰는 재귀적으로 자기에 관련된다. 즉, 신뢰는 복잡성 축소 기능을 계속해서 충족시키지 않으면 안 된다. 이러한 재귀성의 형식으로 체계는 더 많은 것을 행할 수 있으며, 약간의 모험으로도 더 많은 불확실성을 흡수할 수 있다. 루만은 이러한 신뢰에 대한 신뢰가 근대화의 조건에서 다양한 형식으로 관철되고 있으며, 어떤 형식이 선택되느냐에 따라 신뢰의 적용 가능성과 위험, 후속 결과 문제들이 분화한다고 지적한다(Luhmann, 1968: 76).

인물에 대한 신뢰에서는 타자를 신뢰하는 사람이 자신의 신뢰를 신뢰하고 이것이 다시 그가 타자를 신뢰하는 동기부여로 작동하고 또한 타자가 그를 신뢰하도록 영향을 미치는 것으로 통찰하는 재귀성의 작동은 예외적 현상이다. 반면 체계에 대한 신뢰에서는 타자들의 신뢰가 신뢰하는 근거가 되고 이러한 신뢰의 공유가 다시 의식되면서 체계에 대한 신뢰의 근거가 되는 재귀성이 일반적으로 작동한다(Luhmann, 1968: 77). 루만은 기능체계의 고유한 기능적 능력이 신뢰에 대한 신뢰의 재귀성에 기인한다는 것이 개별 사건들에서는 의식하지 못할 정도로 일반화되어 있어서, 오히려 화폐나 권력·진리에 대한 신뢰관계가 타자의 합리적인 행동으로 학습되는 경향이 있음을 지적한다. 그는 체계에 대한 신뢰 기제의 재귀성과 그에 따른 높은 위험이 근대화 과정에서 전형적인 현상으로 잠재화되어 있다고 주장한다. 이 잠재성은 체계에 대한 신뢰가 쉽게 형성되도록 만드는 효과가 있지만, 또한 갑자기 고객들이 예금을 집중적으로 인출하는 대규모 예금 인출 사태가 일어나지는 않을까, 테러리스트들이 무장하고 거리를 활보하는 일이 벌어지지는 않을까, 학자들이 자료나 연구 결과에 대해 위조·변조·표절·허위 기재·이중 투고 등의 연구 부정행위를 저지르는 논문 조작 사태가 일어나지는 않을까 등등의 통제 불가능한 불안으로부터 체계를 보호하는 효과도 있다. 그런데도 합리적 선택론자들은 체계에 대한 신뢰의 합리적 기초가 여전히 타자의 신뢰에 대한 행위자의 신뢰에 있는 것으로 관찰한다. 그와 함께 통찰되지 않는 기제를 신뢰하는 행동에 전형적으로 수반되는 불확실성은 잠재화된다.

체계에 대한 신뢰는 일상의 친숙성과 존재론적 확실성에 준거해 부단히 작동한다. 현재 행위가 미치는 미래 결과의 위험과 관련해 신뢰가 문제시되는 상황에서는 사람들이 불안해하며 항의도 하지만 별 문제 없이 다른 사람들과 교류하기도 한다. 따라서 일상의 친숙성과 체계에 대한 신뢰의 관계는 — 주변 조건을 잘 통제할 수 있는 심리학 실험들을 예외로 한다면 — 위험 인식의 유발과 관련해 방법론적으로 매우 불확실한 측면이 있다. 이러한 방법론적 불확실성은 정부나 기업, 시민사회단체 등에 대한 신뢰를 묻는 설문 조사 대부분에서도 나타난다. 또한 신뢰는 소통의 우연성을 제도적으로 처리하는 불신, 조직, 법적 제재 등과도 연관이 있다. 불신, 조직, 법적 제재 등은 신뢰와 마찬가지로 소통의 우연성을 통제할 수 있는 기능적으로 등가적인 소통 형식이다(루만, 2012: 960). 따라서 사람들은 권력기구에 대한 신뢰를 묻게도 되고, 나아가 그 기능적 등가성에 대해 묻게도 된다. 과거 권위주의 정부에서 권력기구에 대한 신뢰가 비정상적으로 높았다는 점을 고려하면 높은 신뢰가 역기능적일 수 있음을 인정해야 한다. 높은 신뢰가 긍정적인 것만은 아니듯이 낮은 신뢰가 부정적인 것만도 아니다. 특정 시점에서 어떤 조직에 대한 신뢰가 높듯이 다른 조직에 대한 신뢰는 낮을 수 있다. 동일한 정부에서도 시기에 따라 신뢰가 지속적으로 높아지는 때가 있는가 하면 낮아지는 때도 있다. 분명한 것은 어떤 대상을 불신한다는 것은 아직 미래의 행위와 관련해 상대방에 대한 신뢰 기대가 남아 있다는 것을 의미한다. 따라서 정부에 대한 신뢰와 불신을 일정한 수준에서 변화하는 조합으로 파악하는 것이 사회 현상을 이해하는 데 유의미하다. 하지만 정부에 대한 신뢰 하락이 일시적 현상이 아니라 장기간 지속된다면, 제도로서의 정부는 통치의 정당성과 정치권력의 지속 가능성에서 뚜렷한 한계를 가질 수밖에 없다.

지하철이나 고속철도(KTX)를 신뢰한다는 것과 자신이 선거에서 뽑은 정치인 또는 정당을 신뢰한다는 것은 현상학적으로 분명한 차이가 있다. 하지만 많은 학자는 두 현상에 동일하게 신뢰 개념을 사용한다. 지하철이나 KTX는 공중을 속이지 않으며, 근본적으로 속이려는 동기부여 자체를 가지고 있지 않다. 따라서 KTX가 동대구역에 정시에 도착할 것이라든가, 택배로 부친 물건이 실제로 수취인에게 도달할 것이라든가, 공기업인 한국전력이 한여름에도 대규모 정전사태 없이 전력을 잘 공급할 것이라든가 하는 기대는 체계에 대한 신뢰와는 다른 것이다. 고도로 산업화된 근대 국가에서 사는 공중이 기술의 수행에 의지해 매일매일 살아가는 것을 표현하기에 적절한 개념은 신뢰보다는 확신이다(Earle and Cvetkovich, 1995). 확신의 관계에서는 소비자의 긍정적 기대를 지속적으로 유지하는 것만이 관건이다. 확신이 무너지면 사람들은 현실에 대한 엄청난 소외와 노골적인 불만을 쏟아낼 것이고, 재난(위해)이나 우연성에 대비하는 제도적 보장 장치를 요구할 것이다.

체계에 대한 신뢰는 실망이나 배신의 위험을 감수할 채비를 하고 특정 체계에게 믿음을 보내는 것이다. 이런 의미에서 신뢰가 항상 '근거 없는' 믿음을 의미한다면, 확신은 경험과 명증성에 근거하는 모든 가능한 것에 대한 믿음을 의미한다. 신뢰와 확신의 구별은 기술의 수용에 대해 심도 깊은 논의를 할 수 있는 관점을 제공한다. 확신은 객관적 상황에서의 취약성, 즉 상대방이 행위한 결과로 인해 손해를 입거나 실망할 수 있는 형식적 가능성은 알고 있지만, 그와 관련한 불확실성, 즉 누가 언제 어떻게 손해를 입을지에 내해서는 무지한 상황이다. 확신은 객관적 상황이 사람들로 하여금 정보를 제약해 믿지 않을 수 없도록 하는 경우에 생긴다. 일상에서 이런저런 일에 사용하는 무수히 많은 제조물들은 다양한 기술을 적용한 것들로, 사람들은 대체로 이들 기술적 생산물에 대해 확신을 갖고 산다. 그에 반해 국가가 거대한 규모로 재정 지원을 하는 거대과학, 즉 통신위성·우주선 등의 우주개발, 핵발전, 유전자 복제 등의 첨단기술이 공적인 논쟁의 대상이 되면 사회적 신뢰가 중요한 역할을 한다. 따라서 공중이 기술 자체를 확신하면서도 그 기술에 연루된 행위자들을 불신하는 것은 전혀 모순된 일이 아니다.

경제학자들은 명시적이든 암묵적이든 체계에 대한 신뢰를 협력과 동일시한다. 그 때문에 그들은 체계에 대한 신뢰의 전제로서 판단 능력 또는 지식을 관찰한다(Mayer et al., 1995; Sheppard and Sherman, 1998). 투자 결정과 관련해 생겨나는 위험의 관리 분야에서도 미래 예측의 불확실성으로 인해 판단 능력과 감정을 신뢰의 중요한 결정 인자로서 관찰한다(Johnson, 1999). 물론 체계에 대한 신뢰와 인지된 판단 능력이 인과적 영향관계에 있음을 보여주는 증거는 없다. 다만 그들은 판단 능력의 차원에서 신뢰하는 인물과 신뢰하는 체계를 긍정적으로 평가한다. 판단 능력의 차원은 실제로 사회적 신뢰의 결정 인자로서가 아니라 확신의 인과적 요소로서 관찰된다.

체계에 대한 신뢰와 확신의 구별은 두 변수의 상호작용과 협력 가능성을 관찰할 수 있게 한다. 협력은 새로운 지식 및 기술의 수용, 협력을 위한 신뢰 준비, 결정의 수용 등을 포함하며, 그때그때 상황에 따라 달라지는 것으로 이해된다. 사회적 신뢰는 사회 구성원들의 가치 신념이 일치하면 생긴다. 우리는 상대방이나 신뢰대상이 자기와 동일하게 행동한다면 그나 그것에 대한 신뢰를 체험한다. 그때 그 가치가 어떤 체계에 속하는지 아닌지는 상황에 따라 다르다. 체계에 대한 신뢰는 복잡성을 축소하는 반면, 확신은 친숙성이 중요하다. 확신은 반복적인 경험과 명증성을 바탕으로 하기 때문에 작업 수행 능력의 인지는 확신에 영향을 미친다. 다시 말해서 확신은 작업 수행 능력과 연관된 계약, 통제기구 또는 다른 지표들에 근거를 둔다.

사회적 신뢰와 일반적 확신은 상호의존적이다. 정보는 항상 작업 수행 능력과 관련해 해석을 필요로 하고, 사회적 신뢰는 이 정보를 해석하는 데 영향을 미친다. 많은 경험적 연구들이 사회적 신뢰가 작업 수행 능력에 대한 정보를 해석하는 데 영향을 미친다는 사실을 확인하고 있다(DeBruin and Van Lange, 1999). 공중의 일반적 확신은 사회적 신뢰와 유사하게 모든 것은 통제할 수 있고 불확실성이 경미하며 사건이 기대한 대로 일어난다는 신념을 대변한다. 인지된 작업 수행 능력과 일반적 확신은 그때그때 주어진 상황에서 공중이 체험하는 확신을 결정한다. 공중은 자신이 추구하는 가치가 다른 사람이나 조직의 그것과 일치하는 것을 인지한다면 정부·기업·법원 등 조직에 대한 신뢰뿐만 아니라 정치·경제·법 등의 기능체계에 대한 신뢰도 포괄하는 체계에 대한 신뢰를 갖는다. 다시 말해서 다른 사람들과의 가치 공유에서 비롯된 체계에 대한 신뢰는 사회적 신뢰가 어느 정도까지 형성되는지를 규정한다. 결과적으로 제도에 대한 확신은 통상 존재하지만, 체계가 작동하는 데 신뢰나 불신이 반드시 존재해야 하는 것은 아니다. 확신이 흔들리는 위기 상황에서 사회적 신뢰는 비로소 중요한 의미를 가진다.

제9장
부정의 신뢰 강화 기능

"신뢰 없이 사회는 단 한순간도 제대로 존재할 수 없다"(짐멜, 2005: 187)라고 짐멜이 단언한 것은 100여 년 전의 일이다. 지금 신뢰가 다시 쟁점화되는 맥락은 현대 사회가 과거에는 상상도 할 수 없었던 재앙과 재난으로 '우연히' 이행할 수 있는 다양한 위험에 노출되어 있다는 인식에 바탕을 두고 있다.

한국은 제2차 세계대전 이후 짧은 기간에 근대 체계들의 기능적으로 분화된 작동 원리가 흡수되어 정착된 탓으로, 다른 어떤 사회보다도 근대화의 부작용과 후속 결과 문제들을 배태하고 있다. 과거 한국 정부는 선진 기술 및 근대화된 제도의 유입을 촉진하기 위해 적극적인 개입주의 정책을 구사했다. 하지만 선진국의 제도를 그대로 모방한 것은 아니었으며, 선진국의 역사를 통해 기술 및 지식의 학습과 관련된 개입주의 정책에서 비롯되는 위험에 대해 깊이 인식하고 있었기 때문에 과거의 그들 정책보다 더 복잡하고 더욱 치밀하게 조정된 것들이었다. 그 결과 압축적 근대화는 기적적인 경제발전과 유래가 없는 높은 대학 진학률, 선도적인 정보기술 혁신 등의 성과를 이루어낼 수 있었다.

그렇지만 그것은 권위주의 정부의 과도한 규제와 노동자 탄압, 인권 유린,

언론의 비판기능 상실 등 무시할 수 없는 손실을 대가로 한 것이었다. 나아가 21세기 들어 한국은 서구 국가들과 마찬가지로 금융위기, 고용 불안, 불평등의 심화, 삶의 질 저하, 저출산, 고령화 등의 다양한 위기에 노출되어 있다. 이들 위기는 압축적 근대화의 조건들이 대부분 소멸된 상태에서 일어난 것이어서 그 원인을 단순히 '국가의 실패'에 귀속시킬 수 없는 것들이다.

이에 상응하여 사회학계에서는 현대 사회의 의도하지 않은 결과들을 논리적으로 설명하기 위한 보편 개념의 필요성이 대두된다. 사회학자들은 일차적으로 '위험사회'라는 표제어 아래 핵공학, 생명공학, 정보기술, 나노기술 같은 기술공학의 부정적인 수행 결과에 관심을 기울였다. 주로 핵발전소 사고와 핵전쟁, 기후변화와 생태학적 재난, 통신 장애와 네트 전쟁(netwar), 생물학적 불평등 등이 인류가 직면한 위험으로 거론됐다. 하지만 '위험사회'는 기술공학에 편향된 특정 측면만 강조하고 있기 때문에, 지식경제·사회공학의 후속 결과와 관련된 문제 등 결정에 따른 위험 문제들을 포괄하는 현대 사회에 대한 사회학적 시대 진단에는 적합하지 못하다.

불확실성 시대에서 중요한 것은 단지 현대 사회의 기술 의존성이 아니라 보다 일반적으로 미래가 본질적 측면에서 현재 내린 결정들에 의존한다는 가정, 그래서 사람들이 미래를 알 수 없으면서도 항상 지금 미래의 현재에 대해 결정해야 한다는 가정이다. 미래의 현재 결정의 의존성은 모든 위험 문제를 정치화하는 경향을 강화한다. 그런데 특정 기술과 관련해 위험 문제가 정치화된다고 해서, 정치가 그 기술이 과연 어디까지 영향을 미칠 수 있는지를 규정할 수 있는 것은 아니다. 국가와 시장이 상호의존적이라는 것은 정치와 경제의 경계가 모호하다든가, 단순히 시장우위론이나 국가우위론 중의 선택사항이 아니라는 의미이다. 현대 사회에서 기능체계들은 자신이 반응해야 하는 손실을 스스로 생산하며 이를 현재의 행위에 배태되어 있는 미래의 위험으로 간주한다. 즉, 현대 사회는 자신이 생산한 위험의 조건에서 미래를 스스로 결정해야 한다.

특히 최근 20~30년 동안 사회가 빠르게 세계화되고 대중매체와 정보기술이 비약적으로 발전하면서 위험의 예측, 즉 현재의 사건이 미치는 결과에 대한 예측이 점점 더 어려워지고 있다. 세계화는 이전보다 더 안전을 제공하면서 동시에 이전에 없던 새로운 위험들을 제공하는 역설적 과정이다. 우리는 위험과 안전의 구별을 상정하는 순간 위험에서 완전히 벗어난 안전이란 전혀 없다는 것을 동시에 인정해야 한다. 그래서 루만은 '위험' 개념을 아무것도 배제하지 않고 오직 자기 고유한 형식의 맥락에서 자기를 표시하는 보편 개념으로 규정한다.

신뢰를 사회학적 이해의 기초 개념으로 받아들여 위험 상황을 전제했던 루만의 논리(Luhmann, 1968: 8 ff.)를 수용한다면, 우리는 누구를 무엇과 관련해서 신뢰하는지, 또 얼마나 오래 신뢰가 지속될지 묻게 된다. 이 질문은 루만이 언급한 세 가지 의미 차원에 상응하는 것으로 신뢰의 상이한 기능들을 가시화한다. 우선 신뢰는 사회적 차원에서 소통에 참여하는 '자아'와 '타아'의 자기고립화를 끝내는 기제로서, 즉 복잡한 사회화를 유도하는 기제로서 기능한다. 또한 사실적 차원에서 신뢰는 소통 과정에서 상대방 행위의 다의성과 모호성을 간파하는 기제로서, 즉 '바로 이것'과 '이것이 아닌 저것'이라는 단호한 해석을 가능하게 하는 기제로서 기능한다. 그리고 시간적 차원에서 신뢰는 소통 과정에서 '과거'와 '미래'에 걸쳐 상대방에 대한 반대 감정의 양립 상태나 상반된 가치의 공존 상태를 점진적으로 해소하는 기제로서, 즉 재귀성을 중단하게 하는 기제로서 기능한다. 다시 말해서 사회적 차원에서 신뢰는 사회적 행위의 기본 조건으로서 안정적인 상호작용 질서를 형성하며, 사실적 차원에서 신뢰는 의미 복잡성의 축소를 통해 전형적으로 구조화된 사회적 행위의 지향 양식을 형성한다. 그리고 시간적 차원에서 신뢰는 기능체계와 관련해 핵심적 행위의 기본 가정들을 함축한다.

1. 위험관리에서의 신뢰

신뢰와 위험의 범주가 현대 사회의 과도한 합리화에 따라 예측하지 못했거나 의도하지 않은 결과에까지 확장되고 있다. 현대 사회에서는 조직과 사회의 부분체계들이 제각기 지식을 축적하는 공간으로 기능하고 있다. 과학은 애초에 모든 지식 형식의 전형으로 간주되면서 인과율에 따른 규칙성을 찾아내 확실한 인식의 기초 위에 올려놓고자 했다. 과학의 인식적인 확실성 추구는 각종 이론과 방법론을 통해 구축된 기대 적중의 개연성과 관련이 있다. 이런 한에서 과학은 이론과 방법론에 정초한 객관적 확실성과 진보를 담보할 수 있었다. 지식과 억견(doxa)의 전통적 구별은 과학이 발달하면서 고도의 방법론적 확실성을 통해 지식과 상식의 구별로 나아갔다(Luhmann, 1990: 325). 근대 과학은 전통적인 종교적 권위에 의거하고 있는 교조주의와 객관적인 확실성이 불가능하다는 회의론[1]에 대항해 이론과 방법론에 의한 확실한 지식을 구축하고자 노력했다.

하지만 근대 과학의 진전과 함께 지식의 존재 방식이나 그것이 인간 삶에서 차지하는 위치에 대한 성찰이 다양한 각도에서 이루어지고 있다. 정원에 핀 국화는 한 송이 국화이고, 누가 봐도 한 송이 꽃이다. 하지만 실험 결과나 그 밖의 과학적 자료에 대한 해석들은 완전히 다르다. 현실에서 과학적 지식이 반드시 상식보다 더 확실한 지식으로 받아들여지는 것도 아니다. 일상의 인지 해석에서는 일반적으로 그에 대해 회의가 드는 적이 없다. 그러나 실험 결과나 그 밖의 과학적 자료에 대한 해석들은 어떤 이론의 관점에서 접근하느냐에 따라 완전히 달라질 수 있다. 다시 말해서 과학이 발달하면서 오히려 확실성이 아닌 불확실성이 증가한다. 물론 불확실성은 체계 내에서 관용할 수

---

1 보편타당한 진리 자체의 존재를 부정하는 회의론은 확실한 지식을 얻기 위해 우선 회의한다는 데카르트의 '방법적 회의'와는 다르다.

있는 한계 내에서 증가한다. 과학은 복잡성 증가에 수반하는 불확실성의 증가를 통제하고자 한다. 하지만 과학적 방법론은 제각기 자기 고유한 분야에서 효과들을 보정하는 데 기여할 뿐이다. 과학이 일상의 시의적절성을 위협할 만큼 불확실성을 적절하게 통제할 수는 없다.

어떤 사건에 단 한 가지의 명맥한 원인만 존재하는 경우는 드물다. 어떤 사건이든 수없이 많은 요소들이 씨줄과 날줄로 복잡하게 얽혀 일어난다. 더 나아가 이들 요소가 돌발적인 사건들로 인해 연쇄되면서 그에 대한 위험관리 능력과 통제력을 잃는다면 재난이나 위해가 된다. 만일 그 가운데 하나로 유력한 이유를 만들고 매우 명확한 인과관계가 성립하는 것처럼 설정한다면, 동일한 사건이 반복되는 근원을 성찰할 기회를 잃게 된다. 그 순간 그 사건은 더 이상 사회구조적인 문제가 아니라 원인 제거로 해결될 수 있는 간단한 기술적 관리 문제로 바뀐다. 이러한 원인 제거 조치에도 불구하고 사건이 또다시 터진다면, 공중은 더 이상 위험관리 능력과 통제 가능성을 신뢰하지 않게 되고 부정적 정보에 민감해진다.

우연성은 예견할 수 없는 것이지만 전체적으로 정당한 것으로 관찰된다. 하지만 공중이 우연성을 느끼는 경우는 소수의 몇몇 표본에 국한된다. 우리는 우연한 일탈에 대해서도 설명을 필요로 한다. 가끔 사건들이 무리 지어 연속적으로 발생하는 범상치 않은 일이 일어난다면, 공중은 거기서 어떤 설명이나 패턴을 끄집어내는 경향이 있다. 연속된 사건들을 대하면서 공중은 쉽게 오류에 빠지기도 한다. 이러한 대표적인 사례로 흔히 제2차 세계대전 중의 일화가 언급된다. 당시 독일 공군이 런던 남부를 장기간 집중 공습하는 상황에서 파괴된 도시 구역이 우연한 선택에 의한 것이 아니라는 주장이 설득력 있게 회자됐다(Kahneman and Tversky, 1982). 이상하게 몇몇 구역은 몇 차례씩 반복해서 공습을 당하는 반면, 어떤 구역은 전혀 폭격의 피해를 입지 않았다는 것이다. 그래서 우연성이 배제된 것으로 보였다. 공습을 당하지 않은 구역들은 마치 독일군이 의도적으로 빼놓은 것처럼 보였으므로 그 지역에 독일군 스파이가 산다는 소문이 퍼졌다. 하지만 통계학자 펠러William Feller가 실제 폭격당한 구역의 분포도를 세밀히 관찰해본 결과 그 소문은 완전히 사실과 어긋나는 것이었다. 그는 런던 남부의 전체 구역을 동일한 크기의 작은 정사각형 모양의 구역으로 나누어 관찰했다. 그리고 각 정사각형 구역당 관찰된 폭탄의 탄착지점 수를 도시를 무작위로 공습한 경우에 기대되는 빈도수와 비교했다. 양자는 놀랍도록 일치했다. 다시 말해서 분포도가 보여준 것은 완전히 우연성의 산물이었다. 일련의 동전던지기가 실제 우연성으로 인지되는 경우는 아주 특정한 조건이 충족될 때뿐이다.[2] 전문가들의 현실 판단에서도 직관이 어떤 역할을 하는지는 농구의 '발동(hot hand)' 예증이 잘 보여준다. 스포츠 통계의 분석은 연속된 슛들 간에 어떤 상관관계가 존재한다는 어떤 증거도 찾아내지 못했지만(Gilovich et al., 1985),[3] 코치와 선수들은 무엇 때문에 '발동'을 믿는 것일까? 물론 다른 선수보다 슛과 자유투를 더 잘 쏘는 선수는 분명히 있지만, 중요한 점은 한 투구의 결과가 다음 투구의 성공과 실패에 아무런 영향을 미치지 못한다는 것이다. 한 선수가 연속해 득점했다 해서 다음 투구의 성공 확률이 높

---

2 10원짜리 동전던지기를 예로 들어보자. 다보탑(다)과 숫자(숫)가 나오는 여러 가지 배열이 있을 수 있다. 어떤 배열이든 모두 우연적이긴 마찬가지다. '다다다숫숫숫'의 연속이 '다숫숫다숫다'의 연속보다 덜 우연적인 것으로 분류될 수 없다. 하지만 우연성에 대한 공중의 이미지에 비추어보면 전자의 연속은 우연성이라고 보기에는 너무 질서가 정연하게 잡힌 배열이다. '숫다다다다다'의 연속도 공중에게는 마찬가지로 우연한 것으로 보이지 않는다. 우리는 잠깐 몇 번을 던지는 데서도 다보탑과 숫자가 대체로 동일한 빈도수로 나타날 것으로 기대한다.

3 농구선수, 감독, 코치, 농구팬들은 어떤 선수가 슛 몇 개를 연속해서 성공시키면 그 선수가 발동이 걸려 다음 슛도 성공할 것이라고 믿는다. 그들은 한 선수가 슛을 연속해서 성공시키면 그날은 공이 그의 손에 붙어 있는 덕분에 슛에 실패한 사람이 새로이 점수를 따는 것보다 점수를 낼 가능성이 더 크다고 믿는다. 스포츠 통계의 분석에 따르면, 슛 2개를 연속으로 넣을 확률보다 슛 하나를 실패한 다음에 슛을 넣을 확률이 조금 더 높았다. 3개 이상 연속 슛에 대해서도 조사했지만 연속 슛의 성공도 우연에 불과했다.

아지는 것은 아니다. 그렇다면 발동에 대한 이들의 믿음은 '우연의 연속은 우연으로 인지되지 않는다'는 역설과 근사하다.

사람들은 집합적이고 연속적인 사건들이 런던 공습, 동전던지기, 발동처럼 우연히 발생해도 우연이라고 믿지 않는다. 사람들은 전형적인 패턴이 존재하지 않는데도 연속적인 사건에서 존재하지도 않는 패턴을 찾아내는 경향이 있다. 이러한 기만은 우연에 대해 편향된 생각을 가지고 있기 때문에 가능하다. 경험도 이런 기만을 막지는 못한다. 연속 성공이나 연속 실패를 기억하는 편이 성공과 실패가 뒤섞인 경우보다 기억하기 쉽기 때문에 연속 성공의 상관관계를 과대평가하는 경향이 있을 뿐이다.

일상에서는 이러한 '인지적 허상'이 부정적 귀결을 이끌지는 않는다. 하지만 집단발병은 완전히 다른 귀결을 보여준다. 의료전문가들이 집단발병 대부분을 우연성의 산물이라고 확언하는데도 공중은 우연성을 받아들이기 힘들어한다. 우연성에 대한 공중의 주관적 이해는 과학자들이 우연성 개념을 이해하는 것과 분명히 다르다. 과학세계에서는 인과적 필연에 포함되지 않는 한 모든 작동은 우연성에 속한다. 과학에서 우연성은 인과적으로 필연적이지도 불가능하지도 않은 모든 것을 의미하는 포괄적인 범주이다. 반면 공중은 좋은 것이든 나쁜 것이든 전혀 특별한 것이 없을 때에도 어떤 패턴이 존재한다고 생각한다.[4] 가완디Atul Gawande는 암 집단발병의 사례 중에서 단지 소수만 사실이라면 왜 그토록 많은 암 집단발병 사태를 경험하게 되는지를 되묻는다 (Gawande, 1999). 미국 미네소타 주는 1984년부터 1995년까지 12년에 걸쳐 1,000여 건에 이르는 암 집단질병 사례를 조사했다. 하지만 이렇다 할 결론을 이끌어내지 못했다. 그 이유에 대한 그의 대답은 간단하다. 우리가 '인지적 허상'의 희생자라는 것이다. 의생태학자들은 먼저 질병의 개별 사례를 기록하고

---

4 전혀 무계획적으로 되는 대로 이루어진 것도 우리 눈에는 종종 어떤 패턴이 있는 것처럼 보인다.

나서 그 주변에 경계를 지음으로써 집단발병이 좁은 지역에 국한된 것으로 착 각하게 되고, 그 결과 지역의 환경요인과 질병 사이에 어떤 인과관계가 있는지 모색하게 된다고 지적한다. 그렇게 해서 확률 법칙으로 예상되는 상관관계가 통계적으로 유의미하게 보이는 '집단발병의 신화'가 탄생한다는 것이다.

집단발병을 찾아 나서는 일은 역학조사에서 비교적 간단한 부분에 속한 다. 관찰 과정에서 집단발병의 경계는 흔히 자의적으로 그어진다. 만일 핵발 전소 주변 5킬로미터 구역에서 특정 질병의 빈번한 발생이 관찰되지 않는다 면, 아마도 관찰은 10킬로미터 구역 내에서 평균 이상의 질병 발병 수를 확인 하는 것으로 확대될 것이다. 다시 말해서 평균 이상의 질병 발생을 보이는 지 역은 자료조사를 통해 구성된 것이다. 동물과 인간 사이에 상호 전파되는 병 원체에 의한 인수공통전염병(zoonosis)[5]은 전염 속도가 빠르고 광범위하다는 사실과 통제가 쉽지 않다는 사실 때문에 특정 지역에서 집단발병이 일어나면 걷잡을 수 없는 공포를 야기한다. 대중매체는 새로운 집단발병, 특정 지역에 누적되어 등장하는 질병에 대한 보도를 규칙적으로 내놓고 있다(Gawande, 1999). 이런 집단발병의 원인으로는 철새, 화학물질, 산업폐기물 등이 언급된 다. 이에 공명해 환경단체들은 자녀의 건강 피해를 우려하는 부모들을 동원해 집단발병의 원인 규명과 감시에 나서거나 국가나 지방정부 또는 기업을 상대 로 문제의 해결책을 요구하면서 손해배상 청구에 나선다. 그리고 한 지역에 조류인플루엔자(AI), 구제역, 독감, 콜레라, 장티푸스, 백혈병, 피부병 같은 전 염성 질병이 빈번하게 등장한다면, 이런 특정한 질병의 반복적 등장은 보건의 료 당국에 대한 공중의 불신을 야기할 수 있다.

---

5 사람과 동물의 양쪽에 중증의 병을 일으키는 탄저병, 흑사병, 광견병, 소결핵병 외에 동 물에서는 비교적 경증 또는 불현성 감염으로 그치지만 사람에게는 중증의 병을 일으키 는 브루셀라증, 야토병, Q열 등이 있다. 이 밖에 각종 바이러스병, 원충병, 기생충병, 세 균병 등을 포함해 인수공통전염병의 수는 100가지 이상으로 알려져 있다.

집단질병의 위험 인지에서는 신뢰가 핵심적 역할을 한다. 집단발병은 순수하게 우연적으로 일어나더라도 균일하게 분포되어 일어나지는 않는다. 불가피하게 어떤 곳에 누적적으로 집중되어 일어나기도 하고, 어떤 시기에 집중적으로 일어나기도 한다. 하지만 핵발전소나 특수산업폐기물 하치장, 중화학공장, 미군부대 등 집단발병에 대한 원인 귀속이 가능한 시설물이 주변에 있다면 공중은 집단발병에 대한 책임을 거기에 용이하게 귀속시킨다. 집단발병이 일어난 지역의 토양이나 물에서 환경 기준치를 넘는 오염물질이나 미량의 다이옥신이 검출되면 이것은 우연한 일이 아닐 수 있다는 '인지적 허상'을 강화한다. 표본이 오염된 것으로 인지되고 납득할 만한 설명이 주어진다면 인과성에 대해 누구도 의심하지 않는다. 당사자를 자처하는 공중은 더 이상 우연성을 믿지 않는다. 거기다 몇 사람의 발병 사실이 발견되면 추가적인 감염을 우려하는 공중은 역학조사와 후속 조치를 요구한다.

그런 상황에서 '우연적인 반복에 불과하다'는 전문가의 평가는 중요한 정보로 받아들여지지 않는다. 문외한인 공중에게는 감염된 사람 수의 증가만 눈에 띈다. 공중은 전문가의 진술 배후에 무언가 순수하지 못한 동기부여가 있다고 의심한다. 이 의심은 추가적인 역학조사가 이루어진다고 해서 해결되지 않는다. 다만 공중이 정부를 신뢰하는 경우에는 '집단질병을 조사해보니 사실은 우연한 사건이었다'는 논증에 신뢰가 주어질 것이다. 하지만 시설물이 규정을 위반했다는 사실이 알려지거나 정부가 당연히 알려야 할 역학조사의 결과를 숨기고 있다는 사실이 언론에 의해 폭로된다면 그로써 불가피하게 신뢰는 상실된다. 그에 따라 과학적 논증에도 더 이상 신뢰가 주어지지 않는다. 설혹 과학적 논증이 딱 들어맞는다고 하더라도 공중은 그것을 불신한다. 체계에 대한 신뢰는 쉽게 얻을 수 있는 것도 아니지만 쉽게 잃을 수 있는 것도 아니다. 신뢰, 신빙성, 감정 같은 이른바 '약한' 요소들은 '강한' 요소보다 더 중요한 것이 아니면서도 동일한 정도로 집단질병을 인지하는 데 영향을 미친다. 여론 형성에서 납득할 만한 얘기가 사실에 근거한 분석보다 더 강한 영향력을 행사하는 탓이다. 집단발병의 우연성에 대한 인지적 허상이 가져온 결과로는 불신과 그릇된 자원 투입이 지적된다.

정보는 항상 해석을 필요로 하며, 이 해석은 대부분 기존의 통념과 모순되지 않는 방식으로 일어난다. 과학자가 — 자신은 비록 인정하고 싶어 하지 않지만 — 새로운 정보를 항상 객관적으로 평가하는 것은 아니다. 과학자도 공중과 마찬가지로 긍정적 정보보다 부정적 정보에 더 편파적으로 집중하는 경향이 있다. 흔히 좋아하는 가설과 일치하는 연구 결과는 기존의 통념에 모순되는 작업보다 질적 수준이 더 높은 것으로 인증되는 경향이 있다(Koehler, 1993). 자료에서 보는 것은 보고자 원하는 것일 경우가 많고, 따라서 공중이 새로운 정보가 제공되어도 자신의 생각을 굽히지 않는다는 것은 놀라운 일이 아니다.

플라우스Scott Plous는 핵발전소에서 일어난 돌발사고의 성공적 극복이 기술을 인지하는 데 어떤 영향을 미치는지를 조사했다(Plous, 1991). 결과는 핵발전 찬성자와 반대자가 동일한 정보에 근거하면서도 반대되는 결론에 이른다는 것을 보여주었다. 찬성자는 돌발사고에 대한 보고서를 읽은 후에도 장래 파국이 올 개연성을 낮게 평가했다. 그들은 핵발전소의 원자로가 위험관리체계의 작동으로 자동 정지된 것에 주목했으며, 결과적으로 파국의 위험은 낮은 것으로 평가했다. 위험관리체계에 대한 확신은 돌발사고의 성공적인 극복을 확인하는 것에 의해 오히려 강화됐다. 그에 비해 핵발전 반대자는 돌발사고의 보고서를 읽고서 장래 핵발전소가 '심각한 사고'가 일어날 개연성을 여전히 갖고 있는 것으로 분류했다. 그들은 우선 돌발사고가 일어날 수 있다는 사실에 주목했다. 양쪽은 주어진 정보에 대한 자신의 입장에 걸맞은 해석을 통해 애초에 인지적인 불협화음이 일어날 가능성을 막았다.

여러 위험 연구들은 위험 평가 및 관리와 관련된 다양한 논쟁에서 불신이 위험에 민감한 반응을 일으킨 결정적인 요인이라고 지적한다(Kasperson et al., 1992; 노진철, 2004b; 슬로빅, 2008). 위험 평가에서의 불확실성, 위험 및 이익에 대한 결정자와 당사자 간 인지 차이, 외부의 결정에 의해 자신이 제어할 수 없는 위험에 노출된 데서 오는 분노·절망 등의 현상이 신뢰와 밀접한 연관이 있다는 것이다. 이것은 위험관리를 책임지는 기구들에 대한 강한 불신이 어디에 근원을 두고 있는지 설명해준다. 또한 만연한 불신이 위험 인지뿐만 아니라 위험을 줄이려는 정치적 적극성과 밀접하게 연결되어 있음을 보여준다(Flynn et al., 1992; 슬로빅·플린·레이멘, 2008). 세간의 이목을 끄는 정부 부서와 다른 기관들의 직업적인 표리부동, 정치적 추문, 불미스러운 이권 청탁, 사기와 협잡 등이 발표될 때마다 공중은 사회 지도층의 직업윤리와 도덕성뿐만 아니라 해당 기관의 위험관리 능력에 대해서도 불신하게 된다. 특히 수만 개의 부품이 들어가는 핵발전소는 단 하나의 부품이 고장을 일으켜도 연쇄적 작동으로 그 사회의 존속을 위협할 수 있기 때문에, 불량부품 사건이 터질 때마다 핵발전의 위험에 대한 우려는 증폭된다. 후쿠시마 핵발전소 사고 이듬해 한국에서 적발된 불량부품 비리 납품 사건은 수년간에 걸쳐 부품의 제조업체와 검증기관·승인기관까지 모두 조직적으로 가담했던 부패 사건이었다. 품질 기준에 미달하는 국산화된 부품들이 원자로 및 안전설비에 장착됐다는 사실은 핵발전의 위험관리 전반에 대한 불신을 가중시켰다. 핵발전소가 고장과 재가동을 반복할 때마다 아직 발견되지 않은 불량부품이 있을지 모른다는 불안이 계속되는 상황이라면, 공중의 불신이 님비(NIMBY) 성격의 반핵운동에서 핵발전소의 단계적 폐쇄를 요구하는 탈핵운동으로 이행할 가능성은 커진다(노진철, 2013).

실제 재난은 기술공학의 후속 결과와 관련된 위험 인지에 어떤 영향을 미치는가? 핵발전소는 사고 확률이 '백만분의 일'이라던 전문가의 주장과 달리 35년 동안에 세 번이나 대폭발의 재난 사고가 터지면서 '위험사회'의 대명사가 됐다. 1979년 스리마일 섬 핵발전소 사고는 원자로 노심이 냉각장치의 파열로 부분적으로 녹아내리면서 대량의 핵연료가 외부로 누출됐던 돌발사고였다.[6]

---

6 스리마일 섬 사고 조사특별위원회의 보고서(Kemeny Report)는 경수형 핵발전 기술의

이 사고는 주민들의 건강에 특별한 해를 끼치지 않았기 때문에 국제핵사고평가 척도(INES)의 7단계 중 5등급인 '시설 외부로의 위험 사고'로 등재됐다. 이 사건은 세계에 불확실성 시대의 도래를 알렸다. 스리마일 섬 핵발전소 사고는 세계 각국의 핵산업 전반에 막대한 영향을 끼쳤으며, 그때까지 가장 오염이 없고 비용이 적게 드는 청정 에너지원으로 각광받던 핵발전의 안전성 논란이 불거지는 계기가 됐다. 핵발전에 대한 공중의 공포나 불신은 증대했고, 새로운 핵발전소 건립을 거부하는 공중의 반핵운동이 활력을 얻었다. 당시 미국의 여론은 핵발전소 사고에 의해 강하게 영향을 받았고,[7] 승인을 받은 상태였던 129개 핵발전소의 건설 계획이 취소됐다.

1986년 체르노빌 핵발전소 사고는 원자로 폭발로 인한 방사성 강하물이 우크라이나와 벨라루스, 러시아 등을 비롯해 유럽 대륙의 절반을 뒤덮었던 대규모 재난이었다. 사고 발생이 1,500킬로미터 떨어진 스웨덴에서 처음 감지된 데서 알 수 있듯이, 소련 정부의 사고 은폐로 인한 대응 지연으로 사상 최악의 INES 7등급 '대형 재난'이 됐다. 누출된 방사능의 총량은 약 5.3엑사베크렐(EBq)로 추정됐으며, 핵물질의 방출이 5월 중순까지 계속되면서 기상조건, 특히 풍향을 따라 핵물질이 유럽 전역으로 확산됐다. 유럽 국가들은 핵물질의 피폭을 피해 집 안에 머물 것을 권고했고, 유럽인 모두는 스스로를 사고 당사자로 여겼다. 그에 따라 핵발전의 위험에 대한 공중의 인식이 크게 증가했다. 폴란드, 독일, 네덜란드 등에서는 우유의 판매·음용 제한, 채소의 섭취 금지 조치 등이 취해졌다. 환경단체와 반핵단체가 정부가 기존의 핵발전소를 폐쇄하거나 신규 핵발전소 추진 계획을 백지화하는 데 결정적인 역할을 했다. 특히 독일과 스웨덴에서는 녹색당이 핵발전소 사고를 계기로 연방의회에 진출

불완전함, 규제 행정의 결함, 방재 계획의 결여 등을 사고원인으로 지적했다.

7 핵발전소 사고 전에는 미국인의 30% 이하가 핵기술에 대해 부정적인 태도였지만, 사고 후에는 40% 이상으로 증가했다(Jasper, 1988).

하거나 의회 내 세력을 형성해 탈핵 정책을 결정하는 데 주도적 역할을 했다. 프랑스와 러시아를 제외한 유럽 국가 대부분이 탈핵을 표방하면서 신규 핵발전소의 건설을 포기했다. 체르노빌 핵발전소 반경 약 30킬로미터 지역은 지금까지도 인간의 접근이 통제된 구역으로 남아 있다.

2000년대 들어 핵발전의 재도입 움직임이 중동과 아시아의 신흥경제국을 중심으로 일어났다. 이들 개발도상국은 20여 년 동안 특별한 돌발사고가 없었다는 사실과 과학기술의 통제력에 대한 강한 신뢰, 경제발전에 따른 에너지 수급의 불안정성, 매장량의 한계를 드러내는 석유 등 화석연료의 가격 상승, 기후변화협약에 따른 CO_2 감축 의무 등 환경 변화를 이유로 핵발전을 최선의 대안으로 받아들였다. 2006년 미국이 새로운 원자로와 핵연료 사이클을 국제적으로 공동 연구·개발하는 '세계핵에너지 파트너십(Global Nuclear Energy Partnership)'을 제안하면서 신규 핵발전소 건설에 대한 재정적 지원 정책을 발표한 것이 기폭제가 됐다. 그 결과 부존자원이 없는 국가뿐만 아니라 핵발전을 포기했던 선진 각국도 핵확산을 거부할 수 없는 시대적 흐름으로 간주하고 신규 핵발전소 건설을 서둘렀다. 2009년 세계핵협회(WNA)가 "2030년까지 44개국에서 핵발전소 417기가 추가 건설될 것"이라고 발표했을 정도였다. 이른바 '원전 르네상스'[8]가 도래했다.

그 와중에 2011년 '원전 안전 신화'의 주역인 일본에서 터진 후쿠시마 핵발전소 사고는 기술공학에 기초한 위험관리에 대한 신뢰에 경종을 울렸고,[9]

---

8 '원전 르네상스'는 Toshiba-WEC그룹, AREVA-Mitsubishi그룹, GE-Hitachi그룹, ASE-Siemens그룹 등 4개 그룹이 주도했다. 도시바(Toshiba)가 웨스팅하우스(WEC)를 인수해 경수로와 비등수로의 원천기술을 모두 확보한 그룹으로 부상하자, 프랑스 아레바(AREVA)가 미쓰비시(Mitsubishi)와 전략적 제휴를 맺었고, 제너럴일렉트릭(GE)은 히타치(Hitachi)와 전략적으로 제휴했다. 러시아 ASE는 구공산권 국가에서 유럽으로 시장을 넓혔다(노진철, 2011). 한국수력원자력은 2009년 12월 말 아랍에미리트에 가압경수로를 첫 수출하면서 핵산업시장에 뛰어들었다.

핵발전의 안전성에 대해 세계가 다시 근본적인 의구심을 가지는 계기로 작용했다. 큰 지진해일이 덮친 후에 핵발전소는 비상 디젤 발전기 등이 침수돼 전원을 완전히 상실한 '스테이션 블랙아웃(SBO)' 상태에 빠졌고, '비상 노심 냉각 장치(ECCS)'와 '냉각수 순환 체계(RCIC)'가 작동 불능 상태가 되면서 냉각 기능을 잃었다. 작동 불능 후에 4일 동안 1~3호기 원자로 내 핵연료봉 대부분이 녹아내려 압력용기와 그 바깥을 감싸고 있는 격납용기가 손상됐고, 1~4호기의 수소 폭발과 폐연료봉 냉각 보관 수조의 화재로 인해 방사성물질을 포함한 기체가 대량 외부로 누출됐다(*Spiegel*, 2011.6.1). 대기로 방출된 핵물질은 총 770페타베크렐(PBq)에 이르렀다.[10] 초기 대응의 지체와 부적절한 대응으로 핵발전소는 통제 불능 상태에 들어가 한 달 사이에 INES 5등급에서 최고 단계인 7등급으로 올라갔다. 복수 원자로의 동시 사고가 장기화되면서 핵재난은 언제 끝날지 아무도 알 수 없게 됐다. 2011년 말 냉온 정지 상태에 이르렀고, 2014년부터 사용 후 핵연료 추출에 들어가 10년 후 노심 용융 연료봉 추출에 들어갈 것으로 전망되지만, 스트론튬90과 세슘137 등의 방사성물질로 오염된 냉각수가 매일 400톤씩 추가로 발생해 위험이 상시적으로 가중되고 있다.

핵발전의 위험은 궁극적으로 가동 중단에도 불구하고 핵분열을 중단시킬 수 없다는 데 있다. 후쿠시마 핵발전소 사고는 최초 사고 이후 3년이 지났지만 여전히 현재진행형인 데서 핵발전의 위험에 대한 민감성을 높인다. 원자로가 완전히 정지해도 원자로 안에 남아 있는 핵분열 형성물의 붕괴는 계속되고 있고, 이 붕괴열을 제거하기 위해서는 정지 후에도 지속적으로 냉각수가 공급되어야 한다. 사고 원자로의 안정적 수습 및 완전 밀봉까지는 수십 년이 걸릴 것

---

9 '불의 고리(Ring of Fire)'라고도 부르는 환태평양 조산대에 위치한 일본은 1년에 평균 7만 번의 크고 작은 지진이 일어나고 그중 진동을 느낄 수 있는 지진이 약 1.5만 건이나 되는데도 그때까지 핵발전소 사고가 없었기 때문에 '원전 안전 신화'가 시삭됐다.

10 세슘137은 15페타베크렐로 히로시마 원폭의 168배, 요오드131은 160페타베크렐, 스트론튬90은 140테라베크렐(TBq)로 2.5배에 이르렀다.

으로 예상되고 있다. 그 기간 동안 핵물질이 계속 외부로 유출되는 위험의 통제 불능이라는 전대미문의 사태가 현실화되고 있다.

우리는 이전에 없던 새로운 재난을 자신의 신념과 일치하게 해석하고 있지는 않은가? 불확실성 시대에 위험 회피와 위험 선호의 조합은 상대방이 선택을 바꾸지 않는 한 자신도 선택을 바꿀 의사가 없다는 의미에서 안정적이다. 그들의 이해관계는 어느 쪽에 서는가에 따라 크게 달라진다. 파국적인 재난 이후 관찰되는 반핵 여론의 비등은 과거 모호한 상태에 있던 공중에게 "핵발전소 사고는 반드시 일어난다"는 확고한 신념을 형성하는 데 기여했다. 그러나 공학기술에 대한 신뢰자는 다른 국가의 핵발전소 사고를 오히려 자국 핵발전소의 안정성을 확인하는 계기로 해석했다.

아이저J. Richard Eiser 등은 영국의 핵발전소 주변 지역 주민들을 상대로 체르노빌 핵발전소 사고 이전과 이후에 핵에너지에 대한 태도와 의견을 조사했다(Eiser et al., 1989). 그들은 돌발사고가 에너지원에 대한 태도 변화에 과연 영향을 미치는지에 관심이 있었다. 설문 조사 결과는 기술공학에 대한 신뢰가 얼마나 안정적일 수 있는지, 또 새로운 정보가 얼마나 영향을 미치는지를 보여 주었다. 사고 이후 주민들은 핵에너지에 대해 부정적 태도를 갖고 있었지만, 확인된 태도 변화는 상대적으로 미약했다. 처음에 주민들은 방사능으로 인한 죽음의 두려움에서 핵발전의 위험에 대해 놀랐다. 대중매체가 사고를 상세히 보도하면서 유럽의 절반이 방사능 피해를 입었다는 사실이 알려지자, 마침내 주민들은 이를 허용한 전문가집단과 정부의 한계에 놀라움을 드러냈다. 그러나 돌발사고가 어떻게 해석되는지를 결정한 것은 공학기술에 대한 공중의 신뢰였다. 핵발전 반대자들에게 돌발사고는 기술공학이 전문가집단에 의해 계산된 가공할 위험과 연결되어 있다는 증거였다. 하지만 핵발전 찬성자들은 이 돌발사고를 완전히 다르게 해석했다. 그들은 사고를 고립된 사건으로 관찰했다. 그들은 사고의 원인을 러시아 기술자 개인의 미숙련에 귀속시키는 도덕적 판단을 내리고, 유럽에서는 그에 견줄 만한 거대 사고가 없었다고 자기기만적 결론을 내렸다.[11] 주민들은 핵발전소 폭발 사고를 자신의 편견 및 확신과 일치하는 방식으로 해석했던 것이다.

　후쿠시마 핵발전소 사고 이후 한국에서도 유사한 상황이 다시 한 번 확인된다. 사고 8개월 후에 실시한 핵에너지에 대한 설문 조사에서 공중의 절반이 한국형 핵발전소는 일본의 원자로와 달리 안전하다고 자기기만을 했다(과학기술정책연구원, 2011). 전문가들은 두 방식 모두 나름의 장단점을 지니고 있어 어느 것이 더 안전하다고 주장할 수 없다는 중립적인 입장이었다. 그런데도 핵발전 찬성자였던 공중은 정부가 사고의 원인을 일본의 원자로 유형에 귀속시키며 한국의 가압경수로형 원자로는 안전하다고 주장한 것을 그대로 믿었다. 또한 정부는 국내 핵발전의 위험을 은폐·축소하는 한편 경제적 이익을 부각시켜, 일본의 위기가 곧 핵산업시장에서 한국이 세계 3대 핵발전 강대국으로 도약할 수 있는 기회라고 선전했다. 당시 유럽 국가 대부분은 핵발전소 건설 계획을 중단하거나 취소했고, 일부 국가는 글로벌 경제 위기의 여파로 관련 예산을 축소해 핵산업시장이 사실상 죽어 있었다.[12] 이런 기만에 접해 핵발전 반대자들은 정부와 핵발전 전문가들을 '핵 마피아'로 지칭하며 그들에 대한 불신을 노골적으로 드러냈다. 그들은 후쿠시마 사고가 결코 핵발전의 안전을 담보할 수 없으며, 위험하고 통제할 수 없는 에너지원이라는 결정적인 증거라고 주

11　1957년 영국에서 일어난 윈드스케일(Windscale) 핵발전소 사고는 INES 5등급으로 15톤에 이르는 핵연료봉으로 인해 2037년에야 완전 폐쇄가 가능하다.

12　후쿠시마 핵발전소 사고 직후 세계 각국은 '핵 없는 세상'을 공식 선언했다. 독일, 오스트리아, 이탈리아, 스페인, 스웨덴, 덴마크, 벨기에, 네덜란드, 룩셈부르크, 아일랜드 등에서는 회의론이 급부상하면서 핵발전소의 단계적 폐쇄를 결정했다. 특히 독일 정부는 10년 안에 자국의 모든 핵발전소를 단계적으로 폐쇄하는 탈핵을 선언했다. 영국, 스위스, 헝가리, 체코, 슬로베니아, 리투아니아, 아르메니아, 멕시코 등은 노후 원자로의 교체 계획을 보류했고, 네덜란드, 폴란드, 스웨덴, 핀란드 등도 건설 중이던 핵발전소는 완공하지만 이후 재생에너지로 전환하기로 결정했다. 일본 정부도 신규 핵발전소 증설 계획을 백지화하고 2030년대에 완전 폐쇄한다는 계획을 밝혔다.

장했다. 하지만 상충되는 정보들이 혼재하는 속에서 공중은 대체로 정부의 안전 조치와 안전 진단 결과에 대해 신뢰하지 않으면서도,[13] 세계 3대 핵발전 강대국으로의 도약이라는 허상에 매료되어 핵발전 확대 계획에는 동조하는 모순적인 태도를 보였다.[14] 핵발전 찬성자였던 공중은 후쿠시마 핵발전소 사고로부터 거의 영향을 받지 않았다.

핵발전소 사고 이후 방사능에 대한 공중의 과학적 소양은 향상됐지만, 그들이 첨단기술의 위험 쟁점을 다루는 데 한계가 있다는 것 자체는 변하지 않았다. 그리고 실제 정부 당국에 대한 공중의 신뢰는 여전히 낮았다. 복잡한 쟁점을 다루는 경우 문외한인 공중은 관계 당국과 공식적 전문가가 제공하는 정보에 의존해 판단할 수밖에 없다. 그런데 공중의 과학적 소양은 보잘것없고, 관계 당국에 대한 정보는 부족하다. 따라서 그들은 관계 당국에 대한 신뢰 여부를 사사로운 선입견에 의해 상식 수준에서 결정한다. "에너지 자원 대부분을 수입에 의존하는 상황에서 핵발전을 대체할 다른 대안이 없다"는 정부의 시각을 수용한 공중에게는 "핵산업을 미래의 국가성장동력으로 육성하자"는 핵발전 확대 정책의 수용은 당연한 수순이었다.

한국에서 원자로가 6~12기씩 밀집된 집적단지들이 출현하는 상황은 핵발전처럼 파국적인 불확실성의 경우 한 번 위험 선호를 선택하면 '계산적 신뢰'가 세계를 파국으로 '질주하는 크리슈나의 수레'로 만든다는 것을 보여준다. 빈곤의 위험에 장기적으로 노출되어 있던 동해안 낙후 지역 주민들은, 애초에

---

13 '핵발전소의 안전 점검 및 이에 따른 신속한 대응 및 조치'에 대해 23%, '중대 사고 발생 시 대피 및 응급 복구 체제'에 대해 12.2%만 신뢰한다고 평가했다.

14 정부의 대응 조치에 대해 공중의 38.2%가 '미흡했다'고 응답했으며, 이보다 적은 36.1%가 '적절했다'고 응답했다. 정부가 발표한 안전 진단 결과에 대해서 '신뢰한다'(34.9%)는 응답과 '불신한다'(31.0%)는 응답 비율이 비슷하게 나타났다. 정부의 핵발전 확대 계획에 대해서는 46.6%가 '동의한다'고 응답했으며, 35.2%가 '반대한다'는 의견을 내놓았다(과학기술정책연구원, 2011).

빈곤을 극복하기 위해 핵발전소를 유치할 수밖에 없는 강요된 위험 선호의 상황에 있었다. 하지만 핵발전소가 밀집되는 만큼 사고 위험이 더 높아지는데도 핵발전소를 계속 유치하는 태도는, 맹목적이지도 순진하지도 않은 일종의 결단이며 치밀하게 계산된 신뢰이다. 후쿠시마 핵발전소 사고 직후 삼척·영덕·울진의 주민들이 오히려 추가적인 유치 경쟁에 돌입하고 경북도의 '동해안 원자력 클러스터' 계획에 동의한 것은, 계산적 신뢰가 극복되지 않는 빈곤의 악순환 속에서 제어를 잃어버린 탓이다. 다시 말해서 핵발전소 집적단지의 주민들이 핵발전의 위험을 알면서도 유치 경쟁에 나선다는 역설은 빈곤의 탈피를 위한 계산적 신뢰가 작동한 것이다.

2. 부정적 정보의 역설

결정에는 부정적 정보가 긍정적 정보보다 더 강하게 영향을 미친다. 갈등 사건이나 거대 사고에 의해 생산되는 부정적 정보는 구체적이고 위법, 불의, 불공정, 부패, 오류, 거짓, 그릇된 관리 등의 잘 정의된 형식을 띠는 반면, 평소에 접하는 긍정적 정보는 모호하거나 불분명하다. 따라서 부정적 정보가 긍정적 정보보다 더 주목을 받기 쉽고, 대중매체도 정보로서의 가치를 더 높게 평가하는 경향이 있다. 다시 말해서 특정한 쟁점이 여론으로 부각되는 것은 부정적 정보가 활성화된다는 의미이다.

긍정적 정보들은 관찰되지 않거나 정의하기가 어려우며, 부정적 정보에 비해 공중의 의견이나 태도 형성에 크게 영향을 미치지 않는다. 소통은 분명히 신뢰를 형성하거나 유지하는 긍정적 정보보다 신뢰를 깨는 부정적 정보에 더 집중되는 부정 편향성을 보인다(Skowronski and Carlston, 1989; Taylor, 1991). 마찬가지로 어떤 한 사건이 여론에 영향을 미치는 정도는 두려움과 불안을 유발하는 징후, 즉 좋은 조짐보다는 언짢은 조짐에 의해 더 많이 좌우된다. 공중은 모든 정보에 똑같은 비중으로 관심을 기울이지 않는다. 과학적 연구 결과나 기술 개발, 예술 분야의 성과는 빈곤, 범죄, 먹거리 오염, 도시 난개발, 환경문제에 비해 푸대접을 받는다. 마찬가지로 이런 분야에 관한 부정적 뉴스는 긍정적 뉴스보다 훨씬 더 부각되는 경향이 있다. 다시 말해서 부정적 사건이 긍정적 사건보다 기억에 오래 남고 여론에 훨씬 더 강하게 영향을 미친다.

인지심리학의 위험 연구들은 긍정적 정보와 부정적 정보의 비중이 상이하게 받아들여지는 것은 인간 의식의 본질적 속성에 속한다고 주장한다. 그들은 신뢰와 불신이 비대칭인 첫 번째 이유로 인물의 식별에 대체로 부정적 정보가 긍정적 정보보다 더 용이하다는 점을 지적한다(Skowronski and Carlston, 1989). 부정적 정보는 누군가를 신뢰할지 말지를 결정하는 데 도움을 주지만, 긍정적 정보는 신뢰할 만한 인물과 신뢰하지 못할 인물을 식별하는 데 별로 가치가 없다는 것이다. 두 번째 이유로 이익과 손실에 대한 심리적 비중이 상이하다는 점을 지적한다(Kahneman and Tversky, 1984). 공중의 관심이 부정적 정보에 쏠리는 것은 인간의 의식 자체가 좋은 것보다 나쁜 것에 더 민감한 '부정 편향성'을 갖고 있기 때문이라고 한다. 손실의 고통이 이득의 기쁨보다 더 강렬한 것은 인간 의식의 부정 편향성 때문인 것이다. 많은 학자가 실험을 통해 사람들의 손실 회피 행동을 증명했다. 사람들이 부정적 정보를 긍정적 정보보다 훨씬 더 비중 있게 다루는 이유는 손실 회피에 있다는 것이다. 부정적 정보는 잠재적인 손실을 지시하기 때문이다.

루만은 현상학적 시각을 수용해 의식이 나타나자마자 곧 다시 사라지는 생각들로 이루어져 있음을 지적한다. 어떤 생각이든 나타나면 그다음 순간 사라지며 새로운 생각에 의해 대체된다. 다시 말해서 생각은 인간 의식의 속성이 아니라 소통과 마찬가지로 사건인 것이다(Luhmann, 1985: 406). 신뢰 못할 인물이 중립적이거나 긍정적 인물보다 더 많이 연상된다는 것을 증명하는 흥미 있는 실험이 있다(Mealey et al., 1996).[15] 또 다른 실험은 사람들이 신뢰할 만한 긍정적 정보보다 신뢰를 깨는 부정적 정보를 인물의 속성으로 더 잘 귀속시킨다는 것을 증명했다(Rothbart and Park, 1986).[16] 또한 다양한 상황에서 행동을 기술한 정보에 기초해 인물의 속성을 추론하도록 한 실험(Lupfer et al., 2000)에 따르면, 긍정적 정보와 부정적 정보가 함께 주어져 혼재할 경우 부정적 정보가 인물의 인지에 더 강하게 영향을 미친다. 다시 말해서 신뢰에 긍정적인 속성은 개인에 귀속되기 어려운 반면에 부정적인 속성은 쉽게 귀속되기 때문에 신뢰를 얻기는 어렵지만 잃기는 쉽다는 것이다.

일상에서 처리해야 하는 정보들은 다양하고 복잡하며 서로 모순되는 경우가 허다하다. 대부분의 경우 긍정적 속성뿐만 아니라 부정적 속성, 또는 이득이나 손실이 함께 공존한다. 따라서 인지심리학의 위험 연구로부터 인물에 대한 신뢰에서 실제로 부정적 정보가 긍정적 정보보다 더 큰 비중을 차지한다는 명제를 직접 도출할 수는 없다. 이에 슬로빅Paul Slovic은 어떤 사건들이 핵발전소 운영에 대한 신뢰에 영향을 미치는지를 조사해 소통이 신뢰를 증진시키는 긍정적 사건보다 신뢰를 깨는 부정적 사건에 더 집중된다는 사실을 밝혀냈다(Slovic, 2008: 370 이하). 발전소 내부의 기록 위조, 불량부품 사용, 술 취한 직원, 원자로 결함의 은폐 등은 핵발전소 운영에 대한 신뢰에 강한 충격을 주었다. 그에 반해 신뢰 증진을 위한 조치인 누출 사고 시 주민 소개 매뉴얼, 위급 훈련 실시, 발전소 견학 프로그램 운영 등은 핵발전소 운영에 대한 신뢰 형성

---

15 피험자들에게 모르는 사람들의 사진에 상이한 정보를 달아 보여주고, 그중에 신뢰할 만한 인물을 언급했다. 몇 시간이 지난 후 피험자들에게 사진을 다시 보여주면서 기억나는 사람이 누구인지 물었다. 이때 신뢰 못할 사람으로 기술된 인물들이 기억에 남았다. 반면에 중립적이거나 신뢰할 만한 인물은 잘 기억하지 못했다(Mealey et al., 1996).

16 신뢰할 만한 긍정적 행동은 반복해서 보여준 후에야 그 인물의 속성으로 귀속된다. 따라서 자신에게 긍정적 속성을 귀속시키려면 항상 신뢰할 수 있도록 행동해야 한다. 반면에 부정적 속성은 그런 행동을 하는 즉시 그 인물의 속성으로 귀속된다. 더 이상 믿을 수 없는 사람으로 인지되는 데는 친구를 배신의 위험 속에 방치하는 한 번의 행동으로 속하다(Rothbart and Park, 1986).

에 별다른 영향을 미치지 못했다.

대부분의 정책 결정이나 새로운 지식과 기술은 이익과 위험을 동시에 안고 있다. 그런데도 그것들이 사회에서 작동하는 것은 위험이 존재하는데도 불구하고 현재의 이익이 주는 상대적인 이익이 크기 때문이다. 이익과 위험의 인식 및 판단에 영향을 미치는 주된 요인으로 정부, 조직, 전문가집단 등의 사회적 체계에 대한 신뢰가 언급된다. 특정한 정책 결정이나 기술공학의 후속 결과, 금융시장의 세계화 등과 관련된 이익과 위험을 파악하기 위해서는 일정한 정보가 필요하다. 그런데 정보를 취합하고 선택하는 데는 그 신뢰대상이 어느 정도 신뢰를 얻고 있는가가 큰 영향을 미친다. 이러한 신뢰대상의 신뢰 가능성은 정책 결정이나 기술공학과 관련된 위험 인식에서도 핵심적 요인이다(Cvetkovich, 1999). 하지만 특정 정책이나 기술공학과 관련된 갈등 사건이나 거대 사고들이 위험을 인지하는 계기로 작동하게 된다면, 위험관리에 책임을 지는 정부나 조직, 전문가집단에 대한 불신은 강화된다.

슬로빅은 핵발전소 운영에 대한 신뢰 연구에서 사람들이 신뢰를 깨는 부정적 정보를 긍정적 정보보다 더 비중 있게 받아들인다는 점을 인정하면서도 신뢰가 비중 있는 정보에 대해 단순한 기능을 하는 것으로 상정했다(슬로빅, 2008). 초기의 신뢰 또는 불신이 후속 사건의 연쇄를 통해 그 맥락에서 메시지를 받아들이도록 만들기 때문에, 일단 형성된 신뢰나 불신은 자기를 강화하고 지속시키는 결과를 가져온다는 것이다. 그러나 공중은 외부로부터 제공되는 메시지에 대한 단순한 수동적인 수신자가 아니다. 오히려 공중은 일어난 일련의 사건에 대해 언급과 재언급, 해석과 재해석, 촌평과 비아냥거림, 비판을 주고받으며 격론과 논쟁을 벌인다. 따라서 기존의 신뢰가 새로운 사건들의 해석에 긍정적 환류로 작용한다는 가정이 더 설득력이 있다. 포에스터 Heinz Foerster 는 '통속적 기계(trivial machine)'와 '비통속적 기계(non-trivial machine)'를 개념적으로 구별하고 인간을 비통속적 기계에 비유했다(Foerster, 1985: 42). 통속적 기계는 종합적으로 규정될 뿐만 아니라 분석적으로 규정될 수 있고 과거의 경험으로부터 독립적이기 때문에 미래가 예측 가능한 투명상자인 반면에, 비통속적 기계인 인간은 종합적으로 규정되지만 분석적으로는 규정될 수 없으며 과거의 경험 영역에 의존하는 환류 기제가 작동하기 때문에 미래를 예견할 수 없는 암흑상자인 것이다.

어떤 사건이건 내적 이유나 외적 이유, 또는 두 가지 모두의 책임이 있을 수 있다. 무엇에 책임 귀속이 이루어지는지는 소통 상황에 따라 다르다. 사람들은 대체로 성공한 사건이 자신과 관련이 있다면 자기책임으로 돌린다. 수행 실적은 자신의 능력 또는 노력과 같은 내적 요소로 설명된다. 그에 반해 실패는 흔히 어려운 상황, 불운과 같은 외적 요인에 책임을 돌린다. 그러나 당사자가 아니라 다른 사람이 판단한다면 사건은 어떻게 보일까? 특수산업폐기물 하치장의 운영과 관련된 실험에 따르면, 공중은 긍정적 결과보다 부정적 결과에 대해 더 운영상의 책임을 물었다(Siegrist and Cvetkovich, 2001). 긍정적 사건에 대해 그들은 특정 인물 또는 외적 요소에 책임을 돌렸고, 하치장이 운영에 성공한 것은 운이 좋은 것으로 간주했다. 하지만 부정적 사건에 대해 그들은 하치장이 운영상 필요한 조치를 제대로 취하지 않는다는 인상을 갖고 있었다. 이런 비대칭적인 태도에 근거해 여론의 신뢰를 받는다는 것이 얼마나 어려운 과제인지 알 수 있다.

긍정적 정보와 부정적 정보의 비대칭은 언론에 의해 강화되는 경향이 있다. 공중은 대부분 현실 세계에 대한 지식을 뉴스에서 얻는다. 언론은 공중이 접하게 되는 뉴스의 내용 일체를 선택하고 결정하는 '수문장'의 역할을 한다. 현실에서는 세간의 주목을 장시간 받을 수 있는 사건은 드물고, 공중은 계속적으로 헤아릴 수 없이 많은 자극에 노출된다. 이런 상황에서 방송시간이나 마감시간 등의 제약을 받으며 끊임없이 새로운 정보를 생산해야 하는 필요성에서, 언론은 공중의 주의를 끌기 위해 뉴스 가치가 있는 사건들을 선택적으로 좇는다(노신철, 2001). 따라서 뉴스 가치가 있는 사건은 정보가 언급하는 차이들이 극도로 인상적인 것이어야 한다. 이것은 언론에게 일차적으로 부정적 사건이나 갈등의 소지가 있는 사실을 선호하도록 부추기는 결과를 낳는다. 그것도 일반적인 상황이나 진행 중인 추이보다 극단적이고 불연속적인 사고들에 더 초점을 맞춘다. 그 결과 공중은 신뢰를 깨는 부정적인 뉴스들을 더 많이 접하게 된다.

언론은 공적·사적 조직의 행위자와 전문가집단을 공중과 연결하는 주요한 매개체이다. 대중매체의 보도가 공중의 위험 인식과 위험 감수에 영향을 미친다는 사실은 여러 연구에 의해 확인된다. 하지만 언론은 일부 학자가 주장하듯이 정부나 위험 전문가, 과학자의 견해를 공중에게 그대로 전달하는 단순한 '정보 전달자'(Nelkin, 1987)가 아니다. 또한 과학적·기술적인 위험 정보를 공중이 이해하기 쉽게 해석하고 위험 예방을 교육하는 '계몽기구'(Friedman et al., 1986; Goodman and Goodman, 2006)도 아니다. 뉴스 가치는 정부가 치적 홍보에 이용하는 이데올로기나 과학자가 중시하는 과학적·기술적 가치와는 다르다. 언론의 위험 보도는 위험의 규모나 개연성·심각성보다는 사건들의 시의적절성과 상관성에 따라 뉴스 가치를 극대화하는 방향으로 이루어진다(Mythen et al., 2000). 전문가들이 기술적 자료나 손실 규모, 사망자 수 등의 통계 자료를 바탕으로 위험의 정도를 평가한다면, 공중은 위험이 사회 또는 자연환경에 미치는 영향에 대한 질적인 자료, 생태학적 가치판단의 자료를 이용해 위험의 정도를 평가한다(Yamagishi, 1988). 과학적 정보와 신문 보도의 관계를 추적한 또 다른 연구에 따르면(Koren and Klein, 1991), 방사능 노출과 암의 관련성에 대한 두 가지 연구가 동일한 의학지에 발표됐을 때 신문들은 분명하게 그 가운데 방사능 위험을 확인했던 연구만 보도했다. 하나는 방사능이 백혈병에 걸릴 위험을 증가시킨다는 내용이었고, 다른 하나는 핵발전소 인근 주민들에게서 의미 있는 부작용을 발견할 수 없다는 내용이었다. 언론에서는 긍정적 정보보다 부정적 정보가 편파적으로 뉴스 가치가 더 높은 것이다.

일상에서도 부정적 정보가 언론을 매개로 해서 긍정적 정보보다 더 활발하게 소통된다. 평소에는 특정 대상에 대한 관심이 거의 없다가도 갈등 사건이나 거대 사고가 보도되면 소통이 활발하게 일어난다. 그것도 대부분 강하게 부각되는 쟁점을 중심으로 관심이 급격히 일었다가 시간이 지나면서 식는다. 일반적으로 긍정적 뉴스 보도가 정부를 비롯한 국가기관, 공공기관, 기업 등에 대한 신뢰를 회복시켜줄 것이라고 믿기 쉽다. 그러나 주요 신문사와 방송사가 이미 권위주의 정부 시절부터 보수화되어 있어 언론의 사회 비판 기능이 약화되어 있는 상황인데도, 언론을 통한 지배의 정당화와 정치에 대한 불신이 장기적으로 공존하는 현상은 그에 대한 좋은 반증이다. 권위주의 정부 시절 언론의 역할은 군부 지배의 정당성 결여를 보전하는 '여론몰이' 수단으로 제한됐다. 민주화 이후에도 주요 언론은, 노무현 정부의 집권기를 예외로 하고, 대체로 정부의 공식 발표를 그대로 보도하거나 관료정치와 대기업을 옹호하고 지지하는 뉴스 보도 프레임을 그대로 유지하고 있다. '출입처 기자실'과 언론인들의 모임 단체인 '프레스클럽'은 신문기자와 방송기자를 취재원인 정부, 공공기관, 기업과 밀접한 관계로 연결해주는 역할을 한다. 그리고 주요 신문사가 라디오 방송사나 텔레비전 종합편성방송사를 장악하는 소유구조는 보도내용을 제한한다. 그 결과 국가주의를 조장하고 국민의 알 권리를 저해하는 '정보의 카르텔'이 형성되어 있다. 다시 말해서 주요 보수 언론은 정부 행정과 공공기관, 기업에 대한 긍정적 이미지를 조장하는 데 주요한 기여를 했으며, 최근까지도 그렇게 하고 있다. 그런데도 공중의 불신은 철회될 줄 모르고 수십 년에 걸쳐 지속되고 있다. 긍정적 보도가 신뢰를 강화시키는 것은 아닌 것이다.

위험에 대한 과학적 분석이 확률은 낮으나 손실이 큰 재난이나 금융위기, 인구 증가, 식량 위기, 자원 고갈, 물 부족, 암·난치병 등의 지연된 위험에 대한 두려움을 해소하지는 못한다. 만일 공중이 과학체계를 신뢰하지 못한다면, 위험 문제를 제기하는 전문가는 단지 더 부정적인 정보를 발견해내어 불신을 가중시키는 것으로만 보일 것이다. 그렇다고 해서 기술공학이나 화학물질, 방사능 누출이 건강에 미치는 위해를 밝힌 연구가 과학에 대한 신뢰를 높일 수 있는 것도 아니다. 전기장이나 자기장의 위험과 같이 모호한 부정적인 결과를 찾기 위한 연구가 많이 수행될수록, 그 연구 대부분이 건강과의 확실한 관련성을 파악 못하는 탓으로 위험에 대한 공중의 관심과 불신은 더욱더 고조된다(MacGregor, Slovic and Morgan, 1994).

하지만 부정적 정보는 잠재적인 이해 갈등을 직접적으로 인지할 수 없는 상황에서는 신뢰를 더 강화하는 경향이 있다. 지그리스트Michael Siegrist와 츠베코비치는 두 집단에게 식품첨가물인 새로운 식용색소에 대한 상이한 정보를 제공[17]하고 그들의 신뢰를 측정했다(Siegrist and Cvetkovich, 2001). 그 결과 사람들은 안전에 대한 정보보다 위험에 대한 정보에 더 많은 신뢰를 보냈다. 궁극적으로 부정적 정보가 긍정적 정보보다 매체에 대한 신뢰를 더 강화하며 적절한 것으로 분류된다. 공중에게 특정 기술 또는 물질이 어떤 위해도 없다는 것을 밝히기란 쉽지 않다. 왜냐하면 공중은 특정 정보 제공자에 대한 신뢰가 있느냐 없느냐와 상관없이 긍정적 정보를 잘 신뢰하지 않기 때문이다. 이런 정보의 비대칭적인 비중은 우리가 왜 새로운 위험들에 점점 더 둘러싸인다는 인상을 갖는지에 대한 좋은 설명이 될 수 있다. 이때 우리는 '인지적 허상'의 희생자가 된다.

3. 기회와 족쇄의 이중성

신뢰와 관련된 논의는 대체로 신뢰를 보내는 신뢰자의 관점을 중심으로 진행되고, 상대적으로 신뢰받는 피신뢰자에 관해서는 소홀히 다룬다. 신뢰를 보내는 신뢰자에 대한 분석은 신뢰의 전략적 측면을 고려한다. 학습 또는 신뢰대

---

17 한 집단에게는 "독립된 실험실에서 식용색소가 독성이 있기 때문에 사용해서는 안 된다는 연구 결과를 내놓았다"는 정보를, 다른 집단에게는 "실험실에서 식용색소가 안전하기 때문에 사용해도 좋다는 연구 결과를 내놓았다"는 상반된 정보를 제공했다.

상의 상징 통제 등과 관련해 신뢰자가 얼마나 합리적으로 행동하는지에 주목한다. 신뢰의 형성을 쉽게 하거나 어렵게 하는 구조에 대한 분석이 주를 이룬다. 누가 신뢰를 받는지가 아니라 그가 어떻게 신뢰를 받는지가 문제이다.

한계 상황에서 개인이나 조직·기능체계는 단순히 있는 그대로 고집스럽게 원칙을 고수하면 신뢰를 받을 수도 있다. 지난 대통령선거에서 주요 보수 언론은 선거 기간 내내 주요 정당들의 정책 차이보다 후보자의 신뢰 가능한 자질을 정치적 자산으로 부각시켜서 언행일치, 일관성, 예측 가능성 등을 지도자의 덕목으로 기술했다. 박근혜 후보가 획기적인 정책 공약이나 정치적 수행 실적, 민주화운동에의 자기희생 없이도 광범위한 지지를 받을 수 있었던 것은 이처럼 신뢰의 기초를 존재론적으로 틀 지은 데 있었다. 특히 50대 이상의 고령 세대는 박 후보의 정책에 대한 동의 여부와 상관없이[18] 원칙에 충실했던 인물에게 지지를 보냈다. 그들은 박 후보의 개인적 청렴성이나 성실성, 품격에 대해 결코 의심하지 않았다. 이런 원칙 고수에 의한 조직 또는 기능체계의 신뢰 형성은 변화가 없는, 복잡하지 않은 정치 환경을 전제로 한다. 복잡하지 않은 환경에서는 설명할 수 없는 것이 설명되고 알지 못하는 미지의 세계가 알려지고 손실이 회복되기 때문이다.

하지만 변화하는 환경에서 이런 관점은 때로 정치체계의 지속적 유지에 위협이 될 수 있으며, 나아가 인물에 대한 신뢰에서 정치에 대한 신뢰로 신뢰의 중심이 이동하는 데 위협이 될 수도 있다. 그것은 선거 이후 국가정보원과 국군사이버사령부, 행정안전부 등 국가기관의 조직적인 선거 개입과 정치공작으로 이루어진 부정선거가 아니냐는 의혹이 제기되었는데도, 공중이 인수

---

18 총선 직후인 5월부터 11월 말까지 야권 후보들이 단일화로 진통을 겪는 사이, 여당은 8월에 일찌감치 박 후보를 대선 후보로 선출했다. 그러나 박 후보의 정책 토론 회피와 대선 TV 토론 최소화, 선거 1주일 전 공약집 발표 등으로 심도 있는 정책 토론이 부재했으며, 유일하게 선거 쟁점으로 떠오른 '경제 민주화'는 내용이 없었다. 그 결과 제18대 대선은 총선과 연계돼 치러졌지만 여야 간 정책 대결이 사실상 이루어지지 못했다.

위 시절보다 더 높은 지지 더 높은 신뢰를 박 대통령에게 보내는 데서 극명하게 드러났다. '한반도 신뢰 프로세스'로 명명된 강경 일변도의 공격적인 대북 정책과 경제 활성화에 자리를 내준 '경제 민주화'가 영남의 보수층 및 50~60대 장·노년층의 자기기만에 동원됐다. 다만 일부 공중만 정부의 축소·은폐 및 수사 방해, 야당의 무능, 보수 언론의 편파 보도에 항의해 국가기관의 선거 개입을 규탄하는 촛불집회를 간헐적으로 개최해, 정치의 부재를 비판하고 정치와 언론에 대한 불신을 드러냈을 뿐이다.

정치체계가 현재보다 더 탄력적이 되고 더 복잡해져야만 정치는 신뢰를 문제로서 체험하고 정당들은 공중의 신뢰를 얻기 위해 노력할 것이다. 루만은 신뢰가 지속적으로 정치적 상황을 기만할 여지가 있기 때문에 체계에 대한 신뢰가 재귀성의 형식을 취해야 끊임없이 변화하는 어려운 조건에서도 그에 적응된 행동의 연속성을 보증한다고 지적한다(Luhmann, 1968: 67). 다시 말해서 공중이 자발성을 잃어가는 대신에 정치체계가 재귀성을 얻어야 한다. 국가는 오로지 정치체계의 자기기술로서만 드러난다. 정치체계의 자기기술이 공중에게 어떤 형식으로든 의식되어야 더 복잡한 조건을 조정할 수 있다. 신뢰는 공중이 더 이상 있는 그대로 남아 있지 않고 자기기술을 계속하면서, 자기기술의 역사를 통해 의무감을 느끼는 것에 해당한다. 정치체계가 이런 자기기술의 재귀성을 의식하는 한에서 공중은 단순히 특정 인격을 지닌 존재의 무리로서가 아니라 사실상 자유로운 존재로 거듭 난다. 오로지 재귀적 형식의 신뢰만이 공중의 자유를 고려해 복잡성 축소 기능을 의식하고 거기서 방향성을 찾을 수 있다.

모든 신뢰는 상호작용에 기초해 형성되며 환경과 부합하는 사회적 정체성으로서의 고유한 자기기술이다(Luhmann, 1968: 68). 하지만 처음부터 대화할 의사가 없는 것으로 자기기술을 하는 자는 학습 가능성이나 탐색 가능성의 여지를 주지 않기 때문에 신뢰를 얻을 수 없다. 공중의 대화 요구에 대해 침묵하거나, 노골적인 거부 반응을 보이거나, 딴소리를 해서 무관심을 내비치거나,

드러나게 일상의 관례를 어기거나, 그에 대해 아무런 가치 부여를 않는 듯한 행동을 취하는 등 거리를 두는 자기기술은 매우 다양한 형식으로 일어날 수 있다. 그 경우 그는 자신이 어떤 상황에서도 신중하고 사려 깊은 인물임을 입증하고 싶겠지만, 공중은 그를 신뢰하지 않는다.

반면 신뢰를 얻고자 하는 피신뢰자가 사회생활에 참여하고 자기기술에 낯선 기대를 끼워 넣을 수 있어야 한다는 것은 일종의 원칙이다. 신뢰의 원칙은 대세를 따르려는 현실 순응주의와는 다르다(Luhmann, 1968: 68). '각자가 자기 역할에 충실하면 된다'는 역할 순응론은 자기기술의 기회를 거의 제공하지 않는다는 사실을 우리는 경험으로 알고 있다. 자기역할에 순응만 하는 자는 결코 자기를 볼 수 없으므로 자기성찰을 할 수 없다. 그 때문에 공중은 그를 스쳐 지나가는 낯선 사람과 마찬가지로 신뢰하지 않는다. 낯선 기대를 변화하는 자세로 다루는 자만이 신뢰를 얻을 기회를 가진다. 그는 기대했던 것보다 낯선 기대에 더 잘 부응하거나 적어도 다른 방식으로 다룰 수 있다. 그에 따라 다양한 신뢰의 전략이 있을 수 있다. 조심스럽고 유보적인 발언이 정상으로 간주되는 간부회의에서 사려 깊은 저돌적 언행이 오히려 신뢰를 얻을 수도 있다. 오랫동안 그 자리에만 머물러 있는 자는 그의 인격이 구성원들에게 잘 알려져 있고 친숙하며 신뢰를 즐기긴 하겠지만, 자신이 함께 만들어낸 집단 규범의 족쇄에 옭매인다. 그는 자신의 일부를 버리지 않고서는 집단 규범의 족쇄에서 결코 풀려날 수 없다.

신뢰 문제가 자아와 타자 간 관계의 핵심으로 의식되는 한에서 이런 자기 구속은 개인의 차원을 넘어 새로운 신뢰를 얻을 수 있다. 이것은 중요한 신뢰 연관들이 어느 정도 특화된다는 것을 의미한다. 자아는 처음부터 신뢰 가능한 것으로 모습을 드러낸다. 그의 자기구속이 피신뢰자에 대한 복종 형식으로 신뢰의 조건으로서 선취된다. 피신뢰자는 그의 신뢰에 관심이 있음을 입증해야 하며, 신뢰자의 신뢰를 얻으려고 노력한다(Luhmann, 1968: 69). 그의 관심은 속이 빤히 들여다보이는 것이고 그의 기술 조작은 쉽게 간파할 수 있는 정도이지만, 신뢰자는 그것을 근거로 자신의 신뢰를 유지한다. 신뢰자는 신뢰받기를 원하는 피신뢰자에게 신뢰 지속이나 신뢰 상실의 조건을 내비치는 것으로 피신뢰자의 행동을 자신의 관심에 맞추어 조정할 수 있다.

거대 조직에서는 그렇게 해서 상급자와 하급자 사이에, 최고 결정권자와 간부진 사이에, 국무위원과 정부 부처 공무원 사이에 매우 독특한 신뢰관계가 형성된다. 조직의 고위직에 귀속되는 책임의 공식적 범주는 개인의 책임 능력을 훨씬 넘어서 있다. 이들의 신뢰관계에서 한쪽은 책임 부담이 너무 큰 탓에 다른 쪽에 신뢰를 보내야 하지만, 인물에 대한 신뢰를 공식적으로 인정해서도 안 되고 드러내놓고 말할 수도 없다. 그래서 신뢰받는 쪽이 다른 신뢰하는 쪽을 장악하고, 그 조건과 경계를 설정해 관리하고 신뢰자에 대한 자신의 영향력의 근거로서 이용할 수 있다. 달리는 양쪽에 다 득이 되는 공생관계를 지속적으로 유지할 방법이 없다. 특히 감독관청과 감독대상 사이에 형성된 신뢰관계는 감독관청의 고위직 관료가 퇴직 후 재취업을 통해 미래 수익까지 장악하는 관행으로 이어지고 있다. 주무 부처 출신의 고위직 관료가 직속 공기업이나 산하기관, 협회에 재취업하는 관행은 전·현직 관료의 부패와 비리의 고리를 만들어내지만, 세월호 참사 같은 대형 사고가 터지기 전에는 외부에서 파악할 수 있는 방법이 없다. 세월호 참사는 전관예우에 의한 낙하산 인사 등으로 양자가 유착되어 있는 상태에서 행정지도와 감독은 형식적인 절차에 불과하다는 것을 값비싼 대가를 통해 보여줬다. 전관예우의 관행은 지난 50여 년 동안 '경제개발 5개년 계획'의 형태로 시장을 지배했던 관료 주도형 경제성장의 탓이 컸다. 이명박 정부와 박근혜 정부가 경제성장을 정책기조로 중시하면서 '관피아'의 비중이 다시 높아지고 있다. 관피아는 공생관계라는 비공식적 관계를 그에 상응하는 행동으로 정당화하려 한다. 여기에 기만이란 없다. 왜냐하면 지속적인 사회관계의 맥락에서 보면 기만은 상황을 급격히 예측할 수 없는 방향으로 몰아갈 수 있기 때문이다.

루만은 이러한 신뢰의 형성 과정을 "신뢰자가 피신뢰자에게 신뢰를 보내는 것은 자신이 감당하기 어려운 복잡성의 부담을 덜기 위함"(Luhmann, 1968: 70)이라고 말한다. 피신뢰자가 신뢰를 채용, 승진, 서류작업, 규정 위반 허용, 탈세, 불법자금 조성, 사기, 친밀관계 등에서 남용하면 신뢰자 쪽에서 그 복잡성의 부담을 감수해야 한다. 그는 복잡한 행동 요구들을 떠맡아야 하고, 관련 정보에 대한 광범위한 숙지, 피신뢰자와 관련된 소식에 대한 완벽한 통제를 입증해야 한다. 이와 함께 그는 복잡성의 압력으로 실패할 위험을 무릅쓰게 된다. 사기를 예로 들면, 가해자는 피해자와의 공통적인 요소를 찾아 신뢰를 얻기 위해 노력하고, 피해자에게 정보와 지식을 제공해 피해자의 이익을 위한 협력자로서 신뢰관계의 방향성을 잡는다. 이때 가해자가 취하는 가장 중요한 복잡성 축소 전략으로는 신뢰 단절의 시간적 제한과 사기당한 피해자와의 접촉 제한을 들 수 있다. 가해자가 만든 상황 설정에 의해 복잡성을 인수한 피해자는 가해자를 신뢰하는 것 이외에는 다른 길이 없다. 결혼 사기 피해자처럼 '나는 속지 않았다. 나만큼은 진정으로 사랑한다'고 끝까지 신뢰하는 경우도 있다. 간통의 경우 내연관계를 유지하기 위해 양자가 모두 무리한 행동 요구들을 감수해야 한다. 물론 드물게는 결혼생활에 대한 깊은 회의에서 간통 행위를 저지르는 사람도 있지만, 배우자가 있는 사람은 배우자와 내연관계자의 친밀관계를 동시에 유지하기 위해 간헐적 신뢰 단절과 접촉시간 제한의 전략을 구사한다. 배우자의 사랑과 신뢰를 기만하는 이런 복잡성 축소 전략은 과도한 복잡성의 압력으로 실패해 들통 날 때까지 지속된다. 영속적 관계 유지에 필요한 행동 규칙 중에서 신뢰를 정당화하는 행동 규칙은 비교적 단순한 규칙에 속한다. 물론 이 행동 규칙이 신중하게 배치한 개별적인 예외 상황에 대해서까지 신뢰자를 보호하지는 못한다.

 루만은 지속적인 사회관계 유지의 맥락에서 신뢰가 기회인 동시에 족쇄로 작동한다는 것을 복잡성 축소 전략을 통해 입증했다. 신뢰 입증에 대한 관심의 통지, 신뢰 가능성으로서의 자기기술, 신뢰에의 관여, 신뢰의 보답 등은 사회관세를 집중화하고 일반화하려는 노력의 일환이다(Luhmann, 1968: 71). 그 결과 신뢰관계에 사회 통제의 국면이 끼어든다. 신뢰는 일종의 자본처럼 축적이 가능해서 부르디외, 콜먼, 퍼트넘을 비롯한 합리적 선택론자들은 그것을 '사회적 자본'으로 읽어냈다. 사회적 자본은 더 많은 광범위한 행위 가능성을 열어주지만, 지속적으로 이용하고 세련되게 가꾸어야만 유지된다. 사회적 자본은 그 이용자들을 신뢰 가능한 자기기술로 구속한다. 사회적 자본을 이용하는 사람들은 기만하는 자기기술로 신뢰를 얻을 수 있겠지만, 기만을 지속하는 한 처분할 수 있는 자본만 지속적으로 이용할 수 있을 뿐이다. 그렇기 때문에 그럴듯하게 보이는 사회적 자본의 질이 습관적으로 반복 이용될 경우 허상이 돌연 현실로 바뀐다.

신뢰의 장점은 보답해야 하는 의무를 도구로 이용한다는 데 있다. 신뢰를 키우는 것은 감정적 차원에서도 전략적 차원에서도 일어난다. 그리고 신뢰를 키우는 것이 신뢰관계를 전략적으로 조정하는 데 따른 위해를 중립화한다. 보내준 신뢰에 대한 감정적 결합은 조직 내부에서 다시 복잡성을 축소한다. 즉, 신뢰자의 긍정적 또는 부정적 기대에 피신뢰자가 마음으로 반응하는 단순화가 일어난다. 이것은 신뢰에 대한 유일한 반응도 가장 성숙한 반응도 아니다. 이에 반해 신뢰관계와 주제, 그 경계를 함께 계획한 사람들은 신뢰 입증에 의해 감정적으로 포착되고 구속될 뿐만 아니라 공동의 복잡성 축소가 주는 장점을 인지한다.

신뢰관계를 공고히 하는 일은 사회질서의 원초적 문제, 자유로운 타자의 존재와 관련해 충족시켜야 할 전제조건이 많긴 하지만, 조직 내 관계의 새로운 파악이다. 사람들은 타자의 계산 불가능성에 대해 모든 가능성을 전제한 복잡성으로 무장하는 대신에 신뢰라는 복잡성 축소 전략을 택할 수 있다. 즉, 그들은 신뢰의 공고화 형식의 복잡성 축소를 통해 상호 신뢰의 형성과 유지에 집중할 수 있으며, 협소하게 파악된 문제와 관련해 더 유의미하게 행동할 수 있다. 따라서 그들이 거기서 발생한 가능성들을 더 크게 의식하면서 더 잘 이용할 것으로 가정할 수 있다.

4. 신뢰와 불신의 비대칭

개인이든 기능체계이든 근대화 과정에서 학습된 일반적인 처리 형식, 즉 문제된 상황이 의심스러운 경우 신뢰 또는 불신에 의해 해결하는 처리 형식이 발달하고 있다. 신뢰와 불신의 구별이 상반되는 기제들 간에 결정을 용이하게 해주기 때문이다. 다른 한편 과학과 기술이 발달된 현대 사회에서도 친숙성은 여전히 고유한 역할을 한다. 근대화 초기에는 주제에 따른 신뢰 또는 불신의 일반화가 어떤 의미에서든 실행 가능한 것은 아니었다. 어느 누구든지, 누구에게나 모든 측면에서 오로지 좋은 것만을 또는 나쁜 것만을 기대하는 것이 가능하겠는가? 그런 연유로 일상적인 생활 태도가 주변 세계에 대한 지식과 더불어 혈연·지연·학연의 연줄망과 연계된 친숙성의 형식으로 발달했다. 집단 연고에 기초한 연줄망은 가입과 탈퇴가 사실상 불가능한 폐쇄적인 '결속공동체'로서 신뢰의 포용 범위가 제한적일 수밖에 없다. 또한 익명적 대중으로 구성된 일상세계에서는 본래적 의미의 신뢰나 불신이 존재하지 않는다(Luhmann, 1968: 80). 따라서 신뢰나 불신이 현대 사회에서 보편적인 태도로서 실행된다는 것은 가능하지 않다.

신뢰와 불신은 기본적으로 가치중립적인 개념이다. 애초에 신뢰와 불신 중 어느 것도 우위에 있지 않다. 그리고 신뢰와 불신의 근거는 개별 사회가 근대화되는 구체적인 역사에 따라 달라질 수밖에 없다. 한국은 일제강점기와 미군정, 군부 쿠데타와 권위주의 정부의 장기집권을 거쳤지만 민주주의가 1980년대 후반 6·10항쟁을 통해 뒤늦게 구현됐으며, 경제는 제3세계의 빈곤 국가에서 1990년대 중반에 OECD 회원국, 세계 10대 수출국으로 비약적 성장을 했고 동아시아 외환위기의 격랑 속에서도 세계화와 지식경제의 활성화를 일구어냈다. 이러한 한국 사회의 역사가 서구 사회와는 다른 신뢰와 불신의 근거를 갖게 만든다. 하지만 어느 사회에서든 원론적인 불신과 마찬가지로 원론적인 신뢰가 사회에서 실천적으로 끝까지 관철되는 것은 구조적으로 가능하지 않다. 근대화 과정에 이바지했던 공공조직들이 공중에게 인정받던 신뢰를 잃고 있다. 국회, 정당, 행정부, 검찰, 법원, 경찰과 같은 핵심적인 국가기관뿐만 아니라 언론기관, 교육기관, 종교단체 등 공공기관에 대한 공중의 신뢰가 하락하고 있다. 강력한 국가 권위를 필요로 하던 경제적 성장 목표나 국가 안전 보장을 중시하던 이데올로기적 경향은 쇠퇴한 반면, 공중의 교육 수준과 정치 기술 수준이 꾸준히 상승하면서 공중의 참여가 확산되고 있다. 비록 투표율은 하락하거나 정체되고 있지만, 공중은 특정 쟁점에 따라 불신 전략을 사용해 적극적으로 정치에 참여하고 있다.

신뢰에 대비되는 개념은 불신인가 신뢰 상실인가? 기존의 연구 대부분은 신뢰와 불신을 동일한 연속선상의 양극에 위치하는 대칭 개념으로 바라보았다. 그들은 신뢰가 낮은 상태를 불신으로, 불신이 없는 상태를 신뢰로 간주했다(박통희, 2008). 대표적으로 도이치는 불신을 "개인의 의도와 능력에 대한 정보에 근거해 타자가 자신이 원하는 대로 행동하지 않을 것으로 의심하는 상태"(Deutsch, 1958: 266)라고 정의해, 신뢰의 대척점에 세웠다. 감베타도 신뢰를 한 행위자가 자신의 행위에 영향을 미치는 여타 행위자나 체계를 감시하거나 통제할 수 없는 상황에서 다른 행위자나 체계가 특정한 행동을 할 것이라고 믿는 주관적 개연성이라고 정의했고, 그것을 믿지 않는 주관적 개연성을 불신으로 간주했다(Gambetta, 1988: 217). 동일한 맥락에서 고비에Trudy Govier도 불신을 타자가 잠재적으로 해를 끼치는 행위를 할 것으로 예상되는 상황이라고 정의했다(Govier, 1997). 특히 토착심리적 기제를 강조하는 인격이론가들(김명언·이영석, 2000; 김의철·박영신, 2004; 최상진·김의철·김기범, 2003; 최상진 외, 2005)은 신뢰를 우리(내집단)와 그들(외집단) 간의 질적 차이로 간주하면서도, 신뢰와 불신을 신뢰가 낮으면 불신이 높아지고 신뢰가 높으면 불신이 낮아지는 영합적 게임(zero-sum game) 관계로 간주해 측정 지표를 설정했다. 심지어 규범적 측면에서 신뢰는 '좋은 것'이며 사회질서의 유지에 필수적 요소로, 불신은 '나쁜 것'이며 보정되어야 하는 사회병리적 현상으로 받아들였다(김명언·이영석,

2000: 105). 그런데 이처럼 불신을 신뢰의 부재로 설명하게 되면 그 심리적 경과에 대한 설명이 불명확할 뿐만 아니라, 신뢰와 불신의 근거가 다른 이유를 제시할 수 없다는 한계에 부딪힌다.

이들과는 맥락을 달리하여 레위키Roy Lewicki 등은 신뢰를 타자의 행위에 대한 긍정적인 기대로, 불신을 타자의 행위에 대한 부정적인 기대로 정의해 양자를 별개의 독립적인 개념으로 간주했다(Lewicki et al., 1998: 440). 그들은 신뢰를 증진시키는 요인의 부재가 불신을 유발하는 것이 아니며, 신뢰를 형성하거나 상실하게 하는 요인과 불신을 증폭시키거나 감소시키는 요인은 동시에 공존할 수 있는 독립적인 개념이라고 주장했다. 우리는 소통대상을 어떤 면에서는 신뢰하지만 또 다른 면에서는 불신할 수 있다. 예컨대 핵발전소 관리자를 신뢰한다고 할 때, 그것은 원자로의 핵분열 연쇄 반응을 지속시키거나 제어할 수 있는 공학적 관리 능력이라는 측면에서 신뢰하는 것이다. 하지만 정보 공개와 같은 다른 영역에서는 그를 불신할 수도 있다. 이처럼 특정 인물과 맺어지는 사회관계는 맥락에 따라 다르기 때문에 신뢰와 불신도 관계의 맥락에 따라 다르게 나타날 수 있다.

앞에서 언급했듯이 불신은 신뢰의 단순한 반대가 아니다. 신뢰는 본디 상대방에게 요구할 수 있는 것이 아니다. 신뢰는 보내는 것이며, 피신뢰자 쪽에서 본다면 얻거나 잃는 것이다. 물론 인물에 대한 신뢰나 체계에 대한 신뢰의 부재를 불신으로 간주하는 것이 적절한 상황들이 있긴 하다(기든스, 1991: 108). 일상에서는 흔히 특정 인물이나 특정 조직, 사회의 부분체계와 관련해서 불신이란 용어를 사용한다. 개인과 관련해서는 상대방 행위의 진실성에 대해 의심하거나 회의가 생기는 경우 불신을 말한다. 정치, 경제, 법 등의 부분체계와 관련해서는 지식에 대해 회의적이거나 아주 부정적인 태도를 취하는 경우 불신을 말한다. 하지만 신뢰는 불신보다 훨씬 더 다양한 조건들을 전제하며, 신뢰를 무시할 경우 어쩔 수 없이 생기는 존재론적인 불안 때문에 조심스럽게 나루어진다.

일부 사회심리학 연구는 오랜 시간에 걸쳐 단계적으로 형성되는 신뢰와 달리 불신은 한순간에 발생할 수 있으며 백 번의 정직한 행위로도 때로 신뢰를 되찾을 수 없다고, 신뢰와 불신의 비대칭을 강조한다(Barber, 1983; Rothbart and Park, 1986; 나은영, 1999; 슬로빅, 2008). 신뢰의 형성에는 '타자의 행위가 기대에 부응한다'는 지속적인 반복 경험이 필수적이다. 그러나 신뢰는 그 증거에 근거해 형성되는 것이 아니라 그 반대 증거의 부재에 근거해 형성되는 특수한 믿음이어서 쉽게 깨지는 속성을 갖고 있다(Gambetta, 2001: 235). 즉, 신뢰는 깨지기는 쉬워도 구축되기는 어렵다. 신뢰가 무너지고 불신이 싹트는 것은 사정에 따라서는 단 한 번의 실수나 오해로도 가능하다. 어느 한쪽의 배신이 상대의 보복을 부르는 배반의 악순환을 불러온다면 바로 붕괴하는 게 신뢰이다. 물론 한 개인에 대한 강한 신뢰가 단 한 번의 부정적 사건에 의해 흔들리지는 않는다. 하지만 일단 신뢰를 잃으면 신뢰를 원래 상태로 되돌리는 데는 오랜 시간이 걸린다. 나중에 신뢰할 만한 행위를 수없이 반복하더라도 불신의 정도를 줄이기는 어렵다. 어떤 경우에는 잃은 신뢰를 결코 되찾지 못하는 수도 있다.

이런 신뢰의 구조적 취약성에 대한 강조는 불신을 지시한다. 자아와 타자의 이질성에서 기인하는 불신은 현대 사회의 근본적 특성인 재귀적 태도로 파악될 수 있다(Schütz, Garfinkel). 바야흐로 체계에 대한 불신은 체계에 대한 일상적인 신뢰 상실과는 구별되어야 한다. 왜냐하면 신뢰관계는 일반적으로 체계에 대한 불신을 초래하지 않고도 상실될 수 있기 때문이다. 상호작용의 역사에서 총체적으로 형성된 신뢰가 제대로 작동하지 않더라도 신뢰는 상실될 수 있다. 특정 조직의 행위자로서 개인, 상황, 특정 상호작용의 유형과 관련해 부정적 경험이 미래에도 반복될 것이라든가 벌써 반복되고 있다는 기대나 추측이 확고하다면 언제나 불신이 모습을 드러낸다(Zucker, 1986: 59).

이러한 맥락에서 루만은 '불신'을 '신뢰'와 동일한 차원에서, 단순히 반대극을 대변하는 신뢰 상실과는 달리 신뢰의 기능적 등가 기제로 볼 것을 제안한다(Luhmann, 1968: 78 ff.). 신뢰와 불신은 질적으로는 다르지만, 모두 외부로부터 주어진 정보나 복잡한 상황을 단순화시키는 기능을 하기 때문이다. 불신은 신뢰와 마찬가지로 확실성을 담보하는 결정을 내리기에는 지식이 너무나 부족한 상태에서 작동한다. 즉, 불신도 상세한 이유나 합리적인 근거를 따지기에는 기대할 것이 별로 없는 상황에서 작동한다. 사실 정부에 대한 공중의 불신은 고위직 관료의 권위주의적 행태에 대한 개인의 신뢰 상실에서 비롯된다기보다, 공중의 의견이 정책의 수립 또는 결정 과정에서 구조적으로 배제되는 상황에서 비롯된다. 과거 권위주의 정부가 지배하던 시절에는 공중이 통상적으로 고위직 관료들의 정책 결정에 대해 무조건 인정하는 태도를 취했다. 당시 정부에 대한 비판이나 정치 토론은 계엄령, 긴급조치권, 국가보안법, 대통령 통치행위의 국정 감사 성역화, 언론 통제(보도 검열, 보도 지침, 보도 관제) 등을 동원한 강압적인 정치구조에 의해 원천적으로 봉쇄됐다. 그러나 민주화 이후 여론이 정책 결정 과정에서 상당한 비중을 차지하게 되면서, 공중은 자신의 이해관심과 상반되거나 불안을 야기하는 정부 정책이나 국책사업을 단호히 거부하고 있다. 정부가 갈등 당사자인 공중을 공권력으로 강압하는 등 적대적으로 대하는 경우, 공중에게 불신은 집합적 연대를 용이하게 하는 항의 전략으로 기능한다(노진철, 2004a).

신뢰와 불신의 기능적 등가성은 이 두 가지 타자에의 접근 양식이 기능체계와 연관되면서 등장했던 장애, 즉 원칙적으로 극복하기 어려운 장애를 이미 체계적으로 극복했던 과거의 역사와 연관이 있다. 어떤 사건이 신뢰 또는 불신의 상징적 가치를 가지게 되는지, 그 사건이 신뢰나 불신의 형성 과정을 어떻게 몰아가는지 또는 제동을 거는지는 참여자의 인격이나 대상의 본질보다는 역사에서 찾아야 한다. 특정 기능체계와 관련해 신뢰가 얼마나 강한지 아니면 불신이 강한지, 얼마나 강하게 신뢰 또는 불신이 체계 내에서 규정되는지 또는 특정 대상에 구속되는지, 그리고 어떤 경험이 신뢰와 불신을 바꿀 수 있는지를 평가하고자 한다면, 근대화 이후 해당 체계가 걸어온 역사를 일아야 한다. 해당 체계의 자기기술의 역사를 살펴보고 좌우의 이데올로기 담론 이외에 실제적 체험 처리의 전제와 상징이 무엇인지, 불안에 대한 방어 기제와 단순화 수단, 나아가 주어진 상황의 기술 등을 확인해야 한다.

만일 신뢰와 불신이 행위자가 파악할 수 없는 타자의 낯섦(생소성)과 모호성으로부터 출발하는 것이라면, 신뢰와 불신 모두가 체계의 작동에 장애가 될 수 있다. 한국인은 친숙성이 형성된 연후에 비로소 신뢰관계가 이루어진다는 지적이 많다(최상진 외, 2005). 가족관계, 동창관계, 친구관계, 직장 동료관계가 전제될 때, 그렇지 않은 사람들에 비해 인물에 대한 신뢰에서 질적 차이가 있다는 주장이다. 하지만 친숙하지 않은 것은 불신을 내재하고 있다고 전제하는 것은 논리적 근거가 없다. 또한 특정 인물과의 친숙성이 보다 더 다양한 사람들과 긍정적인 신뢰관계의 형성을 담보하는 근거가 될 수도 없다. 이들 가설과 그로부터 파생되는 배신과 실망의 위험은 상호작용의 오랜 지속이 당연히 사회성과 친숙성을 형성하는 것은 아니라는 역설로 이어진다.

사건은 사건이 없는 것보다 더 많은 정보를 제공한다. 신뢰의 기능은 소통의 의미 복잡성을 축소하는 데, 즉 생활 태도를 결정에 따른 위험 감수로 단순화하는 데 있다(Luhmann, 1968: 31). 결정에는 정보가 필요하기 때문에 정보가 부족한 불확실한 상황에서 신뢰는 매우 중요한 의미를 가진다. 만일 당사자들이 위험을 감수할 준비 태세가 되어 있지 않거나 조급하게 불확실성을 흡수하는 데 따른 위험을 회피하기 위해 신뢰를 단호히 부정한다면, 그것만으로는 문제가 해결됐다고 보기 어렵다. 그런 경우 신뢰의 기능은 아직 충족되지 않은 채로 있기 때문이다. 신뢰를 보내는 것을 거부한 사람은 사건 진행의 복잡성을 복구하고 위험 부담도 지게 된다. 그런 복잡성 과잉을 수용할 능력이 없다면 그는 행위 능력을 잃어버릴 것이다. 그 때문에 신뢰하지 않는 사람은 자신에게 실천적으로 유의미한 상황을 정의하기 위해서라도 기능적으로 대등한 복잡성 축소 전략에 의지한다. 그는 부정적인 것에 대한 기대를 첨예화해 특정한 관점에서 불신을 하게 된다(Luhmann, 1968: 78).

부정의 전략은 불신에 흔히 감정적인 긴장을 동반하는 경련적인 특성을 부여한다. 그것이 불신을 신뢰와 구별 짓는다. 불신의 목록은 상대방을 장기 투쟁을 해야 하는 "적"(조지, 2008)으로 규정하는 것부터 비상사태에 대비한 무제한적인 예비 품목의 수집을 거쳐 모든 모방 욕구의 포기에 이르기까지 다양한 스펙트럼을 가진다. 투쟁, 유연 대응, 포기 등의 다양한 전략이 불신하는 생활 태도를 지속적으로 수행할 수 있게 하며, 온갖 지식을 동원한 정치적 힘겨루기와 계획된 틀에서 목적합리적으로 행동하도록 상황을 정의한다. 동아시아 외환위기, 광우병 사태, 신종 플루 사태, 국가기관 선거 개입 사태 등에서 보듯이 불신의 의식은 드물지 않게 갑자기 사라지기도 하고, 환경보전, 신자유주의, 구조조정, 비정규직화 등 한때 불신에 속하던 복잡성 축소의 전략이 익숙한 인생관이나 관행으로 자리 잡기도 한다.

불신은 신뢰와 마찬가지로 복잡성 축소, 흔히 과감한 단순화를 수행한다. 불신하는 공중은 더 많은 정보를 요구하면서도 그와 동시에 그들이 의지하는 정보의 범위는 자신의 관점을 지지하는 친숙한 정보로 좁혀질 수밖에 없다. 다시 말해서 공중은 선별된 정보, 점점 더 적은 양의 정보에 강하게 의존하는 경향이 있다(Luhmann, 1968: 79). 그와 함께 기만이 작동하고 있다고 자각하지 못하는 자기기만이 가능해지며, 다시 예측 가능성에 이른다(Goffman, 1981: 18 ff.). 만일 불신이 자기에게 불리한 행위에 대한 긍정적 기대에 의해 첨예화된다면 자기기만에 의한 불신의 강화가 일어나고 있다고 보아야 한다. 불신은 거의 필연적으로 긍정적 환류로 규정된다. 부정적 기대는 긍정적 기대보다 정보를 적게 배제하기 때문에 불신의 소통은 여전히 너무 복잡하기만 하다. 이에 상응해 불신 전략의 구사는 신뢰 전략보다 더 어렵고 더 부담을 준다. 불신 전략은 드물지 않게 공정한 환경 탐구나 적응의 여지가 거의 없을 정도로 불신하는 공중의 능력을 흡수한다. 그에 반해 신뢰는 심리적 부담이 없는 길이며, 신뢰를 보내는 사람은 신뢰하고자 하는 동기부여가 강하다.

신뢰와 불신은 어떤 객관적인 원인에 의해 신뢰에서 불신으로 또는 불신에서 신뢰로 변하는 것이 아니다. 양자는 체험 처리를 단순화하는 주관적 과정에 의해 조정되기 때문에 상징적으로 일반화된 매체라고는 하지만 그 근거를 찾기가 쉽지 않다(Luhmann, 1968: 83). 복잡성의 축소, 즉 단순화에는 통상 비약적인 국면이 있게 마련이다. 만일 신뢰냐 불신이냐를 선택해야 하는 문제가 긴급하게 제기되는 상황이라면, 상황은 한편으로 복잡성을 축소하는 단순화 과정, 소수의 중요한 체험에의 지향으로 기능할 것이고, 다른 한편으로 더 문제시되고 더 복잡해지고 더 가능성이 풍부해질 것이다. 대중적 가치를 가진 대상과 사건은 특별한 시의적절성을 가지며 다른 상황에 대한 해석을 통제한다. 사람들의 주의를 끄는 대상과 사건이 신뢰와 불신을 정당화할 수 있는 증거나 근거가 된다. 대부분의 사례에서 객관적 상황은 대개 신뢰와 불신 두 태도가 모두 작동할 수 있는 여건을 갖추고 있다. 그 때문에 무엇보다도 먼저 모호한 선입견이 — 드물지 않게 첫인상의 우연성에 의해 — 신뢰 또는 불신을 선택하고, 그 방향에서 상징의 고착화가 일어난다.

불신하는 공중은 자신의 환경을 전략적으로 통제한다. 그 결과 불신은 행위 선택을 급격히 제한한다. 학자들이 공중의 정치 참여 상황을 관찰하면서 일반적으로 불신을 무조건 제거되어야 할 부정적인 것으로 간주하거나 신뢰를 불신보다 더 선호하는 것(사공영호, 2001; 엄묘섭, 2007; 박희봉 외, 2009)은 불확실성 시대에 불신의 기능을 간과하는 우를 범하는 것이다. 특히 위해 요소를 처리하는 데 불신은 매우 합리적인 선택일 수 있다(손경원, 2002). 예를 들어 시민사회가 생명공학 실험실에서 일하는 연구자들을 불신해 실제로 안전 조치가 지켜지는지 감시한다면, 그 결과에 대해 책임져야 하는 실험실 조직은 그렇지 않을 경우보다 위험 부담을 덜게 된다. 사회 환경과의 관계에서 이런 체계 내적인 불신은, 비록 법적 규제의 형식으로 체계 외부에서 불신이 표현될지라도 그 행위 영역에서 신뢰가 가능하도록, 나아가 우회하여 신뢰가 강화되도록 배려한다. 그 결과 불확실성 시대에는 신뢰와 불신이 합리적으로 공존을 한다.

뜻밖의 의견 불일치뿐만 아니라 부정적 징후를 인지한 신뢰의 급변에 의해서도 친숙성에서 불신으로의 이행이 경련적으로 일어날 수 있다. 신뢰에서 불신으로의 이행은 불신하는 공중이 새로운 기대 양식을 목표로 행동하도록 하며, 그에 따른 자기행동의 의미 변화를 사회적으로 분명히 볼 수 있게 한다. 불신은 불신하는 행동으로 표현된다. 적대적 감정이 다른 사람들의 눈에 띄지 않은 채 길들여지기는 어렵다. 적대적인 행위의 의도는 주의 결핍으로 인해 언젠가는 드러나게 마련이다.

불신을 받는 피불신자가 불신의 관점을 자신에게 적용해 그 원인을 자기에게서 찾는 경우는 거의 없다. 그에게 불신은 객관적으로 설명 가능한 것이 아니기 때문에 그는 불신의 책임을 자기를 불신하는 공중에게 돌린다. 불신하는 공중과의 소통관계를 유지하는 한에서 불신을 받는 피불신자는 먼저 해명부터 늘어놓고, 그다음에 문제되는 부분을 점검하며, 문제가 제기되지 않도록 예방대책을 내놓고, 끝으로 공중을 다시 불신하는 수순으로 반응한다(Luhmann, 1968: 82). 그는 자신에게 표명된 불신을 통해 자신이 도덕적 구속에서 벗어난 것으로 받아들인다. 그는 불공정한 조처를 되돌릴 필요를 전혀 느끼지 않는다. 불신을 받는 피불신자의 이런 행동은 불신하는 공중에게 그들의 불신을 다시 정당화시키고 한층 더 불신을 북돋우는 악순환이 일어난다.

이처럼 불신은 불신하는 공중과 불신을 받는 피불신자 사이의 사회적 교류 과정에서 실증되기도 하고 강화되기도 한다. 조직을 비롯한 다양한 경험적 관찰들이 불신의 자기강화 효과를 입증했다(박종민, 1991, 1997; 사공영호, 2001; 손경원, 2002; 김상돈, 2009, 2011). 신뢰와 불신은 특정 원인에 귀착시키기 어려운 방식으로 현실을 잠재화한다. 하지만 이들 연구는 신뢰 전략이나 불신 전략의 한계가 무엇인지, 신뢰에서 불신으로 또는 불신에서 신뢰로의 전환점이 어디인지 알려주는 것이 별로 없다. 그런 지식 없이는 불신의 실증과 강화 경향의 명제는 논증이 불가능한 주장으로 남을 수밖에 없다.

어떤 뉴스를 듣고 촉발된 투자자들의 불신이 스스로를 입증하고 강화하는 전형적인 자기정당화의 논리에 의해 작동하는 것이 공황이다. 대표적인 사례가 중대한 실수 없이도 은행 파산에 이르는 대규모 예금 인출 사태이다. 은행의 사소한 몇몇 실책과 그 뉴스를 접한 예금자들이 한꺼번에 예금을 찾으려고 몰려들면 은행은 투매로 자산을 팔아야만 하고, 결국 파산에 몰린다. 이럴 때는 불신을 거부한 예금자들이 오히려 불신의 자기강화에 휩쓸린 자들보다 더 큰 피해를 입게 된다. 그런 맥락에서 2008년 세계 금융위기의 핵심은 주택시장에 대한 불신이 금융시장의 악화와 불신으로, 이것이 실물경제의 악화와 불신으로, 다시 금융시장에 대한 불신으로 연계되는 긍정적 환류의 악순환, 즉 '자기충족적 예언'의 폭발력에 있었다. 그런데 이 교류 과정의 기초를 이루는 것은 불신의 자기강화가 동시에 경제체계를 죽이지 않으려는 역의 환류 고리를 함축한다는 데 있다. 불신의 자기강화가 발생하지 않으면 시장은 오히려 붕괴된다. 즉, 이 교류 과정에서 불신의 자기강화는 더 이상 자연적인 불가피한 현상이 아니라 신뢰의 생산과 얽혀 시장의 교류를 매개하는 우연적인 산물이다. 다시 말해서 잘못되거나 불확실한 것으로 드러난 체계는 결과에 근거해 교정되기보다는, 그 결과에서 확인되는 새로운 원인에 의해 환경과 다시 균형을 이루게 된다.

불확실성 시대에 신뢰와 불신의 비대칭은 신뢰의 유지가 끊임없이 위협당할 수밖에 없다는 것을 의미하기 때문에 중요하다. 일단 체계가 신뢰를 얻으면 소통은 균형 있게 진행되지 않는다. 우선 소통이 부정적 정보와 연계되어 신뢰보다는 불신 쪽으로 기우는 경향이 있기 때문이다. 이러한 신뢰와 불신의 비대칭은 인물에 대한 신뢰보다 체계에 대한 신뢰에서 더 극명하게 드러난다. 그것은 현대 사회의 복잡성으로 말미암아 체계에 대한 상이한 견해가 동시에 존재할 가능성이 크기 때문이다. 체계에 대한 신뢰는 불신의 상태에서 이루어지기 때문에 상황은 처음부터 공정하지 못하다.

신뢰와 불신의 비대칭은 기술공학의 후속 결과에 대한 인식과 소통도 기능체계에 대한 신뢰만큼이나 쉽지 않다는 통찰에 이르게 한다. 기술공학에 대한 공중의 위험 인지와 위험 수용은 확률적 위험에 제한된 기술적 위험 평가에 의해 그다지 영향을 받지 않는다. 위험관리를 포함해 모든 사회관계는 신뢰에 더 크게 의존한다. 핵발전, 생명공학, 정보기술, 나노기술 등의 위험관리에 대한 신뢰는 위험 인지에서와 마찬가지로 당사자의 가치판단, 그리고 감정과 관련이 있다. 당사자가 위험관리자를 신뢰하게 되면 소통이 비교적 쉽다. 하지만 신뢰는 일단 잃으면 쉽게 되찾을 수 없다(슬로빅, 2008). 이런 맥락에서 보면 정부가 위험관리의 기술적 보완을 통해 공중의 신뢰를 되찾으려던 시도는 다소 순진하다. 마찬가지로 정부가 대언론 홍보, 공익광고 등을 통해 위험관리의 안전에 대한 공중의 지지를 얻으려던 시도 역시 순진하다(최윤형·신경아, 2012). 이런 실패 사례들은 대체로 정확하고 충분한 정보의 '전달'이 곧 공중의 태도 변화를 유도할 것이라는 인식에 기반을 두고 있다. 하지만 공중이 뉴스 보도를 통해 세계 각지에서 일어난 위험 사고에 대해 수없이 듣고 있다는 사실은, 그들의 신뢰가 일상에서 끊임없이 침식당하고 있다는 뜻이다.

장기간 표류하던 방폐장 입지정책이 경주, 포항, 영덕, 군산 등 4개 지자체가 참여한 주민투표 실시에 의해 돌연히 일단락된 이유는 어디에 있는가? 과거의 입지정책이 중앙 관료들의 일방적인 결정에 대한 당사자들의 감정적인 거부와 핵관련 전문가집단에 대한 불신을 해소하지 못해 실패했다면, 새로운 입지정책의 성공은 당사자의 자기결정 형식을 통해 절차적 정당성을 확보하고「중·저준위방사성폐기물 처분시설의 유치지역지원에 관한 특별법」을 제정해 한수원 본사 이전, 지원금, 지원사업 등에 대한 행정 집행의 확실성에 대한 신뢰를 사회구조적으로 확립한 데 있다(노진철, 2004a). 방폐장은 방사능 유출의 위험에 노출되어 있기 때문에 당사자를 배제한 채 외부에서 그 지역에 위험시설 입지를 결정한다는 것이 당사자들에게는 부당한 일이었다. 방사능 유출 위험의 확률과 피해 규모의 과학적 산정이나 위험을 줄이기 위한 안전장치는 그들에게는 부차적인 것이었다. 비록 항의의 원동력은 위험에 대한 원초적 불안에 있었지만, 그 투쟁의 강렬함이나 지속성은 위험한 결정을 당사자들을 배제한 채 외부에서 고위직 관료와 전문가 주도로 임의적으로 결정한 정부에 대한 불신에서 나왔다. 정부에 대한 불신이 형성됐다고 해서 사람들 상호 간에 불신이 만연했다는 뜻은 아니다. 그것은 엄밀히 말해서 권위주의적인 정부기관에 대한 신뢰의 철회였다. 적어도 당사자들은 고위직 관료와 전문가에 대한 자신들의 항의 행동을 생태학적 가치관에 의해 정당화했으며, 개인들 간의 신뢰는 하락한 것이 아니라 오히려 올라갔다. 따라서 정책결정자에 대한 불신은 정부가 위험 결정에의 당사자 참여 요구를 정치적으로 수용하자마자 신뢰로 이행했다.

특정 기능을 수행하기 위해 구성원의 불신 행동을 필요로 하는 체계나 불신 행동을 피할 수 없는 체계는 불신의 만연을 막는 기제를 필요로 한다. 즉, 체계가 붕괴되는 것을 막기 위해서는 구성원의 불신을 체계에 환류하고 상호 조정하는 기제가 필요하다(Luhmann, 1968: 84). 특히 불신의 만연을 막는 개인의 행동 전략과 사회적으로 인정된 행동 유형이 있어야 한다. 체계의 관점에서 보아 우연적이거나 하찮은 불신 행동, 즉 체계의 기능과 관련 없는 지엽적인 행동을 제어하고 중립화하는 행동 유형이 필요하다. 불신의 만연을 막는 데는 일반적으로 불신 행동을 의도하지 않은 결과로, 또는 사실상 타산적인 개입, 결점, 외적인 장애, 위임된 역할 의무 등으로 기술하는 확실한 기술 형식이나 추가적인 해명 형식이 사용된다. 다시 말해서 불신 행동을 가능하게 하는 설명, 즉 불신을 체계에 속하는 태도라고 기만하는 설명이 불신의 만연을 막는 기제로 사용된다.

처벌제도와 속죄, 화해의 사회제도도 불신의 만연을 막는 기제에 포함된다. 이들 제도는 본질적으로 불신에 대한 어떤 합법적 기회도 제공하지 않는 최종 시점, 즉 사건을 종결짓는 최종 시점을 확정하는 기능을 한다. 게다가 체계 내에서 처벌의 독점화는 불신의 정도가 심한 경우 증가하는 불신의 순환을 중단하는 기능을 한다. 이들 제도는 체계 내적으로 유효한 불신의 문턱을 낮춘다. 물론 이들 제도가 불신의 발생을 저지하거나 불신의 증대를 확실하게 중단시킬 수는 없다. 그러나 이들 제도는 적어도 불신을 야기하는 상당수의 사소한 기회들을 걸러낸다. 그와 동시에 이들 제도는 구성원들 가운데 불신이 증가하는 즉시 조직이 붕괴되는 개연성을 줄인다. 그것은 체계의 존속에 결정적인 시간 벌기를 의미할 수 있다. 체계가 신뢰를 학습하고 신뢰를 축적하는데 필요한 시간을 버는 것이다. 체계는 신뢰가 작동하는 한 쉽게 붕괴되지 않으며 어려운 상황을 극복할 수 있다.

제10장
지식에 기초한 신뢰와 불신의 역설

교육받은 공중은 불확실성 시대의 여러 위험에 대한 정보를 웹 2.0의 사이버 공간과 페이스북, 트위터, 카카오톡 등의 소셜미디어를 이용해 시·공간적으로 확산하고 있다. 미국산 쇠고기 수입 협상에 항의했던 광우병 촛불집회에서 청소년과 20~40대의 교양 있는 공중은 의사와 수의사, 과학자, 변호사, 통상 전문가 등이 제공한 부정적 정보를 인터넷 온라인을 통해 순식간에 공유하고 전파하면서 정부 측 통상관료와 의학·수의학 관련 분야 전문가집단의 긍정적 정보에 항의해 대항 여론을 형성했다(노진철, 2009; 김종영, 2011). 이런 현상을 두고 일부 학자들은 공중이 마치 지적 능력을 가진 하나의 체계처럼 협력 또는 경쟁으로 지식을 생산한다면서 '집단지성'의 발현이라고 일컬었다(최항섭, 2009; 송경재, 2009). 또 다른 일군의 학자들은 웹 2.0에 기초한 지식백과사전 (Wikipedia)과 지식 검색 서비스, 블로그 등에 대해서도 생산자와 수혜자가 따로 없이 누구나 지식과 정보를 생산할 수 있고 모두가 손쉽게 공유하면서도 정체되지 않고 계속 조정되는 '집단지성'이라고 주장했다(이희은, 2009; 김상배, 2010). 이러한 맥락에서 이들은 정보가 부족한 상황에서 결정을 내려야 하는 개인이나 조직의 '제한적 합리성'의 한계를 극복할 수 있는 대안으로 '집단지성'을 제시한다(이항우, 2009; 오현철, 2010).

이들은 무슨 근거로 전자매체로 구현된 집단지성이 정치, 경제, 법, 과학, 교육 등 기능체계들의 존속을 위협하는 여러 문제를 해당 체계보다 더 잘 해결할 수 있다고 주장하는 것인가? 이들은 그에 대한 논거를 제시하기보다는 인터넷이나 소셜미디어에 의해 많은 사람이 지식 생산에 동원된 사례를 열거하거나(주형일, 2012), '개미집단'이 비록 외형적으론 반복적이고 자동적으로 움직이지만 개별 인자의 지능을 압도하는 집단지성을 발현한다는 레비Pierre Lévy의 주장(2002: 38)을 에둘러 이론적 근거로 제시하기를 좋아한다.

하지만 위키피디아와 지식 검색 서비스는 과학적 지식과 다른 주변 지식을 구분하지 않으며, 이용자 누구나 편집과 관리에 참여할 수 있고 내용이 끊임없이 갱신되는 시의의존적인 집합적 지식 기록인 탓으로,[1] 많은 사람이 참고자료로 즐겨 사용하긴 하지만 거기서 통용되는 지식은 검증되지 않은 정보로서 사회적 신뢰를 얻지 못한다.[2] 이들 정보는 때로 전문적으로 준비된 것일 수도 있고 때로 기존의 매체에서 따온 것일 수도 있으며, 온라인상에만 유포되어 있거나 수많은 문외한이 인터넷망에 올려놓은 것일 수도 있다. 끊임없이 정보의 양은 증대하지만 대부분의 정보가 활용 정도가 낮은 수준에 머물러 있다. 아예 정보가 아닌 쓰레기 정보에 불과하거나 기껏해야 잠재적인 정보일 따름이다. 그래서 정보가 많아질수록 필요한 정보를 걸러내는 비용이 점점 더 많이 지불되면서 오히려 생산력 증가에 부담을 줄 수 있고, 의도하지 않은 결과로 정보 조작이라는 역기능을 야기할 수 있다. 그 결과 인터넷과 소셜미디

---

1 위키피디아는 지식이 외부화되어 데이터베이스화될 수 있고, 인터넷 토론 사이트는 아카이브로 만들어져 '정보의 집합'으로 변환될 수 있다.
2 교학사 고교 한국사 교과서의 부실 검정 파문은 이데올로기 편향적인 역사 기술에 따른 학문의 정치화 위험 이외에 위키피디아와 지식 검색 서비스에 수록된 정보를 사용한 데서 오는 사실 오류를 경고하고 있다.

어는 다양한 분야에 걸쳐 막대한 분량의 정보를 쏟아내지만, 지식의 확실성과 타당성을 유지하는 시간이 점점 더 짧아지고 있다.

기능적으로 분화된 현대 사회에서 지식은 더 이상 과학의 독점물이 아니다. 조선시대에 유교 경전에 입각해 전통적으로 학문을 이해하던 방식과는 달리, 과학은 더 이상 단일체로서 존재하지 않으며 여러 다양한 기능체계들이 지식을 경쟁적으로 생산하고 있다. 사회의 모든 영역에서 전문가들은 지식을 생산하는 일에 전념하고 있다. 그들은 자신들이 활동하고 있는 세계를 체계적으로 구성하고 재구성한다. 비록 공중이 그들의 존재를 의식하지 못하더라도 전문가들은 사회 도처에 존재하고 있다. 지식은 기술자의 머릿속에서가 아니라 연구실과 실험실, 현장에서 과학과 기술에 기초해 체계적으로 생산된다.

지식의 후속 결과와 관련된 문제들은 과학과 기술에 바탕을 두고 가속화된 현대 사회의 변화 과정을 적잖이 반영하고 있다. 자본과 노동만이 아니라 지식도 경제의 동력이 되고 있다. 지식이 기능체계에 진입해 들어가면서 일부 조직에서는 지식에 기초한 사회구조가 형성되고 있다. 인터넷과 소셜미디어 등의 새로운 전자매체에 의해 매개된 상호작용은 사회학의 오랜 분석대상인 대면적 상호작용과는 다른 사회질서를 형성하고 관철하고 있다. 전자매체에 의해 매개된 소통이 끊임없이 시간과 공간을 응축하고 점점 더 짧은 주기로 순환하면서 사회 변화의 속도가 빨라지고 있다. 우리는 이들 영역에서 압축적 근대화와는 달리 지식에 기초해 작동하는 새로운 기제들을 용이하게 관찰할 수 있다.

지식이 장밋빛 미래를 열어줄 '마법의 열쇠'로 불리면서도 동시에 그에 맞먹는 수준의 위험 전망과 이를 둘러싼 사회적·윤리적 논란에 휩싸인다는 것은 역설이다. 포퍼Karl Popper는 과학의 반증 가능성에 의해 체계적으로 운영되는 사회의 미래는 그 사회가 획득하고 사용하는 지식에 달려 있다(포퍼, 1997)는, 언뜻 자명하게 들리는 통찰을 내놓았다. 그에 따르면, 오류를 입증·제거하는 과학의 반증 과정을 통해 미래에 대해 점점 더 많은 지식을 얻을 수 있고 미래를 더 잘 알게 된다. 하지만 이런 낙관주의는 비록 미래에 발생할 수 있는 모든 가능성을 알 수 있다 하더라도 실제로 미래에 무엇을 알게 될지 알 수 없다는 역설에 부딪힌다. 다시 말해서 미래가 지식에 더 많이 좌우될수록 미래에 관해 점점 더 조금밖에 알 수 없게 된다는 불확실성에 노출된다.

사회학적 시대 진단에서 중요한 것은 현대 사회가 점점 더 지식에 의존하는 데 대한 두려움이 아니라, 보다 일반적으로 미래가 현재 내려야 하는 결정들에 의존한다는 가정이다. 미래가 불확실한데도 지금 결정이 내려져야 한다는 것은 모든 위험 문제를 정치화하는 경향을 강화하고 있다. 예컨대 정부, 방송사, 금융기관 등의 전산망에 가해지는 사이버 테러가 해를 거듭할수록 더욱 지능화하고 수법이 다양해지면서 행정부, 대중매체, 은행, 신용카드사 등의 기능이 PC 및 서버의 하드디스크, 데이터의 파괴로 마비되거나 직원 비리나 해킹에 의해 개인 정보가 유출될 수 있다는 우려가, 정보공유정책보다 대혼란의 위험을 막는 정보보호정책에 더 집중하게 만든다. 또한 인터넷과 소셜미디어, 유튜브, 와이브로 TV 같은 새로운 정보매체가 등장한 이래 모든 세대에서 웹 기반의 소통이 보편화되면서 위험 소통이 과거보다 더 빈번히 광범위하게 확산된다는 것은 정치적 쟁점화의 가능성을 높인다.[3]

불확실성 시대에 신뢰 문제는 확실성의 사회구조적 상실과 그와 연관이 있는 지식의 역동적 운용에 의해 집중적인 조명을 받고 있다. 이러한 확실성 상실과 지식의 역동적 운용은 기능체계들에 근거해 일어난다. '약호', '자기준거' 등은 현대 사회의 핵심을 이루는 '우연성'과 관련이 있는 주요 개념이다. 위험 논의와 관련된 우연성은 '다르게도 가능한' 결정과 마찬가지로 '다르게도 가능한' 결과와 연관이 있다. 위험은 결정자의 결정에 따른 결과로 자신이 손실을 입을 가능성, 즉 다른 결정을 내렸더라면 손실을 감수하지 않아도 되지만

---

3 휴대전화의 문자 전송과 소셜미디어는 20~30대와 같은 특정 코호트 집단에만 유리한 국면을 만들어내지 않는다는 것을 최근 정치 선거의 결과가 단적으로 보여준다.

이미 내린 결정에 따른 손실은 감수해야 하는 가능성이다. 루만이 현대 사회의 성찰적 특성으로 지적하는 위험 주제화의 주요한 작동상 차이는 가치 상실, 집단적 구속의 상실, 다른 의미들의 확실성 상실 등에 근거하지 않는다. 그것은 소통의 연쇄적인 작동이 만들어내는 체계 형성적인 자기준거에 근거한다. 위험의 필수불가결성은 '현재의 미래'와 '미래의 현재'의 차이에 의한 소통 작동의 보편성에서 인지된다(Hiller, 1993). 지식경제에서 지식의 양은 엄청나게 팽창하지만 지식이 이러한 차이를 완화시키지는 못한다. 왜냐하면 지식경제는 바로 '현재의 미래'와 '미래의 현재'의 차이가 역동적으로 작동한 우연한 산물이자 이러한 차이를 촉진시키는 현상이기 때문이다.

불확실성이 사라진 조건, 또는 불확실한 것이 없다고 여겨지는 상황에서 타인과 상호작용하거나 조직 활동을 할 때 사람들은 신뢰를 필요로 하지 않는다. 하지만 불확실성이 존재하는 조건에서는 타인과의 상호작용이나 조직 활동에서 신뢰가 필요하다. 불확실성이 존재하는 데도, 또는 바로 불확실성이 존재하기 때문에 조직의 행동 경향에 대한 믿음에 기초해 조직이 기대한 대로 행동할 것이라고 믿는 것이 체계에 대한 신뢰이다. 다시 말해서 체계에 대한 신뢰는 통제 불가능한 불확실성이 존재하는 조건에서 비로소 의미가 있다.

1. 지식에 기초한 신뢰

과학에 기초한 기술의 지속적 발전에 고무된 과학자들은 과학적인 것과 비과학적인 것을 구별했고, 더 나아가 과학적 지식만 가치 있는 것으로 간주해서 객관적으로 입증할 수 없는 것들을 지식의 영역에서 추방했다. 과학이 동양의 지식체계에 비해 높이 평가받은 이유는 객관성에 있었다. 연구자가 연구대상으로부터 자신을 분리하고 거리를 둠으로써 연구자 개인의 주관적 요소를 배제하고 사태 자체를 객관적으로 파악하는 과학 세계는 새로운 것이었다. 그에 따라 철학은 물론 종교, 윤리, 역사, 문학, 예술 등 과거의 지식과 학문은 더 이상 지식으로서의 지위를 누릴 수 없게 됐다. 이들이 지식으로서 살아남을 수 있는 길은 과학의 한 분과로 축소되는 길밖에 없었다. 과학은 과거의 지식과 학문의 경계를 넘어 무한히 발전할 것으로 기대됐다. 과거의 전통적인 지식과 학문이 최종적으로 과학 내부에서 참과 거짓의 약호에 의해 단순화되어 이론과 방법론에 따라 재구성될 것이라고 믿었다.

특히 과학의 발달은 완전하고 절대적인 지식에 기초해 미래를 예측하고 관리할 수 있을 것으로 기대하게 했다. 과학은 과거에 몰랐던 사실을 알게 하여 특정 사실에 대한 위험을 줄였다. 예컨대 의학의 발달은 질병으로 인한 인간의 고통을 줄이고 평균수명을 연장하는 데 크게 영향을 미쳤다. 나아가 위험을 정의하고 규정하는 데도 과학은 중심적인 역할을 했다. 위험의 존재와 규모도 과학의 도움이 있어야만 비로소 인정될 수 있다. 동시에 과학은 위험이 발생하는 본질적인 원인이기도 하다. 대부분의 위험이 개인이 직접 체험을 통해 알 수 있는 현상이 아니라 징후이기 때문에 지식은 결정의 합리적 원천으로서 효력을 갖는다. 과학적 지식을 무시하거나 과학적 지식과 모순되는 결정은 정당성 상실을 감수해야만 한다. 위험에 대한 측정도 실험 또는 역학 연구를 통해 수행되고 있다. 이들 과제에 대한 판단 권한이 본질적으로 과학에 있다는 사회적 합의가 지배하고 있다. 물론 과학자들은 동질적인 집단이 아니기 때문에 동일한 과제에 대해 상이한 평가를 내리곤 한다. 그런데도 과학 내부에는 어떤 방법론이 과학적으로 타당하고 어떤 방법론은 타당하지 않은지에 대한 의견 일치가 암묵적으로 존재한다.

상대방 또는 대상의 인지가 모두에게 동일한 것은 아니며, 구별 도식에 의해 문화적으로 특수한 방식으로 구조화되어 있다. 그로써 현대 사회에서는 대상에 준거한 의미 복잡성이 필연적으로 기능체계들의 약호에 의해 단순화되어 수행되고 있다. 이것은 인지의 기초가 바로 구별하는 속성에 있기 때문이다. '구별'이라는 인지의 속성은 완전히 생소한 것, 낯선 것의 백지상태를 거부한다. 일상에서는 수많은 과제와 활동이 반복되고, 어느 정도는 어릴 때부터 내면화되어 삶의 진척에 따라 사회화된다. 그 때문에 이러한 과제와 활동은 무의식적으로 또는 직관적으로 수행되게 마련이다. 그런 점에서 폴라니(2001)가 쉽게 이전되지 않는 '암묵적 지식'을 모든 지식의 전제조건으로 간주하고 통합하는 인격적 행위 없이는 지식이 성립하지 않는다는 것을 보여줌으로써 과학적 지식의 객관성과 가치중립성에 의문을 제기한 것은 타당하다. 그에 따르면 과학은 우리가 알고 있지만 증명할 수는 없는 지식을 모두 전적으로 틀린 것으로 매도하는 인지의 물질적 차원을 드러낼 뿐이다. 암묵적 지식은 한 인격체가 생산하고 타자와 공유하는 비가시적·비언술적인 지식으로서 완전히 검증되지 않은 것들이다. 그러므로 '완전한 검증을 거친 지식체계가 가능하다'는 객관주의의 지식 이념은 허상에 지나지 않는다고 할 수 있다. 명시적 지식과 암묵적 지식의 구별은 슈츠가 상정했던 매일 생활세계에서 이루어지는 '손안의 지식'과 '손에 든 지식'의 경계 설정에 걸맞다(Schütz, 1971: 189 ff.). 슈츠의 '손안의 지식' 개념은 부단히 사건 또는 상태에 공명하는 지식, 즉 모든 지식의 종합적인 구성 요소를 의미한다. 손안의 지식은 실용적으로 효과적인 재귀성, 즉 '기능적 재귀성'을 지칭한다. 이런 상황은 친숙성과 신뢰가 원칙적으로 동일한 원천을 갖는 구성관계에 있음을 시사한다. 다시 말해서 친숙성과 생소성, 신뢰와 불신은 순환적으로 서로를 지시하고 있다.

과학은 궁극적인 진리를 밝히는 작업이 아니라 진리를 찾아가는 과정이다. 과학사는 오류의 역사라고 해도 과언이 아니다. 당대에 진리라고 믿었던 수많은 지식이 후대에 허구로 밝혀져 교과서에서 삭제되고 있다. 이런 맥락에서 불확실성은 과학의 정상적 특성이며, 지식은 불확실성을 관리하는 기술의 수행이다. 애초에 과학적 분석은 문제의 근원적 해결에 지향되어 있다기보다 이미 해결된 문제 또는 해결 가능성이 농후한 문제로부터 출발해서 계속적으로 물어가는 작업 방식이다. 지식이 문제를 인지하는 데 결정적이라는 말은 원칙적으로 해결할 수 있거나 변화시킬 수 있는 것만 문제로서 인지하는 사회적 상황에서 나온 것이다(노진철, 2001). 그 결과 공중은 과학에 대해 점차로 일반화된 문제해결의 잠재력을 기대하게 된다. 머지않아 과학의 발전, 아니면 대개는 더 나은 과학적 지식의 응용에 의해 해결될 수 있다는 신뢰에서 문제가 정식화되고 행위가 정당화된다. 예컨대 핵에너지 이용에 따른 방사성 폐기물의 영구 저장, 핵재처리와 같은 풀기 어려운 난제에도 불구하고 핵발전을 국가의 주력 에너지원으로 도입할 수 있는 것은 과학의 문제해결 잠재력에 대한 정치권의 신뢰에서 비롯된다.

현대 사회에서는 물질적·정신적·신체적으로 심각한 손실을 야기하는 위태로운 상황인 '위해'가 아니라, 그 결과에 대한 예측이 불확실한 상황인 '위험'이 문제해결에 대한 공중의 압박과 연계해 정치적 역동성을 만들어낸다(Luhmann, 1991). 왜냐하면 모든 지식의 증가는 그와 동시에 새로운 위험을 증가시키기 때문이다. 금융시장과 같이 전문가의 지식에 기초한 경제 영역에서는 물질적인 것이 생산되지 않거나 생산 자체가 우위에 있지 않다. 시장의 안정성과 불안정성의 구별이 정부와 금융기관이 자유방임주의와 케인스주의의 대립 논리에 준거해 예측할 수 없는 금융시장을 예측하는 데 동원된다. 프리드먼Milton Friedman은 급등락을 반복하는 자산가격 주기와 비대칭적인 수익 분포 등 시장의 불안정성이 시장 내부의 힘에서 비롯된 것이 아니라 중앙은행의 간섭 때문이라고 주장한다(프리드먼, 1985). 따라서 시장이 효율적으로 작동하려면 중앙은행의 간섭이나 조작으로부터 벗어나야 한다. 그에 반해 케인스주의 계열의 경제학자는 역사적으로 반복되는 금융위기의 원인이 외부의 충격 없이도 금융시장이 체계 내적으로 만들어내는 부채의 과잉 누적 경향에 있다고 주장한다(Minsky, 1982). 정상적인 경제 상황에서도 금융시장에 투기적인 거품이 일어나고 상환이 불가능할 정도로 부채가 과잉 누적된다면 경제체계가 '내적 불안'으로 급속히 위축될 수 있다는 것이다. 기업의 자금 흐름이 부채를 갚는 데 필요한 액수를 훨씬 초과하면 투기적 낙관론이 일어나고, 그 결과 부채 규모가 차입자의 상환 능력을 넘어서는 지경에 이르면 금융위기가 터질 수 있는 것이다. 따라서 정부가 재정 지출과 시장의 관리·감독을 통해 시장의 불안정성을 안정화할 필요가 있다고 주장한다.

냉전시대 종식 이후 미국에서는 우주개발에 대한 투자가 줄어들었고, 이에 따라 많은 수학자와 물리학자가 금융계와 증권계로 진출하면서 금융시장의 불확실성과 위험에 대한 정교한 수학적 분석이 도입됐다. 금융시장은 안정적인 상태가 지속적으로 유지되지 못하는 탓에 은행과 증권사, 보험회사 등의 금융기관은 어떤 금융상품, 어떤 주식을 사야 할지 투자자에게 자문해주는 금융투자분석가, 금융자산운용가, 금융시장의 동향을 기록·분석하는 경제전문가, 또 원활한 조직 운영을 위해 고심하는 조직전략가 등 전문가집단을 위험관리에 동원했다. 금융공학은 수학적 분석을 구현해주는 컴퓨터에 의한 데이터 처리 기술의 발달과 개인 투자자의 직접적인 시장 참여를 가능케 한 정보통신 기술의 발달, 금융시장 참여자의 안정적인 고수익 추구 욕구 등이 맞물리면서 급속히 발전했다.[4]

금융공학이 금융이론과 수리기법, 정보통신기술과 결합해 금융상품이 복잡해지면서 그에 따른 위험을 관리하기 위해 금융전문가들도 파생상품 거래자, 정량분석가, 장외파생상품 시장경영자, 위험관리자 등으로 다양해졌다. 이들 금융전문가는 금융 지식의 지속적 생산을 통해 이른바 호황과 불황의 파괴적인 주기를 행위하고 소통하면서 경제구조를 결정했다. 이처럼 금융가와 증권가의 정보 및 금융공학에 의해 체계적으로 생산된 전문가집단의 지식은 일반 개인 투자자들로 이루어진 '개미군단'의 집단지성을 양적으로나 질적으로 능가했다.[5] '계산된 위험'에 대한 옵션 가격 결정 모형,[6] 위험 조정 수익률

---

4 금융공학의 출현은 금융시장의 수요에 조응해 경영재무론, 컴퓨터공학, 로켓공학, 보험 수학 등 주변 학문이 발달하면서 가능했다.
5 대중의 집단지성이 과학자들의 개별지성보다 우월하다는 주장은 지식이 마치 고립된 과학자 개인의 산물인 것처럼 착각한 데서 비롯된다. 이것은 지식이 비록 특정 과학자 가 생산했더라도 과학자집단의 끊임없는 토론과 비판으로 형성된 다양한 이론과 방법

(RAROC) 모형[7] 등은 현실에서 증명된 것이 아니라 사고 실험으로 증명된 것이다. 고도의 수학적 계산방법에 의해 생산된 정보는 어떤 확실성을 갖고 있지만, 그러한 이익 창출은 항상 의외성과 결부되어 있다. 이것이 확실성을 우연한 것으로, 즉 다르게도 가능한 것으로 나타나게 한다. 게다가 개인 투자자들에게 금융전문가들의 정보는 매순간 다르게 연결되기 때문에 미래의 선택을 할 수 없게 한다.[8] 따라서 개인 투자자들은 투자은행을 신뢰하고 투자를 결정할 수밖에 없다.

금융공학이 금융시장의 위험관리에 본격적으로 확산된 것은 1994년 6차례에 걸친 미국 연방준비제도이사회(FRB)의 약 2배(3% → 5.5%)에 이르는 금리 인상이 계기였다. 이 갑작스러운 금리 인상은 현재의 수익과 미래의 가능한 손실에 대한 계량적 분석으로 금리, 주가, 환율 등의 가격 변동에 대한 위험관리를 행하는 금융공학에 대한 신뢰에 근거한 것이었다. 거대 투자은행들은 투자 결정에 정교한 정량 분석을 적용하는 금융공학 등 첨단금융기법을 동원해

론에 따른 과학체계의 합리적 산물이라는 사실을 망각한 것이다. 학술지에 발표되는 개별 논문조차도 동료 과학자들의 검증을 거친 사회적 산물이다.

6 블랙과 숄즈의 옵션 가치 평가는 기초자산의 미래 가치에 대한 기댓값을 현재 가치로 나타낸 것이다. 따라서 옵션 가치에는 기초자산에 대한 미래의 기대치가 내재돼 있다. 시장 상황이 좋지 않을 것으로 생각될 경우 이에 대비하기 위해 풋옵션(기초자산의 가치가 하락하면 이익이 되는 옵션)의 가격이 오르며, 이는 변동성에 반영돼 변동성 지수가 커진다.

7 위험 조정 수익률(RAROC)은 1970년대 후반 미국 투자은행인 뱅커스트러스트가 처음 도입했다. RAROC는 위험 조정 기준에 따라 개별 자산의 위험을 계산, 각 사업부문에 자본을 배분하고 배분된 자본에 위험을 고려해 수익률을 산정한다. 선진 금융기관들은 RAROC를 상품가격 설정, 주요 비즈니스의 진출 및 퇴출, 소매지점 네트워크의 확장 및 축소, 자본 투자안에 대한 승인 및 거절 등 중요한 사업을 결정할 때 많이 활용한다.

8 정보는 한 번 알려지고 나면 의미는 유지하지만 정보로서의 성격은 상실한다(루만, 2012: 1248). 그래서 정보가 소통된다는 것은 새로운 연결로 이미 구성이 달라졌다는 뜻이다.

선도, 선물, 해지, 옵션, 주택담보대출, 자산유동화증권(ABS) 같은 각종 파생금융상품을 개발하여 높은 수익률을 올렸다. 전문가집단은 투자관리, 채권 및 파생금융상품의 가치 평가, 자산가격 평가, 금융위험관리, 주가 등의 시장 예측 등 금융 실무에서 금융공학을 적극적으로 활용했다. 금융투자분석가들은 금융공학에 바탕을 두고 자산가격의 운동에 관한 확률 분포 추정치를 만들어 냈고, 이 확률 분포는 '통계적 금융위험관리체계'의 개발로 이어졌다. 은행과 신용평가회사, 금융전문가들은 통계적 금융위험관리체계가 위험을 최소화한다고 믿고 선물, 옵션, 선도거래 등 다양한 금융파생상품을 탄생시켰다.[9]

하지만 2008년 세계 금융위기는 1929년의 경제대공황에 버금가는 세계적 수준의 경제적 혼란을 초래했다. 정보통신기술 관련 기업들의 이윤 창출 가능성에 대한 극도의 낙관주의가 유발한 '닷컴 거품'의 붕괴 이후 미국은 경기부양책의 일환으로 2001년부터 저금리정책을 장기화했고, 그 결과 '주택 거품'이 일어났다. 세계 금융위기는 금융시장이 닷컴 거품의 부작용보다 주택가격 하락의 부작용에 훨씬 더 취약하다는 것을 보여줬다. 금융시장의 불안정은 연이어 터진 닷컴 거품과 주택 거품, 금융 거품이 세계 금융위기와 남유럽 재정위기로 이어지면서 거듭 확인됐다. 금융시장의 불안정성 해소를 위해서는 중앙은행이 통화정책을 관리할 필요가 있었지만, 중앙은행의 정책은 통화 팽창과 통화 위축의 선택에서 빈번히 의도하지 않은 결과에 이르렀다. 중앙은행의 통화정책은 경제활동을 안정시킨다는 당초 목적과 달리 호황과 불황의 변동 폭을 더 크게 했고, 나아가 경제 전반을 더욱 불안하게 만들 수 있다는 것이 드러났다.

2001년부터 연방준비제도이사회가 13차례에 걸쳐 기준 금리를 1%까지 낮추면서, 주택담보대출로 집을 사서 이자를 지급하는 것이 월세를 이용하는

---

9 이에 따라 세계 파생상품시장 규모는 주식, 채권 등 전통적인 금융상품에 비해 급성장해 2000년부터 2006년까지 3배 이상 확대됐다.

것보다 싸게 됐다. 초기에는 시장이 신용도가 높은 우량계층의 실수요자 중심으로 형성됐지만, 자산시장의 자율적인 작동 방식은 상품과 서비스 시장을 지배하는 작동 방식과는 근본적으로 달랐다. 실수요자들이 주택 공급이 제한되고 가격이 높아지면 구매를 줄이는 것과는 달리, 투자자들은 오히려 구매량을 늘렸다. 즉, 자산시장에서는 수요가 공급을 자극하기보다는 공급 부족이 수요를 자극한 것이다.[10] 집값이 지속적으로 오르자 실수요자뿐만 아니라 투자자들도 주택 구매에 나섰고, 제한된 주택 공급은 더 높은 투기적 수요를 촉발했다. 다시 말해서 제한된 공급이 투자자들로 하여금 오히려 구매량을 늘리도록 만들었고 집값은 계속 폭등했다. 신용도가 낮은 저소득층과 소수민족 가정을 포함해 광범위한 비우량계층이 주택담보대출을 받아 집을 사는 데 동참했다.[11] 비우량계층에게 주로 대출해주는 금융기관이 등장했으며,[12] 이들은 대출 비율이 높으면 위험하다는 것을 알면서도 집값이 폭락하지 않을 것이란 기대에서 대출에 나섰다(크루그먼, 2009: 186 이하). 연방준비제도이사회는 경기 과열로 인해 급격한 인플레이션의 압박을 받자 금리를 다시 5.25%까지 인상시켰다.[13] 그 결과 순자산 없이 대출로 집을 산 사람들은 직접 타격을 받았다. 주택을 구입해 이자를 내는 것보다 월세를 내는 것이 더 싸게 먹히자 2006년부터 주택가격의 상승이 멈추었다. 주택에 대한 추가 수요가 생기지 않았을 뿐만 아니라 주택가격의 하락 속도는 시간이 갈수록 가속도를 냈다.

---

10 투자자의 시각에서 가격 상승은 공급 부족을 드러내는 것이므로 추가적인 수요를 창출하는 반면, 가격 하락은 공급 과잉을 나타내므로 수요 감소로 이어진다(쿠퍼, 2009: 29).

11 대중매체는 주택담보대출을 받으면 대출 자금으로 주택을 지어 입주 전에 전매하더라도 대출액을 갚고도 차익을 얻는다는 식의 보도로 주택 거품을 부채질했다.

12 판매 경쟁 속에서 이들은 초기에 낮은 티저 금리(teaser rate)로 대출해주고 나중에 높은 이자로 재조정하는 새로운 비우량 주택담보대출 상품을 내놓았다.

13 2004년 6월부터 2006년 6월까지 기준 금리를 0.25%씩 17차례에 걸쳐 1%에서 5.25%로 인상시켰다.

집값이 계속 오르는 동안에는 모든 것이 순조롭게 진행되기 때문에 증권화된 주택담보대출채권을 구입했던 투자은행들은 주택저당증권(MBS), 부채담보부증권(CDO) 같은 재증권화 상품을 판매했다. 이것에 은행, 증권사, 보험회사, 투자신탁회사, 기금관리·운용 법인 등 기관투자자들이 투자하면서 주택 거품은 금융 거품으로 이어졌다. 주택 거품이 일어나는 동안 채무불이행이 거의 없는 부채담보부증권은 높은 수익을 냈고, 자금은 계속 주택시장으로 흘러들었다.[14] 비우량 주택담보대출을 뒷받침하는 금융공학의 복잡성 때문에 주택저당증권의 소유권이 각양각색의 우선변제권을 주장하는 수많은 투자자들로 나뉘었고, 그리하여 어떤 종류의 채무 탕감도 법적으로 어려워졌다(크루그먼, 2009: 208). 다시 말해서 세계 금융위기는 헤지펀드를 비롯한 금융회사가 자산유동화증권의 투자 및 발행 시 기초자산의 위험을 제대로 인지하지 못한 도덕적 해이에서 비롯된 면이 컸다.

금융공학이 담보자산을 신용등급별로 한데 모으고 다시 쪼개서 재결합해 만든 부채담보부증권의 신용은 미국 정부조차 그 규모를 가늠하기 어려웠다. 부채담보부증권에 들어 있는 각종 채권이 어디서 왔고 위험이 어느 정도인지는 일일이 가려내기가 사실상 불가능했다. 그것은 다양한 위험 회피 조건과 기법이 동원되고, 우량 채권을 부실 채권, 악성 채권과 섞어 팔았기 때문이었다. 다양한 채권이 섞여 있어 상품의 위험이나 원천을 누구도 알 수 없었다. 더구나 투자은행들은 위험이 아주 큰 비우량 주택담보대출과 같은 부실 담보자산에서 위험만 따로 떼어내 신용부도스와프(CDS)란 파생상품으로 세탁해 우량화했다.[15] 이런 과정을 거쳐 부실이 다시 금융시장에 환류되면서 금융위

---

14 신용평가회사들은 부채담보부증권의 우선변제지분을 AAA등급으로 평가했고, 다수의 기관투자자들이 일반 채권보다 수익률이 높은 AAA등급 자산들을 사들였다.

15 비우량 주택담보대출 사태 직전 대출 규모는 2006년 말 기준으로 약 1.4조 달러로 전체 주택담보대출의 13.5%, 주식시가 총액의 약 7.1%, 전체 개인 신용의 약 11% 수준에 달했다.

기가 도래했다. 다시 말해서 상대적으로 작은 규모의 고위험 금융 자산이 훨씬 광범위한 금융 자산을 좀먹고, 금융시장 투자자들과 참여자들의 신뢰를 무너뜨렸던 것이다(크루그먼, 2009: 212).

거대 투자은행들이 금융공학의 지식에 대한 강한 신뢰에 근거해 고위험·고수익의 투기를 한 결과, 채무 상환 지연과 금융 부실로 휘청대면서 금융시장에 암운이 짙게 드리워졌다. 2008년 9월 비우량 주택담보대출 사태의 여파가 세계 5대 거대 투자은행 중 3개의 파산보호 신청으로 귀결되면서[16] 시장에 대한 신뢰는 더 낮아졌고, 미국을 근원지로 하는 금융위기가 현실화됐다. 세계 최대 증권사이자 세계 3위의 거대 투자은행인 메릴린치가 뱅크오브아메리카(BOA)에 경영권이 넘어가면서 사태는 걷잡을 수 없이 악화됐다. 결국 미국 정부가 막대한 예산을 편성해 부실기업 구제와 대규모 자산 매입 등 양적 완화 프로그램에 쏟아부었지만, 수요 중시 구제책들은 신뢰를 얻지 못했다. 그에 공명해 포르투갈·이탈리아·아일랜드·그리스·스페인(PIIGS)에 재정수지 악화와 국가부채 급증에 따른 재정위기가 도래했다. 이러한 선진국의 경제 위기는 브라질·러시아·인도·인도네시아·중국·남아프리카공화국(BRIICS)에서는 오히려 대대적인 경기부양이 일어나는 기회가 되고 있다. 현재 선진국의 금융위기는 단순히 유동성위기나 신용위기의 단계를 넘어 경제체계에 대한 신뢰 하락으로 이행된 상태이다.

한편 세계가 어떻게 인지되는지는 관찰자의 가치지향에 따라 달라진다. 그것은 가치지향이 행위자의 태도에 영향을 미치기 때문이다. 왜 어떤 국가의 국민은 미국 발 금융위기에서 위험을, 다른 국가의 국민은 기회를 인지하는지

---

16 리먼브라더스는 2007년 3월부터 터져 나온 비우량 주택담보대출 사태의 직격탄을 맞아 2008년 9월 파산보호 신청을 했고 분할 매각이 결정됐다. 베어스턴스는 유동성 부족으로 2008년 3월 파산 신청을 했고, 구제금융 요청에 대해 연방준비제도이사회는 JP 모건에 300억 달러의 자금을 지원하고 인수토록 했다. 메릴린치는 뱅크오브아메리카가 인수했다. 골드먼삭스와 모건스탠리도 지주회사로 전환됐다.

에 대해 설명을 제공하는 것은 상이한 가치지향이다. 체계에 대한 신뢰 또는 불신이 형성되는 데는 가치관이 강한 영향을 미친다. 체계에 대한 신뢰가 높아지려면 공중이 소통을 통해 드러난 가치와 체계의 고유한 가치 간에 공통분모를 형성할 준비가 되어 있어야 한다. 신뢰의 중요성이 증가하는 현상은 인물에 대한 신뢰가 여전히 편재하는 현상과 맞물려 있다. 추상적인 체계를 신뢰하기란 쉽지 않다. 적잖은 기업들이 인쇄물과 광고에서 기업을 대표하는 인물을 내세워 인물에 대한 신뢰를 우선적으로 잡으려고 한다. 기업을 대표하는 인물과 기업의 동일시가 기업 그 자체에 대한 홍보보다 신뢰를 불러일으키기가 용이하기 때문이다. 하지만 이러한 전략은 위험하다. 왜냐하면 이미지 소유자인 대표가 횡령, 탈세 등의 추문에 휘말리면 그 부정적 이미지가 고스란히 기업에 대한 신뢰에 반영되기 때문이다.

가치지향과 위험 인지의 관계를 심도 있게 탐구한 연구들에 따르면, 가치지향은 전문가든 공중이든 복잡하고 불확실한 세계를 다루는 전형적인 기제이다(Slovic et al., 1995; Earle and Cvetkovich, 1997; Sjöberg, 2000). 부스David Buss와 크래이크Kenneth Craik는 조사 연구에서 성장지향적이고 기술지향적이며 친경제적인 태도인 '가치지향 A'와, 성장비판적이고 소비억제적이고 탈중심적인 '가치지향 B'의 두 가지 등급을 사용했다(Buss and Craik, 1983). '가치지향 A'는 핵에너지·제초제 위험의 수용과 부정적 상관관계를 맺고 있었고, '가치지향 B'는 오토바이 폭주와 방사능의 인지된 잠재적 위협과 긍정적인 상관관계를 맺고 있었다. 이 연구에 따르면 문외한인 공중뿐만 아니라 전문가도 위험을 판단할 때 가치지향에 따르고 있었다. 하지만 가치관이 위험 인지에 미치는 영향력에 대한 연구의 결과들은 제각각이다.

모든 기술에서 가치관과 위험 인지가 연관관계에 있다고 관찰할 수는 없다. 지그리스트와 츠베코비치의 연구에 따르면, 가치관은 어떤 기술에 대한 지식이 전무한 상태에서 중요해진다(Siegrist and Cvetkovich, 2000). 또한 가치지향의 다양한 조작이 정부·기업 등의 공·사적 조직에 의해 이루어진다는 사실도 고려해야 한다. 과학적 연구에서 피조사자들은 흔히 상대적으로 추상적인 문제에 대해 자신의 입장을 표명해야 하지만, 구체적인 현실에서는 추상적 가치가 별로 중요하지 않다. 예를 들어 온실효과와 허베이스피리트호 기름 유출 사고에 의한 해양 재난은 서로 독립적으로 일어났지만, 전문가들은 두 사건을 관련이 있는 것으로 평가했다. 온실효과에 대해 어떤 조치를 취해야 한다고 확신하는 전문가들은 태안 앞바다에서 일어난 단일선체 유조선의 기름 유출 사고를 우발적 사고로 간주하지 않았다. 그들은 대형 기름 유출 사고의 책임을 운송비용을 최소화할 목적에서 충돌 사고에 취약한 단일선체 유조선에 과도하게 의존한 국내 정유사에게 돌렸다(노진철, 2010). 즉, 온실효과와 유조선 기름 유출 사고는 별개의 사건이지만 가치관이 양자를 유사한 것으로 분류하도록 작용한 것이다. 하지만 실제 기름 유출 사고의 피해 당사자들은 주로 피해 추정 방법 및 신속한 피해 배상, 정부의 보상금 선지급, 해수욕장 및 연안 어장의 조기 개장, 지역 경제 회생 등에 관심을 가지고 있었다. 생태학적 위험의 해석에 결정적인 생태학적 가치와 환경 정의에 대한 보편적 신념은 전문가의 몫이었다.

이것이 생태학적 위협 논의가 흔히 신념 투쟁으로 변질되는 이유이다. 많은 경우 환경론자와 개발론자의 다툼에서도 사실 자체가 논의되기보다는 상이한 가치 관념이 논쟁을 이끈다. 물론 가치에 대한 논쟁은 합리적으로 진행되지 않는다. 궁극적으로 누가 어떤 가치를 선호하는지는 자의적인 결정 사항이기 때문이다.

가치관을 가능한 한 일치시키는 데 어떤 전략을 선택하느냐는 것은 상황에 따라 다르다. 어떤 위험을 사회적 쟁점으로 선택할지와 관련해서도 과학적 숙고 이외에 그 위험을 평가하는 사회적 가치가 중요한 역할을 한다. 위험의 평가와 조정은 오늘날에도 여전히 문제가 많고 논쟁의 여지가 많다. 위험 조정에서 과학의 역할은 결코 자명한 것이 아니다. 공중은 자신이 믿는 가치에 따라 양극단으로 나뉘며, 때로는 과학적 지식의 거부로까지 이어진다. 한 사회가 이런 갈등의 진행에서 지불해야 할 비용을 과소평가해서는 안 된다.

다른 기능체계들에 비해 과학은 공중으로부터 상대적으로 신뢰를 강하게 받는 편이다. 서울대학교 사회발전연구소(1996~2005)와 한국개발연구원(2004)의 신뢰 조사에서, 과학을 대변하는 대학에 대한 신뢰가 정부, 의회, 사법부, 대기업, 노동조합, 대중매체 등 다른 사회제도에 비해 항상 높게 나타났다. 물론 이것은 언제든 바뀔 수 있다. 왜냐하면 과학체계 자체가 불신을 환기하는 데 적합하게 구조화되어 있기 때문이다. 과학이 그 학문적 성격을 유지하기 위해서는 필연적으로 엄밀한 방법론이 요구된다. 경험적 연구방법과 분석적 연구방법, 연역적 연구방법과 귀납적 연구방법, 양적 연구방법과 질적 연구방법 등을 둘러싼 방법론 논쟁과 더불어 실험, 관찰, 통계조사 등이 과학적 논쟁의 주제가 된다. 자료는 항상 해석을 필요로 하고, 과학적 연구는 흔히 어떤 가정을 상정하고 자료를 통해 참과 거짓을 검증하는 형식을 취한다. 따라서 동일한 자료를 근거로 상이한 결론에 도달할 여지가 많다. 과학자들은 방법론에 문제를 제기하고 동료의 해석을 끊임없이 의심한다. 과학적 검증 과정에서 행하는 이런 합리적인 의심에 따른 세련된 다툼이 바로 과학체계의 속성이다. 상반되는 결과는 전문가들의 당파성, 즉 학파와 이론 분파로 귀속되기도 하지만 사실의 본성에 속하기도 한다(Renn and Zwick, 1997).

과학체계의 외부 환경에 대한 개방은 정치인이나 행정관료, 기업가 등의 조직 행위자들에게 유리한 상황을 만들어낸다. 과학자는 종종 이들로부터 정책 결정이나 기술 도입에 대한 시민사회 또는 공중의 반론에 대항해 "이익은 크고 위험은 작다"로 요약되는 보고서를 써달라는 의뢰를 받기도 한다. 비록 과학적 연구 결과가 정책 수립 또는 행정 업무, 경영 전략과 직접 연결되는 것은 아니지만, 많은 과학자들이 사회적 이해관계를 과학적 가설과 관찰 가능한 사실로 바꾸어 제안한다. 그들은 다양한 이론 스펙트럼에 토대를 둔 폭넓은 분석 전략을 사용해서 자문을 구하는 조직 행위자들이 위험을 감수할 수 있는 형식으로 정치적 판단 또는 기술적 판단, 경영 판단을 위한 지식을 제공한다

(노진철, 2001). 그러면 정치인이나 행정관료, 기업가는 과학자들이 제안한 다양한 지식 중에서 자신의 프로그램에 부합하는 일부를 선택적으로 수용한다. 즉, 그들은 과학적 연구 결과를 자기입장의 적절한 근거를 마련하는 데 이용한다. 이를 통해 반대파를 과학성이 결여되어 있다고 비판할 수도 있다. 하지만 반대론자도 마찬가지로 자신의 입장을 지지하는 과학자를 찾을 수 있다. 따라서 여론은 "과학도 순수한 직관에 의지해 반응한다"는 인상을 불가피하게 받는다.

2. 시장과 지식을 연계한 신자유주의

1970년대 두 번의 오일쇼크에 따른 경기불황과 스태그플레이션, 그리고 1980년대 후반 공산주의의 와해는 케인스주의 경제정책을 불신하게 만들었고 현실 사회주의 국가의 계획경제는 완전히 폐기됐다. 그 반동으로 미국의 레이건 정부와 영국의 대처 정부의 선도로 시장의 탈규제, 사유화, 경제문제에서의 국가의 역할 축소 등을 선호하는 신자유주의의 세계화가 빠르게 진행됐다. 진보적 입장에 서 있던 영국 노동당과 프랑스 사회당, 독일과 스웨덴의 사회민주당 등은 국가 개입의 혼합경제를 지향하는 사회민주주의의 기반에서 노사 대타협을 모색하는 신조합주의 해법을 제시했지만, 이는 시장의 자본 축적 욕구에 부응하지 못했다. 1990년대 초 미국은 개발도상국들이 경제 위기 발생 시 시행해야 할 구조조정 조처로서 무역의 완전개방과 시장의 합리성 논리에 기초한 '워싱턴 컨센서스(Washington Consensus)'를 내놓았다. 세계무역기구(WTO)와 IMF, 국제부흥개발은행(IBRD) 등이 워싱턴 컨센서스에 담겨 있는 자본시장의 자유화, 외환시장 개방, 관세 인하, 국가기간산업의 민영화, 외국 자본의 우량기업 합병·매수 허용, 정부 규제 축소, 정부 예산 삭감, 재산권 보호 등이 조처를 실행하는 통제 장치로 기능하고 있다. 하지만 국가의 역할이 시장으로 확장되면서 자본주의에 내재된 투기적 공황과 그에 따른 신뢰 상실의 위험도 동시에 높아지고 있다.

한국의 외환위기에서는 단기 부채로 자금을 조달하는 제2금융권의 위험이 그대로 드러났다. 단기 자금만을 취급하는 제2금융권은 외국에는 없는 한국만의 특수한 것으로, 동아시아 외환위기가 닥치기 전까지 이 고위험 금융구조의 영향력을 제대로 파악한 사람은 거의 없었다. 경제가 선진국 진입의 관문격인 OECD에 가입할 정도로 발전하자 김영삼 정부는 금융 규제 완화, 자본시장 자유화 등의 신자유주의의 세계화 전략을 능동적으로 수용했다. 하지만 금융 자유화는 세계 금융시장에서 제2금융권이 투기자본인 헤지펀드의 단기 외채를 무분별하게 다량 유입하는 것을 허용했고,[17] 이것이 다소 유지되던 금융 규제를 약화시켰다. 1997년 동아시아 외환위기의 여파와 외채 상환이 일시에 도래한 후유증으로 인해 금융시장에 대한 신뢰가 꺾이면서 재앙 수준의 외환위기를 겪었다. 대량 인출 쇄도에 취약한 금융구조는 금융시장의 신뢰를 상실했다.

외국인 투자자들은 타이와 인도네시아의 경제 위기 여파로 한국도 경제 위기를 맞을 것이라고 믿었으며, 그들은 자신의 믿음이 옳다는 것을 스스로 증명했다. 그들은 제2금융권의 단기 외채 상환을 계기로 외화를 대량 인출해 다가올 위기를 만들어냈다. 한국은 지난 30여 년간 '신흥공업국(NICs)'으로 호명되며 급속한 경제발전을 이루었지만 여전한 금융시장의 불신을 확인해야 했다. 투자자들이 한꺼번에 자금을 빼내 가면서 건실한 은행들과 튼튼한 기업들이 파산 지경에 내몰렸다.[18] 경제에 대한 신뢰가 이미 흔들리고 있는 상황에서 적절한 환율 평가 절하(환율 인상)를 통한 정부의 대처는 오히려 신뢰의 극적인 붕괴로 이어졌다. 건전한 경제정책만으로는 금융시장의 신뢰를 얻기에 역부

---

17 제2금융권은 새마을금고나 신용협동조합, 상호저축은행, 증권회사, 투자신탁회사, 보험회사, 신용카드회사 등으로 기업에 급전을 빌려주는 단기 자금 조달 창구이자 사채업자들의 단기 자금 이용 창구이다.

18 다른 투자자들이 모두 한국 경제의 기초 체력을 신뢰하지 못하고 출구를 향해 도망치고 있는 상황에서 '자산이 저평가되고 있다'고 판단해서 매입에 나서는 투자자는 없었다.

족이었다. 정책결정자들은 합리적 선택론자처럼 신뢰 게임을 해야 한다고 믿었지만, 이것이 외환위기를 치유하기는커녕 오히려 금융시장을 악화시키는 거시 경제정책들이 뒤따른다는 신호로 읽혀 대규모 인출 사태를 부채질했다.[19] 한국 정부는 외환위기를 겪으면서 자신이 투자자들로부터 서구 국가들에 적용되는 규칙과는 다른 규칙을 적용받는다는 사실을 깨달아야 했다(크루그먼, 2009; 145). 아시아 신흥 시장을 장악하고 있는 헤지펀드의 편견과 변덕을 만족시킬 수 있는 정책은 없었다.

IMF는 돈을 빌려주는 조건으로 한국 정부에 정부 지출 삭감과 규제 완화, 구조조정 등 신자유주의 정책의 도입을 강요했다. 그에 따라 국가 기능은 금융시장의 신뢰를 얻는 데 맞추어졌고, IMF의 신자유주의 정책을 위탁 수행하는 위험관리체제로 축소됐다. 비록 IMF의 압력이 있었다고는 하지만 정부는 금융, 기업, 노동, 무역 등 경제 전 분야에 걸쳐 신자유주의적 구조개혁을 단행했다. 하지만 3년이 지나면서 재정적자와 관련된 지침이 점차 완화되고 구조조정의 여세가 꺾였는데도, 금융 불안은 여전히 해소되지 않았고 금융시장은 다시 강세로 돌아섰다. 수요가 감소하면서 불황이 악화됐다. IMF는 기껏해야 하나의 악순환을 막은 대가로 또 다른 악순환을 유발했을 뿐이었다(크루그먼, 2009: 149 이하).

신자유주의가 지배하는 속에서 자연과학과 공학, 의학 분야에서는 점점 더 많은 연구자들이 시장을 고려한 지식과 첨단기술을 내놓고 있다. 미국, 일본, 독일을 비롯한 선진 각국과 경쟁하면서 한국 정부는 급변하는 세계시장에

---

19 인도네시아와 말레이시아는 타이와 수출 품목이 서로 엇비슷했기 때문에 타이 불황의 영향을 받아 경제 위기가 연쇄적으로 파급됐다지만, 한국은 타이와 수출 품목이 달랐을 뿐만 아니라 타이와 교역이 많지 않았으며 GDP 규모가 타이의 세 배 이상일 정도로 컸다. 반면 호주는 한국에 비해 타이, 인도네시아, 말레이시아와 더 활발히 교역했으며 동남아시아 시장에 대한 의존도가 높았는데도 '아시아 위기'가 한창일 때 오히려 호황을 누렸다(크루그먼, 2009: 141 이하).

서 우위를 점할 수 있는 국가전략산업을 육성할 목적에서 정보통신기술, 생명공학, 나노기술 등을 지원하고 있다. 특히 거대과학 분야에서 정부는 방대한 예산을 들여 과학자와 기술자, 연구기관을 동원한 대규모 연구개발을 유도하고 있다. 그 때문에 대부분의 연구가 과학에 기초한 기술 수준의 향상을 통해 경제발전을 도모하고 국가 이익을 증진하겠다는 목표에 의해 기획되고 있다. 이처럼 신자유주의는 우수한 연구 결과의 신속한 상품화에 의해 시장과 지식의 연계를 강화하고 있다.

그러나 비즈니스 분야 전반에 걸쳐 많은 기업들이 정보통신기술을 신뢰하면서 일어난 '닷컴 거품'의 부작용이 2000년부터 내리 2년 동안 세계 경제를 심각하게 위협했던 것은 신자유주의에 대한 중대한 경고였다. 1990년대 초 정보통신기술이 이윤 확대와 성장을 가로막는 낡은 방식의 산업구조를 바꾼다는 기대가 형성됐다. 마이크로소프트와 여타 정보통신기업의 주식을 매입한 사람들이 챙긴 막대한 수익에 고무된 투자자들은 다른 벤처기업들도 지식과 시장을 연계해 유사한 기적을 이룰 수 있다고 믿었다. 미래는 정보통신기술의 세상이라는 기대가 벤처기업의 기적을 가능한 것으로 믿게 했다. 김대중 정부가 정보통신기술의 벤처기업 육성을 적극적으로 지원한 것도 그 기대의 형성에 한몫을 했다. 투자자들은 자신이 투자한 벤처기업이 미래의 마이크로소프트가 될 것이라고 믿었지만, 현실에는 또 다른 마이크로소프트가 들어설 자리는 없었다. 이 인지적 허상의 결과 주식시장에서는 '비합리적인 과열' 현상이 일어났다. 정보통신기술 종목의 주가 상승은 그 자체로 또 다른 주가 상승의 추진력이 됐다. 물론 비합리적인 과열 현상을 경고하는 합리적인 의견들도 있었지만, 자금이 주식시장으로 계속 유입되고 주가가 점점 더 오르면서 거품은 끝없이 커져만 갔다. 물론 한계는 있었다. 자산 거품은 계속해서 끌어들일 자금이 존재하는 한 계속 돈을 벌게 되는 일종의 '다단계 피라미드'여서, 더 이상 끌어들일 자금이 없어지자 모든 것이 일시에 무너졌다(크루그먼, 2009: 183 이하). 동아시아 외환위기에 뒤이어 닷컴 거품이 겹쳐 일어나면서 경기 후퇴가 지속됐지만 그리 심각한 수준은 아니었으므로 IMF 관리체제는 불과 3년 만에 끝났다. 하지만 그 후에도 오랫동안 취업시장은 얼어붙어 있고, 대부분의 기업은 신자유주의 정책의 파장으로 정규직의 신규 채용을 기피한다. 취업 전선에 뛰어든 청년층은 기간제근로자, 단시간근로자, 계약직근로자 등의 비정규직 노동자로 전락하고 있다.[20] 비정규직과 정리해고로 인한 고용 불안정과 빈곤노동, 환경오염 등의 해결은 세계시장에서 기업들이 경쟁력을 확보하는 데 장애가 되는 비용 부담으로 파악되어, 정부는 정치에 대한 신뢰의 유지 수준에서만 정책적으로 배려하고 있다.

대학과 공공기관, 시장을 연계하는 첨단과학연구단지(technopark)[21]와 연구지원사업,[22] 기업의 각종 연구소들이 지식 생산을 지배하면서 대학은 더 이상 상아탑이 아니라 경제발전의 지원기관으로 변모하고 있다. 신자유주의 정책이 대학에 경영 평가를 통한 지원의 형태로 시장의 경쟁 원리를 도입하면서 대학은 산학협력·첨단과학연구단지의 형식으로 경제적 이해관계와 더 강하게 연계되어갔고, 그만큼 과학은 객관적인 지식의 탐구와는 멀어지고 있다. 그 결과 과학과 경제의 상호 의존성은 증가하고, 그에 상응하게 과학에 대한

---

20 비정규직의 비율이 2000년에는 전체 노동자의 58.4%까지 늘어났으며(통계청, 2005), 비정규직의 강세 기조는 10여 년이 지난 지금까지도 계속되고 있다.

21 대덕연구단지를 필두로 서울, 부산, 대구, 인천 송도, 울산, 광주 등에 18개의 테크노파크가 조성되어 있다. 미국의 실리콘밸리와 스탠퍼드 과학단지, 영국의 케임브리지 사이언스파크, 일본의 가나가와(神奈川) 사이언스파크, 프랑스의 소피아앙티 폴리스, 독일의 슈투트가르트 테크노파크, 스웨덴의 시스타 사이언스파크, 핀란드의 울루 테크노폴리스, 덴마크의 코펜하겐 사이언스파크 등도 과학과 기업을 연계하는 대표적인 첨단과학연구단지이다.

22 한국연구재단의 학문 연구 지원 프로그램과 연구 인력 양성 프로그램, 교육부의 대학지원프로그램이 세계수준연구중심대학(WCU), 산학협력중심대학(HUNIC), 산학협력선도전문대학(LINC), 학부교육선진화선도대학(ACE) 등이 정부가 대학과 연구소에 대한 재정지원을 수행하기 위한 목적에서 등장했다.

인식도 변화하고 있다. 하지만 과학이 다양한 사회계층들로부터 신뢰를 얻지 못한다면 사회적 합의가 도출되는 데 기여할 수도 없고, 사회가 점점 더 파편화되고 개인이 개인화되어가는 것을 막을 수도 없다.

예컨대 의과대학은 어떤 의료 조치에 보험이 지불되어야 하고 심각한 질병의 경우 어떤 조치가 대표적인 것으로 간주되는지에 대해 상대적으로 큰 영향력을 행사해왔지만, 만일 의학 지식에 대한 확신이 계속 감소한다면 어떤 의료 조치가 보험 처리의 대상이 될지에 대한 사회적 합의를 구하기는 점점 더 어려워진다. 대체 치료의 확산은 이미 순수한 치료적 근거에서 현대 의학에 대한 신뢰를 저해하는 양태를 보이고 있다. 전염병과 급성질환에서 강력한 임상적 효능을 보여주던 현대 의학이 암, 고혈압, 당뇨, 정신질환, 심장질환, 호흡기질환 등 만성질환이나 만성통증에 대해 맥을 못 추면서, 대체 의학은 수지침, 아로마 요법 같은 민간요법에서 기공, 요가, 단식요법, 최면치료, 예술치료, 그리고 침술, 추나요법, 척추교정, 광역학치료에 이르기까지 광범위한 외연을 갖추고 치료시장의 점유율을 확대하고 있다. 전체 인구 중 대체 치료를 받고자 하는 비율과 이용률이 증가하면서 환자들이 대체 치료에 부담하는 의료비가 병원 치료를 위해 부담하는 의료비보다 더 많아지고 있다. 그 결과 현대 의학에서 효과의 불확실성 때문에 배제됐던 대체 의학이 의료보험의 수가 지급대상에 포함되고 있다.[23]

대학은 이미 지식의 생산에서 더 이상 독점적 지위를 누리지 못하고 있다. 상업성 있는 지식이 거대 기업의 부설 연구소에서도 양산되고 있다. 직업적 지식은 과학적 지식과는 다르지만 서로 연결되어 있다. 상업적 연구소의 과학적 지식이 전문직을 발전시키고 취업을 준비시키는 대학교육의 전통에 소급하는 능력을 갖춘다. 사무직에서 기술자, 교사, 작가, 기자, 회계사, 변호사, 의

---

23 정부는 2013년 12월 '국민건강보험법 시행령 일부개정령'에서 대체 치료를 건강보험의 적용대상에 포함시켰다.

사 등에 이르는 전통적인 전문가의 직업적 지식은 대부분 교육 기간 동안 배워 익힌 결과로 암묵적 지식으로 체화되면서 자유자재로 쓸 수 있었다. 이에 비해 정보와 지식의 지속적인 흐름을 바탕으로 한 지식경제, 그리고 과학에 기초한 기술의 강력한 가능성을 특성으로 하는 직업 활동은 기존의 전문가 직업과는 다르게 획기적으로 변화하고 있다. 이에 따라 새로운 직업상과 교수방법이 끊임없이 추가되고 있다. 지식과 기술, 교육과 훈련, 연구와 개발, 금융과 투자 부문을 포함하는 지식경제의 폭넓은 직업 활동은 과학적 지식을 고려할 것을 요구하고 있으며, 이미 과학적 지식의 맥락에 뿌리를 두고 있다. 역으로 과학자도 과학을 직업으로 하기 위해서는 대학에서 필요로 하는 고도의 직업 능력을 갖출 것을 요구받고 있다.

이러한 대학을 우회하는 시장과 지식의 강한 연계는 문제가 없지 않다. 거대과학에의 의존성과 초국적 거대 기업에의 의존성은 연구 결과의 해석에 심각한 영향을 미칠 수 있다. 그리고 어떤 작업 결과가 공개되고 출판될지 선별하는 데도 영향을 미칠 수 있다. 왜냐하면 시장과 지식의 연계에는 이해관계의 갈등이 사전에 기획되어 있기 때문이다. 생명공학 영역에서는 이 갈등이 영국 에버딘 대학 로웨드 연구소의 푸스타이Arpad Pusztai가 1998년 8월 아직 학술지에 발표되지 않은 연구 결과를 대중매체에 발표했을 때 그대로 드러났다 (기든스, 2011: 168 이하). 그의 연구는 유전자변형 작물이 쥐의 건강에 미치는 영향에 집중됐다. 실험 결과 단백질의 일종인 렉틴을 만들어내도록 유전자가 조작된 감자를 먹은 쥐는 자신의 면역체계에 치명적인 손상을 입었으며, 간·쓸개·신장·창자 등 주요 장기가 손상되고 뇌의 크기가 줄어든 것으로 나타났다. 그는 유전자변형 감자말고도 유전자변형 토마토를 먹인 쥐 몇 마리가 몇 주 후에 죽었고, 유전자변형 옥수수를 먹인 쥐의 소화 능력이 약해졌으며, 유전자변형 콩이 알레르겐 함유량이 많다는 것, 유전자변형 콩을 먹인 쥐의 체중이 사연 콩을 먹인 쥐보다 가벼워졌다는 것 등의 연구 자료를 잇달아 발표했다. 로웨드 연구소는 다국적 농업기업인 몬산토의 재정 지원을 받고 있었고 푸스타이는 해고됐다. 그의 연구(Ewen and Pusztai, 1999)는 1년 후 의학 전문학술지 ≪랜싯(Lancet)≫에 방법론에 대한 비판과 함께 발표됐다.

이 실험 결과의 반박 여부는 차치하더라도 이 사건은 과학적 연구 결과가 시장과 연계될 때 어떤 문제를 일으킬 수 있는지를 극명하게 보여주었다. 이 사건을 통해 연구자들이 왜 연구 결과를 가지고 주요 출연자와 출자자의 기분을 상하게 하지 않으려 주의 깊게 행동하는지가 드러났다. 다시 말해서 이해관계가 경쟁하는 상황에서는 어떤 대학도 어떤 연구소도 결정 과정에서 경제적 고려를 염두에 두지 않는다고 강변할 수 없다. 따라서 대학이든 연구소든 산업체로부터 경제적 후원이나 과제 위탁을 받게 되면 가장 주요한 자원인 확신 가능성과 신뢰 가능성의 기반을 잃을 수 있다.

기술혁신과 경제발전을 정보와 지식의 표현 양식이 뒷받침하는 지식경제는 근본적으로 세계시장의 규모나 성격이 거대해지고 복잡해져서 막대한 물적·인적 자원을 요구하는 탓으로, 전통적 직업지식과 노동집약적인 재래 기술과는 다른 양상을 띠고 있다. 그에 따라 시장과 지식의 연계가 과학에 미치는 영향은 어림잡기가 쉽지 않다. 확실한 것은 지식의 신뢰 가능성 평가가 점점 더 어려워진다는 사실이다(Wilkie, 1996). 과학적 연구의 결과가 연구비를 지원한 정부나 산업체에 대한 비위 맞추기 식 작업으로 관찰된다면 그 연구 결과는 과학체계에 득이 되기보다는 해를 입힐 것이다. 만일 과학체계가 연구비 출연자에 대한 독립성을 점점 더 잃어간다면 장기적으로 과학에 대한 신뢰는 계속 하락할 수밖에 없다.

산업체들이 급변하는 세계시장을 겨냥해 과학에 기초한 기술 역량을 최대한 결집하고, 특히 우수한 연구 결과를 상품화하는 과정에서 시장이 자료의 해석에 미치는 영향력은 아주 세련되게 작동한다. 이것은 대학과 기업 부설 연구소에서 일하는 독극물학자에 대한 설문 조사에서도 드러난다(Kraus et al., 1992). 이 설문 조사에서는 "어떤 화학물질이 동물에서 암을 야기한다는 과학적 연구가 있다면, 그 물질이 인간에게도 암을 야기한다고 확신할 수 있다"라는 진술에 얼마나 강하게 동의하는지를 물었다. 그때 독극물학자가 누구를 위해 일하는지가 대답에 분명한 영향을 미쳤다.[24] 이렇게 전문가 개인의 세계관은 물질의 위험 평가에서 본래의 실험 결과와 마찬가지로 중요한 역할을 한다.

시장이 자료의 해석에 미치는 영향의 세련성은 담배회사들이 일부 과학자를 자신의 상업적 목적에 도구적으로 이용하는 데서도 드러난다(Dyer, 1998). 흡연과 간접흡연이 건강의 가장 큰 위험 요인이라는 여론에 맞서 담배회사들은 1980년대를 기점으로 관련 학술회의를 후원하는 것으로 전략을 바꾸었다. 다국적 담배회사들은 '친환경적 흡연(ETS) 컨설턴트 프로그램'을 1987년 미국을 시작으로 1988년 유럽, 1989년 아시아, 1991년 라틴아메리카에서 진행했다. 담배회사에 면죄부를 주는 연구에 참여한 과학자 대부분이 다국적 담배회사와 음으로 양으로 연결되어 있었고, 중립적인 연구자만이 간접흡연과 관련해 대립적인 결론을 이끌어냈다. 반스Deborah Barnes와 베로Lisa Bero는 학술지에 발표된 흡연 관련 논문 100여 편 이상을 조사해서 담배회사의 후원을 받은 연구자의 94%가 간접흡연이 위험하지 않다는 결론을 내놓는다는 사실을 밝혀냈다(Barnes and Bero, 1998). 그 반대의 결론은 모두 담배산업과 접촉하지 않은 독립적인 연구자에게서 나왔다. 그들 논문의 87%는 간접흡연이 건강에 심각한 손실을 입힌다고 결론지었다. 급기야 하버드 대학과 컬럼비아 대학을 비롯한 미국의 주요 대학은 담배회사의 연구비가 학문의 자유를 침해한다는 이유로 담배회사 출연 연구를 금지했다. 미국, 독일, 스위스 등지에서 그동안 담배회사의 자금을 받아 진행된 연구들이 담배회사의 영향력에서 자유롭지 못한 결과를 내놓았다는 의혹을 사왔기 때문이었다. 이처럼 서구 사회에서는 담배회사가 흡연 중독성의 위험을 감춘 사실이 공개됐고, 그 결과 법원이 흡연 위험에 대한 담배회사의 책임을 인정하는 추세에 있다.[25] 세계보건기구(WHO)는

---

24 기업 부설 연구소에서 일하는 독극물학자는 22%만 이 진술에 동의했고, 대학이나 정부 출연 연구기관에서 일하는 독극물학자는 50% 이상 이 진술에 동의했다.

2003년 5월 192개 회원국의 만장일치로 '담배 규제 기본 협약(FCTC)'을 채택해 담배로 인한 건강상 위해에 대한 책임이 담배회사에 있음을 명문화했고, 세계 의사회는 담배회사 후원비의 수령 금지를 권고했다. 이에 따라 선진국에서는 담배 규제 정책의 대상을 흡연자에서 담배회사로 변경했다.

그러나 한국에서는 담배회사가 국내 유수 의과대학의 교수와 연구진의 연구 결과를 근거로 담배 소송에서 잇달아 승소하고 있다.[26] 이들 의과대학의 교수와 연구진은 담배회사로부터 연구비 후원을 받아 시행한 흡연 임상 연구에서 흡연 위험의 책임을 금연 의지의 박약을 이유로 들어 흡연자 개인에게 귀속시켰다.[27] 담배회사의 책임을 인정하지 않는 이들의 주장은 WHO와 미국정신과학회, 영국왕립의학협회, 미국의 약물중독연구소(NIDA)와 질병예방센터(CDC) 등 세계 의학전문기관들이 흡연을 개인의 선택으로 인한 행위가 아니라 정신의학적 치료대상인 니코틴 중독에 의한 질환으로 규정하는 것과는 정면으로 배치된다. 이들 연구의 과학적 객관성 및 연구 윤리의 위반은 과학의 정체성을 위협할 정도로 심각한 것이다.

'산학협력'의 틀에서 행해지는 산업체에 대한 과학자의 재정적 의존이 연구에 어떤 영향을 미치는지 분명하게 보여주는 추가 사례로 제약회사의 학술

---

25 2006년 뷔켄(Richard Bucken)이 다국적 담배회사 필립모리스사를 상대로 낸 소송에서 연방대법원이 담배회사 측에 5,550만 달러를 배상하라고 판결한 것이 대표적이다. 브라질, 오스트레일리아 등도 담배 소송에서 흡연 피해자가 승소한 확률이 월등히 높다.

26 2011년 2월 서울고법 재판부는 12년을 끈 담배 소송에서 "흡연과 폐암의 역학적 인과관계는 인정하지만 환자 개인에게 적용되는 개별적 인과관계는 인정하지 않는다"는 역설적 논리를 내세워 원고 패소를 판결했다. 재판부는 미래에 생길지도 모르는 흡연자의 손해배상 집단소송으로 인한 공기업 KT&G와 국가의 파산 위험을 막기 위해 '부분을 포함하지 않는 전체'라는 역설을 법적 판결에 포함시켰다(≪중앙일보≫, 2011년 1월 16일 자).

27 서울대학교는 2004년 4월, 가톨릭대학교는 2006년 11월, 전남대학교는 2007년 7월 각각 다국적 담배회사로부터 흡연 중독 실험의 연구비를 수주했다.

대회 후원이 있다. 후원의 목적은 자사 생산물의 홍보에 있으며, 연구비 지원을 받은 과학자의 논문 중 일부는 유수 학술지에 발표된다. 베로 등(Bero et al., 1992)은 의학 학술지에 발표된 학술대회 논문들을 포괄적으로 분석한 후, 모든 논문이 동일하게 엄격한 심사 과정을 거치는 것은 아니라는 결론에 이르렀다. 후원 제약회사는 학술대회를 임상이나 개업의의 주의를 별로 혁신적이지 못한 의약품으로 돌리는 데 이용했다. 그 때문에 베로는 제약회사가 후원한 학술지의 논문은 의심을 갖고 바라볼 것을 권고한다. 상당수의 학술지가 제약회사의 후원을 주요 수입원으로 삼고 있었고, 몇몇 학술지는 그 반대급부로 특집, 기획논문 형식으로 논문의 심사 기준을 융통성 있게 낮추기까지 했다.

신약품은 시장에 나오기 전에 병원의 치료 처치에 따른 임상실험을 거쳐야 한다. 이를 통해 있을 수 있는 부작용이 노출되어야 하고 의약품의 효능이 증명되어야 한다. 제약회사는 자사 의약품 채택이나 처방에 상당한 영향력을 행사하고 있는 병·의원 소속 의사들에게 자문료, 강연료, 콘텐츠 제작비, 연구비, 학술논문 번역료 등의 명목으로 리베이트를 건네거나 연중 국내·외 학회참석 경비 제공, 연사 초빙 등의 방식으로 지원한다.[28] 새로운 의약품이 시장에 진입하는 데 지연이 일어나면 제약회사는 값비싼 대가를 치러야 한다. 시간을 다투는 시장 경쟁에서는 지연이 있을 때마다 손실이 발생하기 때문이다. 종합병원의 임상실험에 대한 한 연구(Eichenwald and Kolata, 1999)는 실험 대상자가 겪는 윤리적으로 의심스러운 치료방법들에 대해 언급했다. 얀센제약은 편두통 치료제 연구에 참여한 의사들에게 실험대상자 1인당 일정한 액수를

---

28 2009년 전국 1,400개 병·의원에 콘텐츠 제작비라는 명목으로 48억여 원의 리베이트를 제공한 동아제약 사건을 계기로, 정부는 2010년 공정거래법에 쌍벌제 처벌 조항을 신설했다. 하지만 2013년에도 전국 주요 의사 266명에게 법인카드 형태(키닥터)로 6개월간 43억 원의 리베이트를 제공한 CJ제일제당, 894개 병·의원의 의료인 1,132명에게 32억 6,000만 원의 리베이트를 제공한 삼일제약이 적발됐다. 공정거래위원회는 제약회사의 리베이트 규모가 매출액의 20%가량인 연간 3조 원에 이르는 것으로 보고 있다.

임상실험비로 지불했고, 짧은 시간에 필요한 실험대상자를 동원한 의사들에겐 특별 배당금을 추가 지불했다. 자신의 환자 대부분을 임상실험에 동원한 의사는 특별 배당금을 받았을 뿐만 아니라 학술지에 발표된 원고에 공동저자로 실렸다. 해당 학술지는 제약회사의 의뢰를 받은 의사의 논문 게재를 문제 삼지 않았다.

환자들은 자신이 임상실험에 참여의사를 밝히면 담당의사가 그에 대한 대가를 받는다는 사실을 몰랐을 뿐만 아니라, 임상실험의 참여에 대해 그 어떤 대가도 받지 못했다. 환자들에게 금전 제공은 윤리적으로 옳지 않다는 것이 그 이유였다. 환자가 오로지 재정상 이유에서 임상실험에 참여하는 일이 조장될 수 있기 때문에 옳지 않다는 것이다. 하지만 같은 맥락에서 의사도 윤리적 문제로부터 자유로울 수 없다. 의사가 환자들을 임상실험에 참여시킨 결정에 제약회사가 제공하는 만만치 않은 특별 배당금이 영향을 미쳤을 수 있기 때문이다. 의사들은 신약 임상실험에 환자들의 신뢰를 잃을 위험을 걸고 있다. 의사와 환자 사이의 갈등은 예정된 것이다.

3. 공중의 신뢰와 불신

지식의 생산력이 비약적으로 발전하고 그것이 사회에 미치는 영향의 정도와 속성을 미리 예측할 수 없는 탓에 지식경제의 불확실성은 일반 상식과 재래 기술에 비해 비교할 수 없을 정도로 높아진다. 지식경제의 확산과 활성화는 일상에서 컴퓨터·인터넷·휴대전화 등의 전자매체, 원거리 정보통신망, 텔레뱅킹, 전자오락, 콜센터 등 과학에 기초한 기술의 복잡한 응용에 기반을 둔 까닭에 통제 불가능한 불확실성을 그 특성으로 한다. 하지만 지식경제는 지식이 주는 이익과 위험을 모두 포함하고 있기 때문에 불확실성이 높다는 이유만으로 연구개발을 처음부터 포기하거나 금지할 수 없다.

과거 농업과 제조업의 재래 기술이 확실성에 바탕을 두고 장기간에 걸쳐 점진적으로 발달했던 것과는 달리, 지식은 국가 경제의 미래를 좌우하는 가장 중요한 요인 중 하나로 대두되면서 제2의 산업혁명으로 부를 정도로 빠르게 발달하고 있다. 전문가들은 대체로 지식이 가져다줄 미래 사회를 긍정적으로 전망하지만, 일부 학자들은 그것이 미래 사회와 자연환경에 미칠 영향에 대해 매우 우려하는 부정적인 반응을 보인다. 전자가 지식이 인간의 삶에 미칠 이익을 강조한다면, 후자는 지식이 초래할 위험과 재난을 경고한다. 이처럼 지식을 둘러싸고 이익과 위험에 대한 사회적 논란이 확산되는 가장 큰 이유는 지식의 발전이 장차 어떤 방향으로 전개될지, 사회와 자연환경에 어떤 영향을 미치게 될지가 근본적으로 불확실하다는 데 있다. 일단 지식이 사회와 자연환경에 심각한 '비정상' 상태를 초래할 경우 그 사회나 자연을 '정상'으로 되돌리는 것은 거의 불가능하다.

　　문외한인 공중은 지식뿐만 아니라 기술 대부분에 대해서도 무지하다. EU 회원국을 조사대상으로 한 연구에 따르면(Eurobarometer, 1997), 신문과 방송이 생명공학에 대해 비교적 상세하게 보도했는데도 공중은 대부분 아주 기초적인 문제에서조차 무지를 드러냈다. 예컨대 "보통의 토마토는 유전자가 없는 반면에, 유전자변형 토마토는 유전자가 있다"라는 문제에 대해 36%만 틀리다고 답했다. 모든 국가가 동일한 정도로 생명공학에 대한 공중의 소양이 낮은 것은 아니겠지만 전반적으로 형편없는 수준을 보였다. 황우석의 배아줄기세포 연구 자료 조작 사건에 대한 연구(김성겸·조은희·윤정로, 2009)는 오랫동안 배아줄기세포가 사회 쟁점화되어 토론이 활발하게 벌어졌고 공중의 관심이 높았는데도 실제 그와 관련된 공중의 지식은 여전히 낮은 수준으로 변화가 없다는 점을 확인했다. "배아 복제를 통해서만 줄기세포를 얻을 수 있다"라는 문제에 대해 단지 23%만 틀리다고 답했다. 이는 사건 이전 실시된 조사의 정답률 25%보다도 낮은 수치였다. '인간 체세포 핵 내의 염색체 수'와 '배아의 개념'을 묻는 질문에 대해서도 정답률은 16.8%, 22%로 매우 낮았다. 공중은 대체로 생명공학에 대한 지식이 부족한 상태에서 황우석이라는 인물을 '민족의 영웅' 으로 지지했던 것이다.

지식과 기술 수용의 연관관계가 강하다는 것은 과연 신화에 불과할까? 양자의 연결고리가 약하다는 것은 여러 형식으로 관찰된다. 공중은 지식과 기술의 위험을 전문가와는 다르게 인지하고 판단한다(Sjöberg, 1998; Flynn and Slovic, 1999). 공중은 새로운 과학적 발견에 대한 간단한 기사를 이해하는 데도 어려움을 겪는다. 미국과 유럽을 대상으로 한 조사 연구(Miller, 1998)에서는 성인의 3/4이 DNA, 분자세포, 방사선 조사 등 자연과학의 기초지식에 대해 무지한 것으로 드러났다. 교육 수준과 인지된 위험의 연관관계는 상대적으로 약한 것으로 평가된다. 기술의 미래에 대한 심층 분석(Hampel, 2000)에서는 지식이 증가하는 데 따라 낙관자와 비관자의 수가 함께 증가하는 것이 관찰됐다. 지식을 보유한 전문가들은 대체로 지식이 부족한 공중보다는 더 낙관적으로 평가했지만 극단적인 양극화 양상을 보였다. 이들 사례는 지식의 부족이 기술의 수용을 거부하는 데 결정적인 요인이 아니라는 것을 증명한다. 기술에 대한 다른 연구들은 지식보다 교육 수준이 위해의 평가에 더 큰 영향을 미친다고 밝혔다(Miller, 1992; Renn and Zwick, 1997). 일반적으로 교육 수준이 높은 사람들은 상관관계가 비교적 낮은 편이긴 하지만 교육 수준이 낮은 사람들보다는 기술의 위해를 더 낮게 평가했다. 이들 연구에서는 교육 수준과 긍정적 상관관계에 있으면서도 위험 평가에 영향을 미치는 다른 요인으로 사회적 지위, 권력, 소득 등이 언급됐다. 핵발전소의 안전성과 관련한 조사에서는 학력이 낮을수록 강한 불신을 드러냈다(성균관대학교 서베이리서치센터, 2003). 고졸 이하 (54%)가 대학 재학 이상(33%)보다 훨씬 더 불신했다.[29] 방폐장은 핵발전소에

---

29 핵발전에 대한 정보에 대해서 대체로 고졸 이하가 조사대상자 중 반 정도가 부정적 이미지(51%)를 가지고 있던 데 비해, 대학 재학 이상은 1/3 정도(36%)만 부정적 이미지를 가지고 있었다. 정부의 핵발전 확대 정책에 대해서도 고졸 이하(59%)가 대학 재학

비해 방사능 유출 사고의 위험이 훨씬 적은데도[30] 처분장이 환경에 위험하지 않다고 보는 사람은 전체적으로 모두 적었다. 그중에서도 대학 재학 이상(21%)이 고졸 이하(12%)보다 2배 정도 많았다. 지식이 아니라 교육 수준이 상이한 위험 평가의 요인으로 작동하고 있는 것이다. 따라서 미래의 불확실성이 높은 기술의 경우 공중이 안전성 홍보에 빈번히 접해서 통제된 위험에 대해 더 많은 지식을 갖게 된다면 정부 당국이나 기업의 위험관리 능력에 대한 신뢰가 강화된다는 가정은 그릇된 것이다.

공중은 대체로 논란이 되는 기술의 이익과 위험을 가늠하는 데 필요한 지식과 검토할 시간, 이해관계를 모두 결여하고 있다. 그것을 취재하는 기자도 취재원을 전문가집단에게 전적으로 의존하고 있다. 난치성 유전병이 과연 유전자재배열 조작에 의해 치료될 수 있는지, 돼지에게 인간 유전자를 이식하는 것이 윤리적으로 문제가 없는지, 생명공학의 개활지 실험이 유전자변형 작물과 어떤 연관이 있는지, 또는 나노기술이 앞으로 어떤 방향으로 발전하게 될지, 나노기술이 사회와 자연환경에 어떤 영향을 미치게 될지 등의 까다로운 질문에 대해 그들은 분명한 자기입장을 가지고 있지 않았다(Eurobarometer, 1997). 황우석 사건에서도 세포 치료로 대표되는 '개인 맞춤형 의료'가 상업화되는 것은 문제가 없는지, 생물학적 불평등을 심화시킬 가능성은 없는지, 줄기세포 실험에서의 난자 사용이 여성의 복수 증상·출혈 등의 여러 합병증 위험과 인권 유린에도 불구하고 허용되어야 하는지, 배아의 생명권을 위협하는 것은 아닌지 등 생명공학의 부정적인 측면들이 한동안 논쟁의 핵심 쟁점이었는데도 줄기세포와 생명공학의 이익에 대한 공중의 평가는 사건 이후 오히려 높아졌

이상(51%)보다 더 강한 불신을 드러냈다.

30 중·저준위방사성폐기물은 원자로 냉각수 폐필터, 이온교환수지, 작업자의 장갑, 작업복이나 공구 같은 것으로 '사용 후 핵연료'에 비해 방사능 수치가 수백만분의 1(약 0.1mSv/h)에 불과하다. 게다가 핵발전소와 방폐장은 더 길이 방사능의 제한 목표치를 연간 0.001렘을 기준으로 잡고 있다.

다.[31] 같은 맥락에서 '인간 배아도 생명이므로 연구에 사용해서는 안 된다'는 윤리적 주장의 지지층은 25%에서 15%로 오히려 감소했다. 황우석 연구팀이 만들었다는 11개 줄기세포주들이 모두 허구로 밝혀졌을 때도 그들은 이 사실을 밝히는 데 기여한 생물학연구정보센터 브릭(BRIC), 한국과학기술인연합(SCIENG), DCinside 과학갤러리 등의 웹사이트에서 활동하던 젊은 과학자들보다 황우석이라는 인물을 오히려 더 신뢰했다(김성겸·조은희·윤정로, 2009: 184). 황우석에 대한 일부 공중의 맹목적인 신뢰는 '세계 수준의 기술'이라는 자부심과 연계된 민족주의와 애국심에 기초한 영웅 정서와 결합되어 있었다. 브릭의 과학적 판단에 대한 그들의 불신은 역설적이게도 '《사이언스》 같은 전문학술지는 심사 절차와 동료 과학자의 재현을 통해 논문 조작이 철저히 걸러진다'는 과학에 대한 신뢰에 근거하고 있었다(김환석, 2009).

공중은 전문가의 판단에 대해서도 참과 거짓의 판별에 필요한 지식이 부족한 탓으로 그것을 검증할 수 있는 능력이 없다. 과학에서는 연구 결과가 타당하기 위해서는 연구자 이외의 다른 연구자들도 동일한 방법으로 연구를 수행했을 때 동일한 결과에 이르러야 한다는 연구의 재현성을 충족시켜야 한다. 서울대학교 특별조사위원회와 《사이언스》가 재현성 불가와 자료 조작, 줄기세포주의 허구성을 인정하고 두 논문의 게재 철회를 결정했을 때[32] 공중은 전

---

31 인간 배아줄기세포 연구의 이익에 대한 평가는 사건 이전 49.2%에서 사건 이후 81.2%로 높아졌으며, 배아 연구 활용도 허용하는 쪽이 68.9%에서 79.0%로 높아졌다. 그리고 유전자변형 기술의 이익 평가는 61.2%에서 70.1%로 높아졌다(김성겸·조은희·윤정로, 2009: 178).

32 서울대학교 특별조사위원회는 《사이언스》에 발표된 2004년과 2005년의 두 논문에서 모두 자료 조작이 있다는 것을 확인했다. 또한 복제소를 비롯한 동물 복제에 대한 황우석의 다른 연구들은 자료 부족으로 인해 사실 여부를 판단할 수 없다고 밝혔다. 전문가들은 2004년 논문에서 밝힌 줄기세포주가 줄기세포인 것은 맞지만 배아 복제가 아니라 처녀생식의 산물일 가능성이 크다고 보았으며, 2005년 논문에서 밝힌 11개 '환자 맞춤형' 줄기세포주는 모두 허구라고 판단했다. 복제 배반포 단계까지의 배양은 이미 영국

문가의 판단을 받아들였다. 전문가집단은 연구 부정행위를 과학자들 간 신뢰를 무너뜨리는 파렴치한 행위로 간주해 당사자를 대학과 연구소·학계로 이루어진 학문공동체에서 추방함으로써 과학의 신뢰 위기를 수습했다. 연구의 위조, 변조, 표절, 자료의 중복사용 등에 대한 판단은 해당 학계 전문가들에게 의존할 수밖에 없다. 이처럼 전문가가 생산한 지식을 재검증한다는 것이 애초에 공중에게는 불가능한 일이기 때문에, 공중이 기술의 위험을 인지하는 데 과학에 대한 신뢰가 중요한 역할을 한다는 것은 그리 놀랄 만한 일이 아니다.

기술에 대한 공중의 판단이 전문가의 진술에 의존할 수밖에 없는 상황은 과학에 대한 신뢰가 사회구조적으로 강제된다는 뜻이다. 황우석의 연구 부정 행위뿐만 아니라 부안 주민의 방폐장 입지 거부 사태와 노후 원전 고리1호기의 안전성 논쟁에서도 기술의 이익과 위험에 대한 합리적인 논쟁보다는 특정 전문가에 대한 신뢰 또는 불신, 그리고 이와 접목된 이데올로기가 평행선을 달렸다. 공중이 사회문제로 쟁점화된 기술의 후속 결과에 대한 평가에 참여하는 전문가를 선별하는 데서도 과학에 대한 신뢰가 작동했다. 기술의 후속 결과와 관련해 최고의 경력을 가진 전문가들이 완전히 상반되는 주장을 하는 경우는 허다하다. 후쿠시마 핵발전소 사고 이후 한반도의 방사능 피폭이 문제됐을 때 어떤 전문가는 일정량 이하의 피폭은 건강에 전혀 영향을 미치지 않는다고 주장한 반면, 또 다른 전문가는 피폭에 의한 피해에는 '일정량'이란 존재하지 않는다고 주장한다. 전문가들이 이처럼 의견불일치를 보이는 상황에서 공중은 쟁점화된 사태를 자기와 유사한 방식으로 해석하는 전문가집단에게 신뢰를 보낼 수밖에 없다. 그런 점에서 가치의 공유는 공중이 신뢰를 보낼 전문가를 선별하는 유일한 기준이다. 즉, 공중의 신뢰에서 중요한 기능을 하는 것은 불가피하게 가치에 대한 신념이다.

뉴캐슬 대학 연구팀이 성공했다는 이유를 들어 과학적인 가치가 없는 것으로 평가 절하했다.

인터넷과 소셜미디어는 문외한인 공중도 지식에 접근하는 것을 가능하게 했으며, 지식을 불특정 다수를 상대로 지속적인 가치 부여를 통해 실시간으로 조정 가능한 대상으로 만들고 있다. 기능적으로 분화된 현대 사회에서 지식은 개인의 자발성이나 창의성보다는 권력의 분배 또는 행사와 더 밀접한 관련이 있다(푸코, 1993). 우선 권력의 불평등한 분배는 원초적인 '집단지성'의 발현을 불가능하게 만든다. 이른바 '집단지성'이 발현되려면 모든 참여자가 동등한 권력과 기회를 가져야 하지만, 현대 사회에서 지식의 생산은 정치적 목적, 경제적 욕구, 법적 규제, 과학적 객관성, 문화적 편향 등으로부터 결코 자유로울 수 없다. 현실에서 각종 포털사이트와 토론 사이트, 트위터 등은 모든 사람이 동등하게 토론에 참여하기보다는 사용자들로부터 권한과 권위를 인정받은 소수의 논객이 토론을 지배한다(최선정, 2012). 대다수 참여자들은 창의적인 지식 생산자라기보다는 가벼운 댓글 달기나 지식 사이트와 블로그의 게시글 퍼가기, 트위터의 리트윗, 페이스북의 '좋아요' 클릭 등을 반복하는 지식 추종자로서 만족한다. 또한 사이버 공간은 접근의 용이성에 기초해 다수 사람들의 판단과 행위에 영향을 미치면서 지식에 실제적인 역량 동원을 가능케 하는 선동 기능을 부여하기도 한다. 그것이 때로 집단사고나 집단광기의 형식으로 나타나기도 한다. 높은 응집력을 가진 집단의 경우 비판과 창의적 의견을 배제하는 '집단사고'가 일어나기 쉽고, 다른 생각을 가진 사람이나 다른 집단을 배제하는 '집단광기'가 일어나기 쉽다. 황우석을 지지하던 '황빠' 운동이나 연예인 타블로의 '신상 털기'이던 '타진요(타블로에게 진실을 요구합니다)' 활동은 인터넷과 소셜미디어가 다수인의 적극적 참여와 정보 교환, 공유, 협력 등에 의해 집단사고와 집단광기의 공간으로 전환될 수 있음을 보여주었다(홍성태, 2008; 서이종·손준우, 2011).

현재 생명공학의 발전은 농작물의 품종 개량이나 의약품 개발, 기껏해야 '유전자변형 콩·옥수수', '슈퍼돼지', '의약품 생산 복제소' 정도에 불과하기 때문에 사람들은 아직도 위험이 그렇게 크다고 생각하지 않는다. 대중매체를 비롯해 여론의 반응도 황우석 사태에서 보듯이 생명공학의 눈부신 성공에 박수 갈채를 보내고 기술의 발전으로 열리게 될 장밋빛 미래에 대한 부푼 기대로 일관한다. 따라서 공중은 대체로 과학에 기초한 기술의 발전에 따른 파국적인 위험을 인지하지 못한다. 기술과 연루된 연구개발 제도를 신뢰하는 공중은 그 제도를 신뢰하지 않는 공중보다 이익을 더 많이, 그리고 위험은 더 적게 인지하는 경향이 있다(Siegrist, 2000). 특히 생명공학은 매우 위험할 수 있는데도 인간 복제만큼 극적이지 못하기 때문에 사람들의 주의를 끌지 못한다. 오히려 사람들은 치유 불가능한 유전병과 암, 각종 질병의 퇴치에 대한 약속과, 자연 상태에서 얻을 수 없는 '인간에게 유용한' 물질의 대량 생산을 가능케 하는 생명공학에 신뢰를 보낸다.

앞서 언급했듯이 방폐장 후보지에 대한 환경 영향 평가는 전문가들도 가치판단으로부터 자유로울 수 없다는 것을 확인시켰다. 부안 주민들은 정부가 보상, 재정지원 등 온갖 약속을 했지만 자신들의 주거지역이 최종처리장으로 낙인찍힐 가능성이 큰 상황에서 거리시위, 반핵집회, 촛불집회 등을 감행하며 장장 280여 일에 걸쳐 격렬히 항의했다(노진철, 2004a). 주민들의 불안과 불신은 핵물질을 안전하게 폐기할 수 있는 기술을 보유하고 있다고 믿는 과학기술자 및 전문가의 신뢰와 강한 대조를 이루었다.[33] 방폐장 입지에 대한 주민 항의 요인의 경로 분석에 따르면(최미옥, 1999), 주민들의 높은 불안이 환경단체들의 반핵 주장에 관심을 갖게 했으며, 결정을 주도한 정부에 대한 신뢰 하락에 영향을 미쳤다. 그로 인해 정부의 정책 수행 능력에 대한 불신이 주민들의 입지 거부로 나타났다. 정부 측의 전문가들과 관료들은 후보지 선정이 '확고한

---

33 전문가와 공중은 방폐장의 위험 인지에 대해 뚜렷한 차이를 보였다. 2003년 국제원자력기구(IAEA) 자문교수와 서울대학교 이과계열 7개 단과대학장과 대학원장을 비롯한 교수 63명은 방사성폐기물이 안전하다는 정치적 제스처로 학교 캠퍼스에 방폐장 유치를 제안했다(≪한국일보≫, 2004년 1월 7일 자). 방폐장의 위험은 무시할 정도라는 그들의 주장은 전문가의 위험 인지가 공중의 인지와 같지 않다는 것을 보여준다.

과학적 증거에 기초해' 결정됐음을 강조했다. 그들은 핵위험을 경고하는 다른 전문가들보다 핵발전의 기술적 측면을 훨씬 더 낙관적으로 평가했을 뿐만 아니라, 위험관리 기술에 대해서도 객관적으로 안전하다는 평가를 내렸다. 평가는 과학적 분석을 통해 이루어졌지만 정부 측 전문가와 반핵단체 전문가 사이에 평가가 상반된다는 사실은 과학에 대한 신뢰를 하락시켰다. 비록 과학적인 조사 연구와 정책 자문은 정부 측의 전문가집단이 했지만, 주민들은 결정에 따른 '계산된 위험'의 책임을 결정자인 정부에게 귀속시켰다.

정부는 18년 동안 9차례의 방폐장 입지 선정 과정에서 '계산된 위험'을 해소하기 위해 상이한 합리적 조처들을 취했지만 주민들의 불신 앞에서 속수무책이었다. 하지만 2004년 정부가 주민투표 형식으로 당사자의 자기결정을 제도화하고 특별법 제정으로 각종 보상과 재정지원 등에 대한 행정집행의 불확실성을 해소하자, 과거 정부 결정에 항의했던 후보지들이 정부의 정책에 대한 신뢰에 기초해 방폐장 유치 경쟁에 나섰다. 정부는 유치 신청을 한 네 지역 주민들을 대상으로 주민투표를 실시해 가장 찬성률이 높은 경주 월성을 선정했다. 다시 말해서 피해 보상 및 자기결정 형식의 법제도화에 의한 복잡성 축소가 정부의 정책에 대한 신뢰를 형성했고, 처분장 위해에 불안해하던 주민들의 태도를 항의에서 위험 감수로 바꾼 것이다(노진철, 2006).

과거 반핵운동이 격렬했던 후보 지역 주민들이 오히려 핵시설 유치를 선호하는 역설적 상황에서 정부는 핵발전 확대 정책을 적극적으로 추진할 수 있었다. 에너지 정책은 국가 차원의 집중적 지원을 통해 핵발전을 미래 전략산업으로 유도하는 것뿐만 아니라 수출 경제의 활성화에 지향된 산업용 전기의 안정적 공급 보장에 맞추어졌다.[34] 2010년 11월 정부는 신규 핵발전소의 부지

---

34 후쿠시마 핵발전소 사고 이후 확정된 '제2차 국가에너지기본계획(2013~2035)'에서도 핵발전의 비중이 여전히 설비 기준으로 2035년 29%로 확대되는 목표치가 제시됐다. 이는 현재 가동 중(23기)이거나 건설 중(5기) 또는 계획이 확정(6기)된 핵발전소 외에

확보를 위해 발전사업자인 한수원을 내세워 삼척, 영덕, 해남, 고흥을 후보지로 선정하고 지방의회의 동의를 조건으로 해당 지자체의 유치 신청을 받았다. 비록 고흥과 해남이 핵발전소반대대책위의 결성과 항의로 후보지 지정을 철회했지만, 동해안지역은 후보지로 선정된 삼척, 영덕 외에 울진까지 유치 경쟁에 가세했다. 영덕은 과거 방폐장 반대운동을, 울진과 삼척은 방폐장과 신규 핵발전소 반대운동을 강력하게 전개했던 곳이지만 신규 핵발전소 유치 경쟁을 벌였고, 이를 반대하는 반핵운동은 일어나지 않았다.

그러나 후쿠시마 핵발전소 사고가 핵발전에 대한 신뢰와 위험 인지의 관계에 급격한 변화를 야기했다. 반경 수십 킬로미터를 죽음의 땅으로 바꾸는 핵재난이 반핵운동이 탈핵운동으로 이행하는 계기로 작용하고 있다. 우선 핵재난의 여파로 도시의 지식인들 중심으로 결성된 탈핵에너지교수모임, 핵없는세상을위한의사회, 탈핵법률가모임 해바라기, 탈핵에너지전환 국회의원모임, 탈핵기초의원모임, 핵없는세상을위한교사학생학부모연대, 핵없는사회를위한공동행동 등 20여 개 탈핵단체들이 핵발전소의 단계적 폐쇄를 골자로 하는 탈핵운동을 전개하고 있다. 이들 탈핵운동단체는 삼척과 영덕·울진 지역의 반핵운동단체들과 연대해 신규 핵발전소 부지를 추가 확보하려는 정부의 행동을 저지하는 한편, 에너지 정책의 근간을 핵에너지에서 재생에너지로 전환할 것을 요구하고 있다.

핵발전에 대한 신뢰는 부단히 일상의 친숙성과 존재론적 확실성에 준거해 역동적으로 작동한다. 미래의 위험에도 불구하고 보내는 신뢰는 '원전 안전 신화'와 '원전대국'의 인지적 허상에 의해 판단이 배제된 채 주어진 정보를 그대로 받아들이는 등 위험에 대한 현실 인식의 저해를 낳기도 한다. 하지만 핵발전의 위험은 그 부정적인 결과들을 추후 기술적으로 개선할 수 있겠지만 쉽게 무시할 수 없다는 데 있다. 따라서 우리의 삶이 핵발전에 의존하면 할수록 과

100만kW급 원전 7기에 해당하는 7GW 규모의 원전 설비를 추가 건설한다는 의미이다.

학적 지식을 생산하는 전문가집단은 '원전마피아'로 호명되는 등 그 권위를 점점 잃게 된다. 결과적으로 잠재적 당사자인 공중은 과학적 객관성과 전문가의 능력을 불신하게 된다.

공중은 기술의 토대가 되는 기초지식이 부족하기 때문에 공중의 과학적 소양이 대중매체를 통한 정보 제공 및 홍보에 의한 학습으로 높아질 수 있다는 주장(오미영·최진명·김학수, 2008; 송요셉·한동섭, 2011)은 비현실적이다. 매우 제한된 공중만이 과학적 소양을 갖추고 있다. 대중매체가 생명공학과 관련해 일정 기간 동안 집중적으로 심층 보도를 하더라도 지식의 빈틈이 메워지지 않는다는 것은 황우석 사건에서 분명하게 드러났다. 이러한 상황을 고려해볼 때 위험에 대한 공중의 불안은 단순히 위해와 그 원인요소를 제거하는 전문적 기술보다는 신뢰가 더 중요함을 시사한다. 불안은 국가가 각종 기술적인 위기 대책을 강화한다고 해서 해소되지는 않는다. 정부의 일방적인 개입이나 결정은 오히려 관련 제도에 대한 신뢰의 철회로 이어지고 결정 과정에서 공중의 소외는 참여 가능성의 저하로 연결될 수 있다. 게다가 정치조직에 대한 신뢰 하락은 정치적 지배의 정당성 위기의 주요 원인으로 작동할 가능성이 크다.

4. 신뢰와 불신의 역설

앞서 우리는 시대 진단의 맥락에서 체계에 대한 신뢰의 결과로 무엇이 발생하는지를 관찰했다. 체계에 대한 신뢰와 사회적 복잡성은 기본적으로 상호의존 관계에 있다. 체계에 대한 신뢰는 사회적 복잡성을 축소하는 체계의 중요한 기제이며, 그를 통해 고도로 복잡한 환경에서 체계가 고유한 행위 능력을 유지하는 기제이다. 동시에 체계는 신뢰 덕분에 복잡한 사회환경을 조성할 수도 있다. 현대 사회의 복잡성은 신뢰 없이 생각할 수 없으며, 신뢰 또는 불신을 제도화하는 기제 없이 생각할 수 없다. 이것이 현대 사회에서 신뢰에 주요한 기능을 부여하는 근거이다.

당면한 문제는 어느 누구도 지식과 기술의 급속한 발전이 사회와 자연환경에 어떤 결과를 야기할지 예견할 수 없다는 데 있다. 그런데도 사람들은 현재에서 얻는 이익을 위해 미래에 생겨날지도 모르는 위험을 기꺼이 감내하려한다. 인간을 대상으로 직접 실행할 수 있는 기술적 조건의 결여, 위험성 평가조건의 부재, 위험을 처리하는 제도적 조건의 미비 등은 미래 세대, 즉 아직 존재하지 않는 미래 사회를 위해, 재앙에 대한 우려에서, 그래서 과학이 쉽게 무력화시킬 수 없는 우려에서 사회질서에 가해지는 잠재적인 위협이다. 따라서지식이 축적되어갈수록 공중은 오히려 미래의 불확실성에 대한 불안에 휩싸이게 된다(노진철, 2001).

인터넷과 소셜미디어 등 전자매체의 발달과 지식경제로의 급격한 변환에따라 지식의 확산과 전달이 빠르고 광범위하게 이루어진다는 점을 고려한다면, 법규범과 권위에 기반을 둔 국가의 개입은 조직의 학습에 결코 유리한 것이 아니다. 미래의 불확실성이 증대하면서 조직의 학습이 여러 가지로 제한을받기 때문이다.

첫째, 조직의 학습은 사회를 전체로서 고려하는 방법에 의해 제한을 받는다. 규칙을 통한 안정화에 대한 기존의 압력이 새로운 지식의 기반을 이루는행위에 대한 전망을 방해한다. 오랫동안 다수에 의해 공유된 지식은 새로운지식과는 달리 사회를 안정화하는 계기로 작동한다. 그러나 그런 지식은 더이상 새로울 것이 없다. 둘째, 조직의 학습은 정당한 해석을 생산하는 방법에의해 제한을 받는다. 조직의 기억은 신뢰할 만한 것이 못 된다. 기억된 것은반드시 그 사건에 대한 인지와 일치하는 것이 아니며, 현재에서 사건들이 연계되는 데 따라 재해석되고 재구성되는 가변적인 것이다. 셋째, 조직의 학습은현존하는 지식의 개발과 발견을 상호 관련짓는 차선의 방법에 의해 제한을 받는다. 많은 경험들이 조직에서는 구조적으로 과소 대표된다. 넷째, 조직의 학습은 적응의 생태학에 의해 제한을 받는다. 학습은 짧은 반응기간을 가진 기제이며, 눈에 띄는 일탈을 최소화하고 '경로 의존성'을 강화하는 기제이다(Knie and Helmers, 1991). 현재의 제도적 구속은 현재의 요인들에 의해 결정되는 것이 아니라 과거의 결정이 역사적 발전의 경로를 제약한 결과의 산물이며, 나아가 역사적 선택이 이루어진 경우 이는 미래의 선택을 특정 경로로 제약한다(March and Olson, 1989).

조직이 새로운 지식의 차단을 내부화하고 있다는 것은 확실히 지식사회의 추종자들에게는 놀라운 일이다. 그러나 위험의 관점에서는 그것은 더 이상 놀라운 일이 아니다. 왜냐하면 경제체계에서 기업조직은 본래 '미래는 알 수 없다'는 무지를 전면에 내세우기 때문이다. 그리고 이에 대한 반응은 원칙적으로 사실적 차원에서 상쇄 가능한 정보의 부족에 비례해 일어나는 정보 처리에 대한 반응과는 다르다(Brunsson, 1985). 경제사회학은 이런 조건을 논의의 실마리로 삼아 결정의 불확실성을 감소시키는 동시에 이상화된 경제적 합리성에 배치되는 규범, 인습, 관행에 대해 주목한다(Beckert, 1996; 이재혁, 1998). 대안의 선별에서는 과거의 우위를 인정하는 것 이외에 다른 선택이 없는 것이다.

재귀적 근대화 이론의 중심에는 지식과 무지의 구별이 있다. 이 구별은 이미 머튼Robert Merton이 인지에 준거해 다뤘지만(Merton, 1957), 학문적 관심이 높아진 것은 지난 10여 년간 위험 소통과 관련해서다. 벡이 구성의 국면을 언급하면서도 존재론적 위해 개념으로부터 출발했다면,[35] 루만은 위험과 위해의 차이를 지식과 무지의 차이의 지속적 소통에 의해 체계에 귀속시키느냐 환경에 귀속시키느냐에 따라 달라지는 구성주의의 입장을 취했다. 벡은 환경오염, 질병, 재난 같은 통제할 수 없는 결과에 기초해 현대 사회의 재귀성을 이해했다(Beck, 1988). 이들 위험한 결과는 위험 소통의 작동 과정에서 재귀적 근대화

---

35 위해의 존재에 대한 객관적 인정은 "객관적인 적대 권력으로서의 위해"(Beck, 1988: 19) 주장이나 위험의 파악을 과학의 객관적 측정 도구에 제한하는(Beck, 1988: 36) 등 도처에서 확인할 수 있다.

의 매체로서 형성된 무지와 관련이 있다고 보았다. 그에 비해 루만은 모든 관찰과 인지가 지시와 구별의 차이에 기초하기 때문에 현대 사회에서 확실한 지식의 생산은 동시에 무지를 작동상 불가피하게 생산한다고 보았다(Luhmann, 1995). 이에 따르면 모든 관찰은 차이의 한쪽을 지시한 결과로 지시되지 않은 다른 쪽을 동시에 생성하기 때문에(Luhmann, 1992), 지식은 비록 다른 지식에 의해 구별되지만 지시되지 않은 쪽인 무지를 동시에 생산할 수밖에 없다. 그에 따라 지식의 생산이 무지를 줄이는 것이 아니라 오히려 무지를 생산한다는 역설이 일어난다.

위험 산정은 기능체계들의 복잡성을 증가시키는 시간적 차원을 전혀 고려하지 않고 정보에만 의존한다는 한계가 있다(MacCrimmon and Wehrung, 1988). 기능체계들의 순수한 사건 복잡성을 겨냥한 위험 개념은 복잡성의 체계 내적인 축소에 따라 작동상 생기는 무지를 아직 모르는 미지(未知)로 평가한다(벡, 1998). 즉, 무지가 지식의 보충에 의해 극복될 수 있는 것으로 다소간 완전한 지식으로 바뀔 수 있는 가능성을 상정한다. 이러한 논리가 위험성 평가와 관련된 정보이론 논의의 바탕을 이루고 있다. 하지만 위험성 평가는 처음부터 경제적 비용, 조사기간, 사회적 항의와 같은 정보 처리의 실용적 한계를 인정하지 않을 수 없다. 체계의 선별 능력, 즉 체계에 내부화된 우연성을 고려하는 이해는 체계의 불안정성을 인정해야 하고 미리 선취할 수 없는 놀라움을 계산에 넣어야 한다(벡, 1998: 242).

모든 지식의 획득은 구별에 달려 있고 또 구별에 의해 파악되지 못한 것은 무시되기 때문에 위험의 인지는 항상 위험에 대한 지식과 무지의 양쪽을 다 필요로 한다. 머튼은 지식을 '특정한 무지(specified ignorance)'와 구별해, 특정한 무지를 문제해결에 지향된 지식을 생산하기 위한 전제조건으로 간주했다(Merton, 1987). 이와 달리 루만은 과학체계에서의 지식과 무지의 동시적 생산을 강조한다(Luhmann, 1995). 그에 따르면 과학체계는 지식과 함께 후속 연구를 위한 문제, 즉 무지를 동시적으로 생산해 자기생산을 유지한다. 얍Klaus Japp

은 문외한인 공중의 전면적 지식 거부에 주목해 무지를 다시 '특정한 무지'와 '불특정한 무지'로 구분할 것을 제안한다(Japp, 1997). 과학자들은 아직 알지 못하는 미지의 세계를 정통한 과학적 세계 ─ 이론과 방법론 ─ 의 관점에서 확정해 알려진 특정한 무지를 생산하지만, 공중은 인지적 불확실성의 상태에서 "어떻게 될지 아무도 모른다"는 불특정한 무지에 힘입어 전문가의 견해를 불신한다는 것이다.

정보가 부족한 위험 소통에서는 미래의 불확실성이 현재의 신뢰에 의해 대체된다. 체계에 대한 신뢰는 위험한 결정을 내린 체계가 그 결과에 대한 책임을 수용한 데 따른 당사자의 대응이다(Kaufmann, 1992). 즉, 체계에 대한 신뢰는 체계가 책임 수용을 통해 무지를 흡수하는 것과 밀접한 관련이 있다. 일반적으로 책임 수용 기제는 더 나은 대안을 탐색하는 것을 통해 신뢰를 통제한다. 또한 근대 국가는 임기만료와 선거로 확정되어 있는 정치인에 대한 불신의 제도화에 기초해 유지되는데도 항상 신뢰를 필요로 한다는 역설이 상존한다. 신뢰의 가치가 불신에 의해 규정된다는 것은 불신이 바로 신뢰를 만들어내기 때문이다. 정치체계는 불신이 제도화되어 있다면 미래의 불확실성에 대해 어느 정도 관용적이기까지 하다. 따라서 중요한 것은 이러한 차이의 현시이다.

2008년 광우병 촛불집회에서 위험과 신뢰는 정치적 합리성이나 경제적 합리성과는 다른 비합리적인 조건에서 소통의 대상이 됐다(노진철, 2009). 청소년과 주부, 시민으로 구성된 공중은 광우병에 대한 확실한 지식을 결여한 상태인 무지와 그와 연계된 죽음의 공포에서 한미 쇠고기 협상의 전면 개방 결정을 위험으로 인지했다.[36] 공중은 스스로를 그 결정 탓에 먹거리에 의한 감염 위험에 방치된 잠재적 당사자로 간주했다.[37] 그들은 미래의 불확실성으로 인한 불

---

36 협상안은 광우병 발생이 잦은 30개월 이상의 쇠고기에 대한 연령 제한 해제 및 검역에서 광우병이 발생해도 수입을 중단할 수 없다는 내용을 포함했다.

안과 협상관료의 판단 능력에 대한 신뢰 상실, 의회정치의 민의 수렴 기능에 대한 불신에서 정부에 대한 항의 표시로 광장의 촛불집회를 택했다. 또한 그들은 인터넷을 매개로 "아무도 모른다"는 불특정한 무지를 지속적으로 생산해 여론화했다. 의회는 공중의 불신과 불특정한 무지에 당하여 민의 수렴 및 심의 결정의 기능을 상실했다. 이처럼 위험 소통은 지식과 무지가 혼합되어 이루어진다(Luhmann, 1968: 26). 그 결과 지식과 무지의 차이가 야기한 위험 갈등의 상황에서 정치에 대한 신뢰는 더 이상 단순한 희망 사항이 아니게 된다.[38]

광우병의 위험과 안전에 대한 관련 분야 전문가들의 발표와 그로부터 파생된 정치적 효과는 '확실한 지식'과 '특정한 무지', '불특정한 무지'의 다맥락적인 관찰에서 벗어나지 않는다. 1990년대 광우병의 발병 초기에 서구 사회가 수출국과 수입국의 구조적 이견과 제도적 불투명성으로 인한 경직된 갈등상태에서 정부의 책임 수용과 제도화된 불신을 통해 유연한 갈등 상태로 이행했던 데 반해, 한국 정부는 국제 협상의 구속성과 수의학 지식에 기초한 과학적 확실성의 기대에서 실용적 위험 선호 전략을 구사했다. 국제수역사무국은 '광우병 특정위험부위(SRM)를 제거한 쇠고기는 안전하다'는 판단기준을 제시했고 2007년 미국에 '광우병위험통제국'의 지위를 부여했다. WHO의 위생검역(SPS) 협정에 따르면 수입 중단 결정은 "과학적 정당성이 있어야만" 내릴 수 있다.[39] 이에 근거해 정부는 미국산 쇠고기 수입을 통제 가능한 위험으로 간주했

---

37 2008년 5월 2일 첫 집회 이후 2개월간 연일 수십만 명이 참가했으며, 6월 10일을 정점으로 7월 이후까지 주말집회가 계속됐다. 촛불집회는 먹거리 문제의 경우 잠재적 당사자 층이 청소년, 주부, 남녀노소 등 계급을 벗어나 폭넓게 형성된다는 것을 보여주었다. 먹거리에 대한 과도한 민감성은 후쿠시마 핵발전소 사고 이후에도 수산물의 방사능 오염에 대한 과민반응으로 나타났다. 방사성 오염 수산물에 민감하던 이들도 국내 핵발전소 건설에는 둔감했다.
38 광우병 촛불집회를 둘러싼 정부와 공중의 충돌은 인터넷 매체의 특성이나 공중의 가치 지향의 변화 때문이기보다는 지식과 무지의 구별이 위험 소통과 연동된 데서 비롯된다.
39 협정 당사국이 이를 어길 경우 통상 마찰로 이어질 수 있으며 제소대상이 된다.

다. 정부는 광우병(소해면상뇌증)과 인간광우병(변종 크로이츠펠트-야콥병)의 감염 경로가 완전히 다르다는 수의학자들의 지식을 동원해 공중의 위험 소통에 대해 방어했다. 하지만 전문가들은 분석방법에 따른 실험 결과의 차이, 동물실험에 의한 오차 가능성, 유기체의 변이 가능성에 대한 과학적 예측의 한계로 인해 광우병과 인간광우병의 연계 감염에 대한 확실한 지식을 제시할 수 없었다.[40]

공중의 위험 소통은 과학적 지식을 전면 거부하는 불특정한 무지의 맥락에서 이미 일반화된 광우병의 불확실성에 집중했다. 그 결과 광우병 위험 소통은 정치적 합리성뿐만 아니라 과학적 합리성에 대해서도 현저한 신뢰 상실을 드러냈다. 전문가 간 이견의 형식을 띤 특정한 무지는 인과관계의 올바른 규명이 아니라 정부의 선별 과정을 거친 결정의 형식으로 나타났다. 전문가들은 미국산 쇠고기 안전의 확실성을 얘기하든 광우병의 불확실성을 얘기하든 객관적 정보를 제시하는 태도를 취했지만, 그 정보는 정부 측과 공중 측 간의 정치적 이해 갈등과 밀접히 관련되어 있었다. 그들은 동물성 사료의 위험과 광우병의 발병 기제뿐만 아니라 인간에의 전염 가능성에 대해서도 다른 의견을 내놓았다. 광우병과 인간광우병의 연관성은 변형 프리온설, 유전자설, 바이러스설 사이의 논쟁을 통해 언젠가는 도달하게 될 확실한 지식을 지시하는 과학적 문제(Japp, 1997)인 동시에, 논쟁의 성격 규정과 국면 전환을 위해 정부가 지식과 '괴담'[41]의 구별에 의해 지시한 정치적 문제였다. 그 결과 미국산 쇠고기는 위험할 수도 있고 위험하지 않을 수도 있다는 역설이 작동했다.

---

40 생물학연구정보센터(BRIC)는 4월 30일부터 온라인 자유게시판에서 광우병에 대한 집중 토론을 벌였고, 한국과학기술단체총연합회, 한국과학기술한림원, 한국과학기술연구원, 한국유전공학연구원, 한국유전공학연구협의회, 인도주의실천의사협의회 등은 5월 7일부터 13일에 걸쳐 광우병 위험과 안전을 놓고 논쟁을 벌였다.

41 2008년 5월 8일 정부가 발표한 '광우병 괴담 10문 10답'은 광우병 확산 위험을 경고한 보건의료단체연합과 수의사연대의 주장을 과학적 근거가 전혀 없는 괴담으로 몰아갔다.

공중은 위험 소통에서 광우병과 인간광우병의 연계 감염이라는 최악의 상황을 상정해 위험 회피를 지향했다.[42] 그들은 건강 안전을 책임져야 하는 정부의 책임 회피와 위험을 확정하지 못하는 불특정한 무지와 연계해 완벽한 위험 회피를 택했다. 정부가 이미 일반화된 광우병의 불확실성을 인정하지 않자, 공중은 촛불집회와 인터넷을 매개로 무지를 확산시키는 방식으로 과학적 지식을 무력화시키면서 위험 소통을 예측 불가능한 것으로 만들었다. 과학적 지식의 전면 거부는 결코 공중의 몰이해에서 비롯된 게 아니었다. 위험 소통의 맥락에서 광우병 무지는 죽음의 공포를 불러일으키는 복잡한 잠재적 위협과 관계되며, 공중이 문제 상황과 관련된 당사자로서 우연히 선택한 행위로 귀결된다. 이 행위 선택은 원칙적으로 객관적인 위해의 존재론적인 발견 국면이 아니라 알려져 있지 않은 결과의 불확실성, 위험 부담의 시·공간적 집중, 암묵적 불신 등과 연계된 위험 소통의 구성 국면을 함축한다.

위험 소통에서는 결정자와 당사자의 차이가 이미 통제 허상과 통제 상실의 구별을 만들어낸다. 정책결정자는 당사자들보다 과학의 복잡성 축소 능력에 더 많은 신뢰를 보낸다. 정부는 과학적 방식에 토대를 둔 검역 절차를 통해 광우병의 위험 수위를 조절할 수 있다고 보는 통제 허상으로 기운 반면, 당사

---

42 광우병에 걸린 소의 부산물 섭취 후에 발생하는 변종 크로이츠펠트-야콥병은 전체 크로이츠펠트-야콥병 환자의 극히 일부분에 해당된다. 크로이츠펠트-야콥병은 변종 프리온 (prion)에 의해 발병하는 대표적인 질환이다. 프리온은 광우병을 유발하는 인자로 단백질(protein)과 비리온(virion, 바이러스 입자)의 합성어이며 이제까지 알려진 박테리아, 바이러스, 곰팡이, 기생충 등과는 전혀 다른 종류의 질병 감염 인자이다. 사람을 포함해 동물이 프리온에 감염되면 뇌에 스펀지처럼 구멍이 뚫려 신경세포가 죽음으로써 해당되는 뇌 기능을 잃게 되는 해면뇌병증(spongiform encephalopathy)이 발생한다. 산발 크로이츠펠트-야콥병(sporadic CJD)이 전체의 85% 정도를 차지한다. 가족 크로이츠펠트-야콥병(familial CJD)은 10~15% 정도를 차지하며, 프리온 단백질의 유전정보를 가지고 있는 유전자인 PRNP의 돌연변이에 의해 발병된다. 의이성 크로이츠펠트-야콥병 (iatrogenic CJD)은 1~2% 정도를 차지한다.

자들은 광우병을 외부로부터 닥친 위해로 간주해 통제할 수 없다고 보는 통제 상실로 기울었다. 따라서 공중에게 가시화된 위해에 대한 가장 확실한 통제 방식은 광우병 발생국으로부터의 쇠고기 수입을 원천적으로 봉쇄하는 것이었다. 공중은 광우병 확산 및 전염 가능성의 위험에 대한 책임을 정부에 귀속시켰으며, 이미 체결된 협상을 WHO가 보장한 검역 주권을 포기한 굴욕 협상으로 간주해 협상의 무효화와 재협상을 요구했다(노진철, 2009). 하지만 정부는 협상을 국제 기준과 과학적 지식에 근거해 결정했기 때문에 정당한 것으로 간주했으며, 광우병 확산 및 연계감염에 대한 공중의 우려를 괴담으로 모는 소통단절 전략을 구사했다. 광우병 위험의 긴장이 지속되는 동안 소통은 정부의 의도와는 달리 작동 불능으로 되기보다는 오히려 무수한 연대관계와 적대관계의 에피소드들을 양산했다.

공중은 무지의 조건에서 '광우병 수입', '인간광우병 감염은 곧 죽음'이라는 재앙의 이미지를 한미 협상의 결정에 귀속시켜 장기간 항의를 지속시켰던데 반해, 행정 규제와 공권력 등의 강제력을 동원한 정부의 재진입은 정치에 대한 신뢰 상실과 연계되어 오히려 항의를 강화했다. 공중은 시위대의 청와대 진출을 막고자 광화문에 설치한 컨테이너 바리케이드를 '명박산성'이라고 지칭해 '국가 폭력에 의한 소통 단절'로 상징화했으며, 쌍방향 소통 방식인 인터넷을 통한 비폭력적 항의의 지속적인 활성화로 높은 도덕성을 확보했다(이창호·배애진, 2008). 그 결과 두 차례에 걸친 대통령의 대국민 사과성명에도 불구하고 소통 단절이 끊임없이 정치적 지배의 정당성을 위협하면서 정부는 신뢰를 상실했다.

하지만 2012년 4월 미국에서 네 번째 광우병이 발생했을 때 정부의 위험 결정에 대한 항의의 상징이 될 만큼 격렬했던 '광우병 촛불집회'가 다시 활성화되지 못한 이유는 무엇인가? 촛불집회가 재개될 것이라는 기대는, 정부가 제도화된 불신인 민관합동조사단을 미국 현지에 파견하는 등 적극적인 책임 수용의 조치를 취하자 무너졌다. 광우병 발생 상황과 역학조사, 사료 안전 실태 등에 대한 현지조사단의 보고가 있은 후 정부가 "광우병 확산의 과학적 정당성이 없다"는 이유를 들어 수입 중단 조치를 취하지 않았는데도 공중의 항의는 일어나지 않았다. 광우병 발생 보도 직후 일시적으로 줄었던 미국산 수입 쇠고기 소비도 현지조사단의 활동 보고 후 빠르게 다시 증가했다. 제도화된 불신에 기초한 정부의 일 처리가 오히려 신뢰를 회복시킨 것이다. 즉, 정부가 책임 수용과 책임 회피의 차이를 책임 수용 쪽에서 비대칭적으로 재진입하면서 그로 인한 불확실성이 흡수된 것이다. 이처럼 체계의 정보 처리에서 차이가 차이에 다시 도입되는 재진입이 비대칭적으로 일어난다면(Spencer Brown, 1969), 비대칭적인 재진입 절차에 의해 '불신에 의한 신뢰 강화'의 역설은 드러나지 않게 된다.

박근혜 정부도 역시 세월호 참사가 야기한 국가 신뢰의 위기에 이르러 국가개조론과 국가안전처 신설 대책을 서둘러 발표하며 신뢰 회복에 나서고 있다. 대형 참사를 겪으면서 사회가 가치관과 규범의 혼란에 빠진 상태에서 무엇보다 중요한 것은 잃어버린 신뢰의 회복이기 때문이다. 신뢰는 누군가 감시하고 감독하지 않더라도 사회가 자신들이 기대한 대로 작동한다고 믿을 때 생겨난다. 따라서 정부가 국가 권력의 이름으로 성급하게 대책을 제시하는 것보다는 당사자들의 참여 요구를 정치적으로 수용하는 범국가 차원의 사고조사위원회를 구성해 이런 대형 사고가 일어난 구조적 원인이 무엇인지, 우리 사회가 그동안 간과하고 지나쳤던 잘못된 관행이 무엇인지를 되돌아보고, 사회 구성원과 조직, 사회의 기능체계들의 자기성찰을 통해 대안을 도출해내는 절차에 따른 신뢰의 재구성이 필요하다. 이로써 정치체계에 대한 신뢰는 조직 행위자의 관행적 행위에 대한 상징 해석이 다양한 측면에서 불신 쪽에서 비대칭적으로 재진입하는 가운데 강화될 것이다.

정치체계에 대한 신뢰의 형성에 결정적으로 기여하는 것은 민주주의다. 보수 정부든 진보 정부든 한국에서는 민주주의가 과거 권위주의 정부의 공안 통치와 야권 탄압의 역사적 부담 때문에 어렵게 작동할 수밖에 없다는 것을 잘 이해하고 있다. 어떤 정치적 지향성을 띤 정부든 신뢰의 형성 기제를 포기할 수는 없는 것이다. 민주주의는 공중의 신뢰가 향할 수 있는 지향점이 있다는 것에 의존한다. 민주주의는 정치에 대한 신뢰 문제를 선출직이든 임명직이든 인물로 극단화할 수 있으며, 갈등을 정치체계로부터 조직 또는 책임을 맡은 조직 행위자로 옮겨놓음으로써 정치체계에 대한 실망의 위험 부담을 덜 수도 있다. 역량이 안 되는 정치인이나 무능한 정권이 선거에 의해 교체되는 것을 통해, 고위직 관료가 정책 실패나 비리의 책임을 지고 정부 부서의 상징적 대표자로서 해임되는 것을 통해 정치체계는 손쉽게 위험 부담을 덜려고 한다.

이러한 권위주의적 해결 방식은 절차적 해결이 어떤 방식으로든 민주적 기본 질서를 제도 속에 가시화해야 한다는 부담을 주기 때문에 선호된다.[43] 하지만 국가에 대한 신뢰는 정치인이나 고위직 관료가 내린 결정의 가능할지도 모를 치명적인 결과 때문에, 즉 부정적 정보에 더 집중되는 소통의 부정 편향성 때문에 고도로 민감해지고 깨지기 쉽다. 따라서 시민사회가 민주적 기본 질서를 위협하는 사건이 터질 때마다 정부에 항의할 수 있도록 불신을 절차적으로 제도화한다면, 오히려 쟁점화된 결정의 위험은 부분적으로만 여론을 자극할 것이다. 무엇보다도 불신이 절차적 제도에 의해 걸러진다면 어떤 정치적 결정이든 피할 수 없는 잠재적 실망의 위험이 정치체계에 대한 신뢰를 강화시키는 효과를 갖는다. 그 결과 시민사회의 항의 전략으로 제도화된 불신이 체계에 대한 신뢰를 강화시킨다는 역설이 일어난다. 이 신뢰와 불신의 역설은 정치인이나 고위직 관료의 결정 행위가 민주주의의 가치를 손상시키지 않아야 한다는 것을 전제로 한다.

---

43 민주적 기본 질서에 대한 위협은 폭력적 지배와 자의적인 지배의 부정, 다수결의 원리에 의한 국민 자치, 자유와 평등의 기본 원칙에 의한 법치주의 등의 유지를 어렵게 만드는 것이다(헌법재판소 전원재판부 89헌가113).

참고문헌

강수택. 2003. 「사회적 신뢰에 관한 이론적 시각들과 한국 사회」. ≪사회와 이론≫, 3, 157~210쪽.

강철규. 1998. 「위기의 한국경제와 그 극복 방안」. ≪당대비평≫, 봄호, 55~81쪽.

경제협력개발기구. 2011. 『한국의 성장과 사회통합을 위한 틀』. OECD 대한민국 대표부.

고범서. 2004. 「신뢰의 본성과 기능: 신뢰에 대한 사회윤리적 이해」. 고범서 외. 『사회 신뢰/불신의 표상과 대응: 미시적 설정』. 소화.

고프먼, 어빙. 1987. 『자아표현과 인상관리: 연극적 사회분석론』. 김병서 옮김. 경문사 (Erving Goffman, *The Presentation of Self in Everyday Life*. Garden City, N.Y.: Doubleday, 1959).

공자. 1985. 『논어』. 안병주 옮김. 휘문출판사.

과학기술정책연구원. 2011. 『후쿠시마 원전사고 이후 원자력발전을 둘러싼 당면과제와 발전방안』.

괼러, 게하르트(Gerhard Göhler). 2002. 「신뢰: 독일 통일의 조건」. ≪세계지역연구논총≫, 21, 267~290쪽.

금재호·조준모. 2001. 「외환위기 전후의 노동시장 불안정에 대한 연구」. ≪노동경제논집≫, 24(1), 35~66쪽.

기든스, 앤서니. 1991. 『포스트 모더니티』. 이윤희·이현희 옮김. 민영사(Anthony Giddens. *The Consequence of Modernity*. Stanford California: Stanford University Press, 1990).

_____. 1996. 『현대 사회의 성·사랑·에로티시즘: 친밀성의 구조변동』. 배은경·황정미 옮김. 새물결(*Transformation of intimacy: sexuality, love and eroticism in modern society*. Cambridge, UK: Polity Press, 1992).

_____. 1997. 『좌파와 우파를 넘어서』. 김현옥 옮김. 도서출판 한울(*Beyond Left and Right: The Future of Radical Politics*. Cambridge England: Polity Press, 1994).

_____. 1998. 『사회구성론』. 황명주·정희태·권진현 옮김. 자작아카데미(*The Constitution of Society*. Cambridge: Policy, 1984).

_____. 2011. 『현대 사회학』. 김미숙 외 옮김. 을유문화사(*Sociology*. 5th Ed. Cambridge: Polity Press, 2009).

기든스·벡·래쉬. 1998. 『성찰적 근대화』. 임현진·정일준 옮김. 도서출판 한울(Ulrich Beck, Anthony Giddens and Scott Lash. *Reflexive Modernization: Politics, Tradition, and Aesthetics in The Modern Social Order*. Stanford California: Stanford University Press, 1994).

김광기. 2005. 「알프레드 슈츠와 자연적 태도: 철학과 사회학의 경계를 넘어서」. ≪철학과 현상학연구≫, 25, 47~70쪽.

김대환. 1998. 「돌진적 성장이 낳은 이중 위험사회」. ≪사상≫, 38, 26~45쪽.

김동윤. 2007. 「가상공간에서의 정치토론과 시민적 태도의 형성: 사회자본 개념요소로서 대인간 신뢰와 호혜성을 중심으로」. ≪한국언론정보학보≫, 39, 102~139쪽.

김명언·이영석. 2000. 「한국기업조직에서 부하가 상사에 대해 갖는 신뢰와 불신의 기반」. ≪한국심리학회지: 사회문제≫, 6(3), 99~120쪽.

김명언·임성만. 2000. 「조직에서의 신뢰: 개관」. ≪한국심리학회지: 산업 및 조직≫, 13(2), 1~19쪽.

김봉섭. 2010. 「블로그 이용에 따른 사회적 연결망 유형과 사회자본 효과 연구」. ≪언론과학연구≫, 10(2), 73~104쪽.

김상돈. 2009. 「사회경제적 지위와 정치적 성향이 국가기관 불신에 미치는 영향: 정부정책 불신의 매개효과」. ≪한국 사회학≫, 43(2), 25~54쪽.

_____. 2011. 「불평등인식, 정치성향, 정당지지가 정치항의에 미치는 영향」. *OUGHTOPIA: The Journal of Social Paradigm Studies*, 141~171쪽.

김상배. 2010. 「집합지성보다는 커뮤니티」. ≪사이버커뮤니케이션 학보≫, 27(4), 45~92쪽.

김상준. 2004. 「부르디외, 콜먼, 퍼트넘의 사회적 자본 개념 비판」. ≪한국 사회학≫, 38(6), 63~95쪽.

김성겸·조은희·윤정로. 2009. 「생명과학 이슈에 대한 한국 여론의 특성: 황우석 박사의 줄기세포 이슈를 중심으로」. 충남대 ≪사회과학연구≫, 20(1), 169~187쪽.

김성국. 2000. 「신뢰의 다차원성과 한국의 시민사회의 역동성」. ≪사회과학≫, 39, 65~69

김영평 외. 1995. 「한국인의 위험인지와 정책적 함의」. ≪한국행정학보≫, 29(3), 935~955쪽.

김왕식. 2006. 「신뢰의 생성과 정부의 역할」. ≪정책분석평가회보≫, 16(3), 221~240쪽.

_____. 2010. 「한국, 일본, 대만의 신뢰향상을 위한 정부역할 비교연구」. ≪한국거버넌스
학회보≫, 17(1), 129~147쪽.

김용학. 1996. 「연결망과 거래비용」. ≪사회비평≫, 14, 86~118쪽.

_____. 2003. 『사회 연결망 이론』. 박영사.

김용학·손재석. 1998. 「미시적 신뢰와 거시적 위험」. ≪사상≫, 가을호, 115~132쪽.

김우택·김지희. 2002. 「신뢰의 개념과 신뢰연구의 맥락」. 김우택 외(편). 『한국 사회 신뢰
와 불신의 구조: 미시적 접근』. 소화.

김의철·박영신. 2004. 「청소년과 부모의 인간관계를 통해 본 신뢰의식: 토착심리학적 접
근」. ≪한국심리학회지: 사회문제≫, 10(2), 103~137쪽.

김인영. 2004. 「미국의 사회변화와 신뢰」. 김인영(편). 『사회신뢰/불신의 표상과 대응: 거
시적 평가』. 소화.

_____. 2008. 「한국 사회와 신뢰: 후쿠야마와 퍼트넘 논의의 재검토」. ≪세계지역연구논
총≫, 26(1), 5~29쪽.

김종엽. 2009. 「교육에서의 87년체제 민주화와 신자유주의 사이에서」. ≪경제와사회≫,
84, 40~69쪽.

김종영. 2011. 「대항지식의 구성: 미 쇠고기 수입반대 촛불운동에서의 전문가들의 혼성적
연대와 대항논리의 형성」. ≪한국 사회학≫, 46(1), 109~153쪽.

김지희. 2006. 「한국인의 정치제도에 대한 신뢰와 불신: 신뢰형성에 영향을 미치는 정치
적, 경제적, 사회문화적 요인에 대한 탐색적 연구」. ≪신뢰연구≫, 16, 49~80쪽.

김태룡. 2009. 「사회자본론의 적절성에 관한 비판적 함의」. ≪한국거버넌스학회보≫,
16(3), 33~52쪽.

김태우. 2005. 「산업지구에서의 사회적 자본 형성」. ≪사회경제평론≫, 24, 321~359쪽.

김태종. 2007. 「사회적 신뢰의 수준 및 추이에 관한 실증분석」. 『KDI-KISDI 공동세미나
사회적 자본: 정부의 역할과 IT』. 한국개발연구원.

김홍우. 1977. 「Alfred Schütz and Social Ontology」. ≪철학≫, 11, 67~93쪽.

김환석. 2008. 「황우석사태를 STS 성찰하기」. ≪사회과학연구≫, 21, 105~123쪽.

김흥주. 2012. 「먹거리 신뢰의 구조적 특성과 영향요인 분석」. ≪농촌사회≫, 22(1), 173~
214쪽.

김흥회. 2005. 「협동 거버넌스에서의 부패, 신뢰, 그리고 책임성」. ≪한국행정논집≫,
17(4), 1123~1136쪽.

나은영. 1999. 「신뢰의 사회심리학적 기초」. ≪한국 사회학 평론≫, 5, 68~99쪽.

나이·젤리코브·킹. 2001. 『국민은 왜 정부를 믿지 않는가』. 굿인 포메이션(Joseph S. Nye Jr., Philip D. Zelikow and David C. King. ed. *Why People Don't Trust Government*. Cambridge: Harvard University Press, 1997).

노진철. 2001. 『환경과 사회: 환경문제에 대한 현대 사회의 적응』. 도서출판 한울.

_____. 2003. 「지구적 환경문제와 NGO들의 동원전략 변화: 기후변화협약을 중심으로」. ≪ECO≫, 5, 8~39쪽.

_____. 2004a. 「'압축적 근대화'와 구조화된 위험: 대구지하철재난을 중심으로」. ≪경제와 사회≫, 61, 208~231쪽.

_____. 2004b. 「위험시설의 입지정책과 위험갈등: 부안 방사성폐기물처분장 사태를 중심으로」. ≪ECO≫, 6, 188~219쪽.

_____. 2006. 「방사성폐기물처분장 입지선정을 둘러싼 위험소통과 자기결정」. ≪경제와 사회≫, 71, 102~125쪽.

_____. 2009. 「2008년 촛불집회를 통해 본 광우병 공포와 무지의 위험소통」. ≪경제와사회≫, 84, 158~182쪽.

_____. 2010. 『불확실성 시대의 위험사회학』. 도서출판 한울.

_____. 2012. 「대구·경북지역 계획의 현재화와 지방정치의 실종」. ≪지역사회학≫, 13(2), 263~293쪽.

_____. 2013. 「핵발전소사고와 탈핵운동: 위해에서 위험으로의 의미론 변천」. 『한국사회의 사회운동』. 김동노 외. 다산출판사.

뉴턴, 케네스(Kenneth Newton). 2003. 「사회자본과 민주주의」. 『사회자본: 이론과 쟁점』. 유석춘 외 편역. 그린.

뒤르켐, 에밀. 1976. 『사회분업론』. 임희섭 옮김. 삼성출판사(Emile Durheim. *De La Division du Travail Social*. Paris: Alcan, 1932).

레비, 피에르. 2002. 『집단지성: 사이버 공간의 인류학을 위하여』. 권수경 옮김. 문학과지성사(Pierre Lévy. *L'intelligence collective, pour une anthropologie du cyberespace*, 1994).

로크, 존. 1985. 『통치론』. 임성희 옮김. 휘문출판사(John Locke. *Two Treatises of Government*. Peter Lastett ed. Cambridge University Press, 1963).

루만, 니클라스. 2001. 『복지국가의 정치이론』. 김종길 옮김. 일신사(Niklas Luhmann. *Politische Theorie im Wohlfahrtsstaat*. Günter Olzog Verlag, 1981).

_____. 2007. 『사회체계이론 1·2』. 박여성 옮김. 한길사(*Soziale Systeme: Grundriβ einer allgemeinen Theorie*. Frankfurt: Suhrkamp 1984).

_____. 2009. 『열정으로서의 사랑』. 정성훈·권기돈·조형준 옮김. 새물결(*Liebe als Passion: Zur Codierung von Intimität*. Frankfurt a.M., 1982).

_____. 2012. 『사회의 사회 1·2』. 장춘익 옮김. 새물결(*Die Gesellschaft der Gesellschaft 1·2*. Frankfurt: Suhrkamp, 1998).

리제-쉐퍼, 발터. 2006. 『니클라스 루만의 사회사상』. 이남복 옮김. 백의(Walter Reese-Schäfer. *Niklas Luhmann zur Einführung*. Hamburg: Junius, 2001).

만하임, 칼. 1985. 『이데올로기와 유토피아』. 배성동 옮김. 휘문출판사(Karl Mannheim. *Ideologie und Utopie*. Frankfurt: G. Schulte-Bulmke, 1969).

모노, 자크. 1996. 『우연과 필연』. 김진욱 옮김. 범우사(Jacques Monod. *Le Hasard et la N écessité: Essai sur la Philosophie naturelle de la Biologie moderne*. Prais: Editions du Seuil, 1973).

문형구·최병권·내은영. 2011. 「국내 신뢰 연구의 동향과 향후 연구방향에 대한 제언」. ≪경영학연구≫, 40(1), 139~186쪽.

박경희. 2013. 「정부의 공공서비스 위기 대응에 대한 국민의 평가: 위기 커뮤니케이션 전략과 감성적 소구, 쟁점 관여도, 정부 책임성이 국민의 커뮤니케이션 수용과 정부신뢰에 미치는 영향」. ≪홍보학연구≫, 17(3), 414~471쪽.

박대근·이창용. 1998. 「한국의 외환위기: 전개과정과 교훈」. 『한국의 경제위기와 정책평가』. 한국계량경제학회 학술세미나자료집.

박우순. 2004. 「사회자본의 낭만적 애정에 대한 비판적 견해」. ≪한국조직학회보≫, 1(2), 81~119쪽.

박종민. 1991. 「정책산출이 정부불신에 주는 영향」. ≪한국행정학보≫, 25(1), 291-305쪽.

_____. 1997. 「정치체제의 정당성과 공정성」. 석현호 편. 『한국 사회의 불평등과 공정성』. 나남.

박종민·김왕식. 2006. 「한국에서 사회신뢰의 생성: 시민사회와 국가제도의 역할」. ≪한국정치학회보≫, 40(2), 149~169쪽.

박종민·배정현. 2007. 「정부신뢰와 정책혜택 및 정부공정성에 대한 태도」. 『한국행정학회 동계학술발표논문집』, 495~511쪽.

_____. 2011. 「정부신뢰의 원인: 정책결과, 과정 및 산출」. ≪정부학연구≫, 17(2), 117~142쪽.

박찬웅. 1999. 「경쟁의 사회적 구조-기업내 신뢰의 사회적 연결망과 개인의 조직내 성과」.

≪한국 사회학≫, 33(4), 789~817쪽.

_____. 2000. 「사회적 자본. 신뢰. 시장: 시장에 대한 사회학적 접근」. 한국 사회학회 2000년 춘계 특별심포지엄, 79~110쪽.

박천오·주재현. 2007. 「정부관료제와 민주주의: 정부관료제의 책임과 통제 확보를 통한 조화의 모색」. ≪행정논총≫, 45(1), 221~253쪽.

박통희. 1999. 「신뢰의 개념에 대한 비판적 검토와 재구성」. ≪한국행정학보≫, 33(2), 1~17쪽.

_____. 2004. 「情, 가족주의 그리고 대인간 신뢰: 한국 중앙정부의 사례」. ≪한국행정학보≫, 38(6), 23~45쪽.

_____. 2008. 「저신뢰(불신)의 맥락에서 정책과정 참여와 정부위원회」. 『한국행정학회 동계학술발표논문집』, 1~26쪽.

박통희·원숙연. 2000. 「조직구성원간 신뢰와 연줄: 사회적 범주화를 중심으로」. ≪한국행정학보≫, 34(2), 101~120쪽.

박형·김학노. 2003. 「사회자본과 지방자치: 대구 수성구와 경북 봉화군 비교」. ≪대한정치학회보≫, 11(1), 177~214쪽.

박형신, 2010. 「먹거리 불안·파동의 발생 메커니즘과 감정동학」. ≪정신문화연구≫, 33(2), 161~193쪽.

박희봉. 2002. 「사회자본이론의 논점과 연구경향」. ≪정부학연구≫, 8(1), 5~22쪽.

박희봉·김동욱·김철수·박병래. 2003. 「한국인의 신뢰수준 및 영향 요인: 단체참여 및 개인의 사회·경제적 배경과 대인신뢰, 단체신뢰, 대중매체신뢰」. ≪한국정책학회보≫, 12(3), 199~225쪽.

박희봉·김명환. 2000. 「지역사회 사회자본과 거버넌스 능력, 서울 서초구와 경기 포천군 주민의 인식을 중심으로」. ≪한국행정학보≫, 34(4), 175~196쪽.

박희봉·이희창. 2010. 「사회자본이 국가경쟁력에 미치는 영향: 한·중·일 3국민의 시민의식 분석」. ≪한국정책과학회보≫, 14(4), 1~29쪽.

박희봉 외. 2009. 「불신에서 신뢰로: 사회참여와 정치제도가 신뢰구조에 미치는 영향」. ≪한국행정논집≫, 21(4), 1271~1300쪽.

박희봉·이희창·조연상. 2003. 「우리나라 정부신뢰 특성 및 영향 요인 분석」. ≪한국행정학보≫, 37(3), 45~66쪽.

배병삼. 2012. 『(우리에게) 유교란 무엇인가』. 녹색평론사.

배유일. 2004. 「국가, 정책 및 사회자본: 사회자본에 대한 제도적 접근」. ≪한국정책학회보≫, 13(4), 131~156쪽.

베버, 막스. 1997a. 『경제와 사회 I』. 박성환 옮김. 문화과지성사(Max Weber. *Wirtschaft und Gesellschaft* I. Tübingen: J.C.B. Mohr, 1972).

_____. 1997b. 『막스 베버의 사회과학방법론』. 전성우 옮김. 사회비평사(*Die Objektivität sozialwissenschaftlicher und sozialpolitischer Erkenntnis.* In J. Winckelmann. ed. *Gesammelte Aufsätze zur Wissenschaftslehre.* Tübingen: J.C.B. Mohr, 1982, 146~214).

_____. 2009. 『경제와 사회: 공동체들』. 박성환 옮김. 나남(*Soziologische Grundkategorien des Wirtschaftens.* In J. Winckelmann. ed. *Wirtschaft und Gesellschaft.* Tübingen: J.C.B. Mohr, 1972. 31~121).

벡, 울리히. 1997. 『위험사회: 새로운 근대성을 향하여』. 홍성태 옮김. 새물결(Ulrich Beck. *Risikogesellschaft. Auf dem Weg in eine andere Moderne.* Frankfurt: Suhrkamp, 1986).

_____. 1998. 「정치의 재창조: 성찰적 근대화이론을 향하여」. 『성찰적 근대화』. 임현진·정일준 옮김. 도서출판 한울. 21~89쪽(A. Giddens, U. Beck and S. Lash. eds. *Reflexive Modernization: Politics, Tradition and Aesthetics in the Modern Social Order.* Stanford. Cali.: Stanford Univ. Press, 1994).

_____. 2010. 『글로벌 위험사회』. 박미애·이진우 옮김. 도서출판 길(*Weltrisikogesellschaft: auf der Suche nach der verlorenen Sicherheit.* Frankfurt a.M.: Suhrkamp, 2007).

부르디외, 피에르(Pierre Bourdieu). 2003. 「자본의 형태」. 『사회자본: 이론과 쟁점』. 유석춘 외 편역. 그린.

_____. 2005. 『구별짓기: 문화와 취향의 사회학』. 최종철 옮김. 새물결(*La distinction: critique sociale du jugement.* Paris: Éditions de Minuit, 1979).

사공영호. 2001. 「불신사회에서의 제도실패와 문화왜곡」. ≪한국행정학보≫, 35(2), 81~96쪽.

서문기. 2001. 「한국 사회의 정부신뢰구조」. ≪한국 사회학≫, 35(5), 119~146쪽.

서순탁. 2001. 「사회자본 접근방법의 정책적 함의: 도시계획을 중심으로」. 『한국행정학회 2001년도 하계학술대회 발표논문집』, 99~109쪽.

서이종·손준우. 2011. 「'신상털기' 현상과 배태된 프라이버시」. ≪사이버커뮤니케이션학보≫, 28(4), 49~87쪽.

서현진. 2006. 「미국의 결사체 활동과 정치적 신뢰」. 김의영 외 편. 『미국의 결사체 민주주의』. 아르케.

성균관대 서베이리서치센터. 2003. 『원자력발전에 대한 국민인식의 국제비교연구』. 과학
기술부.

세넷, 리처드. 2002. 『신자유주의와 인간성의 파괴』. 조용 옮김. 문예출판사(Richard
Sennet. *The Corrosion of Character: The personal Consequences of Work in the
New Capitalism*. New York: Norton, 1998).

_____. 2009. 『뉴캐피털리즘』. 유병선 옮김. 위즈덤하우스(*The Culture of the New
Capitalism*. New Haven: Yale University Press, 2006).

손경원. 2002. 「신뢰와 불신: 합리적 선택이론에 기초하여」. ≪국민윤리연구≫, 51,
401~423쪽.

손호중·채원호. 2005. 「정부신뢰의 영향요인에 관한 연구: 부안군 원전수거물처리장 입지
사례를 중심으로」. ≪한국행정학보≫, 9(가을), 87~113쪽.

손호철. 2009. 「'사회학적 서술주의'와 추상성의 혼돈을 넘어서: 조희연·서영표의 체제론
에 대한 반론」. ≪마르크스주의 연구≫, 6(4), 252~289쪽.

송경재. 2009. 「네트워크 시대의 시민운동 연구: 2008 촛불집회를 중심으로」. ≪현대정치
연구≫, 2(1), 55-82쪽.

송요섭·한동섭. 2011. 「과학 기술 정보 수용에 대한 영향 요인의 탐색 : 원자력 관련 인식
과 정보 수용을 중심으로」. ≪언론학연구≫, 15(2), 207~235쪽.

송하중. 2001. 「정부개혁의 핵심축, 한국행정연구원의 10년」. 『한국행정연구원10년사』.
172~175쪽.

슬로빅, 폴. 2008. 「지각된 위험, 신뢰 및 민주주의」. 『위험판단 심리학』. 이영애 옮김. 시
그마프레스(Paul Slovic. *The Perception of Risk*. London: Earthscan Publications,
2000).

슬로빅·플린·레이멘(Paul Slovic, James Flynn and Mark Layman). 2008. 「핵폐기물에
대한 지각된 위험, 신뢰, 그리고 정치」. 『위험판단 심리학』. 이영애 옮김. 시그마프
레스. 323~334쪽.

신인석. 1998. 『한국의 외환위기: 발생메커니즘에 관한 일고』. KDI정책연구.

심지홍. 2003. 「한국의 금융위기와 구조조정정책」. ≪경상논총≫, 27, 191~209쪽.

아도르노·호르크하이머. 2001. 『계몽의 변증법』. 김유동 옮김. 문학과지성사(Theodor W.
Adorno and Max Horkheimer. *Dialektik der Aufklärung*. Frankfurt: Suhrkamp,
1973).

아렌트, 한나. 1996. 『인간의 조건』. 이진우·태정호 옮김. 한길사(Hannah Arendt. *The Human Condition*. Chicago: University of Chicago Press 1958).

안소영·장용석. 2007. 「공적영역 신뢰에 관한 국가간 비교: 거시구조적 관점을 중심으로」. 『한국사회학회 사회학대회논문집』, 347~373쪽.

야마기시 도시오. 2001. 『신뢰의 구조: 동·서양의 비교』. 김의철·박영신·이상미 옮김. 교육과학사(山岸俊男. 『信賴の構造』. 東京大學出版會, 1998).

엄묘섭. 2007. 「시민사회의 문화와 사회적 신뢰」. ≪문화와 사회≫, 3, 7~45쪽.

오경민·박흥식. 2002. 「정부신뢰 수준의 측정과 비교에 관한 연구」. ≪한국정책학회보≫, 11(3), 113~137쪽.

오미영·최진명·김학수. 2008. 「위험을 수반한 과학기술의 낙인효과 원자력에 대한 위험인식이 방사선기술 이용 생산물에 대한 위험인식과 수용에 미치는 영향」. ≪한국언론학보≫, 52(1), 467~501쪽.

오페, 크라우스. 1994. 「운동정치의 제도적 자기변형에 대한 성찰」. 『새로운 사회운동의 도전』. 박형신·한상필 옮김. 도서출판 한울(Claus Offe. "New Social Movements: Challenging Boundaries of the Political." In R. J. Dalton and M. Kuechler. eds. *Challenging the Political Order: New Social and Political Movements in Western Democracies*. Cambridge: Polity Press, 1990).

오현철. 2010. 「촛불집회와 집합지성: 토의민주주의적 해석」. ≪민주주의와 인권≫, 10(1), 167~196쪽.

우천식·김태종. 2007. 『한국 경제사회와 사회적 자본』. 한국개발연구원.

유석춘·장미혜·김태은. 2001. 「아시아적 가치 논쟁: 동아시아의 연고주의와 세계화」. 현대자동차 후원 한국 사회학회 워크숍. 114~149쪽.

유석춘·장미혜·배영. 2002. 「사회자본과 신뢰: 한국, 일본, 덴마크, 스웨덴 비교연구」. ≪동서연구≫, 14(1), 101~135쪽.

유선욱·박계현·나은영. 2010. 「신종플루 메시지에 대한 심리적 반발과 공포감이 예방행동의도에 미치는 영향」. ≪한국언론학보≫, 54(3), 27~53쪽.

유재원. 2000. 「사회자본과 자발적 결사체」. ≪한국정책학회보≫, 9(3), 23~43쪽.

윤민재. 2004. 「신뢰와 사회자본에 대한 사회적 이해」. ≪신뢰연구≫, 14(1), 3~35쪽.

이광희. 2009. 『신뢰와 거버넌스 일반국민 인식 조사』. 한국행정연구원.

이동원·정갑영 외. 2009. 『제3의 자본』. 삼성경제연구소.

이병기. 2009. 『사회적 자본의 축적과 경제성장을 위한 정책과제: 신뢰의 정책적 함의』.

한국경제연구원.

이서행. 2002. 「신뢰사회 형성을 위한 참여문화」. ≪국민윤리연구≫, 50, 217~260쪽.

이선미. 2004. 「푸트남의 사회자본론 비판과 비교사회론적 함의: 신뢰를 중심으로」. ≪사회와 이론≫, 4, 185~223쪽.

이승일. 1999. 「일제시대 친족관습의 변화와 조선민사령 개정에 관한 연구: 조선민사령 11조 제2차 개정안을 중심으로」. ≪동아시아 문화연구≫, 33, 161~197쪽.

이영훈. 2013. 『대한민국 역사 나라만들기 발자취 1945-1987』. 기파랑.

이왕휘. 2012. 「세계 금융위기 이후 경제학의 위기: 국제정치경제학에 주는 함의」. ≪국제정치논총≫, 52(1), 31~55쪽.

이재열. 1998. 「민주주의, 사회적 신뢰, 사회적 자본」. ≪계간사상≫, 여름, 65~93쪽.

이재혁. 1996. 「신뢰, 거래비용, 그리고 연결망」. ≪한국 사회학≫, 30(1), 519~543쪽.

_____. 1998. 「신뢰의 사회구조화」. ≪한국 사회학≫, 32(여름), 311~335쪽.

_____. 2000. 「위험과 신뢰 그리고 외부성: 한국의 시민사회의 사례」. ≪사회과학≫, 39(2), 97~135쪽.

_____. 2006. 「신뢰와 시민사회: 한미 비교연구」. ≪한국 사회학≫, 40(5), 61~99쪽.

_____. 2009. 「신뢰의 동태적 모형화」. 한국 사회학회 사회학대회논문집, 143~155쪽.

이준웅. 2012. 「한국 사회 불신의 진원은 장부와 언론이다」. 한국 사회과학협의회·중앙 SUNDAY 공동기획. 『한국 사회 대논쟁』. 메디치미디어.

이창호·배애진. 2008. 「뉴미디어를 활용한 다양한 사회운동방식에 대한 고찰: 2008년 촛불집회를 중심으로」. ≪한국언론정보학보≫, 44, 44~75쪽.

이창호·정의철. 2008. 「촛불문화제에 나타난 청소년의 사회참여 특성에 대한 연구」. ≪언론과학연구≫, 8(3), 457~491쪽.

이항우. 2009. 「네트워크 사회의 집단지성과 권위」. ≪경제와 사회≫, 84, 278-303쪽.

이헌수. 1999. 「국민의 행정 신뢰에 관한 영향요인 분석: 공무원에 대한 신뢰를 중심으로」. ≪한국행정학보≫, 33(2), 37~56쪽.

이홍균. 1995. 「체계의 확장과 근대·탈근대: 하버마스, 루만, 벡의 이론에서」. ≪현상과인식≫, 19(4), 71~91쪽.

이홍표·한성열. 2006. 「지각된 사회적 평판의 구성요소: 진화심리학적 추론」. ≪한국심리학회지 : 사회 및 성격≫, 20(3), 1~16쪽.

이희은. 2009. 「위키피디어 정보의 기술문화적 함의: 집단지성과 지식권력」. ≪언론과학연구≫, 9(2), 461~497쪽.

이희창·박희봉·전지용. 2008. 「사회자본이 집단가치에 미치는 영향: 한·일 양국간 비교를 중심으로」. ≪한국정책과학학회보≫, 12(4), 51~76쪽.

임준환·곽노성. 1998. 「파생금융상품의 활용과 통화정책」. 한국재무학회 춘계학술발표논문집. 172~196쪽.

임지현. 2004. 「대중독재의 지형도 그리기」. 임지현·김용우 편. 『대중독재 1: 강제와 동의의 사이에서』. 책세상.

_____. 2013. 「독재는 민주주의의 반의어인가? 대중독재의 모순어법과 민주주의의 민주화」. ≪서양사론≫, 116, 39~63쪽.

임혁백. 2000. 「21세기 한국 시민사회와 민주주의-과거에 대한 성찰과 미래를 위한 비전 모색」. ≪사회비평≫, 25, 146~176쪽.

잉글하트·웰젤. 2011. 『민주주의는 어떻게 오는가』. 지은주 옮김. 김영사(Ronald Inglehart and Christian Welzel. *Modernization, Cultural Change, and Democracy: the Human Development Sequence*. Cambridge Univ. Press, 2005).

잉햄, 제프리. 2013. 『자본주의 특강』. 홍기빈 옮김. 삼천리(Geoffrey Ingham. *Capitalism: With a New Postscript on the Financial Crisis and Its Aftermath*. Polity, 2009).

장덕진·배영. 1999. 「성장과 위기를 통해 본 한국의 국가-기업 관계: 개발국가의 경험과 탈개발국가의 전망」. ≪담론201≫, 2(3), 51~84쪽.

장수찬. 2002. 「한국 사회에 나타난 악순환의 사이클: 결사체 참여, 사회자본, 그리고 정부 신뢰」. ≪한국정치학회보≫, 36(1), 87~112쪽.

_____. 2007. 「한국 사회의 신뢰수준의 하락과 그 원인: 국가 간 비교 분석적 관점에서」. ≪세계지역연구논총≫, 25(3), 125~156쪽.

장준구·정종원. 2011. 「공직부패와 책임성: 사회적 자본 구축을 중심으로」. ≪정부와 정책≫, 4(1), 65~93쪽.

장하준. 2006. 『국가의 역할』. 이종태·황해선 옮김. 부키(Ha-Joon Chang. *Globalization, Economic Development and the Role of the State*. Third World Network, 2003).

전명숙 외. 2011. 『지역고용 노사정파트너십 현황과 발전방안』. 한국노동연구원 정책연구 2011-07.

정범모. 2002. 「정직과 신뢰」. 김우택 외 편. 『한국 사회 신뢰와 불신의 구조: 미시적 접근』. 소화. 53~110쪽.

정성훈. 2013. 「도시공동체의 친밀성과 공공성」. ≪철학사상≫, 49, 312~341쪽.

정운찬. 1998. 「한국경제, 거품의 붕괴와 제도 개혁」. ≪창작과 비평≫, 26(1), 70~92쪽.

조기숙·남지현. 2007. 「대통령의 리더십과 정부신뢰: 노무현 대통령 사례를 중심으로」. ≪한국과 국제정치≫, 23(2), 61~92쪽.

조기숙·최병일. 1999. 「신뢰와 상호주의: 한국 일본 미국의 실험비교 연구」. 한국정치학회 연례학술회의. 21세기 한국정치학의 도전과 선택. 1~14쪽.

조승헌. 2010. 「한국 사회발전과 신뢰」. 『생태사회적 발전의 현장과 이론』. 이시재·구도완·오용선 외. 아르케. 175~204쪽.

조준모. 2004. 「한국 노동조합이 기업 부실에 미치는 효과에 관한 법경제학적 분석」. ≪산업관계연구≫, 14(1), 1~26쪽.

조지, 수전. 2008. 『수전 조지의 Another World』. 정성훈 옮김. 산지니(Susan George. *Another World Is Possible If*. Verso, 2004).

조희연·서영표. 2009. 「체제논쟁과 헤게모니전략 : 손호철의 97년 체제론에 대한 비판적 개입」. ≪마르크스주의 연구≫, 6(3), 154~187쪽.

주성수. 2003. 「정부의 신뢰 위기와 NGO와의 파트너십 대안」. ≪한국행정연구≫, 12(2), 186~210쪽.

주형일. 2012. 「집단지성과 지적 해방에 대한 고찰: 디지털 미디어는 집단지성을 만드는가?」. ≪열린정신 인문학연구≫, 13(2), 5~34쪽.

줄레조, 발레리(Valérie Gelézeau). 2007. 『아파트 공화국: 프랑스 지리학자가 본 한국의 아파트』. 길혜연 옮김. 후마니타스.

중앙선거관리위원회. 2013. 『제18대 대통령선거총람』. 중앙선거관리위원회 선거1과.

짐멜, 게오르그(Georg Simmel). 1983. 『돈의 철학』. 안준섭·장영배·조희연 옮김. 한길사.

_____. 2005. 『짐멜의 모더니티 읽기』. 김덕영·윤미애 옮김. 새물결.

최미옥. 1999. 「핵폐기물처분장입지정책 수용방안과 주민저항요인에 관한 실증적 분석: 위험인지, 정부불신, 반핵주의를 중심으로」. ≪한국정책학회보≫, 8(1), 47~66쪽.

최상진 외. 2005. 한국문화에서의 대인관계 신뢰와 불신의 기반과 심리적 기능에 대한 문화심리학적 분석. ≪한국심리학회지: 사회문제≫, 11(특집), 1~20쪽.

최상진·김의철·김기범. 2003. 「한국 사회에서의 신뢰와 불신: 대인관계 속에서의 신뢰와 불신의 기반으로서의 마음」. ≪한국심리학회지: 사회문제≫, 9(2), 1~17쪽.

최선정. 2012. 「미네르바 신드롬과 '시민 지성'의 조건」. ≪언론정보연구≫, 49(1), 145~177쪽.

최윤형·신경아. 2012. 「식품위기 위험 보도의 특징 분석: 멜라민 사례를 중심으로」. ≪한국광고홍보학보≫, 14(2), 207~241쪽.

최항섭. 2009. 「레비의 집단지성: 대중지성을 넘어 전문가지성의 가능성 모색」. ≪사이버 커뮤니케이션학보≫, 26(3), 287~321쪽.

케인스, 존 메이나드. 2007. 『고용, 이자 및 화폐의 일반이론』. 조순 옮김. 비봉출판사 (John Maynard Keynes. *The General Theory of Employment, Interest and Money.* London: Macmillan, 1936).

코저, 루이스. 1980. 『갈등의 사회적 기능』. 박재환 옮김. 한길사(Lewis A. Coser. *The Functions of Social Conflict.* Glencoe, Ill.: Free Press, 1956).

콜린스, 랜달. 1995. 「사회구조에 있어 감정의 역할」. 이성식·전신현 편역. 『감정사회학』. 도서출판 한울(Randall Collins. "The Role of Emotion in Social Structure." In K. R. Scherer and P. Elman. eds. *Approaches to Emotion. Hillsdale,* New York: Erlbaum, 1984).

콜먼, 제임스(James Coleman). 2003. 「인적자본 형성에 있어서의 사회자본」. 『사회자본: 이론과 쟁점』. 유석춘 외 편역. 그린.

쿠퍼, 조지. 2009. 『민스키의 눈으로 본 금융위기의 기원: 시장을 파괴하는 보이지 않는 손을 보다』. 김영배 옮김. 리더스하우스(George Cooper. *The Origin of Financial Crises: Central Banks, Credit Bubbles and The Efficient Market Fallacy.* Ingram Pub Services, 2008).

크니어·나세이. 2008. 『니클라스 루만으로의 초대』. 정성훈 옮김. 갈무리(Georg Kneer and Armin Nassehi. *Niklas Luhmanns Theorie sozialer Systeme.* Eine Einführung. München: Fink, 1993).

크루그먼, 폴(Paul Krugman). 2009. 『불황의 경제학』. 안진환 옮김. 세종서적.

톰슨, 케빈. 2000. 『Emotional Capital: 기업의 숨겨진 핵심자산·정서자본』. 이주일·오승훈 옮김. 새로운 제안(Kevin Thomson. *Emotional Capital.* Oxford: Capstone, 1998).

퇴니스, 페르디난드(Ferdinando Tönnis). 1976. 『공동사회와 이익사회』. 황성모 옮김. 삼성출판사.

투렌, 알랭(Alain Touraine). 1994. 『탈산업사회의 사회이론』. 조형 옮김. 이화여자대학교 출판부.

파슨스, 탈코트. 1989. 『사회의 유형』. 이종수 옮김. 기린원(Talcott Parsons. *Societies: Evolutionary and Comparative Perspectives.* Englewood Cliffs. NJ: Prentice-Hall, 1966).

퍼트넘, 로버트. 2000. 『사회적 자본과 민주주의』. 안청시 외 옮김. 박영사(Robert D. Putnam. *Making Democracy Work: Civic Traditions in Modern Italy*. Princeton NJ: Princeton University Press, 1993).

_____. 2003. 「번영하는 공동체: 사회자본과 공공생활」. 『사회자본: 이론과 쟁점』. 유석춘 외 편역. 그린.

_____. 2009. 『나 홀로 볼링: 사회적 커뮤니티의 붕괴와 소생』. 정승현 옮김. 페이퍼로드 (*Bowling Alone: The Collapse and Revival of American Community*. New York: Touchstone, 2000).

페로, 찰스. 2013. 『무엇이 재앙을 만드는가? 대형 사고와 공존하는 현대인들에게 던지는 새로운 물음』. 김태훈 옮김. 알에이치코리아(Charles Perrow. *Normal Accidents: Living with High-risk Technologies*. New York: Basic Books, 1984).

포르테스, 알레잔드로(Alejandro Portes). 2003. 「사회자본 개념의 기원과 현대 사회학의 적용」. 『사회자본: 이론과 쟁점』. 유석춘 외 편역. 그린.

포퍼, 칼. 1997. 『열린사회와 그 적들 1-2』. 이한구 옮김. 민음사(Karl R. Popper. *The Open Society and Its Enemies*. New Jersey: Princeton University Press, 1950).

폴라니, 마이클. 1992. 『지적 자유와 의미』. 김하자·정승교 옮김. 범양사(Michael Polanyi. *Meaning*. Univ. of Chicago Press, 1975).

_____. 2001. 『개인적 지식』. 표재명 옮김. 아카넷.

푸코, 미셸. 1993. 『감시와 처벌: 감옥의 역사』. 박홍규 옮김. 춘천: 강원대학교 출판부 (Michel Foucault. *Surveiller et Punir: Naissance de la Prison*. Paris: Gallimard, 1975).

_____. 2011. 『안전, 영토, 인구: 콜레주드프랑스 강의 1977~78년』. 오트르망 옮김. 2011. 난장(*Sécurité, territoire, population: cours au Collège de France, 1977-1978*. Paris: Michel Seuil Gallimard, 2004).

프리드먼, 밀턴. 1985. 『자유경제의 위기』. 김학은 옮김. 매일경제신문사(Milton Friedman. *Tyranny of The Status Quo*. San Diego: Harcourt Brace Jovanovich, 1984).

하버마스, 위르겐. 2006. 『의사소통행위이론』. 장춘익 옮김. 나남(Jürgen Habermas. *Theorie des Kommunikativen Handelns* 1·2. Frankfurt: Suhrkamp, 1981).

_____. 2007. 『사실성과 타당성』. 한상진·박영도 옮김. 나남(*Faktizität und Geltung. Beiträge zur Diskurstheorie des Rechts und des demokratischen Rechtsstaats*. Frankfurt: Suhrkamp, 1992).

하비, 데이비드. 1994. 『포스트모더니티의 조건』. 구동회·박영민 옮김. 도서출판 한울 (David Harvey. *The Condition of Postmodernity: An Enquiry into the Origins of Cultural Change*. Blackwell: Oxford UK, 1989).

_____. 2007. 『신자유주의: 간략한 역사』. 최병두 옮김. 도서출판 한울(*A Brief History of Neoliberalism*. Oxford. New York: Oxford University Press, 2005).

한국교육개발원. 2004. 『지역인적자원개발을 위한 사회적 자본 측정 및 형성전략의 국제 비교연구』. 한국교육개발원.

한도현. 2006. 「새국민, 새공동체, 돌진적 근대: 새마을운동의 대중동원」. 정성화 편. 『박 정희 시대와 한국현대사』. 선인.

한준. 2003. 「민주주의, 제도와 신뢰」. ≪신뢰연구≫, 13(2), 19~36쪽.

_____. 2008. 『한국 사회의 제도에 대한 신뢰』. 춘천: 한림대학교출판부.

헬드, 데이비드. 2010. 『민주주의의 모델들』. 박찬표 옮김. 후마니타스(David Held. *Models of Democracy*. 3rd ed. Cambridge: Polity, 2006).

혹실드, 앨리 러셀. 2009. 『감정노동: 노동은 우리의 감정을 어떻게 상품으로 만드는가』. 이가람 옮김. 이매진(Arlie Russell Hochschild. *The Managed Heart: Commercialization of Human Feeling*. University of California Press, 2003).

홉스, 토마스(Thomas Hobbs). 1986. 『리바이어던』. 한승조 옮김. 삼성출판사

홍성태. 2008. 「촛불집회와 민주주의」. ≪경제와 사회≫, 80, 10~39쪽.

홍수완·유태환. 2012. 「미국 오바마 정부의 금융규제정책에 대한 검토」. ≪민주사회와 정 책연구≫, 21, 15~54쪽.

황정미. 2004. 「성차별과 한국의 여성정책 : 법 담론과 위원회 활동 분석」. ≪페미니즘연 구≫, 4, 195~233쪽.

황준성. 2005. 「사회적 자본으로서의 신뢰와 한국경제」. ≪신뢰연구≫, 15(2), 3~43쪽.

후설, 에드문트. 2009. 『경험과 판단』. 이종훈 옮김. 민음사(Edmund Husserl. *Erfahrung und Urteil: Untersuchungen zur Genealogie der Logik*. Ludwig Landgrebe. ed. 3rd ed. Hamburg: Claassen, 1964).

후쿠야마, 프란시스. 1996. 『트러스트: 사회도덕과 번영의 창조』. 구승희 옮김. 한국경제 신문사(Francis Fukuyama. *Trust: The Social Virtues and the Creation of Prosperity*. New York: Free Press, 1995).

Alhakami, A.S, and P. Slovic. 1994. "A psychological study of the inverse relationship between perceived risk and perceived benefit." *Risk Analysis* 14: 1085~1096.

Almond, Gabriel and Sydney Almond. 1963. *The Civic Culture: Political Attitudes and Democracy in Five Nations.* Princeton: Princeton University Press.

Axelrod, Robert. 1988. *Die Evolution der Kooperation.* München: Oldenbourg.

Baier, Annette. 2001. "Vertrauen und seine Grenzen." In M. Hartmann and C. Offe. eds. *Vertrauen: Die Grundlage des sozialen Zusammenhalts.* Frankfurt/New York: Campus Verlag. 37~84.

Barbalet, J. M. 1996. "Social Emotions: Confidence, Trust and Loyalty." *International Journal of Sociology and Social Policy* 16(9/10): 75~96.

Barber, Bernard. 1983. *The Logic and Limits of Trust.* New Brunswick: Rutgers University Press.

Barnes, D. E. and L. A. Bero. 1998. "Why review articles on the health effects of passive smoking reach different conclusions." *Journal of the American Medical Association* 279: 1566~1570.

Beck, Ulrich. 1988. *Gegengifte. Die Organisierte Unverantwortlichkeit.* Frankfurt: Suhrkamp.

Beckert, Jens. 1996. "Was ist Soziologisch an der Wirtschaftssoziologie? Ungewiβ heit und die Einbettung Wirtschaftlichen Handelns." *Zeitschrift für Soziologie* 25: 125~146.

Bero, L. A., A. Galbraith and D. Rennie. 1992. "The publication of sponsored symposiums in medical journals." *New England Journal of Medicine* 327: 1135~1140.

Blackburn, S. 1998. "Trust, Cooperation, and Human Psychology." In V. Braithwaite and M. Levi. eds. *Trust and Governance.* New York: Russell Sage Foundation. 28~45.

Blanchard, Anita and Tom Horan. 2000. "Virtual Communities and social Capital." In A. Blanchard and T. Horan. eds. *Social Dimensions of Information Technology: Issues for the New Millennium.* Hershey, London: Idea Group Publishing. 6~21.

Bourgois, P. 1995. *In Search of Respect: Selling Crack in El Barrio.* New York: Cambridge Univ. Press.

Braithwaite, Valerie. 1998. "Communal and exchange trust norms: Their value base and relevance to institutional trust." In V. Braithwaite and M. Levi. eds. *Trust and Governance.* New York: Russell Sage Foundation. 46~74.

Brehm, John, and Wendy Rahn. 1997. "Individual-Level Evidence for the Causes and Consequences of Social Capital." *American Journal of Political Science* 41: 999~1023.

Briand, Michael K. 1998. "Five Principles for a Community That Works." *National Civic Review* 87(3): 237~251.

Brunsson, Nils. 1985. *The Irrational Organization.* Chichester: Wiley.

_____. 1989. *The Organization of Hypocrisy.* Chichester: Wiley.

Buss, D. M, and K. H. Craik. 1983. "Contemporary worldviews: Personal and policy implications." *Journal of Applied Social Psychology* 13: 259~280.

Clark, William C. 1980. "Witches. Floods and Wonder Drugs: Historical Perspectives on Risk Management." In R. C. Schwing and W. A. Albers. eds. *Societal Risk Assessment. How Safe is Safe Enough?* New York/London: Plenum Press.

Cohen, Jean. 1999. "Trust. Voluntary Association and Workable Democracy: the Contemporary American Discourse of Civil Society." In M. Warren. ed. *Democracy and Trust.* London: Cambridge University Press.

Coleman, James S. 1990. *Foundations of Social Theory.* Cambridge/London: The Belknap Press of Harvard University.

Collins, Randall. 1981. "On the Micro-foundations of Macro-Sociology." *American Journal of Sociology* 86: 984~1014.

Cook, J, and T. Wall. 1980. "New Work Attitude Measures of Trust. Organizational Commitment and Personal Need Non-Fulfilment." *Journal of Occupational Psychology* 53: 39~52.

Deutsch, Morton. 1958. "Trust and Suspicion." *Journal of Conflict Resolution* 2: 265~279.

_____. 1960. "The Effect of Motivational Orientation upon Trust and Suspicion." *Human Relations* 13: 123~139.

D'Zurilla, T. J. and C. F. Sheedy. 1991. "The relation between social problem-solving ability and subsequent level of psychological stress in college students." *Journal*

428

of Personality and Social Psychology 61: 841~846.

DeBruin, E. N. and P. A. Van Lange. 1999. "The double meaning of a single act: Influences of the perceiver and the perceived on cooperative behaviour." *European Journal of Personality* 13: 165~182.

Dederichs, Andres Maria. 1997. "Vertrauen als affektive Handlungsdimension: ein emotionssoziologischer Bericht." In M. K. Schweer. ed. *Vertrauen und soziales Handeln.* Berlin/Neuwied: Luchterhand. 62~77.

Denzin, K. Norman. 1990. "Reading Rational Choice Theory." *Rationality and Society* 2(2): 172~189.

Dyer, C. 1998. "Tobacco company set up network of sympathetic scientists." *British Medical Journal* 316: 15~55.

Earle, Timothy C. and George Cvetkovich. 1995. *Social Trust: Toward a Cosmopolitan Society.* Westport/London: Praeger.

Eichenwald, K. and G. Kolata. 1999. "Drug trials hide conflicts for doctors." *The New York Times* 1. 28~29.

Eisenstadt, Shmuel N. 2001. "Vertrauen, kollektive Identität und Demokratie." In M. Hartmann and C. Offe. eds. *Vertrauen: Die Grundlage des Sozialen Zusammenhalts.* Frankfurt a.M./New York: Campus. 333~363.

Eisenstadt, Shmuel N. and Louis Roniger. 1984. *Patrons, Clients and Friends: Interpersonal Relations and the Structure of Trust in Society.* Cambridge: Cambridge University Press.

Eiser, J. R., R. Spears and P. Webley. 1989. "Nuclear attitudes before and after Chernobyl: Change and judgment." *Journal of Applied Social Psychology* 19: 689~700.

Endre β, Martin. 2001. "Vertrauen und Vertrautheit. Phänomenologisch-anthropologische Grundlegung." In M. Hartmann and C. Offe. eds. *Vertrauen: Die Grundlage des Sozialen Zusammenhalts.* Frankfurt a.M./New York: Campus. 161~203.

Esposito, Elena. 1997. "Unlösbarkeit der Reflexionsprobleme." *Soziale Systeme* 3: 379~392.

Esser, H. 2008. "The Two Meanings of Social Capital." In D. Castiglione, J. Van Deth and G. Wollebm. eds. *The Handbook of Social Capital.* Oxford: Oxford

University Press.

Eurobarometer. 1997. *The Europeans and modern biotechnology: Eurobarometer* 46-1. Brussels: European Commission.

Ewald, François. 1993. *Der Vorsorgestaat.* Frankfurt: Suhrkamp.

Ewen, S. W. B. and A. Pusztai. 1999. "Effect of diets containing genetically modified potatoes expressing Galanthus nivalis lectin on rat small intestine." *Lancet* 354: 1353~1354.

Fine, Ben. 2001. *Social Capital versus Social Theory.* London/New York: Routledge.

Flynn, J. and P. Slovic. 1999. "Expert and public evaluations of technological risks: Searching for common ground." *Risk: Health, Safety and Environment* 10: 333~358.

Flynn, J. W. Burn, C. Mertz and P. Slovic. 1992. "Trust as a Determinant of Opposition to a High-Level Radioactive Waste Repository Analysis of a Structural Model." *Risk Analysis* 12: 417~430.

Foerster, Heinz V. 1985. "Entdecken oder Erfinden: Wie lä β t sich Verstehen verstehen?" In H. Gumin and A. Mohler. eds. *Einführung in den Konstruktivismus.* München: Oldenbourg. 27~68.

Frevert, Ute. 2000. "Vertrauen. Historische Annäherungen an eine Gefühlshaltung." In C. Berhien, A. Fleig and I. Kasten. eds. *Emotionalität. Zur Geschichte der Gefühle.* Köln/Wien: Böhlau. 178~197.

Frewer, L. J., C. Howard and R. Shepherd. 1995. "Genetic engineering and food: What determines consumer acceptance?" *British Food Journal* 97: 31~36.

Friedman S. M., S. Dunwoody and C. Rogers. 1986. "Scientists and Journalists: Reporting Science as News." *AAAS Issues in Science and Technology Series.* New York: Free Press.

Gabriel, Oscar W. 1999. "Integration durch Institutionen-vertrauen? Struktur und Entwicklung des Verhältnisses der Bevölkerung zum Parteienstaat und zum Rechtsstaat im vereinigten Deutschland." *Kölner Zeitschrift für Soziologie und Sozialpsychologie Sonderheft* 39: 199~235.

Gambetta, Diego. 1994. *Die Firma der Paten. Die sizilianische Mafia und ihre* Geschäfts-praktiken. München: dtv.

430

_____. ed. 1988. *Trust. Making and Breaking Cooperative Relations*. Oxford. Cambridge/ New York: Basil Blackwell.

_____. 2001. "Kann man dem Veretrauen vertrauen?" In M. Hartmann and C. Offe. eds. *Vertrauen: Die Grundlage des Sozialen Zusammenhalts*. Frankfurt/ New York: Campus. 204~237.

Garfinke, Herold. 1963. "A Conception of, and Experiments with, 'Trust' as a Condition of Stable, Concerted Actions." In O. J. Harvey. ed. *Motivation and Social Interaction: Cognitive Determinants*. New York: Ronald Press. 187~238.

Gawande, Atul. 1999. *The Cancer-Cluster Myth*. The New Yorker. 34~37.

Gill, M. J., W. B. Jr. Swann and D. H. Silvera. 1998. "On the genesis of confidence." *Journal of Personality and Social Psychology* 75: 1101~1114.

Gilovich, T., R. Vallone and A. Tversky. 1985. "The hot hand in basketball: On the misperception of random sequences." *Cognitive Psychology* 17: 295~314.

Goffman, Erving. 1963. *Behaviour in Public Places. Notes on the Social Organization of Gatherings*. New York/London: Free Press.

_____. 1981. *Strategische Interaktion*. München: Hanser.

_____. 1986. *Interaktionsrituale. Über Verhalten in direkter Kommunikation*. Frankfurt a.M.: Suhrkamp.

Gondek, H. D., U. Heisig and W. Littek. 1992. "Vertrauen als Organisationsprinzip." In H. D. Gondek, U. Heisig and W. Littek. eds. *Organisation von Dienstleistungsarbeit. Sozialbeziehungen und Rationalisierung im Angestellenbereich*. Berlin: Edition Sigma Bohn. 33~55.

Goodman, J. R. and B. P. Goodman. 2006. "Beneficial or biohazards? How the media framebiosolids." *Public Understanding of Science* 15: 359~375.

Govier, Trudy. 1997. *Social Trust and Human Communities*. Montreal.

Green, Donald and Ian Shapiro. 1999. *Rational Choice. Eine Kritik am Beispiel von Anwendungen in der politischen Wissenschaft*. München.

Halpern, David. 2005. *Social Capital*. Cambridge: Polity Press.

Hampel, J. 2000. *Die europäische Öffentlichkeit und die Gentechnik*. Stuttgart: Akademie für Technikfolgenabschätzung in Baden-Württemberg.

Hartmann, Martin. 2001. "Einleitung." In M. Hartmann and C. Offe. eds. *Vertrauen: Die*

Grundlage des Sozialen Zusammenhalts. Frankfurt a.M./New York: Campus. 7~34.

Hayashi, N., E. Ostrom, J. Walker and T. Yamagishi. 1999. "Reciprocity, Trust, and the Illusion of Control: A Cross-societal Study." *Rationality and Society.*

Heisig, Ulrich. 1997. "Vertrauensbeziehungen in der Arbeitsorganisation." In M. K. Schweer. ed. *Vertrauen und Soziales Handeln.* Berlin/Neuwied: Luchterhand. 121~153.

Henslin, James M. 1968. "Trust and the Cab Driver." In M. Truzzi. ed. *Sociology and Everyday Life.* Englewood Cliffs: Prentice-Hall. 139~159.

Hiller, Petra. 1993. *Der Zeitkonflikt in der Risikogesellschaft. Risiko und Zeitorientierung in rechtsförmigen Verwaltungsentscheidungen.* Berlln: Dunker and Humblot.

Inglehart, Ronald. 1998. *Human Values and Beliefs: A Cross-Cultural Sourcebook.* Ann Arbor: University of Michigan Press.

_____. 1999. "Trust. well-being and democracy." In M. E. Warren. ed. *Democracy and Trust.* Cambridge. UK: Cambridge University Press. 88~120.

Japp, Klaus P. 1997. "Die Beobachtung von Nichtwissen." *Soziale Systeme* 3: 289~314.

Jasper, J. M. 1988. "The political life cycle of technological controversies." *Social Forces* 67: 357~377.

Johnson, B. B. 1999. "Exploring dimensionality in the origins of hazard-related trust." *Journal of Risk Research* 2: 325~354.

Kaase, Max. 1999. "Interpersonal Trust, Political Trust and Non-Institutionalised Political Participation in Western Europe." *West Eropean Politics* 22: 1~21.

Kahneman, D, and A. Tversky. 1982. "Subjective probability: A judgment of representativeness." In D. Kahneman. P. Slovic and A. Tversky. eds. *Judgment Under Uncertainty: Heuristic and Biases.* Cambridge: Cambridge University Press. 32~47.

_____. 1984. "Choices, values, and frames." *American Psychologist* 39: 341~350.

Kasperson, R. E., D. Golding and S. Tuler. 1992. "Social distrust as a factor in siting hazardous facilities and communicating risks." *Journal of Social Issues* 48: 161~187.

Kaufmann, Franz-Xaber. 1992. *Der Ruf nach Verantwortung: Risiko und Ethik in einer unüberschaubaren Welt.* Freiburg et al.: Herder.

Kemper, T. D. 1990. "Social Relations and Emotions: A Structural Approach," in T. D. Kemper. ed. *Research Agendas in the Sociology of Emotions*. State University of New York Press.

Kern, Horst. 1997. "Vertrauensverlust und blindes Vertrauen: Integrationsprobleme im ökonomischen Handeln." In S. Hradil. ed. *Differenz und Integration. Die Zukunft moderner Gesellschaften*. Frankfurt a.M./New York: Campus. 271~282.

Knie, A. and Helmers. S. 1991. "Organisationen und Institutionen in der Technikentwicklung. Organisationskultur. Leitbilder und 'Stand der Technik'." *Soziale Welt* 42(4): 427~444.

Knight, Frank H. 1921. *Risk. Uncertainty and Profit*. Boston: Houghton Mifflin.

Koehler, J. J. 1993. "The influence of prior beliefs on scientific judgments of evidence quality." *Organizational Behavior and Human Decision Processes* 56: 28~55.

Koren, G., and N. Klein. 1991. "Bias against negative studies in newspaper reports of medical research." *Journal of the American Medical Association* 266: 1824~1826.

Krampen, G., J. Viebig, and W. Walter. 1982. "Entwicklung einer Skala zur Erfassung dreier Aspekte von sozialem Vertrauen." *Diagnostica* 28: 242~247.

Kraus, N., T. Malmfors, and P. Slovic. 1992. "Intuitive toxicology: Expert and lay judgments of chemical risks." *Risk Analysis* 12: 215~232.

Lane, Christel and Reinhard Bachmann. eds. 1998. *Trust Within and Between Organizations. Conceptual Issues and Empirical Applications*. Oxford/New York: Oxford University Press.

LaPorte, Todd R. 1981. "Managing Nuclear Waste." *Society* 7: 57~65.

LaPorte, T. R. and D. S. Metlay. 1996. "Hazards and Institutional Trustworthiness: Facing a Deficit of Trust." *Public Administration Review* 56(4): 340~349.

Lazarus, Richard S. 1991. *Emotion and Adaptation*. New York: Oxford University Press.

Lepsius, M. Rainer. 1997. "Vertrauen zu Institutionen." In S. Hradil. ed. *Differenz und Integration. Die Zukunft moderner Gesellschaften*. Frankfurt a.M./New York: Campus. 283~293.

Lewicki, Roy J., Daniel J. McAllister and Robert J. Bies. 1998. "Trust and Distrust: New Relationships and Realities." *Academy of Management Review* 23: 438~458.

Lewis, J. David and Andrew Weigert. 1985a. "Trust as a social reality." *Social Forces* 63:

967~985.

_____. 1985b. "Social Atomism, Holism, and Trust." *The Sociological Quarterly* 26: 455~471.

Lipset, Seymour Martin and William Schneider. 1983. *The Confidence Gap. Business, Labor, and Government in the Public Mind.* New York/London: Free Press.

Luhmann, Niklas. 1968. *Vertrauen: Ein Mechanismus der Reduktion sozialer Komplexität.* Stuttgart: Enke.

_____. 1970. *Soziologie der Aufklärung.* Opladen: Westdeutscher Verlag.

_____. 1971. "Der Sinn als Grundbegriff der Soziologie." In J. Habermas. ed. *Theorie der Gesellschaft oder Sozialtechnologie: Was leistet die Systemforschung?* Frankfurt: Suhrkamp. 25~100.

_____. 1985. *Soziale Differenzierung. Zur Geschichte einer Idee.* Opladen: Westdeutscher Verlag.

_____. 1987. "Distinctions directrices." In N. Luhmann. *Soziologische Aufklärung 4.* Opladen: Westdeutscher Verlag.

_____. 1988. "Familiarity, confidence, trust: Problems and alternatives." In D. Gambetta. eds. *Trust: Making and Breaking Cooperative Relations.* Oxford: Basil Blackwell. 94~107.

_____. 1990. *Die Wissenschaft der Gesellschaft.* Frankfurt a.M.

_____. 1991. *Soziologie des Risikos.* Berlin: de Gruyter.

_____. 1992. *Beobachtung der Moderne.* Opladen: Westdeutscher Verlag.

_____. 1993. "Die Moral des Risikos und das Risiko der Moral." In G. Bechmann. ed. *Risiko und Gesellschaft: Grundlagen und Ergebnisse interdisziplinärer Risikoforschung.* Opladen: Westdeutscher Verlag. 327~338.

_____. 1995. "Intersubjektivität oder Kommunikation: Unterschiedliche Ausgangspunkte soziologischer Theoriebildung," *Soziologische Aufklärung* 6, Opladen, 169~188.

_____. 2001. "Vertrautheit, Zuversicht, Vertrauen, Probleme und Alternativen." In M. Hartmann and C. Offe(eds.). *Vertrauen: Die Grundlage des sozialen Zusammenhalts.* Frankfurt/New York: Campus. 143~160.

_____. 2002. *Einführung in die Systemtheorie.* Dirk Baecker ed. Heidelberg: Carl-Auer-Systeme-Verl.

434

Lupfer, M. B., M. Weeks and S. Dupuis. 2000. "How pervasive is the negativity bias in judgments based on character appraisal." *Personality and Social Psychology Bulletin* 26: 1353~1366.

MacCrimmon, Kenneth R. and Donald R. Wehrung. 1988. *Risk Taking. The Management of Uncertainty.* New York/London: Free Press.

MacGregor, D. G. P. Slovic and M. G. Morgan. 1994. "Perception of risks from electromagnetic fields: A psychometric evaluation of a risk-communication approach." *Risk Analysis* 14(5): 815~828.

March, James G. 1989. "Bounded Rationality. Ambiguity. and the Engineering of Choice." In J. G. March. ed. *Decisions and Organizations.* Oxford: Basil Blackwell.

March, James G. and Johan P. Olsen. 1976. *Ambiguity and Choice in Organizations.* Bergen: Universitets-farbaget.

_____. 1984. "The New Institutionalism: Organizational Factors in Political Life." *The American Political Science Review* 78: 734~749.

_____. 1989. *Rediscovering Institutions: The Organizational Basis of Politics.* New York/London: Free Press.

Mayer, R. C., J. H. Davis, and D. Shoorman. 1995. "An integrative model of organizational trust." *Academy of Management Review* 20: 709~734.

McLean, Scott L., David A. Schultz and Manfred B. Steger. eds. 2002. *Social Capital: Critical Perspectives on Community and 'Bowling Alone'.* New York: New York University Press.

Mealey, L., C. Daood and M. Krage. 1996. "Enhanced memory for faces of cheaters." *Ethology and Sociobiology* 17: 119~128.

Merton, Robert. 1957. *Social Theory and Social Structure.* Glencoe: Free Press.

Metlay, D. 1999. "Institutional trust and confidence: A journey into a conceptual quagmire." In G. Cvetkovich and R. Löfstedt. eds. *Social Trust and The Management of Risk.* London: Earthscan. 100~116.

Miller, M. 1992. "Rational Dissens. Zur gesellschaftlichen Funktion sozialer Konflikte." In H. J. Giegel. ed. *Kommunikation und Konsens in modernen Gesellschaften.* Frankfurt: Suhrkamp.

Minsky, H. 1982. "The financial instability hypothesis." In C. P. Kinleberger and J. P. Lafarge. eds. *Financial Crises*. Cambridge: Cambridge University Press.

Misztal, Barbara A. 1996. *Trust in Modern Societies. The Search for the Bases of Social Order*. Cambridge: Polity Press.

Möllering, Guido. 2001. "The Nature of Trust: From Georg Simmel to a Theory of Expectation, Interpretation and Suspension." *Sociology* 35: 403~420.

Mythen, G., C. Wales, J. Maule and S. French. 2000. *Risk Communication and Risk Perception: A Critical Review*. University of Manchester MBS Papers 411.

Narayan, Deepa and Lant Pritchett. 1999. "Social Capital: Evidence and Implications." In I. Serageldin. ed. *Social Capital: A Multifaceted Perspective*. Washington D.C.: World Bank.

Nelkin, D. 1987. "Selling science: How the press covers science and technology." In D. Nelkin. ed. *Communicating Science to the Public*. Ciba Foundation Conference. New York: John Wiley.

Offe, Claus. 1999. "Demokratie und Vertrauen." *Transit* 18: 118~131.

_____. 2001. "Wie können wir unseren Mitbürgern vertrauen?" In M. Hartmann and C. Offe. eds. *Vertrauen: Die Grundlage des Sozialen Zusammenhalts*. Frankfurt/ New York: Campus. 241~294.

Parsons, Talcott. 1965. "Struktur und Funktion der modernen Medizin. Eine soziologische Analyse." *Kölner Zeitschrift für Soziologie und Sozialpsychologie Sonderhaft* 3: 10~57.

_____. 1978. "Research with Human Subjects and the 'Professional Complex'." In T. Parsons. ed. *Action Theory and the Human Condition*. New York/London: Free Press. 35~65.

_____. 1980. "Über 'Commitments'." In T. Parsons. ed. *Zur Theorie der Sozialen Interaktionsmedien*. Opladen: Westdeutscher Verlag. 183~228.

Parsons, Talcott and Edward A. Shils. 1951. *Toward a General Theory of Action*. Cambridge : Harvard University Press.

Parsons, Talcott and Neil Smelser. 1956. *Economy and Society: A Study in the Integration of Economic and Social Theory*. New York: Free Press.

Petermann, Franz. 1996. *Psychologie des Vertrauens*. Salzburg: Müller.

436

Peters, R. G., V. T. Covello and D. B. McCallum. 1997. "The determinants of trust and credibility in environmental risk communication: An empirical study." *Risk Analysis* 17: 43~54.

Plous, Scott. 1991. "Biases in the assimilation to technological breakdowns: Do accidents make us safer?" *Journal of Applied Social Psychology* 21: 1058~1082.

Preisendörfer, Peter. 1995. "Vertrauen als soziologische Kategorie. Möglichkeiten und Grenzen einer entscheidungstheoretischen Fundierung des Vertrauenskonzepts." *Zeitschrift für Soziologie* 24: 263~272.

Rains, S. A. and M. M. Turner. 2007. "Psychological Reactance and Persuasive Health Communication: A Test and Extension of the Intertwined Model." *Human Communication Research* 33: 241~269.

Rempel, J. K., J. G. Holmes and M. P. Zanna. 1985. "Trust in close relationships." *Journal of Personality and Social Psychology* 49: 95~112.

Renn, Ortwin and D. Levine. 1991. "Credibility and trust in risk communication." In R. E. Kasperson and P. J. Stallen. eds. *Communicating Risks To The Public*. Dordrecht: Kluwer. 175~218.

Renn, Ortwin and M. M. Zwick. 1997. *Risiko- und Technikakzeptanz*. Berlin: Springer.

Rothbart, M. and B. Park. 1986. "On the confirmability and disconfirmability of trait concepts." *Journal of Personality and Social Psychology* 50: 131~142.

Rothstein, B. 2000. "Trust, Social Dilemmas and Collective Memories." *Journal of Theoretical Politics* 12: 477~501.

Rousseau, Denise M., Sim B. Sitkin, Ronald S. Burt and Colin Camerer. 1998. "Not so Different After All: A Cross-Discipline View of Trust." *Academy of Management Review* 23(3): 393~404.

Schütz, Alfred. 1971. *Das Problem der Relevanz*. Frankfurt a.M.: Suhrkamp.

_____. 1973. *Collected Papers*. Vol.1. The Hague: Martinus Nijhoff.

Schweer, M. K. W. 1997. "Der 'vertrauenswürdige' Politiker im Urteil der Wähler." In Schweer. ed. *Vertrauen und Soziales Handeln*. Neuwied: Luchterhand. 220~233.

Shapiro, S. P. 1987. "The Social Control of Impersonal Trust." *American Journal of Sociology* 93(3): 623~658.

Sheppard, Blair H. and D. M. Sherman. 1998. "The grammars of trust: A model and general implications." *Academy of Management Review* 23: 422~437.

Siegrist, M. 2000. "The influence of trust and perceptions of risks and benefits on the acceptance of gene technology." *Risk Analysis* 20: 195~203.

Siegrist, M. and G. Cvetkovich. 2000. "Perception of hazards: The role of social trust and knowledge." *Risk Analysis* 20: 713~719.

_____. 2001. "Better negative than positive? Evidence of a bias for negative information about possible health dangers." *Risk Analysis* 21: 211~218.

Siegrist, M., G. Cvetkovich and C. Roth. 2000. "Salient value similarity. social trust, and risk/benefit perception." *Risk Analysis* 20: 353~362.

Simmel, Georg. 1992. *Soziologie. Untersuchungen über die Formen der Vergesellschaftung.* In G. Simmel. ed. *Gesammtausgabe* Bd. II, Ottheim Rammstedt. ed. Frankfurt: Suhrkamp.

Sjöberg, L. 1998. "Risk Perception: Experts and the Public." *European Psychologist* 3: 1~12.

_____. 1999. "Perceived competence and motivation in industry and government in risk perception." In G. Cvetkovich and R. E. Löfstedt. eds. *Social Trust and The Management of Risk.* London: Earthscan. 89~99.

_____. 2000. "Factors in risk perception." *Risk Analysis* 20: 1~11.

Skowronski, J. J. and D. E. Carlston. 1989. "Negativity and extremity biases in impression formation: A review of explanations." *Psychological Bulletin* 105: 131~142.

Slovic, Paul, T. Malmfors, D. Krewski, C. K. Mertz, N. Neil and S. Bartlett. 1995. "Intuitive toxicology II Expert and lay judgments of chemical risks in Canada." *Risk Analysis* 15: 661~675.

Spencer Brown, George. 1979. *Laws of Form.* New York.

Stolle, Dietlind. 1998. "Bowling together, bowling alone: The development of generalized trust in voluntary associations." *Political Psychology* 19: 497~525.

Strasser, Hermann and Stephan Voswinkel. 1997. "Vertrauen im gesellschaftlichen Wandel." In M. Schweer. ed. *Interpersonales Vertrauen.* Opladen: Westdeutscher Verlag. 217~236.

Sztompka, Piotr. 1993. "Civilizational Incompetence: The Trap of Post-Communist

Societies." *Zeitschrift für Soziologie* 22. 85~95.

_____. 1995. "Vertrauen: Die fehlende Ressource in der postkommunistischen Gesell-schaft." *Kölner Zeitschrift für Soziologie und Sozialpsychologie Sonderheft* 35: 254~276.

_____. 1998. "Trust, Distrust and Two Paradoxes of Democracy." *European Journal of Social Theory* 1: 19~32.

_____. 1999. *Trust: a Sociological Theory.* Cambridge University Press.

Taylor, S. E. 1991. "Asymmetrical effects of positive and negative events: The mobili-zation-minimization hypothesis." *Psychological Bulletin* 110: 67~85.

Uslaner, Eric M. 1999. "Democracy and social capital." In M. E. Warren. ed. *Demo-cracy and Trust.* Cambridge. UK: Cambridge University Press. 121~150.

Wagner, Gerald. 1994. "Vertrauen in Technik." *Zeitschrift für Soziologie* 23: 145~157.

Waldinger. R. 1995. "The Other Side of Embeddedness: A Case Study of the Interplay between Economy and Ethnicity." *Ethnic and Racial Studies* 18: 555~580.

Watson, D. and L. A. Clark. 1984. "Negative Affectivity: The Disposition to Experience Aversive Emotional State." *Psychological Bulletin* 96, 465~490.

Watzlawick, Paul. ed. 1984. *Die erfundene Wirklichkeit.* München/Zürich: Piper.

Wildavsky, Aaron. 1988. *Searching for Safety.* London: Sage.

Wilkie, T. 1996. "Sources in science: Who can we trust?" *Lancet* 347: 1308~1311.

Williamson, Oliver E. 1993. "Calculativeness, Trust, and Economic Organization." *Journal of Law and Economics* 36: 453~486.

Yamagishi, Toshio. 1988. "The provision of a sanctioning system in the United States and Japan." *Social Psychology Quarterly* 51: 265~271.

Ziegler, Rolf. 1997. "Interesse, Vernunft und Moral: Zur Sozialen Konstruktion von Vertrauen." In S. Hradil. ed. *Differenz und Integration. Die Zukunft moderner Gesellschaften.* Frankfurt a.M.: Campus. 241~254.

Zucker, Lynne G. 1986. "Production of Trust: Institutional Sources of Economic Structure 1840~1920." *Research in Organizational Behavior* 8: 53~111.

찾아보기

민주주의 39, 43, 120~123, 140, 174, 201, 209, 210, 254, 268, 295, 302
　민주주의의 역설 30, 268

ㅂ

배반 97
배신 42, 76, 167, 185, 232, 245, 250, 279, 316
　배신(의) 위험 42, 76, 184, 190, 245, 266, 267, 279, 305, 306, 316
복잡성 24, 41, 44, 78~80, 82~84, 127, 136, 137, 147, 149, 162, 184, 194, 199, 220, 221, 224, 229~231, 233, 279, 309, 349
복잡성(의) 축소 7, 44, 82, 84, 85, 148, 151, 152, 170, 228, 240, 246, 247, 249, 251, 253, 279, 350
　복잡성 축소 기능 314, 345
　복잡성 축소 능력 44
　복잡성 축소 전략 348
　세계(의) 복잡성 26, 27, 44, 76, 83, 136, 168, 230, 246, 247, 281
복지 104, 277
복지국가 268
부작용 22, 40, 116, 284~286, 293, 311, 319
불신 24, 37, 41~43, 49~52, 55, 56, 85, 93, 100, 103, 111, 117, 120, 123, 136, 158~161, 169, 176, 178, 185, 201, 202, 229, 233, 253~255, 258, 260, 262, 266, 267, 273, 292, 316, 328, 350~353, 356, 358, 361, 369, 405, 408, 411
　불신 담론 24
　불신의 강화 356
　불신의 제도화 42, 268, 271, 273
　불신의 타당성 273
　제도화된 불신 43
　제도화된 불신의 역설 269
불안 25, 80, 249
　실존적 불안 91
　원초적 불안 362
　존재론적(인) 불안 87, 352
불확실성 23~25, 35~37, 43, 44, 52, 85, 91, 95, 98, 128, 131, 136, 146, 148, 149, 152, 154, 162, 183, 184, 191, 196, 201, 207, 215, 232, 246, 255, 279, 284, 316, 333, 367, 403, 408
불확정성 102
비대칭 31, 45, 46, 95, 254, 255, 353, 359

ㅅ

사건 26, 44, 51, 77, 87, 90, 186, 197, 225, 323, 325, 337
상징 144, 152, 304, 312
　상징기구 158
　상징 기호 62, 63, 67, 221
　상징매체 64, 224
　상징적 약호 25
　상징 통제 344
선택 35, 38, 41, 44, 97, 134, 156, 162, 185, 189, 194, 197, 235
성찰 22

지은이

노진철(경북대학교 사회학과 교수)

1991년 독일 빌레벨트 대학교 사회학과에서 니클라스 루만 교수를 지도교수로 사회학 박사학위를 취득했다. 현재 경북대학교 사회과학대학 학장과 한국이론사회학회 회장, 국가위기관리학회 회장으로 있으며, 한국환경사회학회 회장과 한국NGO학회 부회장을 역임했다. 저서로는 『불확실성 시대의 위험사회학』(2010: 2011년 대한민국학술원 우수학술도서), 『환경과 사회: 환경문제에 대한 현대사회의 적응』(2001), 『우리 눈으로 보는 환경사회학』(공저, 2004), 『5·18민중 항쟁에 대한 새로운 성찰적 시선』(공저, 2008), 『대한민국 60년의 사회변동』(공저, 2009) 등이 있다.

한울아카데미 1707

불확실성 시대의 신뢰와 불신

ⓒ 노진철, 2014

지은이 ㅣ 노진철
펴낸이 ㅣ 김종수
펴낸곳 ㅣ 도서출판 한울
편집책임 ㅣ 이교혜

초판 1쇄 인쇄 ㅣ 2014년 7월 14일
초판 1쇄 발행 ㅣ 2014년 7월 28일

주소 ㅣ 413-756 경기도 파주시 광인사길 153 한울시소빌딩 3층
전화 ㅣ 031-955-0655
팩스 ㅣ 031-955-0656
홈페이지 ㅣ www.hanulbooks.co.kr
등록번호 ㅣ 제406-2003-000051호

Printed in Korea.
ISBN 978-89-460-5707-4 93330(양장)
ISBN 978-89-460-4883-6 93330(학생판)

* 책값은 겉표지에 표시되어 있습니다.
* 이 책은 강의를 위한 학생용 교재를 따로 준비했습니다.
  강의 교재로 사용하실 때에는 본사로 연락해주시기 바랍니다.